中国田野考古报告集

考 古 学 专 刊

丁种第九十三号

枝 江 关 庙 山

二

中国社会科学院考古研究所　编著

文物出版社

北京·2017

ARCHAEOLOGICAL MONOGRAPH SERIES

TYPE D NO. 93

Guanmiaoshan in Zhijiang

II

(With an English Abstract)

By

The Institute of Archaeology, Chinese Academy of Social Sciences

Cultural Relics Press

Beijing · 2017

第二册目录

插图目录

大溪文化石器和骨角器

插表目录

第四节　文化遗物——陶器

一　陶质器皿

［一］陶系

陶系包括陶质和陶色。按陶器质料和颜色的不同，可分为泥质橙黄陶、泥质红陶、泥质红褐陶、泥质灰陶、泥质黑陶、泥质白陶；夹炭红陶、夹炭红褐陶、夹炭灰褐陶、夹炭灰陶；夹蚌红陶、夹蚌红褐陶；夹砂红陶、夹砂红褐陶、夹砂灰陶、夹砂黑陶、夹砂白陶等17种（表3-4-1）。

（一）陶器质料

有泥质、夹炭、夹蚌、夹砂四种，其中以泥质陶最多，占61.31%；夹炭陶次之，占25.50%；夹蚌陶再次之，占10.65%；夹砂陶最少，占2.54%（表3-4-2）。

1. 泥质陶

分普通泥质陶和细泥陶两类。制作普通泥质陶所用的陶土未经淘洗，颗粒稍粗，质地不纯，含有杂质。器形有圈足碗、盘、豆、钵、盆、曲腹杯、筒形瓶、罐、瓮、器盖、器座等。制作细泥陶所用的陶土经过淘洗，质地细腻，相当纯净。多见于中小型薄胎器物，有第二期的薄胎彩陶圈足碗和单耳杯，第三期的黑陶曲腹杯，第四期的圈足碗、豆、曲腹杯、圈足罐和细颈壶等。值得注意的是在第四期的泥质黑陶当中，以细泥黑陶占大多数，如G3的泥质黑陶中，细泥黑陶占84.96%（表3-4-1注）。

2. 夹炭陶

胎芯呈黑色，含有炭化稻壳碎末。有些陶器的内表可以看到炭末的痕迹，少数呈梭形，多数呈头发渣状如T1④H2∶89夹炭红陶凹沿釜的腹部内表（图版五六，1）或粉末状。主要器形有圜底罐、釜、圜底大盆、圈足碗、鼎和鼓形大器座等。在第一期早、晚两段夹炭陶占首位，早段占73.74%，晚段占89.33%，达到夹炭陶发展的高峰，后来逐渐减少。第四期有些夹炭陶圜底罐、釜和罐形鼎，以炭末作为主要羼和料，同时还加入一部分蚌壳末，成为夹炭夹蚌陶。

3. 夹蚌陶

绝大多数是圜底罐和罐形鼎，还有少量高领罐、钵和盆。经过测定，夹蚌陶中氧化钙的含量较高，它在陶胎中以碳酸钙的形式存在。根据出土时陶胎内蚌壳末保存状况的不同，可将夹蚌陶大致分为以下三种：

第一种是密实夹蚌陶，数量很少，胎内含有大量白色片状的蚌壳末，而内、外表的蚌壳末都已消失，留下许多不规则形、有棱角的凹坑。蚌壳末的长度多为1~4毫米，最长的达8毫米，厚度多为0.3~1毫米，最厚的达1.5毫米。如T51⑤A∶479夹蚌红陶罐的胎内（图版五六，2）。

第二种是泡状夹蚌陶（简称泡陶），数量很多。例如在T51出土的第二、三、四期的夹蚌陶当中，泡陶所占比例分别为85.28%、88.11%、98.58%。陶胎中所含的碳酸钙在酸性潮湿土壤里发生化学变化，致使蚌壳末基本上消失，胎内形成大量孔洞。如T62⑤∶63夹蚌红陶扁三角形鼎足的

表 3－4－1　大溪文化陶片陶质陶色统计表

分期	单位	陶色	泥质						夹炭				夹蚌		夹砂					合计
		数量/%	橙黄	红	红褐	灰	黑	白	红	红褐	灰褐	灰	红	红褐	红	红褐	灰	黑	白	
第四期	T51③	数量	112	3091	1	611	998		19		321		704		3		25	42		5927
		%	1.89	52.15	0.02	10.31	16.84		0.32		5.41		11.88		0.05		0.42	0.71		100
	T52扩方③C3	数量	436	462		187	738				495		103				1			2422
		%	18	19.08		7.72	30.47				20.44		4.25				0.04			100
	合计	数量	548	3553	1	798	1736		19		816		807		3		26	42		8349
		%	6.55	42.56	0.01	9.56	20.79		0.23		9.77		9.67		0.04		0.31	0.51		100
第三期	T51④A	数量	44	3547	46	295	454		133				405	143	115		44	79	1	5306
		%	0.83	66.85	0.87	5.56	8.55		2.51				7.63	2.69	2.17		0.83	1.49	0.02	100
	T64④AH110	数量		191	1	22	21		4				29				19			287
		%		66.55	0.35	7.67	7.32		1.39				10.1				6.62			100
	T51④AH39	数量		98		14							106		2		2	13		235
		%		41.7		5.96							45.11		0.85		0.85	5.53		100
	T51④BF22	数量		232	5	24	5		16				85	1	2		19			389
		%		59.64	1.29	6.17	1.29		4.11				21.85	0.26	0.51		4.88			100
	合计	数量	44	4068	52	355	480		153				625	144	119		84	92	1	6217
		%	0.71	65.43	0.84	5.71	7.72		2.46				10.05	2.32	1.91		1.35	1.48	0.02	100
第二期	T51⑤A	数量		1265	15	72	23		171	36			597	21	71		6			2277
		%		55.56	0.66	3.16	1.01		7.51	1.58			26.22	0.92	3.12		0.26			100
	T51⑤B	数量		470	17	28	4		183				175		30	25	3		2	937
		%		50.16	1.81	2.99	0.42		19.53				18.67		3.2	2.69	0.32		0.21	100
	T51⑤BH45	数量		105		7	3		19				58	2	18					212
		%		49.53		3.3	1.42		8.96				27.36	0.94	8.49					100
	T51⑤BH48	数量		162		7	1		107	20			50	2	6		2			357
		%		45.38		1.96	0.28		29.97	5.6			14.01	0.56	1.68		0.56			100
	T64⑤AH102	数量	11	312	4	11	2		582	21			9				21			973
		%	1.13	32.07	0.41	1.13	0.2		59.82	2.16			0.92				2.16			100
	T51⑤BF21	数量		7		4			13	3		1								28
		%		25		14.29			46.43	10.71		3.57								100
	T51⑥	数量		64		3			212	14			12		8				8	321
		%		19.94		0.94			66.04	4.36			3.74		2.49				2.49	100
	合计	数量	11	2385	36	132	33		1287	94		1	901	25	133	25	32		10	5105
		%	0.22	46.72	0.7	2.59	0.65		25.21	1.84		0.02	17.65	0.49	2.6	0.49	0.63		0.19	100

续表 3－4－1 （单位）

分期	单位	陶质陶色	泥质橙黄	泥质红	泥质红褐	泥质灰	泥质黑	泥质白	夹炭红	夹炭红褐	夹炭灰	夹蚌红	夹蚌红褐	夹砂红	夹砂红褐	夹砂灰	夹砂黑	夹砂白	合计
第一期晚段	T57⑦	数量	103	598						29									730
		%	14.11	81.92						3.97									100
	T57⑦H145	数量	14	39															53
		%	26.42	73.58															100
	T57⑦G8	数量	7	172						23				9					211
		%	3.32	81.52						10.90				4.26					100
	T11④G1	数量	231	2147			1	1		400				1					2821
		%	8.19	76.11			0.03	0.03		14.18				0.04					100
	合计	数量	355	2956			1	1		452				10				40	3815
		%	9.30	77.48			0.03	0.03		11.85				0.26				1.42	100
第一期早段	T57⑧	数量	48	241															289
		%	16.61	83.39															100
	T61⑦H144	数量	25	45	6					10				32					118
		%	21.19	38.14	5.08					8.47				27.12					100
	T36⑦H13	数量								27				4					31
		%								87.10				12.90					100
	合计	数量	73	286	6					37				36				40	438
		%	16.67	65.30	1.37					8.44				8.22				1.05	100

注：第四期 G3 的 738 片泥质黑陶当中，有细泥黑陶 627 片，占泥质黑陶总数的 84.96%。

表 3－4－2　大溪文化陶片陶质统计表

陶质 分期	单位	泥质 数量	泥质 %	夹炭 数量	夹炭 %	夹蚌 数量	夹蚌 %	夹砂 数量	夹砂 %	共计 数量	共计 %
第四期	T51③等	6636	79.48	835	10	807	9.67	71	0.85	8349	100
第三期	T51④A等	4999	80.41	153	2.46	769	12.37	296	4.76	6217	100
第二期	T51⑤A等	2597	50.87	1382	27.07	926	18.14	200	3.92	5105	100
第一期晚段	T57⑦等	357	9.36	3408	89.33	10	0.26	40	1.05	3815	100
第一期早段	T57⑧等	79	18.04	323	73.74	36	8.22			438	100
共计		14668	61.31	6101	25.50	2548	10.65	607	2.54	23924	100

胎内（图版五六，3）。这种夹蚌陶质轻易碎。

第三种是半泡状夹蚌陶，内、外表层已经变泡，胎芯尚存蚌壳末，处于由密实夹蚌陶向泡状夹蚌陶变化的过程中。有的陶片泡层与密实层界限分明，如 T74④C：164 夹蚌红陶罐口沿表层（图版五六，4）。

4. 夹砂陶

数量很少。可分为粗砂陶和细砂陶两类。臼、尊、草帽形器座等大型厚胎器物为粗砂陶，T形口沿盆、小口高领罐、罐形鼎、圈足罐形甑、两瓣或三瓣纽器盖等器物为细砂陶。

（二）陶器颜色

有橙黄、红、红褐、灰、灰褐、黑、白七种。其中以红色为主，占 74.27%；黑色次之，占 9.96%；灰色再次之，占 5.97%；白色最少，占 0.22%（表 3 - 4 - 3）。上述七种陶色可以归纳为四个陶系，即红陶系（包括橙黄陶、红陶、红褐陶）、白陶系、灰陶系（包括灰陶、灰褐陶）、黑陶系。

表 3 - 4 - 3　　　　　　　　　　大溪文化陶片陶色统计表

陶色		橙黄		红		红褐		灰		灰褐		黑		白		共计	
分期	单位	数量	%	数量	%	数量	%	数量	%	数量	%	数量	%	数量	%	数量	%
第四期	T51③等	548	6.56	4382	52.49	1	0.01	824	9.87	816	9.77	1778	21.30			8349	100
第三期	T51④A 等	44	0.71	4965	79.86	52	0.83	439	7.06	144	2.32	572	9.2	1	0.02	6217	100
第二期	T51⑤A 等	11	0.21	4706	92.18	155	3.04	165	3.23	25	0.49	33	0.65	10	0.2	5105	100
一期晚段	T57⑦等			3321	87.05	452	11.85					1	0.03	41	1.07	3815	100
一期早段	T57⑧等			395	90.18	43	9.82									438	100
共计		603	2.52	17769	74.27	703	2.94	1428	5.97	985	4.12	2384	9.96	52	0.22	23924	100

1. 红陶系

泥质红陶和夹炭红陶普遍涂刷红陶衣，有些夹蚌红陶和夹砂红陶也涂刷红陶衣（表 3 - 4 - 4）。红陶衣是用红黏土淘洗成泥浆后再涂刷于坯体上的，第一期早段的陶衣多呈深红色，晚段的陶衣多呈红褐色；第二期的陶衣多呈鲜红色；第四期的陶衣多呈浅红色。此外，在一部分彩陶上，红陶衣与白陶衣并用。例如有的圈足罐（图 3 - 4 - 97，6）、豆（图 3 - 4 - 63，8）和筒形瓶（图 3 - 4 - 88，1）的外表先涂刷红陶衣，再于腹中部涂刷白陶衣（白陶衣脱落后露出下面的红陶衣），最后在白陶衣上面绘彩色图案。而薄胎彩陶一般不涂刷陶衣，直接在黄色或橙黄色的胎壁上绘彩。

大溪文化红陶系涂刷陶衣陶片统计表

表 3－4－4

分期	单位	项	泥质橙黄陶 有	泥质橙黄陶 无	泥质红陶 有	泥质红陶 无	泥质红褐陶 有	泥质红褐陶 无	夹炭红陶 有	夹炭红陶 无	夹炭红褐陶 有	夹炭红褐陶 无	夹蚌红陶 有	夹蚌红陶 无	夹蚌红褐陶 有	夹蚌红褐陶 无	夹砂红陶 有	夹砂红陶 无	夹砂红褐陶 有	夹砂红褐陶 无
第四期	T51③	数量	16	96	3044	47	1			19				704				3		
	T52扩方③G3	数量	64	372	443	19								103						
	合计	数量	80	468	3487	66	1			19				807				3		
		%	14.60	85.40	98.14	1.86	100			100				100				100		
第三期	T51④A	数量	1	43	2943	604	32		52	81			19	386		143		3	112	
	T64④AH110	数量			174	17	1		4					29						
	T51④AH39	数量			73	25	5			3			8	98					2	
	T51④BF22	数量			170	62			13				1	84		1			2	
	合计	数量	1	43	3360	708	38	14	69	84			28	597		144		3	116	
		%	2.27	97.73	82.60	17.40	73.08	26.92	45.10	54.90			4.48	95.52		100		2.52	97.48	
第二期	T51⑤A	数量			771	494	15		152	19	36		46	551		21			71	
	T51⑤B	数量			391	79	17		172	11			20	155				3	27	25
	T51⑤BH45	数量			78	27				3				58		2			18	
	T51⑤BH48	数量			113	49			78	29	16	4	6	44		2			6	
	T64⑤AH102	数量		11	306	6	4		573	9	19			9						
	T51⑤BF21	数量			7				9	4	3	2								
	T51⑥	数量			55	9			176	36	14			12					8	
	合计	数量		11	1721	664	36		1176	111	88	6	72	829		25		3	130	25
		%		100	72.16	27.84	100		91.38	8.62	93.62	6.38	7.99	92.01		100		2.26	97.74	100
第一期晚段	T57⑦	数量			94	9			469	129	4	25								25
	T57⑦H145	数量			10	4				10										
	T57⑦C8	数量			5	2			128	44	10	13	9							
	T11④G1	数量			225	6			2115	32	231	169	9	1						
	合计	数量			334	21			2741	215	245	207								25
		%			94.08	5.92			92.73	7.27	54.20	45.80								100
第一期早段	T57⑧	数量			45				165	76		1	90	10						
	T61⑦H144	数量			25		6		29	16	9			32						
	T36⑦H13	数量									25	2		4						
	合计	数量			70	3	6		194	92	34	3	90	46						
		%			95.89	4.11	100		67.83	32.17	91.89	8.11								

　　很多红陶局部经过窑外渗碳成为黑色，有以下三种情况：第一种是外红内黑（表 3 - 4 - 5）。例如圈足盘（图 3 - 4 - 15，5）、圈足碗（图 3 - 4 - 37，5、11）和器盖（图 3 - 4 - 143，8、12）的器身内表，簋（图版八一，4）、曲腹杯（图版八九，4）的器身内表以及口部外表往往呈黑色。第二种是上红下黑。例如一些平底碗（图 3 - 4 - 32，4）、圈足碗（图版六六，1）的内表以及外表腹中部以下呈黑色。第三种是数条竖向黑道。例如圈足碗（图版五八，4）、器盖（图版一一○，3）的内表呈黑色，外表有三条或四条距离相近的竖向黑道。上述三种情况黑色部分都是窑外渗炭所致，其特点是黑色部分的边缘模糊不清，与红色部分之间没有明显分界。经过试验，将这三种陶片置于马弗炉内进行烧烤，在陶片达到红热状态（500℃以上），由于"脱碳"黑色都会消失。这里需要指出的是，竖向黑道并非用含有铁锰的矿物颜料绘成的黑彩，有的学者论文中将大溪文化陶器外表的竖向黑道称为"竖黑条彩"，这不确切。

　　此外，第四期有少量红陶圈足碗（图版六五，5）的情况比较特殊，已复原 2 件，其器身内表及外表腹中部以下呈黑色，外表红与黑两部分的界限分明，黑色部分的边缘参差不齐，并且有一道道涂刷的痕迹，由于涂刷不匀，有些地方还露出红色的外表，是否用漆涂刷而成，尚待研究。

2. 白陶系

　　出土白陶数量很少，只有 66 片（见附表 9）。经测定，白陶的原料有两种：一种含氧化硅、氧化铝较多，接近于高岭土；另一种含氧化硅、氧化镁较多，属于滑石质黏土。两种白陶氧化铁的含量都较低，因此烧制后都呈白色。

3. 灰陶系

　　经测定，灰陶中氧化亚铁（FeO）的含量高于氧化铁（Fe_2O_3）的含量，这是烧制后期改用还原气氛所致。灰陶的颜色有深灰、浅灰之分。其中浅灰陶采用弱还原气氛烧制而成，其颜色纯正美观，出现于第二期，到第四期有所增加。

4. 黑陶系

　　内外表皆黑，多数胎芯也呈黑色，少数胎芯呈灰色或红色。第一期晚段出现个别黑陶；第二期已有少量黑陶，例如釜形鼎（图 3 - 4 - 118，5；图版一○一，1）；第四期有较多小型薄胎漆黑光亮的黑陶。

[二]　制法

　　坯体的制作要经过成型、修整两个步骤，换句话说，制法包括成型方法、修整方法。

（一）成型方法

　　从总体上看，大溪文化陶器的成型方法以手制为主，轮制较少。具体地说，第一、二、三期的陶器全部采用手制法成型。唯独第四期出现了轮制法，但是本期多数器物仍然采用手制法成型，两种成型方法并行发展。

1. 手制法

　　手制法有泥条筑成法和捏塑法两种。

　　泥条筑成法是普遍采用的方法。如在陶臼（图 3 - 4 - 131，7）的内底、草帽形器座（图 3 - 4 - 141，4）和筒形罐（图 3 - 4 - 105，2）的内表留有泥条缝隙。臼的泥条宽 2 ~ 4 厘米，草帽形

表3－4－5　　大溪文化红陶系内表黑色陶片统计表

陶质		泥质						夹炭				夹蚌				夹砂			
陶色		橙黄陶		红陶		红褐陶		红陶		红褐陶		红陶		红褐陶		红陶		红褐陶	
内表是否黑色		是	否	是	否	是	否	是	否	是	否	是	否	是	否	是	否	是	否
第四期 T51③	数量	76	36	1200	1891		1		19				704				3		
第四期 T52扩方③G3	数量	90	346	50	412								103				3		
第四期 合计	数量	166	382	1250	2303		1		19				807						
第四期 合计	%	30.29	69.71	35.18	64.82		100		100				100				100		
第三期 T51④A	数量		44	982	2565	2	44		133				405		143		115		
第三期 T64④AH110	数量			48	143		1		4				29						
第三期 T51④AH39	数量			30	68								106				2		
第三期 T51④BF22	数量			76	156	2	5		16				85		1		2		
第三期 合计	数量		44	1136	2932	2	50		153				625		144		119		
第三期 合计	%		100	27.93	72.07	3.85	96.15		100				100		100		100		
第二期 T51⑤A	数量			428	837		15		171		36		597		21		71		
第二期 T51⑤B	数量			192	278	8	9		183				175				30		25
第二期 T51⑤BH45	数量			30	75				19		20		58		2		18		
第二期 T51⑤BH48	数量			37	125			1	106				50				6		
第二期 T64⑤AH102	数量		11	36	276		4	3	579		21		8		2				
第二期 T51⑤BF21	数量				7				13		3								
第二期 T51⑥	数量		11	15	49	8	28		212		14		12				8		
第二期 合计	数量		11	738	1647	8	28	4	1283		94	1	900		25		133		25
第二期 合计	%		100	30.94	69.06	22.22	77.78	0.31	99.69		100	0.11	99.89		100		100		100
第一期晚段 T57⑦	数量			49	54			26	572		29								
第一期晚段 T57⑦H145	数量			6	8				39										
第一期晚段 T57⑦G8	数量			2	5				172		23								
第一期晚段 T11④G1	数量			71	160			10	2137		400								
第一期晚段 合计	数量			128	227			36	2920		452								
第一期晚段 合计	%			36.06	63.94			1.22	98.78		100								
第一期早段 T57⑧	数量			29	19			4	237	6	4								
第一期早段 T61⑦H144	数量			10	15				45	14	13								
第一期早段 T36⑦H13	数量			39	34			4	282	20	17								
第一期早段 合计	%			53.42	46.58		100	1.40	98.60	54.05	45.95								

器座的泥条宽1.5～2.5厘米，筒形罐的泥条宽1～2厘米。有些陶器如圈足碗T64⑦：169、T64④B：168（图版五七，1、2）底部见有圆形泥饼痕迹，已顺着泥饼边缘开裂形成缝隙，又如豆T51④A：480（图版五七，3）底部留下脱落圆泥饼的痕迹，这表明先做成泥饼，后在泥饼外侧用泥条筑成器壁。大多数器物为一层胎。厚胎的臼和尊有两层或三层胎。两层胎者以外层较厚，这是原胎；内层较薄，这是后加的。三层胎者以中层较厚，这是原胎；内层和外层较薄，这些是后加的。器物的附件，如三足、圈足、盖纽都是在器身成型后粘接上去的。圈足的粘接方法有两种：一种是先用锥状工具在器身外底刻划很多道沟槽，形成粗糙的接触面，如豆T74⑤AH113：165、T10④：16（图版五七，4、5），然后粘接圈足；另一种是先将圈足上端向内折，以便增大与器身底部的接触面，然后粘接圈足。三足的粘接方法也有两种：一些三足盘的足是先在器身底部粘接成圈足，再于圈足上间隔适当距离进行切割，除去三部分，将留下来的三部分作为盘的三足，足的两侧留有切割痕迹；倒梯形鼎足均为一个个拍打成型后平装于器身底部，宽面朝外。盖纽的粘接方法与圈足相似。

捏塑法只见于极少量小型的陶容器，例如小杯、小罐和小碟，其口径在5厘米左右。前两种表面往往留有手指印痕。此外，陶球也采用捏塑法成型。

2. 轮制法

轮制法系指采用快轮拉坯成型。器表遗留的螺旋式拉坯指痕是陶器采用轮制法成型的主要证据，例如细颈壶T68③：137（图版五七，6）、T69③B：188（图版五七，7）的内底，碗形豆T52扩③G3：27（图3－4－63，13）、G3：32（图3－4－63，9）的圈足内表，都留有螺旋式拉坯指痕。拉坯指痕旋转的方向有顺时针和逆时针两种，这表明快轮旋转的方向有逆时针和顺时针两种，也就是说，制陶者利用快轮拉坯的操作方法尚不规范。

（二）修整方法

修整方法主要有拍打、刮削、慢轮修整、快轮慢用修整四种，此外还有湿手抹平。

1. 拍打

例如圈足碗（图3－4－14，8）的腹部外表用绕线拍子进行拍打，留有线纹；陶臼（图3－4－131，7）的底部外表用篮纹拍子进行拍打，留有篮纹。

2. 刮削

例如薄胎彩陶圈足碗（图3－4－16，5）和单耳杯（彩版一三，1）均为手制，但是胎厚仅0.7～1.5毫米，腹部内表常有一道道纤细的方向不一的刮削痕迹，痕迹之间有"打破关系"。从模拟实验中了解到，这些痕迹是用竹篾制成的弓形（∩）刮削器进行横向或斜向刮削时遗留的痕迹。

3. 慢轮修整

泥条筑成的器物普遍经过慢轮修整。例如圈足盘的腹部外表常有细密轮纹（图版七四，4）；薄胎彩陶圈足碗和单耳杯的口部内外表也有细密轮纹，这是（将胎壁用弓形刮削器刮薄之后）口部经过慢轮修整遗留的痕迹。

4. 快轮慢用修整

利用快轮慢速旋转对坯体进行修整称为快轮慢用修整，第四期拉坯成型的器物都经过快轮慢用修整。一批细泥黑陶和细泥橙黄陶，胎厚仅1.5～2毫米，薄胎的形成既与快轮拉坯成型有关，又与快轮慢用修整有关，器表都留有细密轮纹。本期一些圈足罐口沿的细部特征是在快轮慢用修整条件下产生的，例如窄沿（图3－4－95，4）是在快轮慢用修整时将很薄很窄的口沿向外翻，然后折叠而成的。

［三］装饰

（一）涂刷陶衣

将坯体置于慢轮上旋转，同时用毛刷子蘸泥浆在坯体上涂刷陶衣。例如圈足罐T75③BH70：4（彩版一六，1）外表的红陶衣上留有一周周涂刷的痕迹。陶衣上面都经过磨光（表3－4－6）。例如小口广肩罐T61⑦H144：10（图3－4－109，1；图版五七，8）的肩部留有一道道磨光纹理，侧视纹理呈水平状，这是横向磨光所致；俯视纹理排列成正方形，这是先后从四个侧面进行磨光的缘故。

（二）器表磨光

从表3－4－6可以看到，在泥质红陶中器表磨光者所占的比例，第一期早段、第一期晚段、第二期、第三期、第四期分别为95.89%、94.93%、77.48%、82.30%、95.92%，也就是说在泥质红陶中器表磨光者始终占大多数。第四期的泥质黑陶绝大多数器表磨光，占91.65%。泥质灰陶中只有少数器表磨光。夹砂陶中器表磨光者极少。可见器表磨光者所占比例多少是制陶者根据陶质陶色的不同，区别对待，有意识安排的。

（三）纹饰

从装饰角度可将陶片分为素面、施加纹饰两大类。根据表3－4－7，在统计的23924块陶片中，有素面陶片20427片，占85.38%；施加纹饰陶片3497片，占14.62%。统计表中施加纹饰的陶片，分为普通纹饰和彩陶两类。其中，普通纹饰陶片有3100片，占施加纹饰陶片总数（3497片）的88.65%，占陶片总数（23924片）的12.96%；彩陶有397片，占施加纹饰陶片总数的11.35%，占陶片总数的1.66%。由此可见，在大溪文化中彩陶所占比例很小，彩陶制作工艺不发达。在397片彩陶中，有黑彩364片，占91.69%；红彩9片，占2.27%；棕彩23片，占5.79%；灰彩1片，占0.25%。由此可见，大溪文化的彩陶以黑彩占绝大多数，红彩和棕彩很少，灰彩罕见。这里需要说明的是，灰彩所用的彩料原先应是红彩，但在还原气氛中烧成，彩料中的 Fe_2O_3 变成 FeO，因而红彩变成灰彩，这是由于制陶者偶然失误，将施红彩的器物与需要烧成灰陶的器物置于同一窑内烧制的结果。

1. 普通纹饰

普通纹饰是直接在坯体上施加而成的纹饰。施纹工具有陶轮、刮板、锥子、钻头、戳子、拍子等等。按早先陶片统计时所分纹样有：凹弦纹、凸弦纹、瓦纹、凸棱纹、捅扎镂孔、钻孔、戳印纹、压印窝纹、钻窝纹、压印纹、压印花边、线纹、绳纹、篮纹、粗条纹、附加堆纹、划纹、篦划纹、内壁沟槽、剔刻纹、滑压暗纹、碾压窝点纹、乳丁纹等。其中，戳印纹是大溪文化中常见的典型纹样；滑压暗纹是大溪文化中施纹工艺最细致的一种纹样；内壁沟槽实际上不是纹饰，而是在研磨器内壁划成沟槽，形成粗糙面，以便研磨。上述纹样既有单独使用的，又有（在同一件器物上）几种纹样组合在一起使用的（表3－4－7）。

表 3-4-6　　　　　　　　　　　　大溪文化陶片磨光统计表

陶质			泥质												夹炭	
陶色			橙黄陶		红陶		红褐陶		灰陶		黑陶		白陶		红陶	
是否磨光			是	否	是	否	是	否	是	否	是	否	是	否	是	否
第四期	T51③	数量	15	97	2963	128	1			611	918	80				19
	T52扩方③G3	数量	64	372	445	17				187	673	65				
	合计	数量	79	469	3408	145	1			798	1591	145				19
		%	14.42	85.58	95.92	4.08	100			100	91.65	8.35				100
第三期	T51④A	数量	1	43	2942	605	45	1	10	285	39	415			52	81
	T64④AH110	数量			171	20	1			22	14	7			4	
	T51④AH39	数量			73	25			5	9						
	T51④BF22	数量			162	70	5		7	17	2	3			13	3
	合计	数量	1	43	3348	720	51	1	22	333	55	425			69	84
		%	2.27	97.73	82.30	17.70	98.08	1.92	6.20	93.80	11.46	88.54			45.10	54.90
第二期	T51⑤A	数量			882	383	15		24	48	23				152	19
	T51⑤B	数量			388	82	17		13	15	4				172	11
	T51⑤BH45	数量			79	26			4	3	3				16	3
	T51⑤BH48	数量			137	25			5	2	1				78	29
	T64⑤AH102	数量	7	4	303	9	4		1	10		2			569	13
	T51⑤BF21	数量			7				2	2					6	7
	T51⑥	数量			52	12				3					177	35
	合计	数量	7	4	1848	537	36		49	83	31	2			1170	117
		%	63.64	36.36	77.48	22.52	100		37.12	62.88	93.94	6.06			90.91	9.09
第一期晚段	T57⑦	数量			94	9									468	130
	T57⑦H145	数量			12	2									29	10
	T57⑦G8	数量			5	2									128	44
	T11④G1	数量			226	5					1			1	2118	29
	合计	数量			337	18					1			1	2743	213
		%			94.93	5.07					100			100	92.79	7.21
第一期早段	T57⑧	数量			45	3									165	76
	T61⑦H144	数量			25		6								29	16
	T36⑦H13	数量														
	合计	数量			70	3	6								194	92
		%			95.89	4.11	100								67.83	32.17

夹炭						夹蚌				夹砂									
红褐陶		灰褐陶		灰陶		红陶		红褐陶		红陶		红褐陶		灰陶		黑陶		白陶	
是	否	是	否	是	否	是	否	是	否	是	否	是	否	是	否	是	否	是	否
			321				704				3				25		42		
			495				103								1				
			816				807				3				26		42		
			100				100				100				100		100		
						3	402		143	3	112				44		79		1
							29				19								
						8	98				2				2		13		
						1	84		1		2				19				
						12	613		144	3	116				84		92		1
						1.92	98.08		100	2.52	97.48				100		100		100
36						12	585		21		71				6				
						20	155			3	27	25			3				2
							58		2		18								
16	4					6	44		2		6				2				
20	1						9								21				
3					1														
14							12				8								8
89	5				1	38	863		25	3	130	25			32				10
94.68	5.32				100	4.22	95.78		100	2.26	97.74	100			100				100
4	25																		
10	13						9												
231	169						1												40
245	207						10												40
54.20	45.80						100												100
9	1						32												
22	5						4												
31	6						36												
83.78	16.22						100												

表 3-4-7　　　　　　　　　　　　　大溪文化陶片纹饰统计表

分期	第一期早段					第一期晚段						第二期		
纹饰　　数量／单位	T57⑧	T61⑦H144	T36⑦H13	合计	%	T57⑦	T57⑦H145	T57⑦G8	T11④G1	合计	%	T51⑤A	T51⑤B	T51⑤BH45
凹弦纹						7		1	12	20	0.52	24	38	5
凸弦纹						4			27	31	0.81	3		4
瓦纹													3	
凸棱纹														2
捅扎镂孔	3	9		12	2.74	4	2	1	4	11	0.29	3		
钻孔									1	1	0.03			1
戳印纹		3	4	7	1.60	9			6	15	0.39	159	71	15
压印窝纹							2		12	14	0.37		6	
钻窝纹	6		3	9	1.14	3		3	20	26	0.68	1		1
压印纹									2	2	0.05		2	
压印花边												8		
线纹	1	3	1	5	1.14	15	3		107	125	3.28			1
绳纹								7	6	13	0.34	2		
篮纹												32	14	8
粗条纹														
附加堆纹									3	3	0.08	36	28	6
划纹												1		
刻划符号														
篦划纹														
内壁沟槽												2	2	
剔刻纹												1		
滑压暗纹		4		4	0.91				26	26	0.68	4	2	1
碾压窝点纹								1		1	0.03			1
彩陶黑彩												34	7	2
彩陶红彩									1	1	0.03			
彩陶棕彩												8	1	2
彩陶灰彩												1		
凹弦纹 + 镂孔						8			25	33	0.87		3	
凹弦纹 + 镂孔 + 戳印纹 + 划纹														
凹弦纹 + 镂孔 + 划纹														
凹弦纹 + 镂孔 + 窝点纹														
凹弦纹 + 戳印纹									4	4	0.10		2	1
凹弦纹 + 戳印纹 + 划纹														1
凹弦纹 + 戳印纹 + 窝点纹														

第二期						第三期						第四期			
T51⑤BH48	T64⑤AH102	T51⑤BF21	T51⑥	合计	%	T51④A	T64④AH110	T51④AH39	T51④BF22	合计	%	T51③	T52扩方③G3	合计	%
11	3	5	33	119	2.33	61	4	1	5	71	1.14	16	4	20	0.24
7			2	16	0.31	26				26	0.42	40	137	177	2.21
				3	0.06	14	48	2		64	1.03	59	37	96	1.15
				2	0.04	3				3	0.05				
	1		1	5	0.10	1	15	2		18	0.29	15	74	89	1.07
				1	0.02										
22	19		8	294	5.76	118	11	8	36	173	2.78	50		50	0.60
	1		6	13	0.25	4				4	0.06	5	5	10	0.12
				2	0.04	2				2	0.03				
1				3	0.06	5				5	0.08				
				8	0.15			3		3	0.05	2		2	0.02
			4	5	0.10										
			3	5	0.10										
				54	1.06	76	23	3		102	1.64	25	15	40	0.48
	1			71	1.39	2		2		4	0.06	3		3	0.04
	2			3	0.06								1	1	0.01
						1				1	0.02				
								2		2	0.03	25	16	41	0.49
				4	0.08	19	2	14		35	0.56	23	27	50	0.60
				1	0.02										
1	66		1	75	1.47		1			1	0.02				
2	2			5	0.10	7				7	0.11	2		2	0.02
	17			60	1.17	178	1	2	24	205	3.29	93		93	1.14
						4		1	1	6	0.10	2		2	0.02
	5			16	0.31	3				3	0.05	1	3	4	0.05
				1	0.02										
	2		3	8	0.15		1			1	0.02				
	387			387	7.58										
	101			101	1.98										
			1	1	0.02										
				3	0.06	20				20	0.32		2	2	0.02
				1	0.02										
						2				2	0.03				

续表 3-4-7

分期		第一期早段					第一期晚段						第二期		
数量 ＼ 单位 ＼ 纹饰		T57⑧	T61⑦H144	T36⑦H13	合计	%	T57⑦	T57⑦H145	T57⑦G8	T11④G1	合计	%	T51⑤⑤A	T51⑤⑤B	T51⑤BH45
凹弦纹 + 压印纹				1	1	0.23		4		63	67	1.75	9	4	2
凹弦纹上压印纹 + 瓦纹上压印纹															
凹弦纹 + 划纹													1		
凹弦纹 + 窝点纹													2		
凹弦纹 + 朱绘															
凸弦纹 + 戳印纹															
凸弦纹 + 压印纹													3		
凸弦纹上压印纹															
瓦纹上压印纹													9		
镂孔 + 戳印纹															
镂孔 + 乳丁纹															
戳印纹 + 乳丁纹															
戳印纹 + 划纹									2		2	0.05			
戳印纹 + 暗纹															
戳印纹 + 窝点纹															
窝纹 + 划纹														1	
压印纹 + 附加堆纹															
压印花边 + 暗纹															
篦点纹 + 暗纹															
鹰嘴状钮 + 彩陶黑彩															
绳纹 + 凹弦纹							4				4	0.11			
篮纹 + 凹弦纹 + 瓦纹上压印纹															
篮纹 + 凸弦纹														1	
篮纹 + 凸弦纹上压印纹															
篮纹 + 凸弦纹 + 压印纹															
篮纹 + 凹弦纹															1
篮纹 + 凹弦纹上压印纹															
篮纹 + 附加堆纹															
篮纹 + 内壁沟槽															
素面	数量	279	99	22	400		674	43	199	2500	3416		1934	752	158
素面	%	96.54	83.90	70.97	91.32		92.33	81.13	94.31	88.62	89.54		84.94	80.26	74.53
合计	数量	289	118	31	438		730	53	211	2821	3815		2277	937	212
合计	%					100						100			

第二期						第三期						第四期			
T51⑤BH48	T64⑤AH102	T51⑤BF21	T51⑥	合计	%	T51④A	T64④AH110	T51④AH39	T51④BF22	合计	%	T51③	T52扩方③G3	合计	%
		1	14	30	0.59		1			1	0.02				
						4		2		6	0.10				
	1			2	0.04										
2				4	0.08	8				8	0.13	1		1	0.01
			2	2	0.04										
							1			1	0.02				
				3	0.06										
						3				3	0.05	12	1	13	0.15
				9	0.17	58	5	4		67	1.08	8		8	0.09
		3		3	0.06	1				1	0.02	18		18	0.21
													26	26	0.31
													3	3	0.04
1	45			46	0.90										
						5				5	0.08				
				1	0.02										
						1				1	0.02				
	5			5	0.10										
	2			2	0.04										
						6				6	0.10				
	31			31	0.61										
				1	0.02	12				12	0.19				
							4			4	0.06	5		5	0.06
							10			10	0.16				
				1	0.02	11		1		12	0.19				
													2	2	0.02
310	282	22	240	3698		4649	160	190	323	5322		5520	2071	7591	
86.83	28.98	78.57	74.77	72.44		87.62	55.75	80.85	83.03	85.60		93.13	85.51	90.92	
357	973	28	321	5105		5306	287	235	389	6217		5927	2422	8349	
					100						100				100

　　总体上看从早到晚的主要纹饰，一期的主要纹饰有漏斗状圆镂孔等，纹饰比较简单，但纹饰规整。一、二期地层纹饰以戳印纹为主，其余有钻窝纹、剔刻纹等。三、四期地层的纹饰较少，主要是镂孔与长条形戳印纹相组合，戳印的技术比前期日臻完善，乳丁纹相继出现。

　　普通纹饰的具体情况分述如下：

　　（1）弦纹

　　可分为凸弦纹和凹弦纹，二者均是在慢轮修整中完成的。为单条、双条或多条平行线，有的还在器壁上下分布形成几组。凸弦纹比凹弦纹的数量少，而且纹道稀疏。

　　凸弦纹　多饰于罐、瓮、盆、碗、鼎等的腹部。例如：圈足罐 T4④：25（图3-4-93，5），圈足罐 T9③：19（图3-4-95，6），圈足罐 T56④A：26（图3-4-95，7），鼎 T76③：13（图3-4-119，12）。

　　凹弦纹　该纹饰延续时间长，由一期晚段至三、四期地层均有发现。一期晚段地层的数量较少，排列较稀疏；三、四期地层的数量增多，排列密集。例如：圈足碗 T65⑥：76（图3-4-14，1），圈足碗 T5④B：53（图3-4-21，10），平底钵 T77⑥：63（图3-4-76，12），圈足罐 T77④D：60（图3-4-95，1），釜 T65⑤AS35：60（图3-4-110，1），甑 T55③：8（图3-4-124，3），器座 T68⑤：130（图3-4-132，9）。

　　（2）线纹和绳纹

　　该纹饰限于一期晚段和二期地层，三、四期地层未见。绳纹中大部分为细绳纹，有的属线纹，稍粗的绳纹甚少。纹饰拍印于斜沿罐、折腹碗、尖圜底臼及尖底瓶的器腹，竖行或斜行，布列较稀疏或密集。有的器形在拍印绳纹后再施红陶衣，红陶衣稍厚者将绳纹覆盖，红陶衣稍薄者绳纹若隐若现，或可称隐绳纹。例如：圈足碗 T64⑦：68（图3-4-14，8），小口尖底瓶 T63⑤A：27（图3-4-91，1），鼎 T57⑦：113（图3-4-118，1），甑 T69⑤B：184（图3-4-123，4），尊 T61⑥CH136：1（图3-4-129，1）。

　　（3）篦划纹

　　从二期始见到四期地层止。各期的划道稀密、宽窄及深浅各有变化。二期地层的划道多交错、密集，三、四期地层的划道多斜行，多以5～6道篦划为一单元，划道浅。篦划纹见于盆形研磨器、罐形研磨器的内壁，具有实用功能。例如：盆形研磨器 T71④F：93（图3-4-125，3），盆形研磨器 T9③：44（图3-4-125，4），罐形研磨器 T39④A：35（图3-4-125，11），罐形研磨器 T1②C：8（图3-4-125，12）。

　　（4）刻划纹

　　该纹饰的数量极少，只有4件。采用纤细工具刻划双曲线、绳索状等较复杂纹样。例如：筒形瓶 T34④C：43（图3-4-90，1），圈足钵底 T71⑦G9：3（图3-4-80，1），圈足罐 T60③A：22（图3-4-99），器盖 T51⑤A：257（图3-4-152，2）。

　　（5）剔刻纹

　　采用薄刃工具斜刻或直刻，然后将被剔刻部位剔出，其边壁齐整无泥突，槽底有刻痕或底面显粗糙。例如：三足盘 T2④：89（图3-4-57，6），三足盘 T55⑥：85（图3-4-57，9），三足盘 T74⑤AH113：39（图3-4-57，11），鼎足 T51⑤B：501（图3-4-121，19）。

（6）压印纹

均在制坯中完成。按其形状可分压印窝穴、压印短条纹两大类。

压印窝纹　一般与压印短条纹互相结合。其特点是在较高凸弦纹上压印出窝穴。多饰于盆、罐、瓮及甑等，以盆为多。例如：圈足碗T69④C：94（图3－4－1，2；图3－4－25，8），圜底大盆T53⑤A：286（图3－4－1，5），盆T53④：282（图3－4－1，11；图3－4－73，1），瓮T64⑤A：44（图3－4－1，12）。

压印小窝纹　压印小窝纹与压印窝纹近似，但压印窝纹仅施于较高凸弦纹（贴弦纹）的棱面，而直压式的压印小窝纹施于器表，有的与凹弦纹组合，数量较多。压印小窝纹多饰于器盖、罐、盆、碗、曲腹杯及筒形瓶等。器形不同其所饰的部位也有差别，器盖多饰于盖纽及盖面，罐多饰于肩部或口沿，盆饰于腹部。例如：豆T24③：32（图3－4－1，1），平底碗T23③：17（图3－4－1，3），盖纽T63⑤B：67（图3－4－1，4），盖纽T68⑤H117：8（图3－4－1，6），圈足碗底T64⑤A：50（图3－4－1，7；图3－4－23，3），三足杯T11④：107（图3－4－1，8），盖纽T51④A：485（图3－4－1，9），圈足碗T65⑥：76（图3－4－1，10）。

压印大深窝纹　绝大部分饰于鼎足上端，有个别饰于三足碗的足部或盆的腹底。窝纹形状不规则，深浅不尽相同。鼎足的上方一般按捺1个窝或数个窝，最多的1个鼎足达14个窝。窝的多少与时代的早晚有关。例如：鼎足T53⑥：304（图3－4－1，13），鼎足T74⑦：173（图3－4－1，14），鼎足T54⑦H57：4（图3－4－1，15），鼎足T72⑥B：97（图3－4－119，2）。

压印短条纹　该纹饰数量较少，常与凹、凸弦纹组合，即在弦纹间压印各种短条纹。多饰于折腹盆或较大器形瓮的折肩处。例如：瓮T74④B：169（图3－4－1，16），盆T11③：89（图3－4－1，17），盆T56⑤：114（图3－4－1，18；图3－4－74，5），圈足盘T51⑤BH48：370（图3－4－1，19）。

（7）附加堆纹

在粗泥条附加堆纹上都依次压出凹窝，一些凹窝内留有手指纹、布纹或绳纹印痕。其中，布纹当采用布条包裹在小棒类工具上压印而成，布纹比较稀疏，1平方厘米内经纬线各约9根。例如：平底钵T51④A：450（图3－4－79，15），小口尖底瓶T7③B：21（图3－4－91，2），平底罐T22③：20（图3－4－101，2），平底罐T53④：283（图3－4－102，8），陶臼T51⑤B：283（图3－4－131，1）。

（8）戳印纹

制作方法是待陶坯将干未干时采用戳子在器外壁戳印，该处里壁常呈现泥突。多饰于盘、豆、碗、簋的圈足及盖纽等器形上。戳印纹按其形状可细分为：弯月形、长方形、方形、长条形、圆形、半圆形、菱形、椭圆形、三角形、重圆圈形、×形、⊣⊢⊦⊣形、Z形及I形等。以弯月形及长方形为主，I形纹最少。分述如下。

弯月形戳印纹　为一期晚段及二期陶器的典型纹饰，数量多。多饰于盘的圈足，其他饰于豆、簋的圈足及器盖纽柄。大都弯月内弧向下，但也有向上或向左的。一般组成有4组、5组、6组或8组，最多11组；每组2个或3个，对称或交错排列。例如：圈足盘T74⑤AH113：1（图3－4－2，1），圈足盘T51⑤A：200（图3－4－2，2），豆T72⑤AH153：4（图3－4－2，3），豆T72⑤A：54（图3－4－2，4），盖纽T55⑤：32（图3－4－2，5），豆T74⑤AH113：177（图3－4－2，6），

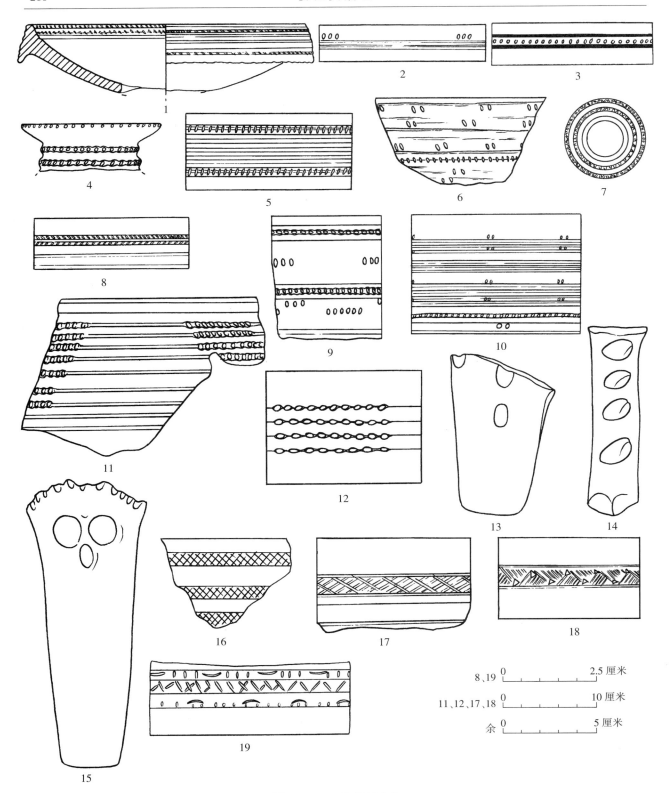

图 3-4-1　陶器压印纹

压印小窝纹、窝纹：1. 豆（T24③：32）　　2. 圈足碗（T69④C：94）　　3. 平底碗（T23③：17）　　4. 器盖纽（T63⑤B：67）　　5. 圜底
大盆（T53⑤A：286）　　6. 器盖纽（T68⑤H117：8）　　7. 圈足碗底（T64⑤A：50）　　8. 三足杯（T11④：107）
9. 器盖纽（T51④A：485）　　10. 圈足碗（T65⑥：76）　　11. 盆（T53④：282）　　12. 瓮（T64⑤A：44）

压印大深窝纹：13. 鼎足（T53⑥：304）　　14. 鼎足（T74⑦：173）　　15. 鼎足（T54⑦H57：4）

压印短条纹：16. 瓮（T74④B：169）　　17. 盆（T11③：89）　　18. 盆（T56⑤：114）　　19. 圈足盘（T51⑤BH48：370）

圈足碗 T11④G1：78（图 3 - 4 - 2，7），圈足碗 T11④G1：57（图 3 - 4 - 2，8），豆 T62⑤A：49（图 3 - 4 - 2，9），圈足盘 T51⑤A：261（图 3 - 4 - 2，10），圈足盘 T71⑤H129：1（图 3 - 4 - 2，11；图 3 - 4 - 46，10）。

长方形及方形戳印纹　以长方形戳印纹为主，方形戳印纹少量。多饰于盘、豆、罐、碗的圈足及器盖的纽柄。以盘为主，次之为豆。大量流行于二、三期地层，四期地层有少量。一般多饰 4 组，每组 2 个或 5 个；有的饰 2 组，每组 2 个。例如：圈足盘 T67④C：153（图 3 - 4 - 2，12），圈足罐 T53⑤A：149（图 3 - 4 - 2，13），豆 T60⑤A：65（图 3 - 4 - 2，14），簋 T53④：324（图 3 - 4 - 2，15），豆 T57④BH96：9（图 3 - 4 - 2，16），圈足盘 T61④H95：1（图 3 - 4 - 2，17），簋 T6④：34（图 3 - 4 - 2，18）。

长条形戳印纹　此纹饰一般出现于四期地层。多饰于泥质黑陶和细泥黑陶的豆圈足，有个别饰于筒形瓶。例如：豆 T52③：219（图 3 - 4 - 2，19），筒形瓶 T75③A：22（图 3 - 4 - 2，20），圈足罐 T68③：149（图 3 - 4 - 2，21），豆 T52③：220（图 3 - 4 - 64，6）。

圆形戳印纹　数量较少。见于圈足盘、豆、碗、簋的圈足及器盖的纽柄，一般戳印 3 组或 4 组。例如：圈足盘 T69④C：95（图 3 - 4 - 3，1），圈足碗 T5④B：35（图 3 - 4 - 3，2），器盖 T11④：61（图 3 - 4 - 3，3），圈足碗 T71③BH93：4（图 3 - 4 - 3，4），豆 T11④：83（图 3 - 4 - 3，5），圈足碗 T9③：42（图 3 - 4 - 3，6）。

半圆形戳印纹　数量少，只有 5 件。饰于圈足。例如：豆 T53⑤A：327（图 3 - 4 - 3，7），豆 T59④BH98：6（图 3 - 4 - 3，8）。

菱形戳印纹　数量少。多饰于鼓形器座。例如：器座 T56⑤：115（图 3 - 4 - 3，9），圈足盘 T52④A：236（图 3 - 4 - 3，10），白陶圈足盘 T52④A：217（图 3 - 4 - 3，11）。

椭圆形戳印纹　数量很少。多饰于圈足，有个别饰于器座。例如：白陶圈足盘 T31④：41（图 3 - 4 - 3，12），簋 T57④BH96：26（图 3 - 4 - 3，13）。

三角形戳印纹　有 3 件完整器和一些碎片。均见于筒形瓶。该纹饰常与凹弦纹相结合。例如：筒形瓶 T34④A：50（图 3 - 4 - 3，14），筒形瓶 T75④BH73：1（图 3 - 4 - 3，15）。

重圆圈戳印纹　数量很少。多饰于尊、罐的口沿及豆的圈足。可能采用小孔芯的竹管戳印而成。例如：尊 T57⑥B：101（图 3 - 4 - 3，16），豆 T53⑤BH49：331（图 3 - 4 - 3，17），尊 T52⑤B：152（图 3 - 4 - 129，11）。

×形戳印纹　有的 2 个相背向的半圆弧形紧贴，有的稍分离。饰于盘、豆、罐的圈足。例如：豆 T74⑤AH113：176（图 3 - 4 - 4，1），圈足盘 T59④BH98：1（图 3 - 4 - 4，2），圈足盘 T51⑤A：369（图 3 - 4 - 4，3）。

┼├、├┤形戳印纹　数量很少，戳印较浅。多饰于豆的圈足，有少量饰于盖纽柄。例如：器盖纽 T53⑤A：164（图 3 - 4 - 4，4），豆 T65⑤AS35：57（图 3 - 4 - 4，5），豆 T65⑤B：55（图3 - 4 - 4，6）。

Z 形戳印纹　数量少。饰于盘的圈足或罐的肩部，排列有序。例如：圈足盘 T55⑥H122：8（图 3 - 4 - 4，7），尊 T51⑤B：549（图 3 - 4 - 4，8），圈足盘 T51⑤BH48：371（图 3 - 4 - 4，9）。

I 形戳印纹　该纹饰罕见。例如：圈足碗 T65⑤B：125（图 3 - 4 - 4，10）。

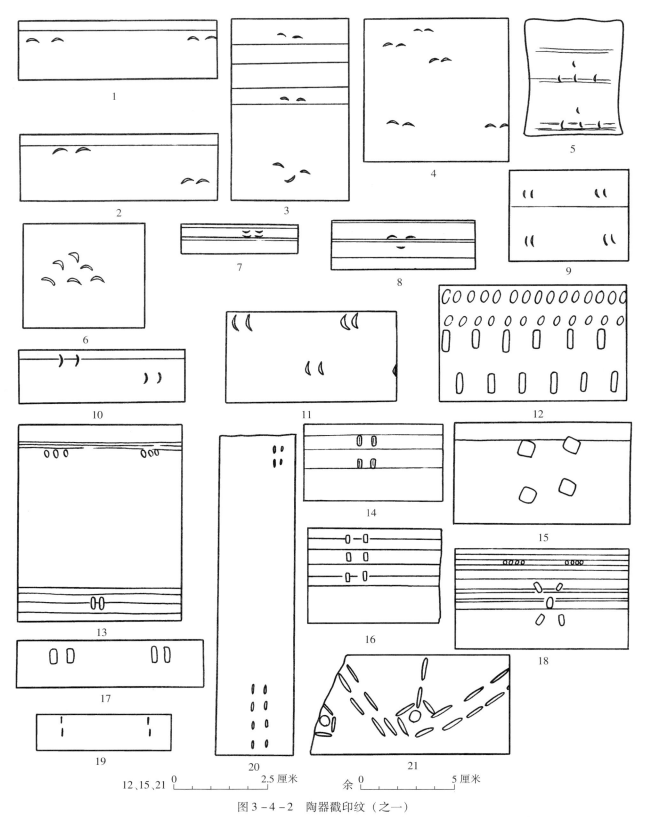

12、15、21 0 _____ 2.5 厘米   余 0 _____ 5 厘米

图 3 - 4 - 2 陶器戳印纹（之一）

弯月形：1. 圈足盘（T74⑤AH113：1） 2. 圈足盘（T51⑤A：200） 3. 豆（T72⑤AH153：4） 4. 豆（T72⑤A：54） 5. 器盖纽（T55⑤：32） 6. 豆（T74⑤AH113：177） 7. 圈足碗（T11④G1：78） 8. 圈足碗（T11④G1：57） 9. 豆（T62⑤A：49） 10. 圈足盘（T51⑤A：261） 11. 圈足盘（T71⑤H129：1）   长方形、方形：12. 圈足盘（T67④C：153） 13. 圈足罐（T53⑤A：149） 14. 豆圈足（T60⑤A：65） 15. 簋（T53④：324） 16. 豆（T57④BH96：9） 17. 圈足盘（T61④H95：1） 18. 簋（T6④：34）   长条形：19. 豆（T52③：219） 20. 筒形瓶（T75③A：22） 21. 圈足罐（T68③：149）

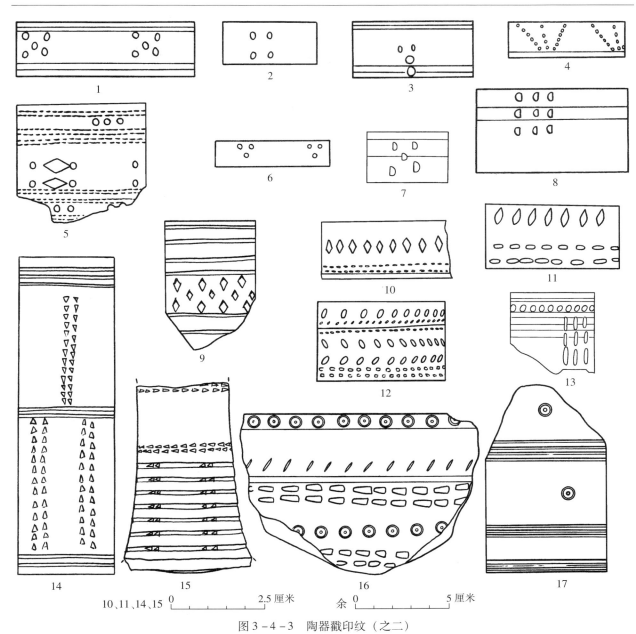

图 3-4-3　陶器戳印纹（之二）

圆形：1. 圈足盘（T69④C：95）　2. 圈足碗（T5④B：35）　3. 器盖纽（T11④：61）　4. 圈足碗（T71③BH93：4）　5. 豆（T11④：83）　6. 圈足碗（T9③：42）　半圆形：7. 豆（T53⑤A：327）　8. 豆（T59④BH98：6）　菱形：9. 器座（T56⑤：115）　10. 圈足盘（T52④A：236）　11. 白陶圈足盘（T52④A：217）　椭圆形：12. 白陶圈足盘（T31④：41）　13. 簋（T57④BH96：26）　三角形：14. 筒形瓶（T34④A：50）　15. 筒形瓶（T75④BH73：1）　重圆圈：16. 尊口沿（T57⑥B：101）　17. 豆（T53⑤BH49：331）

（9）钻窝纹

数量较多。可能用锥形工具钻窝，钻窝深度为器壁厚度的一半或更浅。多饰于盘的三足、鼎足及器座，其余有饰于圈足碗、圈足罐、圈足盆的圈足及器盖的纽柄。单体上一般饰3、5、8或9个，最多的1个鼎足钻窝多达96个，排列都较有序。例如：器座T11④G1：103（图3-4-6，5），三足盘T64⑤B：133（图3-4-6，6），三足盘T70⑤G5：19（图3-4-6，7），三足盘T75⑥：138（图3-4-6，10）。

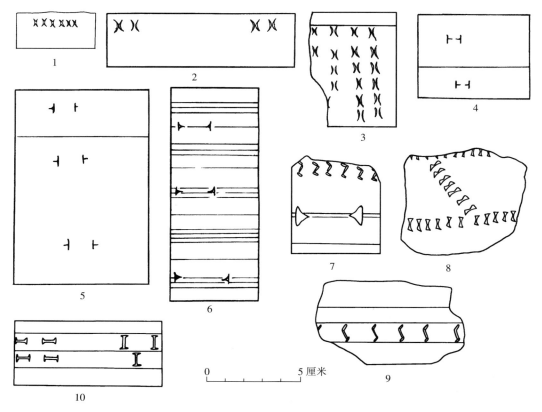

图 3 - 4 - 4　陶器戳印纹（之三）

X 形：1. 豆圈足（T74⑤AH113∶176）　2. 圈足盘（T59④BH98∶1）　3. 圈足盘（T51⑤A∶369）

丬卜、卜丬形：4. 器盖纽（T53⑤A∶164）　5. 豆（T65⑤AS35∶57）　6. 豆（T65⑤B∶55）

Z 形：7. 圈足盘（T55⑥H122∶8）　8. 尊（T51⑤B∶549）　9. 圈足盘（T51⑤BH48∶371）

I 形：10. 圈足碗（T65⑤B∶125）

（10）镂孔

　　该纹饰的数量仅次于戳印纹。其形状有圆形、方形、长方形、凹口长方形、三角形及半圆形等。其中圆形、方形及长方形镂孔或大或小，孔径大小的差别很大。镂孔一般是在制坯中用旋转戳透或切割等方法完成的，用戳透法的镂孔内壁见泥突，用切割法的镂孔边壁较齐整光滑。而钻圆孔是待陶坯干后用锥状工具钻透的。有些镂孔还与凹弦纹、压印小窝纹等相结合。按镂孔形状分述如下。

　　圆形镂孔　按孔径形状可细分为外大里小漏斗状圆孔和内外径等大的直圆孔两类。漏斗状圆孔应属使用锥形工具成孔的，除常见的在制坯中同时完成外，另有一种是待陶坯干后用锥形工具钻透孔的钻圆孔。钻圆孔出现于二期地层，多饰于三足盘、圈足钵、圈足碗及器座。例如：圈足碗 T67⑥∶90（图 3 - 4 - 22，9），圈足钵 T72⑥BH163∶1（图 3 - 4 - 80，2）。直圆孔，因时代早晚差别而孔径大小及其数量悬殊。有的孔径仅 0.2～0.8 厘米，有的孔径达 1.2～2.1 厘米。除单一直圆孔纹饰外，有的还与戳印纹、凹弦纹及压印窝纹等相组合。例如：器座 T34④A∶4（图 3 - 4 - 5，1），器座 T70④B∶23（图 3 - 4 - 5，2），器座 T77④E∶26（图 3 - 4 - 5，3），豆 T52 扩③G3∶27（图 3 - 4 - 5，4），盖纽 T70⑤H111∶6（图 3 - 4 - 5，5），器座 T53⑤A∶214（图 3 - 4 - 5，6），圈足盘 T11④∶45（图 3 - 4 - 5，7），三足盘 T53⑥∶180（图 3 - 4 - 5，8），三足盘 T77⑦∶48（图 3 - 4 - 5，9），簋 T10④∶17（图 3 - 4 - 5，10）。

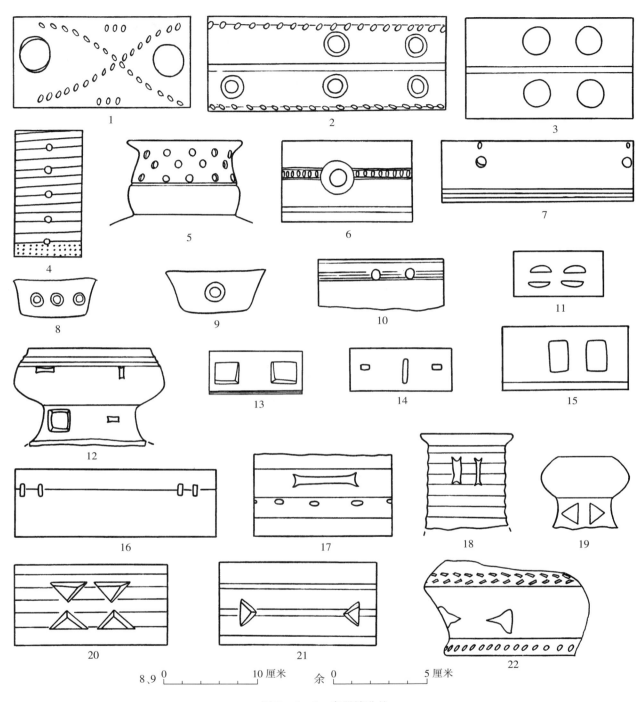

图 3 - 4 - 5 　陶器镂孔纹

圆形孔：1. 器座（T34④A：4）　2. 器座（T70④B：23）　3. 器座（T77④E：26）　4. 豆（T52 扩③G3：27）　5. 盖纽（T70⑤H111：6）　6. 器座（T53⑤A：214）　7. 圈足盘（T11④：45）　8. 三足盘（T53⑥：180）　9. 三足盘（T77⑦：48）　10. 簋（T10④：17）　半圆形孔：11. 圈足碗（T22③：49）　方形、长方形孔：12. 盖纽（T65⑥：118）　13. 圈足碗（T64④B：163）　14. 盖纽（T53⑤A：287）　15. 器座（T74⑥：101）　16. 圈足盘（T53⑤A：140）　凹口长方形孔：17. 圈足盘片（T51⑥：372）　18. 盖纽（T51⑤A：494）　三角形孔：19. 盖纽（T52⑥：225）　20. 器座（T11④：96）　21. 器座（T35⑤A：52）　22. 圈足盘（T53⑥：321）

方形、长方形镂孔　盛行于二、三期地层。多饰于圈足盘、碗、豆的圈足及器盖的纽柄。例如：盖纽T65⑥：118（图3-4-5，12），圈足碗T64④B：163（图3-4-5，13），盖纽T53⑤A：287（图3-4-5，14），器座T74⑥：101（图3-4-5，15），圈足盘T53⑤A：140（图3-4-5，16）。

凹口长方形镂孔　数量少。例如：圈足盘片T51⑥：372（图3-4-5，17），盖纽T51⑤A：494（图3-4-5，18）。

三角形镂孔　饰于矮圈足器座、鼓形器座、器盖纽部及个别双折腹豆的圈足。例如：盖纽T52⑥：225（图3-4-5，19），器座T11④：96（图3-4-5，20），器座T35⑤A：52（图3-4-5，21）。

半圆形镂孔　很少见。例如：圈足碗T22③：49（图3-4-5，11）。

三角、菱形镂孔等组合　有三角形镂孔与凹弦纹、压印纹组合，三角形镂孔、菱形镂孔与绳纹等组合，菱形镂孔与圆形戳印纹、点线纹组合。例如：器座T68⑤H117：6（图3-4-6，1），器座T54⑦H57：2（图3-4-6，2），器座T36⑥B：48（图3-4-6，3），器座T54⑦H57：3（图3-4-6，4），圈足盘T53⑥：321（图3-4-5，22）。

（11）乳丁纹

数量极少，仅见7件（片），但很有代表性。乳丁纹的制作是由器内壁往外戳印而成，戳印密集，外壁泥突大小匀称，排列有序。有的乳丁纹与镂孔相组合。多饰于圈足或高领罐器形的肩部。例如：圈足罐T62③：66（图3-4-6，8），平底罐T22③：20（图3-4-6，9），豆T77③A：79（图3-4-6，11），平底罐T74③：166（图3-4-102，7），平底罐T69③B：198（图3-4-102，9）。

2. 彩陶

彩陶是用矿物颜料在坯体上绘制而成的纹饰，一般都在红陶上画彩，彩纹颜色以黑彩为最多，红彩、棕彩很少，因其色彩而显得醒目、突出。大溪文化的彩陶以外彩为主，内彩少见，个别圈足碗（图3-4-19，9）采用晕染法绘内彩。一部分圈足碗（图3-4-16，1）除器身绘彩之外，连外底也绘彩，圈足碗正放时，外底的彩色图案处于隐蔽部位，是看不见的，但是，将碗扣放当作器盖使用时，外底的彩色图案就处于显眼部位，由此可见，在外底绘彩应与"碗盖两用"有关。彩陶的纹样有：弧线三角圆点纹、花瓣纹、绳索纹、变体绳索纹、曲线网格纹、菱形网格纹、草叶纹、横人字形纹、扁菱形纹、链环纹、曲线纹、齿形纹、圆点纹、梯架形纹、波浪纹、涡纹、长短平行直条纹、双曲线十字形纹、冰裂纹、条纹（平行条纹）、网格纹等。经仔细观察，曲线纹是由数个点纹连成；曲线网格纹是由数条曲线纹互相靠拢而成，类似网格状，但是并非曲线纹相交而成。曲线网格纹、绳索纹、横人字纹是大溪文化彩陶图案中的典型纹样。弧边三角纹是从中原地区庙底沟文化的彩陶图案中汲取来的，这是文化交流的反映。

彩陶纹在一期晚段地层数量很少，而且纹饰简单，如条纹、平行直线纹等。二期地层的彩陶数量增加，纹饰繁缛，如网格纹、曲线网格纹、菱形网格纹等。三期地层的彩陶为鼎盛期，如绳索纹、花瓣纹、波浪纹等。四期地层的彩陶数量比上一期略减，纹饰趋于简单，如草叶纹、横人字形纹等。

彩陶的各种纹样分述如下。

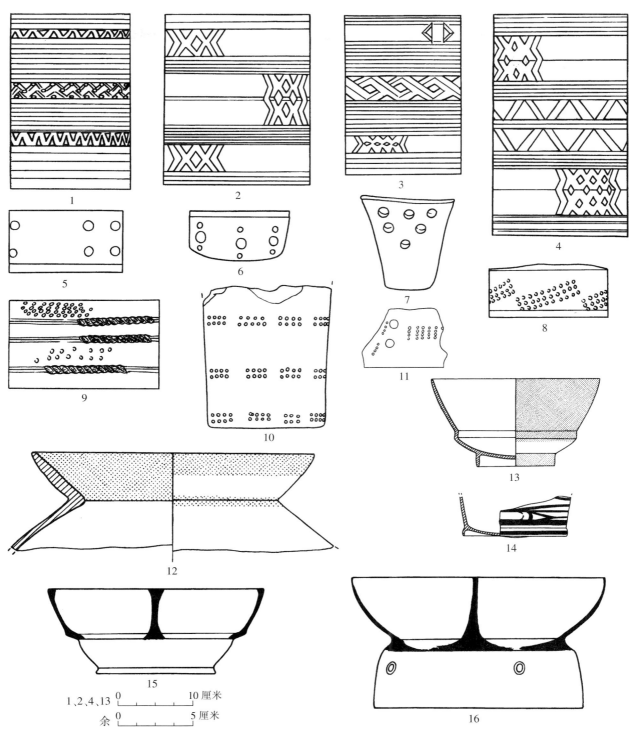

图 3 - 4 - 6　陶器纹饰

三角、菱形镂孔组合：1. 器座（T68⑤H117：6）　　2. 器座（T54⑦H57：2）　　3. 器座（T36⑥B：48）　　4. 器座（T54⑦H57：3）
钻窝纹：5. 器座（T11④G1：103）　6. 三足盘（T64⑤B：133）　7. 三足盘（T70⑤G5：19）　10. 三足盘（T75⑥：138）　乳丁
纹：8. 圈足罐（T62③：66）　9. 平底罐（T22③：20）　11. 豆（T77③A：79）　刮衣露胎带状纹：12. 釜（T68⑦：141）
13. 圈足碗（T23④H20：2）　朱绘：14. 曲腹杯（T64④A：81）　渗碳黑道纹：15. 圈足碗（T1④H2：73）　16. 圈足碗（T61⑦
H144：1）

（1）彩陶弧线三角圆点纹

多饰于罐的腹部，其余有饰于筒形瓶、钵及盆的。以黑彩居多，余为棕彩和红彩。多红衣地，个别有白衣地。例如：圜底罐 T11③：4（图 3－4－7，1；图 3－4－108，16），瓮 T71④C：116（图 3－4－7，2），平底罐 T75④BH73：10（图 3－4－7，3；图 3－4－101，11），圈足罐 T70⑤H111：4（图 3－4－7，4；图 3－4－97，8），平底罐 T69③B：174（图 3－4－7，5），筒形瓶 T53④：146（图 3－4－7，6），平底罐 T76④BF30：22（图 3－4－7，7；图 3－4－104，10），平底罐 T51③F8：211（图 3－4－7，8；图 3－4－102，3），平底罐 T3③H1：10（图 3－4－7，9；图 3－4－101，5），圈足罐 T51⑤A：171（图 3－4－7，10；图 3－4－97，6），瓮 T1③：21（图 3－4－7，11），瓮 T62⑤A：16（图 3－4－7，12），筒形瓶 T60④AF26：21（图 3－4－7，13；图 3－4－88，1），筒形瓶 T34④BF1：8（图 3－4－7，14；图 3－4－89，1）。

（2）彩陶花瓣纹

复原 3 件，余为碎片。大都先施白衣地再绘连续的几朵花瓣纹。多饰于豆、瓮及筒形瓶的腹部。有棕、红及黑彩。例如：瓮 T37④A：9（图 3－4－7，15），筒形瓶 T52④BF22：154（图 3－4－7，16），豆 T51⑤A：192（图 3－4－7，17）。

（3）彩陶绳索纹

为 1～5 股的细条拧结成 1 股圆弧形的粗绳索，有的与变体绳索纹在同一陶器上兼用。多饰于筒形瓶，其他有饰于罐、瓮、器座及钵的。以黑彩为主，棕彩其次，有个别先施白衣地后绘彩。例如：平底罐 T61③B：73（图 3－4－8，1），瓮 T52④A：104（图 3－4－8，2），圈足罐 T51④A：155（图 3－4－8，3；图 3－4－94，1），筒形瓶 T64④AH110：80（图 3－4－8，4），筒形瓶 T65④A：86（图 3－4－8，5），筒形瓶 T65④A：41（图 3－4－8，6），筒形瓶 T34④A：6（图 3－4－8，7）。

（4）彩陶变体绳索纹

为拧结成方形、近方形或不完整对接的绳索状纹样。多饰于罐、筒形瓶、凹腰形器座及瓮等。例如：筒形瓶 T74④A：160（图 3－4－8，8），筒形瓶 T34④A：7（图 3－4－8，9），筒形瓶 T34④A：37（图 3－4－8，10），器座 T53④：246（图 3－4－8，11），瓮 T52④A：200（图 3－4－8，12），平底罐 T57③A：23（图 3－4－8，13；图 3－4－102，5），器座 T60③A：29（图 3－4－8，14），圈足罐 T51③：79（图 3－4－8，15），平底罐 T53③：274（图 3－4－8，16）。

（5）彩陶曲线网格纹

复原 5 件，余为碎片。在有的部位可观察到，在绘曲线网格前先设定 3 个点或多个点为 1 组再以曲线相连接，每 1 格均有结节。该纹饰主要见于二期地层，延续时间较短。仅绘于薄胎圈足杯或小型薄胎碗。例如：三足单耳杯 T58⑤H177：3（3－4－9，1），圈足单耳杯 T53⑤BH49：298（图 3－4－9，2），圈足单耳杯 T65⑤AS35：63（图 3－4－9，3），圈足碗 T77⑥：77（图 3－4－9，4），圈足单耳杯 T64⑤A：53（图 3－4－9，5；图 3－4－83，1），圈足碗 T52⑤AH43：5（图 3－4－9，6；图 3－4－17），圈足碗 T70⑤H111：3（图 3－4－9，7），圈足碗 T62⑤AH141：9（图 3－4－9，8；图 3－4－16，1），杯 T55⑥：79（图 3－4－9，9；图 3－4－85，3），杯 T64⑤B：160（图 3－4－9，10；图 3－4－87，10）。

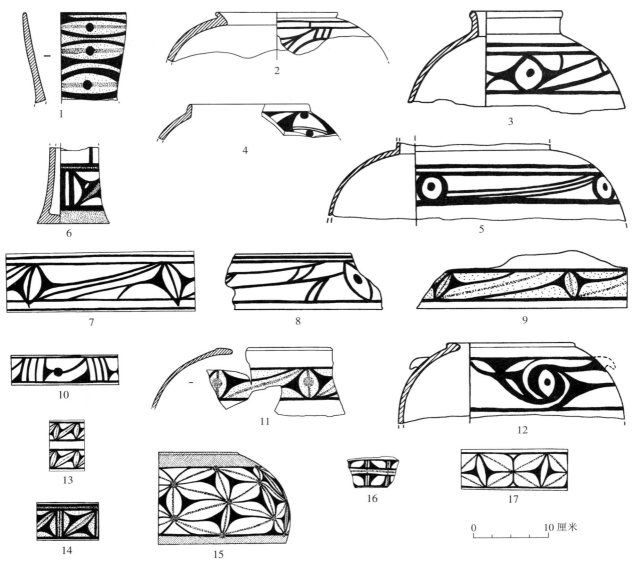

图 3 - 4 - 7　彩陶纹（之一）

弧线三角圆点纹：1. 圜底罐（T11③:4）　2. 瓮（T71④C:116）　3. 平底罐（T75④BH73:10）　4. 圈足罐（T70⑤H111:4）　5. 平底罐（T69③B:174）　6. 筒形瓶（T53④:146）　7. 平底罐（T76④BF30:22）　8. 平底罐（T51③F8:211）　9. 平底罐（T3③H1:10）　10. 圈足罐（T51⑤A:171）　11. 瓮（T1③:21）　12. 瓮（T62⑤A:16）　13. 筒形瓶（T60④AF26:21）　14. 筒形瓶（T34④BF1:8）　　花瓣纹：15. 瓮（T37④A:9）　16. 筒形瓶（T52④BF22:154）　17. 豆（T51⑤A:192）

（6）彩陶菱形网格纹

复原仅 1 件，余为碎片。有的不限于单饰菱形网格纹，还与平行宽带纹或斜线条纹等组合。有的先施红衣地或白衣地。黑彩为主，棕彩其次。多饰于碗、杯的腹部及杯耳等。例如：圈足碗 T52④BF22:38（图 3 - 4 - 9，11），圈足杯 T68④:77（图 3 - 4 - 9，12），平底钵 T51④A:458（图 3 - 4 - 9，13），圈足碗 T51④A:439（图 3 - 4 - 9，14），杯 T41⑥:39（图 3 - 4 - 9，15）。

（7）彩陶草叶纹

数量仅次于曲线网格纹，大部分为碎片。此纹饰出现在三、四期地层。大都采用左面 1 条粗彩，逐向右分成 3 根弧线组成如草叶状纹样；也有个别从右向左反向的；有的在彩条左端还加饰 1 个大圆点。整器草叶纹一般饰 2 组或 3 组，饰于盆、钵及罐的上腹或腹部。多黑彩，其次为棕彩。

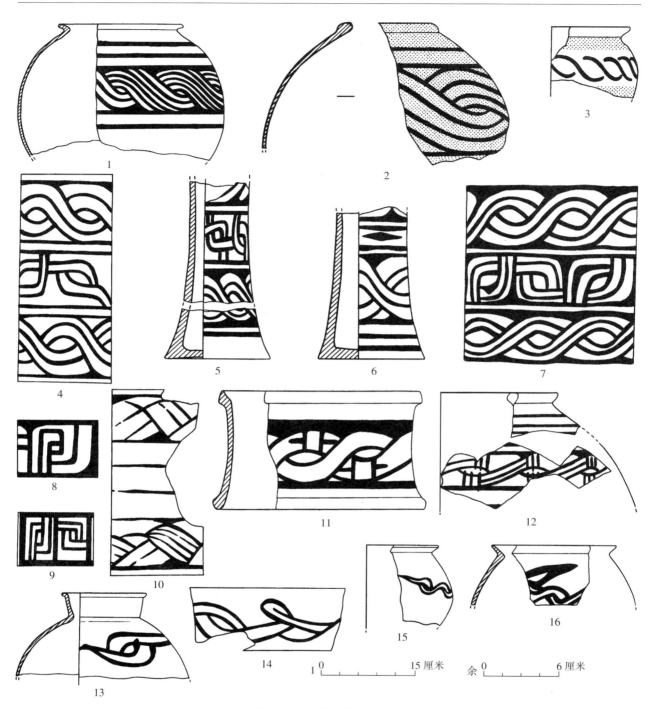

图 3 - 4 - 8　彩陶纹（之二）

绳索纹：1. 平底罐（T61③B：73）　2. 瓮（T52④A：104）　3. 圈足罐（T51④A：155）　4. 筒形瓶（T64④AH110：80）　5. 筒形瓶（T65④A：86）　6. 筒形瓶（T65④A：41）　7. 筒形瓶（T34④A：6）　变体绳索纹：8. 筒形瓶（T74④A：160）　9. 筒形瓶（T34④A：7）　10. 筒形瓶（T34④A：37）　11. 器座（T53④：246）　12. 瓮（T52④：200）　13. 平底罐（T57③A：23）　14. 器座（T60③A：29）　15. 圈足罐（T51③：79）　16. 平底罐（T53③：274）

例如：平底盆 T7③CH5：23（图 3 - 4 - 10，1；图 3 - 4 - 70，1），平底盆 T71④C：111（图 3 - 4 - 10，2），平底盆 T7③B：15（图 3 - 4 - 10，3；图 3 - 4 - 70，2），平底盆 T52④A：107（图 3 - 4 - 10，4），器座 T75③B：31（图 3 - 4 - 10，5），平底盆 T51③：84（图 3 - 4 - 10，6），平底盆 T7③

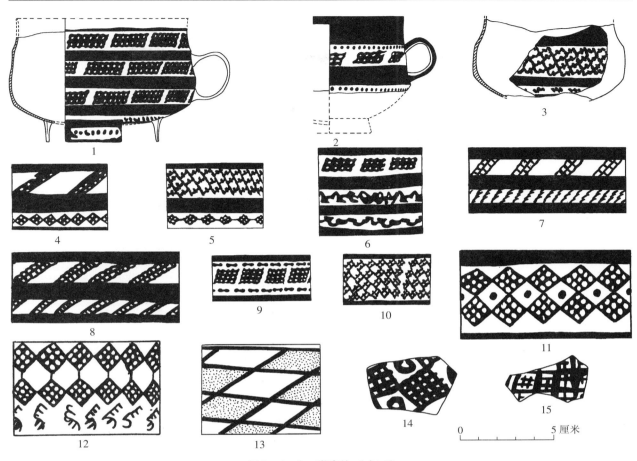

图 3 – 4 – 9　彩陶纹（之三）

曲线网格纹：1. 三足单耳杯（T58⑤H177：3）　　2. 圈足单耳杯（T53⑤BH49：298）　　3. 圈足单耳杯（T65⑤AS35：63）　　4. 圈足碗（T77⑥：77）　　5. 圈足单耳杯（T64⑤A：53）　　6. 圈足碗（T52⑤AH43：5）　　7. 圈足碗（T70⑤H111：3）　　8. 圈足碗（T62⑤AH141：9）　　9. 圈足杯（T55⑥：79）　　10. 杯（T64⑤B：160）　　菱形网格纹：11. 圈足碗（T52④BF22：38）　　12. 圈足杯（T68④：77）　　13. 平底钵（T51④A：458）　　14. 圈足碗（T51④A：439）　　15. 杯（T41⑥：39）

C：27（图 3 – 4 – 10，7；图 3 – 4 – 73，3），钵 T74④A：161（图 3 – 4 – 10，8）。

（8）彩陶横人字形纹

主要出现于三、四期地层，二期地层未见。横人字形纹向左或向右，都与平行条纹相结合。饰于罐、盆、钵、器座及筒形瓶的腹部，但有个别饰于口沿内壁的，一般饰 1 周。多棕彩和黑彩。例如：平底罐 T69④A：199（图 3 – 4 – 10，9），盆 T54⑤H56：9（图 3 – 4 – 10，10；图 3 – 4 – 73，4），筒形瓶 T53④：242（图 3 – 4 – 10，11），圈足罐 T74③：125（图 3 – 4 – 10，12），罐 T64③A：137（图 3 – 4 – 10，13），平底罐 T6③：27（图 3 – 4 – 10，14；图 3 – 4 – 101，1）。

（9）彩陶扁菱形纹

此纹饰不甚普遍，多见于三期地层，四期地层偶有。一般都在平行条纹间饰扁菱形纹。多饰于筒形瓶的腹部，也有饰于钵、罐及器座的。黑彩为主，棕彩少量。例如：筒形瓶 T66④D：28（图 3 – 4 – 10，15；图 3 – 4 – 90，4），平底钵 T52④AH42：6（图 3 – 4 – 10，16；图 3 – 4 – 79，5），平底钵 T52④A：160（图 3 – 4 – 10，17），圈足罐 T71④F：121（图 3 – 4 – 10，18），筒形瓶 T51③：318（图 3 – 4 – 89，10），器座 T75④C：62（图 3 – 4 – 139，9）。

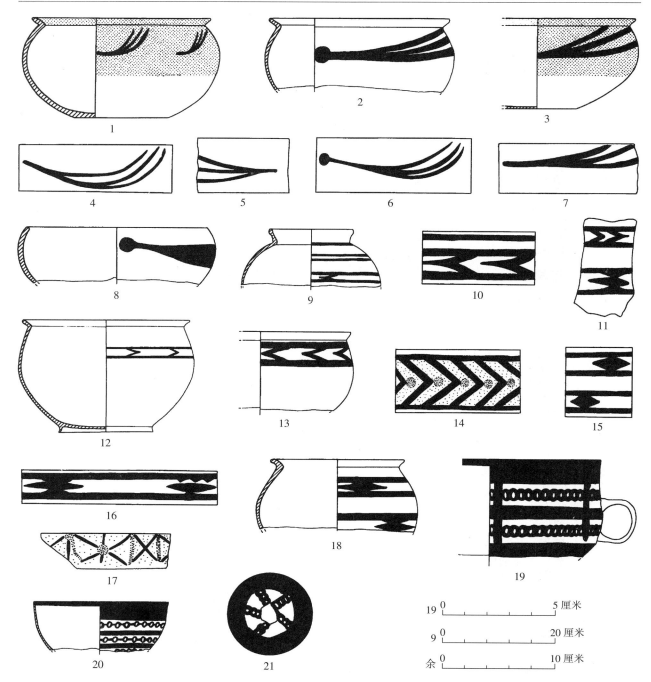

图 3 - 4 - 10 彩陶纹（之四）

草叶纹：1. 平底盆（T7③CH5：23） 2. 平底盆（T71④C：111） 3. 平底盆（T7③B：15） 4. 平底盆（T52④A：107） 5. 器座（T75③B：31） 6. 平底盆（T51③：84） 7. 平底盆（T7③C：27） 8. 钵（T74④A：161） 横人字形纹：9. 平底罐（T69④A：199）10. 平底盆（T54⑤H56：9） 11. 筒形瓶（T53④：242） 12. 圈足罐（T74③：125） 13. 罐（T64③A：137） 14. 平底罐（T6③：27）扁菱形纹：15. 筒形瓶（T66④D：28） 16. 平底钵（T52④AH42：6） 17. 平底钵（T52④A：160） 18. 圈足罐（T71④F：121）链环纹：19. 圈足单耳杯（T58⑤H177：4） 20. 圈足碗（T36⑤H12：1） 21. 圈足碗底（T57④A：149）

（10）彩陶链环纹

该纹饰数量少，为二期地层的纹饰，三期地层少量，一期及四期地层均未见到。饰于杯、碗的腹部或碗圈足的底面，在腹部的链环纹都与条纹相组合。多黑彩，少量红彩。例如：圈足单耳杯 T58⑤H177：4（图 3 - 4 - 10，19），圈足碗 T36⑤H12：1（图 3 - 4 - 10，20），圈足碗底 T57④A：149（图 3 - 4 - 10，21）。

（11）彩陶曲线纹

数量少，仅见于二期，在一、三、四期地层均未见。其画法是先设定 2 点、3 点或 5 个点，然后用短线连接成曲线纹；用短线连接圆点时，间有遗漏未经连接留下的圆点。饰于碗、杯或杯耳。例如：圈足碗 T64⑤AH102：54、46（图 3 - 4 - 11，1、2），杯耳 T62⑤：22（图 3 - 4 - 11，3）。

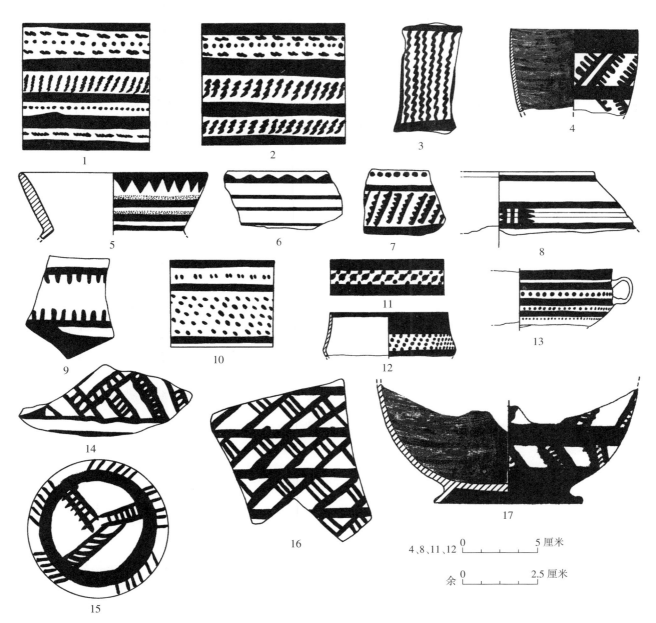

图 3 - 4 - 11　彩陶纹（之五）

曲线纹：1. 圈足碗（T64⑤AH102：54）　2. 圈足碗（T64⑤AH102：46）　3. 杯耳（T62⑤：22）　　齿形纹：4. 杯（T57④B：151）
5. 釜（T2④：52）　6. 罐（T54⑤：62）　7. 圈足碗（T63⑤B：63）　8. 瓮（T34④C：45）　9. 碗（T3④：48）　　圆点纹：10. 圈足单耳杯（T10④：38）　11. 杯（T22③：53）　12. 圈足单耳杯（T68⑤：136）　13. 圈足单耳杯（T36⑤H12：2）　　梯架形纹：14. 碗（T51⑤A：151）　15. 圈足碗底（T51⑤A：364）　16. 碗（T56⑤：62）　17. 圈足碗（T51⑤BH45：313）

（12）彩陶齿形纹

齿形分三角锯齿状和短条梳状两类，为二、三期地层的纹饰。多饰于碗、杯及罐的腹部。有黑彩和棕彩，少量红彩。例如：杯 T57④B：151（图 3 - 4 - 11，4），釜 T2④：52（图 3 - 4 - 11，5），罐 T54⑤：62（图 3 - 4 - 11，6），圈足碗 T63⑤B：63（图 3 - 4 - 11，7），瓮 T34④C：45（图 3 - 4 - 11，8），碗 T3④：48（图 3 - 4 - 11，9）。

（13）彩陶圆点纹

此纹饰发现于二期地层，三期地层少量。圆点大小不一，都与平行条纹等组合，即在平行条纹间饰 1 周或数周圆点纹。饰于杯的腹部。例如：圈足单耳杯 T10④：38（图 3 - 4 - 11，10；图 3 - 4 - 84，3），杯 T22③：43（图 3 - 4 - 11，11），圈足单耳杯 T68⑤：136（图 3 - 4 - 11，12），圈足单耳杯 T36⑤H12：2（图 3 - 4 - 11，13），单耳杯 T64⑤AH102：48（图 3 - 4 - 84，5）。

（14）彩陶梯架形纹

在两平行条纹间再连以数短条，形如梯架，常成排地布列。数量少，均碎片。与曲线纹同出，其年代相同。饰于碗的腹部。多黑彩。例如：碗 T51⑤A：151（图 3 - 4 - 11，14），圈足碗底 T51⑤A：364（图 3 - 4 - 11，15），碗 T56⑤：62（图 3 - 4 - 11，16），圈足碗 T51⑤BH45：313（图 3 - 4 - 11，17）。

（15）彩陶波浪纹

仅 2 件。出现于三期地层。形如起伏的波浪。例如：圈足盆 T53④：92（图 3 - 4 - 12，1；图 3 - 4 - 71，13），白陶圈足盘 T54⑤：61（图 3 - 4 - 55，10）。

（16）彩陶涡纹

数量少，均为碎片。采用圆点、圆圈弧线及三角纹组成的涡纹图案，如同河水的漩涡状。饰于罐、瓮的腹部。多黑彩，有个别棕彩。例如：瓮 T67④D：133（图 3 - 4 - 12，2；图 3 - 4 - 128，8），瓮 T75④E：206（图 3 - 4 - 12，3），罐腹片 T4③：9（3 - 4 - 12，6）。

（17）彩陶长短平行直条纹

多饰于罐的腹部，余为碗、瓮及圈足盘等。黑、红、棕彩的比例大体相当。有的先施白衣地。例如：平底罐 T32⑤：16（图 3 - 4 - 12，4），圈足碗 T56⑤：55（图 3 - 4 - 12，5），圈足碗底 T56⑤H100：3（图 3 - 4 - 12，7），罐 T53⑤：250（图 3 - 4 - 12，15）。

（18）彩陶双曲线十字形纹

未发现完整器，只见于薄胎圈足碗的圈足底面。一般这种器形及底部的纹饰与上腹的曲线网格纹相组合，年代与曲线网格纹同期。例如：圈足碗底 T211 附近采：061（图 3 - 4 - 12，8），圈足碗底 T52⑤AH43：199（图 3 - 4 - 12，9），圈足碗底 T51⑤A：436（图 3 - 4 - 12，10），圈足碗底 T59⑤B：91（图 3 - 4 - 12，11），圈足碗底 T74⑤B：163（图 3 - 4 - 12，12），圈足碗底 T51⑤A：365（图 3 - 4 - 12，13）。

（19）彩陶冰裂纹

仅 1 件，见于圈足碗底面。黑彩。例如：圈足碗底 T74⑤B：162（图 3 - 4 - 12，14）。

（20）彩陶条纹或平行条纹

数量较多，由一期地层至四期地层均有出现，延续时间之长为各纹饰之首。纹饰较简单，有

图 3 - 4 - 12　彩陶纹（之六）

波浪纹：1. 圈足盆（T53④：92）　涡纹：2. 瓮（T67④D：133）　3. 瓮（T75④E：206）　6. 罐（T4③：9）　长短平行直条纹：
4. 平底罐（T32⑤：16）　5. 圈足碗（T56⑤：55）　7. 圈足碗底（T56⑤H100：3）　15. 罐（T53⑤：250）　双曲线十字形纹：
8. 圈足碗底（T211附近采：061）　9. 圈足碗底（T52⑤AH43：199）　10. 圈足碗底（T51⑤A：436）　11. 圈足碗底（T59⑤B：91）
12. 圈足碗底（T74⑤B：163）　13. 圈足碗底（T51⑤A：365）　冰裂纹：14. 圈足碗底（T74⑤B：162）

的线条比较匀称，有的宽窄相差较大，往往与其他彩陶纹相结合使用。主要饰于罐、盆的腹部，
其次饰于瓮、盘、碗及筒形瓶等。多棕彩或黑彩，个别有红彩。例如：白陶圈足盘 T68⑤：93 （图
3 - 4 - 55，13），平底盆 T77③：70 （图 3 - 4 - 73，7），圈足单耳杯 T64⑤AH102：48 （图 3 - 4 -

84，5），圈足罐 T52⑥：155（图 3 - 4 - 93，3），圈足罐 T23④H20：1（图 3 - 4 - 93，4），圈足罐 T38⑥H30：1（图 3 - 4 - 98，6），平底罐 T71④B：112（图 3 - 4 - 101，8）。

（21）彩陶网格纹

该纹饰变化较大，有单一网格纹，也有以网格为主兼与圈纹或圆点纹等组合。采用横竖斜行组合成网格纹。出现于二期地层，一、三、四期地层未见。多饰于碗、钵的腹部，有饰于器耳的。多黑彩，其次有棕彩。例如：圈足碗 T52④BF22：38（图 3 - 4 - 20，8），杯耳 T55⑤：77（图 3 - 4 - 87，3）。

（22）晕染彩纹

数量极少。施于薄胎彩陶圈足碗和杯的整个内壁，为浓淡不匀的灰黑彩或黑彩，无图案纹样，其外表则都配有彩陶图案花纹。

3. 特殊纹饰

这是在陶器烧成出窑后施加的一种，具有纹饰的意义。

（1）朱绘

只有 4 件。出现于三、四期地层。是在陶器烧制后加饰朱绘，色彩易于剥落，推测原来朱绘陶的数量远比现存的数量要多，现保存者很多部位已剥落，仅隐约可见。饰于曲腹杯或器盖纽部。例如：曲腹杯 T64④A：81（图 3 - 4 - 6，14），曲腹杯 T57③A：48（图 3 - 4 - 82，10），盖纽 T70④A：45（图 3 - 4 - 152，13）。

（2）渗碳黑道纹

该纹饰仅见于一、二期地层。饰于红陶圈足碗的口沿至腹底缘，大都为等距离饰 4 道竖行黑道，一般宽 0.4 ~ 1.1 厘米，形状不甚规则，也有的在竖行下端与圈足连接处加饰 1 周横行渗碳黑道纹。据实验，渗碳黑道纹的形成，可采用树枝条或木片紧贴于刚出窑带高热度的陶器壁，乘热渗碳即成，此种方法属于窑外渗碳工艺。推测大溪文化时期可能就使用这种方法。它不属于黑彩陶器。另有个别的渗碳黑道纹与镂孔相组合。例如：圈足碗 T1④H2：73（图 3 - 4 - 6，15），圈足碗 T61⑦H144：1（图 3 - 4 - 6，16），圈足碗 T71⑦G9：4（图 3 - 4 - 13，7）。

（3）刮衣露胎带状纹

出现于一、二期地层。都见于斜沿釜的沿外、扁腹圈足罐的下腹部及折腹圈足碗的折棱下部。此纹饰的形成，是在仅口部施红陶衣的斜沿釜口沿外侧面和全器施红陶衣的扁腹圈足罐、折腹圈足碗下腹，利用慢轮转动整齐地刮去一周红陶衣，其宽度大约 0.8 ~ 3.0 厘米，被刮去红陶衣的部位露出坯胎本色呈宽窄不等带状纹样，但常未刮尽而隐约保留有少许陶衣的痕迹。例如：釜 T68⑦：141（图 3 - 4 - 6，12），圈足碗 T23④H20：2（图 3 - 4 - 6，13），圈足罐 T23④H20：1（图 3 - 4 - 93，4），圈足罐 T57⑧：165（图 3 - 4 - 93，6）。

[四] 器形

（一）器形概况

在统计的 23924 块陶片中，可识别器形的口沿、器底、器足、器纽等有 7939 片，占陶片总数的 33.18%，约占三分之一；难以识别器形的腹片有 15985 片，占 66.82%，约占三分之二。

从陶片器形统计表（表 3 - 4 - 8）上看，以圜底罐和圈足盘的数量最多，圜底罐 1314 片，占可识别器形陶片总数（7939 片）的 16.55%，圈足盘 1050 片，占 13.22%；圈足碗和豆次之，圈足碗 758 片，占 9.55%，豆 752 片，占 9.47%；平底钵和圈足罐再次之，平底钵 574 片，占 7.23%，圈足罐 496 片，占 6.25%；器盖也比较多，有 460 片，占 5.79%。将上述 7 种器形的数量加在一起，共有 5404 片，占可识别器形陶片总数（7939 片）的 68.07%。甑、尊、臼和支座罕见。将完整和复原的器物与陶片统计资料综合在一起可以看到：薄胎彩陶圈足碗、圈足盘、三足盘、圜底大盆、曲腹杯、薄胎彩陶单耳杯、筒形瓶、细颈壶、刮衣陶釜、鼓形大器座等 10 种器形的特征最明显，是大溪文化关庙山类型的典型器物。其中，筒形瓶在造型上模仿竹筒的形状，是大溪文化特有的标志性器物。

白陶出土数量极少，仅 66 片（表 3 - 4 - 9），其陶质、器形、纹饰都比较特殊，与其他陶器差别较大。白陶的器形简单，只见有圈足盘、豆、尊、罐 4 种。

根据表 3 - 4 - 8，可以将 31 种器形分别归属圈足器、圜底器、平底器、三足器和其他器形五类，进一步计算出各种器形所占的比例。在可识别器形的陶片总数（7939 片）当中，圈足器有 3801 片，占 47.88%；圜底器有 1824 片，占 22.98%；平底器有 1487 片，占 18.73%；三足器有 356 片，占 4.48%；其他器形有 471 片，占 5.93%。由此可见，在大溪文化的陶器中，以圈足器数量最多，圜底器次之，平底器再次之，三足器很少。若将圈足器与圜底器加在一起（3801 + 1824）共有 5625 片，占陶片总数的 70.85%。

圈足器的器形有圈足碗、圈足盘、豆、簋、圈足钵、曲腹杯、圈足杯、薄胎单耳杯、圈足罐、圈足甑、鼓形大器座、草帽形大器座、（普通）器座等 13 种（表 3 - 4 - 10），其中，以圈足盘数量最多，有 1050 片，占圈足器总数（3801 片）的 27.62%。圈足盘数量极多，形制特征明显，是关庙山大溪文化中常见的典型器物；圈足碗和豆次之，圈足碗有 758 片，占 19.94%，豆有 752 片，占 19.78%；圈足罐和簋再次之，圈足罐有 496 片，占 13.05%，簋有 350 片，占 9.21%。将上述五种器形的数量加在一起共有 3406 片，占圈足器总数的 89.61%。

从表 3 - 4 - 10 还可以看到：圈足碗、圈足罐和（普通）器座从第一期早段至第四期延续不断，器座是与圜底罐或釜配套使用的；鼓形大器座的形制特征明显，镂孔工艺独特，只见于第一期晚段和第二期，是第一期晚段和第二期的典型器物；薄胎彩陶圈足碗和单耳杯的形制特征明显，绘彩工艺独特，是第二期特有的典型器物。引人注目的是，第二期突然出现一群新的圈足器，有圈足盘、豆、簋、曲腹杯、圈足甑等，它们一直延续到第四期。

圜底器的器形有圜底碟、圜底大盆、圜底钵、圜底罐、圜底小罐、小口广肩罐、釜、刮衣陶釜、圜底甑、尊、臼等 11 种（表 3 - 4 - 11）。其中，小口广肩罐只残存口部至肩部，与江陵朱家台遗址第一期的"小口圜底罐"H164：5[①]相似。在圜底器中，以圜底罐数量最多，有 1314 片，占圜底器总数（1824 片）的 72.04%，圜底罐数量极多是大溪文化关庙山类型陶器的特征之一。釜次之，有 333 片，占 18.26%，若将陶釜加上刮衣陶釜共 387 片，占 21.22%。刮衣陶釜只残存口部至肩

①　湖北省文物考古研究所、武汉大学历史系考古教研室：《湖北江陵朱家台遗址 1991 年的发掘》，《考古学报》1996 年第 4 期，第 454 页图一一，9；图版肆，2。

表 3-4-8　　　　　　　　　　　　　大溪文化陶片器形统计表

分期	第一期早段					第一期晚段						第二期		
数量 单位 器形	T57⑧	T61⑦ H144	T36⑦ H13	合计	%	T57⑦	T57⑦ H145	T57⑦ G8	T11④ G1	合计	%	T51⑤A	T51⑤B	T51⑤ BH45
圈足碗	15	23	12	50	11.42	39	12	6	86	143	3.75	25	7	4
平底碗												12	3	3
圜底碟	1			1	0.23	2			1	3	0.08			
三足盘	4	2	8	14	3.20	12	3	7	6	28	0.73			
圈足盘												250	89	7
豆												163	84	11
簋												69	60	15
圜底大盆						8	1	2	11	22	0.58	7	3	3
平底盆												24	16	5
圈足钵						4			18	22	0.58	4		
圜底钵									1	1	0.03			
平底钵												88	49	14
曲腹杯												16	5	1
圈足杯														
薄胎单耳杯														
平底杯														
筒形瓶												4	2	
细颈壶														
圜底罐	5	21	2	28	6.39			2	51	53	1.39	243	77	27
圜底小罐														
小口广肩罐	2	1	1	4	0.91				2	2	0.05			
圈足罐		5		5	1.14	1	1		32	34	0.89	33	14	4
平底罐												26	5	
平底小罐														
釜						4		14	254	272	7.13	9	8	2
刮衣陶釜	35	11	3	49	11.19				5	5	0.13			
鼎								3	26	29	0.76	45	20	5
圜底甑														
圈足甑														
平底甑														
平底瓮												18	12	
尊									1	1	0.03		2	
臼												5	4	2
器盖		1		1	0.23	1			36	37	0.97	70	41	3
鼓形大器座						12	2	1	28	43	1.12		8	1
草帽形大器座													2	
器座	2		1	3	0.68				5	5	0.13			3
支座														
陶转盘														
腹片	225	54	4	283	64.61	644	34	179	2258	3115	81.65	1166	426	102
合计 数量	289	118	31	438		730	53	211	2821	3815		2277	937	212
合计 %					100						100			

| 第二期 | | | | | | 第三期 | | | | | | 第四期 | | | |
T51⑤ BH48	T64⑤ AH102	T51⑤ BF21	T51⑥	合计	%	T51 ④A	T64④ AH110	T51④ AH39	T51④ BF22	合计	%	T51③	T52扩方 ③G3	合计	%
7	44	3	17	107	2.10	149	5	1	7	162	2.61	188	108	296	3.55
4	1			23	0.45	5	2	1	1	9	0.14	72	10	82	0.98
13	28	1	4	392	7.68	435	14	16	39	504	8.11	154		154	1.84
31	122	5	10	426	8.34	153	3	4	26	186	2.99	57	83	140	1.68
14			3	161	3.15	133	2	6	39	180	2.90	9		9	0.11
3	4	1	18	39	0.76										
7	2			54	1.06	92	7	5	2	106	1.70	99	113	212	2.54
	3			7	0.14								2	2	0.02
15	3			169	3.31	248	16	20	14	298	4.79	107		107	1.28
	1			23	0.45	106	4	1	7	118	1.90	33	27	60	0.72
						1				1	0.02				
	1			1	0.02										
						1				1	0.02				
				6	0.12	9				9	0.14	5	2	7	0.08
												6	3	9	0.11
51	71	1	40	510	9.99	376	4	4	32	416	6.69	192	115	307	3.68
						4				4	0.06	9		9	0.11
8	14		7	80	1.57	67	14	10	1	92	1.48	219	66	285	3.41
5	1			37	0.72	109	11	2	8	130	2.09	82	17	99	1.19
			1	1	0.02	19				19	0.31	1		1	0.01
4	15	2	14	54	1.06	7				7	0.11				
1	7		6	84	1.65	102	1	10		113	1.82	70	18	88	1.05
							4			4	0.06				
	1			1	0.02	1	9			10	0.16	1		1	0.01
						5				5	0.08				
	5		2	37	0.72	36	2	1	2	41	0.66	33	1	34	0.41
			1	3	0.06	2				2	0.03				
1	3		3	18	0.35	2		2	4	8	0.13				
11	32		5	162	3.17	154	4	5	21	184	2.96	66	10	76	0.91
3	57		7	76	1.49										
				2	0.04	3				3	0.05				
4				7	0.14	2	5		1	8	0.13	4		4	0.05
												1		1	0.01
	1			1	0.02										
175	557	15	183	2624	51.40	3085	180	147	185	3597	57.86	4519	1847	6366	76.25
357	973	28	321	5105		5306	287	235	389	6217		5927	2422	8349	
					100						100				100

部，其形制特征明显，刮衣工艺独特，主要见于第一期早段，在晚段仅有少量残存，是第一期早段的典型器物，从器形和刮衣工艺上看，与江陵朱家台遗址第一期的"釜"B型Ⅰ式W4：1①相似。这里需要说明的是，圜底罐与釜的区别是相对而言的：一般地说，圜底罐为深腹或球形腹；釜（含刮衣陶釜）为浅腹，甚至是扁鼓形腹。将圜底罐与釜的数量加在一起共有1701片（1314＋387），占圜底器总数的93.26%，即占绝大多数。但圜底罐与釜大部分已成碎片，能复原的较少。

表 3－4－9　　　　　　　　　　　大溪文化白陶陶片陶质、器形、纹饰统计表

分类	陶质		器形					纹饰							
数量	66		66					66							
分类	泥质	夹砂	圈足盘	豆	尊	罐	其余残片	戳印纹	压印纹	线纹	红褐彩	戳印纹＋篦点纹	凹弦纹＋红彩	镂孔＋戳印纹＋褐彩	素面
数量	34	32	11	3	40	4	8	10	1	2	1	3	1	1	47
%	51.52	48.48	16.67	4.54	60.61	6.06	12.12	15.15	1.51	3.03	1.52	4.54	1.52	1.52	71.21
	100		100					100							

表 3－4－10　　　　　　　　　　　　大溪文化陶圈足器统计表

器形＼分期	一期早	一期晚	二期	三期	四期	合计 数量	合计 %
圈足碗	50	143	107	162	296	758	19.94
圈足盘			392	504	154	1050	27.62
豆			426	186	140	752	19.78
簋			161	180	9	350	9.21
圈足钵		22	7			29	0.76
曲腹杯			23	118	60	201	5.29
圈足杯				1		1	0.03
薄胎单耳杯			1			1	0.03
圈足罐	5	34	80	92	285	496	13.05
圈足甑			1	10	1	12	0.32
鼓形大器座		43	76			119	3.13
草帽形器座			2	3		5	0.13
器座	3	5	7	8	4	27	0.71
合计 数量	58	247	1283	1264	949	3801	
合计 %	1.53	6.50	33.75	33.25	24.97		100

① 湖北省文物考古研究所、武汉大学历史系考古教研室：《湖北江陵朱家台遗址1991年的发掘》，《考古学报》1996年第4期，第450页图八，10；图版贰，2。

从表 3-4-11 还可以看到，圜底罐从第一期早段至第四期延续不断。圜底罐始终与（普通）器座并行发展，显然是与器座配套使用的。圜底大盆的形制特征明显，见于第一期晚段和第二期，是第一期晚段和第二期的典型器物，它常与鼓形大器座出土于同一单位，二者都是大型器物，均为夹炭红陶，器表涂刷红陶衣后都经过磨光，表明这两种器物具有密切的共存关系；但两者不是配套使用的关系，由于鼓形大器座周壁的镂孔很多，镂孔所占面积相当大，因而不太牢固，承受不住圜底大盆的重量。圜底大盆是将底部埋在土里方可稳固使用，例如圜底大盆 1 型 T53⑤A：286 出土于 T53 探方北壁附近，当时其底部埋在土里，应是固定在该处使用的，可能用于储水。鼓形大器座的外形像鼓，却不是陶鼓，经观察，其上口内侧常有倾斜状的磨损痕迹，这当是在它上面放置较轻的圜底罐或釜所致，表明鼓形大器座是适宜与圜底罐或釜配套使用的。

表 3-4-11　　　　　　　　　　　　大溪文化陶圜底器统计表

器形 ＼ 分期	一期早	一期晚	二期	三期	四期	合计 数量	合计 %
圜底碟	1	3				4	0.22
圜底大盆		22	39			61	3.34
圜底钵		1			2	3	0.16
圜底罐	28	53	510	416	307	1314	72.04
圜底小罐				4	9	13	
小口广肩罐	4	2				6	0.33
釜		272	54	7		333	18.26
刮衣陶釜	49	5				54	2.96
圜底甑				4		4	0.22
尊		1	3	2		6	0.33
臼			18	8		26	1.43
合计 数量	82	359	624	441	318	1824	
合计 %	4.50	19.68	34.21	24.18	17.43		100

平底器的器形有平底碗、平底盆、平底钵、平底杯、筒形瓶、平底罐、平底小罐、平底甑、平底瓮等 9 种（表 3-4-12）。其中以平底钵数量最多，有 574 片，占平底器总数（1487 片）的 38.60%；平底盆次之，有 372 片，占 25.01%；平底罐再次之，有 266 片，占 17.89%。这三种器形的数量共有 1212 片，占平底器总数的 85.51%，即占大多数。

从表 3-4-12 还可以看到，第一期早段和晚段未见平底器，第二期突然出现一群平底器，有平底碗、平底盆、平底钵、筒形瓶、平底罐、平底小罐、平底瓮等 7 种器形，它们都一直延续到第四期。

表 3 - 4 - 12　　　　　　　　　　大溪文化陶平底器统计表

器 形 ＼ 分 期	一期早	一期晚	二期	三期	四期	合计 数量	合计 %
平底碗			23	9	82	114	7.67
平底盆			54	106	212	372	25.01
平底钵			169	298	107	574	38.60
平底杯				1		1	0.07
筒形瓶			6	9	7	22	1.48
平底罐			37	130	99	266	17.89
平底小罐			1	19	1	21	1.41
平底甑				5		5	0.34
平底瓮			37	41	34	112	7.53
合计　数量			327	618	542	1487	
合计　%			21.99	41.56	36.45		100

　　三足器的器形只有三足盘和鼎两种（表 3 - 4 - 13）。其中三足盘的数量较少，只有 42 片，占三足器总数（356 片）的 11.80%，但是形制特征明显，只见于第一期早段和晚段，它是第一期的典型器物。鼎有 314 片，占 88.20%，第一期早段未见鼎，晚段出现，一直延续到第四期。三足盘与鼎在第一期晚段是共存的，由此考虑鼎可能是由三足盘派生出来的。

表 3 - 4 - 13　　　　　　　　　　大溪文化陶三足器统计表

器 形 ＼ 分 期	一期早	一期晚	二期	三期	四期	合计 数量	合计 %
三足盘	14	28				42	11.80
鼎		29	84	113	88	314	88.20
合计　数量	14	57	84	113	88	356	
合计　%	3.93	16.01	23.60	31.74	24.72		100

　　其他器形系指不便于归入以上四类的器形，有细颈壶、器盖、支座、转盘等 4 种（表 3 - 4 - 14）。其中以器盖数量最多，有 460 片，占其他器形总数（471 片）的 97.67%，即占绝大多数，它从第一期早段一直延续到第四期，器盖发达是大溪文化陶器的特征之一；细颈壶的形制特征明显，多数为平底，但少数带有矮圈足，它只见于第四期，是第四期的典型器物，也是大溪文化特有的器物；支座和转盘都罕见。

　　在上述情况中，有三点引人注目：

　　第一，从第一期早段一直延续到第四期的器物群包括圈足碗、圈足罐、（普通）器座、圜底罐和器盖等 5 种器形，这是大溪文化固有的器物群，反映了大溪文化从早期到晚期的连续性。

　　第二，第二期出现大批新器形，一直延续到第四期。新器形有两类：一类是圈足器，有圈足盘、豆、簋、曲腹杯、圈足甑；另一类是平底器，有平底碗、平底盆、平底钵、筒形瓶、平底罐、平底小罐、平底瓮等。两类器形共有 12 种。新器物群的出现反映出大溪文化发展的阶段性。

表 3 - 4 - 14		大溪文化其他陶器器形统计表						
分　期 器　形	一期早	一期晚	二期	三期	四期	合计		
						数量	%	
细颈壶					9	9	1.91	
器盖	1	37	162	184	76	460	97.67	
支座					1	1	0.21	
转盘			1			1	0.21	
合计　数量	1	37	163	184	86	471		
合计　%	0.21	7.85	34.61	39.07	18.26		100	

第三，圈足器、圜底器和三足器是大溪文化的主要因素，从第一期至第四期延续不断，圈足器尤其是圈足盘和圜底器数量极多是大溪文化关庙山类型的显著特征。平底器是次要因素。从第二期至第四期两种因素长期共存，并行发展，进一步丰富了大溪文化的内涵。

（二）器形分述

陶器的具体器形有：圈足碗、平底碗、三足碗、碟、圈足盘、白陶圈足盘、三足盘、圜底盘、豆、簋、平底盆、圈足盆、圜底大盆、平底钵、圈足钵、曲腹杯、杯、筒形瓶、小口尖底瓶、小口瓶、细颈壶、圈足罐、平底罐、圜底罐、小口广肩罐、釜、鼎、甑、研磨器、瓮、尊、臼、器座、支座、器盖等35类。

分型式的陶质器皿保存情况有四种：一、完整（较完整）——包括器物完好无损者，或陶器已破裂但经粘合后总体齐全无大的缺片即较完整者。二、复原——指陶器实物有不同程度缺损，而从其口、腹至底部需存在或多或少能相连的基础部位，即缺损的陶器必须具备可加复原的自身条件。如果基础部位缺失不相连，仅据其趋势或参考同类陶器所作示意性表现，不能当作实物复原。三、残器（片）——指不具备复原条件陶器的大部或局部（残片）实物。四、有全形图实属残器——都属侵蚀重或火候低的瓮棺葬具圜底罐和釜类，经发掘清理未提取前即在现场绘制出陶器全形图，器内黏土很难剥离，实物都酥碎。

分型式陶器标本中，完整（较完整）35件，复原1024件，残器（片）427件，有全形图实属残器28件。以上合计1514件。

现将各类器形分述如下：

1. 陶圈足碗

共176件，其中完整6件，复原152件，残器18件。分为19型。另有不分型式彩陶圈足碗底残片标本10件。

1型　8件（内复原7，残器1）。敞口浅腹斜折壁圈足碗。圆唇，斜折壁，下部转折内收，坦底。分为3式。

Ⅰ式　5件（内复原4，残器1）。斜折壁，圈足下端折斜。除1件夹炭红陶外，余皆为泥质红陶。外表施红陶衣，磨光。内表黑色。所谓"外红内黑"，其黑色是窑外渗碳所致，这是大溪文化陶器特征之一（以下凡是"外红内黑"的器物，其成因与此件相同，不再赘述）。

一期晚段地层标本：T71⑦G9：56（图3-4-13，3），夹炭红陶，内表灰色。浅腹，圜底，器腹与圈足上部无分界。高5.4、口径16、圈足径10、胎厚0.6厘米。

　　二期地层标本：T1④H2：73（图3-4-13，1；图版五八，1），内表灰色。经轮修并磨光。腹与圈足无明显分界。存竖向"黑道"，这种黑道不是黑彩，而是窑外渗碳所致，这也是大溪文化陶器特征之一（以下凡是有"黑道"的器物，其成因与此件相同，不再赘述）。高5.8、口径14.4、圈足径7.5、胎厚0.4~0.5厘米。T22④H22：3（图3-4-13，5；图版五八，2），浅腹，坦底，矮圈足向外斜收，下端外折，腹下部有明显折棱。腹部有竖向黑道4条。高4.9、口径16.5、圈足径8.9厘米。

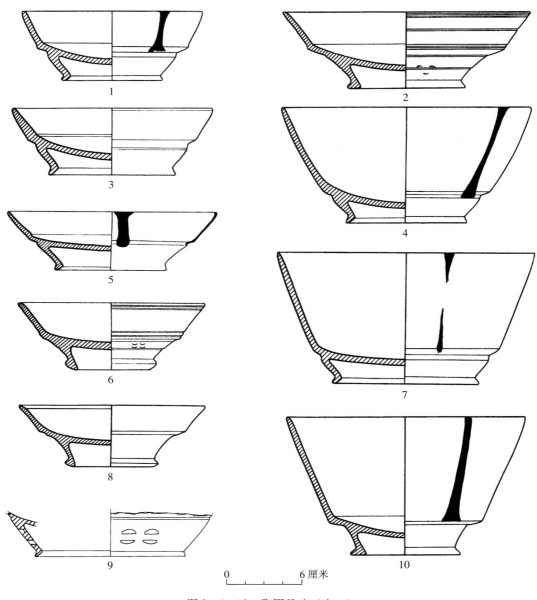

0　　　　　6厘米

图3-4-13　陶圈足碗（之一）

1. 1型Ⅰ式（T1④H2：73）　　2. 1型Ⅱ式（T11④G1：57）　　3. 1型Ⅰ式（T71⑦G9：56）　　4. 2型Ⅰ式（T75⑤：132）
5. 1型Ⅰ式（T22④H22：3）　　6. 1型Ⅲ式（T11④G1：78）　　7. 2型Ⅰ式（T71⑦G9：4）　　8. 1型Ⅲ式（T11④G1：73）
9. 1型Ⅰ式（T22③：49）　　10. 2型Ⅱ式（T36⑥B：40）

三期地层标本：T22③：49（图 3 - 4 - 13，9），残，仅保留圈足及少量腹底。器腹与圈足无明显分界，圈足内收。圈足中部饰半圆形镂孔 4 组，每组 4 个，上部 2 个因靠近腹底未捅透。圈足径 12.1、胎厚 0.4 ~ 0.6 厘米。

Ⅱ式　1 件（复原）。斜折壁，圈足下端折平。

二期地层标本：T11④G1：57（图 3 - 4 - 13，2；图版五八，3），泥质红陶。内外表施红陶衣并磨光。腹下部转折内收，浅腹，坦底，器腹与圈足无明显分界。饰弯月形戳印纹。高 6.2、口径 19、圈足径 9.4、胎厚 0.4 厘米。

Ⅲ式　2 件（复原）。斜折壁，圈足下端外翘。

一期晚段地层标本：T11④G1：73（图 3 - 4 - 13，8），泥质红陶。内外表施鲜红色陶衣并磨光。下部内折成坦底。折腹处有二层台式折棱。高 5、口径 14.9、圈足径 7.3、胎厚 0.3 ~ 0.5 厘米。T11④G1：78（图 3 - 4 - 13，6），泥质灰陶。经慢轮修整。腹中部、下部各饰凹弦纹 2 周，下部存弯月形戳印纹 1 组，每组 4 个。戳印纹是大溪文化陶器的典型纹饰之一，是用竹子制成各种不同形状的小戳子从外表向内戳而不透形成的，内表往往呈现小泥凸（以下有类似现象者，其成因与此件相同，不再赘述）。高 5.5、口径 14.8、圈足径 5.6、胎厚 0.3 厘米。

2 型　3 件（复原）。敞口深腹斜折壁圈足碗。圆唇，斜壁，下部转折内收，圜底。分为 2 式。

Ⅰ式　2 件。斜折壁，圈足下端折斜。外表均施深红色陶衣并磨光。内表黑色。

一期晚段地层标本：T71⑦G9：4（图 3 - 4 - 13，7；图版五八，4），夹炭红陶。矮圈足向内斜收。器腹外表有竖向黑道 3 条。高 10.8、口径 20.5、圈足径 11.7、胎厚 0.45 厘米。

二期地层标本：T75⑤：132（图 3 - 4 - 13，4），大部分残缺。泥质红陶。圈足下端折斜。器腹存竖向黑道 1 条。高 9.5、口径 20、圈足径 9.4 厘米。

Ⅱ式　1 件。斜折壁，圈足下端折平。外表施鲜红色陶衣并磨光。

二期地层标本：T36⑥B：40（图 3 - 4 - 13，10；图版五八，5），泥质红陶。内外表底面及圈足内表均施红陶衣。制作精致。器腹有竖向黑道 3 条。高 11.3、口径 19、圈足径 8.7、胎厚 0.4 ~ 0.6 厘米。

3 型　6 件（内复原 5，残器 1）。敞口深折腹圈足碗。圆唇，斜壁。分为 4 式。

Ⅰ式　2 件（内复原 1，残器 1）。矮圈足下端有凸棱。

二期地层标本：T51⑥：316（图 3 - 4 - 14，4），残。泥质红陶。外表施鲜红色陶衣并磨光，有光泽。内表黑色。斜壁略内凹，下部转折内收成坦底。腹中部、下部各饰凹弦纹 2 周。圈足径 8.9、胎厚 0.4 厘米。T65⑥：76（图 3 - 4 - 14，1；图版五八，6），泥质黑陶。下部转折内收成坦底。上腹、中腹、下腹分别饰宽凹弦纹 3 周、2 周、4 周。器腹下部及圈足饰窝点纹。高 6.6、口径 12、圈足径 8.4、胎厚 0.3 ~ 0.6 厘米。

Ⅱ式　1 件（复原）。矮圈足垂直。

二期地层标本：T64⑤AH102：58（图 3 - 4 - 14，5；图版五九，1），泥质红陶。器身内外表施深红色陶衣并磨光，制作精细。腹下部内折，坦底。腹上部隐约可见凹弦纹 2 周。高 12.3、口径 18、圈足径 7.4、胎厚 0.5 ~ 0.7 厘米。

Ⅲ式　1 件（复原）。矮圈足外撇。

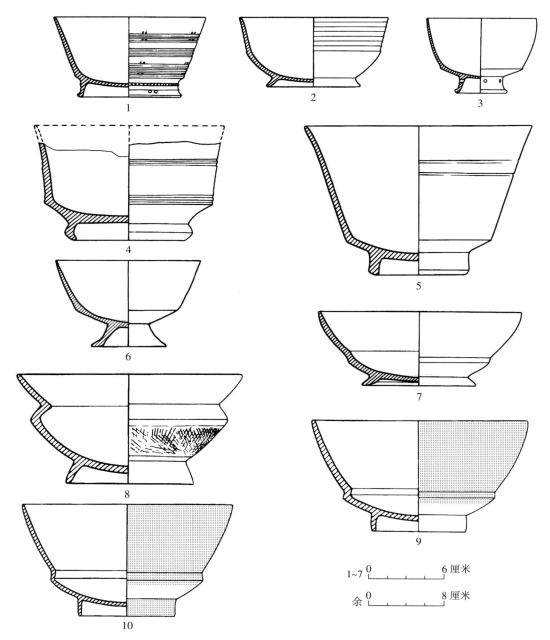

图 3 - 4 - 14　陶圈足碗（之二）

1. 3 型 I 式（T65⑥：76）　2. 3 型 III 式（T62⑤AH141：16）　3. 3 型 IV 式（T8②CW79：3）　4. 3 型 I 式（T51⑥：316）
5. 3 型 II 式（T64⑤AH102：58）　6. 3 型 IV 式（T72⑤AH153：6）　7. 4 型 III 式（T52④AH41：10）　8. 4 型 I 式（T64⑦：68）
9. 4 型 II 式（T73⑦：77）　10. 4 型 II 式（T23④H20：2）

　　二期地层标本：T62⑤AH141：16（图 3 - 4 - 14，2），泥质红陶。外表及底面施鲜红色陶衣，外表磨光。内表黑色。中部转折内收成坦底。腹上部饰宽浅凹弦纹 7 周。高 5.6、口径 11.8、圈足径 7.5、胎厚 0.3 厘米。

　　IV 式　2 件（复原）。矮圈足呈喇叭形。

　　二期地层标本：T72⑤AH153：6（图 3 - 4 - 14，6），泥质红陶。器身外表及圈足内表均施鲜红色陶衣，经精细磨光，有光泽。内表黑色。圈足上部有凹槽 1 周。高 7.1、口径 11.5、圈足径

6、胎厚 0.3~0.5 厘米。

四期地层标本：T8②CW79：3（图 3－4－14，3；图版五九，2），细泥黑陶。胎壁甚薄，外表磨光。圜底。下腹饰凹弦纹 1 周，圈足上部饰小圆形镂孔 5 个。高 6.1、口径 8.7、圈足径 4.3、胎厚 0.1~0.3 厘米。

4 型　5 件（复原）。敞口双折壁圈足碗。分为 3 式。

Ⅰ式　1 件。圈足下端折斜。

一期晚段地层标本：T64⑦：68（图 3－4－14，8；图版五九，3），夹炭红陶。腹中部以上、圈足外表及腹上部内表施深红色陶衣，局部磨光。腹下部留有在慢轮上边旋转边刮削陶衣的痕迹及拍印的绳纹。拍印绳纹纯属修整痕迹，具有加固器壁的作用。高 12、口径 24、圈足径 13.4 厘米。

Ⅱ式　3 件。圈足下端垂直。均为夹炭红陶。

一期晚段地层标本：T73⑦：77（图 3－4－14，9），腹中部折棱以上内外表及圈足外表施深红色陶衣并磨光。折腹下部刮削陶衣，刮衣部位还隐约可见陶衣痕迹。圜底，矮圈足。高 12.2、口径 22.6、圈足径 9.6、胎厚 0.7 厘米。T38⑥H30：2（图版五九，4），外表及内表上部施深红色陶衣并磨光，折腹下部刮去陶衣呈宽带状。矮圈足略斜。高 10.2、口径 18.1、圈足径 9.6、胎厚 0.7 厘米。

二期地层标本：T23④H20：2（图 3－4－14，10；彩版六，1），该器稍厚重。胎中所含炭末不太明显。外表及内表的上腹壁施较厚的红陶衣，胎芯呈黑褐色。经慢轮修整。外表下腹折棱处稍往下至圈足上部刮削陶衣 1 周，还隐约可见陶衣的痕迹，矮圈足。高 12.2、口径 22、圈足径 10 厘米。

Ⅲ式　1 件。矮圈足外撇。

三期地层标本：T52④AH41：10（图 3－4－14，7；图版五九，5），泥质红陶。腹外表及圈足内外表施深红色陶衣，外表磨光。内表黑色。圜底稍残。高 6.1、口径 16.1、圈足径 8.7、胎厚 0.4 厘米。

5 型　8 件（复原）。敞口斜壁圈足碗。分为 3 式。

Ⅰ式　4 件。矮圈足外斜。均泥质红陶。

二期地层标本：T59⑥A：85（图 3－4－15，1），外表、底面及圈足内外表施红色陶衣并磨光。口外及内表黑色。圜底。高 7.2、口径 14.8、圈足径 8.8、胎厚 0.3 厘米。T65⑤AS35：50（图 3－4－15，3；图版五九，6），外表、圈足内外表及底面施鲜红色陶衣并磨光。内表灰色。腹上部饰凹弦纹 2 周。高 7.2、口径 14.4、圈足径 8.8 厘米。T65⑤AS35：82（图 3－4－15，2），外表施深红色陶衣，内外表精细磨光，有光泽。内表大部分红色，局部灰色。圜底。高 8.6、口径 14、圈足径 8.1 厘米。

三期地层标本：T64④A：88（图 3－4－15，4），外表、底面及圈足内表施鲜红色陶衣，内外表磨光。内表深灰色。圜底。上腹、中腹、下腹分别饰 3 周、1 周、4 周不明显的凹弦纹。高 7.3、口径 14、圈足径 8.8 厘米。

Ⅱ式　2 件。矮圈足外撇。

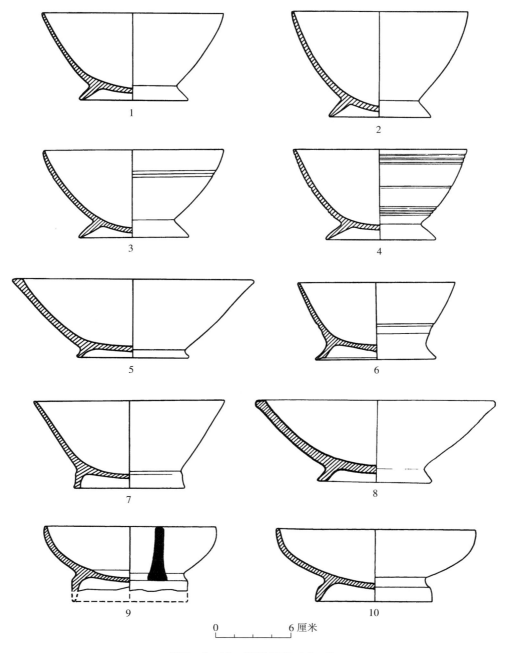

图 3 - 4 - 15　陶圈足碗（之三）

1.5 型 I 式（T59⑥A：85）　2.5 型 I 式（T65⑤AS35：82）　3.5 型 I 式（T65⑤AS35：50）　4.5 型 I 式（T64④A：88）
5.5 型 II 式（T61④H130：5）　6.5 型 III 式（T37④A：36）　7.5 型 III 式（T11④：66）　8.5 型 II 式（T8③B：10）
9.6 型 I 式（T36⑦BH13：6）　10.6 型 I 式（T53⑥：217）

三期地层标本：T61④H130：5（图 3 - 4 - 15，5），泥质红陶。外表施鲜红色陶衣并磨光，有光泽。内表黑色。坦底。高 6.4、口径 19.3、圈足径 9 厘米。T8③B：10（图 3 - 4 - 15，8；图版六〇，1），泥质红陶。外表施红陶衣并磨光。内表灰色。圜底。高 6.6、口径 19.4、圈足径 9.2厘米。

III 式　2 件。矮圈足近垂直。

二期地层标本：T11④:66（图3-4-15,7），泥质红陶。外表施红陶衣并磨光。内表灰色。圜底，矮圈足上部起棱。高7.3、口径15.4、圈足径9、胎厚0.4~0.9厘米。

三期地层标本：T37④A:36（图3-4-15,6），泥质灰陶。下腹有慢轮修整痕迹。圜底。下腹与圈足之间无明显分界。腹下部饰凹弦纹1周。高6.4、口径12.5、圈足径9.4、胎厚0.3~0.4厘米。

6型　29件（内完整4，复原20，残器5）。敞口弧壁浅腹圈足碗。分为7式。

Ⅰ式　2件（内复原1，残器1）。圈足上部起棱。均泥质红陶。外表磨光。

一期早段地层标本：T36⑦BH13:6（图3-4-15,9），外表及底面施深红色陶衣。内表黑色。圜底，内底有圆形凹窝，圈足上部有明显凹槽，下端残缺。腹部有竖向黑道4条。残高6.2、口径13.7、胎厚0.5厘米。

二期地层标本：T53⑥:217（图3-4-15,10），内外表施深红色陶衣。圜底。矮圈足与底相接处有凹槽1周。高5.9、口径15.7、圈足径9.3厘米。

Ⅱ式　3件（内完整1，复原2）。特矮圈足外撇。

二期地层标本：T62⑤AH141:9（图3-4-16,1；彩版一），泥质浅红陶，内表灰色。腹壁上、中、下各饰深灰彩带纹1周，带纹之间分饰斜向曲线网格纹、曲线圆格纹。圈足外底边沿饰宽带纹，中央饰大圆点纹，宽带纹与大圆点纹之间连接6条斜向曲线圆格纹。深灰彩是红色彩料氧化铁（Fe_2O_3）还原成氧化亚铁（FeO）所致。高5.5、口径12.8、圈足径6.6、胎厚0.25厘米。T70⑤H111:3（图3-4-16,2；彩版二,1），残，可复原。细泥橙黄陶，内表红褐不匀。内外表有刮削痕迹，凹底。外表、圈足内外表及底面有彩，因氧化程度不同，局部呈棕色或红色，红棕不匀，色彩渐变，无明显分界。腹上部、中部、下部及圈足外表各饰棕彩宽带纹1周。腹部上、下分饰曲线网格纹和曲线纹，均从右上方向左下方斜行。圈足外底面边沿饰红彩宽带纹1周；中部残存2条曲线，曲线间用短条纹相连接，似履带状。高4.3、口径11.4、圈足径6.6、胎厚0.2厘米。T77⑥:77（图3-4-16,3；彩版二,2），残器复原。细泥红陶。经慢轮修整，器表光滑。底微凹。口部外表、腹中部、圈足饰黑彩宽带纹3周，器腹上下宽带纹间各饰斜行曲线网格纹、菱形网格纹，外底面饰大圆点纹和5条曲线空格纹，均黑彩。高5.2、口径11.6、圈足径6.5、胎厚0.25厘米。

Ⅲ式　6件（内完整2，残器4）。圈足外撇。

二期地层标本：T52⑤AH43:5（图3-4-17；彩版三,1），细泥橙黄陶。内表有刮削痕迹，外表磨光。圜底。下腹与圈足连接处无明显分界。口外、腹中部、腹下部与圈足下部各饰宽带纹1周，局部呈棕色或渐变为橙红色。口内壁及圈足沿内壁饰橙红色带纹各1周。上腹饰曲线网格纹15组，其中8组为6个网格，7组为8个网格。腹下部为不规则长曲线纹，部分线段相交成圆圈。圈足上部1条曲线大体呈多个近几字形相连。半个器身呈棕彩，另外半个渐变为棕红彩，这是由于两部分氧化程度不同所致。高5.75、口径11.2、圈足径6.8、胎厚0.15厘米。T53⑤BH49:176（图3-4-16,4），圈足缺失。细泥红陶。经慢轮修整。胎壁甚薄。沿下饰宽带纹，腹部及腹足连接处饰带纹，上腹带纹间饰菱形曲线网格纹和圆点纹，中腹饰短曲线纹及长链条纹，口沿内壁饰带纹1周。均红彩。口径12、胎厚0.2厘米。T53⑤BH49:276（图3-4-16,6），下部残缺，

图 3 - 4 - 16　陶圈足碗（之四）

1. 6 型Ⅱ式（T62⑤AH141：9）　2. 6 型Ⅱ式（T70⑤H111：3）　3. 6 型Ⅱ式（T77⑥：77）　4. 6 型Ⅲ式
（T53⑤BH49：176）　5. 6 型Ⅲ式（T64⑤AH102：54）　6. 6 型Ⅲ式（T53⑤BH49：276）

细泥橙黄陶。沿下及腹部饰黑彩宽带纹，带纹间饰短曲线纹、圆点纹及菱形曲线网格纹。口沿内
表饰带纹 1 周。口径 12.6、胎厚 0.15～0.2 厘米。T63⑤B：63（图 3 - 4 - 18，2），细泥红陶。腹
下部至圈足存红彩椭圆点纹、窄条纹、三角锯齿纹和宽带纹。圈足径 6.2 厘米。T64⑤AH102：54
（图 3 - 4 - 16，5；彩版三，2），细泥橙黄陶，内外表橙黄色。内表有刮削痕迹，外表磨光。胎壁
甚薄。因烧制时氧化程度不同，一半呈黑褐色，另一半渐变为红褐色，二者无明显分界。腹上、
中、下部、圈足顶部及足沿各饰褐彩宽带纹 1 周，腹上部每组为二点连成的短曲线纹 2 周，上、
下短曲线纹间饰椭圆点纹 1 周，腹中部饰斜行并排曲线纹，腹下部饰圆点纹 1 周，圈足中部饰横

向短曲线纹共 10 列。口内饰条纹 1 周。高 6、口径 11.3~11.7、圈足径 5.3、胎厚 0.2 厘米。T36⑤H12:1（图 3-4-18，3），残。细泥红陶。外表磨光。沿下饰宽带纹，腹部带纹数周，带纹间饰链条纹，口沿内表饰窄带纹 1 周。均红彩。口径 11.6、胎厚 0.15~0.2 厘米。

0 _____ 3 厘米

图 3-4-17 陶圈足碗（之五）

6 型Ⅲ式（T52⑤AH43:5）

Ⅳ式 1 件（复原）。圈足沿上翘。

二期地层标本：T59⑥A:65（图 3-4-18，1），泥质红陶。外表施鲜红色陶衣，底面及圈足内外表均施红陶衣并磨光。内表上半部红色，内底黑色。圜底。高 6.6、口径 14.1、圈足径 8.5、胎厚 0.4 厘米。

Ⅴ式 8 件（复原）。圈足甚矮而外斜。圜底。

一期晚段地层标本：T64⑦S45:108（图 3-4-19，1），泥质红陶。内外表施深红色陶衣并磨光。高 5.3、口径 17.3、圈足径 8.3 厘米。T69⑦:126（图 3-4-18，4），夹炭红陶。外表施深红色陶衣并磨光。内表黑色。高 6.6、口径 16.5、圈足径 10.1、胎厚 0.6 厘米。

二期地层标本：T51⑥:369（图 3-4-18，8），夹炭红陶。外表及外底施深红色陶衣并磨光。内表黑色。高 5.5、口径 16.5、圈足径 9.4 厘米。T51⑤B:378（图 3-4-18，6），泥质红陶。内

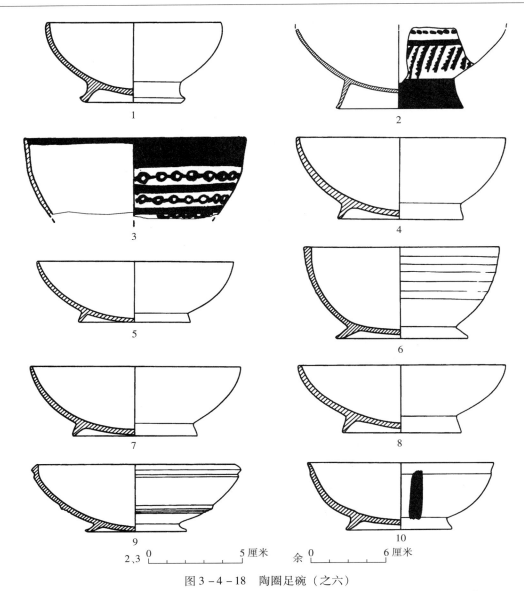

图 3 - 4 - 18　陶圈足碗（之六）

1. 6 型Ⅳ式（T59⑥A：65）　2. 6 型Ⅲ式（T63⑤B：63）　3. 6 型Ⅲ式（T36⑤H12：1）　4. 6 型Ⅴ式（T69⑦：126）　5. 6 型
Ⅴ式（T75⑥：176）　6. 6 型Ⅴ式（T51⑤B：378）　7. 6 型Ⅴ式（T67⑤A：52）　8. 6 型Ⅴ式（T51⑥：369）　9. 6 型Ⅴ式
（T11③：84）　10. 6 型Ⅴ式（T22④H22：1）

底有刮削痕迹，外表施红陶衣。内表上半部红色，下半部黑色，其黑色是窑外渗碳所致。腹部饰凹弦纹 9 周。高 7.6、口径 15.4、圈足径 10.4、胎厚 0.3 厘米。T67⑤A：52（图 3 - 4 - 18，7），泥质红陶。外表及底面施鲜红色陶衣，经精细磨光。内表灰色。高 5.6、口径 16.8、圈足径 10.1 厘米。T75⑥：176（图 3 - 4 - 18，5），泥质红陶。外表及外底施红陶衣并磨光。内表红色。高 5、口径 15.7、圈足径 9、胎厚 0.35 厘米。T22④H22：1（图 3 - 4 - 18，10；图版六〇，2），泥质红陶。外表施红陶衣并磨光。内表灰色。口沿至圈足存有竖向黑道 1 条。高 5.6、口径 14.7、圈足径 8.3 厘米。

三期地层标本：T11③：84（图 3 - 4 - 18，9），泥质灰陶。外表磨光。内外表深灰色。腹下部有折棱，圈底。口外、腹下部分别饰凹弦纹 1 周、3 周。高 5.7、口径 15.8、圈足径 8.2、胎厚 0.4 厘米。

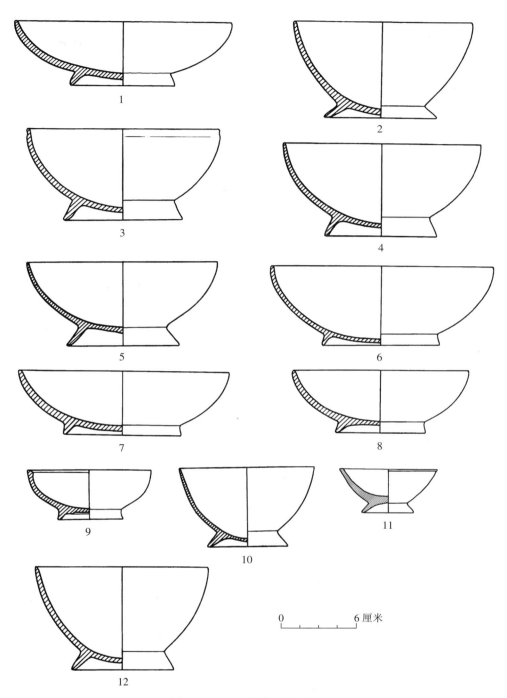

图 3 - 4 - 19　陶圈足碗（之七）

1. 6 型 V 式（T64⑦S45:108）　　2. 7 型 I 式（T59⑤AG6:12）　　3. 6 型 Ⅵ式（T64④B:89）　　4. 6 型 Ⅵ式（T68⑥H164:2）
5. 6 型 Ⅵ式（T64⑤A:64）　　6. 6 型 Ⅶ式（T31⑤:44）　　7. 6 型 Ⅶ式（T10④:30）　　8. 6 型 Ⅶ式（T56⑦:81）　　9. 6 型 Ⅶ式
（T69④AH97:1）　　10. 7 型 I 式（T63⑤B:38）　　11. 6 型 Ⅵ式（T52 扩③:4）　　12. 7 型 I 式（T59⑤AG6:11）

　　Ⅵ式　4 件（内完整 1，复原 3）。圈足外斜。

　　二期地层标本：T64⑤A:64（图 3 - 4 - 19，5；图版六〇，3），泥质灰陶。内外表磨光。烧成温度较高，质地较硬。高 6.6、口径 15.2、圈足径 9、胎厚 0.3～0.4 厘米。T68⑥H164:2（图 3 - 4 - 19，4；彩版六，2；图版六〇，4），泥质红陶。内外表上半部施红陶衣并磨光。内表下半部黑色。高7.6、口径15.6、圈足径9厘米。

三层地层标本：T64④B：89（图3－4－19，3），泥质红陶。外表、底面及圈足内外表施鲜红色陶衣，经精细磨光，有光泽。内表黑色。口沿下有浅槽1周。高7.4、口径15.4、圈足径9.5、胎厚0.3厘米。

四期地层标本：T52扩③：4（图3－4－19，11），细泥黑陶，泥料经淘洗。内外表磨光，有光泽。高3.6、口径7.8、圈足径4、胎厚0.3厘米。

Ⅶ式　5件（复原）。特矮圈足近垂直。圜底。外表磨光。

一期晚段地层标本：T56⑦：81（图3－4－19，8），夹炭红陶。外表施深红色陶衣并磨光。内表黑色。高5.3、口径13.8、圈足径7.2厘米。

二期地层标本：T69⑥：118（图版六〇，5），泥质红陶。外表施深红色陶衣。口沿高低不平。高5.3~6、口径15.6、圈足径9、胎厚0.4厘米。T10④：30（图3－4－19，7），泥质红陶。外表施红陶衣。内表黑色。高5.4、口径16.7、圈足径9.2厘米。T31⑤：44（图3－4－19，6），泥质红陶。内外表施红陶衣，外表红黑不匀。高6.4、口径17.6、圈足径9.3、胎厚0.3厘米。

三期地层标本：T69④AH97：1（图3－4－19，9；图版六〇，6），泥质黑陶。内表有刮削痕迹，外底有附加圈足的接痕。高4.1、口径9.9、圈足径5、胎厚0.3厘米。

7型　13件（内复原12，残器1）。敞口深弧壁圈足碗。分为3式。

Ⅰ式　4件（复原）。矮圈足外斜。均为泥质红陶。

二期地层标本：T59⑤AG6：11（图3－4－19，12），外表及圈足内表施红陶衣并磨光。内表、口外黑色。圜底。高7.8、口径14、圈足径8.5厘米。T59⑤AG6：12（图3－4－19，2），外表及圈足内表施深红色陶衣并磨光。腹内表及口沿外表黑色。高8.3、口径13.9、圈足径8厘米。T63⑤B：38（图3－4－19，10；图版六一，1）。外表、外底及圈足内表施鲜红色陶衣并磨光。内表黑色。圜底，薄胎。高6.5、口径10.9、圈足径6.4、胎厚0.2厘米。T11④：67（图3－4－20，1；图版六一，2），外表施红陶衣并磨光，内表及口沿外表黑色。高8.8、口径15、圈足径8.1、胎厚0.4~0.6厘米。

Ⅱ式　5件（复原）。圈足甚矮而外斜。均为泥质红陶。

二期地层标本：T59⑥BH142：3（图3－4－20，4），腹中部有慢轮修整痕迹，外表、外底及圈足内外表施红陶衣并磨光。圜底。高8.1、口径14.5、圈足径8.3厘米。T73⑤：52（图3－4－20，6；图版六一，3），外表施深红色陶衣并磨光。内表灰色。圜底。高6.8、口径10、圈足径4.8、胎厚0.3~1厘米。

三期地层标本：T65④AH87：2（图3－4－20，3；图版六一，4），内表有刮削痕迹。外表、外底及圈足内表施红陶衣并磨光。内表橙黄色。圜底。腹下部饰凹弦纹2周。高10.5、口径14.2、圈足径12.4厘米。T3③H1：15（图3－4－20，2），内表有刮削痕迹，外表施红陶衣。内表及口外黑色。圜底。高9.2、口径13.2、圈足径6.8厘米。

Ⅲ式　4件（内复原3，残器1）。矮圈足外撇。

二期地层标本：T51⑤BH45：313（图3－4－20，5），残。泥质红陶。内表有刮削痕迹。烧成温度较高，质地较硬。坦底。腹中部及圈足饰黑彩宽带纹，其间有斜行履带状纹，外底有黑彩1

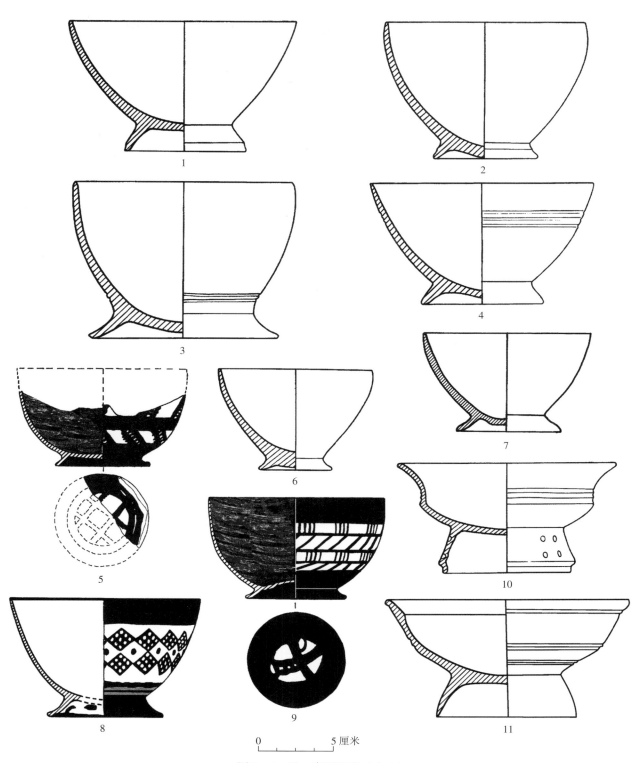

图 3 - 4 - 20 陶圈足碗（之八）

1.7 型 I 式（T11④:67） 2.7 型 II 式（T3③H1:15） 3.7 型 II 式（T65④AH87:2） 4.7 型 II 式（T59⑥BH142:3） 5.7 型 III 式（T51⑤BH45:313） 6.7 型 II 式（T73⑤:52） 7.7 型 III 式（T64③B:147） 8.7 型 III 式（T52④BF22:38） 9.7 型 III 式（T56⑤:55） 10.8 型 I 式（T5④B:35） 11.8 型 II 式（T11④G1:74）

周，中部残存井字纹，器身内表用晕染法绘黑彩。圈足径 6.3、胎厚 0.3 厘米。T56⑤：55（图 3 - 4 - 20，9；彩版四，1），泥质橙黄陶。凹底。沿下、腹下部及圈足饰黑彩宽带纹，腹部饰平行条纹 3 周，条纹间饰竖条纹及斜条纹，内壁及内底用晕染法绘黑彩，外底中央由短条纹和局部曲线空格纹组成的十字形纹。高 6.8、口径 11.3、圈足径 6.3、胎厚 0.3 厘米。

三期地层标本：T52④BF22：38（图 3 - 4 - 20，8；彩版四，2；图版六一，5），细泥红陶，泥料经淘洗，质地细腻。外表施红陶衣并磨光。口沿变形，胎壁甚薄。口沿内饰黑彩窄带纹。口外部饰黑彩宽带纹；腹中部饰菱形网格纹 2 周，网格的棱角相对，网格纹之间饰圆点纹；腹下部饰平行条纹 2 周。圈足外满饰黑彩，圈足内表饰不规则条纹 1 周。以上彩纹均黑彩。高 8、口径 12.7、圈足径 7.7、胎厚 0.2 ~ 0.3 厘米。

四期地层标本：T64③B：147（图 3 - 4 - 20，7），泥质红陶。内表有刮削痕迹，外表经轮修，留有细密轮纹。器身外表、外底及圈足内外表均施鲜红色陶衣，经精细磨光。内表灰色。圜底。高 7.5、口径 11.5、圈足径 7 厘米。

8 型　8 件（复原）。侈口折腹圈足碗。分为 4 式。

Ⅰ式　2 件。圈足沿内折。均为泥质黑陶。内外表磨光。

二期地层标本：T77⑥：58（图 3 - 4 - 21，1），圜底。腹中部饰凹弦纹 2 周。高 5、口径 16.7、圈足径 9.5 厘米。T5④B：35（图 3 - 4 - 20，10；图版六一，6），双折壁，坦底。腹中部饰凹弦纹 3 周，圈足饰圆形戳印纹 3 组，每组 4 个，近足沿有凹槽 1 周。高 7.4、口径 15、圈足径 8.6、胎厚 0.3 厘米。

Ⅱ式　4 件。圈足外斜。均为泥质红陶。

一期晚段地层标本：T11④G1：74（图 3 - 4 - 20，11，图版六二，1），泥质红陶，灰红不匀，内表灰色。口内起棱。腹外表有凹弦纹 3 组，每组 2 ~ 3 周。高 7.5、口径 16、圈足径 9、胎厚 0.3 厘米。

二期地层标本：T59⑥AF33：1（图 3 - 4 - 21，4），外表、外底及圈足内表施红陶衣并磨光。内表黑色。圜底。外表存有竖向黑道 1 条。高 6、口径 14.6、圈足径 8.2、胎厚 0.25 厘米。T3④：49（图 3 - 4 - 21，3），外表及圈足内表施深红色陶衣并磨光。内表黑色。高 6.2、口径 15.8、圈足径 9 厘米。T11④：62（图 3 - 4 - 21，2；图版六二，2），经慢轮修整。坦底。腹部饰凹弦纹 4 周，有竖向黑道 3 条。高 6.6、口径 15.6、圈足径 8.8 厘米。

Ⅲ式　1 件。矮圈足外撇。

三期地层标本：T21③：10（图 3 - 4 - 21，5），泥质红陶。外表施红陶衣并磨光。内表黑色。圜底。高 7、口径 15.4、圈足径 8.3、胎厚 0.7 厘米。

Ⅳ式　1 件。圈足甚矮而外撇。

一期晚段地层标本：T69⑦：164（图 3 - 4 - 21，6；彩版六，3；图版六二，3），泥质红陶。外表及圈足内表施深红色陶衣并磨光。内表黑色。圜底。内壁有凹槽 1 周，腹外表有竖向黑道 3 条。高 5、口径 14.5、圈足径 8.5 厘米。

9 型　5 件（复原）。侈口凹壁圈足碗。分为 3 式。

Ⅰ式　1 件。圈足外折下端内收。

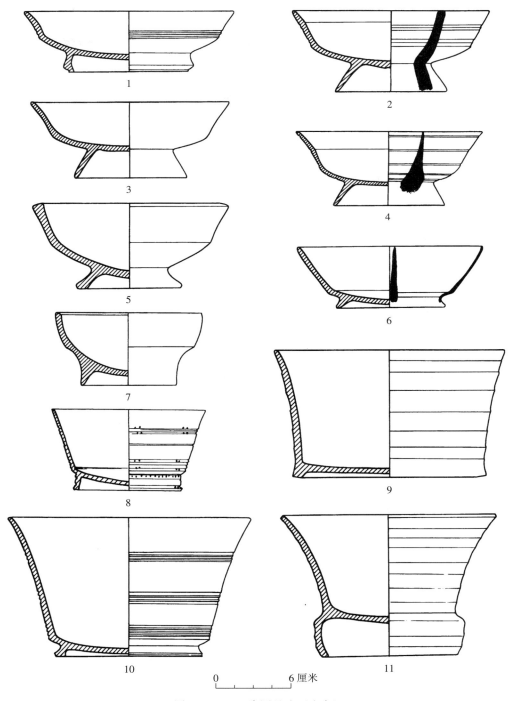

图 3 - 4 - 21　陶圈足碗（之九）

1. 8 型 I 式（T77⑥：58）　　2. 8 型 II 式（T11④：62）　　3. 8 型 II 式（T3④：49）　　4. 8 型 II 式（T59⑥AF33：1）　　5. 8 型 III
式（T21③：10）　　6. 8 型 IV 式（T69⑦：164）　　7. 9 型 I 式（T2③：64）　　8. 9 型 II 式（T67⑥：76）　　9. 9 型 II 式（T51④
A：130）　　10. 9 型 II 式（T5④B：53）　　11. 9 型 III 式（T55⑥：29）

三期地层标本：T2③：64（图 3 - 4 - 21，7），泥质红陶。内表有刮削痕迹，外表施红陶衣
并磨光。腹上部微弧，下部转折内收，圜底，圈足与器身之间无明显分界。高 6、口径 12、胎
厚 0.4 ~ 0.6 厘米。

II 式　3 件。圈足外折。

二期地层标本：T67⑥：76（图3－4－21，8），泥质黑陶。腹壁微内凹，下部转折内收成圈底，矮圈足外凸。腹外表饰凹弦纹7周，圈足饰凸弦纹1周。腹外表存有碾压窝点纹2行，每行2组，每组4个；圈足上部碾压窝点纹1周，下部存有碾压窝点纹1组，2个。窝点纹属于暗纹，在器表磨光之后，坯体的含水量较低、胎较硬时，用细长、质地坚硬而致密、前端圆钝而光滑的工具（如骨器）在原地来回碾压而成的圆形或椭圆形窝点状纹理，在反光条件下才能够看清纹理（以下有类似现象者，其成因与此件相同，不再赘述）。高6.5、口径12.1、圈足径8.4、胎厚0.3厘米。T5④B：53（图3－4－21，10；图版六二，4），泥质灰陶。外表黑灰不匀，磨光，内表黑色。腹下部内折成坦底。腹上部、中部各饰凹弦纹3周，下部饰凹弦纹4周。高11.2、口径19.5、圈足径11.6厘米。

三期地层标本：T51④A：130（图3－4－21，9），泥质红陶。经慢轮修整，有细密轮纹。内外施深红色陶衣并磨光。平底，圈足甚矮与腹部之间无分界。腹部饰凹弦纹7周。高10.5、口径18.2、圈足径15厘米。

Ⅲ式　1件。矮筒状圈足。

二期地层标本：T55⑥：29（图3－4－21，11；图版六二，5），泥质红陶。外表有慢轮修整痕迹并施红陶衣。内表黑色。方唇，坦底。高11.6、口径17.1、圈足径11.3、胎厚0.3～0.6厘米。

10型　6件（内复原4，残器2）。直口折腹圈足碗。分为2式。

Ⅰ式　5件（内复原3，残器2）。矮圈足外斜。均为泥质红陶。外表施红陶衣。

一期早段地层标本：T57⑧：118（图3－4－22，6），外表磨光。内表灰色。圜底，圈足残缺。素面。口径14.8、胎厚0.5厘米。

二期地层标本：T22④：42（图3－4－22，3；图版六二，6），外表磨光。内表灰色。坦底。口沿至圈足有竖向黑道4条。高6、口径15.2、圈足径9.1厘米。T24④：36（图3－4－22，2），器壁存有慢轮修整痕迹。内表黑色。底和圈足残缺。由口外至腹下部存有竖向黑道1条。口径15.8、胎厚0.4～0.8厘米。T37⑥H17：24（图3－4－22，1），外表磨光。内表黑色。底部残缺。素面。高5.8、口径15.5、圈足径8.7厘米。T211附近采：011（图3－4－22，4），外表磨光。内表灰色。坦底。素面。高6、口径15.6、圈足径8.5厘米。

Ⅱ式　1件（复原）。圈足甚矮而外撇。

二期地层标本：T211附近采：025（图3－4－22，5），泥质红陶。外表施红陶衣并磨光。内表灰色。坦底。口沿至圈足沿有竖向黑道4条。高5.6、口径15.2、圈足径8.5厘米。

11型　10件（内完整2，复原8）。直口弧壁圈足碗。分为4式。

Ⅰ式　3件（内完整1，复原2）。圈足外折，下部斜直。均为泥质红陶。外表施红陶衣。

一期早段地层标本：T61⑦H144：1（图3－4－22，7；彩版六，4），外表红色，内表黑色。磨光。圜底，近底部转折呈台阶状。腹上部有竖向黑道4条，圈足饰圆形镂孔4个，每个镂孔与竖向黑道相对应。高8.8、口径16.7、圈足径13.2厘米。

二期地层标本：T52⑥：156（图3－4－22，8），外表磨光。内外表红色。浅腹，圜底，圈足与底部相接处有凹槽1周。高8、口径16.3、圈足径11.9厘米。T67⑥：90（图3－4－22，9；图版六三，1），外表磨光。内表黑色。圜底，内底中央有圆形浅窝，矮圈足与底部相接处有凹槽1

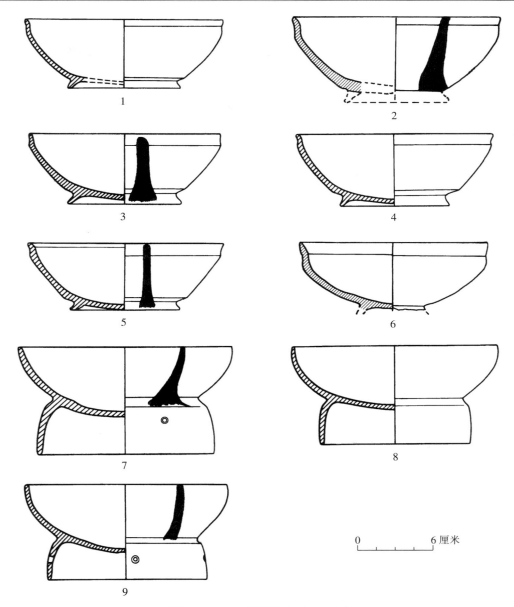

图 3 - 4 - 22　陶圈足碗（之一〇）

1. 10 型 I 式（T37⑥H17：24）　2. 10 型 I 式（T24④：36）　3. 10 型 I 式（T22④：42）　4. 10 型 I 式（T211 附近采：011）
5. 10 型 II 式（T211 附近采：025）　6. 10 型 I 式（T57⑧：118）　7. 11 型 I 式（T61⑦H144：1）　8. 11 型 I 式（T52⑥：156）
9. 11 型 I 式（T67⑥：90）

周。腹外表有竖向黑道 4 条，圈足中部饰圆形镂孔 4 个，镂孔与黑道相对应。高 7.7、口径 16、圈足径 12.4 厘米。

II 式　5 件（复原）。圈足外斜。

一期早段地层标本：T61⑦H144：2（图 3 - 4 - 23，1），夹炭红陶。外表施红陶衣并磨光。圜底。腹上部有浅凹槽 1 周。圈足中部存有碾压窝点纹 2 个。高 7.3、口径 15.2、圈足径 10 厘米。

一期晚段地层标本：T69⑦H170：1（图 3 - 4 - 23，4；图版六三，2），泥质红陶。外表、外底施鲜红色陶衣并磨光。浅腹，腹上部有浅凹槽 1 周。圜底，内底有圆形浅窝。腹外表存有竖向黑道 2 条，复原后应为 4 条。高 5.7、口径 13.7、圈足径 9.9 厘米。

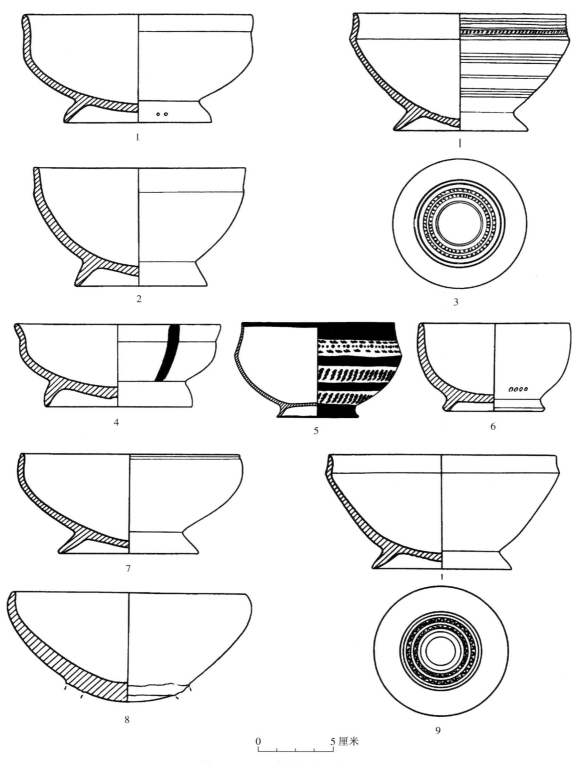

0 ——————— 5 厘米

图 3-4-23　陶圈足碗（之一一）

1. 11 型Ⅱ式（T61⑦H144：2）　　2. 11 型Ⅱ式（T59⑤AG6：7）　　3. 11 型Ⅱ式（T64⑤A：50）　　4. 11 型Ⅱ式（T69⑦
H170：1）　　5. 11 型Ⅲ式（T64⑤AH102：46）　　6. 11 型Ⅳ式（T75③BH70：19）　　7. 12 型Ⅰ式（T64⑤A：60）　　8. 12
型Ⅰ式（T67⑥：87）　　9. 11 型Ⅱ式（T64⑤AH102：59）

二期地层标本：T59⑤AG6：7（图3-4-23，2；图版六三，3），泥质红陶。外表、外底施红陶衣并磨光。内表黑色。口内有宽带状浅槽1周。圜底。高8.1、口径14.1、圈足径8.7厘米。T64⑤A：50（图3-4-23，3；图版六三，4），泥质红陶。外表有慢轮修整痕迹，外表、外底及圈足内表施红陶衣并磨光，制作精细。腹上部有宽带状浅槽1周。圜底。沿面中部有点状暗纹1周，外底有×××状暗纹，排列成2周。暗纹是在器表磨光之后，坯体的含水量较低、胎较硬时，用细长、质地坚硬而致密、前端圆钝而光滑的工具（如骨器）在器表滑压而成的线条状纹理，在反光条件下才能够看清纹理（以下有类似现象者，其成因与此件相同，不再赘述）。高7.9、口径14.2、圈足径9.2厘米。T64⑤AH102：59（图3-4-23，9；图版六三，5），泥质红陶。外表、底面及圈足内表施红陶衣并经精细磨光，口外、内表黑色。底面有轮修同心圆纹痕7周，里面2周饰极细斜网格暗纹。高7.8、口径14.9、圈足径9厘米。

Ⅲ式　1件（完整）。圈足外撇。

二期地层标本：T64⑤AH102：46（图3-4-23，5；彩版五），细泥橙黄陶，泥料经淘洗，质地细腻。内表有刮削痕迹，外表磨光。颈部微内收，腹中部偏上有明显折棱，底微凹。外表施褐彩，浓淡不匀，深浅不一，口外、腹中部偏上、下部及圈足各饰褐彩宽带纹1周，口沿内表、圈足内表各饰褐彩窄条纹1周。上部两宽带纹之间饰由两点横连成的短曲线纹2周，其间饰红褐色圆点纹，腹中部、下部饰由三点连成的斜行曲线纹。高6.4、口径10.1、圈足径5.5、胎厚0.25厘米。

Ⅳ式　1件（复原）。矮圈足上翘。

四期地层标本：T75③BH70：19（图3-4-23，6），泥质红陶。外表施红陶衣并磨光。内表黑色。坦底。腹下部饰凹弦纹2周，存有碾压窝点纹1组4个点。高6、口径10、圈足径6.7厘米。

12型　5件（内复原3，残器2）。敛口弧壁浅腹圈足碗。分为3式。

Ⅰ式　2件（内复原1，残器1）。圈足外斜。

二期地层标本：T64⑤A：60（图3-4-23，7），泥质红陶。外表、外底及圈足内表施深红色陶衣。内表黑色。唇外有凹槽1周，浅腹，圜底。外底饰密集暗纹。高6.8、口径14.5、圈足径9.2厘米。T67⑥：87（图3-4-23，8），夹炭红陶。外表施红陶衣并磨光。圜底，胎壁甚厚，圈足残缺。口径15.2、胎厚0.8～1.3厘米。

Ⅱ式　2件（内复原1，残器1）。圈足近垂直。

三期地层标本：T51扩④AF9：26（图3-4-24，3；图版六三，6），细泥红陶，泥料经淘洗。内外表施红陶衣并磨光，有光泽。圜底，圈足残缺。口径13.2、胎厚0.3厘米。T62④DH190：30（图3-4-24，1），泥质红陶。外表施红陶衣。内表及口沿黑色。圜底。高7.4、口径17.5、圈足径7.8厘米。

Ⅲ式　1件（复原）。圈足甚矮。

三期地层标本：T64④A：83（图3-4-24，2；图版六四，1），泥质黑陶。口部及外底有慢轮修整痕迹。圜底。高9、口径15.4、圈足径7.3、胎厚0.3厘米。

13型　31件（内复原29，残器2）。敛口深腹圈足碗。分为8式。

Ⅰ式　4件（内复原3，残器1）。圈足上部起棱，下部外撇。

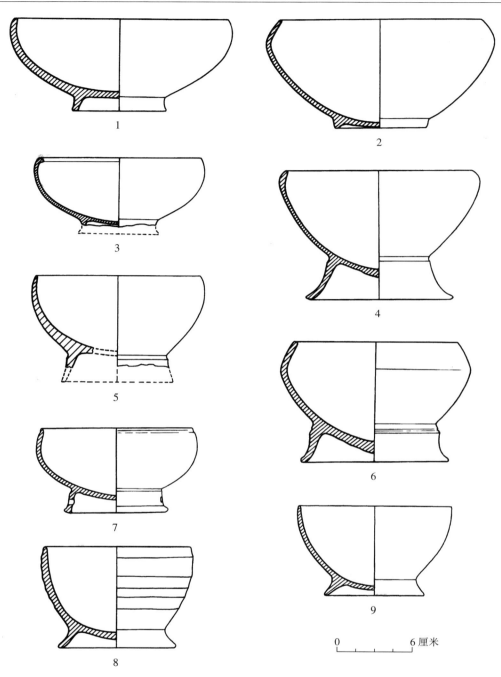

图 3 - 4 - 24 陶圈足碗（之一二）

1. 12 型 Ⅱ 式（T62④DH190：30）   2. 12 型 Ⅲ 式（T64④A：83）   3. 12 型 Ⅱ 式（T51 扩④AF9：26）   4. 13 型 Ⅰ 式（T70⑤G5：21）
5. 13 型 Ⅰ 式（T74④B：60）   6. 13 型 Ⅰ 式（T72⑤AH153：1）   7. 13 型 Ⅰ 式（T34④A：42）   8. 13 型 Ⅱ 式（T67⑤AG5：14）   9. 13
型 Ⅱ 式（T61⑤AH108：1）

　　二期地层标本：T70⑤G5：21（图 3 - 4 - 24，4；图版六四，2），泥质红陶。内表有刮削痕迹。
外表施鲜红色陶衣。内表红色。圜底，圈足与器底相接处刻划密集的沟槽，形成粗糙面，以便二
者接合牢固。高 10.5、口径 14.7、圈足径 11.5、胎厚 0.3 厘米。T72⑤AH153：1（图 3 - 4 - 24，
6；图版六四，3），泥质红陶。内表及外底有明显的刮削痕迹，外表施深红色陶衣。内表黑色。尖
底。圈足上部饰极细的凹弦纹 1 周。高 9.7、口径 13、圈足径 11.6 厘米。

三期地层标本：T74④B：60（图3-4-24，5），泥质红陶。内表有刮削痕迹，外表施橙黄色陶衣，经精细磨光，有光泽。内表黑色。圜底，圈足残缺。口径13、胎厚0.3~1厘米。T34④A：42（图3-4-24，7；图版六四，4），泥质橙黄陶。内表有刮削痕迹，外表施红陶衣并磨光。内表局部黑色。口外有凹槽1周，圜底。圈足饰长方形镂孔2组，每组2个。高6.8、口径12、圈足径8.2厘米。

Ⅱ式　5件（复原）。圜底，圈足外撇。均为泥质红陶。

二期地层标本：T61⑤AH108：1（图3-4-24，9），外表及底面施鲜红色陶衣并磨光。内表黑色。圆唇，矮圈足甚外撇。高7.4、口径12.5、圈足径7.9厘米。T67⑤AG5：14（图3-4-24，8；图版六四，5），内表经刮削，腹上部外表有慢轮修整痕迹，外表、外底及圈足内表施红陶衣并磨光。腹上部饰凹弦纹4周。高8.1、口径11.6、圈足径9.3厘米。

三期地层标本：T74④A：48（图3-4-25，1），外表施红陶衣并磨光。内表黑色。口外有凹槽1周。圈足存有长方形戳印纹1个。高9.7、口径13.5、圈足径8.1、胎厚0.3厘米。T11③：19（图3-4-25，3）。内外表红色，红陶衣大部分已脱落，是被土壤中所含的酸腐蚀的（因为关庙山遗址土壤的pH值为6.45~6.75，属于酸性土壤）。圈足饰长方形镂孔3个。高9.2、口径12.9、圈足径9、胎厚0.4~0.9厘米。

四期地层标本：T75③BH70：10（图3-4-25，2；图版六四，6），内底有刮削痕迹，口部经轮修，外表施深红色陶衣并磨光。内表黑色。唇外及圈足下端各饰凹弦纹1周，圈足饰长方形戳印纹3组，每组2个。高10、口径12.4、圈足径8.4厘米。

Ⅲ式　5件（复原）。圜底，圈足甚矮，下部外撇。均泥质红陶。

三期地层标本：T68④B：72（图3-4-25，5），外表施深红陶衣。内表及口外黑色。高8、口径12.2、圈足径7.3厘米。T69④A：87（图3-4-25，7），内外表有刮削痕迹，外表施红陶衣并磨光。内表及口外黑色。高7.1、口径11.3、圈足径7.8厘米。T69④C：94（图3-4-25，8；图版六五，1），内表有刮削痕迹，外表施红陶衣并磨光。内表及口外黑色。腹下部碾压椭圆形窝点纹4组，每组3个。高6.4、口径9.5、圈足径5.5、胎厚0.25厘米。T9③：42（图3-4-25，4；图版六五，2），外表有刮削痕迹，内外表施红陶衣并磨光。口外有凹槽1周，呈子母口状。口沿下方碾压椭圆形窝点纹10组，每组6个；圈足饰小圆形戳印纹6组，每组3个。高10.4、口径15.8、圈足径8.7厘米。

Ⅳ式　1件（复原）。坠底，圈足下部外撇。

二期地层标本：T62⑤A：50（图3-4-25，9），泥质红陶。外表施红陶衣并磨光。内表黑色。高6、口径9.7、圈足径8.3厘米。

Ⅴ式　4件（内复原3，残器1）。圈足外斜。均为泥质红陶。

二期地层标本：T58⑤：46（图3-4-26，3），外表、外底及圈足内表施红陶衣并磨光。内表及口外黑色。高11.3、口径12.8、圈足径11.2厘米。

三期地层标本：T59④AH91：7（图3-4-26，1），外表及外底施红衣并磨光。内表黑色。内底中部有圆形浅窝。圈足沿残缺。腹下部饰凹弦纹2周，凹弦纹之间碾压圆形窝点纹5组，每组3个。口径13.7、胎厚0.2厘米。T3③H1：5（图3-4-26，2；图版六五，3），内表有刮削痕迹，

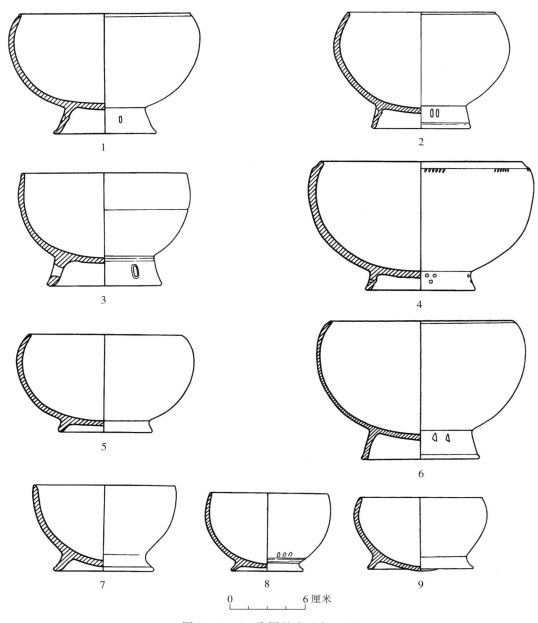

图 3 - 4 - 25　陶圈足碗（之一三）

1. 13 型Ⅱ式（T74④A：48）　　2. 13 型Ⅱ式（T75③BH70：10）　　3. 13 型Ⅱ式（T11③：19）　　4. 13 型Ⅲ式
（T9③：42）　　5. 13 型Ⅲ式（T68④B：72）　　6. 13 型Ⅴ式（T75③BH70：9）　　7. 13 型Ⅲ式（T69④A：87）
8. 13 型Ⅲ式（T69④C：94）　　9. 13 型Ⅳ式（T62⑤A：50）

外表施红陶衣。内表及唇沿口黑色。高 10.1、口径 13.3、圈足径 10.2 厘米。

四期地层标本：T75③BH70：9（图 3 - 4 - 25，6；图版六五，4），外底中部有泥条盘筑痕迹，内表经刮削，外表施红陶衣并磨光。内表黑色。口外饰凹弦纹 1 周，圈足饰略呈三角形镂孔 3 组，每组 2 个。高 11、口径 14.4、圈足径 9.5 厘米。

Ⅵ式　6 件（复原）。圈足甚矮而外斜。均为泥质红陶。

三期地层标本：T61④：51（图 3 - 4 - 26，5），外表施鲜红色陶衣并磨光。内表黑色。坦底。口外饰凹弦纹 1 周，腹下部饰凹弦纹 2 周，凹弦纹之间存有碾压椭圆形窝点纹 3 组，每组 3 个。高

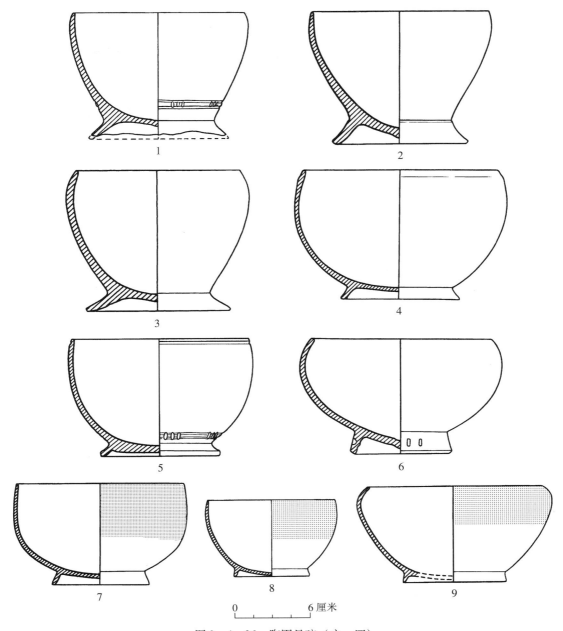

图 3 - 4 - 26　陶圈足碗（之一四）

1. 13 型 V 式（T59④AH91:7）　2. 13 型 V 式（T3③H1:5）　3. 13 型 V 式（T58⑤:46）　4. 13 型 VI 式（T211③:17）　5. 13 型 VI
式（T61④:51）　6. 13 型 VII 式（T73④C:57）　7. 13 型 VI 式（T57③B:16）　8. 13 型 VI 式（T76③H180:1）　9. 13 型 VII 式（T66
④B:46）

9.6、口径 14.5、圈足径 9.2 厘米。T211③:17（图 3 - 4 - 26，4），外表施红陶衣并磨光。内表黑
色。口外有凹槽 1 周，呈子母口状。坦底。高 10.7、口径 15.5、圈足径 9.2、胎厚 0.3 厘米。

四期地层标本：T57③B:16（图 3 - 4 - 26，7；图版六五，5），腹中部以上施红陶衣，以下及
内表黑色。深腹，坦底。高 8.2、口径 13.3、圈足径 7.6、胎厚 0.3 厘米。T76③H180:1（图 3 -
4 - 26，8；图版六五，6），外表腹上部施红陶衣并磨光。内表及口外黑色。圜底。高 6.2、口径
10、圈足径 6、胎厚 0.3 厘米。

VII 式　4 件（复原）。圈足甚矮近垂直。

二期地层标本：T60⑤AH158：1（图3-4-27，1），泥质红陶。内表有刮削痕迹，外表施红陶衣并磨光。内表黑色。底部残缺。圈足存有圆形戳印纹1组，2个。高6.7、口径12.9、圈足径6.7厘米。

三期地层标本：T66④B：46（图3-4-26，9；图版六六，1），泥质红陶。外表腹中部以上施红陶衣并磨光，以下黑色，即所谓"上红下黑"，内表亦呈黑色。"上红下黑"是几件器物累叠在一起进行窑外渗碳所致（以下凡是"上红下黑"的器物，其成因与此件相同，不再赘述）。器底残缺。高7.9、口径13.9、圈足径8、胎厚0.3厘米。T73④C：57（图3-4-26，6），泥质红陶。内表有刮削痕迹，内外表施深红色陶衣并磨光。内底中部有圆形凹坑。圈足饰长方形戳印纹4组，每组2个。高9.5、口径14.4、圈足径8.2厘米。

Ⅷ式 2件（复原）。圈足下端外折。

三期地层标本：T63④A：52（图3-4-27，2），泥质红陶。外表施红陶衣，经精细磨光，有光泽。内表灰色。唇外有凹槽1周。圜底。圈足饰长方形戳印纹4组，每组2个。高9.7、口径12.7、圈足径10.6厘米。

四期地层标本：T8②CW79：2（图3-4-27，3；图版六六，2），细泥黑陶，泥料经淘洗。先将坯体置于陶轮上边旋转边刮削，留有细密轮纹，后将内外表磨光。圜底。圈足饰圆形小镂孔4组，每组2个。高8.4、口径15.3、圈足径10.6、胎厚0.2厘米。

14型 7件（内复原6，残器1）。口沿内折弧壁浅腹圈足碗。分为2式。

Ⅰ式 1件（复原）。圈足上部起棱，下部外折。

二期地层标本：T39⑥A：34（图3-4-27，5），泥质灰陶。圆唇外凸，呈子母口状。圜底。圈足饰凹弦纹2周。高6.6、口径16.5、圈足径10.7、胎厚0.3厘米。

Ⅱ式 6件（内复原5，残器1）。圈足下部外撇。圜底。外表磨光。

二期地层标本：T69⑥：158（图3-4-27，6；图版六六，3），泥质黑陶。沿面饰凹弦纹2周。高6、口径16.7、圈足径8.7厘米。T72⑤B：71（图3-4-27，4），泥质黑陶。沿面饰凹弦纹2周。高5.1、口径15.1、圈足径7.4、胎厚0.3厘米。T5④B：42（图3-4-27，7），泥质灰陶。口外饰凹弦纹2周。高4.8、口径16、圈足径7厘米。T11④：77（图3-4-27，10），泥质灰陶。沿外饰凹弦纹2周，圈足下端碾压窝点纹1周。高5.3、口径16.8、圈足径8.4厘米。T22④H22：2（图3-4-27，9），泥质黑陶。内外表有刮削痕迹。坠底。口外饰凹弦纹2周。高5.9、口径15.2、圈足径8.6厘米。

15型 12件（内复原11，残器1）。口沿内折弧壁深腹圈足碗。分为5式。

Ⅰ式 1件（复原）。圈足上部起棱，下部垂直。

二期地层标本：T55⑤：24（图3-4-27，8；图版六六，4），泥质红陶。内外表有刮削痕迹并施红陶衣。形状不规整，口部变形，圈足下端不齐。口外有凹槽1周，呈子母口状。圜底。矮圈足与器底相接处有凹槽1周。高9.9、口径15.2、圈足径11厘米。

Ⅱ式 1件（复原）。圈足近垂直。

二期地层标本：T51⑤A：293（图3-4-27，11），泥质黑陶。内外表有刮削痕迹并磨光。口外有凹槽1周。圜底。高9.2、口径14.2、圈足径8.7、胎厚0.3厘米。

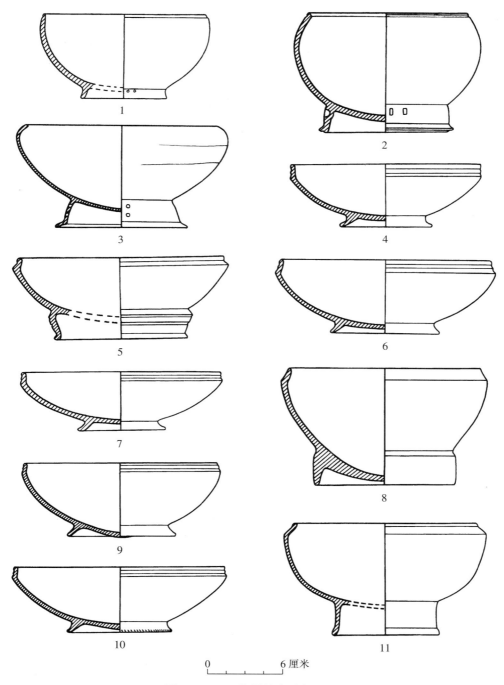

图 3 - 4 - 27 陶圈足碗（之一五）

1. 13 型Ⅶ式（T60⑤AH158：1） 2. 13 型Ⅷ式（T63④A：52） 3. 13 型Ⅷ式（T8②CW79：2） 4. 14 型Ⅱ式（T72⑤B：71）
5. 14 型Ⅰ式（T39⑥A：34） 6. 14 型Ⅱ式（T69⑥：158） 7. 14 型Ⅱ式（T5④B：42） 8. 15 型Ⅰ式（T55⑤：24）
9. 14 型Ⅱ式（T22④H22：2） 10. 14 型Ⅱ式（T11④：77） 11. 15 型Ⅱ式（T51⑤A：293）

　　Ⅲ式　2 件（内复原 1 件，残器 1 件）。圈足外撇。圜底。

　　二期地层标本：T53⑤A：153（图 3 - 4 - 28，2），泥质红陶。内外表有刮削痕迹，外表施红陶衣并磨光。内表灰色。口外有凹槽 1 周，圈足下部残缺。圈足饰排列成倒品字形的圆形小镂孔 5 组，每组 3 个。口径 15.4 厘米。

四期地层标本：T71③BH147：1（图3-4-28，1；图版六六，5），细泥黑陶。内外表磨光。腹下部饰凸弦纹1周，圈足压印波浪状花边。高8、口径14.1、圈足径8.7、胎厚0.25厘米。

Ⅳ式　6件（复原）。圈足甚矮而外撇。

二期地层标本：T1④H2：59（图3-4-28，4；图版六六，6），泥质红陶。外底有刮削痕迹，外表施红陶衣并磨光。口外有凹槽1周，呈子母口状。圈足折棱处饰长方形戳印纹3组，每组2个。高10.4、口径15.6、圈足径11.5厘米。T4④：36（图3-4-28，6；图版六七，1），泥质灰陶，外表深灰色。外表磨光。斜壁下部转折呈坦底。沿面有凹槽1周，圈足下端存有碾压窝点纹1周。高7.4、口径14.5、圈足径8.7厘米。

四期地层标本：T54④：41（图3-4-28，3；图版六七，2），细泥黑陶，泥料经淘洗。内外表磨光。外表局部呈黑色，其余呈灰色，内表黑色。圜底。腹下部饰凸弦纹1周，圈足饰小圆镂孔3个，镂孔之间饰2条斜行断续短划纹，每行6个点。高8、口径14、圈足径9.4、胎厚0.2厘米。T59③：21（图3-4-28，7），细泥黑陶。内外表磨光。圈足饰长方形镂孔3组，每组2个。高6.6、口径14.4、圈足径9.4、胎厚0.2厘米。T6②C：45（图3-4-28，5），细泥黑陶。腹上部外表有轮修痕迹，内外表磨光。圜底。高7.6、口径14、圈足径9.5、胎厚0.25厘米。T8②CW83：2（图3-4-28，8；图版六七，3），细泥黑陶，泥料经淘洗。外表有轮修痕迹，内外表磨光。圜底。圈足饰圆形戳印纹4组，每组4个。高7.6、口径13.8、圈足径9.5、胎厚0.2～0.3厘米。

Ⅴ式　2件（复原）。圈足下端上翘。圜底。

二期地层标本：T55⑤H112：6（图3-4-28，10），夹炭红陶。外表施红陶衣并磨光。内表黑色。高5.9、口径10.7、圈足径7.1厘米。T69⑤B：101（图3-4-28，9；图版六七，4），泥质红陶。内表有刮削痕迹，外表施红陶衣并磨光。内表上半部红色，下半部黑色。口外饰凹弦纹1周，在凹弦纹及折棱处碾压圆形窝点纹、圈足饰竹节状凸棱2周，上部凸棱处碾压圆形窝点纹7组，其中6组每组3个、一组4个，中部饰长方形镂孔4组，每组2个。高8、口径13.8、圈足径9.1厘米。

16型　2件（复原）。口沿内折凹壁圈足碗。

二期地层标本：T55⑤H112：4（图3-4-29，1；图版六七，5），泥质红陶。外表及圈足内表施红陶衣并磨光。腹内表灰色。圆唇，深腹，矮圈足外撇。高11.2、口径16、圈足径10.5厘米。T55⑤H112：5（图3-4-29，2；图版六七，6），泥质橙黄陶。口部经慢轮修整，外表磨光。内表浅灰色。圆唇，深腹，坦底，腹下部转折内收，矮圈足外撇。口沿下部饰浅凹弦纹2周。高11.3、口径14.8、圈足径10.2、胎厚0.3～0.6厘米。

17型　11件（内复原10，残器1）。卷唇弧壁圈足碗。分为4式。

Ⅰ式　2件（复原）。坠底，圈足甚矮而外斜。

四期地层标本：T71③AF24：17（图3-4-29，4），细泥质黑陶。内表有刮削痕迹，口内经轮修，外表磨光。高8.8、口径14.1、圈足径7.6、胎厚0.2厘米。T72③B：15（图3-4-29，3；图版六八，1），泥质黑陶。内外表有刮削痕迹。圆唇。高8.3、口径15.2、圈足径8.7、胎厚0.2厘米。

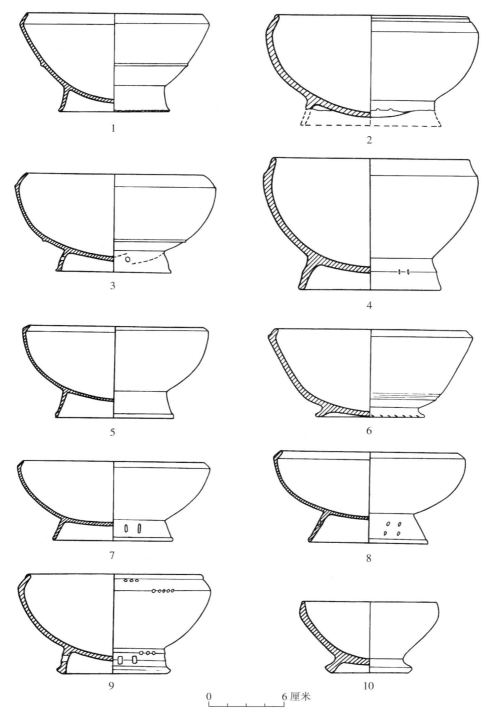

图 3 - 4 - 28 陶圈足碗（之一六）

1. 15 型Ⅲ式（T71③BH147：1） 2. 15 型Ⅲ式（T53⑤A：153） 3. 15 型Ⅳ式（T54④：41） 4. 15 型Ⅳ式（T1④H2：59） 5. 15 型Ⅳ式（T6②C：45） 6. 15 型Ⅳ式（T4④：36） 7. 15 型Ⅳ式（T59③：21） 8. 15 型Ⅳ式（T8②CW83：2） 9. 15 型 V 式（T69⑤B：101） 10. 15 型 V 式（T55⑤H112：6）

Ⅱ式 3 件（复原）。圜底，圈足甚矮。

四期地层标本：T70③：11（图 3 - 4 - 29，6），细泥黑陶。外表磨光。高 7.8、口径 15.8、圈足径 8.3、胎厚 0.15 厘米。T71③A：2（图 3 - 4 - 29，5；彩版七，1；图版六八，3、4），细泥红

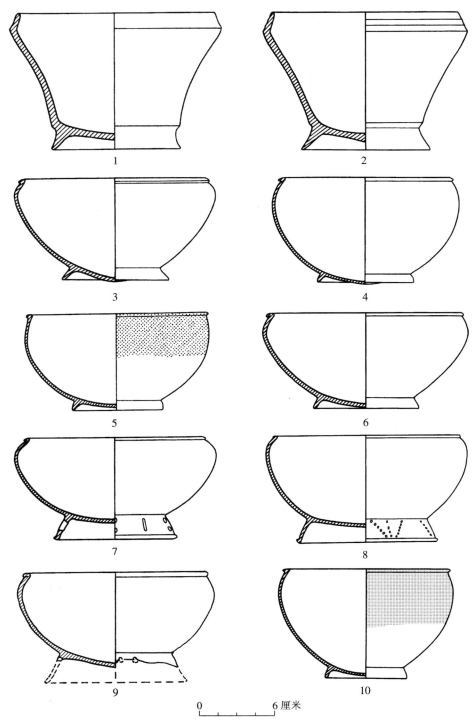

0 ━━━━━━ 6 厘米

图 3 - 4 - 29　陶圈足碗（之一七）

1. 16 型（T55⑤H112：4）　2. 16 型（T55⑤H112：5）　3. 17 型 I 式（T72③B：15）　4. 17 型 I 式（T71③AF24：17）
5. 17 型 II 式（T71③A：2）　6. 17 型 II 式（T70③：11）　7. 17 型 III 式（T63③B：33）　8. 17 型 III 式（T71③BH93：4）
9. 17 型 III 式（T71③BH93：2）　10. 17 型 II 式（T74③：20）

陶，泥料经淘洗。外表腹中部以上橙黄色，以下及内表深灰色，深灰色是窑外渗碳所致。圆唇。高 8、口径 14.5、圈足径 7.3、胎厚 0.2 厘米。T74③：20（图 3 - 4 - 29，10；彩版七，2；图版六八，2），细泥橙黄陶。内表有刮削痕迹，外表磨光。外表腹中部以上橙黄色，以下及内表黑色。

平沿甚窄，圜底，圈足较矮，胎薄。高9、口径13.6、圈足径6.7、胎厚0.2厘米。

Ⅲ式　3件（内复原2，残器1）。圈足外斜，下部上翘。均细泥黑陶，泥料经淘洗，内外表均为黑色并磨光。圆肩，圜底。

四期地层标本：T63③B∶33（图3－4－29，7；图版六八，5），肩部有轮上旋转刮削痕迹。圈足饰圆形镂孔3组，每组2个，又饰长条形镂孔3个，二者错开位置。高8.5、口径14.5、圈足径10、胎厚0.2厘米。T71③BH93∶4（图3－4－29，8），肩部有轮修痕迹。圈足饰点状戳印纹，存1组，每组3行，其间又饰点状戳印纹，存1组。高8.8、口径14.5、圈足径11.4、胎厚0.15厘米。T71③BH93∶2（图3－4－29，9），肩部有横向刮削痕迹。圈足下部残缺。圈足上部饰圆形小镂孔3组，每组2个。口径14.3、胎厚0.2~0.3厘米。

Ⅳ式　3件（复原）。圈足甚矮近垂直。

四期地层标本：T51③∶104（图3－4－30，8），细泥橙黄陶，泥料经淘洗。内表有轮修痕迹，外表磨光。圆唇，最大腹径偏下，坦底。高7.8、口径11.9、圈足径7、胎厚0.2厘米。T71③AF24∶16（图3－4－30，9），泥质红陶。灰红不匀，内表灰色。圆唇，圜底。高8.5、口径13.8、圈足径7.3、胎厚0.2厘米。T71③AF24∶23（图3－4－30，10；图版六八，6），细泥灰陶，泥料经淘洗。内外表灰、黑、黄、红不匀。圈足接痕清晰，内表有刮削痕迹，口内有轮修痕迹，外表磨光。圆肩，圜底。高8.5、口径14.3、圈足径7.3、胎厚0.25厘米。

18型　2件（复原）。平沿弧壁浅腹圈足碗。分为2式。

Ⅰ式　1件。圈足下端外折。

三期地层标本：T64④C∶49（图3－4－30，1；图版六九，1），泥质橙黄陶。外表磨光。圆唇，腹下部有不明显的折棱，圜底。腹下部折棱处饰凹弦纹1周。高7.4、口径16、圈足径7.9厘米。

Ⅱ式　1件。圈足壁内凹。

四期地层标本：T57③B∶29（图3－4－30，2），泥质黑陶。外表磨光。圆唇。高3.4、口径8.9、圈足径3.9、胎厚0.25~0.5厘米。

19型　5件（内复原4，残器1）。口沿外折弧壁圈足碗。分为3式。

Ⅰ式　2件（复原）。圈足外撇。内外表磨光。

三期地层标本：T64④C∶125（图3－4－30，3；图版六九，2），泥质橙黄陶。外表施红陶衣。圆唇，最大径在腹中部，圜底。高10.6、口径13、圈足径7.7、胎厚0.3厘米。

四期地层标本：T41④H55∶22（图3－4－30，4；图版六九，3），细泥黑陶。圜底。腹下部饰凸弦纹1周，圈足饰圆形戳印纹3个。高8.9、口径14.4、圈足径8.5、胎厚0.15厘米。

Ⅱ式　2件（内复原1，残器1）。圈足外斜，下端外折。均细泥黑陶，泥料经淘洗。内外表磨光。

四期地层标本：T52③∶222（图3－4－30，5；图版六九，4），圜底，浅腹。腹中部偏下饰凸弦纹1周，圈足底沿有浅凹槽1周。高8.5、口径16、圈足径9.5、胎厚0.15厘米。T65③A∶33（图3－4－30，6），口沿残缺。内表有刮削痕迹。圈足饰椭圆形镂孔5个。圈足径9、胎厚0.2厘米。

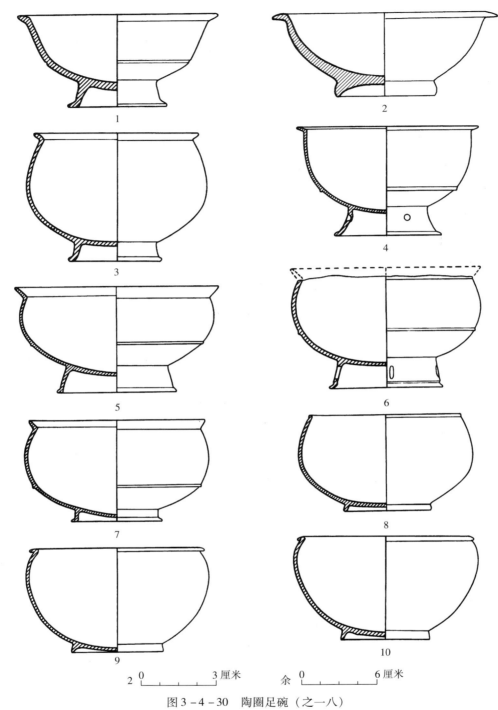

2 $\underline{0\quad\quad\quad 3厘米}$　　余 $\underline{0\quad\quad\quad 6厘米}$

图 3 - 4 - 30　陶圈足碗（之一八）

1. 18 型 I 式（T64④C：49）　2. 18 型 II 式（T57③B：29）　3. 19 型 I 式（T64④C：125）　4. 19 型 I 式（T41④H55：22）
5. 19 型 II 式（T52③：222）　6. 19 型 II 式（T65③A：33）　7. 19 型 III 式（T52 扩③G3：36）　8. 17 型 IV 式（T51③：104）
9. 17 型 IV 式（T71③AF24：16）　10. 17 型 IV 式（T71③AF24：23）

III 式　1 件（复原）。圈足甚矮而垂直，下端外折。

四期地层标本：T52 扩③G3：36（图 3 - 4 - 30，7），细泥黑陶，泥料经淘洗。内外表有刮削痕迹，外表磨光。浅腹，最大径在腹中部，圜底。腹下部饰凸弦纹 1 周。高 8.1、口径 14、圈足径 7.2、胎厚 0.2 厘米。

另有彩陶碗圈足残片标本 10 件。

二期地层标本：T51⑤A：152（图 3 - 4 - 31，8），泥质红陶。烧成温度高，质地坚硬。弧壁，矮圈足外撇，凹底。腹部外表饰曲线纹，外底饰黑彩宽带纹和大圆点外连四支共 8 条短线纹。圈足径 6、胎厚 0.3 厘米。T51⑤A：365（图 3 - 4 - 31，2），泥质红陶。烧成温度高，质地坚硬。弧壁，圜底，矮圈足外撇。内壁用晕染法绘灰黑彩。外底绘棕彩宽带纹和履带纹，后者呈十字相交。圈足径 6、胎厚 0.15 ~ 0.3 厘米。T51⑤A：436（图 3 - 4 - 31，4），泥质红陶。烧成温度高，质地坚硬。内外表有刮削痕迹。弧壁，底微凹，矮圈足外撇。外底绘棕彩宽带纹和井字形纹。内壁用晕染法绘灰黑彩。圈足径 6.3 厘米。T51⑤A：364（图 3 - 4 - 31，3），泥质红陶。内外表、外底中部施浅灰色陶衣，唯圈足下端及外底周围无陶衣。烧成温度高，质地坚硬。弧壁，底微凹。腹下部饰灰彩斜行短线纹，圈足外底绘灰彩履带纹。圈足径 5.9、胎厚 0.25 ~ 0.35 厘米。T56⑤H100：3（图 3 - 4 - 31，7），泥质红陶。圈足极矮。近底部外表及圈足外表绘黑彩。外底绘较宽的黑彩大圆圈纹 1 个；圆圈之内绘黑彩十字形纹，由 2 组短直线构成，每组 4 道，其中 1 组中部断开；圆圈之外绘黑彩短条纹 7 组，每组 4 道。内壁用晕染法绘灰黑彩。圈足径 6 厘米。T64⑤AH102：169（图 3 - 4 - 31，10；彩版二〇，1），泥质橙黄陶。内底有刮削痕迹。圜底，圈足外斜。腹下部与圈足之间饰褐彩宽带纹 1 周，以下饰曲线网格纹 3 组。圈足径 8.2、胎厚 0.2 厘米。T65⑤A：87（图 3 - 4 - 31，9），细泥橙黄陶。弧壁，圜底，圈足壁内凹。腹下部及圈足下端各饰红彩带纹 1 周，带纹之间饰红彩横排菱形曲线网格纹，圈足内表饰褐彩带纹 1 周。圈足径 5.9、胎厚 0.2 厘米。T74⑤B：162（图 3 - 4 - 31，5），泥质红陶。斜弧壁，圈足外斜。圈足及圈足底沿饰黑彩宽带纹，外底中央饰水裂纹。圈足径 6.9 厘米。T211 附近采：061（图 3 - 4 - 31，6），细泥橙黄陶。内外表磨光。烧成温度高，质地硬。内外表黑色。圈足外撇，坦底。外底及圈足内表周围施黑彩，其间饰井字形纹，中部饰大圆点纹。圈足径 6.6、胎厚 0.2 厘米。

三期地层标本：T57④A：149（图 3 - 4 - 31，1），泥质红陶。矮圈足外撇。腹下部及圈足用晕染法绘黑彩，外底饰黑彩履带纹 5 条。圈足径 7.6 厘米。

2. 陶平底碗

共 14 件。其中复原 13 件，残器 1 件。分为 2 型。

1 型 8 件（复原）。敞口圆唇平底碗。分为 3 式。

Ⅰ式 4 件。弧壁。均为泥质红陶。外表施红陶衣并磨光。

二期地层标本：T51⑤B：308（图 3 - 4 - 32，8），内表上部红色，往下渐变为灰色。高 6.7、口径 15、底径 5、胎厚 0.4 厘米。T51⑤B：327（图 3 - 4 - 32，10；图版七〇，1），内表红色。小平底。高 5.7、口径 15.2、底径 6.7 厘米。

三期地层标本：T57④A：78（图 3 - 4 - 32，13），外表、口沿及内表黑色。小平底。高 4.4、口径 9.8、底径 4 厘米。T65④CH120：7（图 3 - 4 - 32，14），内表黑色。内外表磨光。小平底。器底大部分残。高 3.7、口径 8.6、胎厚 0.2 厘米。

Ⅱ式 1 件。弧腹，平底微内凹。

二期地层标本：T59⑤AG6：13（图 3 - 4 - 32，1），泥质红陶。外表施红陶衣并磨光。内表红色。小平底微内凹，胎壁稍厚。高 7.5、口径 15.6、底径 5.5、胎厚 0.6 厘米。

图 3 - 4 - 31　彩陶圈足碗底和陶三足碗

彩陶圈足碗底：1. T57④A：149　2. T51⑤A：365　3. T51⑤A：364　4. T51⑤A：436　5. T74⑤B：162　6. T211 附近采：061
　　　　　　　7. T56⑤H100：3　8. T51⑤A：152　9. T65⑤A：87　10. T64⑤AH102：169
三足碗：11. T56⑦H182：1　12. T59④AH91：2

Ⅲ式　3 件。弧壁，深腹。

二期地层标本：T51⑤A：194（图 3 - 4 - 32，3），泥质灰陶。内外表有刮削痕迹。腹中部微折，小平底微内凹。腹中部饰凹弦纹 2 周。高 6.8、口径 11.8、底径 5 厘米。

三期地层标本：T71④C：97（图 3 - 4 - 32，5），泥质红陶。内外表施鲜红色陶衣并磨光。高 8.2、口径 15.2、底径 6.2 厘米。

四期地层标本：T66③A：9（图 3 - 4 - 32，12），夹炭灰陶，表面灰红不匀。手捏制。内表有刮削痕迹。小平底。高 4.6、口径 6.9、底径 2.7、胎厚 0.25 ~ 0.4 厘米。

2 型　6 件（内复原 5，残器 1）。敛口斜弧壁平底碗。分为 2 式。

Ⅰ式　2 件（复原）。小平底。均泥质红陶。

三期地层标本：T51④A：143（图 3 - 4 - 32，2；图版七〇，2），腹上部施浅红色陶衣并磨光。

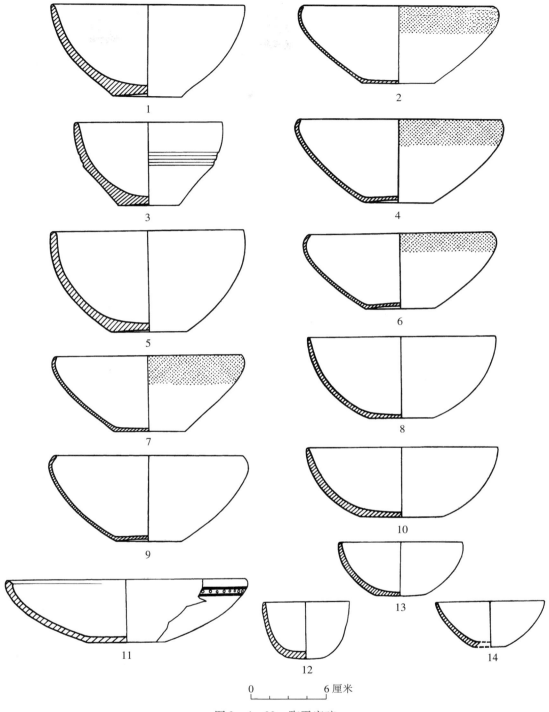

图 3 - 4 - 32　陶平底碗

1.1 型Ⅱ式（T59⑤AG6：13）　2.2 型Ⅰ式（T51④A：143）　3.1 型Ⅲ式（T51⑤A：194）　4.2 型Ⅱ式（T51④A：388）
5.1 型Ⅲ式（T71④C：97）　6.2 型Ⅱ式（T73④C：55）　7.2 型Ⅰ式（T73④C：62）　8.1 型Ⅰ式（T51⑤B：308）　9.2 型
Ⅱ式（T73④C：56）　10.1 型Ⅰ式（T51⑤B：327）　11.2 型Ⅱ式（T23③：17）　12.1 型Ⅲ式（T66③A：9）　13.1 型Ⅰ式
（T57④A：78）　14.1 型Ⅰ式（T65④CH120：7）

腹下部及内表灰色。高 6.3、口径 15.2、底径 5.8、胎厚 0.2 厘米。T73④C：62（图 3 - 4 - 32，7；
图版七〇，3），外表有刮削痕迹，腹上部施红陶衣并磨光。腹下部及内表灰色。胎壁薄。高 6.5、
口径 14.8、底径 5.7、胎厚 0.2 厘米。

Ⅱ式　4件（内完整、复原3，残器1）。平底微内凹。3件细泥红陶。

三期地层标本：T51④A：388（图3－4－32，4），内外表磨光。腹上部红色，下部黑色，即所谓"上红下黑"，内表黑色。高6.7、口径16、底径5.5、胎厚0.3厘米。T73④C：55（图3－4－32，6；图版七〇，4），泥料经淘洗。内外表有刮削痕迹，外表磨光，口内表有慢轮修整痕迹。外表上部呈红色，以下及内表灰色。薄胎。高6.2、口径14.3、底径5.7、胎厚0.25厘米。T73④C：56（图3－4－32，9），泥料经淘洗。外表有刮削痕迹并磨光，口部有慢轮修整痕迹。外表口部呈红色，下腹及内表灰色。小型，薄胎。高6.8、口径14.9、底径5、胎厚0.2厘米。T23③：17（图3－4－32，11），残，可复原。细泥白陶。内外表白色，胎芯灰色。内外表磨光。方唇，腹甚浅。腹上部饰圆圈状戳印纹1周，存有8个（圆圈状戳印纹系用管状工具戳印而成），甚浅，在戳印纹上下各饰褐彩带纹1周。高5、口径19、底径6、胎厚0.3厘米。

3. 陶三足碗

共2件。其中复原1件，残器1件。

一期晚段地层标本：T56⑦H182：1（图3－4－31，11），口部残缺。泥质红陶。外表施红陶衣，内表红色。侈口，凹弧壁，圜底，三足小扁矮呈倒梯形。足上端按压椭圆形窝纹1个。胎厚0.4厘米。

三期地层标本：T59④AH91：2（图3－4－31，12；图版七〇，5），细砂黑陶。口沿不平整。敞口，圆唇，窄平沿外折，弧壁，浅腹，圜底，三足宽矮呈舌形。高5.8、口径16.7、足高1、胎厚0.4厘米。

4. 陶碟

共50件。均为复原。分为3型。

1型　31件（复原）。圜底碟。分为4式。

Ⅰ式　6件。敞口，双折腹壁。

一期早段地层标本：T57⑧：116（图3－4－33，1），夹炭褐陶。外表施褐色陶衣，外表及外底磨光。内表黑色。腹甚浅。高3、口径11.6厘米。

一期晚段地层标本：T66⑧：55（图3－4－33，3），夹炭红陶，以炭化稻壳作为羼和料。外表施红陶衣并磨光。内表灰色。腹甚矮。高3.3、口径11.7、胎厚0.4～0.8厘米。T68⑦F35：103（图3－4－33，2）。夹炭红褐陶。外表施红陶衣，呈红褐色。高3.2、口径12.3厘米。

二期地层标本：T39⑦B：30（图3－4－33，4），夹炭褐陶。外表磨光。高3.2、口径9.1厘米。

Ⅱ式　5件。敞口，壁内凹，折腹。外表磨光。

一期晚段地层标本：T59⑦F34：96（图3－4－33，6），夹炭红陶。有刮削痕迹，外表施红陶衣。内表灰色。高2.7、口径6.7、胎厚0.3厘米。T59⑦F34：97（图3－4－33，5），夹炭红陶。外表施红陶衣。内表及胎芯黑色。器形甚小，胎壁厚。高2.8、口径6.2、胎厚0.4～1.2厘米。

二期地层标本：T59⑥A：92（图3－4－33，7），泥质红陶。内表有刮削痕迹，外表施深红色陶衣。高2.5、口径6.5、胎厚0.3厘米。T61⑤B：44（图3－4－33，8），夹炭灰陶，灰黑不匀。内表有刮削痕迹。高4.5、口径10.2、胎厚0.3厘米。

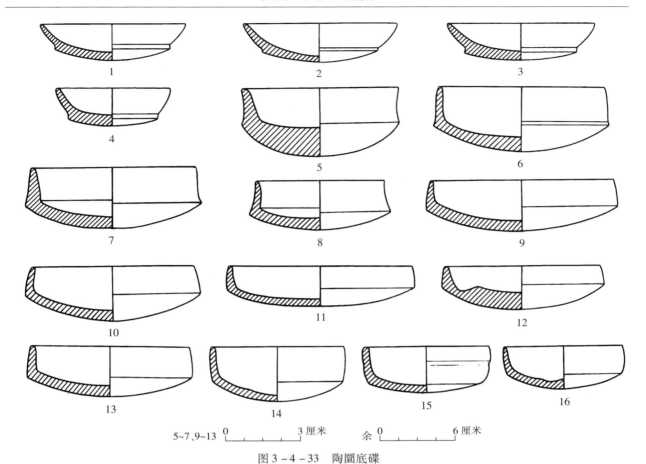

图 3 - 4 - 33　陶圈底碟

1.1 型Ⅰ式（T57⑧:116）　2.1 型Ⅰ式（T68⑦F35:103）　3.1 型Ⅰ式（T66⑧:55）　4.1 型Ⅰ式（T39⑦B:30）　5.1 型Ⅱ式（T59⑦F34:97）　6.1 型Ⅱ式（T59⑦F34:96）　7.1 型Ⅱ式（T59⑥A:92）　8.1 型Ⅱ式（T61⑤B:44）　9.1 型Ⅲ式（T59⑦F34:100）　10.1 型Ⅲ式（T68⑦H181:1）　11.1 型Ⅲ式（T22④H22:7）　12.1 型Ⅲ式（T55⑦F34:39）　13.1 型Ⅲ式（T59⑦F34:94）　14.1 型Ⅳ式（T37⑥H17:29）　15.1 型Ⅳ式（T11④G1:75）　16.1 型Ⅳ式（T23④H24:1）

Ⅲ式　15 件。直壁，浅腹。大部分外表施红陶衣并磨光。

一期晚段地层标本：T55⑦F34:39（图 3 - 4 - 33，12），泥质红陶。内底不平整，器形小，胎壁厚。高 1.9、口径 6.2 厘米。T59⑦F34:94（图 3 - 4 - 33，13），泥质红陶。高 2.1、口径 6.3、胎厚 0.3 ~ 0.5 厘米。T59⑦F34:100（图 3 - 4 - 33，9），泥质红陶。内表有刮削痕迹。高 2.2、口径 7.2 厘米。T68⑦H181:1（图 3 - 4 - 33，10），夹炭红陶。高 2.3、口径 6.4 厘米。

二期地层标本：T22④H22:7（图 3 - 4 - 33，11），泥质红陶。高 1.7、口径 7.2、胎厚 0.4 厘米。

Ⅳ式　5 件。直壁，深腹。外表磨光。

一期晚段地层标本：T11④G1:75（图 3 - 4 - 33，15；图版七一，1），夹炭黑陶。内外表及胎芯黑色。高 3.8、口径 11 厘米。

二期地层标本：T72⑤B:61（图版七一，2），夹炭褐陶。胎壁较厚。高 4.4、口径 10.3、胎厚 0.6 厘米。T23④H24:1（图 3 - 4 - 33，16），夹炭红陶。内表有刮削痕迹，外表施褐色陶衣。内表灰色。内底中央捏成凹窝状。高 3.6、口径 9.4 厘米。T37⑥H17:29（图 3 - 4 - 33，14），泥质红褐陶。内表灰色。内壁呈台阶状。高 4.4、口径 10.6 厘米。

2 型　9 件（复原）。圈足碟。分为 5 式。

Ⅰ式　2 件。敞口，腹甚浅，矮圈足。外表磨光。

二期地层标本：T63⑤BH171：1（图 3 - 4 - 34，1），夹炭红褐陶。内表灰色。坦底，矮圈足略外撇。高 2.5、口径 14.7、圈足径 10.4 厘米。T63⑤BH171：2（图 3 - 4 - 34，2），部分残缺。夹炭红陶。外表施红陶衣。内表黑色。高 2.3、口径 14.6、圈足径 9.2 厘米。

Ⅱ式　4 件。敞口，浅腹。

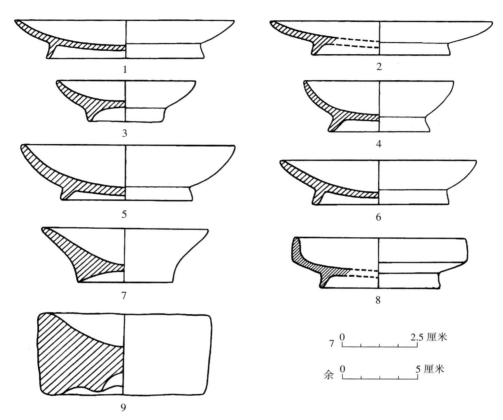

图 3 - 4 - 34　陶圈足碟

1. 2 型Ⅰ式（T63⑤BH171：1）　2. 2 型Ⅰ式（T63⑤BH171：2）　3. 2 型Ⅱ式（T71⑤G5：130）　4. 2 型Ⅱ式
（T24③：40）　5. 2 型Ⅱ式（T36⑥B：30）　6. 2 型Ⅱ式（T10④：47）　7. 2 型Ⅲ式（T70④B：32）　8. 2 型Ⅳ
式（T69⑦：125）　9. 2 型Ⅴ式（T66⑤：56）

二期地层标本：T71⑤G5：130（图 3 - 4 - 34，3），泥质红陶。内表有刮削痕迹，内外表施橙红色陶衣。高 2.8、口径 9.3 厘米。T10④：47（图 3 - 4 - 34，6），泥质红陶。外表灰红不匀，内表灰色。坦底。高 3.3、口径 13 厘米。T36⑥B：30（图 3 - 4 - 34，5），泥质红陶。外表稍加磨光。外表红黑不匀，内表黄色。高 3.7、口径 14.1、圈足径 8.8 厘米。

三期地层标本：T24③：40（图 3 - 4 - 34，4），泥质红陶。坦底。高 3.5、口径 10 厘米。

Ⅲ式　1 件。敞口，斜壁内凹。

三期地层标本：T70④B：32（图 3 - 4 - 34，7），泥质红陶。外表施红陶衣并磨光。器形甚小。高 1.8、口径 5.5 厘米。

Ⅳ式　1 件。直口，折腹。

一期晚段地层标本：T69⑦：125（图3-4-34，8；图版七一，3），夹炭红褐陶。矮圈足。高3.3、口径11.2、圈足径8.1厘米。

Ⅴ式　1件。敞口，直腹。

二期地层标本：T66⑤：56（图3-4-34，9），泥质红陶。手捏制，胎壁甚厚。圈足甚矮。高5.6、口径11、圈足径10.6、胎厚3.7~5.6厘米。

3型　10件（复原）。三足碟。分为3式。

Ⅰ式　7件。敞口，弧壁。

三期地层标本：T71④C：47（图3-4-35，1），夹细砂灰陶。内表灰红色。唇内起棱，坦底微凸，三足用三个泥片向外侧按压而成，上宽下窄，两边外卷呈瓦状。高3.2、口径11.5、底径5.8、足高0.8厘米。T71④CH99：4（图3-4-35，7），泥质黑陶。腹壁存有刮削痕迹及慢轮修整痕迹。矮三足呈扁舌形。高3.8、口径12.2厘米。

四期地层标本：T51③：93（图3-4-35，2），泥质黑陶。下部内折呈坦底，矮三足呈梯形。高3.5、口径12.4、胎厚0.3厘米。T51③：102（图3-4-35，6），夹细砂灰陶。内外表灰色。唇内侧起棱，圜底，矮三足呈瓦状梯形。高3.7、口径11.1厘米。T51③：162（图3-4-35，3），夹细砂黑陶。浅腹，小平底，三足呈梯形。高3.1、口径11.5、底径4.9厘米。T51③：167（图3-4-35，5），泥质灰陶。外表有刮削痕迹。内外表灰色。坦底，矮三足呈梯形。高3.5、口径11.2厘米。T51③：379（图3-4-35，4），夹细砂红陶。外表粗糙。圜底，近新月形足。高3.4、口径11.4厘米。

Ⅱ式　1件。腹较深，圜底。

四期地层标本：T52扩③：5（图3-4-35，8），泥质黑陶。三足甚矮而外撇。高2.9、口径7.2厘米。

Ⅲ式　2件。敞口，平沿外折。内外表有刮削痕迹。

四期地层标本：T51③：81（图3-4-35，10），泥质黑陶，胎芯深灰色。弧壁，浅腹，小平底，矮三足呈上宽下窄倒梯形。高3.3、口径12.9、底径3.7厘米。T76③：16（图3-4-35，9），泥质红陶。弧壁，浅腹，圜底，矮三足外撇。高4.4、口径11.6、胎厚0.3厘米。

5. 陶圈足盘

共255件。其中完整6件，复原219件，残器30件。分为9型。另有不分型式圈足盘片标本7件。

1型　7件（内复原3，残器4）。侈口圈足盘。

二期地层标本：T51⑥：356（图3-4-36，5），圈足下端残。泥质红陶。外表施红陶衣。折腹，圈足中部起棱。起棱处饰窄长方形戳印纹。口径15.4、胎厚0.4~0.6厘米。T51⑤A：375（图3-4-36，4），夹炭灰褐陶。外表施灰褐色陶衣。内表灰色。烧成温度较低。折腹，圜底，矮圈足，下端略内收。高7.1、口径19.6、圈足径10.9、胎厚0.6~0.8厘米。T53⑤A：120（图3-4-36，7），残。泥质红褐陶，含少量炭末。外表施红陶衣。内表及胎芯黑色。腹壁上部内凹，中部外鼓，往下内收成圜底。口径28.4厘米。T64⑤AH102：61（图3-4-36，2），底部及圈足残缺。泥质红陶。内外表施鲜红色陶衣。弧壁，腹壁上部内凹，浅腹，圜底。胎厚。口径18.9、胎

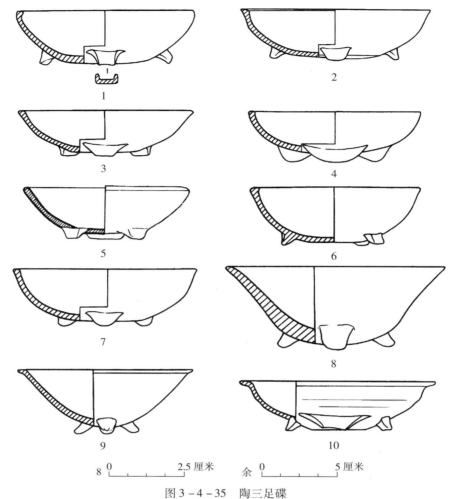

图 3 - 4 - 35   陶三足碟

1. 3 型 I 式（T71④C：47）　2. 3 型 I 式（T51③：93）　3. 3 型 I 式（T51③：162）　4. 3 型 I 式（T51③：379）
5. 3 型 I 式（T51③：167）　6. 3 型 I 式（T51③：102）　7. 3 型 I 式（T71④CH99：4）　8. 3 型 II 式（T52 扩③：5）
9. 3 型 III 式（T76③：16）　10. 3 型 III 式（T51③：81）

厚 0.7～0.9 厘米。T69⑥：168（图 3 - 4 - 36，3），泥质红陶。内外表施橙红色陶衣。弧壁，浅腹，圜底，矮圈足中部微鼓。高 5.3、口径 17.4、圈足径 8.6、胎厚 0.9 厘米。T11④：80（图 3 - 4 - 36，6），圈足残缺。泥质黑陶。宽沿外折，浅腹，坦底。圈足上部饰点状戳印纹。口径 20.6 厘米。

　　三期地层标本：T64④B：87（图 3 - 4 - 36，1；图版七二，1），泥质红陶。内外表施红陶衣并磨光。斜壁，浅腹，下部有不明显折棱，往下内收成坦底，矮圈足，中部有明显鼓棱。高 5.5、口径 14.6、圈足径 8.8 厘米。

　　2 型　3 件（内复原 1，残器 2）。粗圈足盘。分为 2 式。

　　I 式　1 件（残）。敞口，厚圆唇外卷。

　　二期地层标本：T3④：46（图 3 - 4 - 36，9），泥质红陶。内外表施深红色陶衣并磨光。斜壁，下部有不明显折棱，往下内收成圜底，圈足肥大，上部有不显鼓棱，往下略直。圈足饰圆形镂孔 4 组，每组 5 个，镂孔用锥状工具由右向左斜穿而成。口径 22 厘米。

　　II 式　2 件（内复原 1，残器 1）。口微敛，圆唇。

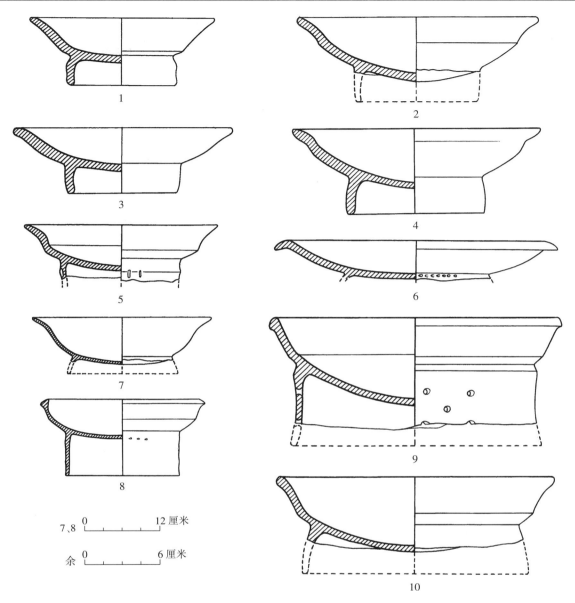

图 3 - 4 - 36　陶圈足盘（之一）

1.1 型（T64④B：87）　　2.1 型（T64⑤AH102：61）　　3.1 型（T69⑥：168）　　4.1 型（T51⑤A：375）　　5.1 型（T51⑥：356）　　6.1 型（T11④：80）　　7.1 型（T53⑤A：120）　　8.2 型Ⅱ式（T1④H2：62）　　9.2 型Ⅰ式（T3④：46）　　10.2 型Ⅱ式（T11④：49）

　　二期地层标本：T1④H2：62（图 3 - 4 - 36，8；图版七二，2），泥质红陶。外表施红陶衣并磨光。浅腹，腹壁有不明显折棱，圜底，圈足粗而直。圈足上部饰点状戳印纹 4 组，每组 3 个。高 13、口径 26、圈足径 18.4 厘米。T11④：49（图 3 - 4 - 36，10），圈足残。夹炭红陶。外表施红陶衣并磨光。烧成温度低，质地松软。内底黑色。外表有鼓棱，折腹，圜底。口径 21.6、胎厚 0.5～0.7 厘米。

　　3 型　21 件（内复原 17，残器 4）。敞口圈足盘。分为 4 式。

　　Ⅰ式　5 件（复原）。圆唇。

　　二期地层标本：T51⑤A：260（图 3 - 4 - 37，4），泥质红陶。外表有刮削痕迹，外表及盘内表上部施红陶衣。内底黑色。敞口，唇内起棱，圈足上端起棱，下端外撇。高 8.6、口径 21.5、圈足径 16.8 厘米。T51⑤B：294（图 3－4－37，1），泥质红陶。外表有刮削痕迹，施红陶衣，稍加磨光。斜壁，圜底，矮圈足较小，上部有折棱，下端外撇。折棱处饰弯月形戳印纹 4 组，每组 2 个。高 6.9、口径 17、圈足径 7.6 厘米。T58⑥：44（图 3－4－37，2；图版七二，3），夹炭红陶。内表有刮削痕迹，外表施深红色陶衣并磨光。内底黑色。弧壁，坦底，矮圈足中部微鼓，胎壁厚。圈足碾压圆形窝点纹 8 组，其中 7 组为每组 2 个，1 组为 3 个。高 7.2、口径 20.5、圈足径 11.2 厘米。T3④：30（图 3－4－37，7），泥质红陶。外表有刮削痕迹，内外表施红陶衣并磨光。弧壁，圜底，矮圈足外撇。高 5.3、口径 18.3、圈足径 11.2 厘米。T5④B：63（图 3－4－37，12），泥质红陶。腹外表及内表灰色，圈足红色。弧壁，圜底，矮圈足，上部微起棱，下部内收。底部残。高 7.5、口径 25.8、圈足径 14.7、胎厚 0.4～0.6 厘米。

Ⅱ式　1 件（复原）。敞口，厚圆唇。

二期地层标本：T53⑤A：290（图 3－4－37，5），泥质红陶。外表施深红色陶衣并磨光。内表黑色。沿内侧有鼓棱，斜壁，浅腹，坦底，矮圈足上端有折棱，中部内凹，足沿甚外撇。高 5.2、口径 17.7、圈足径 12 厘米。

Ⅲ式　6 件（内复原 3，残器 3）。敞口，方唇。均为泥质红陶。

二期地层标本：T51⑤A：245（图 3－4－37，8），外表施红陶衣，内外表磨光。微弧壁，圜底，圈足上部有不明显凸棱，下部残缺。圈足存有弯月形戳印纹 1 组。口径 21.7、胎厚 0.7 厘米。T64⑤A：43（图 3－4－37，10），外表有刮削痕迹，外表施红陶衣，内外表磨光。腹微内凹，圜底，浅腹，圈足残缺。口径 21.2、胎厚 0.5～0.9 厘米。T77⑤B：43（图 3－4－37，6；图版七二，4），外表及外底有刮削痕迹，外表施红陶衣，内外表磨光。内底黑色。斜壁，圜底，矮圈足，中部微起棱，下端甚外撇，胎壁较厚。高 7.8、口径 18.8、圈足径 14、胎厚 0.8 厘米。T211 附近采：012（图 3－4－37，3），外表有刮削痕迹。内表灰色。口部内侧明显起棱，浅腹，圜底，矮圈足下端外撇。高 5.3、口径 15、圈足径 10.1 厘米。T211 附近采：035（图 3－4－37，9），外表施红陶衣并磨光。内表黑色。腹中部有不明显折棱，坦底，圈足残缺。口径 17.5、胎厚 0.8 厘米。

三期地层标本：T9③：10（图 3－4－37，11），外表施红陶衣。内表黑色。斜壁，圜底，足上方起棱，矮圈足。高 3.7、口径 11.6、圈足径 5.7 厘米。

Ⅳ式　9 件（内复原 8，残器 1）。厚方唇。均为泥质红陶，外表施红陶衣。

二期地层标本：T51⑤B：265（图 3－4－38，8），内表黑色。沿外有凸棱，斜壁，圈足上部有鼓棱，矮圈足外撇。圈足饰弯月形戳印纹 7 组，每组 2 个。高 6.8、口径 20、圈足径 14 厘米。T51⑤BH48：362（图 3－4－38，2），外表经刮削并磨光。内表灰黄色。唇内微起棱，斜壁，腹中部起棱，浅腹，圜底，圈足较高，上端有凸棱，下端外撇。高 9、口径 20.4、圈足径 15.5 厘米。T61⑤B：34（图 3－4－38，3），外表先经轮上刮削，留有细密轮纹，后稍加磨光。内表黑色。斜浅腹，圜底，矮圈足外撇，足沿底面有凹槽 1 周。高 4.3、口径 14.2、圈足径 7.7 厘米。

三期地层标本：T58④A：65（图 3－4－38，4；图版七二，5），外底有刮削痕迹，内外表施深红色陶衣，经精细磨光。唇面略内钩，壁微弧，圜底，矮圈足，上端微起棱，下端外撇。高 6.5、口径 16.2、圈足径 10.7 厘米。T66④CH107：6（图 3－4－38，7），外表经轮上刮削。内表黑色。斜壁，浅腹，圜底，矮圈足，上部有凸棱，下部外撇。高 5.8、口径 18、圈足径 14.7 厘米。T74④

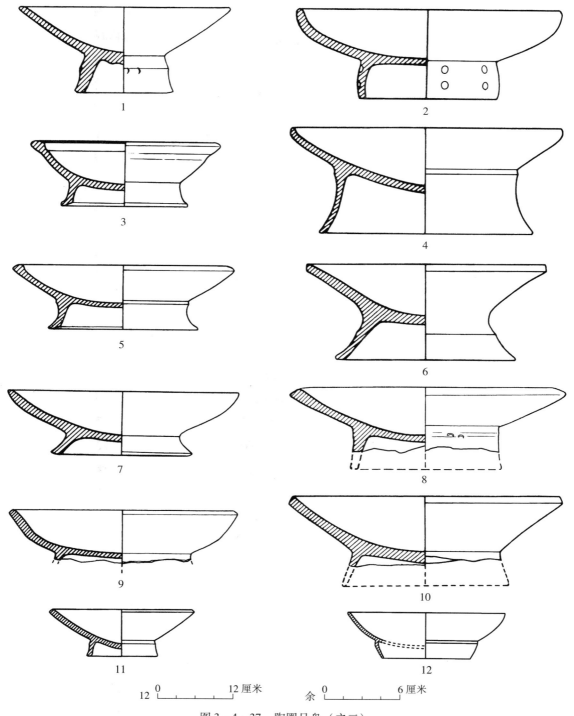

图 3 - 4 - 37　陶圈足盘（之二）

1. 3 型 I 式（T51⑤B：294）　　2. 3 型 I 式（T58⑥：44）　　3. 3 型Ⅲ式（T211 附近采：012）　　4. 3 型 I 式（T51⑤A：260）　　5. 3 型Ⅱ式（T53⑤A：290）　　6. 3 型Ⅲ式（T77⑤B：43）　　7. 3 型 I 式（T3④：30）　　8. 3 型Ⅲ式（T51⑤A：245）　　9. 3 型Ⅲ式（T211 附近采：035）　　10. 3 型Ⅲ式（T64⑤A：43）　　11. 3 型Ⅲ式（T9③：10）　　12. 3 型 I 式（T5④B：63）

A：58（图 3 - 4 - 38，5），外表有刮削痕迹，内表磨光。唇内壁有凹槽 1 周，斜壁，浅腹，圜底，矮圈足，上端微起棱，下端外撇，足沿有浅槽 1 周。底部残。高 7、口径 21、圈足径 14 厘米。T11③：30（图 3 - 4 - 38，1），圈足下部残缺。斜壁，底稍平。口径 13.4 厘米。

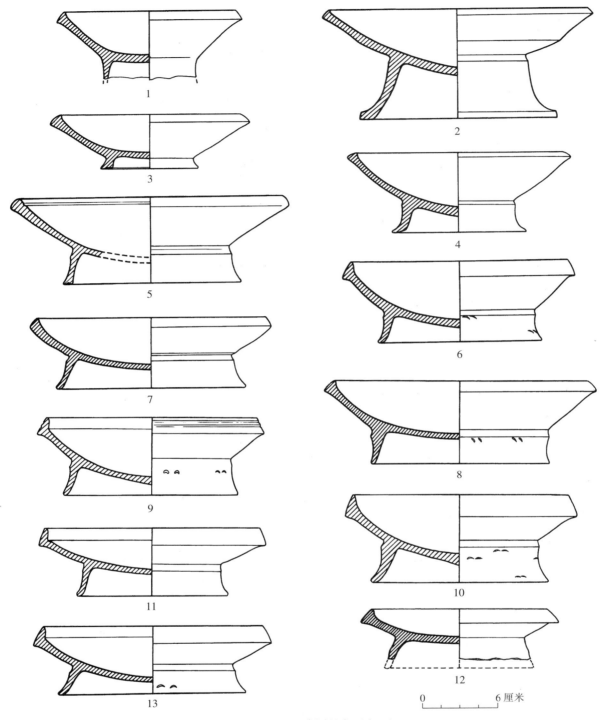

图 3 - 4 - 38　陶圈足盘 (之三)

1. 3 型Ⅳ式 (T11③:30)　　2. 3 型Ⅳ式 (T51⑤BH48:362)　　3. 3 型Ⅳ式 (T61⑤B:34)　　4. 3 型Ⅳ式 (T58④A:65)　　5. 3 型Ⅳ式 (T74④A:58)　　6. 4 型Ⅰ式 (T60⑤AH158:4)　　7. 3 型Ⅳ式 (T66④CH107:6)　　8. 3 型Ⅳ式 (T51⑤B:265)　　9. 4 型Ⅰ式 (T211 附近采:013)　　10. 4 型Ⅰ式 (T211④:9)　　11. 4 型Ⅰ式 (T74⑤AH113:9)　　12. 4 型Ⅰ式 (T51⑤A:492)　　13. 4 型Ⅰ式 (T51⑤BH45:300)

　　4 型　26 件 (内复原 22，残器 4)。宽沿内折外垂圈足盘。分为 3 式。

　　Ⅰ式　11 件 (内复原 8，残器 3)。敞口，圈足较肥大，往下外撇。均为泥质红陶。

　　二期地层标本：T51⑤BH45:300 (图 3 - 4 - 38，13)，外表有刮削痕迹，并施鲜红色陶衣。内表黑色。圆唇，斜壁，圜底，矮圈足上部有凸棱。圈足存有弯月形戳印纹1组，2个。高5.5、口径17.9、圈足径15厘米。T51⑤A：492（图3-4-38，12），内外表施鲜红色陶衣，经精细磨光，有光泽。圆唇，斜壁，圜底，圈足沿残缺。口径13.5厘米。T60⑤AH158：4（图3-4-38，6），内外表有刮削痕迹，外表施红陶衣并磨光。内表黑色。斜壁，圜底，矮圈足上端有明显折棱。圈足上、下部各饰弯月形戳印纹4组，每组2个，错开位置。高6.6、口径17.3、圈足径12.9厘米。T62⑤AH141：5（图3-4-39，1；图版七二，6），内外表有刮削痕迹，外表施红陶衣并稍加磨光。器表红灰不匀。圆唇，壁微弧，圜底，矮圈足上端起棱。高6.5、口径17.7、圈足径14.5、胎厚0.5~0.7厘米。T74⑤AH113：1（图3-4-39，3），外表经轮上刮削，施红陶衣，稍加磨光。内表黑色。方唇，浅腹，圜底，矮圈足上部明显起棱。底部稍残。圈足存弯月形戳印纹2组，每组2个。高6.2、口径17.2、圈足径14.5厘米。T74⑤AH113：9（图3-4-38，11），外表施红陶衣，稍加磨光。内表黑色。圆唇，斜壁，坦底，矮圈足外撇，上部有凸棱。高5.6、口径17.2、圈足径12厘米。T211附近采：013（图3-4-38，9），腹外表有慢轮修整痕迹并施红陶衣。内表黑色。圆唇，沿下端起棱，浅腹，圜底，矮圈足上端起棱。沿面饰凹弦纹2周，圈足上、下各存有弯月形戳印纹1组，每组2个。高6.5、口径16.8、圈足径14厘米。

　　三期地层标本：T70④B：24（图3-4-39，2），外表有慢轮修整痕迹，施鲜红色陶衣并磨光。内表黑色。尖唇，斜壁，浅腹，圜底，矮圈足，圈足上部有明显凸棱。圈足上部存有弯月形戳印纹2组，每组2个。高6、口径16.8、圈足径14.8厘米。T211④：9（图3-4-38，10），泥质橙黄陶。外表施红陶衣。内表黑色。外底存有刮削及附泥修整痕迹。圆唇，沿下端有明显凸棱，斜壁，浅腹，圜底，矮圈足上部有凸棱。圈足上部饰弯月形戳印纹10组：中部6组、下部4组，每组2个。高7.2、口径17.1、圈足径14厘米。

　　Ⅱ式　11件（内复原10，残器1）。敛口，圈足较肥大，往下外撇。均为泥质红陶。

　　二期地层标本：T51⑤B：290（图3-4-39，5），内外表留有慢轮上横向刮削痕迹，外表稍加磨光。沿下端明显起棱，斜壁，圜底，矮圈足上部起棱。圈足存有弯月形戳印纹1组，2个。高6.8、口径17.4、圈足径13.6厘米。T59⑤A：71（图3-4-39，9），外表经轮上刮削，稍磨光。内表黑色。圆唇，斜壁，浅腹，圜底，矮圈足上部起棱。高6.2、口径18、圈足径13.6厘米。T62⑤AH141：3（图3-4-39，7），外底留有泥条和刮削痕迹。内表黑色。沿面及圈足有慢轮修整痕迹，外表磨光。圆唇，斜壁，圜底，矮圈足。高5.7、口径16.3、圈足径12.5厘米。T11④：65（图3-4-40，11），圈足下端残缺。外表磨光。圆唇，圜底，矮圈足上部起棱。圈足上存有短条形戳印纹1组，2个。口径19.6厘米。T211附近采：016（图3-4-39，6），外表有刮削痕迹。内表黑色。圆唇，斜壁，圜底，矮圈足上端起棱。高7.1、口径16.8、圈足径14.7厘米。T211附近采：026（图版七三，1），外表灰红不匀，陶衣被腐蚀，内表黑色。沿面有凹槽1周，圈足上端明显起棱。圈足上部存有弯月形戳印纹1组。底部残。高8.1、口径18、圈足径13.8、胎厚0.6厘米。T211附近采：043（图3-4-39，8），外表有刮削痕迹。内表灰色。方唇，斜壁，浅腹，圜底，矮圈足上端起棱。圈足中部存有弯月形戳印纹1组，2个。底部残。高6.6、口径19.5、圈足径15.9厘米。

　　三期地层标本：T55④：21（图3-4-39，10），内表黑色。微弧壁，圜底，圈足上部起棱，

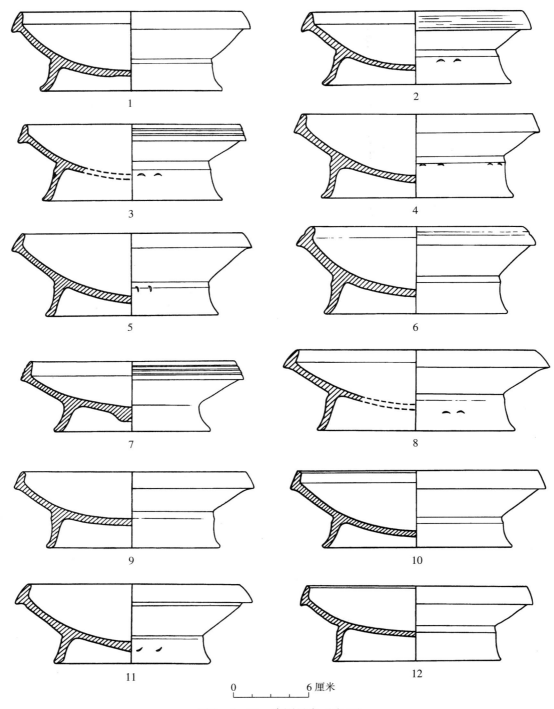

0　　　　6厘米

图 3 - 4 - 39　陶圈足盘（之四）

1. 4 型 I 式（T62⑤AH141∶5）　2. 4 型 I 式（T70④B∶24）　3. 4 型 I 式（T74⑤AH113∶1）　4. 4 型 II 式（T56④A∶42）　5. 4 型 II 式（T51⑤B∶290）　6. 4 型 II 式（T211 附近采∶016）　7. 4 型 II 式（T62⑤AH141∶3）　8. 4 型 II 式（T211 附近采∶043）　9. 4 型 II 式（T59⑤A∶71）　10. 4 型 II 式（T55④∶21）　11. 4 型 II 式（T65④CH120∶2）　12. 4 型 II 式（T74④B∶71）

往下外撇。高 6.3、口径 19、圈足径 14.8 厘米。T56④A∶42（图 3 - 4 - 39，4），外底有慢轮修整痕迹。内表黑色。圆唇，斜壁，圈足上部起棱。棱面饰弯月形戳印纹 6 组，每组 2 个。高 6.8、口径 18.2、圈足径 15 厘米。T65④CH120∶2（图 3 - 4 - 39，11），外底有刮削痕迹，内外表磨光。内表黑色。圆唇，腹上部有凸棱，斜壁，浅腹，圜底，矮圈足。圈足存有弯月形戳印纹2组，每组2个。高6.5、口径17、圈足径12.4厘米。T74④B：71（图3-4-39，12），外表有刮削痕迹，稍加磨光。内表黑色。斜方唇，斜壁，浅腹，圜底，矮圈足上部起棱。底部残。高5.9、口径17.3、圈足径13.4厘米。

Ⅲ式 4件（复原）。敛口，圈足较瘦矮，往下外撇。均为泥质红陶，经轮修。

二期地层标本：T59⑥BH142：87（图3-4-40，3；彩版七，3），腹壁斜弧，圜底，矮圈足，足沿外折，足底微内凹。高9.7、口径22、圈足径11.2厘米。T68⑤H117：2（图3-4-40，1；图版七三，2），内外表、外底均有轮上刮削痕迹，施鲜红色陶衣。内表黑色。圆唇，斜壁，圜底，圈足甚矮。高5.6、口径14.6、圈足径9.3厘米。T72⑤AH153：5（图3-4-40，4；彩版七，4；图版七三，3），内外表有明显的刮削痕迹，外表及外底施红陶衣，外表磨光。坯体在干燥过程中底部出现一道裂缝，制陶者用附加泥料方法修补裂缝，附泥上无红陶衣，与原胎有明显区别。圆唇，沿面中部有浅凹槽1周，壁微弧，圜底，矮圈足上端起棱。高5.7、口径15.2、圈足径9.3、胎厚0.4~0.6厘米。

三期地层标本：T40④BF1：17（图3-4-40，2；图版七三，4），腹外表在轮上刮削并磨光，外表施深红色陶衣。内表黑色。宽沿内折，沿下端有凸棱，圜底，圈足甚矮小。高5.8、口径18、圈足径9、胎厚0.3~0.5厘米。

5型 31件（内完整2，复原26，残器3）。宽沿内折圈足盘。圆唇，圈足肥大。分为5式。

Ⅰ式 11件（内完整1，复原8，残器2）。圈足肥大甚外撇。均为泥质红陶，外表施红陶衣。

二期地层标本：T51⑤B：276（图3-4-40，7），内外表有刮削痕迹，外表磨光。内表灰色。斜壁微内凹，圜底。圈足凸棱上留有点状戳印纹2个。高6.4、口径18、圈足径14.4厘米。T51⑤B：278（图3-4-40，6），内表黑色。浅腹，圜底，矮圈足上端起棱。高5.8、口径17.6、圈足径14.6厘米。T56⑤H100：4（图3-4-40，8），外表磨光。内表黑色。斜壁，浅腹，圜底，底部稍残。高6.4、口径19.6、圈足径14.8厘米。T67⑤AG5：11（图3-4-41，1），外表有刮削痕迹，内外表稍磨光。内表黑色。斜壁微内凹，腹较深，圜底，底部稍残。圈足上部有凸棱1周。高6.4、口径17.8、圈足径14.2厘米。T211附近采：010（图3-4-40，9），内表深灰色。斜壁，圜底，圈足残。圈足上有凸棱1周，上、下部各存有弯月形戳印纹1组，每组2个。高6、口径16.3、圈足径13.2、胎厚0.7厘米。T211附近采：018（图3-4-41，2；图版七三，5），外表及外底红色，内表黑色。斜壁，圜底。圈足上部有凸棱1周，上、下部各饰弯月形戳印纹3组，每组2个，上下错开位置。高6.8、口径18.2、圈足径15厘米。T211以北W127：2（图3-4-40，10；图版七三，6）[即图3-4-116，4陶釜内较大的一件圈足盘]，外底有泥条盘筑痕迹。外表红灰色，内表黑色。斜壁，浅腹，圜底，圈足与器身相接处有明显凸棱。圈足上部饰弯月形戳印纹3组，每组2个。高6.9、口径17.5、圈足径13.9厘米。

三期地层标本：T51④A：222（图3-4-40，13），内表有刮削痕迹，外表磨光。斜壁，浅腹，圜底，圈足下端稍残。高6.5、口径18厘米。T57④BH96：5（图3-4-40，12），内表及外底有刮削痕迹，外表磨光。斜壁，尖底，圈足底沿残缺。沿面饰凹弦纹2周，圈足折棱上碾压窝点纹1组，3个。口径18.1厘米。T69④CH133：2（图3-4-41，12；图版七四，1），内外表施深红色

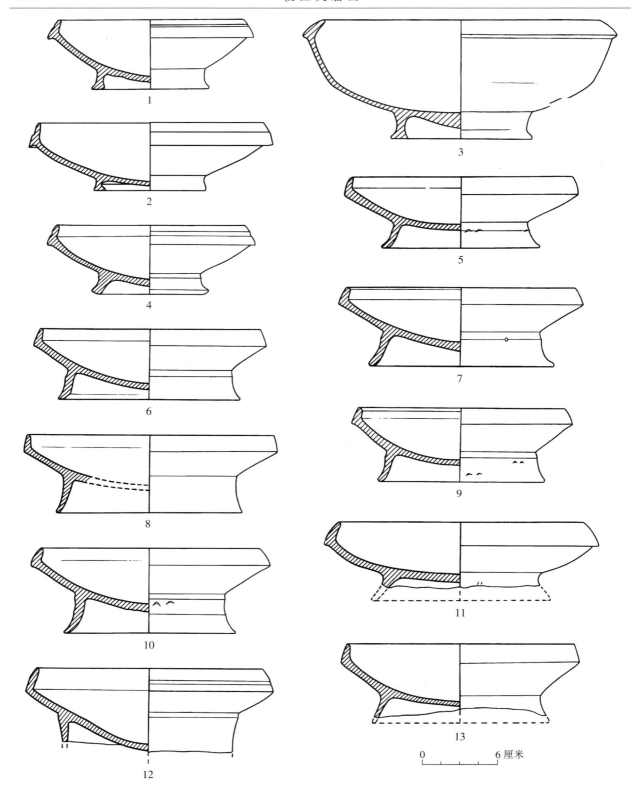

图 3 - 4 - 40 陶圈足盘（之五）

1. 4 型Ⅲ式（T68⑤H117：2） 2. 4 型Ⅲ式（T40④BF1：17） 3. 4 型Ⅲ式（T59⑥BH142：87） 4. 4 型Ⅲ式（T72⑤AH153：5）
5. 5 型Ⅰ式（T211④：7） 6. 5 型Ⅰ式（T51⑤B：278） 7. 5 型Ⅰ式（T51⑤B：276） 8. 5 型Ⅰ式（T56⑤H100：4） 9. 5 型Ⅰ式
（T211 附近采：010） 10. 5 型Ⅰ式（T211 以北 W127：2） 11. 4 型Ⅱ式（T11④：65） 12. 5 型Ⅰ式（T57④BH96：5） 13. 5 型
Ⅰ式（T51④A：222）

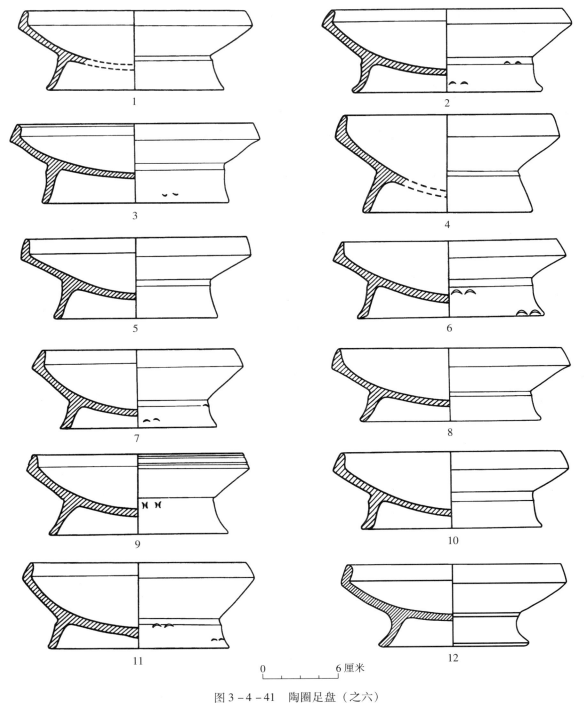

图 3 - 4 - 41　陶圈足盘（之六）

1.5 型 I 式（T67⑤AG5：11）　　2.5 型 I 式（T211 附近采：018）　　3.5 型 II 式（T63③B：13）　　4.5 型 II 式（T6④：36）

5.5 型 II 式（T59④AH101：9）　　6.5 型 II 式（T211 附近采：015）　　7.5 型 II 式（T9③：23）　　8.5 型 II 式（T59⑤A：66）

9.5 型 II 式（T74④B：72）　　10.5 型 II 式（T51⑤BH45：346）　　11.5 型 II 式（T211 附近采：023）　　12.5 型 I 式
（T69④CH133：2）

陶衣并磨光。斜壁，浅腹，圜底，矮圈足上端起棱，壁内凹，下端外撇。高 6.6、口径 16.9、圈
足径 12 厘米。T211④：7（图 3 - 4 - 40，5），外表有刮削痕迹。内表黑色。斜壁，浅腹，圜底。
圈足饰弯月形戳印纹 4 组，现存 2 组，每组 2 个。高 5.9、口径 17.6、圈足径 12.6 厘米。

Ⅱ式　16件（内完整1，复原14，残器1）。圈足肥大稍外撇。均为泥质红陶，外表施红陶衣，大部分内表黑色。

二期地层标本：T51⑤B：266（图3－4－42，2），外表有刮削痕迹，磨光。内表黑色。斜壁，圜底，圈足上部有凸棱。高5.3、口径16、圈足径13.6厘米。T51⑤BH45：346（图3－4－41，10），外表磨光，内表黑色。斜壁，圜底，圈足上部有明显折棱。高6.2、口径17.3、圈足径14.3厘米。T59⑤A：66（图3－4－41，8），内表有刮削痕迹，外表磨光。外表红灰不匀，内表黑色。斜壁微内凹，浅腹，圜底，圈足上端起棱。高6、口径17.7、圈足径14.6厘米。T6④：36（图3－4－41，4），外表磨光。斜壁，圜底，矮圈足上部起棱。底部残。高8.2、口径16.6、圈足径13.7厘米。T211附近采：015（图3－4－41，6），外表有在慢轮上边旋转边刮削的痕迹。内表黑色。腹壁微内凹，浅腹，圜底，圈足上端微起棱。圈足饰弯月形戳印纹3组，每组2个，上下错开位置。高6.3、口径17.4、圈足径14.6、胎厚0.5～0.7厘米。T211附近采：023（图3－4－41，11），外表经轮上刮削。内表黑色。斜壁，浅腹，圜底，圈足上端微起棱。圈足上部及中部各饰弯月形戳印纹3组，每组2个。高7、口径17.2、圈足径14.6厘米。T211附近采：027（图3－4－42，1），外底有刮削痕迹。内表黑色。腹壁略内凹，圜底，圈足上端起棱。圈足饰弯月形戳印纹，现存上部2组、下部1组，每组2个。高7.7、口径18.1、圈足径14.2厘米。T211附近采：030（图3－4－42，3；图版七四，2），外表及内表有刮削痕迹。圈足上端起棱。高5.6、口径16.2、圈足径13.2厘米。

三期地层标本：T59④AH101：9（图3－4－41，5），内表黑色。斜壁，圈足上部起棱。高6.6、口径17.7、圈足径13.1厘米。T74④B：72（图3－4－41，9），外表经轮上刮削，稍磨光。斜壁，浅腹，圜底，圈足上部微起棱。圈足上部存有X形戳印纹3组，每组2个，弯月形戳印纹1组，2个。高6.6、口径17、圈足径14.1厘米。T6③：56（图3－4－42，5），外表有刮削痕迹。内表灰色。腹壁内凹，圜底，圈足上端微起棱。高6.1、口径16.7、圈足径13厘米。T9③：23（图3－4－41，7），内表黑色。腹壁微内凹，圜底，圈足上端微起棱。圈足上、下部各存有弯月形戳印纹1组，每组2个。高6.3、口径15.2、圈足径12.4厘米。

四期地层标本：T63③B：13（图3－4－41，3），大部分残缺，可复原。外表有刮削痕迹。内表红灰不匀。腹壁上部微内凹，浅腹，圜底，圈足上部有凸棱。存有弯月形戳印纹1组。高6.5、口径19、圈足径14.8厘米。

Ⅲ式　2件（复原）。圈足矮小、外撇。泥质红陶。外表施红陶衣，内表黑色。

二期地层标本：T62⑤A：27（图3－4－42，7），内外表有刮削痕迹，外表稍加磨光。斜壁，圜底。高5、口径15.4、圈足径9.2厘米。

三期地层标本：T62④A：48（图3－4－42，4），外表有慢轮修整痕迹，磨光。斜壁，浅腹，圜底。高4.9、口径15.9、圈足径9.4厘米。

Ⅳ式　1件（复原）。宽直沿，微内折。

二期地层标本：T63⑤B：28（图3－4－42，6），泥质红陶。外表施红陶衣，内外表磨光。唇外侧有鼓棱1周，弧壁，浅腹，圜底，矮圈足外撇。高6.6、口径18.5、圈足径9.9、胎厚0.5厘米。

Ⅴ式　1件（复原）。圈足下部内折。

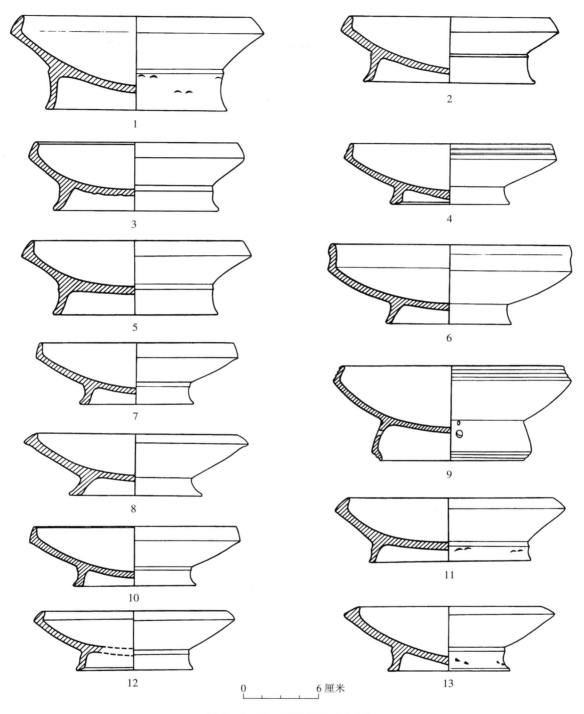

0 6厘米

图 3 - 4 - 42　陶圈足盘（之七）

1. 5 型 II 式（T211 附近采：027）　2. 5 型 II 式（T51⑤B：266）　3. 5 型 II 式（T211 附近采：030）　4. 5 型 III 式（T62④A：48）　5. 5 型 II 式（T6③：56）　6. 5 型 IV 式（T63⑤B：28）　7. 5 型 III 式（T62⑤A：27）　8. 6 型 I 式（T55⑤：38）　9. 5 型 V 式（T11④：45）
10. 6 型 I 式（T62⑤A：26）　11. 6 型 I 式（T51⑤A：336）　12. 6 型 I 式（T77⑤B：44）　13. 6 型 I 式（T2③：86）

二期地层标本：T11④：45（图 3 - 4 - 42，9；图版七四，3），泥质黑陶。外表有刮削痕迹，口部有慢轮修整痕迹，外表磨光。弧壁，矮圈足内折。沿面饰凹弦纹 3 周，圈足下端有凹弦纹 2 周，圈足存有圆形戳印纹及圆形镂孔 1 组，上、下各 1 个，另 1 组存残镂孔 1 个。高 7.7、口径

17.6、圈足径 11.2、胎厚 0.3～0.5 厘米。

6 型　61 件（内完整 2，复原 55，残器 4）。窄沿内折圈足盘。分为 6 式。

Ⅰ式　11 件（复原）。圈足瘦矮外撇。大多为泥质红陶，外表施红陶衣。

二期地层标本：T51⑤A：236（图 3－4－43，2），泥质红陶。外表有刮削痕迹，稍加磨光。内表灰色。弧壁，圜底，圈足上部起棱。高 5.2、口径 14.5、圈足径 8.3 厘米。T51⑤A：336（图 3－4－42，11），泥质红陶。外表有刮削痕迹，外表及沿面施红陶衣，稍加磨光。内表黑色。斜壁，圜底，圈足上部起棱。圈足折棱下侧饰弯月形戳印纹 5 组，每组 2 个。高 5.1、口径 16、圈足径 12.6 厘米。T55⑤：38（图 3－4－42，8），泥质红陶。外表磨光。内表灰色。斜壁，浅腹，坦底，圈足底沿较宽。高 5、口径 16、圈足径 10.6 厘米。T55⑤H148：4（图 3－4－43，5），泥质红陶。外表经轮上刮削，稍加磨光。内底黑灰不匀。圈足底沿存有浅凹旋纹。腹壁略呈弧形，浅腹，圜底。高 4.9、口径 14.4、圈足径 7.4、胎厚 0.5～0.7 厘米。T61⑤B：37（图 3－4－43，3），泥质红陶。内外表施深红色陶衣并磨光。弧壁，浅腹，坠底。高 5、口径 14.4、圈足径 8.4 厘米。T62⑤A：26（图 3－4－42，10），泥质红陶。内外表有刮削痕迹，外表稍加磨光。外表的陶衣灰红不匀，内表黑色。斜壁，浅腹，圜底，圈足上部微起棱。高 4.8、口径 16、圈足径 9.8 厘米。T70⑤：49（图 3－4－43，11；图版七四，4），泥质红褐陶。外表有慢轮修整痕迹并施红陶衣，内外表稍加磨光，大部分陶衣已剥落。内外表红褐不匀。斜壁，浅腹，圜底。高 4、口径 9.6、圈足径 6.7 厘米。T74⑤AH113：10（图 3－4－43，4），泥质红褐陶。内外表有刮削痕迹，外表磨光。内表黑色。斜壁，圜底，圈足上部微起棱。高 4.9、口径 13.9、圈足径 9 厘米。T77⑤B：44（图 3－4－42，12），泥质红陶。外表稍磨光。内表上半部红色，下半部黑色。弧壁，浅腹，圜底。底部残。高 4.8、口径 14.6、圈足径 9.1 厘米。

三期地层标本：T70④AM202：4（图 3－4－43，1；图版七四，5），泥质红陶。外表先施红陶衣，腹壁大部分经刮削。内表黑色。斜壁，浅腹，圜底。高 4.8、口径 15、圈足径 8.3 厘米。T2③：86（图 3－4－42，13），泥质红陶。外表有刮削痕迹。内表黑色。壁微弧，浅腹，圜底，圈足上部起棱。圈足饰三角形戳印纹 4 组，每组 2 个。高 5.2、口径 14.4、圈足径 9.7 厘米。

Ⅱ式　14 件（复原）。宽沿内折，圈足上部起棱或微起棱，往下甚外撇。均为泥质红陶，大部分施红陶衣。

二期地层标本：T51⑤A：201（图 3－4－43，7），外表有刮削痕迹并磨光。内表黑色。斜壁，圜底。高 5.5、口径 17、圈足径 14、胎厚 0.3 厘米。T51⑤A：233（图 3－4－44，1），外底中央有泥条盘筑痕迹，内表有刮削痕迹。斜壁，圜底，腹较深。圈足存有弯月形戳印纹 3 组，每组上、下各 2 个。高 6.8、口径 16.5、圈足径 12.8、胎厚 0.3 厘米。T51⑤A：255（图 3－4－44，4），外底有刮削痕迹，外表及沿面磨光。内表黑色。斜壁，圜底。圈足饰弯月形戳印纹 4 组，上、下各 2 组，每组 2 个。高 5.7、口径 15.9、圈足径 12.7、胎厚 0.5～0.7 厘米。T59⑤：70（图 3－4－43，12），外表稍磨光。内表黑色。斜壁微内凹。高 7、口径 17.6、圈足径 15.4 厘米。T62⑤AH141：6（图 3－4－43，8；图版七四，6），外表稍磨光。外表灰红不匀，内表灰色。斜壁，浅腹，圜底。高 5.9、口径 17.2、圈足径 14.5 厘米。T62⑤AH141：12（图 3－4－44，5），外表磨光。内表灰色。斜壁，浅腹，圜底。圈足存有弯月形戳印纹 3 组，上部 2 组、下部 1 组，每组 2 个。高 5.1、

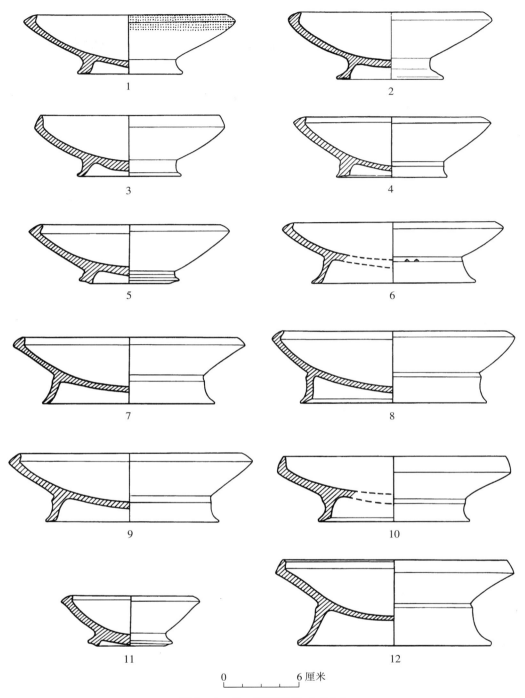

图 3 - 4 - 43　陶圈足盘（之八）

1.6 型 I 式（T70④AM202∶4）　　2.6 型 I 式（T51⑤A∶236）　　3.6 型 I 式（T61⑤B∶37）　　4.6 型 I 式（T74⑤
AH113∶10）　　5.6 型 I 式（T55⑤H148∶4）　　6.6 型 II 式（T77⑤B∶40）　　7.6 型 II 式（T51⑤A∶201）　　8.6 型 II 式
（T62⑤AH141∶6）　　9.6 型 II 式（T74⑤AH113∶22）　　10.6 型 II 式（T70⑥∶79）　　11.6 型 I 式（T70⑤∶49）　　12.6
型 II 式（T59⑤∶70）

口径 14.3、圈足径 11.8 厘米。T70⑥∶79（图 3 - 4 - 43，10），外表磨光。内表黑色。斜壁，下部
微内凹，浅腹，圜底。高 5.4、口径 17.5、圈足径 12 厘米。T74⑤AH113∶22（图 3 - 4 - 43，9），
外表有轮上刮削痕迹。内底黑色。斜壁，浅腹，圜底。高 5.6、口径 17.7、圈足径 14、胎厚 0.7

厘米。T77⑤B：40（图3－4－43，6），外表磨光。内表黑色。斜壁，浅腹，圜底。圈足上部存有三角形戳印纹1组，2个。高5、口径15.7、圈足径12.9厘米。

　　三期地层标本：T59④BH98：3（图3－4－44，2），内外表有刮削痕迹，外表磨光。内表黑色。腹壁略弧，浅腹，圜底。高6.5、口径18.8、圈足径13.4厘米。T65④C：68（图3－4－44，3），外表经轮上刮削并磨光。内表黑色。斜壁，浅腹，圜底。高6.7、口径17.3、圈足径13.7厘米。

　　Ⅲ式　14件（内完整1，复原13）。矮圈足上部起棱，下部外撇。均为泥质红陶，大部分外表施红陶衣。

　　二期地层标本：T51⑤A：198（图3－4－44，10），外表有刮削痕迹并磨光。内表黑色。圈足上、下各饰人字形戳印纹4组，每组2个。高5.4、口径18、圈足径14.8、胎厚0.5～0.7厘米。T51⑤A：202（图3－4－45，1），外表有刮削痕迹，稍加磨光。内表黑色。斜壁，圜底。高5.5、口径16.5、圈足径13.6厘米。T51⑤A：232（图3－4－45，3；图版七五，1），外底中部有泥条盘筑痕迹，圈足与器身相接处周围有刮削痕迹。内表黑色。斜壁，圜底。圈足上、下各饰弯月形戳印纹2组，每组2个。高5.4、口径13.3、圈足径10.9厘米。T51⑤B：281（图3－4－45，4），外表有刮削痕迹，口部经慢轮修整。内表黑色。弧壁，圜底。圈足存有弯月形戳印纹1组，2个。高5.6、口径15.5、圈足径13厘米。T52⑤A：108（图3－4－44，7），内表黑色。圜底。高5.9、口径15.5、圈足径11.8厘米。T55⑤H148：2（图3－4－45，7），内外表有刮削痕迹。内外表灰红不匀。斜壁，浅腹，圜底，矮圈足。高6.3、口径17、圈足径13.3、胎厚0.4～0.6厘米。T57⑤：88（图3－4－45，5），外表稍磨光。内表黑色。斜壁，浅腹。高7、口径18、圈足径15厘米。T67⑤AG5：10（图3－4－45，6），外表及外底有刮削痕迹，外表磨光。内表黑色。腹壁微弧，浅腹，圜底。圈足上、下各饰弯月形戳印纹3组，每组2个，上下错开位置。高5.7、口径16、圈足径12.3、胎厚0.5～0.7厘米。T74⑤B：124（图3－4－44，6），外表有刮削痕迹并磨光。内表黑色。斜壁，浅腹，圜底。圈足饰弯月形戳印纹5组，每组2个，3组略偏上，2组略偏下。高6、口径17.4、圈足径13.1厘米。T77⑤A：30（图3－4－45，2），腹外表有轮上刮削痕迹，外表磨光。内表黑色。斜壁，浅腹，圜底。高6.3、口径18.5、圈足径14.4厘米。T211附近采：031（图3－4－44，12），圈足与器身接合处的痕迹清晰，外表有刮削痕迹。内表黑色。斜壁，浅腹，圜底。圈足上、下各存有弯月形戳印纹1组，每组2个。高5.7、口径17.9、圈足径14.1厘米。

　　三期地层标本：T69④CH133：4（图3－4－44，11），底部稍残。外表有明显的轮上刮削痕迹。内表黑色。斜壁，浅腹，圜底。圈足存有新月形戳印纹2组，每组2个。高5.1、口径15.6、圈足径12.8厘米。T9③：25（图3－4－44，8），外表施红陶衣，灰红不匀。内表黑色。斜壁，浅腹，圜底。圈足中部存有弯月形戳印纹1组，2个。高5.6、口径17.6、圈足经14厘米。T211附近采：029（图3－4－44，9），内表黑色。腹壁略弧，圜底。圈足上部存有弯月形戳印纹2组，每组2个。高6.3、口径16.3、圈足径12.1厘米。

　　Ⅳ式　7件（内复原3，残器4）。圈足较高，上部起棱，下部外撇。均为泥质红陶，外表施红色或深红色陶衣。

　　二期地层标本：T53⑤A：140（图3－4－46，2；图版七五，2），外表经刮削并磨光，有光泽。内表黑色。斜壁，圜底。圈足饰长方形镂孔5组，每组2个，其中有1个未穿透成为戳印

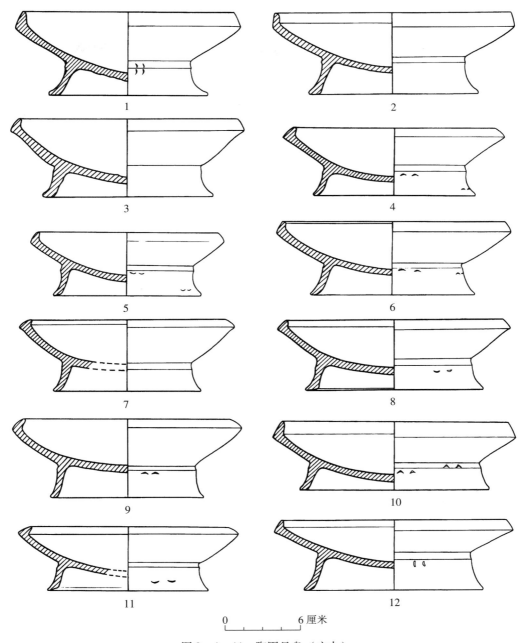

图 3-4-44　陶圈足盘（之九）

1.6 型 Ⅱ 式（T51⑤A：233）　　2.6 型 Ⅱ 式（T59④BH98：3）　　3.6 型 Ⅱ 式（T65④C：68）　　4.6 型 Ⅱ 式（T51⑤A：255）　　5.6 型 Ⅱ 式（T62⑤AH141：12）　　6.6 型 Ⅲ 式（T74⑤B：124）　　7.6 型 Ⅲ 式（T52⑤A：108）　　8.6 型 Ⅲ 式（T9③：25）　　9.6 型 Ⅲ 式（T211 附近采：029）　　10.6 型 Ⅲ 式（T51⑤A：198）　　11.6 型 Ⅲ 式（T69④CH133：4）　　12.6 型 Ⅲ 式（T211 附近采：031）

纹。圈足下端内壁饰长方形戳印纹 3 个，这是罕见现象。高 8、口径 17.6、圈足径 11.3 厘米。T53⑤A：178（图 3-4-45，10），残。内外表有刮削痕迹并磨光。斜壁，圜底，圈足上部内收。口径 20.4、胎厚 0.6 厘米。T66⑤：34（图 3-4-45，9），斜壁，浅腹，圈足下端外卷。圈足存有弯月形戳印纹 1 组，2 个。高 7.9、口径 19.7、圈足径 15.8 厘米。

　　三期地层标本：T57④BH96：6（图 3-4-45，11），外表稍磨光。内表红色。斜壁，浅腹，圜底。圈足存有长方形戳印纹 2 组，每组 2 个。高 8.4、口径 18.3、圈足径 12.2、胎厚 0.4~0.6 厘

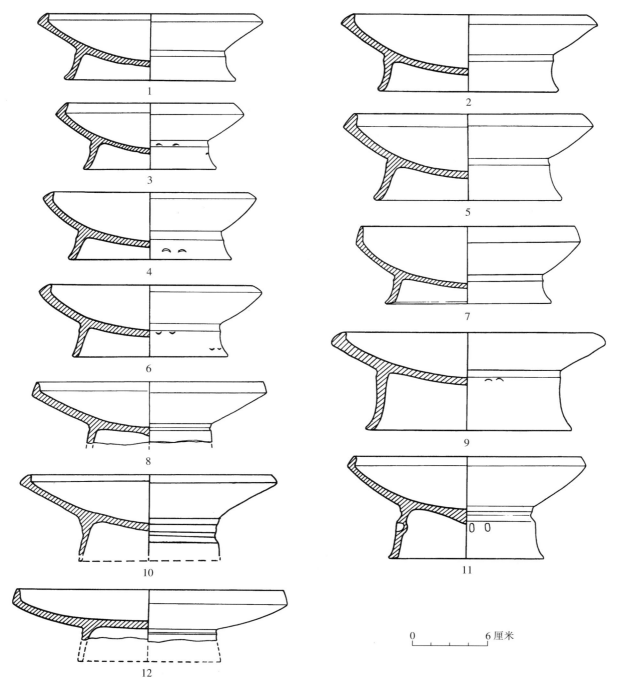

图 3 - 4 - 45 陶圈足盘（之一〇）

1.6 型Ⅲ式（T51⑤A：202） 2.6 型Ⅲ式（T77⑤A：30） 3.6 型Ⅲ式（T51⑤A：232） 4.6 型Ⅲ式（T51⑤B：281） 5.6 型Ⅲ式（T57⑤：88） 6.6 型Ⅲ式（T67⑤AG5：10） 7.6 型Ⅲ式（T55⑤H148：2） 8.6 型Ⅳ式（T74④A：52） 9.6 型Ⅳ式（T66⑤：34） 10.6 型Ⅳ式（T53⑤A：178） 11.6 型Ⅳ式（T57④BH96：6） 12.6 型Ⅳ式（T61④H130：3）

米。T61④H130：3（图 3 - 4 - 45，12），残。内表有刮削痕迹。内表黑色。腹壁微弧，浅腹，圈底。口径 21.2 厘米。T74④A：52（图 3 - 4 - 45，8），残。圈足与器身相接处有刮削痕迹，内外表磨光。斜壁，浅腹，圈底。口径 18.1 厘米。

Ⅴ式 8 件（内完整 1，复原 7）。圈足下部外撇。均为泥质红陶，外表施红陶衣。

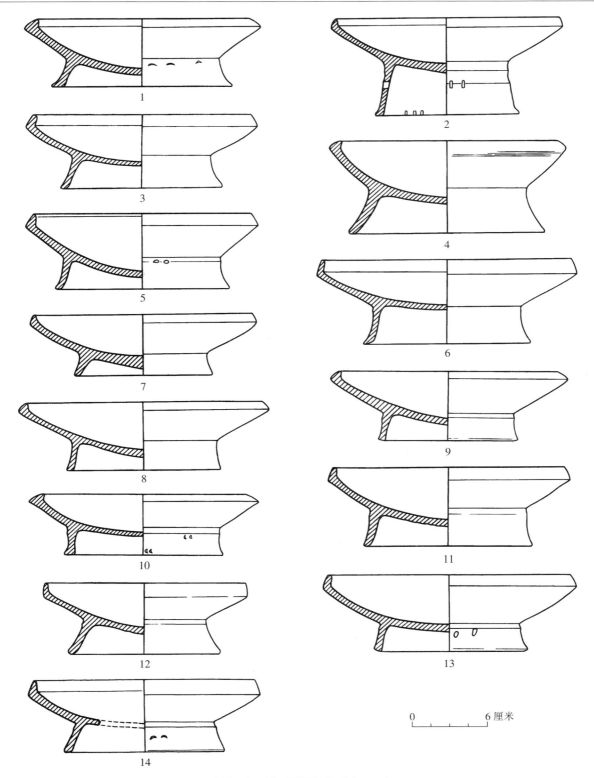

图 3 - 4 - 46　陶圈足盘（之一一）

1. 6 型 V 式（T51④BF22：44）　　2. 6 型 Ⅳ 式（T53⑤A：140）　　3. 6 型 V 式（T57③A：50）　　4. 6 型 V 式（T62⑤AH141：13）　　5. 6 型 V 式（T59④AH101：1）　　6. 6 型 V 式（T56④BH89：1）　　7. 6 型 V 式（T77⑤A：59）　　8. 6 型 V 式（T67⑤A：64）　　9. 6 型 Ⅵ 式（T67⑤B：56）　　10. 6 型 Ⅵ 式（T71⑤H129：1）　　11. 6 型 Ⅵ 式（T6③：57）　　12. 6 型 Ⅵ 式（T211 附近采：022）　　13. 6 型 Ⅵ 式（T75④C：170）　　14. 6 型 Ⅵ 式（T67⑤A：51）

二期地层标本：T62⑤AH141：13（图3-4-46，4），外表磨光。内表黑色。斜壁，腹较深，圜底。高7.6、口径17.2、圈足径15.5厘米。T67⑤A：64（图3-4-46，8），内外表有刮削痕迹，外表磨光。内表灰色。斜壁，浅腹，尖底。高5.5、口径19、圈足径12.4厘米。T77⑤A：59（图3-4-46，7），内表有刮削痕迹，外表磨光。内表黑色。腹壁微弧，浅腹，圜底。高5、口径17.4、圈足径11.1厘米。T211以北W127：3（图3-4-47，13；图版七五，3）［即图3-4-116，4陶釜之内底部被W127：2叠压的圈足盘］，内外表稍加磨光。内表黑色。腹壁微弧，浅腹，圜底。圈足底沿有凹槽1周。高4.6、口径17.3、圈足径12.5厘米。

三期地层标本：T51④BF22：44（图3-4-46，1），腹外表经轮上刮削并磨光。内表黑色。斜壁，浅腹，圜底。圈足上部存有弯月形戳印纹1组2个和三角形戳印纹1个。高5.8、口径16.9、圈足径14.4、胎厚0.6～0.8厘米。T56④BH89：1（图3-4-46，6），内表有刮削痕迹。内表黑色。斜壁，圜底。高7、口径19.8、圈足径13厘米。T59④AH101：1（图3-4-46，5），内外表经轮上刮削。内表黑色。斜壁，浅腹，圜底。圈足上部存有半月形戳印纹2组，每组2个。高6.2、口径17.5、圈足径13.9厘米。

四期地层标本：T57③A：50（图3-4-46，3），橙黄色。外表施淡红色陶衣。内表黑色。腹壁微弧，浅腹，圜底。高6、口径17.4、圈足径12.8厘米。

Ⅵ式　7件（复原）。圈足斜直。圈足上部起棱或微起棱。均为泥质红陶，外表施红陶衣。

二期地层标本：T55⑤H148：3（图3-4-47，2），底稍残，可复原。外表磨光。内表黑色。斜壁，浅腹，圜底。圈足下部存有新月形戳印纹1组，2个。高5.7、口径19、圈足径14.3厘米。T67⑤A：51（图3-4-46，14），外表有轮上刮削痕迹并磨光。内表黑色。斜壁，坦底。圈足残存弯月形戳印纹1组，2个。高5.7、口径17.5、圈足径12.8厘米。T67⑤B：56（图3-4-46，9），内外表有刮削痕迹，外表磨光。内表灰色。斜壁，浅腹，圜底。高5.7、口径17.2、圈足径11.2厘米。T71⑤H129：1（图3-4-46，10），外表经轮上刮削，稍加磨光。内表灰色。斜壁，浅腹，坦底。圈足上、下部饰三角形戳印纹3组，每组2个，上下错开位置。高5.6、口径16、圈足径12.5、胎厚0.4～0.6厘米。

三期地层标本：T75④C：170（图3-4-46，13），内外表有刮削痕迹，外表磨光。内表大部分黑色。腹壁微弧，圜底。圈足存有略呈椭圆形的戳印纹1组，2个。高6.1、口径19.2、圈足径12、胎厚0.4～0.6厘米。T6③：57（图3-4-46，11），外底有泥条盘筑痕迹。内表黑色。斜壁，浅腹，圜底。高6.6、口径18.7、圈足径13.4厘米。T211附近采：022（图3-4-46，12），外表经慢轮修整。内表灰色。圜底。高5.9、口径16.1、圈足径12.4厘米。

7型　59件（内完整1，复原51，残器7）。窄沿内折矮圈足盘。分为6式。

Ⅰ式　6件（内复原5，残器1）。圈足微外撇。均为泥质红陶。大部分外表施红陶衣。

二期地层标本：T1④：91（图3-4-47，5），内外表有刮削痕迹。内表黑色。弧壁，圜底。高5.9、口径16.4、圈足径9.2厘米。

三期地层标本：T59④AH91：1（图3-4-47，4），外表有刮削痕迹，稍加磨光。内底黑色。腹壁微弧，浅腹，圜底。圈足中部存有长方形戳印纹1组，2个。高5.9、口径19.2、圈足径11.9厘米。T63④C：35（图3-4-47，1），外表有刮削痕迹。斜弧壁，浅腹，圜底。圈足存有长方形

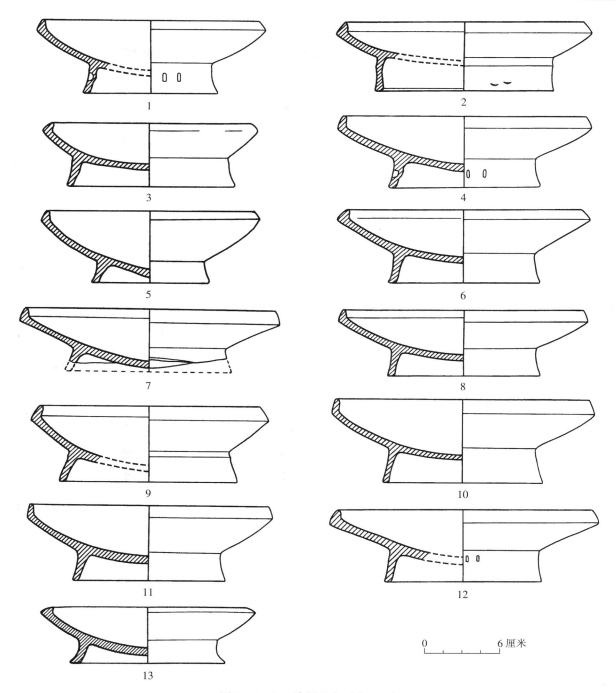

图 3 - 4 - 47　陶圈足盘（之一二）

1. 7 型 I 式（T63④C：35）　2. 6 型 VI 式（T55⑤H148：3）　3. 7 型 I 式（T58③AG7：66）　4. 7 型 I 式（T59④AH91：1）　5. 7 型 I
式（T1④：91）　6. 7 型 I 式（T67④D：39）　7. 7 型 I 式（T3③H1：4）　8. 7 型 II 式（T71④E：46）　9. 7 型 II 式（T68⑤H117：1）
10. 7 型 II 式（T77④E：23）　11. 7 型 II 式（T51⑤B：270）　12. 7 型 II 式（T75④B：164）　13. 6 型 V 式（T211 以北 W127：3）

戳印纹 1 组，2 个。高 6、口径 17.3、圈足径 10.7 厘米。T67④D：39（图 3 - 4 - 47，6），外表有
刮削痕迹，内外表稍加磨光，外表施鲜红色陶衣。内表黑色。斜壁，浅腹，坦底。高 6、口径
18.5、圈足径 11.9 厘米。T3③H1：4（图 3 - 4 - 47，7），残。内外表有刮削痕迹。内表黑色。斜
壁，浅腹，圜底。口径 19.9 厘米。

四期地层标本：T58③AG7：66（图3-4-47，3），外表稍磨光。内表黑色。斜壁，浅腹，圜底，圈足上部微起棱。高5.2、口径15.7、圈足径13.4厘米。

Ⅱ式 19件（内完整1，复原13，残器5）。圈足斜直。均为泥质红陶。大部分施红陶衣。

二期地层标本：T51⑤B：270（图3-4-47，11），内外表有刮削痕迹，外表施鲜红色陶衣并磨光。内表黑色。斜弧壁，圜底。高6.3、口径19、圈足径11.9、胎厚0.5~0.7厘米。T57⑤：87（图3-4-48，1），残。外表经轮上刮削并施红陶衣，稍加磨光，陶衣已被酸腐蚀。内表黑色。壁微弧，浅腹，圜底。高5.4、口径15.6、圈足径12.6厘米。T67⑤A：91（图3-4-48，10），外表经刮削并磨光。内表黑色。斜壁，浅腹，坦底。圈足存有长条形镂孔1组，2个。高5.9、口径19.5、圈足径12.1厘米。T68⑤H117：1（图3-4-47，9），内外表有刮削痕迹，外表稍磨光。内表黑色。斜弧壁，浅腹，圜底，矮圈足上端微起棱。高6.3、口径17.5、圈足径14厘米。

三期地层标本：T54⑤H56：1（图3-4-48，2；图版七五，4），内外表有刮削痕迹，外表磨光。内表黑色。弧壁，圜底。圈足饰长方形戳印纹4组，每组2个。高7、口径22.1、圈足径11.1厘米。T59④AH91：6（图3-4-48，4），外表有泥条盘筑痕迹，外底中央有浅窝。斜壁，浅腹，圜底。圈足上部存有长方形镂孔1组，2个。高5.7、口径20.7、圈足径11.7、胎厚0.35~0.5厘米。T59④BH98：1（图3-4-48，3），外底有顺时针方向的泥条盘筑痕迹，内外表有刮削痕迹，外表稍加磨光。内底黑色。斜壁，浅腹，圜底。圈足上部饰X形戳印纹4组，每组2个。高6.5、口径17、圈足径13.9、胎厚0.5~0.8厘米。T60④BH126：1（图3-4-48，6），外表及外底有刮削痕迹，外表施红陶衣，红褐不匀，内外表磨光。内表黑色。壁微弧，圜底。高6.4、口径19.6、圈足径13.2、胎厚0.2~0.5厘米。T61④H130：2（图3-4-48，7），外表磨光。腹壁微弧，圜底，制作时底部中央穿一小孔，直径0.6厘米。圈足上部存有长方形戳印纹1组，2个。高5.5、口径18.3、圈足径13.2厘米。T71④E：46（图3-4-47，8），外表经轮上刮削并磨光。内表灰色。斜壁，浅腹，圜底。高5.4、口径19、圈足径11.9厘米。T74④A：51（图3-4-48，8），内外表有刮削痕迹，外表施深红色陶衣并磨光。内表黑色。斜壁，浅腹。圈足存有长条形戳印纹2组（原应有4组），每组2个。高6、口径19.5、圈足径13.3厘米。T74④B：62（图3-4-48，5），内外表有刮削痕迹，外表施深红色陶衣并磨光。内表红色。斜壁，浅腹，圈足下端外撇。高6.3、口径19.8、圈足径13.3厘米。T75④B：164（图3-4-47，12），内外表有刮削痕迹，外表磨光。内外表红黑不匀。斜壁，圜底。圈足上部存有长方形镂孔1组，2个。高5.8、口径20、圈足径12.4、胎厚0.4~0.7厘米。T77④E：23（图3-4-47，10），内外表磨光。内表黑色。弧壁，浅腹，圜底。高6.9、口径20、圈足径12.4厘米。

Ⅲ式 5件（复原）。圈足甚矮而斜直。均为泥质红陶。外表施红陶衣。

三期地层标本：T51扩④A：43（图3-4-48，11），外表有轮上刮削痕迹并磨光。内表黑色。腹壁微弧。圈足存有长方形戳印纹1组，2个。高5、口径17.5、圈足径10.3厘米。T51④A：215（图3-4-48，9），外表及外底有刮削痕迹。内底黑色。弧壁，浅腹，圜底。高5.3、口径14.9、圈足径11.5厘米。T75④B：81（图3-4-49，2），内外表稍经刮削。内表深灰色。斜弧壁。圈足饰长方形戳印纹5组，每组2个。高5.8、口径17.8、圈足径10.6厘米。T211附近采：015（图3-4-48，12），外表略施红陶衣，隐约可见。内表上部灰色，下部黑色。弧壁。圈足存有椭圆形

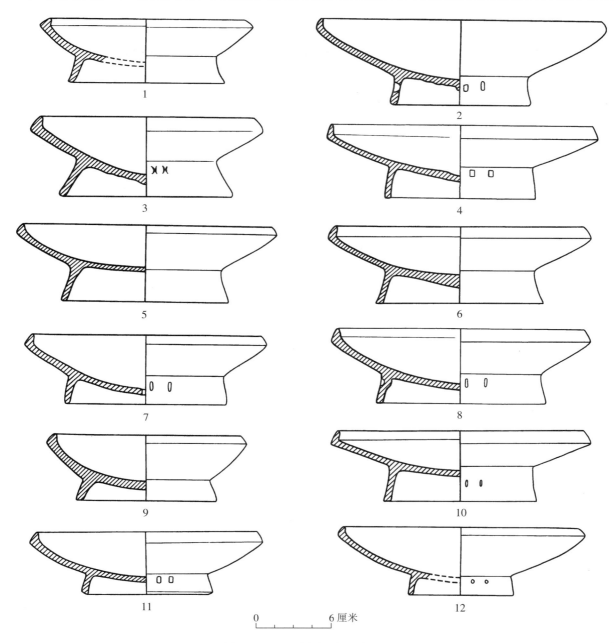

图 3 - 4 - 48 陶圈足盘（之一三）

1.7 型Ⅱ式（T57⑤：87） 2.7 型Ⅱ式（T54⑤H56：1） 3.7 型Ⅱ式（T59④BH98：1） 4.7 型Ⅱ式（T59④AH91：6） 5.7 型Ⅱ式（T74④B：62） 6.7 型Ⅱ式（T60④BH126：1） 7.7 型Ⅱ式（T61④H130：2） 8.7 型Ⅱ式（T74④A：51） 9.7 型Ⅲ式（T51④A：215） 10.7 型Ⅱ式（T67⑤A：91） 11.7 型Ⅲ式（T51 扩④A：43） 12.7 型Ⅲ式（T211 附近采：015）

镂孔 1 组，2 个。高 5.5、口径 18.6、圈足径 8.3 厘米。

四期地层标本：T75③B：27（图 3 - 4 - 49，1），外表、外底及圈足内表施红陶衣。内表黑色。弧壁，浅腹，圜底，外底呈尖底。圈足饰长方形戳印纹 4 组，每组 2 个。高 5.3、口径 17.5、圈足径 10.1 厘米。

Ⅳ式 2 件（复原）。圈足瘦矮而斜直。

三期地层标本：T69④C：95（图 3 - 4 - 49，3；图版七五，5），泥质红陶。外表有刮削痕迹并

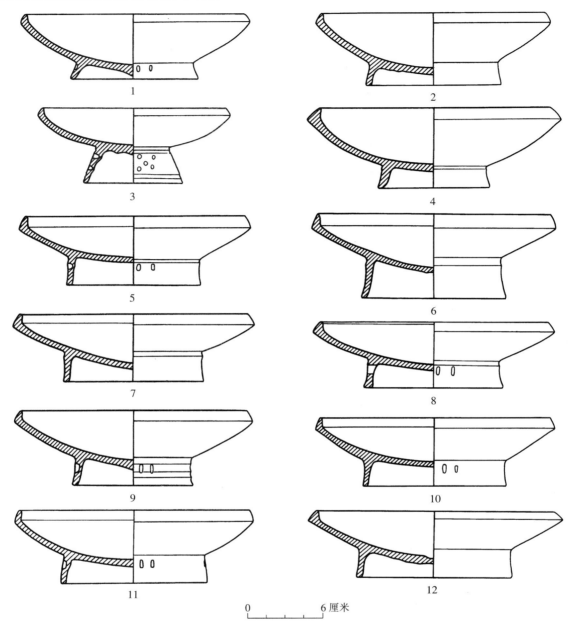

0 _____ 6厘米

图3－4－49　陶圈足盘（之一四）

1.7 型Ⅲ式（T75③B：27）　　2.7 型Ⅲ式（T75④B：81）　　3.7 型Ⅳ式（T69④C：95）　　4.7 型Ⅳ式（T11③：23）　　5.7 型Ⅴ式（T40④ BF1：4）　　6.7 型Ⅴ式（T6③：21）　　7.7 型Ⅴ式（T3③：43）　　8.7 型Ⅴ式（T75④C：125）　　9.7 型Ⅵ式（T51④A：124）　　10.7 型 Ⅵ式（T59④AH91：40）　　11.7 型Ⅵ式（T211 附近采：028）　　12.7 型Ⅵ式（T211 附近采：033）

施深红色陶衣。内底黑色。弧壁，浅腹，圜底。圈足饰椭圆形戳印纹 4 组，每组 5 个。高 6.1、口径 14.7、圈足径 7.9 厘米。T11③：23（图 3－4－49，4），泥质红陶。外表施红陶衣。弧壁，浅腹，圜底。高 6.5、口径 18.2、圈足径 9 厘米。

Ⅴ式　4 件（复原）。圈足上部起棱，下部近垂直。均为泥质红陶。有 3 件施红陶衣。

三期地地层标本：T75④C：125（图 3－4－49，8），外表磨光。内表黑色。斜壁，圜底。圈足饰长方形镂孔 3 组，每组 2 个。高 5.4、口径 17.9、圈足径 11、胎厚 0.3～0.5 厘米。T3③：43（图 3－4－49，7），内表灰色。斜壁，浅腹，圜底。高 5.7、口径 18.2、圈足径 11.2 厘米。T6③：21

（图3-4-49，6），外底中部有泥条盘筑痕迹，外表经轮上刮削并磨光。外表红灰不匀，内表黑色。斜壁，浅腹，圜底。高6.8、口径18.3、圈足径11.4厘米。T40④BF1：4（图3-4-49，5），外表磨光。内表黑色。斜壁，浅腹，圜底。圈足存有长方形戳印纹2组，每组2个。高5.6、口径17.5、圈足径10.9厘米。

Ⅵ式　23件（内复原22，残器1）。圈足近垂直。均为泥质红陶。外表施红陶衣。

二期地层标本：T53⑤A：142（图3-4-50，3），外表有刮削痕迹并磨光。内底黑色。弧壁，圜底。圈足存有长方形镂孔1组，2个。高6.4、口径18.4、圈足径11.1、胎厚0.5~0.7厘米。T6④：24（图3-4-50，1），外表有刮削痕迹并磨光。内表黑色。斜壁，圜底。圈足存有长方形镂孔1组，2个。高6、口径17.8、圈足径10.5厘米。

三期地层标本：T51④A：124（图3-4-49，9），内外表精细磨光，有光泽。内表黑色。弧壁，浅腹，圜底。圈足有浅凹槽3周，上部饰长方形戳印纹4组，每组2个。高6.1、口径18.3、圈足径9.6、胎厚0.6~0.8厘米。T51④A：157（图3-4-50，5），腹壁微弧，浅腹，圜底。高5.4、口径17、圈足径9、胎厚0.3厘米。T52④AH42：5（图3-4-50，9），外表有刮削痕迹并磨光。内表黑色。微弧壁，圜底。圈足存有长方形戳印纹1组，2个。高5.6、口径18.5、圈足径9.8厘米。T59④AH91：40（图3-4-49，10），残。外表磨光。内表黑色。斜弧壁。圈足存有长方形戳印纹1组，2个。高5.4、口径18.2、圈足径11.2、胎厚0.4~0.6厘米。T61④H130：1（图3-4-50，2），外表经轮上刮削并磨光。内表灰色。斜壁，浅腹，坦底。圈足存有长方形戳印纹1组，2个。高5.8、口径19、圈足径12.3厘米。T67④C：26（图3-4-50，6），外表经轮上刮削并磨光。内表黑色。弧壁，浅腹，圜底。圈足存有长方形镂孔1组，2个。高6.4、口径18.8、圈足径10.8厘米。T75④C：57（图3-4-50，8），外表经轮上刮削并磨光。内表黑色。腹壁微弧，浅腹，圜底。圈足饰长方形戳印纹2组，每组2个。高6.4、口径19.8、圈足径11.4厘米。T75④CH119：2（图3-4-51，2），内外表经轮上刮削，外表磨光。内表黑色，外表局部黑色。斜壁，浅腹，圜底。高6.5、口径19、圈足径11.2厘米。T76④BF30：24（图3-4-50，10），由于F30失火，该器经复烧，火候高，质地坚硬，器身严重变形。斜壁，浅腹，圜底。圈足饰长方形镂孔3组，每组2个。高5.4、口径19.9、圈足径10.8厘米。T5③B：26（图3-4-50，11），外表磨光。外表红色，内表上半部灰色，下半部黑色。弧壁，圜底。圈足存有长方形戳印纹1组，2个。高5.9、口径17.8、圈足径10.3厘米。T6③：19（图3-4-50，7），内外表磨光。内表灰黑色。斜弧壁，圜底。高6.4、口径18.3、圈足径10.2厘米。T211附近采：028（图3-4-49，11），外表磨光。内表黑色。腹壁微弧，浅腹，圜底。圈足存有长方形戳印纹2组，每组2个。高6、口径18.4、圈足径11.7厘米。T211附近采：033（图3-4-49，12；图版七五，6），外底有明显的泥条盘筑痕迹，外表经慢轮修整。内表黑色。斜弧壁，圜底。高5.4、口径18.8、圈足径12.3厘米。

四期地层标本：T57③A：34（图3-4-51，1），外表经轮上刮削。外表、外底及圈足内表施浅红色陶衣，稍加磨光。内表黑色。斜弧壁，浅腹，圜底。圈足存有长方形戳印纹2组，每组2个。高5.5、口径17.8、圈足径11.5厘米。T61③B：16（图3-4-51，4），外表施红陶衣并磨光，陶衣大部分已脱落。内表黑色。壁微弧，腹甚浅。圈足上部存有长方形戳印纹2组，每组2个。

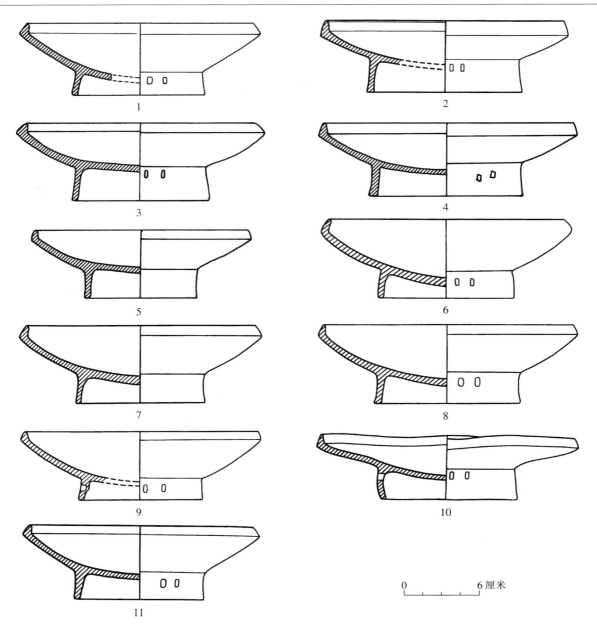

图 3 - 4 - 50　陶圈足盘（之一五）

1. 7 型Ⅵ式（T6④：24）　2. 7 型Ⅵ式（T61④H130：1）　3. 7 型Ⅵ式（T53⑤A：142）　4. 7 型Ⅵ式（T75③BH70：18）　5. 7 型Ⅵ式
（T51④A：157）　6. 7 型Ⅵ式（T67④C：26）　7. 7 型Ⅵ式（T6③：19）　8. 7 型Ⅵ式（T75④C：57）　9. 7 型Ⅵ式（T52④AH42：5）
10. 7 型Ⅵ式（T76④BF30：24）　11. 7 型Ⅵ式（T5③B：26）

高 6.1、口径 21.8、圈足径 11.6 厘米。T61③B：18（图 3 - 4 - 51，8），外表磨光。内表红色。壁
微弧，腹甚浅。高 5.4、口径 19.3、圈足径 10.1 厘米。T75③BH70：18（图 3 - 4 - 50，4），外表
磨光。内表黑色。斜壁，浅腹，圜底。圈足存有长方形戳印纹 1 组，2 个。高 5.9、口径 19.8、圈
足径 12.2 厘米。T7③B：6（图 3 - 4 - 51，6），外表磨光。内表黑色。腹壁微弧，圜底。圈足存有
长方形镂孔 1 组，2 个。高 5.9、口径 20、圈足径 11.9 厘米。

　　8 型　12 件（内复原 11，残器 1）。宽沿内折圈足盘。方唇。分为 4 式。

　　Ⅰ式　6 件（内复原 5，残器 1）。圈足上部起棱，下部外撇。均为泥质红陶。外表施红陶衣。

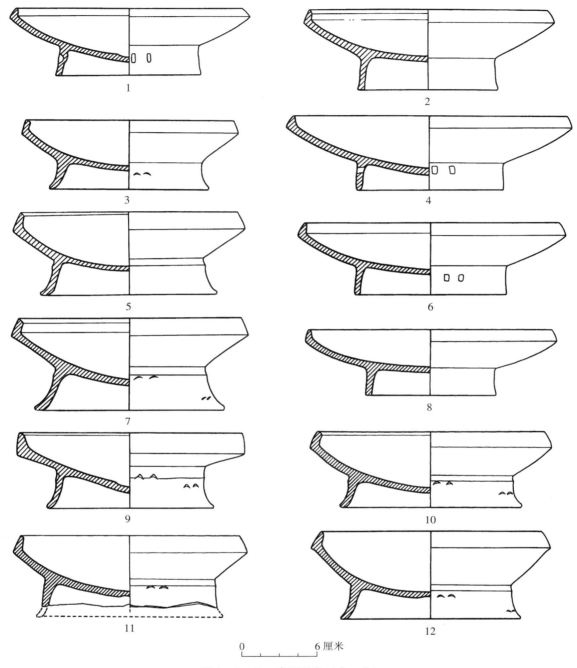

0   6厘米

图 3 - 4 - 51 陶圈足盘（之一六）

1. 7 型Ⅵ式（T57③A：34）　　2. 7 型Ⅵ式（T75④CH119：2）　　3. 8 型Ⅱ式（T51④A：186）　　4. 7 型Ⅵ式（T61③B：16）　　5. 8 型Ⅰ式（T77⑤A：83）　　6. 7 型Ⅵ式（T7③B：6）　　7. 8 型Ⅰ式（T51⑤A：200）　　8. 7 型Ⅵ式（T61③B：18）　　9. 8 型Ⅰ式（T75⑥：150）　　10. 8 型Ⅰ式（T51⑤A：256）　　11. 8 型Ⅰ式（T75⑤：151）　　12. 8 型Ⅰ式（T51⑤BH45：305）

二期地层标本：T51⑤A：200（图 3 - 4 - 51，7），外表有刮削痕迹，稍加磨光。内表黑色。斜壁，圜底。圈足饰弯月形戳印纹 5 组，每组 2 个。高 7.6、口径 17.8、圈足径 15.2、胎厚 0.3～0.5 厘米。T51⑤A：256（图 3 - 4 - 51，10），外底中部有泥条盘筑痕迹，呈现凹凸不平，内表有刮削痕迹，外表磨光。内表黑色。腹壁微弧，圜底。圈足饰三角形戳印纹 6 组，每组 2 个，上、下各 3 组错开位置。高 6.4、口径 17.7、圈足径 13.9 厘米。T51⑤BH45：305（图 3 - 4 - 51，12），外底中部有泥条盘筑痕迹，外表有刮削痕迹并磨光。内表黑色。圈足饰弯月形戳印纹5组，每组2个，上下错开位置。高7.1、口径17.3、圈足径14厘米。T75⑥:150（图3-4-51，9；图版七六，1），外底中央有泥条盘筑痕迹，内表有刮削痕迹，外表磨光。内表黑色。斜壁，尖底。圈足饰三角形戳印纹6组，上部4组、下部2组，每组2个。高6.1、口径17.9、圈足径13.5、胎厚0.4~0.6厘米。T75⑤:151（图3-4-51，11），残。外底中央有泥条盘筑痕迹，外底还有刮削痕迹，外表磨光。内表黑色。口径17.3厘米。T77⑤A:83（图3-4-51，5），外表磨光。内表黑色。腹壁微弧，浅腹，圜底。高6.7、口径17.5、圈足径14.3厘米。

Ⅱ式　2件（复原）。圈足下部外撇。

三期地层标本：T51④A:186（图3-4-51，3），泥质红陶。外表施鲜红色陶衣并磨光。内表及外底红色。斜弧壁，圜底。圈足饰弯月形戳印纹4组，每组2个。高5.7、口径16.6、圈足径12.6厘米。

Ⅲ式　2件（复原）。圈足上部起棱，下部斜直。均为泥质红陶。外表施红陶衣。

二期地层标本：T59⑤A:67（图3-4-52，1），外表磨光。内表灰色。腹壁微内凹，浅腹，圜底。高6、口径18、圈足径14.4厘米。

三期地层标本：T51④A:174（图3-4-52，2），内外表有刮削痕迹，外表磨光。内表黑色。斜壁，浅腹，圜底。高5.6、口径17.9、圈足径14.3厘米。

Ⅳ式　2件（复原）。圈足斜直。均为泥质红陶。

二期地层标本：T51⑤A:204（图3-4-52，4），外表有刮削痕迹。内表黑色。斜壁，圜底。圈足存有弯月形戳印纹2组，每组2个，上下错开位置。高6.1、口径17.5、圈足径13.5厘米。

四期地层标本：T51③:1（图3-4-52，3）。外表有刮削痕迹，外表及口沿内侧施红陶衣，稍加磨光。内表灰色。斜壁，浅腹，坦底。圈足存有弯月形戳印纹1组，2个。高6、口径18、圈足径14.3、胎厚0.7厘米。

9型　35件（内完整1，复原33，残器1）。窄沿内折圈足盘。方唇。分为3式。

Ⅰ式　14件（内完整1，复原13）。矮圈足，上部起棱，下部外撇。均为泥质红陶。外表施红陶衣。

二期地层标本：T51⑤A:205（图3-4-52，6），内外表有刮削痕迹。外表及沿面施红陶衣并磨光。内表黑色。弧壁，圜底。圈足有弯月形戳印纹6组，上、下各3组，每组2个。高6、口径17.7、圈足径14厘米。T51⑤A:254（图3-4-52，8），沿面经慢轮修整，呈现浅凹弦纹，又经磨光。内表黑色。腹壁微内凹，圜底。高6.1、口径17.5、圈足径14.4厘米。T51⑤A:261（图3-4-52，5），圈足与器底相接处有刮削痕迹，外表磨光。内表黑色。斜弧壁，圜底。圈足上、下部各饰弯月形戳印纹3组，每组2个，错开位置。高6.5、口径18.2、圈足径14.7厘米。T51⑤A:367（图3-4-52，7），腹外表有明显的慢轮旋转刮削痕迹，并存有凹弦纹1周。斜弧壁，圜底。圈足存有三角形戳印纹1个。高6.6、口径16.8、圈足径14.7厘米。T51⑤BH45:296（图3-4-52，9），内外表有刮削痕迹，外表稍加磨光。内表黑色。斜壁，浅腹，圜底。圈足上、中部各饰弯月形戳印纹2组，每组2个，错开位置。高6.5、口径17.2、圈足径13.1厘米。T72⑤AH118:1（图3-4-52，12），内外表有刮削痕迹，外表磨光。内表黑色。斜壁，浅腹，圜底。圈足上、下

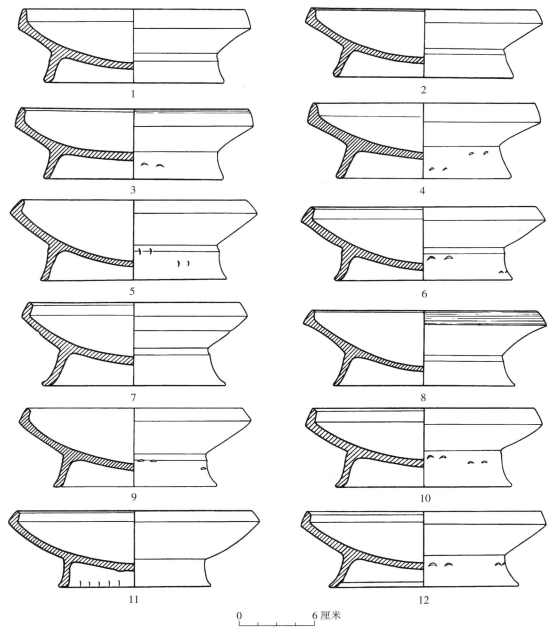

图 3 - 4 - 52　陶圈足盘（之一七）

1. 8 型Ⅲ式（T59⑤A：67）　　2. 8 型Ⅲ式（T51④A：174）　　3. 8 型Ⅳ式（T51③：1）　　4. 8 型Ⅳ式（T51⑤A：204）　　5. 9 型Ⅰ式
（T51⑤A：261）　　6. 9 型Ⅰ式（T51⑤A：205）　　7. 9 型Ⅰ式（T51⑤A：367）　　8. 9 型Ⅰ式（T51⑤A：254）　　9. 9 型Ⅰ式（T51⑤
BH45：296）　　10. 9 型Ⅰ式（T211④：8）　　11. 9 型Ⅰ式（T5③B：19）　　12. 9 型Ⅰ式（T72⑤AH118：1）

部各饰弯月形戳印纹 3 组，每组 2 个。高 6.2、口径 18.4、圈足径 15 厘米。

　　三期地层标本：T52④AH41：8（图 3 - 4 - 53，2），内外表有刮削痕迹，外表磨光。内表黑
色。腹壁微弧，浅腹，圜底。圈足上部存长方形戳印纹 1 组，2 个。高 7.6、口径 20.8、圈足径
13.6 厘米。T53④：145（图 3 - 4 - 53，5），外底有刮削痕迹，外表磨光，有光泽。内表黑色。斜
壁，浅腹，圜底。圈足中部饰长方形戳印纹 4 组，每组 2 个。高 6、口径 18.9、圈足径 12.5 厘米。
T59④AH101：3（图 3 - 4 - 53，1），外表经慢轮修整。盘内表黑色。斜弧壁，足沿内凹。高 6.7、

口径17、圈足径14.3厘米。T5③B：19（图3-4-52，11），外表磨光。内表黑色。腹壁微弧，浅腹，圜底。圈足里边缘饰短条划纹。高6.1、口径18.7、圈足径12.2、胎厚0.4~0.6厘米。T211③：2（图3-4-53，3），外表有刮削痕迹。内表黑色。斜壁，浅腹，圜底。圈足存有椭圆形戳印纹2组，每组2个。高5.8、口径17、圈足径14.1厘米。T211④：8（图3-4-52，10），外底中部有泥条盘筑痕迹。内表黑色。腹壁微弧，浅腹，圜底。圈足上、下部各饰弯月形戳印纹3组，每组2个，错开位置。高6.5、口径17.6、圈足径14厘米。

Ⅱ式　12件（内复原11，残器1）。矮圈足斜直。均为泥质红陶。外表施红陶衣。

二期地层标本：T51⑤A：230（图3-4-53，6），外表有刮削痕迹，施红陶衣，绝大部分已剥落。内表黑色。斜壁，圜底。圈足存有弯月形戳印纹1组，2个。高5.8、口径17.3、圈足径13.7厘米。T59⑤A：115（图3-4-53，11），腹内表有刮削痕迹，外表稍加磨光。弧壁，浅腹，圜底。高6.8、口径17.9、圈足径12.7厘米。

三期地层标本：T51④A：377（图3-4-53，9），外表稍有刮削痕迹并精细磨光，有光泽。内表黑色。腹壁微弧，浅腹，圜底。圈足存有长方形戳印纹3组，每组2个。高7、口径19.9、圈足径12.3厘米。T56④BH94：2（图3-4-53，4），内外表有刮削痕迹，外表磨光。内表黑色。斜壁，浅腹，圜底。圈足饰弯月形戳印纹4组，每组2个。高6.8、口径19、圈足径13.9厘米。T74④B：70（图3-4-53，10），内外表有刮削痕迹，外表磨光。内表灰色。斜壁，浅腹，圜底。高6.9、口径20.2、圈足径12.8厘米。T75④B：109（图3-4-53，8），外底中部有泥条盘筑痕迹，内外表有刮削痕迹，外表磨光。内表黑色。斜壁，浅腹，圜底。圈足上部饰弯月形戳印纹3组，每组2个。高5.9、口径18.6、圈足径12.4厘米。T75④C：50（图3-4-53，7），外表经轮上刮削并磨光。内表黑色。微弧壁，浅腹，圜底。圈足上部饰圆形戳印纹4组，每组2个。高6.4、口径18.4、圈足径10.8厘米。T75④CH119：10（图3-4-53，12），内外表有刮削痕迹，外表磨光。斜壁，圜底。高6.6、口径18.2、圈足径12、胎厚0.5~0.7厘米。T75④CH119：16（图3-4-54，2），底部残。内外表有刮削痕迹，外表磨光。内表灰色。微弧壁，浅腹，圜底。圈足存有长条形镂孔1组，2个。高6、口径18.8、圈足径12.4厘米。

四期地层标本：T55③：13（图3-4-54，1），外底中部有泥条盘筑痕迹及泥突，外表有轮上旋转刮削痕迹，外表施红陶衣，已被酸腐蚀。腹壁微内凹，浅腹，圜底。圈足饰三角形戳印纹4组，每组2个。高6.2、口径18.5、圈足径13.3厘米。

Ⅲ式　9件（复原）。矮圈足近垂直。均为泥质红陶。外表施红陶衣。

二期地层标本：T67⑤B：104（图3-4-54，9），残。内外表磨光。内底黑色。腹壁微弧，浅腹，圜底。圈足存有长方形戳印纹1组，2个。高6、口径19、圈足径12.3厘米。

三期地层标本：T61④H95：1（图3-4-54，4；图版七六，2），器身与圈足相接处有刮削痕迹，外表磨光。斜壁，浅腹，圜底。圈足中部饰长方形戳印纹5组，每组2个。高6.2、口径18.9、圈足径11.8厘米。T67④C：27（图3-4-54，3），底部稍残。内外表有刮削痕迹并磨光。内底黑色。斜壁，腹甚浅，坦底。圈足上部存有长方形戳印纹2组，每组2个。高5.2、口径19.8、圈足径11.6厘米。T75④B：163（图3-4-54，5），外表磨光。内表黑色。弧壁，浅腹，圜底。圈足上部存有长方形戳印纹2组，每组2个。高5.4、口径17.6、圈足径10厘米。T75④

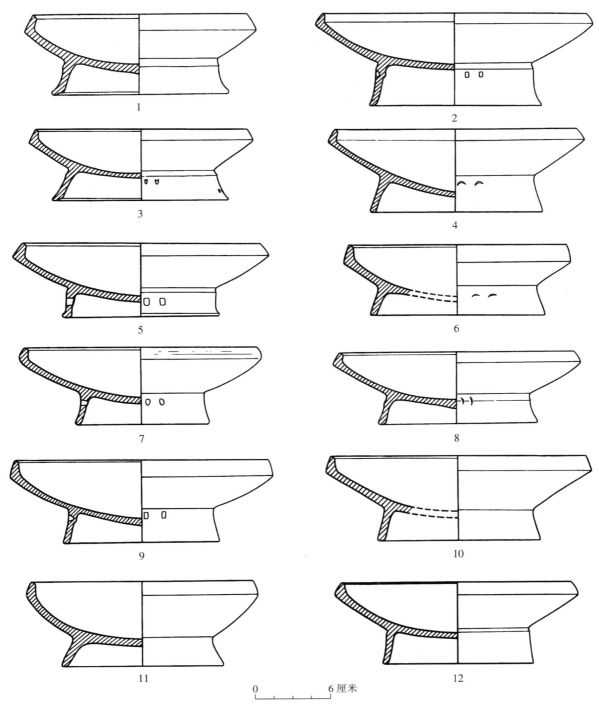

0　　　　6厘米

图 3 - 4 - 53　陶圈足盘（之一八）

1.9 型 I 式（T59④AH101：3）　2.9 型 I 式（T52④AH41：8）　3.9 型 I 式（T211③：2）　4.9 型 II 式（T56④BH94：2）　5.9 型 I 式（T53④：145）　6.9 型 II 式（T51⑤A：230）　7.9 型 II 式（T75④C：50）　8.9 型 II 式（T75④B：109）　9.9 型 II 式（T51④A：377）　10.9 型 II 式（T74④B：70）　11.9 型 II 式（T59⑤A：115）　12.9 型 II 式（T75④CH119：10）

CH119：3（图 3 - 4 - 54，6），底部稍残。外表有刮削痕迹并稍加磨光。内表黑色。腹壁微弧，浅腹，圜底。高 6.5、口径 18.8、圈足径 11.6 厘米。T75④CH119：4（图 3 - 4 - 54，7），外表经轮上刮削并磨光。内表黑色。斜壁，浅腹，圜底。高 6.7、口径 17.6、圈足径 10.7 厘米。T75④

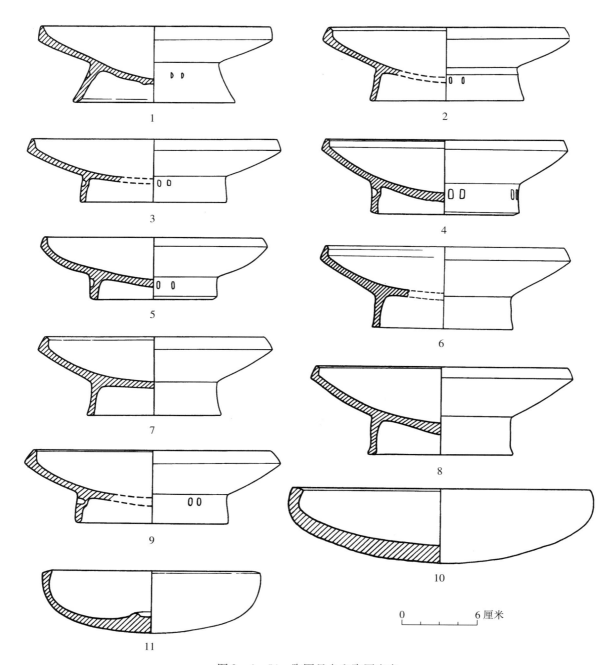

图 3－4－54　陶圈足盘和陶圜底盘

圈足盘：1. 9 型 Ⅱ 式（T55③：13）　　2. 9 型 Ⅱ 式（T75④CH119：16）　　3. 9 型 Ⅲ 式（T67④C：27）　　4. 9 型 Ⅲ 式（T61④H95：1）
5. 9 型 Ⅲ 式（T75④B：163）　　6. 9 型 Ⅲ 式（T75④CH119：3）　　7. 9 型 Ⅲ 式（T75④CH119：4）　　8. 9 型 Ⅲ 式（T75④CH119：9）
9. 9 型 Ⅲ 式（T67⑤B：104）　　圜底盘：10. T77⑦：33　　11. T5④B：41

CH119：9（图 3－4－54，8），外表有刮削痕迹并磨光。内表黑色。腹壁微弧，浅腹，圜底。高
7.2、口径 20、圈足径 11.4 厘米。

另外，有圈足盘片标本 7 件。

二期地层标本：T51⑤A：369（图 3－4－55，2），泥质红陶。外表施红陶衣并磨光。圈足稍外
撇。圈足饰弯月形戳印纹，2 个弯月形戳印纹背靠背为 1 组，纹饰排列密集，实为罕见。T51⑤

BH48：370（图 3 - 4 - 55，4），泥质红陶。外表施深红色陶衣并磨光。上部压印短条纹、弯月形纹，压痕甚浅如同暗纹。T51⑤BH48：371（图 3 - 4 - 55，5），泥质红陶。外表施深红色陶衣并磨光。圈足凸棱处压印曲折纹 1 周。T51⑥：372（图 3 - 4 - 55，6），泥质红陶。外表施红陶衣并磨光。圈足上部用平刃刀具切割成长方形镂孔，镂孔两端用弧刃刀具切断，留有弧形痕迹，内壁有泥突。T53⑥：321（图 3 - 4 - 55，7），夹炭红陶。施红陶衣。圈足上部、下部的凸棱上碾压椭圆形窝点纹，其间饰慈姑叶形镂孔。T55⑥H122：8（图 3 - 4 - 55，1），泥质红陶。外表施红陶衣并磨光。圈足下部微内收，足沿外凸，呈蹄状。上部压印之字形纹 1 周，下部存有剔刻慈姑叶形窝纹 2 个，未剔透。

三期地层标本：T67④C：153（图 3 - 4 - 55，3），泥质红陶。外表施红陶衣。圈足外撇，足沿似马蹄状。圈足下部饰长方形戳印纹 2 周，上部碾压椭圆形窝点纹。纹饰排列密集有序。圈足径 11.2 厘米。

6. 白陶圈足盘（片）

共 8 件。其中复原 1 件，残器（片）7 件。

一期晚段地层标本：T11④G1：58（图 3 - 4 - 55，11），残存口沿。细泥白陶。内外表磨光。敛口，圆唇，弧壁。口径 20、胎厚 0.3 厘米。

二期地层标本：T68⑤：93（图 3 - 4 - 55，13；图版七一，5），复原。细泥白陶。内外表及胎芯皆白色。内外表精细磨光，外表有光泽。敞口，内卷沿，圆唇，弧壁，浅腹，圜底，圈足较高且肥大外撇。圈足上部饰圆形大镂孔 1 周，共 12 个；腹上部、圈足下部各饰小圆形戳印纹 1 周；从口外部至圈足边饰红彩平行条纹 8 周，其中上下各有 1 周红彩叠压在戳印纹之上。高 9、口径 20、圈足径 20、胎厚 0.4 厘米。T53⑤B：187（图 3 - 4 - 55，9），口沿片，细泥白陶。烧成温度高，质地硬。内外表及胎芯均白色。内卷沿，圆唇。口沿外侧饰红褐彩平行条纹 3 周，在平行条纹上存有浅刻竖条纹 3 组，每组 3 条。口径 22、胎厚 0.4 厘米。T1④H2：71（图 3 - 4 - 55，14），残圈足。泥质白陶，黄白色。圜底，矮圈足上部有鼓棱，下部外撇。饰橙红彩及蓝彩，二色界限分明，红彩占三分之一，蓝彩占三分之二。圈足径 8.8、胎厚 0.25 厘米。T11④：41（图 3 - 4 - 55，12），圈足残片。泥质白陶。内外表及胎芯白色。圈足外撇。圈足上、下部各饰小圆形戳印纹 1 周，其间存有竖行排列的小圆形戳印纹 2 行，每行 3 个。

三期地层标本：T31④：41（图 3 - 4 - 55，8；彩版八，1），残圈足。泥质白陶。内表有刮削痕迹。圜底，圈足偏上有凸棱 1 周，下部外撇。折棱上、下及圈足下端饰箆点纹各 2 周，圈足上部中部共饰椭圆形戳印纹 3 周。圈足径 16.4、胎厚 0.4~0.8 厘米。T52④A：217（图 3 - 4 - 55，15），泥质白陶。内外表白色。压印菱形纹及椭圆形窝纹。T54⑤：61（图 3 - 4 - 55，10），口沿片。细泥白陶。内外表及胎芯均白色并磨光。内卷沿，圆唇，弧壁。沿下饰红彩锯齿纹 1 周，腹部饰红彩平行条纹 8 周。胎厚 0.6 厘米。

7. 陶三足盘

共 14 件。其中复原 13 件，残器 1 件。分为 4 型。另有三足盘足标本 14 件。

1 型　3 件（复原）。敞口圆唇三足盘。

一期晚段地层标本：T58⑦F34：63（图 3 - 4 - 56，1），夹炭红陶。外表施深红色陶衣并磨光。

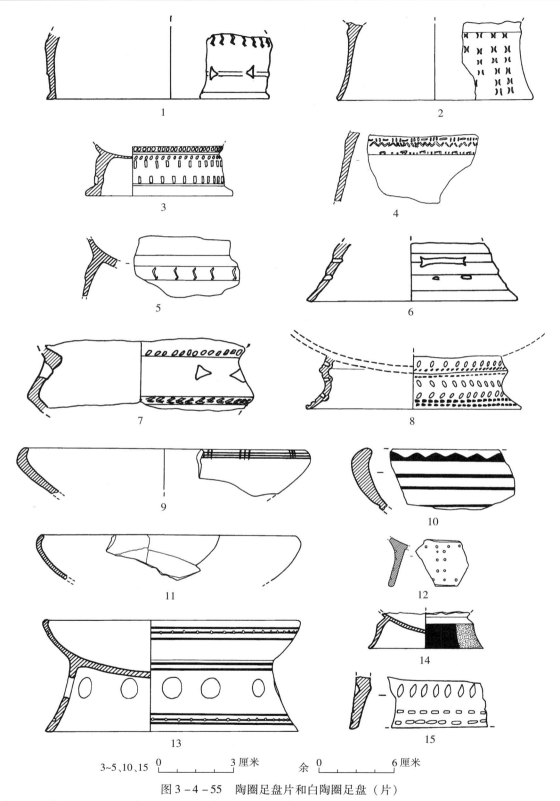

3~5、10、15　0 —— 3厘米　　余　0 —— 6厘米

图 3 - 4 - 55　陶圈足盘片和白陶圈足盘（片）

圈足盘片：1. T55⑥H122∶8　2. T51⑤A∶369　3. T67④C∶153　4. T51⑤BH48∶370　5. T51⑤BH48∶371　6. T51⑥∶372　7. T53⑥∶321

白陶圈足盘（片）：8. T31④∶41　9. T53⑤B∶187　10. T54⑤∶61　11. T11④G1∶58　12. T11④∶41　13. T68⑤∶93　14. T1④H2∶71
　　　　15. T52④A∶217

内表深红色。弧壁，浅腹，圜底，三足宽矮扁呈梯形。足正面饰圆形钻窝纹 3 个。钻窝纹是在坯体含水量相当低、胎壁相当硬时用石片、骨片或竹片制成的钻头钻而不透形成的，呈圆窝状、钝尖底，如果钻透则成为镂孔，三足盘足上的钻窝纹一般从正面向背面钻成，个别从正、背两面对钻而成（以下有类似现象者，其成因与此件相同，不再赘述）。高 5.5、口径 14.9 厘米。

二期地层标本：T53⑥:180（图 3－4－56，3；图版七六，3），泥质红陶。外表施深红色陶衣，磨光。弧壁，浅腹，坦底，三足宽扁矮。足正面钻成圆形镂孔 3 个。高 8.4、口径 28.7、胎厚 0.6 厘米。T59⑥AF33:2（图 3－4－56，2），夹炭红陶。外表施红陶衣，稍加磨光。弧壁，浅腹，圜底，扁三足呈倒梯形。足正面中部饰大圆形钻窝纹 1 个，两侧各饰小圆形钻窝纹 2 个。高 7.2、口径 15.9、足高 2、足宽 4 厘米。

2 型 5 件（内复原 4，残器 1）。敞口方唇三足盘。分为 2 式。

Ⅰ 式 3 件。薄方唇。

一期晚段地层标本：T77⑦:31（图 3－4－56，6），夹炭红陶。外表施红陶衣并磨光。弧壁，浅腹，圜底，三足宽扁呈梯形。足中部钻成圆形镂孔 1 个。高 5、口径 15.5、胎厚 0.4~0.5 厘米。T77⑦:48（图 3－4－56，4；图版七六，4），夹炭红陶。外表施深红色陶衣并磨光。内表黑色。弧壁，腹甚浅，坦底，矮三足宽扁呈梯形，系由圈足切割而成，外底留有将圈足切除三部分的痕迹。足中部钻成圆形镂孔 1 个。高 5.1、口径 17.7、胎厚 0.6 厘米。

二期地层标本：T53⑥:182（图 3－4－56，5），泥质红陶。内表有刮削痕迹，外表施深红陶色陶衣并磨光。内表红色。弧壁，浅腹，圜底，矮三足宽扁呈倒梯形，系由圈足切割而成。足正面饰钻窝纹 5 个，中部 1 个较大。高 5.3、口径 16.9、胎厚 0.5~0.7 厘米。

Ⅱ 式 2 件（内复原 1，残器 1）。厚方唇。

一期晚段地层标本：T70⑧:130（图 3－4－56，8），足下端残。夹炭红陶。内外表有刮削痕迹并施红陶衣。弧壁，圜底，矮三足宽扁呈梯形。足中部钻成圆形镂孔 3 个。复原高 6、口径 16.6、胎厚 0.5~0.8 厘米。

二期地层标本：T54⑥:31（图 3－4－56，7），夹炭红陶。外表施深红色陶衣并磨光。弧壁，浅腹，坦底，矮三足宽扁。足正面饰钻窝纹 3 个。高 5、口径 17 厘米。

3 型 4 件（复原）。侈口圆唇三足盘。分为 2 式。

Ⅰ 式 3 件。弧壁。

一期晚段地层标本：T211 附近采:045（图 3－4－56，10），夹炭红陶。内外表施深红色陶衣并磨光。口内有不明显鼓棱，弧壁，浅腹，坦底，三足宽矮。足正面饰钻窝纹 4 组，每组 2 个。高 5.3、口径 17、胎厚 0.4 厘米。

二期地层标本：T64⑤B:133（图 3－4－56，9；图版七六，5），夹炭红陶。内外表施深红色陶衣并磨光。口内起棱，弧壁，三足系由矮圈足切割而成。足正面饰钻窝纹 3 排，中间一排较大，上、下两排较小。高 6.8、口径 18 厘米。T22④:46（图 3－4－56，11），泥质红陶。内外表施深红色陶衣，外表磨光。内表灰色。口内起棱，弧壁，浅腹，坦底，三足甚矮宽扁呈倒梯形。足正面饰钻窝纹 3 个，横向排列。钻窝纹的平面呈圆形，剖面呈锥状、钝尖底。高 5.2、口径 17.7、胎厚 0.5 厘米。

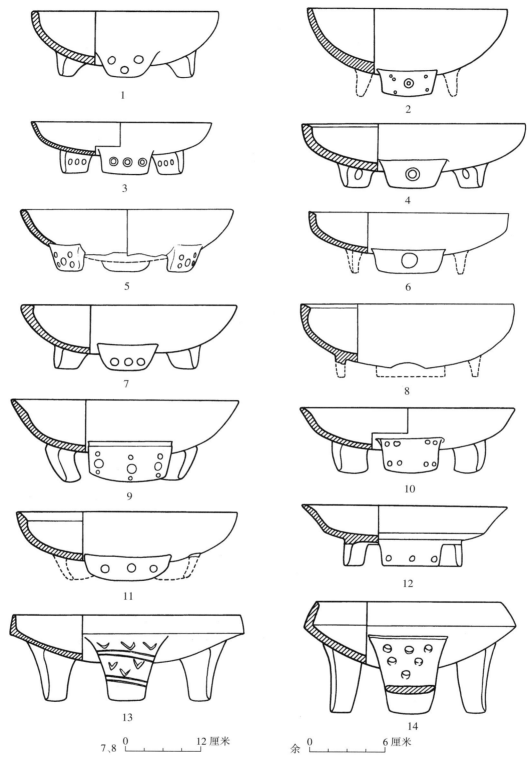

7、8 0   12 厘米   余 0   6 厘米

图 3-4-56 陶三足盘

1.1 型（T58⑦F34∶63）   2.1 型（T59⑥AF33∶2）   3.1 型（T53⑥∶180）   4.2 型Ⅰ式（T77⑦∶48）   5.2 型Ⅰ式（T53⑥∶182）   6.2 型Ⅰ式（T77⑦∶31）   7.2 型Ⅱ式（T54⑥∶31）   8.2 型Ⅱ式（T70⑧∶130）   9.3 型Ⅰ式（T64⑤B∶133）   10.3 型Ⅰ式（T211 附近采∶045）   11.3 型Ⅰ式（T22④∶46）   12.3 型Ⅱ式（T11④G1∶63）   13.4 型（T66④D∶65）   14.4 型（T70⑤G5∶19）

Ⅱ式　1件。折腹。

一期晚段地层标本：T11④G1：63（图3-4-56，12），泥质红陶。内外表施深红色陶衣并磨光。口内有不明显鼓棱，折腹，坦底，三足系由矮圈足切割而成，三足上留有切除圈足的痕迹。足正面下部饰钻窝纹3个，横向排列。高4.9、口径16.2厘米。

4型　2件（复原）。宽沿内折三足盘。

二期地层标本：T70⑤G5：19（图3-4-56，14；图版七六，6），泥质红陶。内表有刮削痕迹，外表及足正面施鲜红色陶衣并磨光。内表红色。圆唇，浅腹，圜底，三足较高呈倒梯形。足正面饰圆形戳印纹6个。高9.3、口径14.6、足高6、胎厚0.6厘米。

三期地层标本：T66④D：65（图3-4-56，13），泥质红陶。内表有刮削痕迹，外表及足正面施鲜红色陶衣并磨光。内表红色。圆唇，浅腹，圜底，三足较高呈倒梯形。足正面刻划V形纹和平行条纹。高7、口径18.2、足高5厘米。

另外，有三足盘足标本14件。

一期早段地层标本：T36⑦BH13：12（图3-4-57，5），夹炭红陶。正面施红陶衣。背面呈黑色。三足宽矮，足中部钻成圆形锥状镂孔4个。足高3、宽8~9.4厘米。

一期晚段地层标本：T69⑦H170：5（图3-4-57，3），夹炭红陶。内外表施红陶衣，外表磨光。三足宽扁，系由圈足切割而成。足中部钻成圆形镂孔3个，系由正面向背面钻成，剖面呈锥状。足高4.6、宽10厘米。

二期地层标本：T53⑤A：320（图3-4-57，7），夹炭红陶。正面施红陶衣并磨光。正面上、下部各饰钻窝纹2排，每排3个，中部另饰稍大的钻窝纹1个。足高5.4、宽5.6厘米。T55⑥：85（图3-4-57，9），泥质红陶。内外表施红陶衣并磨光，足正面施红陶衣，下半部的陶衣已脱落。高足正面呈梯形，两侧呈凹腰形。正面存有剔刻三角形窝纹2排，每排3个。足高8.7、下部宽6.1厘米。T67⑤G5：115（图3-4-57，8），夹炭红陶。正面施红陶衣并磨光。正面饰竖行圆形钻窝纹4行，每行3个，排列有序。足高5、宽6.2厘米。T69⑤BH134：3（图3-4-57，2），泥质红陶。内外表施红陶衣并磨光。高足呈倒梯形，正面上部剔刻四边形窝纹1个。足高8.2厘米。T73⑤：96（图3-4-57，13），泥质红陶。背面有刮削痕迹。足正面施红陶衣并磨光。高足呈倒梯形，正面剔刻三角形窝纹5个，上部3个，中部2个；下部饰钻窝纹1个。足高8.7厘米。T74⑤AH113：39（图3-4-57，11），夹炭红陶。足正面先经刮削后施红陶衣。足下部内折呈舌形。足正面剔刻窝纹3排，上部3个，中部2个，下部1个。足高4.6厘米。T2④：89（图3-4-57，12），泥质红陶。内外表施红陶衣并磨光。高足呈倒梯形，正面剔刻窝纹3排，上部4个，中部3个，下部2个，排列有序。足高10厘米。T2④：90（图3-4-57，6），夹炭红陶。足正面施红陶衣并磨光。足外卷呈舌形，正面剔刻大三角形窝纹1个。T4④：75（图3-4-57，1），泥质红陶。足正面施红陶衣并磨光。足外卷呈舌形，正面上部剔刻方形凹窝1个。足高8.4、宽1.5厘米。T11④：111（图3-4-57，4），夹炭红陶。足正面施红陶衣并磨光。足呈舌形，正面上部剔刻等腰三角形窝纹1个。足高7.4厘米。T22④：50（图3-4-57，10），夹炭红陶。质地较细腻，足正面施红陶衣并磨光。足略呈长方形，正面上、下部各饰小钻窝纹3组，每组2个，排列有序。足高4.4、宽4厘米。

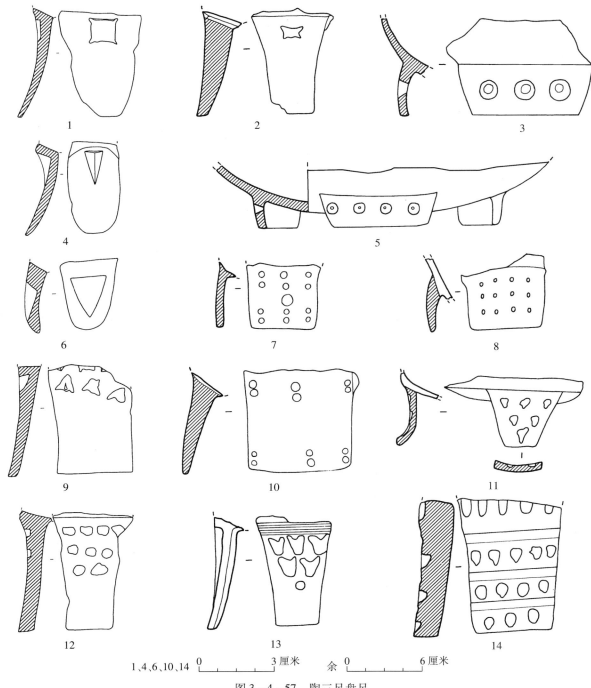

1、4、6、10、14 ⊢0━━━━━━3厘米⊣　　余 ⊢0━━━━━━6厘米⊣

图 3 - 4 - 57　陶三足盘足

1. T4④:75　2. T69⑤BH134:3　3. T69⑦H170:5　4. T11④:111　5. T36⑦BH13:12　6. T2④:90　7. T53⑤A:320　8. T67⑤G5:115
9. T55⑥:85　10. T22④:50　11. T74⑤AH113:39　12. T2④:89　13. T73⑤:96　14. T51④A:368

　　三期地层标本：T51④A:368（图 3 - 4 - 57，14），泥质红陶。高足呈梯形，正面横排剔刻略
呈椭圆形窝纹 3 排，上排 5 个，中排 4 个，下排 3 个；上部压印椭圆形窝纹 5 个。足高 5.4 厘米。

8. 陶圈底盘

共 2 件。复原。

一期晚段地层标本：T77⑦:33（图 3 - 4 - 54，10），泥质红陶。内底、外底中部都有泥条盘筑痕迹，呈现凹凸不平。口微敛，方唇，弧壁，腹甚浅。高5.9、口径23、胎厚0.7~1.6厘米。

二期地层标本：T5④B：41（图3-4-54，11；图版七一，4），夹炭红陶。外表经刮削。外表红灰不匀，内底黑色。口微敛，方唇，弧壁，腹甚浅，坦底，内底近中部呈现为鼓面。高5.3、口径17.1、胎厚0.4~1.5厘米。

9. 陶豆

共72件。其中复原34件，残器38件。分为10型。另有不分型式豆片标本5件。

1型　19件（内复原7，残器12）。敞口方唇豆。分为3式。

Ⅰ式　4件（内复原3，残器1）。钟形圈足。均为泥质红陶，外表磨光。

二期地层标本：T70⑤G5：28（图3-4-58，4），上部残缺。外表施红陶衣。圈足形如扣放的方唇碗。上、中部各饰宽凹弦纹2周，凹弦纹之间饰长方形镂孔。圈足径12.8、胎厚0.4~0.8厘米。T72⑤A：54（图3-4-58，1；彩版九，1），器表有慢轮修整痕迹，外表施鲜红色陶衣。内表红色，局部深灰色。浅斜弧壁，坦底，圈足中部呈凹腰形，往下稍外折，有不明显台阶，下部斜弧，形如扣放的方唇碗。豆盘与圈足先分别制作，后接合在一起。圈足饰弯月形戳印纹3周，上部1周有3组，中部1周有4组，下部1周有5组，每组均为2个。高11、口径15.6、圈足径11.5厘米。T72⑤AH153：2（图3-4-58，2；图版七七，1），内表施红陶衣，外表及盘内表磨光。斜壁，腹壁上部略内凹，下部微外鼓，浅腹，圜底，圈足由上往下内斜，下部弧壁外鼓呈钟形。盘外表饰凹弦纹2周。圈足饰弯月形戳印纹4周，自上而下第1~3周每周为3组，第4周为4组，每组均为2个。高13、口径17、圈足径11.8厘米。T72⑤AH153：4（图3-4-58，3；彩版九，2），外表及豆盘上部内表施红陶衣。外表、圈足内表、豆盘上部内表为红色，豆盘下部内表为深灰色。浅腹，坦底。豆柄部呈竹节状，圈足呈扣放的碗形，或称钟形。柄部饰弯月形戳印纹1组，2个，圈足上部饰弯月形戳印纹2组，每组2个，下部饰弯月形戳印纹1组，3个。高13.8、口径16.8、圈足径13.4、胎厚0.6~0.7厘米。

Ⅱ式　14件（内复原3，残器11）。喇叭形圈足。均为泥质红陶。大部分外表施红陶衣，稍加磨光。

二期地层标本：T51⑤A：196（图3-4-58，10），残。浅腹，圜底，器身与圈足之间无明显分界。圈足上部有不明显凸棱，残存弯月形戳印纹1组，2个。口径21.7厘米。T51⑤A：238（图3-4-58，5），残。外表有慢轮修整痕迹，内外表施红陶衣，已被酸腐蚀，内表及圈足外表磨光。内表红色。斜壁，圜底，圈足上部呈凹腰形，器身与圈足之间无明显分界。圈足上部饰弯月形戳印纹2组，每组2个。口径17厘米。T51⑤BH48：322（图3-4-58，9），残。斜壁，圜底，圈足内收。口径20、胎厚0.6厘米。T55⑤H148：1（图3-4-59，2；图版七七，2），圈足内表有刮削痕迹，外表及盘内表磨光。斜壁，圜底，喇叭形高圈足。圈足先饰凸弦纹7周，使圈足的外形呈竹节状，然后在4周凸弦纹上饰弯月形戳印纹2行，每行4组，每组2个。高9、口径12.4、圈足径9、胎厚0.7厘米。T62⑤AH141：14（图3-4-58，7），圈足残缺。外底有刮削痕迹，盘外底与圈足相接处刻划较深的沟槽，以便二者接合牢固，外表及盘内表施鲜红色陶衣并磨光。斜壁，圜底，圈足上部较粗，中部内收，呈束腰状。器身与圈足之间无明显分界。盘中部饰凹弦纹1周，圈足上部及中部各饰三角形戳印纹3组，每组2个，错开位置。口径23、胎厚0.5厘米。T62⑤

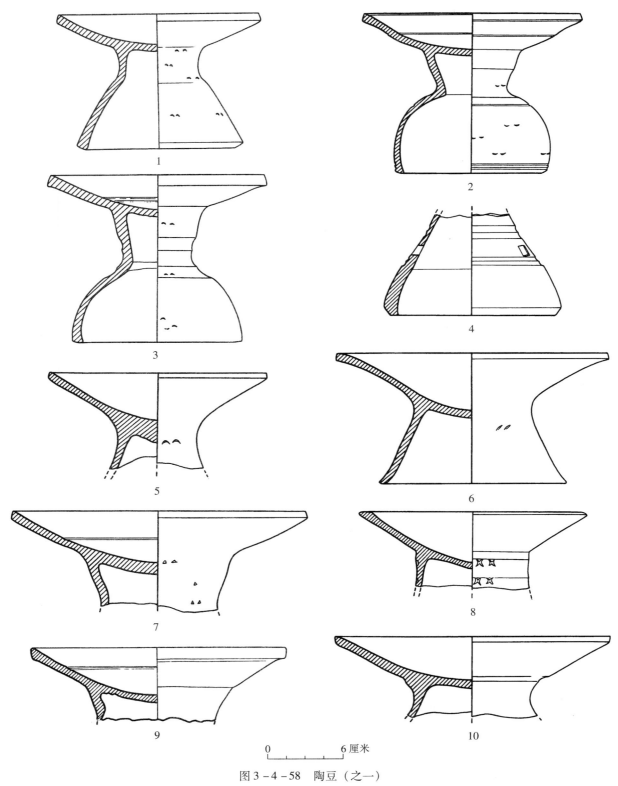

图 3－4－58　陶豆（之一）

1. 1 型 I 式（T72⑤A：54）　2. 1 型 I 式（T72⑤AH153：2）　3. 1 型 I 式（T72⑤AH153：4）　4. 1 型 I 式（T70⑤G5：28）　5. 1 型
II 式（T51⑤A：238）　6. 1 型 II 式（T60④BH104：1）　7. 1 型 II 式（T62⑤AH141：14）　8. 1 型 II 式（T66④CH107：4）　9. 1 型
II 式（T51⑤BH48：322）　10. 1 型 II 式（T51⑤A：196）

A：49（图 3 - 4 - 59，1；图版七七，3），盘内表、圈足内表有刮削痕迹。盘内外表、圈足外表施红陶衣。浅腹，圜底，高圈足呈喇叭形，圈足与器身之间无明显分界。圈足中部起棱，圈足饰弯月形戳印纹，上部 5 组，下部 6 组，每组 2 个。高 9、口径 15、圈足径 10.6 厘米。T1④H2：72（图 3 - 4 - 59，3），残。圈足内表有刮削痕迹，内外表施红陶衣并磨光。圜底，细高圈足，上部有明显鼓棱。口径 13.1 厘米。

三期地层标本：T60④BH104：1（图 3 - 4 - 58，6），盘内表、外底及圈足内表有明显的刮削痕迹，外表及盘内表施鲜红色陶衣并磨光，有光泽。腹壁略内凹，高圈足呈喇叭形，盘与圈足之间无明显分界。圈足中部存有半月形戳印纹 2 组，每组 2 个。高 10.8、口径 21.2、圈足径 14.7 厘米。T66④CH107：4（图 3 - 4 - 58，8），残。外底有刮削痕迹，外表施红陶衣并磨光。内表灰色。浅腹，圜底，圈足上部及中部有明显凸棱。凸棱下方有 X 形戳印纹 4 组，每组 2 个。口径 18.2、胎厚 0.4 厘米。T2③：69（图 3 - 4 - 59，4），残。外表施红陶衣，大部分已脱落。外表及盘内表上半部红色，下半部黑色。斜壁，坦底，圈足呈束腰形，往下外撇。口径 14.6 厘米。

Ⅲ式　1 件（复原）。粗高圈足。

二期地层标本：T64⑤B：128（图 3 - 4 - 59，5；图版七七，4），泥质红陶。外表及盘内表施鲜红色陶衣并磨光。折腹，浅腹，圜底，圈足高而粗，上部微鼓。足沿饰凹弦纹 1 周，口沿外侧压印窝点状花边，圈足饰三角形戳印纹 3 个。高 18.2、口径 24.5、圈足径 17.8 厘米。

2 型　11 件（内复原 4，残器 7）。宽沿内折豆。分为 3 式。

Ⅰ式　3 件（内复原 2，残器 1）。粗圈足。均为泥质红陶，2 件内外表施红陶衣。

二期地层标本：T11④：39（图 3 - 4 - 59，8），下部残缺。唇外有鼓棱 1 周，斜壁，圜底。口径 18.8、胎厚 0.4 ~ 0.6 厘米。

三期地层标本：T65④C：51（图 3 - 4 - 59，6；图版七八，1），内表有刮削痕迹，外表施鲜红色陶衣并磨光。内表黑色。沿面有凸棱，斜壁，圜底。圈足上部有凸棱 1 周，往下外撇呈喇叭状。圈足饰弯月形戳印纹，上部 6 组，下部存 1 组，每组 2 个。高 10.4、口径 15.7、圈足径 15、胎厚 0.4 ~ 0.6 厘米。T68④D：82（图 3 - 4 - 59，7），外底有刮削痕迹，内表磨光。唇外有鼓棱，斜壁，圜底，粗圈足略呈筒状，下端微起棱。圈足存有丫字形戳印纹 2 组，每组 2 个。高 8.8、口径 17.7、圈足径 11.3 厘米。

Ⅱ式　3 件（圈足均残）。圈足呈束腰形，下部外折呈台阶状。泥质红陶，外表施红陶衣并磨光。

二期地层标本：T65⑤B：56（图 3 - 4 - 59，9），内表灰色。沿面中部有凸棱 1 周，弧壁，浅腹，圜底。口径 16.1 厘米。T70⑥：51（图 3 - 4 - 59，10），内表有刮削痕迹。口沿中部起棱，斜壁。口径 16.4、胎厚 0.4 ~ 0.8 厘米。

三期地层标本：T74④B：76（图 3 - 4 - 60，4），内表有刮削痕迹。内表黑色。沿面上部有凹槽呈子母口状，弧壁，钝尖底，圈足上部起棱。圈足饰戳印纹 2 组，每组 2 个。口径 15.6 厘米。

Ⅲ式　5 件（内复原 2，残器 3）。瘦高圈足。均为泥质红陶，外表施红陶衣并磨光。

二期地层标本：T58⑤H177：1（图 3 - 4 - 60，3），圈足残。外表经精细磨光，有光泽。内表黄灰不匀。沿面中部呈子母口状，腹壁微弧，圜底，圈足甚外撇。口径 18.2、胎厚 0.4 厘米。T65

图 3－4－59　陶豆（之二）

1.1 型Ⅱ式（T62⑤A：49）　　2.1 型Ⅱ式（T55⑤H148：1）　　3.1 型Ⅱ式（T1④H2：72）　　4.1 型Ⅱ式（T2③：69）　　5.1 型Ⅲ式（T64⑤B：128）　　6.2 型Ⅰ式（T65④C：51）　　7.2 型Ⅰ式（T68④D：82）　　8.2 型Ⅰ式（T11④：39）　　9.2 型Ⅱ式（T65⑤B：56）　　10.2 型Ⅱ式（T70⑥：51）

⑤B：55（图 3－4－60，2；图版七七，5），外表及盘内表磨光。腹壁略弧，浅腹，高圈足呈喇叭形，圈足上有凸棱。唇面压印花边 1 周，沿面饰凹弦状暗纹 5 周，其间饰 X 状暗纹 1 周，圈足饰凹弦状暗纹 8 组，每组 2 周，两组之间还有不明显的凹弦状暗纹 1 周。暗纹之间饰 ⊢⊣ 形戳印纹，

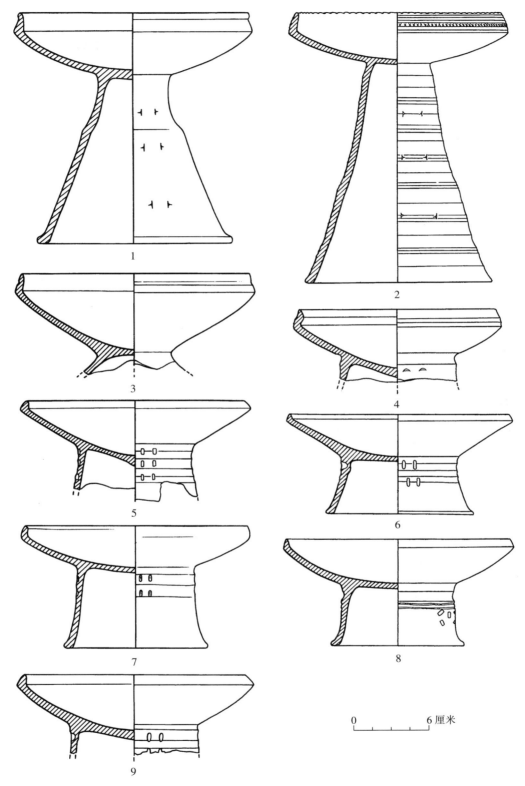

图 3 - 4 - 60　陶豆（之三）

1. 2 型Ⅲ式（T65⑤AS35:57）　2. 2 型Ⅲ式（T65⑤B:55）　3. 2 型Ⅲ式（T58⑤H177:1）　4. 2 型Ⅱ式（T74④B:76）　5. 3 型
Ⅰ式（T57④BH96:9）　6. 3 型Ⅰ式（T65④AH87:4）　7. 3 型Ⅱ式（T60⑤A:65）　8. 3 型Ⅰ式（T70④AM201:1）　9. 3 型Ⅱ
式（T59④B:52）

每行 3 组，每组 2 个。高 22.1、口径 16.1、圈足径 14.3、圈足高 18.1 厘米。T65⑤AS35：57（图 3 - 4 - 60，1；彩版九，3），沿面中部内凹，弧壁，浅腹，圈足上端细瘦，中部外折起凸棱，往下外撇成高圈足。圈足饰 ⊢⊣ 形戳印纹 2 组，每组竖排 2 行，每行 3 个。高 18.6、口径 18.8、圈足径 15.4、胎厚 0.4 ~ 0.6 厘米。

3 型　12 件（内复原 7，残器 5）。窄沿内折豆。分为 4 式。

Ⅰ式　3 件（内复原 2，残器 1）。粗矮圈足。均为泥质红陶，外表施红陶衣并磨光。圆唇，斜壁，浅腹。

三期地层标本：T57④BH96：9（图 3 - 4 - 60，5），残。内表黑色。圜底。圈足饰凸弦纹 5 周，长方形戳印纹 4 组，每组 2 行，每行 3 个。口径 18 厘米。T65④AH87：4（图 3 - 4 - 60，6），内外表施红陶衣。烧成温度高，质地硬，圈足局部灰色。盘底中央在坯体干燥收缩过程中开裂，出现一字形裂缝，制陶者采用附加泥条的方法进行修补。坦底，喇叭形圈足，足沿外凸。圈足上部有凹槽 3 周，凹槽间饰长方形戳印纹 5 组，每组 4 个。高 8.4、口径 17.5、圈足径 11.7 厘米。T70④AM201：1（图 3 - 4 - 60，8；图版七八，2），外表经精细磨光，有光泽。坦底，高圈足呈喇叭形。圈足上部有凹槽 2 周，鼓棱 1 周；圈足中部饰凹弦纹 2 周，凹弦纹下方饰长方形戳印纹 2 个。高 8.7、口径 17.9、圈足径 10.5 厘米。

Ⅱ式　4 件（内复原 3，残器 1）。圈足沿外折。

二期地层标本：T60⑤A：65（图 3 - 4 - 60，7；彩版九，4），泥质红陶。圈足内壁有刮削痕迹，外表施红陶衣。外表局部呈红褐色，内表深灰色。圆唇，斜弧壁，坦底，圈足外撇。器身上部有不明显的宽凹弦纹，圈足上部饰长方形戳印纹 4 组，每组上、下各 2 个。高 9.8、口径 17.9、圈足径 11.5、胎厚 0.4 ~ 0.5 厘米。

三期地层标本：T59④B：52（图 3 - 4 - 60，9），残。泥质红陶。外底有泥条盘筑痕迹，外表有轮上刮削痕迹。内表黑色。腹壁略弧，浅腹，圜底。圈足存有凸弦纹 3 周，饰长方形戳印纹 3 组，每组 4 个，戳印纹上宽下窄。口径 17.8 厘米。T59④BH98：6（图 3 - 4 - 61，2），夹炭红陶。圈足内表有刮削痕迹，外表及盘内表施鲜红色陶衣，盘内表及圈足外表磨光。腹壁微弧，圜底，圈足外撇。圈足饰半圆形戳印纹 5 组，每组 9 个。高 10.9、口径 20.1、圈足径 15.3 厘米。T73④C：46（图 3 - 4 - 61，1；图版七八，3），泥质红陶。内外表有刮削痕迹，施红陶衣并磨光。圆唇，腹壁微弧，圜底，圈足上部有凹槽，中部略直。圈足偏上饰凹弦纹 2 周，中部存有长方形戳印纹 2 组，每组 5 个。高 7.9、口径 17.4、圈足径 11.2、胎厚 0.3 ~ 0.6 厘米。

Ⅲ式　4 件（内复原 1，残器 3）。圈足呈竹节状。均为泥质红陶，外表施红陶衣并磨光。

二期地层标本：T51⑤B：269（图 3 - 4 - 61，3），内外表有刮削痕迹。内表黑色。沿面中部有鼓棱 1 周，呈子母口状，弧壁，圜底，圈足下部残缺。口径 17.2 厘米。

三期地层标本：T51④A：217（图 3 - 4 - 61，7），内表黑色。弧壁，浅腹，圜底，较细圈足上端起棱，下部残缺。口径 15.6 厘米。T69④BS32：1（图 3 - 4 - 61，5），外底有泥条盘筑痕迹。内表黑色。圆唇，弧壁，浅腹，圜底，圈足上部有凸棱，下部残缺。圈足存有 X 形戳印纹 2 组，每组 2 个。口径 19.7 厘米。T69④C：179（图 3 - 4 - 61，4；图版七八，4），盘内表及圈足内表有刮削痕迹。内表黑色。浅腹，圈足呈喇叭形竹节状。圈足上、下各饰 X 形戳印纹 3 组，每组 4 个。

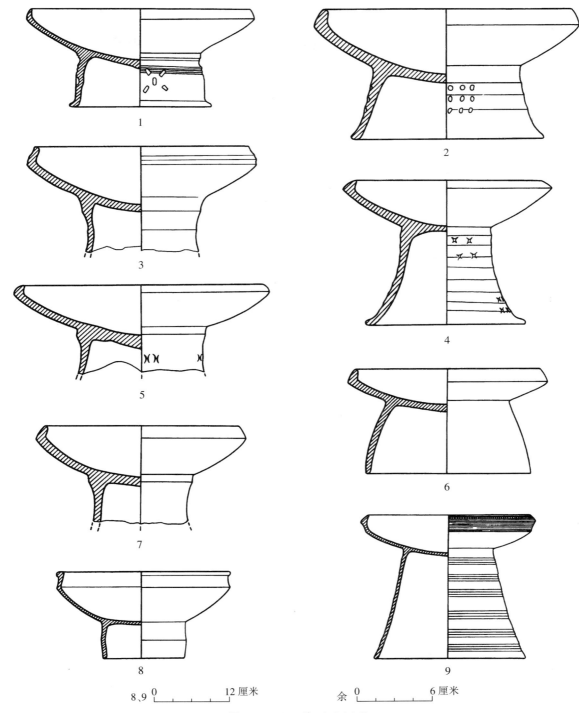

8、9 0 ⸺⸺⸺ 12 厘米　　　余 0 ⸺⸺⸺ 6 厘米

图 3 - 4 - 61　陶豆（之四）

1. 3 型Ⅱ式（T73④C：46）　2. 3 型Ⅱ式（T59④BH98：6）　3. 3 型Ⅲ式（T51⑤B：269）　4. 3 型Ⅲ式（T69④C：179）　5. 3 型Ⅲ式（T69④BS32：1）　6. 3 型Ⅳ式（T56⑤：78）　7. 3 型Ⅲ式（T51④A：217）　8. 4 型（T64⑥：129）　9. 5 型Ⅰ式（T65⑤AS35：58）

高 11. 9、口径 14. 6、圈足径 12. 5 厘米。

　　Ⅳ式　1 件（复原）。内弧圈足。

　　二期地层标本：T56⑤：78（图 3 - 4 - 61，6；图版七八，5），泥质红陶。内外表施鲜红色陶衣，盘内外表、圈足外表经精细磨光，有光泽。斜壁，浅腹，坦底，圈足肥大，中部微鼓。高

8.6、口径14.5、圈足径12.7厘米。

4型 1件（复原）。卷圆唇折腹筒形圈足豆。

二期地层标本：T64⑥：129（图3-4-61，8；图版七八，6），夹炭褐陶。豆盘内表磨光。弧壁，圜底。高14.2、口径27.5、圈足径12.6厘米。

5型 5件（内复原3，残器2）。口沿内折沿下起棱豆。分为2式。

Ⅰ式 4件（内复原2，残器2）。粗圈足外撇。均为泥质红陶，外表及豆盘内表施红陶衣并磨光。

二期地层标本：T65⑤AS35：58（图3-4-61，9；图版七九，1），沿面及腹上部经慢轮修整，留有细密轮纹。折腹，弧壁，浅腹，圜底，粗高圈足呈喇叭形，圈足上部起棱。沿面中部饰点状暗纹1周，腹上部轮纹之间饰点状暗纹，圈足饰凹弦纹8组，每组3周。高23.2、口径25.6、圈足径24.2、圈足高18.1、胎厚0.3厘米。T65⑤AS35：83（图3-4-62，2；彩版一〇，1），沿下起棱，腹上部有折棱，浅腹，圜底，圈足高而粗大，上部有鼓棱1周。沿面饰不明显的凹弦纹5周，往下第3、4周之间碾压窝点纹，腹上部饰凹弦纹3周。圈足上部有宽凹槽1周，凹槽处饰三角形戳印纹，仅存1组，2个；圈足饰不明显的凸弦纹4组，每组4周；4组凸弦纹之间又饰不明显的凸弦纹1周或2周；上部1组凸弦纹上又碾压窝点纹2周，2点为1组，上下错开位置；中部1周凸弦纹上方饰三角形戳印纹，仅存1组，2个。高19.7、口径24.4、圈足径22.3、圈足高14.3厘米。T68⑤H117：7（图3-4-62，1），圈足残缺。折腹，圜底，圈足粗高。沿面饰凹弦状暗纹4周，其间饰网状暗纹1周，存有篦点状暗纹2组，每组19个。圈足上部存有长方形戳印纹1个。口径22.2、胎厚0.6厘米。T37⑤：16（图3-4-62，4），折腹，坦底，粗圈足下部残缺。沿外压印浅窝状花边1周。口径18厘米。

Ⅱ式 1件（复原）。圈足壁内凹。

二期地层标本：T59⑤AG6：2（图3-4-62，3；图版七九，2），泥质红陶。圈足内壁有刮削痕迹，外表及盘内表施红陶衣并磨光。内底灰色。弧壁，圜底，圈足中部略外鼓，呈筒形。圈足上部饰长方形戳印纹2个，下端饰凹弦纹1周。高10.4、口径18、圈足径12.3厘米。

6型 5件（均残）。口沿内折外垂豆。分为2式。

Ⅰ式 4件。斜壁。均为泥质红陶。

二期地层标本：T65⑤AS35：53（图3-4-62，7），外表及盘内表施深红色陶衣并磨光。浅腹，细柄圈足残。口沿压印花边，沿面饰凹弦状暗纹6周，其间有点状暗纹1周。口径13.5厘米。

三期地层标本：T65④C：52（图3-4-62，6），唇面有慢轮修整痕迹，内外表磨光。唇两侧起棱，坦底，筒形圈足。唇面中部饰斜点状暗纹，垂沿下部压印椭圆形花边。残高8.2、口径15.9、胎厚0.3厘米。T24③：41（图3-4-62，8），壁微弧，盘底和圈足残缺。沿面饰凹弦纹6周，上部碾压窝点纹2周，下部碾压窝点纹1周，沿下垂面压印波浪状花边1周。口径15.2厘米。

四期地层标本：T70③：131（图3-4-62，5），圈足残缺。坦底。口径20.8、胎厚0.4厘米。

Ⅱ式 1件。折腹。

三期地层标本：T40④A：1（图3-4-62，9），泥质红陶。外表先经慢轮修整，后施鲜红色陶

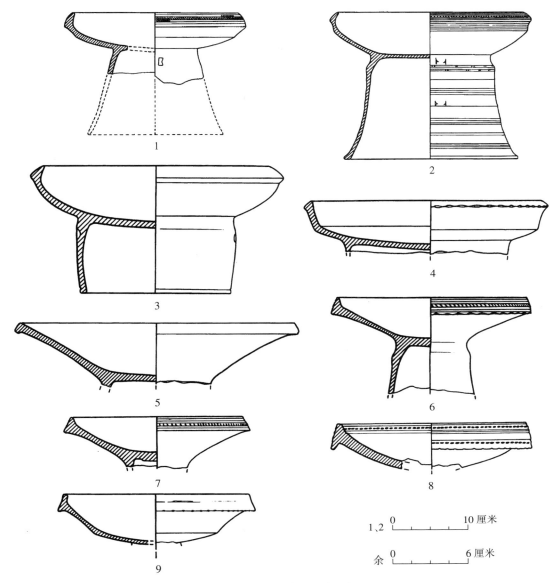

图 3 - 4 - 62 陶豆（之五）

1. 5 型 I 式 (T68⑤H117:7)　2. 5 型 I 式 (T65⑤AS35:83)　3. 5 型 II 式 (T59⑤AG6:2)　4. 5 型 I 式 (T37⑤:16)
5. 6 型 I 式 (T70③:131)　6. 6 型 I 式 (T65④C:52)　7. 6 型 I 式 (T65⑤AS35:53)　8. 6 型 I 式 (T24③:41)　9. 6
型 II 式 (T40④A:1)

衣并磨光。腹壁上部内凹，中部有折棱，下部略外鼓。圈足残缺。垂沿下碾压窝点纹 1 周。口径
14.6、胎厚 0.3 厘米。

　　7 型　7 件（内复原 3，残器 4）。口沿内折喇叭形圈足豆。分为 2 式。

　　I 式　2 件（复原）。圈足外撇。

　　四期地层标本：T52 扩③G3:19（图 3 - 4 - 63，2；图版七九，3），细泥黑陶，泥料经淘洗，
质地细腻。内外表经磨光。圜底，圈足较高，薄胎。圈足上部饰圆形大镂孔 4 个。高 11.2、口径
15.5、圈足径 9.9、胎厚 0.2 厘米。T71③BH93:3（图 3 - 4 - 63，1；彩版一〇，2），细泥黑陶。
内外表磨光。沿面平，圜底，圈足呈喇叭形，下端外侧有鼓棱。腹下部饰凸弦纹 1 周，圈足饰圆
形镂孔 3 行，每行 2 个，圈足中部饰乳丁纹 14 或 15 行，每行 4 个，排列整齐。乳丁纹是用平头小

圆棍由内表向外戳而不透形成的，外表呈现一个个乳丁状小泥凸（以下有类似现象者，其成因与此件相同，不再赘述）。高9.9、口径14、圈足径9.4、胎厚0.15厘米。

Ⅱ式　5件（内复原1，残器4）。圈足沿外撇。

四期地层标本：T52③:219（图3-4-63，4），细泥黑陶。浅腹，圜底，圈足仅存上半部，胎薄。圈足饰长条状戳印纹4行。口径15.3、胎厚0.1厘米。T53③F10:8（图3-4-63，7），泥质橙黄陶，泥料经淘洗，质地细腻。外表施红陶衣，大部分已脱落。圜底，胎薄。腹下部饰凸弦纹1周。口径13.8、胎厚0.15厘米。T75③B:76（图3-4-63，3；图版七九，4），泥质灰陶，颜色深浅不匀。经轮修。圈足饰圆形镂孔3组，每组4个。高12.8、口径15.1、圈足径10.1、胎厚0.3厘米。T22②C:11（图3-4-63，6），细泥黑陶。内外表磨光。圜底，器身呈碗形，圈足下部残缺。腹下部饰凸弦纹1周，圈足饰小圆形戳印纹3行，有的穿透成为镂孔。口径14、胎厚0.2厘米。T41④H55:20（图3-4-63，5），细泥灰陶。内外表灰红不匀。外表磨光。窄沿内折，浅腹，圜底，呈碗形，圈足脱落。口径11.3、胎厚0.2~0.3厘米。

8型　6件（复原）。口沿外折喇叭形圈足豆。圆唇，弧壁。分为3式。

Ⅰ式　1件。腹壁微弧。

二期地层标本：T51⑤A:192（图3-4-63，8；彩版一〇，3），泥质红陶。圈足内表有刮削痕迹，器身内外表及圈足外表施红陶衣，腹中部施白陶衣，然后经磨光。器身呈盆形，圜底，胎较厚。白陶衣地上饰黑彩凹边三角纹5组，凹边三角纹之间又饰红彩斜直线纹，构成5朵花瓣状纹饰，每朵4瓣。口径15.7、残高12.5、胎厚0.6厘米。

Ⅱ式　2件。弧壁。

四期地层标本：T51③:76（图3-4-63，10；图版八〇，1），细泥黑陶，泥料经淘洗，质地细腻。内外表磨光。浅腹，圜底。腹下部饰凸弦纹1周，圈足饰竖行圆形戳印纹3行，其间又饰短直线划纹3行。高12.5、口径14.6、圈足径9.3、胎厚0.25厘米。T52扩③G3:32（图3-4-63，9；图版八〇，2），细泥黑陶，泥料经淘洗，质地细腻。为快轮所制陶器，圈足内表留有螺旋式拉坯指痕，又经快轮慢用修整，有细密轮纹，器身内外表及圈足外表磨光。"螺旋式拉坯指痕"常见于内表，由于制陶者用手习惯的不同，有按顺时针方向旋转、按逆时针方向旋转两种现象，它是快轮制陶的直接和主要证据；"快轮慢用修整"是以快轮作为制陶工具，但是在慢速旋转的条件下，用刮板、湿手或湿布修整坯体内外表的方法，器表留有细密轮纹（以下有类似现象者，其方法相同，不再赘述）。浅腹，圜底，圈足下端有鼓棱，胎薄。腹下部饰凸弦纹1周，圈足饰圆形镂孔3行，每行3个。高13.7、口径14.6、圈足径9.5、胎厚0.25厘米。

Ⅲ式　3件。鼓腹。均为细泥黑陶。

四期地层标本：T52③:218（图3-4-63，11），圈足下端外折。圈足各饰竖行圆形小镂孔、长条形镂孔3行，两者相间，有些未捅透成为戳印纹。高12.6、口径11.5、圈足径10.5、胎厚0.3厘米。T52扩③G3:27（图3-4-63，13；彩版一〇，4），泥料经淘洗，质地细腻。为快轮所制陶器，高圈足呈喇叭形，内表留有明显的螺旋式拉坯指痕，从下往上按逆时针方向旋转。腹中部饰凸弦纹1周，圈足饰圆形镂孔3行，每行5个，圈足下部饰乳丁纹3周。高14.5、口径13.6、圈足径10.3、胎厚0.2厘米。T52扩③G3:29（图3-4-63，12），圈足沿残缺。泥料经淘洗。器

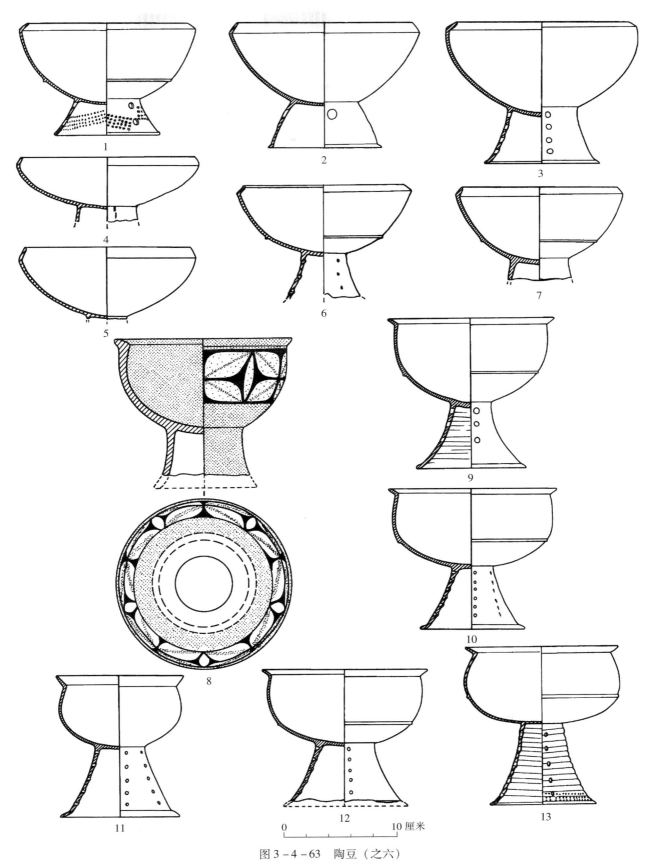

图 3-4-63 陶豆（之六）

1. 7 型 Ⅰ 式 （T71③BH93：3）　2. 7 型 Ⅰ 式 （T52 扩③G3：19）　3. 7 型 Ⅱ 式 （T75③B：76）　4. 7 型 Ⅱ 式 （T52③：219）　5. 7 型 Ⅱ 式 （T41④H55：20）　6. 7 型 Ⅱ 式 （T22②C：11）　7. 7 型 Ⅱ 式 （T53③F10：8）　8. 8 型 Ⅰ 式 （T51⑤A：192）　9. 8 型 Ⅱ 式 （T52 扩③G3：32）　10. 8 型 Ⅱ 式 （T51③：76）　11. 8 型 Ⅲ 式 （T52③：218）　12. 8 型 Ⅲ 式 （T52 扩③G3：29）　13. 8 型 Ⅲ 式 （T52 扩③G3：27）

身内外表及圈足外表磨光。浅腹，圜底，高圈足呈喇叭形。腹下部饰凸弦纹1周，圈足饰竖行圆形戳印纹4行。口径14.9、胎厚0.2厘米。

9型　2件（内复原1，残器1）。斜直圈足豆。

二期地层标本：T11④：48（图3-4-64，1；图版八〇，3），泥质红陶。外底有刮削痕迹，内外表施红陶衣并磨光。圜底，高圈足上部有凹槽。高11、口径13.8、圈足径9.5厘米。

10型　4件（内复原2，残器2）。敛口窄沿豆。

二期地层标本：T67⑤A：55（图3-4-64，2），圈足残。泥质灰陶。外表磨光。唇外起棱，弧壁，腹下部有折棱，圜底，圈足较细。口径16.4、胎厚0.4厘米。

四期地层标本：T51③：100（图3-4-64，4），细泥黑陶，泥料经淘洗，质地细腻。器身内外表及圈足外表经磨光。叠唇，圆肩，弧壁，圜底，足沿外折。高11.6、口径15.1、圈足径10.1、胎厚0.2厘米。T52扩③G3：24（图3-4-64，5），圈足残。细泥红陶，泥料经淘洗。经快轮慢用修整，留有细密轮纹，器身内外表及圈足外表磨光。圆唇，圆肩，弧壁，圜底，高圈足呈喇叭形。腹中部饰凸弦纹1周，圈足饰小字形镂孔4组。口径15.9、胎厚0.2~0.3厘米。T52扩③G3：25（图3-4-64，3；图版八〇，4），细泥黑陶。器身内外表及圈足外表经精细磨光，有光泽。圜底，圈足较高而外撇，下端内外微起棱，薄胎。下腹饰凸弦纹1周，圈足上部饰圆形大镂孔2个，左右对称，足沿饰凹弦纹1周。高12.1、口径16.3、圈足径10.2、胎厚0.2厘米。

另外，有陶豆残片标本5件，其中1件为细泥白陶。

二期地层标本：T57⑤：171（图3-4-64，10），夹炭红陶。外表施红陶衣并磨光。圈足斜直。圈足存有三角形戳印纹，是用三棱形小戳子从右往左戳印而成的，戳窝呈倾斜状，现存1组2排，上排4个、下排5个，排列整齐，内壁呈现泥凸。T59⑥BH142：1（图3-4-64，8），泥质红陶。内表有刮削痕迹，外表经慢轮修整，留有细密轮纹。外表施红陶衣并磨光。圈足高大呈喇叭形，上端稍有鼓棱，鼓棱上饰点状戳印纹38组，竖行弯月形戳印纹6组。圈足径24.4厘米。T62⑥：46（图3-4-64，7），泥质红陶。外表施红陶衣并磨光。内表黑色。上腹及圈足均残。下腹有明显的双折棱角。圈足上部饰半月形镂孔。T11④：83（图3-4-64，9），细泥白陶，内外表及胎芯纯白。烧成温度较低，质地较软。圈足呈喇叭形，上部有鼓棱1周，下端起棱，中部存有菱形镂孔2组，每组2个，上下排列。菱形镂孔两侧饰圆形戳印纹各1个，上部饰篦点纹4组，每组2周，其间饰圆形镂孔2组，每组3个；中部存有篦点纹3组，其间存有圆形镂孔2个；下部存有篦点纹2组，圆形镂孔1个。胎厚0.35~0.6厘米。

四期地层标本：T52③：220（图3-4-64，6），腹上部残缺。细泥黑陶。外表磨光。浅腹，圜底，高圈足呈喇叭形，足沿有鼓棱。圈足饰圆形戳印纹3行、长条形戳印纹3行，下部饰稍大的圆形镂孔6个，在镂孔周围又饰长条形戳印纹。圈足径10.1、胎厚0.15厘米。

10. 陶簋

共26件。其中复原19件，残器7件。皆深腹，胎较厚。分为3型。

1型　1件（复原）。敞口簋。

三期地层标本：T51④A：191（图3-4-65，1），泥质红陶，外红内灰。外表施红陶衣，有轮

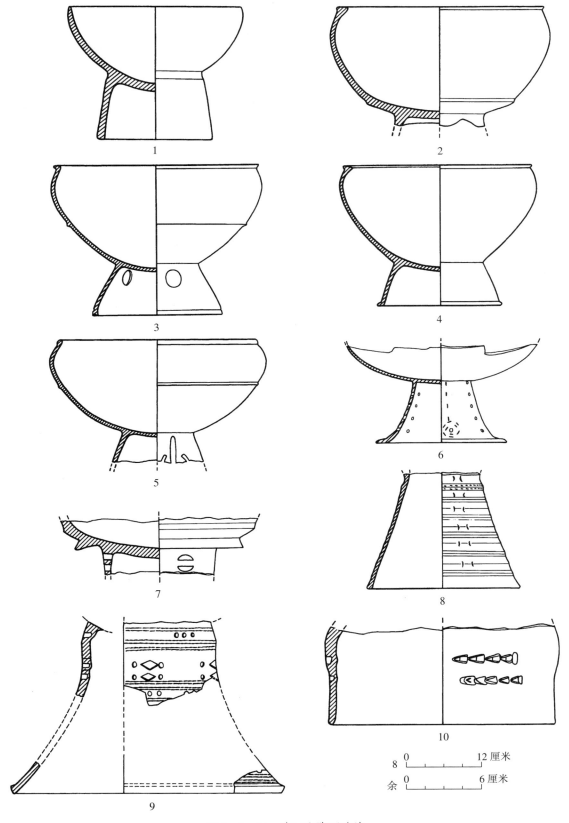

图 3 - 4 - 64　陶豆和陶豆碎片

豆：1. 9 型（T11④：48）　2. 10 型（T67⑤A：55）　3. 10 型（T52 扩③G3：25）　4. 10 型（T51③：100）　5. 10 型
（T52 扩③G3：24）　豆碎片：6. T52③：220　7. T62⑥：46　8. T59⑥BH142：1　9. T11④：83（白陶）　10. T57⑤：171

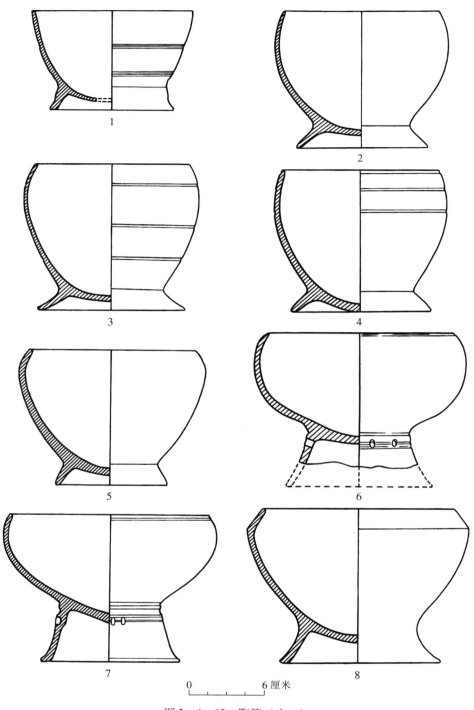

图 3 - 4 - 65　陶簋（之一）

1.1 型（T51④A：191）　2.2 型Ⅰ式（T51④BF22：327）　3.2 型Ⅰ式（T62⑤AH141：1）　4.2 型Ⅰ式（T62⑤AH141：11）
5.2 型Ⅰ式（T55⑤H112：2）　6.2 型Ⅱ式（T10④：17）　7.2 型Ⅱ式（T34④A：40）　8.2 型Ⅱ式（T59⑤AG6：16）

修痕迹。圆唇，弧壁，矮圈足外撇。上、下腹各饰凹弦纹 2 组，每组 2 周。高 8、口径 12.4、圈足径 10 厘米。

2 型　22 件（内复原 16，残器 6）。敛口簋。分为 4 式。

Ⅰ式　4 件（复原）。弧壁，深腹。均为泥质红陶。

二期地层标本：T55⑤H112：2（图3-4-65，5），内表有刮削痕迹，外表施红陶衣并磨光。内表黑色。圜底，矮圈足外撇。高11.2、口径13.2、圈足径8.7厘米。T62⑤AH141：1（图3-4-65，3；图版八一，1），外表、外底及圈足内表均施红陶衣并磨光。器身内表黑色。腹部饰凹弦纹3周。高11.7、口径12.4、圈足径11.6厘米。T62⑤AH141：11（图3-4-65，4），外表施红陶衣，外表、外底及圈足内表均磨光。器身内表黑色。圜底，矮圈足外撇。腹上部饰凹弦纹2周。高12、口径12.4、圈足径11厘米。

三期地层标本：T51④BF22：327（图3-4-64，2），外表、外底及圈足内表均施红陶衣并磨光。器身内表及口外黑色。"内黑"及"口外黑"是簋与器盖扣合进行窑外渗碳所致，"口外黑"是簋口上扣器盖而稍带的（以下有类似现象者，其成因与此件相同，不再赘述）。圜底，矮圈足甚外撇。高11、口径12.8、圈足径10.2、胎厚0.25厘米。

Ⅱ式　3件（内复原2，残器1）。鼓腹。均为泥质红陶。外表施红陶衣。

二期地层标本：T59⑤AG6：16（图3-4-65，8），内表有刮削痕迹。外表施红陶衣并磨光。器身内表及口外黑色。敛口，圆唇，肩部稍起棱，弧壁，深腹，圜底，圈足下部外撇，圈足与器身相接处无明显分界。高12.6、口径15.2、圈足径12.7厘米。T10④：17（图3-4-65，6），内表有刮削痕迹，外表磨光。内表黑色。圜底，圈足呈喇叭形。圈足下部残缺。圈足饰椭圆形镂孔3组，每组2个。口径14.8、胎厚0.3厘米。

三期地层标本：T34④A：40（图3-4-65，7；图版八一，2），外表磨光。圈足外撇。圈足上部饰凹弦纹1周，稍下饰凹弦纹2周。凹弦纹之间饰长方形戳印纹4组，每组2个。高12.1、口径16、圈足径11.5厘米。

Ⅲ式　2件（内复原1，残器1）。微折肩。

二期地层标本：T51⑤B：351（图3-4-66，2；图版八一，3），夹炭红陶。内表有刮削痕迹，外表施红陶衣并磨光。烧成温度较低，质地较软，器身内表、口外及胎芯黑色。圜底，圈足呈喇叭形，胎壁较厚。口外有凹槽1周。圈足饰弯月形戳印纹6行，上部、下部各3组，每组2个，中部有1个。高14.1、口径15.2、圈足径12.7厘米。T51⑤BH48：329（图3-4-66，1），泥质红陶。外底中央留有泥条盘筑痕迹，内表有刮削痕迹，外表施红陶衣。内表黑色。口外有凹槽1周，圈足上部有明显的凸棱1周，下部残缺。口径15.5厘米。

Ⅳ式　13件（内复原9，残器4）。敛口，明显折肩。宽沿内折，圆唇或方唇，呈子母口状，弧壁，深腹，圜底。圈足外撇呈喇叭形。1件夹炭红陶，余者均泥质红陶。外表施红陶衣。

二期地层标本：T52⑤A：128（图3-4-66，5），内表刮削，外表磨光。内表橙黄色。口外饰凹弦纹1周，圈足上部饰凹弦纹2周，凹弦纹之间饰长方形戳印纹4组，每组2个。圈足下部残缺。口径16.3厘米。T62⑤AH141：20（图3-4-66，4；图版八一，4），外底有泥条盘筑痕迹，内表有刮削痕迹，外表磨光。内表及口外黑色。器身与圈足相接处无明显分界。高13.6、口径15、圈足径12.7厘米。T67⑤AG5：16（图3-4-67，1），内表有刮削痕迹，外表磨光。内表及口外黑色。高13.9、口径13.4、圈足径12.4厘米。T67⑤AG5：96（图3-4-66，6），内表及外底有刮削痕迹，外表磨光。内表及口外黑色。器身与圈足相接处无明显分界。高13.3、口径14、圈足径12.7厘米。T211西北W133：2（图3-4-67，2；图版八一，5），夹炭红陶。内外表粗糙，

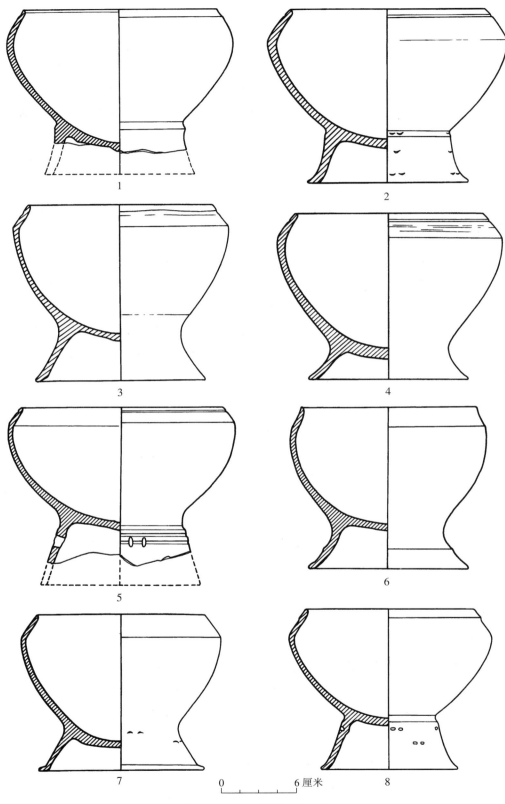

图 3－4－66　　陶簋（之二）

1. 2 型Ⅲ式（T51⑤BH48：329）　　2. 2 型Ⅲ式（T51⑤B：351）　　3. 2 型Ⅳ式（T57④A：62）　　4. 2 型Ⅳ式（T62⑤AH141：20）
5. 2 型Ⅳ式（T52⑤A：128）　　6. 2 型Ⅳ式（T67⑤AG5：96）　　7. 2 型Ⅳ式（T211④：10）　　8. 2 型Ⅳ式（T65④C：67）

外底凹凸不平。内表灰色。敛口，圆唇，肩部有不明显折棱，腹壁微弧，深腹，圜底，矮圈足。沿面饰凹弦纹1周。高12.5、口径14.5、圈足径10.1厘米。

三期地层标本：T57④A：62（图3－4－66，3；彩版八，2），器表有慢轮修整痕迹。器身与圈足之间留有先分别制作、后接合在一起的痕迹。内壁及沿面黑色。高14.4、口径14.6、圈足径13.6厘米。T60④BH104：2（图3－4－67，4；彩版八，3），外施红衣，内表浅灰色。圈足下部残缺。出土时器内存土夹有鱼骨。腹部外表有一刻符，纵长4.1厘米，近椭圆形，外连11条短道，为烧后刻出，线条清晰。口径15、残高10.8、胎厚0.5厘米。T65④C：67（图3－4－66，8；图版八一，6），外表、外底及圈足内表施深红色陶衣，外表磨光。圈足上、下部各饰圆形戳印纹5组，每组2个。高13、口径13.2、圈足径10.8、胎厚0.3~0.6厘米。T4③：3（图3－4－67，3；图版八二，1），内表有刮削痕迹，外表磨光。内表黑色。圈足与器身相接处有凸棱1周。圈足上部饰凹弦纹2周，凹弦纹上饰长方形戳印纹4组，每组2个。高15.6、口径16.5、圈足径12.8厘米。T211④：10（图3－4－66，7；图版八二，2），外表磨光。内表及口外黑色。圈足饰弯月形戳印纹4组，每组2个，上下错开位置。高12.6、口径13.2、圈足径13.1厘米。

3型 3件（内复原2，残器1）。敛口曲腹簋。薄圆唇，腹上部外鼓，下部内凹，因而呈曲腹状。均为泥质红陶。

二期地层标本：T6④：34（图3－4－67，5；图版八二，3），内表有刮削痕迹，外表施红陶衣并磨光。内表黑色。口外有凹槽1周，器身与圈足相接处有鼓棱1周。圈足上部饰凹弦纹3周，鼓棱上碾压窝点纹6组，每组4个，凹弦纹之间饰长方形戳印纹4组，每组5个。高15.5、口径15.4、圈足径13.3厘米。T38⑥：31（图3－4－67，7），外表施鲜红色陶衣并磨光。内表黑色。口外有凹槽1周，器底与圈足相接处有凹槽2周，稍下有鼓棱1周。鼓棱上碾压椭圆形窝点纹。圈足残缺。口径16.4、胎厚0.4~0.6厘米。

三期地层标本：T51④A：386（图3－4－67，4；图版八二，4），外表施红陶衣并磨光。内表黑色。口稍直，腹上部有凹槽2周，腹中部有折棱，圈足上部有凸棱1周、凹槽1周，往下外撇呈喇叭状。底部稍残。高12.7、口径16、圈足径12.6厘米。

11. 陶平底盆

共44件。其中完整1件，复原40件，残器3件。分为6型。

1型 17件（内完整1，复原15，残器1）。口沿外折浅腹平底盆。分为3式。

Ⅰ式 4件（复原）。宽沿，弧壁。

二期地层标本：T2④：38（图3－4－68，1），泥质灰陶。腹上部有慢轮修整痕迹。颈部内凹。高8.9、口径18.7、底径8.6厘米。T11④：93（图3－4－68，2），泥质橙红陶。外表磨光。内外表橙红色。沿面微上鼓，圆唇，弧壁，小平底。高9.2、口径22.8、底径8、胎厚0.4厘米。

三期地层标本：T42④A：7（图3－4－68，3），泥质红陶。内表有刮削痕迹，外表施红陶衣并磨光。小平底。高10、口径21.3、底径8厘米。

四期地层标本：T57③B：22（图3－4－68，4；图版八二，5），泥质橙黄陶，腹中部以上内外表均施红陶衣并磨光。腹上部饰平行条纹2周，沿面饰黑彩弧线纹14条，斜向排列。高10、口径25.3、底径11厘米。

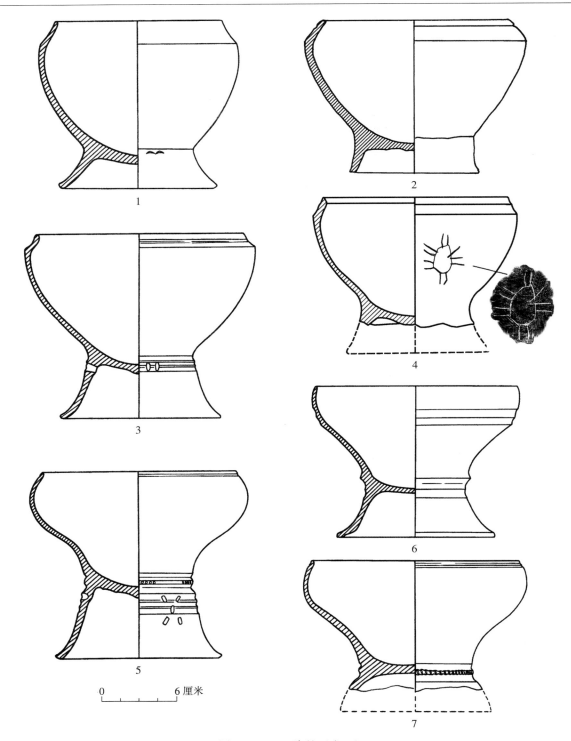

图 3 - 4 - 67　陶簋（之三）

1.2 型Ⅳ式（T67⑤AG5：16）　　2.2 型Ⅳ式（T211 西北 W133：2）　　3.2 型Ⅳ式（T4③：3）　　4.2 型Ⅳ式（T60④BH104：2）

5.3 型（T6④：34）　　6.3 型（T51④A：386）　　7.3 型（T38⑥：31）

　　Ⅱ式　10 件（内复原 9，残器 1）。敛口。除 1 件泥质灰陶外，其余均为泥质红陶。大部分外表施红陶衣。仅 1 件彩陶，余为素面。

　　二期地层标本：T53⑤A：156（图 3 - 4 - 68，8；图版八二，6），采用泥条盘筑法成型，腹上

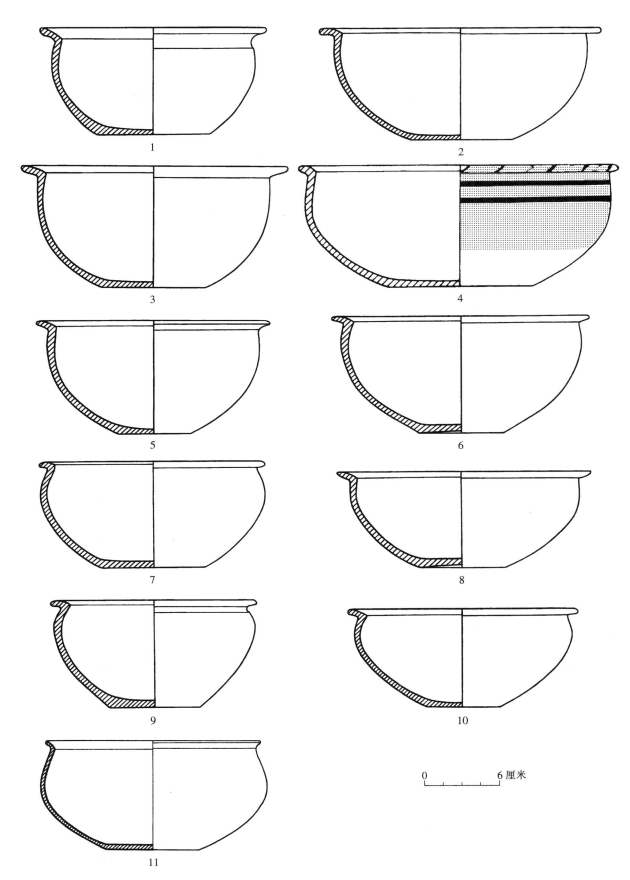

图 3 - 4 - 68　陶平底盆（之一）

1. 1 型 I 式（T2④：38）　　2. 1 型 I 式（T11④：93）　　3. 1 型 I 式（T42④A：7）　　4. 1 型 I 式（T57③B：22）　　5. 1 型 II 式（T70⑤：53）

6. 1 型 II 式（T65④CH120：3）　　7. 1 型 II 式（T53⑥：220）　　8. 1 型 II 式（T53⑤A：156）　　9. 1 型 II 式（T59④BH98：4）　　10. 1 型 II 式

（T56⑤H100：5）　　11. 1 型 II 式（T60④A：32）

部内表有捏泥条时遗留的指窝多个，指窝中心至中心间距约 4.5 厘米，每个都由右上方至左下方倾斜，是右手大拇指的印痕，表明慢轮按顺时针方向转动，用右手捏泥条，泥条按逆时针方向延伸。内外表有刮削痕迹，内外表施深红色陶衣并磨光。小平底微内凹。高 7.7、口径 20.5、底径6.8 厘米。T53⑥:220（图 3-4-68，7；图版八三，1），泥质灰陶。外表有刮削痕迹。束颈。高8.7、口径 18.1、底径 8.1、胎厚 0.6 厘米。T56⑤H100:5（图 3-4-68，10），外表施红陶衣。颈部有浅凹槽 1 周。高 8.1、口径 18.4、底径 5.7 厘米。T70⑤:53（图 3-4-68，5），外表有刮削痕迹，外表及沿面施深红色陶衣并磨光，大部分陶衣已剥落。内表浅灰色。高 9.6、口径 18.8、底径 5.7、胎厚 0.4~0.6 厘米。

三期地层标本：T59④BH98:4（图 3-4-68，9；图版八三，2），外表施浅红色陶衣。腹较深。高 8.7、口径 16.5、底径 7.4 厘米。T60④A:32（图 3-4-68，11；彩版一一，1），沿面及腹上部施红陶衣，外表磨光。圆唇，口沿外折。高 8.8、口径 16.4、底径 7.6 厘米。T65④CH120:3（图 3-4-68，6；图版八三，3），内表有刮削痕迹。小平底微内凹。高 9.8、口径 20.5、底径 6.6厘米。T11③:13（图 3-4-69，1），内外表有刮削痕迹，外表磨光，内外表施红陶衣，陶衣绝大部分已脱落。小平底微内凹。高 10.2、口径 21、底径 6.8 厘米。

Ⅲ式　3 件（内完整 1，复原 2）。敛口，窄沿。泥质红陶，外表磨光。

二期地层标本：T77⑥:64（图 3-4-69，3），内表有刮削痕迹，内外表施深红色陶衣。小平底内凹。高 8.3、口径 18.4、底径 6.9、胎厚 0.35 厘米。

三期地层标本：T52④A:107（图 3-4-69，2；彩版一一，2），腹上部外表及沿面施鲜红色陶衣并磨光。扁鼓腹，小平底。腹上部饰黑彩草叶纹 3 组，每组 3 张叶。高 9.2、口径 16.7、底径6.5 厘米。

四期地层标本：T74③:5（图 3-4-69，7），外表施红陶衣。内表红色。底部残缺。高 9、口径 20.4、胎厚 0.4 厘米。

2 型　11 件（内完整 1，复原 10）。口沿外折深腹平底盆。皆敛口。分为 3 式。

Ⅰ式　4 件（内完整 1，复原 3）。弧壁。

二期地层标本：T56⑤H100:6（图 3-4-69，8），泥质褐陶。外表磨光。内表黑色。深腹，小平底。高 8.9、口径 16.4、底径 6.2、胎厚 0.3 厘米。T69⑤BH134:1（图 3-4-69，6），泥质红陶。内表有刮削痕迹，外表施红陶衣，大部分已脱落。胎壁较厚。高 8.5、口径 14.6、底径6.2、胎厚 0.6 厘米。T74⑤AH113:15（图 3-4-69，5），泥质灰陶。内表有刮削痕迹，外表稍加磨光。沿面略鼓，腹较深，小平底微内凹。高 9.3、口径 16.8、底径 7.3、胎厚 0.3 厘米。

三期地层标本：T56④BH94:1（图 3-4-69，4；彩版一一，3），泥质红陶。器形不规整，口部高低不一，小平底。高 9.8~10.8、口径 17、底径 4.8、胎厚 0.5 厘米。出土时盆口扣有器盖，见 8 型Ⅱ式 T56④BH94:4。

Ⅱ式　3 件。凹沿，弧壁。

四期地层标本：T63③B:31（图 3-4-69，9；图版八三，4），夹砂灰陶。内外表灰色。腹部饰不规整的凹弦纹 6 周。高 21.4、口径 30.6、底径 10.5、胎厚 0.3 厘米。T74③:14（图 3-4-69，11；图版八三，5），夹细砂灰陶。内表有刮削痕迹，腹外表隐约可见细斜篮纹，是用篮纹拍子拍打

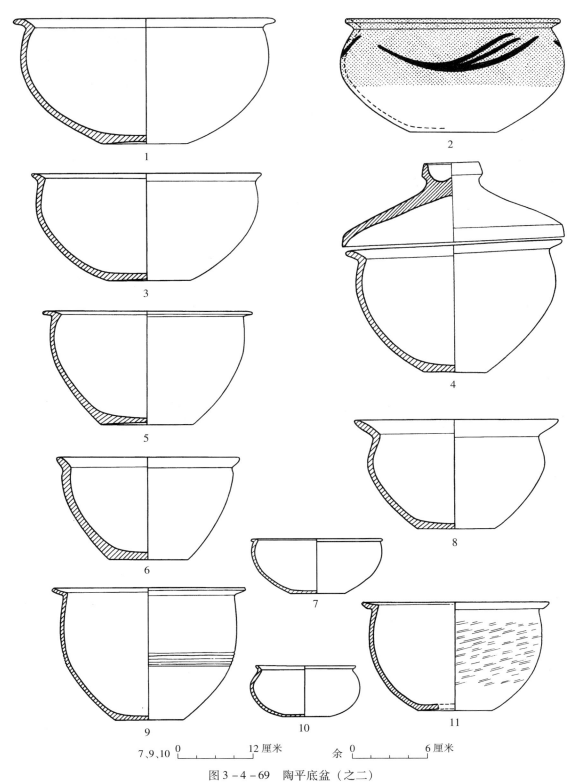

图 3 - 4 - 69　陶平底盆（之二）

1. 1 型Ⅱ式（T11③:13）　　2. 1 型Ⅲ式（T52④A:107）　　3. 1 型Ⅲ式（T77⑥:64）　　4. 2 型Ⅰ式（T56④BH94:1）
5. 2 型Ⅰ式（T74⑤AH113:15）　　6. 2 型Ⅱ式（T69⑤BH134:1）　　7. 1 型Ⅲ式（T74③:5）　　8. 2 型Ⅰ式（T56⑤H100:6）
9. 2 型Ⅱ式（T63③B:31）　　10. 2 型Ⅲ式（T60④A:33）　　11. 2 型Ⅱ式（T74③:14）

外表遗留的痕迹，属修整范畴。小平底微内凹。高8.5、口径14.8、底径5.6、胎厚0.3厘米。

Ⅲ式　4件。扁鼓腹。

三期地层标本：T60④A：33（图3-4-69，10；图版八三，6），泥质红陶。内表有刮削痕迹。外表施红陶衣。扁鼓腹。高8.9、口径15.5、底径7.5、胎厚0.4厘米。T7③CH5：23（图3-4-70，1），泥质红陶。外表腹上部及沿面施红陶衣。腹上部饰黑彩草叶纹6组，每组3张叶。高9、口径16、底径8厘米。

四期地层标本：T7③B：15（图3-4-70，2），泥质红陶。腹上部及沿面施红陶衣。腹上部饰棕彩草叶纹。高8.2、口径17.8、底径7厘米。

3型　3件（复原）。窄沿折腹平底盆。泥质红陶。

三期地层标本：T51④A：133（图3-4-70，4），外表、沿面施红陶衣。浅腹，小平底。折腹处碾压椭圆形窝点纹，仅存1组，7个。高8.6、口径29.6、底径11.2厘米。

四期地层标本：T51③：57（图3-4-70，5），外表施红陶衣。内底黑色。小平底。高7.5、口径19、底径7.6厘米。T51③：156（图3-4-70，3；图版八四，1），小平底。高12、口径32、底径11.1厘米。

4型　2件（内复原1，残器1）。垂沿鼓腹平底盆。

四期地层标本：T75③BH70：12（图3-4-70，7；图版八四，2），泥质红陶。外表先经刮削，后施红陶衣并磨光。内表红色。浅腹。高7.6、口径20、底径8.6厘米。

5型　7件（内复原6，残器1）。敛口厚方唇平底盆。皆弧壁。除1件泥质黑陶未用标本外，余为泥质红陶。内表有刮削痕迹，外表施红陶衣并磨光。

二期地层标本：T52⑤A：78（图3-4-70，8；图版八四，3），小平底。高7.8、口径18.4、底径7.4厘米。T53⑤A：215（图3-4-70，10），内底黑色。小平底。高9.7、口径18.2、底径7.3厘米。T53⑤A：289（图3-4-70，6），内表红色。高6.5、口径14.5、底径7.5、胎厚0.4厘米。T56⑥：79（图3-4-70，11），内表灰色。高6.1、口径15.2、底径8、胎厚0.7厘米。

四期地层标本：T57③A：14（图3-4-70，12；图版八四，4），外表红褐不匀。高9.4、口径26.4、底径8.2厘米。T7②CW16：2（图3-4-70，13），内外表施红陶衣并磨光。肩部微有折棱，深腹。高13.6、口径29.2、胎厚0.6厘米。此盆倒扣在W16：1圜底罐口上。T8②CW73：2（图3-4-70，9；图版八四，5），沿面及外表红褐色。高9.2、口径21.7、底径6.5厘米。

6型　4件（复原）。敞口厚方唇平底盆。弧壁。泥质红陶，外表施红陶衣。

三期地层标本：T9③：32（图3-4-71，1），内外表施红陶衣。折腹，腹甚浅，小平底微内凹。折棱处碾压椭圆形窝点纹1周。高7、口径29.3、底径9.8、胎厚0.7厘米。T9③：51（图3-4-71，3；图版八四，6），内外表磨光。内表上半部红色，下半部黑色。高6.4、口径19.9、底径7.6、胎厚0.6厘米。

四期地层标本：T71③BH93：1（图3-4-71，2），内表有刮削痕迹，外表磨光。内底黑色。腹上部存有椭圆形窝点纹1组，5个。高7.3、口径22、底径7.9厘米。T6②C：52（图3-4-71，4），内表黑色。肩部有不明显折棱，小平底。高7.8、口径20.3、底径7.5厘米。

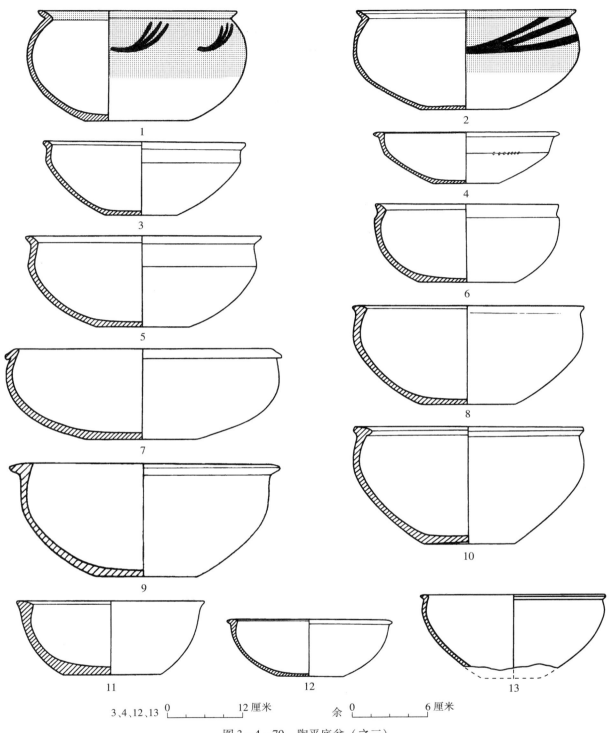

3、4、12、13　0 |——————| 12厘米　　　余　0 |——————| 6厘米

图 3 - 4 - 70　陶平底盆（之三）

1. 2 型Ⅲ式（T7③CH5：23）　2. 2 型Ⅲ式（T7③B：15）　3. 3 型（T51③：156）　4. 3 型（T51④A：133）　5. 3 型（T51③：57）
6. 5 型（T53⑤A：289）　7. 4 型（T75③BH70：12）　8. 5 型（T52⑤A：78）　9. 5 型（T8②CW73：2）　10. 5 型（T53⑤A：215）
11. 5 型（T56⑥：79）　12. 5 型（T57③A：14）　13. 5 型（T7②CW16：2）

12. 陶圈足盆

共 9 件。其中完整 1 件，复原 7 件，残器 1 件。分为 2 型。

1 型　6 件（内复原 5，残器 1）。口沿外折弧壁圈足盆。皆敛口。分为 3 式。

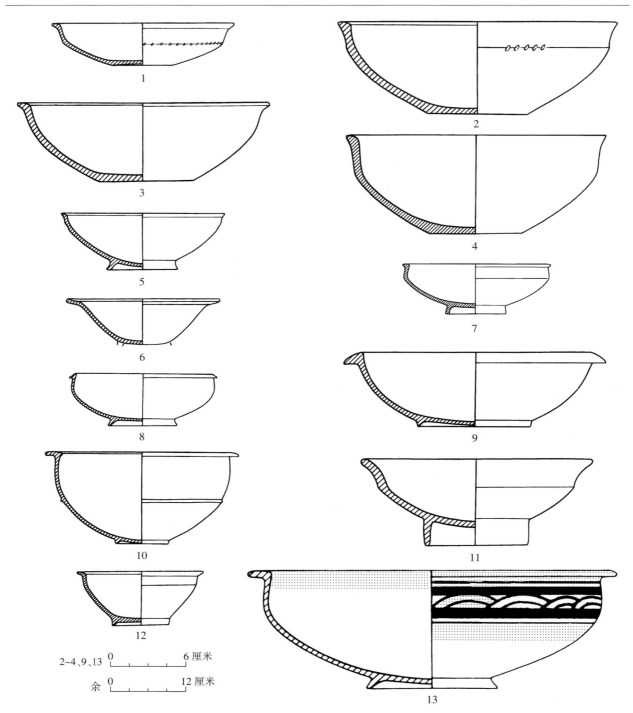

图 3 - 4 - 71　陶平底盆和陶圈足盆

平底盆：1. 6 型（T9③：32）　2. 6 型（T71③BH93：1）　3. 6 型（T9③：51）　4. 6 型（T6②C：52）　圈足盆：5. 1 型 I 式
（T9③：20）　6. 1 型 I 式（T71④CH99：1）　7. 2 型 II 式（T57⑤：90）　8. 1 型 III 式（T11 西断崖 W24：2）　9. 1 型 I 式
（T75④B：184）　10. 1 型 II 式（T201 附近 W124：2）　11. 2 型 I 式（T65⑤AS35：59）　12. 2 型 III 式（T11③W37：2）　13. 1
型 I 式（T53④：92）

　　I 式　4 件（内复原 3，残器 1）。弧壁，浅腹。

　　三期地层标本：T53④：92（图 3 - 4 - 71，13；图版八五，1），泥质红陶。腹中部以上外表、
沿面及口部内表施深红色陶衣，外表及沿面磨光。坦底，圈足甚矮小外撇。腹上部饰黑彩平行条

纹，条纹之间饰波浪纹。高9.5、口径29.6、圈足径10.3、胎厚0.4厘米。T71④CH99：1（图3－4－71，6），残。泥质灰陶。宽平沿，浅腹，斜腹壁，圈足脱落。口径24.6、胎厚0.4厘米。T75④B：184（图3－4－71，9），夹细砂灰陶。内外表有刮削痕迹。圜底，圈足甚矮。高6、口径18.2、圈足径9、胎厚0.4厘米。T9③：20（图3－4－71，5），泥质红陶。外表施红陶衣。内表上部红色，下部灰色。肩部略有折棱，圜底，矮圈足外撇。高9.2、口径26、圈足径11厘米。

Ⅱ式　1件（复原）。T形口沿，弧壁，深腹。

四期地层标本：T201附近W124：2（图3－4－71，10；图版八五，2），泥质灰陶。外表灰色，内表浅灰色。圜底，圈足甚矮。腹中部饰凸弦纹1周。高15.3、口径31.2、圈足径8、胎厚0.3厘米。

Ⅲ式　1件（复原）。垂沿，弧壁。

四期地层标本：T11西断崖W24：2（图3－4－71，8；图版八五，3），泥质黑陶。外表磨光。坦底，圈足甚矮而外撇。高8.1、口径21.5、圈足径10.7、胎厚0.4厘米。

2型　3件（内完整1，复原2）。折腹圈足盆。分为3式。

Ⅰ式　1件（复原）。侈口，圆唇。

二期地层标本：T65⑤AS35：59（图3－4－71，11；图版八五，4），夹炭红褐陶。外表先经刮削，后施红陶衣，内外表稍加磨光。内表灰黑色。腹下部呈弧形内收，圜底。器形大，胎壁厚。高14.2、口径36.6、圈足径16、胎厚1厘米。

Ⅱ式　1件（复原）。敛口，平沿外折。

二期地层标本：T57⑤：90（图3－4－71，7），夹炭红陶。内外表施红陶衣并磨光，有光泽。圜底，矮圈足。高8.1、口径23.1、圈足径9.5厘米。

Ⅲ式　1件（完整）。敞口，宽沿外折。

三期地层标本：T11③W37：2（图3－4－71，12；图版八五，5），泥质红陶。内外表施深红色陶衣。宽沿外翻，腹上部有明显折棱，往下斜收，矮小圈足。高8.7、口径20.3、圈足径9.5厘米。

13. 陶圜底大盆

共4件。其中复原2件，残器2件。皆敛口，口沿内卷，圆唇。分为2型。

1型　3件（内复原2，残器1）。口沿内卷弧腹圜底大盆。器形甚大。

一期晚段地层标本：T11④G1：108（图3－4－72，2），底残。夹炭红陶。胎芯呈深灰色，含有炭化稻壳，口沿外表施鲜红色陶衣并磨光。利用慢轮边旋转边用锥状工具在腹上部划成凹弦纹18周，在上部4周及下部4周之上压印竖直短条纹。残高23.6、口径74、胎厚1.2厘米。

二期地层标本：T53⑤A：286（图3－4－72，3），夹炭红陶。腹上部外表施深红色陶衣并磨光。腹中部饰凹弦纹12周，上部2周、下部2周之间压印竖直短条纹。高22.6、口径55、胎厚0.8厘米。T64⑤AH102：119（图3－4－72，1；彩版一一，4），夹炭红陶。外底中央有1个小浅窝，这是采用倒筑泥条盘筑法成型时封底不严所致。内表有刮削痕迹，口外及沿面施深色陶衣并磨光。腹中部自上而下间隔适当距离分别饰凹弦纹1、7、7、3周，其间压印竖直短条纹，短条纹上宽下窄呈楔形，与大盆腹壁的倾斜度甚大相适应。高26.1、口径76、胎厚0.8～1.5厘米。

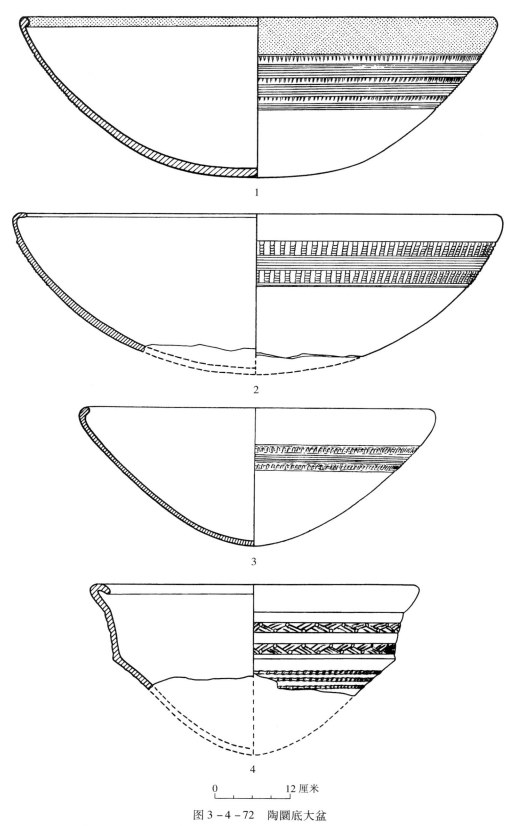

图 3 - 4 - 72　陶圈底大盆

1. 1 型 （T64⑤AH102：119）　2. 1 型 （T11④G1：108）　3. 1 型 （T53⑤A：286）　4. 2 型 （T21④：18）

2 型　1 件（残缺）。口沿内卷折腹圈底大盆。

二期地层标本：T21④：18（图 3 - 4 - 72，4；图版八五，6），夹炭红陶。外表及沿面施深红色陶衣并磨光。内表红色。腹壁上部内凹，中部转折内收。腹上部有不明显的宽带状鼓棱 4 周，从上往下第 2、4 周鼓棱上饰圆形戳印纹，上下错开位置，其间压印短条纹，3 条为 1 组，呈人字形。腹下部饰附加堆纹 3 周，堆纹上用手指按压成链条状。口径 52.6、胎厚 1.2 厘米。

另外，还有盆类残片标本 15 件，其下部形制不详。敛口，圆唇，口沿外折，弧壁。多为泥质红陶，也有夹炭红陶等。外表施红陶衣并磨光。

二期地层标本：T53⑤A：322（图 3 - 4 - 74，2），泥质红陶。厚圆唇。腹上部存有附加堆纹 2 周，堆纹上压印圆形窝纹，形成链条状。T53⑤BH49：323（图 3 - 4 - 74，6），夹炭红陶。外表及沿面施鲜红色陶衣，外表磨光。敛口，圆唇内卷，下部残缺。腹上部饰凹弦纹，凹弦纹之间压印交错短条纹。口径 42.8、腹径 51.6 厘米。T56⑤：114（图 3 - 4 - 74，5），夹蚌红陶。外表施红陶衣并磨光。厚唇内卷，折腹，下部残缺。腹上部压印短条纹，由斜条与横条组成，上部有斜条 6 道，下部有横条 5 道，各组短条纹交界处剔刻三角纹。口径 46、腹径 53.6 厘米。

三期地层标本：T53④：253（图 3 - 4 - 73，8），泥质红陶。腹部饰棕彩平行条纹 4 周。口径 20.7、胎厚 0.3～0.4 厘米。T54⑤：51（图 3 - 4 - 73，5），泥质红陶。沿面饰棕彩平行条纹 2 周，条纹之间饰横人字形纹，腹部存有条纹 1 周。口径 16 厘米。T54⑤H56：9（图 3 - 4 - 73，4），泥质红陶。腹壁微鼓。腹部饰棕彩平行条纹 3 周，下部 2 周之间饰横人字形纹。口径 16、胎厚 0.3 厘米。T71④C：111（图 3 - 4 - 73，1），泥质红陶。腹较深。腹部饰黑彩草叶纹及圆点纹。口径 15.8 厘米。T7③C：27（图 3 - 4 - 73，3），泥质红陶。扁鼓腹。腹上部饰棕彩草叶纹。口径 16 厘米。T53④：282（图 3 - 4 - 74，1），夹细砂黑陶。宽平沿外折，呈 T 形，腹壁斜弧，下部残缺。器形大。沿面饰凹弦纹 6 周，凹弦纹之间压印斜条纹。腹上部饰贴弦纹，贴弦纹之间分段碾压窝点纹。"贴弦纹"是先将细泥条贴附在外表，后利用慢轮边旋转边用大拇指与食指相对将细泥条修成凸弦纹状（以下类似的贴弦纹，其成因与此件相同，不再赘述），多周贴弦纹并列呈瓦棱状，因此该盆又称瓦纹盆。口径 52、胎厚 0.6 厘米。T6③：60（图 3 - 4 - 74，4），泥质灰陶。宽平沿外折，沿面呈 T 形，腹壁斜弧，下部残缺。沿面饰凹弦纹，凹弦纹之间分段压印短横条纹。腹壁饰贴弦纹，其上碾压窝点纹若干组，每组 6 个。口径 46.5、胎厚 0.7 厘米。T11③：89（图 3 - 4 - 74，3），夹炭红陶。厚唇内卷，折腹，下部残缺。腹上部饰凹弦纹 2 周，凹弦纹之间压印斜条纹，斜条纹之间压印交叉斜条纹。口径 34.8 厘米。

四期地层标本：T51③：84（图 3 - 4 - 73，2），泥质红陶。浅腹，壁微鼓。腹部饰黑彩草叶纹及圆点纹 2 组。口径 16.8、胎厚 0.3 厘米。T65③A：103（图 3 - 4 - 73，6），泥质红陶。腹部饰黑彩草叶纹。口径 16、胎厚 0.4 厘米。T75③BH70：29（图 3 - 4 - 73，9），泥质红陶。外表施红陶衣并磨光。腹较扁。底部残缺。口径 23.7 厘米。T77③：70（图 3 - 4 - 73，7），泥质红陶。口沿饰棕彩弧线纹，腹上部饰平行条纹 2 周。口径 18.4、胎厚 0.4 厘米。

14. 陶平底钵

共 48 件。其中完整 3 件，复原 45 件。分为 10 型。另有彩陶平底钵碎片标本 14 件。

1 型　3 件（复原）。口沿内折方唇平底钵。均为泥质红陶。外表施红陶衣并磨光。内表红色。

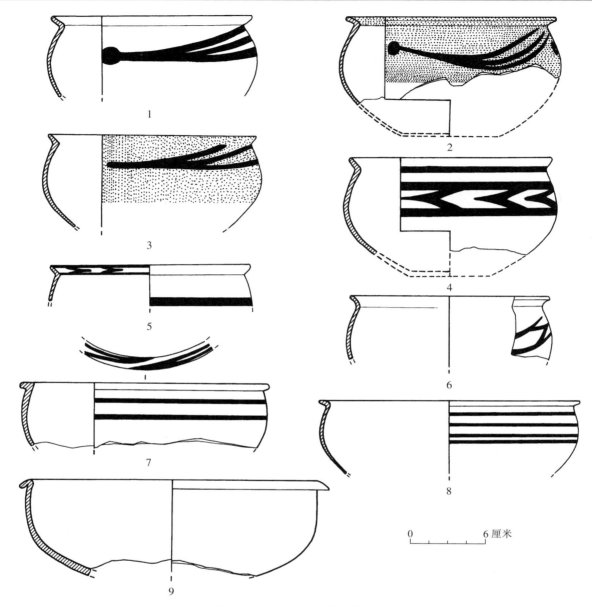

图 3 - 4 - 73　陶盆碎片（之一）

1. T71④C：111　2. T51③：84　3. T7③C：27　4. T54⑤H56：9　5. T54⑤：51　6. T65③A：103　7. T77③：70　8. T53④：253　9. T75③
BH70：29

三期地层标本：T53④：114（图 3 - 4 - 75，3），弧壁，浅腹，小平底。沿外碾压窝点纹 5 组，存有 2 组，每组 4~5 个。高 6.4、口径 16.6、底径 6、胎厚 0.3 厘米。T53④：123（图 3 - 4 - 75，1），弧壁，浅腹，小平底。高 6、口径 16、底径 6、胎厚 0.4 ~ 0.6 厘米。T53④：148（图 3 - 4 - 75，2），弧壁，小平底。高 7、口径 17.7、底径 6.6 厘米。

2 型　4 件（复原）。宽沿内折平底钵。分为 2 式。

I 式　2 件。方唇。均为泥质红陶。内表有刮削痕迹，外表磨光。

三期地层标本：T51④A：145（图 3 - 4 - 75，6）。沿面有慢轮修整痕迹，外表施深红色陶衣。方唇内侧有鼓棱，弧壁，小平底。高 13、口径 29.4、底径 10.6、胎厚 0.7 厘米。T64④AH110：93（图 3 - 4 - 75，5；图版八六，1），内外表灰红不匀。唇外微起棱，弧壁，小平底。高 11.6、口径

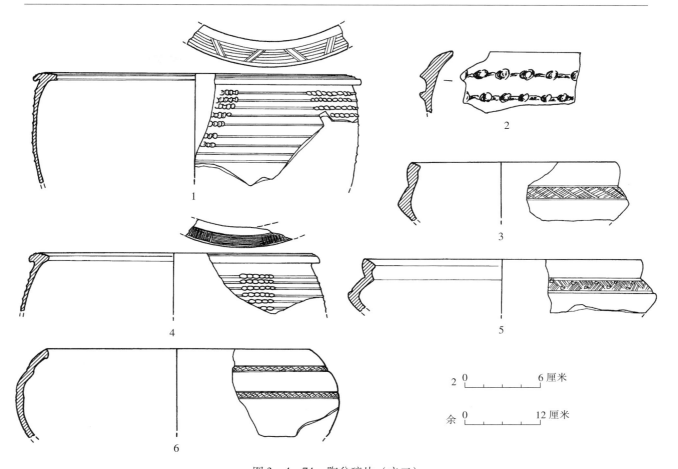

图 3 - 4 - 74　陶盆碎片（之二）

1. T53④：282　2. T53⑤A：322　3. T11③：89　4. T6③：60　5. T56⑤：114　6. T53⑤BH49：323

24.4、底径 9 厘米。

Ⅱ式　2 件。方唇，沿下有明显折棱。泥质红陶。

二期地层标本：T67⑤A：107（图 3 - 4 - 75，7），外表有刮削痕迹，施红陶衣并磨光。内表红色。弧壁，浅腹，小平底。高 5.8、口径 16.3、底径 7.1 厘米。

三期地层标本：T66④D：60（图 3 - 4 - 75，4），外表施鲜红色陶衣，经精细磨光，有光泽。内表上半部红色，下半部黑色。弧壁，平底。高 8.3、口径 19.2、底径 8.4 厘米。

3 型　7 件（内完整 1，复原 6）。宽沿内折平底内凹钵。分为 2 式。

Ⅰ式　6 件（内完整 1，复原 5）。弧壁。泥质红陶。

二期地层标本：T53⑤A：154（图 3 - 4 - 75，10），内表有刮削痕迹。内表红色。小平底。高 8.4、口径 17.6、底径 7.3 厘米。T53⑤A：161（图 3 - 4 - 76，2；图版八六，2），内外表有刮削痕迹，外表精细磨光，有光泽。外表施深红色陶衣，内表红色。高 8、口径 18.1、底径 7.6、胎厚 0.3 厘米。

三期地层标本：T51④A：180（图 3 - 4 - 75，9），内表有刮削痕迹。弧壁，小平底。高 12.3、口径 26.4、底径 10.2 厘米。T52④AH41：5（图 3 - 4 - 75，8），内表有刮削痕迹，外表施红陶衣并磨光。内表红色。高 8.9、口径 17.4、底径 7.3 厘米。T75④CH119：12（图 3 - 4 - 76，1），内

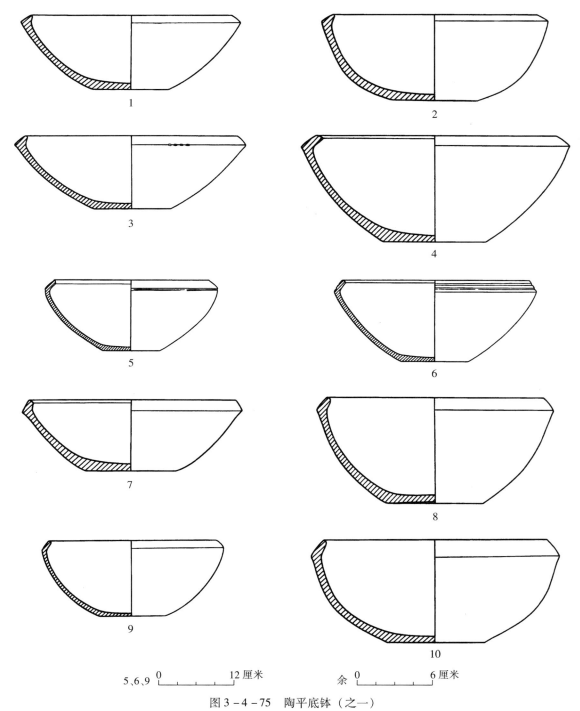

5、6、9　0 ————————— 12 厘米　　　　余　0 ————————— 6 厘米

图 3－4－75　陶平底钵（之一）

1.1 型（T53④:123）　2.1 型（T53④:148）　3.1 型（T53④:114）　4.2 型Ⅱ式（T66④D:60）　5.2 型Ⅰ式（T64④AH110:93）
6.2 型Ⅰ式（T51④A:145）　7.2 型Ⅱ式（T67⑤A:107）　8.3 型Ⅰ式（T52④AH41:5）　9.3 型Ⅰ式（T51④A:180）　10.3 型Ⅰ式
（T53⑤A:154）

外表有刮削痕迹。内底黑色。弧壁，腹下部略内凹，平底甚小。高 7.3、口径 17.8、底径 5.2、胎
厚 0.35 厘米。T8③B:4（图 3－4－76，4），内表黑色。沿外起棱，器形不规整，口部两侧高低不
一。高 7.9～10、口径 19.8、底径 8 厘米。

　　Ⅱ式　1 件（复原）。折腹。

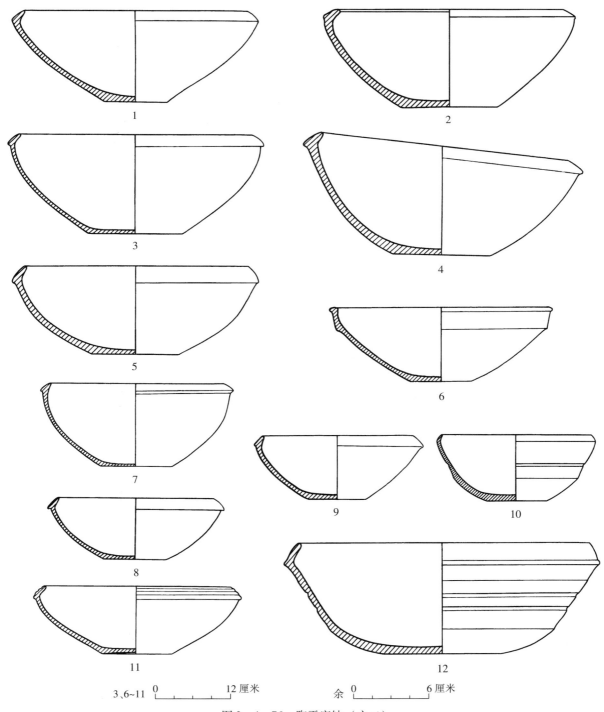

图 3 - 4 - 76　陶平底钵（之二）

1. 3 型Ⅰ式（T75④CH119：12）　2. 3 型Ⅰ式（T53⑤A：161）　3. 4 型Ⅰ式（T55⑤H112：1）　4. 3 型Ⅰ式（T8③B：4）　5. 4 型
Ⅰ式（T60④BH126：5）　6. 5 型（T64④AH110：96）　7. 4 型Ⅰ式（T211 附近采：09）　8. 4 型Ⅰ式（T1④：67）　9. 4 型Ⅰ式
（T51⑤A：258）　10. 3 型Ⅱ式（T51⑤BH48：331）　11. 4 型Ⅰ式（T32⑤：15）　12. 4 型Ⅱ式（T77⑥：63）

　　二期地层标本：T51⑤BH48：331（图 3 - 4 - 76，10），泥质灰陶。内外表有刮削痕迹。圆唇，腹部偏下有凸棱，往下内收成平底。器形较大，胎壁厚。腹中部饰凹弦纹 1 周。高 10.8、口径23.8、底径 9.5、胎厚 0.4 ~ 1 厘米。

4 型　8 件（复原）。口沿内折外垂平底钵。分为 2 式。

Ⅰ式　7 件。弧壁。除 1 件为夹炭红陶外，余为泥质红陶。外表有刮削痕迹，施红陶衣。

二期地层标本：T51⑤A：258（图 3－4－76，9），外表磨光。内表红色。口微敛，圆唇，口外有明显鼓棱，小平底。高 10.9、口径 23.8、底径 8.9 厘米。T55⑤H112：1（图 3－4－76，3；图版八六，3），外表磨光。内表红色。沿下端有明显凸棱，小平底。高 16.2、口径 37.6、底径 15.1 厘米。T1④：67（图 3－4－76，8），内外表红色。敛口，圆唇，沿下明显起棱，小平底。高 9.8、口径 25、底径 9.4 厘米。T32⑤：15（图 3－4－76，11；图版八六，4），夹炭红陶。沿面有慢轮修整痕迹。圆唇，腹较浅，腹壁下部略内凹。高 11、口径 29.4、底径 11、胎厚 0.8～1 厘米。T211 附近采：09（图 3－4－76，7），外表磨光。圆唇，沿下端有鼓棱，小平底。高 13.8、口径 28、底径 10.6 厘米。

三期地层标本：T60④BH126：5（图 3－4－76，5），外表磨光。内底黑色。圆唇，沿下端明显起棱，小平底。高 7.2、口径 17.8、底径 6.9 厘米。

Ⅱ式　1 件。斜弧壁。

二期地层标本：T77⑥：63（图 3－4－76，12），泥质深灰陶。圆唇，沿下有鼓棱，腹下部有不明显折棱，小平底。腹部饰凹弦纹。高 9、口径 23.1、底径 9.2 厘米。

5 型　3 件（复原）。宽沿折肩平底钵。泥质红陶。

二期地层标本：T51⑤BH48：324（图 3－4－77，2），内外表有刮削痕迹，外表施褐色陶衣并磨光。内表灰色。弧壁，腹上部略直，小平底微内凹。高 8、口径 17、底径 6.6 厘米。

三期地层标本：T57④BH96：11（图 3－4－77，1），外表施红陶衣，稍加磨光。内表红色。圆唇，弧壁，小平底。高 13.6、口径 28.7、底径 9.9 厘米。T64④AH110：96（图 3－4－76，6；图版八六，5），内表有刮削痕迹，外表施鲜红色陶衣并磨光。圆唇，折肩，转折处有明显突棱，弧壁，浅腹，小平底。高 12、口径 35.4、底径 9.8 厘米。

6 型　3 件（内完整 1，复原 2）。子母口平底钵。

二期地层标本：T74⑤AH113：35（图 3－4－77，3；图版八六，6），泥质灰陶。内外表有刮削痕迹，外表磨光。口沿内折，尖唇，弧壁，小平底微内凹，器形较大。高 11.2、口径 24、底径 9.6 厘米。

三期地层标本：T75④BH73：9（图 3－4－77，8），泥质红陶。外表施红陶衣，内外表磨光。内表黑色。口沿内折，沿外有凹槽 1 周，呈子母口状，弧壁，小平底内凹。高 7.5、口径 18.7、底径 7.2 厘米。T11③：6（图 3－4－77，5；图版八七，1），泥质灰陶。沿面有凹槽 1 周，沿下端有鼓棱，弧壁，深腹，平底微内凹。高 11.4、口径 22、底径 10.8 厘米。

7 型　3 件（复原）。厚方唇平底钵。分为 2 式。

Ⅰ式　2 件。弧壁。

二期地层标本：T69⑥：13（图 3－4－77，9；图版八七，2），夹蚌红陶，胎内含有白色片状蚌壳碎片。外表有刮削痕迹并施红陶衣，稍加磨光。器底大部分残缺。高 9.6、口径 21.4、底径 10.4 厘米。

三期地层标本：T64④AH110：95（图 3－4－77，6），泥质红陶。外表施红陶衣并磨光。内表

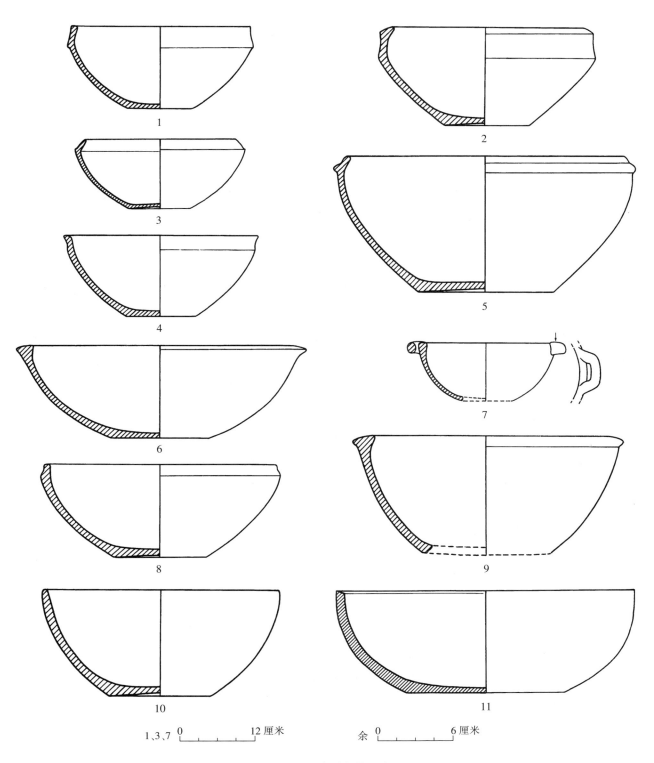

图 3 - 4 - 77　陶平底钵（之三）

1. 5 型（T57④BH96：11）　2. 5 型（T51⑤BH48：324）　3. 6 型（T74⑤AH113：35）　4. 8 型（T74③：19）

5. 6 型（T11③：6）　6. 7 型 I 式（T64④AH110：95）　7. 7 型 II 式（T9③：16）　8. 6 型（T75④BH73：9）

9. 7 型 I 式（T69⑥：13）　10. 9 型 I 式（T59⑥BH142：5）　11. 8 型（T79④A：4）

红色。敞口，唇面微鼓，浅腹。高7.6、口径23.5、底径7.8厘米。

Ⅱ式　1件。双耳。

三期地层标本：T9③：16（图3-4-77，7），泥质红陶。外表施红陶衣并磨光。内表红色。直口，厚方唇，弧壁，沿外两侧各附加一个半环形横耳。器形罕见。高8.6、口径21、耳宽6.6、胎厚0.6~0.7厘米。

8型　2件（复原）。敞口方唇平底钵。泥质红陶。

三期地层标本：T79④A：4（图3-4-77，11），内外表施红陶衣并磨光。弧壁，平底。高8.3、口径23.7、底径12.2厘米。

四期地层标本：T74③：19（图3-4-77，4），内表上半部红色，下半部及内底黑色。口外有凹槽1周，弧壁。高6.4、口径15.5、底径5.2厘米。

9型　5件（复原）。敞口圆唇平底钵。分为2式。

Ⅰ式　3件。平底内凹。

二期地层标本：T53⑤A：143（图3-4-78，2；图版八七，3），泥质红陶。内表有刮削痕迹，外表施深红色陶衣并磨光。内表红色。厚圆唇，平底内凹。高7.7、口径23、底径10.2厘米。T59⑥BH142：5（图3-4-77，10），夹炭红陶。内外表施红陶衣并磨光。胎芯灰色。弧壁，小平底微内凹，胎壁厚。高8.7、口径18.8、底径8、胎厚0.7厘米。T63⑥B：49（图3-4-78，3），泥质红陶。内表红色。弧壁，平底内凹，胎壁甚厚。高8.7、口径16.5、底径8.5、胎厚0.9厘米。

Ⅱ式　2件。弧壁，小平底。

二期地层标本：T57⑤：86（图3-4-78，1），泥质红陶。内表有刮削痕迹，外表施深红色陶衣并磨光，有光泽。内表红色。厚圆唇，口外起棱，腹下部内凹，小平底。高12.1、口径26、底径9.3厘米。T59⑥BH142：4（图3-4-78，5；图版八七，4），夹炭红陶。外表施红陶衣并磨光。胎壁厚。高9.2、口径18.4、底径8、胎厚0.7厘米。

10型　10件（内完整1，复原9）。敛口圆唇平底钵。均为泥质红陶。

二期地层标本：T52⑤A：84（图3-4-78，11；图版八七，5），内表有刮削痕迹，外表及腹上部内表施深红色陶衣并磨光。口外有凹槽1周，弧壁，小平底。高8.4、口径14.6、底径5.5厘米。T53⑤A：218（图3-4-79，1），外表施红陶衣。厚圆唇，口外有凸棱，弧壁。高13、口径29、底径10.3、胎厚0.7厘米。T66⑤：37（图3-4-79，2），内表有刮削痕迹，外表施鲜红色陶衣，经精细磨光，有光泽。内表红色。弧壁，小平底。高7.8、口径16.1、底径7.1厘米。T67⑤B：111（图3-4-78，9），外表施红陶衣并磨光。内表红色。弧壁，小平底。高8.9、口径15.2、底径6.2厘米。T77⑤B：37（图3-4-78，12；图版八七，6），内表有刮削痕迹，外表磨光。内外表红灰不匀。腹较深，小平底微内凹。高7.3、口径13.8、底径5.9厘米。T2④B：41（图3-4-78，8），外表施红陶衣并磨光。弧壁，小平底。高9.4、口径18、底径7.3厘米。T211⑤：12（图3-4-78，10；图版八八，1），内外表有刮削痕迹，腹上部外表施红陶衣。腹下部外表及内表黑色。弧壁，小平底。高9.4、口径18.3、底径6.6厘米。T211西北W131：2（图3-4-78，6；图版八八，2），泥质红陶，但胎内含有少量白色片状蚌壳碎片。内表红色。弧壁。高8.7、口径18.4、底径6.4厘米。

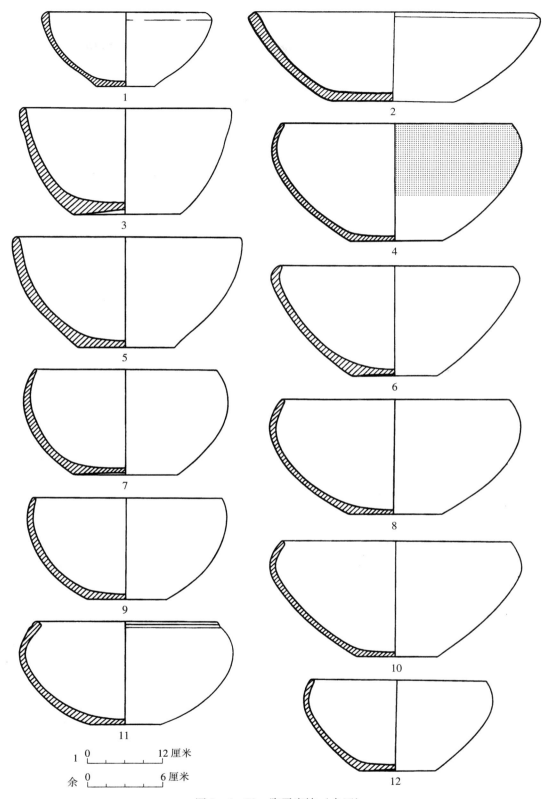

图 3 – 4 – 78　陶平底钵（之四）

1. 9 型Ⅱ式（T57⑤:86）　　2. 9 型Ⅰ式（T53⑤A:143）　　3. 9 型Ⅰ式（T63⑥B:49）　　4. 10 型（T3③H1:14）　　5. 9 型Ⅱ式（T59
⑥BH142:4）　　6. 10 型（T211 西北 W131:2）　　7. 10 型（T56③:72）　　8. 10 型（T2④B:41）　　9. 10 型（T67⑤B:111）　　10. 10
型（T211⑤:12）　　11. 10 型（T52⑤A:84）　　12. 10 型（T77⑤B:37）

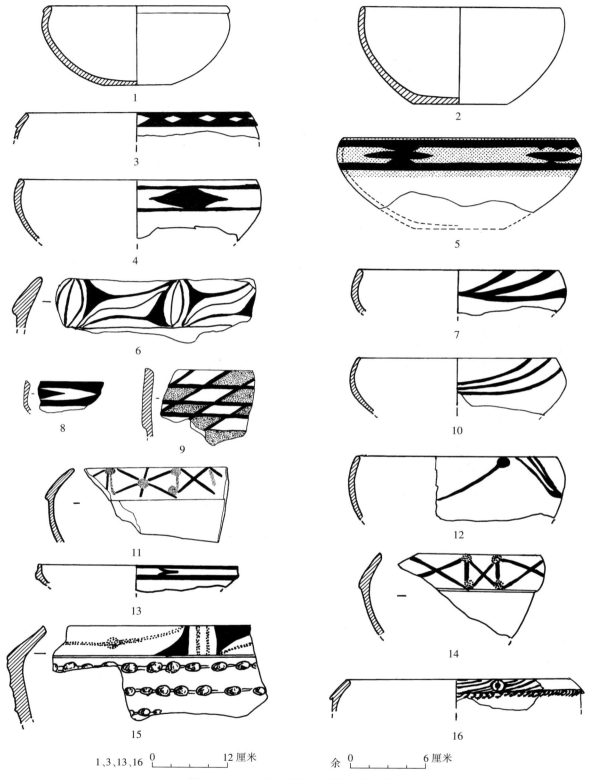

1、3、13、16 0 |——————| 12 厘米　　　　　　　余 0 |——————| 6 厘米

图 3－4－79　陶平底钵和彩陶平底钵碎片

平底钵：1. 10 型（T53⑤A：218）　2. 10 型（T66⑤：37）　彩陶平底钵碎片：3. T54⑤：49　4. T77④E：85　5. T52④AH42：6
6. T51④A：449　7. T4④：11　8. T51④A：442　9. T51④A：458　10. T52③：206　11. T52④A：160　12. T51④A：150　13. T72④D：
91　14. T51④BF22：163　15. T51④A：450　16. T66④A：70

三期地层标本：T3③H1：14（图3-4-78，4；图版八八，3），腹中部以上外表施红陶衣。腹下部外表及内表黑色。口微敛，弧壁，腹较深。小平底。高9.7、口径18.2、底径7.2厘米。

四期地层标本：T56③：72（图3-4-78，7），外表腹中部以上施红陶衣。腹中部以下外表及内表灰色。弧壁，深腹，小平底微内凹。高8.6、口径14.7、底径8.1厘米。

另外，有平底钵彩陶碎片标本14件。均为泥质红陶。

横人字形纹

三期地层标本：T51④A：442（图3-4-79，8），内外表施鲜红色陶衣，外表磨光。敛口，圆唇，弧壁。沿面及腹上部饰黑彩平行条纹，条纹之间饰留白横人字形纹。胎厚0.4厘米。T72④D：91（图3-4-79，13），外表施红陶衣。敛口，折沿，沿面起棱。沿下饰棕彩平行条纹，条纹之间饰横人字形纹。口径31.8厘米。

菱形纹

三期地层标本：T52④AH42：6（图3-4-79，5），腹上部外表施鲜红色陶衣并磨光。内表红色。口微敛，圆唇，弧壁，浅腹，底残缺。腹上部饰黑彩平行条纹，条纹之间饰菱形纹4个。口径18.4、胎厚0.4厘米。T54⑤：49（图3-4-79，3），外表施红陶衣。敛口，叠唇，弧壁。口沿外表饰黑彩平行条纹，条纹之间饰菱形纹。口径35.5厘米。T77④E：85（图3-4-79，4），敛口，圆唇，弧壁。腹上部饰棕彩平行条纹，条纹之间饰菱形纹。口径19.2厘米。

网格纹

三期地层标本：T51④BF22：163（图3-4-79，14），外表施红陶衣，沿面施白衣，然后磨光。口沿内折起棱，圆唇，弧壁。腹部由黑彩竖条纹、斜条纹组成网格纹，还有红彩圆点纹。口径40、胎厚0.5厘米。T52④A：160（图3-4-79，11），口沿外表施白陶衣，腹部外表施红陶衣，然后磨光。口沿内折，敛口，圆唇，沿面起棱，弧壁。沿面由黑彩竖条纹、斜条纹组成网格状图案，还有红彩竖条纹、圆点纹。口径28、胎厚0.6厘米。

草叶纹

二期地层标本：T4④：11（图3-4-79，7），外表施红陶衣。敛口，圆唇，弧壁。腹部饰棕彩草叶纹。口径16.2厘米。

三期地层标本：T51④A：150（图3-4-79，12），外表施红陶衣并磨光。敛口，圆唇，弧壁。腹部饰黑彩圆点纹、草叶纹。口径16、胎厚0.35厘米。

四期地层标本：T52③：206（图3-4-79，10），外表施红陶衣并磨光。敛口，圆唇，弧壁。腹上部饰黑彩草叶纹。口径16、胎厚0.4厘米。

凹边三角纹

三期地层标本：T51④A：449（图3-4-79，6），外表施深红色陶衣并磨光。口沿内折，敛口，圆唇，沿下起棱。沿面施白陶衣为地，饰黑彩凹边三角纹、红彩弧线纹。口径52厘米。T51④A：450（图3-4-79，15），口沿内折，圆唇，弧壁。沿面施白陶衣为地，饰黑彩平行条纹2周，条纹之间饰黑彩凹边三角纹、红彩竖线纹、弧线纹、圆点纹。口径36、胎厚0.8厘米。T66④A：70（图3-4-79，16），口沿内折，沿面起棱，敛口，弧壁。沿面施白陶衣为地，饰棕彩平行条纹，条纹之间饰凹边三角纹、圆点纹。

菱形网格纹

二期地层标本：T51⑤A：458（图 3 - 4 - 79，9），唇面及腹部施红陶衣并磨光。宽沿内折，沿下起棱。沿面施白陶衣为地，饰黑彩平行条纹及斜线纹，形成网格状图案，每间隔 1 行饰红彩菱形网格纹。口沿厚 0.8 厘米。

15. 陶圈足钵

共 10 件。其中复原 5 件，残器 5 件。分为 2 型。

1 型　7 件（内复原 3，残器 4）。敛口圈足钵。

一期晚段地层标本：T71⑦G9：1（图 3 - 4 - 80，3），泥质黑陶。外表磨光。圆唇，圜底，矮圈足略直，器形较大。高 11.6、口径 25.5、圈足径 17.5 厘米。T71⑦G9：2（图 3 - 4 - 80，8），泥质红陶。外表及腹上部内表施红陶衣并磨光。浅腹，圜底，圈足残缺。口径 19.6、胎厚 0.4 厘米。T71⑦G9：3（图 3 - 4 - 80，1；图版八八，4），泥质褐陶。外底有刮削痕迹，外表施褐红不匀陶衣并磨光。内底黑色。圆唇，浅腹，圜底，矮圈足略直。圈足上部饰圆形大镂孔 3 组，每组 2 个，底中部饰十字形篦划纹 1 组。高 11.5、口径 27.2、圈足径 18.6 厘米。T77⑦：52（图 3 - 4 - 80，6），夹炭红陶。内有刮削痕迹，外表施红陶衣并磨光。内表灰红不匀。方唇，圜底，圈足残缺。口径 17.6、胎厚 0.4 厘米。T5④G1：51（图 3 - 4 - 80，5），夹炭红陶。内外表施深红色陶衣，外表磨光。唇沿较厚，浅腹，圜底，圈足残缺。在外底与圈足相接处刻划多道沟槽，形成粗糙面，以便使圈足与器身接合牢固。口径 24.2、胎厚 0.6 ~ 0.7 厘米。

二期地层标本：T51⑤A：491（图 3 - 4 - 80，4），泥质红陶。外表施红陶衣，由于烧成温度低，质地松软，陶衣大部已脱落。圜底，圈足下部残缺。口径 21.5、胎厚 0.6 厘米。T72⑥BH163：1（图 3 - 4 - 80，2；图版八八，5），泥质红陶。外底有刮削痕迹，内外表施红陶衣，经精细磨光，有光泽。口外有凹槽 1 周，浅腹，圜底，矮圈足中部微鼓。圈足饰圆形镂孔 2 组，每组 2 个。高 10.5、口径 24.6、圈足径 16.8 厘米。

2 型　3 件（内复原 2，残器 1）。敞口圈足钵。分为 2 式。

Ⅰ 式　2 件（内复原 1，残器 1）。弧壁。泥质红陶。外表磨光。

一期早段地层标本：T36⑦BH13：9（图 3 - 4 - 80，9），残。外表及腹上部内表施红陶衣。内外表红灰不匀。口稍直，圆唇，唇内侧有鼓棱，浅腹，圜底。圈足已脱落。口径 27.2 厘米。

二期地层标本：T63⑤B：29（图 3 - 4 - 80，7），内表有刮削痕迹，外表施深红色陶衣。内表红色。圜底，矮圈足，圈足壁中部微弧。圈足饰圆形镂孔 3 组，每组 2 个。高 10.3、口径 26、圈足径 15.9 厘米。

Ⅱ 式　1 件（复原）。厚圆唇。

二期地层标本：T61⑤AH108：2（图 3 - 4 - 80，10；图版八八，6），夹炭红陶。内外表施鲜红色陶衣，经精细磨光，有光泽。弧壁，圜底，圈足矮而小，底沿外撇。高 9.2、口径 27.5、圈足径 10.8 厘米。

16. 陶曲腹杯

共 23 件。其中复原 21 件，残器 2 件。分为 4 型。另有不分型式曲腹杯残片标本 3 件。

1 型　7 件（内复原 5，残器 2）。敛口曲腹杯。矮圈足。分为 3 式。

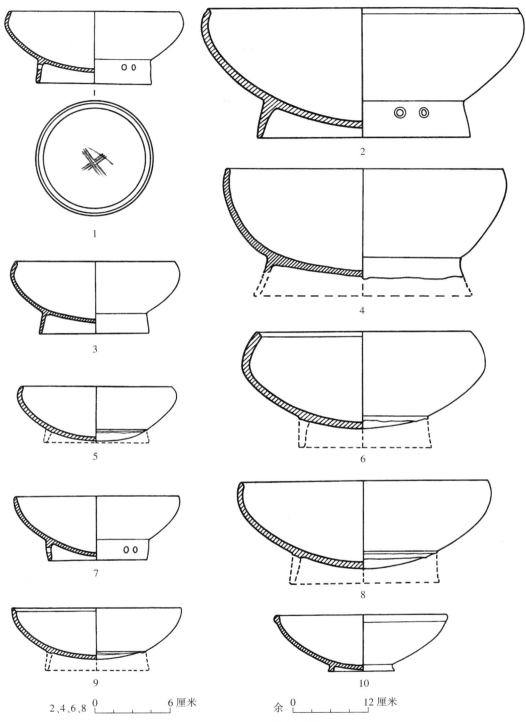

图 3 - 4 - 80 陶圈足钵

1. 1 型（T71⑦G9∶3） 2. 1 型（T72⑥BH163∶1） 3. 1 型（T71⑦G9∶1） 4. 1 型（T51⑤A∶491） 5. 1 型（T5④G1∶51）
6. 1 型（T77⑦∶52） 7. 2 型Ⅰ式（T63⑤B∶29） 8. 1 型（T71⑦G9∶2） 9. 2 型I式（T36⑦BH13∶9） 10. 2 型Ⅱ式（T61
⑤AH108∶2）

Ⅰ式 1 件（残）。口微敛，腹上部微鼓。

二期地层标本：T52⑥∶176（图 3 - 4 - 81，3；图版八九，1），泥质灰陶。外表磨光。腹中部
内收，腹下部斜直。口径 16.7 厘米。

Ⅱ式　1件（复原）。薄圆唇，腹上部稍鼓，腹中部转折内收。

三期地层标本：T63④AF36：25（图3-4-81，2；图版八九，2），泥质黑陶。内表有刮削痕迹，外表及外底磨光。圈足呈台状，器底微外鼓。足沿上部饰凹弦纹1周。高7.8、口径10.5、圈足径7.8厘米。

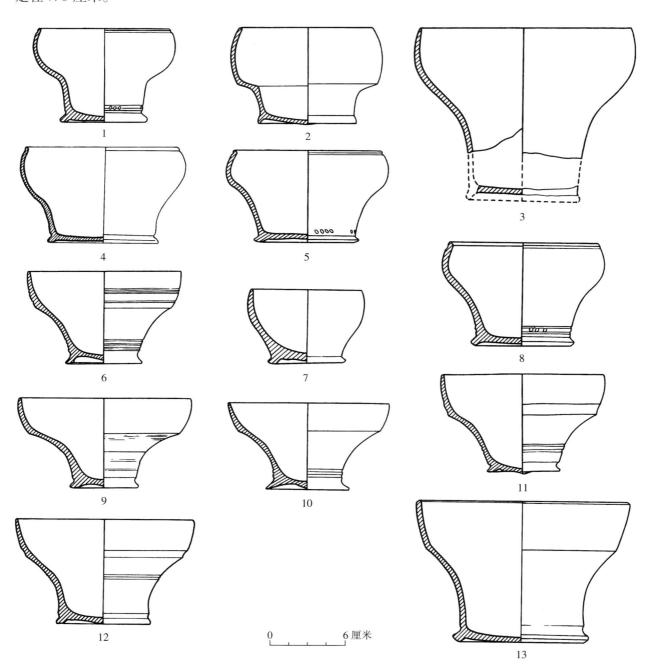

0　　　　　　6厘米

图3-4-81　陶曲腹杯（之一）

1.1型Ⅲ式（T64④AH110：97）　2.1型Ⅱ式（T63④AF36：25）　3.1型Ⅰ式（T52⑥：176）　4.1型Ⅲ式（T42④A：6）　5.1型Ⅲ式（T75④C：61）　6.3型Ⅱ式（T74⑤AH113：24）　7.2型（T211③：1）　8.1型Ⅲ式（T52⑤A：149）　9.3型Ⅰ式（T53⑥：216）　10.3型Ⅱ式（T52④BF22：37）　11.3型Ⅱ式（T52④BF22：41）　12.3型Ⅱ式（T56⑤：50）　13.3型Ⅱ式（T75⑤：175）

Ⅲ式 5件（内复原4，残器1）。坦底。1件残器未用标本为泥质黑陶，余均泥质红陶。

二期地层标本：T52⑤A∶149（图3-4-81，8；图版八九，3），内表有刮削痕迹，外表及外底施红陶衣并磨光。口微敛，圆唇，腹上部外鼓，中部内收，圈足甚矮而外凸。沿外有凹槽1周。沿下饰凹弦纹1周，腹下部饰凹弦纹2周，凹弦纹之间碾压窝点纹4组。高8.1、口径11.5、圈足径8厘米。

三期地层标本：T64④AH110∶97（图3-4-81，1；图版八九，4），内表有刮削痕迹，外表及外底施鲜红色陶衣并磨光。内表及口外黑色。口微敛，尖唇，腹上部微弧，下部内收，圈足甚矮而外撇。口部饰凹弦纹1周，近底部碾压窝点纹5组，每组3个。高7.6、口径10.4、圈足径7、胎厚0.3厘米。T75④C∶61（图3-4-81，5），内表有刮削痕迹，外表施红陶衣并磨光。内表及口外黑色。敛口，方唇，腹上部微鼓，往下内收，圈足甚矮而外凸。口沿饰凹弦纹1周，足沿上部碾压椭圆形窝点纹5组，每组4个。高7.4、口径11.8、圈足径7.8厘米。T42④A∶6（图3-4-81，4），内表有刮削痕迹，外表施红陶衣并磨光。内表及口外表黑色。敛口，圆唇，腹上部弧壁，下部内收，圈足甚矮，足沿外撇。口沿下及足沿各饰凹弦纹1周。高7.9、口径12.2、圈足径8.1厘米。

2型 1件（复原）。直口曲腹杯。

三期地层标本：T211③∶1（图3-4-81，7；图版八九，5），泥质灰陶。内外表有刮削痕迹。弧壁，下部略内收，坦底，圈足外凸。器形小，胎壁厚。高5.8、口径8.9、圈足径6、胎厚0.6厘米。

3型 12件（复原）。敞口曲腹杯。分为4式。

Ⅰ式 1件。腹上部较浅而外鼓，下部较深而内凹。

二期地层标本：T53⑥∶216（图3-4-81，9），泥质红陶。外表施红陶衣并磨光。内表灰色。圈足甚矮而内凹。腹下部饰凹弦纹3周。高7.5、口径13.7、圈足径5.2厘米。

Ⅱ式 8件。腹中部转折内收。

二期地层标本：T56⑤∶50（图3-4-81，12），泥质红陶。外表施红陶衣并磨光。内表及口外黑色。敞口，腹下部呈直筒状，坦底，矮圈足内凹。腹中部及下部各饰凹弦纹2周，圈足与器底相接处饰凹弦纹1周。高8.5、口径14.2、圈足径7.5厘米。T74⑤AH113∶24（图3-4-81，6；图版八九，6），泥质红陶。内表有刮削痕迹，外表有慢轮修整痕迹。内表及口外黑色。圆唇，腹上部微弧，圈足极矮。腹中部及下部各饰凹弦纹3周。高7.6、口径12.2、圈足径6厘米。T75⑤∶175（图3-4-81，13；图版九〇，1），泥质红陶。内表有刮削痕迹，外表及外底施鲜红色陶衣并磨光。腹上部微弧，中部偏上转折内收，圈足甚宽矮而外凸。近底部有凸棱1周。高11.2、口径16.5、圈足径10.7厘米。

三期地层标本：T52④BF22∶37（图3-4-81，10；图版九〇，2），泥质红陶。内表有刮削痕迹，口部有慢轮修整痕迹，外表及外底施鲜红色陶衣并磨光。内表橙黄色。腹上部微弧，中部转折内收。近圈足处饰凹弦纹2周。高6.9、口径12.5、圈足径6.5厘米。T52④BF22∶41（图3-4-81，11），泥质红陶。腹上部微弧，下部偏上转折内收，外底凸出，圈足甚矮。腹上部及下部各饰凹弦纹2周。高7.9、口径12.9、圈足径5.5厘米。

四期地层标本：T52扩③G3：10（图3－4－82，2；图版九〇，3），底部稍残。细泥黑陶，泥料经淘洗，质地细腻。内外表磨光。腹下部呈筒状，上细下粗，矮圈足外凸，腹下部的高度相当于腹上部高度的2倍，外形如豆，可称为豆形曲腹杯。腹上部饰凸弦纹1周。高15、口径15.1、圈足径11.4厘米。T71③AF24：7（图3－4－82，3；彩版一二，1），泥质橙黄陶，局部呈灰色。经轮修并磨光。沿外有小凸棱1周，腹上部微弧，略呈圜底，矮圈足。高9.8、口径12.2、圈足径8.7厘米。T71③AF24：8（图3－4－82，1；彩版一二，2），泥质橙黄陶，局部浅灰色。经轮修，外表磨光。圆唇略外凸，腹上部微弧，往下折腹，转折处有凸棱，内壁呈台阶状，下部呈筒形，矮圈足，足沿外凸。器形较大。高12.9、口径16.8、圈足径12.6、胎厚0.3厘米。

Ⅲ式　2件。腹中部呈弧形内收，下部呈筒状。

四期地层标本：T74③：1（图3－4－82，4；彩版一二，3；图版九〇，4），细泥灰陶。快轮所制陶器，内壁有螺旋式拉坯指痕，按逆时针方向螺旋式上升。腹上部甚浅，底沿外凸，圈足甚矮，外形如瓠，可称为瓠形曲腹杯。腹上部饰凸弦纹1周。高8.1、口径9.1、圈足径5.4、胎厚0.1~0.25厘米。T61③A：6（图3－4－82，5；图版九〇，5），细泥黑陶。内表有轮修痕迹，外表经精细磨光，有光泽。窄沿稍直，往下有折棱，腹壁内凹，平底略带矮圈足。该器一边高一边矮，是坯体尚软时变形所致。高5.7~6.3、口径11.5、圈足径7.8、胎厚0.1~0.3厘米。

Ⅳ式　1件。腹中部折壁呈筒状。

四期地层标本：T53③：71（图3－4－82，6；彩版一二，4），细泥黑陶。内壁有刮削痕迹，经轮修。弧壁，圈足甚矮略外撇。高6、口径11.5、圈足径7.4厘米。

4型　3件（复原）。侈口曲腹杯。矮圈足。分为2式。

Ⅰ式　2件。上腹壁微内凹。

三期地层标本：T61④H95：2（图3－4－82，9；图版九〇，6），细泥黑陶。内外表磨光。腹中部转折往下斜直，内壁呈台阶状，下部呈筒形，圈足极矮而外凸。腹上部、中部分别饰凹弦纹2周和1周。高6.7、口径9.3、圈足径5.6厘米。T63④AF36：20（图3－4－82，7；图版九一，1），泥质黑陶。外表及上部内表经精细磨光，有光泽。腹上部内凹。腹上部、折棱处分别饰凹弦纹2周和1周。高6.2、口径9.6、圈足径6.1厘米。

Ⅱ式　1件。腹上部转折内收。

二期地层标本：T6④：32（图3－4－82，8；图版九一，2），泥质黑陶。内外表磨光。圈足极矮而外凸。腹上部饰凹弦纹2组，每组2周。高12.3、口径17、圈足径11.5厘米。

另外，有曲腹杯残片标本3件，仅存下部。

三期地层标本：T64④A：81（图3－4－82，12），泥质黑陶。下部呈筒状，矮圈足外凸。下部饰朱绘平行条纹4周，条纹之间饰三角纹。"朱绘陶"在大溪文化中少见，它是彩绘陶当中的一种，其特点是在陶器烧制后用朱砂（HgS）在器表绘成图案，色彩鲜艳，但容易脱落（以下有类似现象者，其特点与此件相同，不再赘述）。圈足径7.2厘米。T64④A：118（图3－4－82，11），泥质黑陶。腹下部呈筒状，矮圈足，足沿外凸。腹下部饰黑彩草叶纹，仅存2组。圈足径11厘米。

四期地层标本：T57③A：48（图3－4－82，10），泥质黑陶。腹下部微内凹，矮圈足外凸。腹部及圈足外表均朱绘。

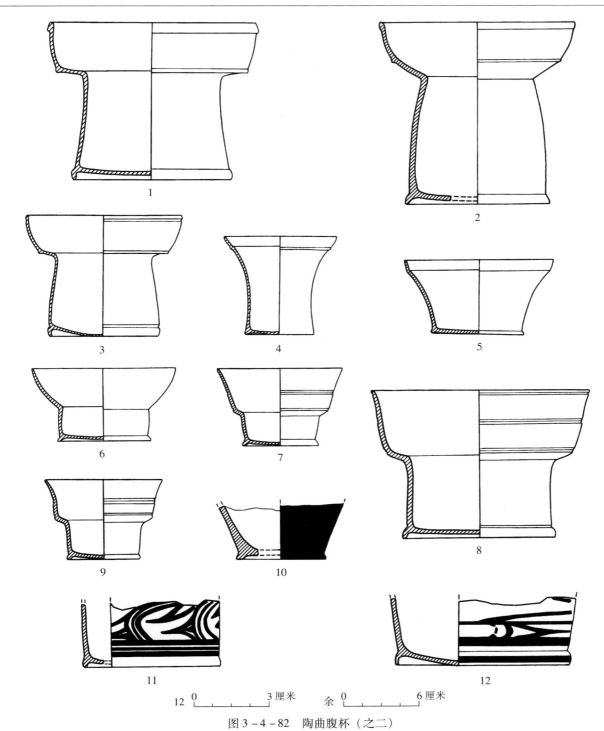

图 3 - 4 - 82　陶曲腹杯（之二）

1. 3 型 Ⅱ 式（T71③AF24：8）　2. 3 型 Ⅱ 式（T52 扩③G3：10）　3. 3 型 Ⅱ 式（T71③AF24：7）　4. 3 型 Ⅲ 式（T74③：1）　5. 3 型
Ⅲ 式（T61③A：6）　6. 3 型 Ⅳ 式（T53③：71）　7. 4 型 Ⅰ 式（T63④AF36：20）　8. 4 型 Ⅱ 式（T6④：32）　9. 4 型 Ⅰ 式（T61④
H95：2）　10. 曲腹杯片（T57③A：48）　11. 曲腹杯片（T64④A：118）　12. 曲腹杯片（T64④A：81）

17. 陶杯

共 45 件。其中完整 2 件，复原 12 件，残器 31 件。分为 7 型。另有不分型式彩陶杯碎片标本
10 件。

1 型　22 件（内完整 2，复原 1，残器 19）。薄胎彩陶圈足单耳杯。皆直口，矮圈足。分为

3 式。

Ⅰ式　6件（内完整1，残器5）。薄圆唇，腹上部有凸棱，中部微折壁。腹部饰曲线网格纹、链条纹及圆点纹等。制作精细，胎壁甚薄，色彩鲜艳，图案美观，系特征性很强的薄胎彩陶。

二期地层标本：T58⑤H177：4（图3－4－83，3），残。细泥红陶。口沿至腹下部存有宽带纹3周，宽带纹之间饰链条纹2周，除腹下部1周宽带纹为棕彩外，余为黑彩。口径9.8、胎厚0.12厘米。T63⑤B：64（图3－4－84，1），细泥橙黄陶。斜直口，圆唇，腹微鼓，腹上部有不明显的折棱1周，一侧附加扁宽耳。口沿外、腹中部偏下及下部各饰带纹1周，腹中部饰连片变体曲线网格纹，腹下部饰若干组曲线圆格纹，每组由上下2条曲线相依而成，口沿内饰条纹1周。均为黑彩。口径9.4、耳长1.5、耳宽1.9、胎厚0.15厘米。T64⑤A：53（图3－4－83，1；彩版一三，1），完整。细泥灰陶，是偶然在还原气氛中烧制而成的。内表有刮削痕迹，外表磨光。颈部略内收，腹中部微鼓，偏下有不明显折棱1周，下部呈弧形内收，腹部附加宽扁环状单耳。口沿外及圈足饰深灰彩宽带纹，腹中部饰深灰彩连片变体曲线网格纹1周，腹下部饰深灰彩分组曲线网格纹共21组，每组由3条斜曲线相依而成，口沿内及圈足内表下端各饰深灰彩带纹1周，耳正面绘黑彩。其中深灰彩是红色彩料中的 Fe_2O_3 变为 FeO 所致。高6、口径8.5、圈足径6.3、耳长2.3、耳宽1.9、胎厚0.15厘米。T38⑤：42（图3－4－83，4），残。细泥红陶。口微敛，折腹，胎壁甚薄。施黑彩，部分呈棕色。口沿及腹下部饰宽带纹，腹中部饰多组曲线网格纹，网格纹之间饰多组短斜曲线纹。口径9.9厘米。

Ⅱ式　12件（内完整1，复原1，残器10）。上腹内弧，中腹折棱1周，下腹内收。以细泥橙黄陶为主，其他有细泥红陶。一般内表经刮削，外表磨光。

二期地层标本：T53⑤B：275（图3－4－84，7），细泥红陶。口微侈，腹下部折棱，扁宽耳。沿下及上腹折棱处各饰宽带纹，两宽带纹之下各饰圆点纹1周，带纹之间饰若干组曲线网格纹，均黑彩。口径7.9、耳长2.6、耳宽1.8、胎厚0.15厘米。T53⑤BH49：298（图3－4－85，1），细泥橙黄陶。内表有刮削痕迹。口部、腹部保存宽带纹2周，带纹之间饰分组曲线网格纹及圆点纹，口沿内壁饰带纹1周，均为黑彩。口径7.8厘米。T64⑤AH102：48（图3－4－84，5），细泥橙黄陶，质硬。内表经刮削。施红彩，局部褐彩，两者无明显分界，系颜料稀者显红色，浓者显褐色。口沿至圈足饰带纹5周，带纹之间各饰圆点纹共4周。耳外侧面也饰彩。口沿内壁及圈足内壁各饰条纹1周。高6.5、口径7.8、圈足径5.9、耳宽2.2、胎厚0.15厘米。T68⑤：136（图3－4－84，4），细泥橙黄陶。上腹饰带纹2周，带纹之间饰斜行曲线圆格纹，排列有序，口沿内壁饰条纹1周，均黑彩。口径10厘米。T10④：38（图3－4－84，3；彩版一三，2），完整。细泥橙黄陶。外表磨光。上腹内弧，腹中部偏下转折内收，矮圈足外撇。口沿至圈足饰带纹4周，上腹带纹之间饰椭圆点纹，下腹带纹之间饰曲线圆格纹。红彩为主，局部黑彩，与色彩浓淡或氧化程度不同有关。高6.7、口径7、圈足径5.2、耳宽1.8厘米。

Ⅲ式　4件（残器）。上腹内弧，中腹折棱2周，下腹内收。

二期地层标本：T53⑤BH49：277（图3－4－83，7），细泥红陶。肩腹部有折棱2周。口沿至腹部饰带纹3周，带纹之间饰分组曲线网格纹，均黑彩。口径8.4、胎厚0.1厘米。T58⑤H177：2（图3－4－83，5），细泥红陶。外表磨光。颈部略内收，肩部有折棱，折棱处附加扁宽环状单耳。

图 3 - 4 - 83　陶杯（之一）

1. 1 型 I 式（T64⑤A:53）　　2. 1 型Ⅲ式（T65⑤AS35:69）　　3. 1 型 I 式（T58⑤H177:4）　　4. 1 型 I 式（T38⑤:42）　　5. 1 型Ⅲ式（T58⑤H177:2）　　6. 1 型Ⅲ式（T65⑤AS35:63）　　7. 1 型Ⅲ式（T53⑤BH49:277）（1 型为彩陶圈足单耳杯）

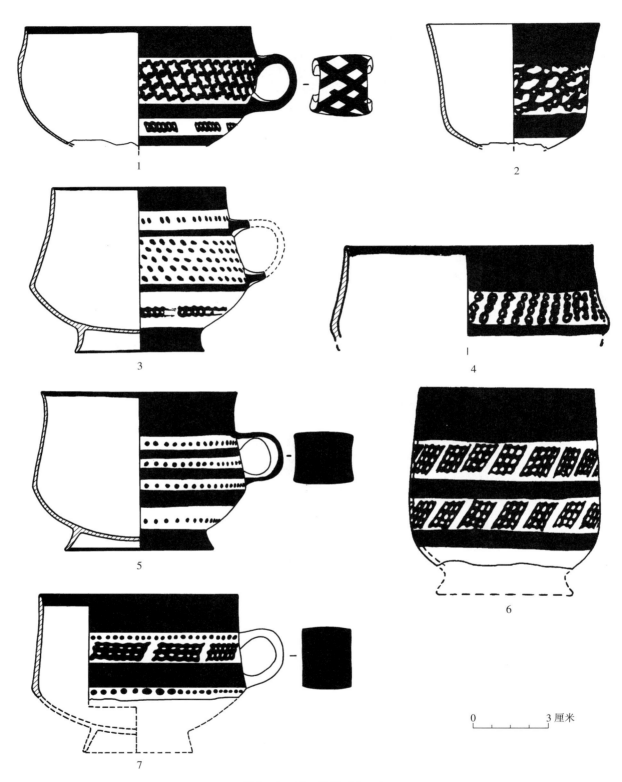

图 3 - 4 - 84　陶杯（之二）

1.1型Ⅰ式（T63⑤B:64）　　2.2型（T64⑤B:67）　　3.1型Ⅱ式（T10④:38）　　4.1型Ⅱ式（T68⑤:136）

5.1型Ⅱ式（T64⑤AH102:48）　　6.2型（T57⑤:152）　　7.1型Ⅱ式（T53⑤B:275）（2型为彩陶圈足杯）

施黑彩，部分为棕彩。口外及腹部饰宽带纹4周，腹上部宽带纹之间饰圆点纹1周，腹中部和下部宽带纹之间分饰曲线网格纹和曲线圆格纹。口径7.9、胎厚0.1厘米。T65⑤AS35：63（图3-4-83，6），存腹片。细泥橙黄陶。束颈，腹中部外鼓有折棱，腹下部内收。施浅棕彩。腹片上存有带纹3周，上部带纹之间饰变体曲线网格纹，下部带纹之间饰三点连成的短平曲线纹。腹径8、胎厚0.15~0.25厘米。T65⑤AS35：69（图3-4-83，2），细泥橙黄陶。内表有刮削痕迹。颈部略内收，腹微鼓，有折棱3周。口外及腹部存有宽带纹4周，宽带纹之间饰曲线圆格纹3周，口沿内饰条纹1周，均黑彩。口径8、胎厚0.15厘米。

2型　3件（残器）。薄胎彩陶深腹圈足杯。

二期地层标本：T55⑥：79（图3-4-85，3），细泥红陶。口微敛，薄圆唇，腹壁斜弧，最大径在腹中部。饰宽带纹2周，宽带纹边缘饰2个圆点连成的哑铃形纹，之间饰分组曲线网格纹，口内饰带纹1周，均黑彩。口径10、胎厚0.1厘米。T57⑤：152（图3-4-84，6；彩版一四，1），细泥红陶。口微敛，薄圆唇，斜弧壁，最大径靠腹下部。上部饰宽带纹，余为带纹，带纹之间饰分组曲线网格纹。一部分呈现为红彩，另一部分呈现为黑彩，红黑之间无明显分界，这是由于各部分彩料浓淡不一、厚薄不匀所致。还有一部分彩料从口部垂流至腹中部呈现为2道竖向黑彩。残高7.2、口径6.7、胎厚0.15~0.2厘米。T64⑤B：67（图3-4-84，2），细泥灰黄陶，火候高，质硬。敞口，斜壁，腹下部转折内收。腹上部、下部各饰宽带纹1周，宽带纹之间饰连片变体曲线网格纹，均黑彩。残高5.2、口径6.8、胎厚0.1~0.15厘米。

3型　4件（内复原1，残器3）。平底（或微凹底）单耳杯。泥质红陶。腹下部微鼓，宽扁耳。均为素面。

二期地层标本：T59⑤AG6：4（图3-4-85，2；图版九一，3），外表、口内及外底施红陶衣，外表磨光。敞口，薄圆唇，宽扁耳脱落留有残痕。高6.9、口径8.8、底径6.2厘米。T68⑤：92（图3-4-85，6），鼓腹，宽扁耳留有残耳痕迹。底径5.6、胎厚0.4厘米。T2④：85（图3-4-85，5），内外表及外底施红陶衣并磨光。宽扁耳。底径5.5、耳宽2.7厘米。T211附近采：020（图3-4-85，4；图版九一，4），内外表及外底施鲜红色陶衣，外表经精细打磨，有光泽。鼓腹，底微凹，腹中部附有宽扁耳。底径6、耳宽3.4、胎厚0.4厘米。

4型　8件（内复原7，残器1）。平底小杯。素面。分为6式。

Ⅰ式　1件（复原）。斜折壁，腹中部有折棱，腹下部内收。

三期地层标本：T53④：120（图3-4-86，2），泥质陶，灰红不匀。手捏制，器表留有手捏痕迹，内外表凹凸不平。平底。高3.9、口径4.6、底径3、胎厚0.5厘米。

Ⅱ式　1件（复原）。厚唇，凹腰。

三期地层标本：T57④A：65（图3-4-86，4），泥质红陶。高5.5、口径2.3、腹径4.2、底径2厘米。

Ⅲ式　1件（复原）。侈口，直壁。

三期地层标本：T55④：25（图3-4-86，5；图版九一，5），泥质红陶。手捏制，器表凹凸不平。薄圆唇，胎壁甚厚。高4.5、口径4.7、底径3.9、底厚1.3厘米。

Ⅳ式　2件（复原）。敞口，腹壁斜弧。

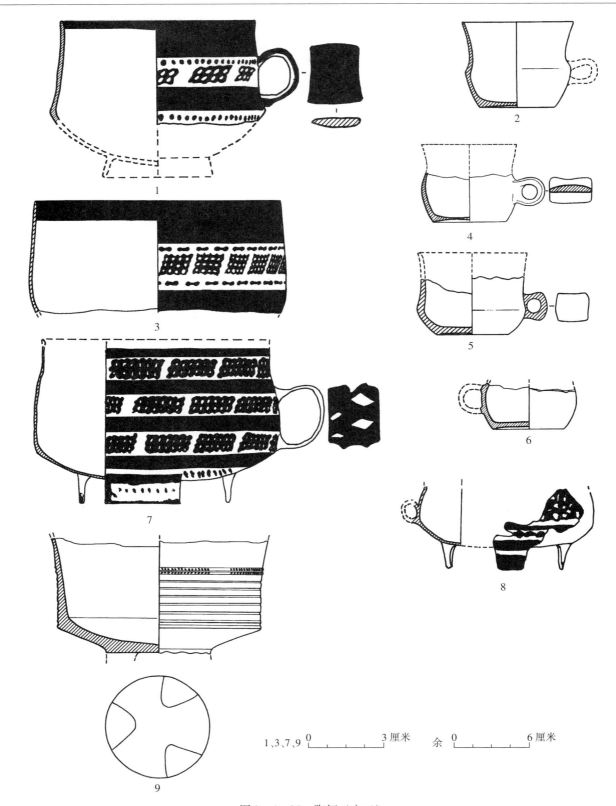

图 3 - 4 - 85　陶杯（之三）

1.1 型 Ⅱ 式（T53⑤BH49：298）　　2.3 型（T59⑤AG6：4）　　3.2 型（T55⑥：79）　　4.3 型（T211 附近采：020）　　5.3 型（T2④：85）

6.3 型（T68⑤：92）　　7.7 型（T58⑤H177：3）　　8.7 型（T38⑤：10）　　9.6 型（T11④：107）（3 型为平底单耳杯，6 型为三足杯，

7 型为彩陶三足单耳杯）

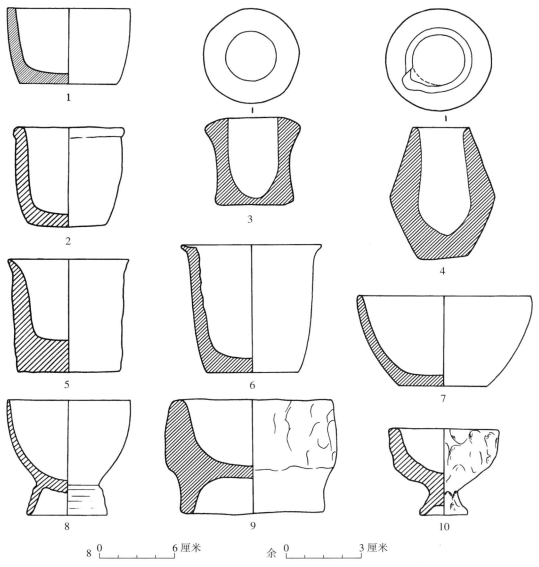

8 ⊢0—————6厘米⊣　　　余 ⊢0——————3厘米⊣

图 3 - 4 - 86　陶杯（之四）

1.4 型Ⅳ式（T22③:51）　2.4 型Ⅰ式（T53④:120）　3.4 型Ⅵ式（T75③A:12）　4.4 型Ⅱ式（T57④A:65）
5.4 型Ⅲ式（T55④:25）　6.4 型Ⅴ式（T51④A:530）　7.4 型Ⅳ式（T55⑤H112:9）　8.5 型Ⅰ式（T77⑤A:35）
9.5 型Ⅱ式（T51⑤B:98）　10.5 型Ⅲ式（T69④A:60）（4 型为平底小杯，5 型为圈足小杯）

二期地层标本：T55⑤H112:9（图 3 - 4 - 86，7），仅保留部分残片，可复原。泥质红陶。内外表稍加磨光。小平底。高 3.8、口径 6.6、底径 3.7 厘米。

三期地层标本：T22③:51（图 3 - 4 - 86，1），仅保留部分残片，可复原。泥质灰陶。方唇，平底。高 3、口径 4.2、底径 3.8、胎厚 0.4 厘米。

Ⅴ式　2 件（内复原 1，残器 1）。敞口平沿外折，腹壁斜直。

三期地层标本：T51④A:530（图 3 - 4 - 86，6），夹细砂红陶。手捏制，内表留有手捏指窝，外表有刮削痕迹。高 5.4、口径 4.8、底径 3.6 厘米。

Ⅵ式　1 件（复原）。厚圆唇，弧壁。

四期地层标本：T75③A:12（图 3 - 4 - 86，3），泥质红陶。手捏制，形状不规整。器形小，腹壁微内凹，胎厚。高3.5、口径3.8、底径3.2、胎厚0.5～1厘米。

5型　3件（复原）。圈足小杯。圆唇，素面。分为3式。

Ⅰ式　1件。敞口，弧壁，深腹。

二期地层标本：T77⑤A：35（图3-4-86，8；图版九一，6），泥质红褐陶，色泽不匀。器表有慢轮修整痕迹并磨光。圈足外撇，底与圈足相接处呈台阶状。高9.4、口径9.6、圈足径6.4厘米。

Ⅱ式　1件。直口，直壁。

二期地层标本：T51⑤B：98（图3-4-86，9），泥质灰陶。手捏制，器表凹凸不平，矮圈足略内收，胎甚厚。高4.6、口径6.4、圈足径5.7、胎厚0.5～1.5厘米。

Ⅲ式　1件。弧壁，圈足瘦小。

三期地层标本：T69④A：60（图3-4-86，10），夹砂灰陶。手捏制，器表凹凸不平。敞口，矮圈足。高3.5、口径4.7、圈足径1.9厘米。

6型　1件（残器）。三足杯。

二期地层标本：T11④：107（图3-4-85，9），细泥黑陶。外表精细磨光。腹壁微内凹，下部转折内收，先将底部做成圆柱状，后将圆柱切除三部分，切割痕迹清晰可见，留下部分成为矮三足，足横断面呈三角形。腹部饰凸弦纹9周，上两周凸弦纹上存有压印窝纹2组。腹径8.2～8.6厘米。

7型　4件（残器）。彩陶三足单耳杯。

二期地层标本：T58⑤H177：3（图3-4-85，7），细泥红陶。外表施红陶衣。口部残缺。微束颈，肩腹部有折棱，微弧壁，扁宽耳，扁宽三足，三足系由圈足切割而成。存有黑彩带纹4周，带纹之间各饰红彩分组曲线网格纹，腹底处饰红彩斜向短曲线纹。三足正面周围饰棕彩，中部饰椭圆形点纹。耳正面饰黑彩菱形网格纹。残高6、腹径9.8、足宽3、耳宽2.1、胎厚0.1厘米。T38⑤：10（图3-4-85，8），细泥浅灰陶。外表稍加磨光。口微敛，折腹，圜底，倒梯形扁三足。单耳已残缺，留有安装耳的痕迹。施黑彩，腹下部存有带纹1周，带纹上部饰曲线网格纹，下部饰双曲线纹，三足饰宽带纹。胎厚0.1厘米。

另外，有彩陶杯口沿、腹片、宽扁耳及圈足等残片标本10件。

二期地层标本：T55⑤：77（图3-4-87，3），器耳。细泥橙黄陶。扁宽环形耳。饰棕彩菱形纹。T62⑤：22（图3-4-87，1），器耳。细泥橙黄陶。扁平形。两侧及上下边饰条纹，条纹之间饰竖向曲线纹6道，均棕彩。耳长9.4、耳宽4.4厘米。T64⑤AH102：161（图3-4-87，4），腹片。细泥橙黄陶。折腹。腹上部及折腹处饰红彩宽带纹，宽带纹之间饰红彩圆点纹。胎厚0.15厘米。T64⑤B：160（图3-4-87，10；彩版二〇，2），圈足。细泥橙黄陶。外表有慢轮修整痕迹。内表浅灰色。圈足呈喇叭形。圈足上、下部各饰宽带纹1周，带纹之间饰曲线纹组成的图案4片，每片有26组，每组由2条短曲线相依而成，圈足内表下沿饰条纹1周，均黑彩。圈足径7.7厘米。T65⑥H151：1（图3-4-87，6），口腹片。细泥橙黄陶。内外表磨光。外表橙黄色，内表上部橙黄色，下部渐变为浅灰色。侈口，薄圆唇，腹壁微内凹。上部饰宽带纹1周，下部饰多组曲线网格纹，均红彩。胎厚0.15厘米。T36⑤H12：4（图3-4-87，8），圈足残片。细泥红陶。内表有

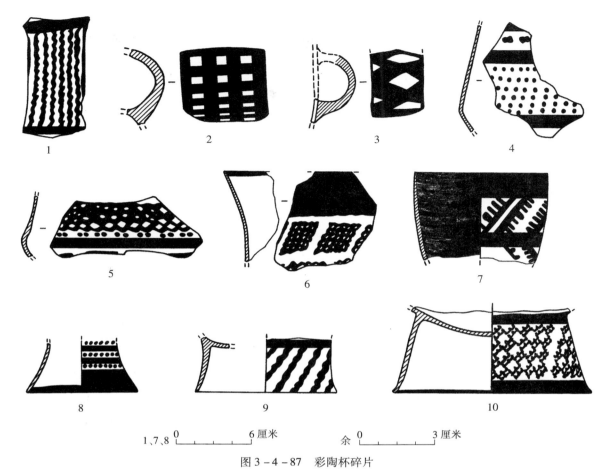

图 3 - 4 - 87　彩陶杯碎片

1. T62⑤∶22　2. T64④B∶41　3. T55⑤∶77　4. T64⑤AH102∶161　5. T38⑤∶8　6. T65⑥H151∶1　7. T57④B∶151　8. T36⑤H12∶4
9. T38⑤∶26　10. T64⑤B∶160

刮削痕迹。圈足外撇呈喇叭形。圈足下部饰宽带纹 1 周，上部饰平行条纹，条纹之间饰圆点纹，足沿内表饰带纹 1 周，均黑彩。圈足径 8.8 厘米。T38⑤∶8（图 3 - 4 - 87，5），腹片。细泥红陶。胎壁薄。折腹。折棱处饰宽带纹，腹上部饰曲线网格纹，网格纹与带纹之间饰圆点纹，均黑彩。T38⑤∶26（图 3 - 4 - 87，9），圈足。泥质红陶。圈足外撇。圈足上部饰棕彩带纹 1 周，圈足面饰棕彩斜向曲线纹，曲线纹两边缘勾饰细道红彩。圈足径 5.7 厘米。

三期地层标本：T57④B∶151（图 3 - 4 - 87，7），口沿残片。泥质红陶。直口，薄圆唇，深腹。沿下及腹中部饰黑彩宽带纹，宽带纹之间饰黑彩斜向梳齿纹。器身内表采用晕染法绘黑彩。口径 10.6 厘米。T64④B∶41（图 3 - 4 - 87，2），器耳。细泥红陶。扁宽弧形耳。饰黑彩网格纹。耳长 3.1、耳宽 3.3 厘米。

18. 陶筒形瓶

共 33 件。其中完整 5 件，复原 6 件，残器 22 件。分为 2 型。另有不分型式筒形瓶碎片标本 16 件。

1 型　31 件（内完整 5，复原 6，残器 20）。凹腰筒形瓶。分为 5 式。

Ⅰ式　1 件（完整）。厚圆唇。

三期地层标本：T60④AF26：21（图3-4-88，1；彩版一四，2），泥质红陶。内表有刮削痕迹。翻沿，腹壁微内凹，束腰，往下外撇形成大平底。器形粗矮。外表及沿面先施红陶衣，中部又施白陶衣，然后在白衣地上饰黑彩平行条纹5周，其间饰黑彩凹边三角纹和红彩斜条纹，形成花朵状，上下各有3组图案，互相对称，最后将器表磨光。大部分白陶衣及红彩已脱落，隐约可见。高17.7、口径9、底径9.8、胎厚0.6厘米。

Ⅱ式　8件（内完整2，残器6）。厚圆唇，底径略大于或等于口径。均为泥质红陶。内表有刮削痕迹，外表磨光。

三期地层标本：T64④AH110：80（图3-4-88，5；图版九二，1），完整。口沿外卷，圆唇，腹壁中部内凹，平底微内凹，形如筒状。饰平行条纹3周，条纹之间分饰绳索纹、变体绳索纹4组，均黑彩。高19、口径7.5、底径7.8厘米。T65④A：41（图3-4-88，6），上部残缺。束腰，平底，呈竹筒状。存有平行条纹6周，腹中部饰梭形纹3个，下部饰绳索纹，均黑彩。残高12.6、底径8.3、胎厚0.4厘米。T65④A：86（图3-4-88，4），上部残缺。束腰，平底内凹。存有棕彩平行条纹3组，每组2周，中部饰黑彩变体绳索纹4组，下部黑彩绳索纹6组。底径8.4、胎厚0.4～0.6厘米。T71④B：108（图3-4-88，3），有器身上、下部，缺中部。存有平行条纹1组，条纹之间饰绳索纹，均棕彩。口径6、底径8厘米。T34④A：6（图3-4-88，9；彩版一四，3），施黑彩。腹中部及下部饰平行条纹3组，腹中部饰变体回形纹或变体绳索纹，腹上、下部各饰绳索纹4组。高18、口径8.4、底径8.7厘米。T34④A：37（图3-4-88，2；彩版一四，4；图版九二，2），口部残缺。弧壁，束腰，平底，底边缘外撇。腹上部、下部各饰平行条纹1周和绳索纹，腹中部饰平行条纹4周，均黑彩。残高17、底径8.9、胎厚0.4厘米。

Ⅲ式　5件（内复原2，残器3）。窄平沿外折，底径明显大于口径。

三期地层标本：T53④：219（图3-4-88，8），泥质红陶。外表施红陶衣并磨光。平沿外折，圆唇，束腰，平底，呈筒状。器身饰凹弦纹4组，每组2周。高17.6、口径8.6、底径9.4厘米。T3③H1：1（图3-4-88，7；图版九二，3），泥质红陶。内表有刮削痕迹，外表施红陶衣并磨光。平沿外折，圆唇，束腰，下腹至底部较肥大，平底，底边缘外撇。器身饰凹弦纹4组，每组2至4周不等。高17.2、口径10、底径11厘米。

Ⅳ式　15件（内完整1，复原4，残器10）。窄沿斜折。泥质红陶。外表施红陶衣并磨光。

三期地层标本：T65④AH87：5（图3-4-89，4），厚方唇。近底部饰圆点状戳印纹2周。高17.1、口径7.3、底径8.1厘米。T65④AH87：7（图3-4-89，3），内表有刮削痕迹。侈口，圆唇，束腰，平底边缘外撇。上、中、下各饰凹弦纹2周。高18.5、口径9.2、底径8.1厘米。T34④A：51（图3-4-89，6；彩版一五，1；图版九二，4），上部残缺。腹中部束腰呈弧形，平底微内凹，边缘外撇。腹中、下部存有3组黑彩平行条纹，每组2周，条纹间饰黑彩绳索纹4组，腹中部饰回形纹4组。底径8.7、胎厚0.5厘米。T34④BF1：8（图3-4-89，1），翻沿，圆唇，腹壁中部略内凹，束腰，平底边缘外撇，呈筒状。腹部施白陶衣，上、中、下部饰黑彩平行条纹4组，每组2周，每组条纹之间又饰红彩1周。腹上部饰黑彩竖条纹2组，每组2道，竖条纹之间又饰红彩竖条纹1道；2组竖条纹之间饰黑彩凹边三角纹及红彩弧线纹。腹中部饰红、黑相间斜条纹。腹下部饰红、黑相间竖条纹。高19.2、口径8.4、底径8.9厘米。T34④BF1：10（图3-

图 3 - 4 - 88　陶筒形瓶（之一）

1.1 型Ⅰ式（T60④AF26：21）　　2.1 型Ⅱ式（T34④A：37）　　3.1 型Ⅱ式（T71④B：108）　　4.1 型Ⅱ式（T65④A：86）　　5.1 型Ⅱ式
（T64④AH110：80）　6.1 型Ⅱ式（T65④A：41）　7.1 型Ⅲ式（T3③H1：1）　8.1 型Ⅲ式（T53④：219）　9.1 型Ⅱ式（T34④A：6）

4 - 89，7），内表有刮削痕迹。方唇，凹腰，平底微内凹，呈筒状。上、中、下各饰凹弦纹一组，每组2周，凹弦纹之间饰圆形戳印纹3组，每组2个。高19.8、口径8.8、底径9.2厘米。T34④BF1：11（图3 - 4 - 89，2；图版九二，5），内表有刮削痕迹。器形瘦长，呈筒状。圆唇，束腰，平底，底部边缘外撇。器身饰凹弦纹4组，颈部1组为1周，其余每组为2周。高17、口径7.8、底径9.2厘米。

Ⅴ式　2件（内完整1，残器1）。方唇。泥质红陶。内表有刮削痕迹，外表施红陶衣并磨光。

三期地层标本：T75④C：143（图3 - 4 - 89，5），底部残缺。侈口，腹壁内凹，束腰，呈筒状。残高16.7、口径8、胎厚0.6厘米。T34④A：50（图3 - 4 - 89，8；彩版一五，2），侈口，腹壁内凹，束腰，腹下部外撇，平底内凹。腹上部饰凹弦纹3周，中、下部各饰凹弦纹2周。上、下凹弦纹之间施三角纹戳印纹5组，每组2行，每行11～15个不等。高18.3、口径8.2、底径8.3厘米。

2型　2件（残器）。腹壁斜直筒形瓶。器形瘦长。内表有刮削痕迹。

四期地层标本：T51③：318（图3 - 4 - 89，10），泥质灰陶。该器原为红色，废弃后经复烧变成灰色，而且变形，质坚硬。存有黑彩平行条纹3组，每组2周，上面1组条纹之间饰横人字纹，下面2组条纹之间饰菱形纹。胎厚0.3厘米。T75③A：22（图3 - 4 - 89，9；图版九二，6），泥质红陶。内底有泥条盘筑痕迹，外表施红陶衣。平底。上、下部各施长条形戳印纹4组，每组2行，每行4个。底径6.6、胎厚0.8厘米。

另外，有施加纹饰的筒形瓶残片标本16件。1件为泥质灰白陶，余为泥质红陶。

二期地层标本：T51⑤B：366（图3 - 4 - 90，2），外表施深红色陶衣。平沿外折，方唇，腹壁内凹，呈筒状。口下部饰凹弦纹和压印竖条纹。口径9.2厘米。

三期地层标本：T52④A：121（图3 - 4 - 90，9），内表有刮削痕迹。外表施白陶衣并磨光。腹部饰黑彩平行条纹、竖条纹、凹边三角纹及红彩竖条纹。T52④A：205（图3 - 4 - 90，3），内表有刮削痕迹。外表施深红色陶衣并磨光。束腰，往下外撇，平底。饰黑彩平行条纹及菱形纹。底径7.4厘米。T52④A：214（图3 - 4 - 90，11），外表施鲜红色陶衣，中部又施白陶衣。饰黑彩平行条纹，条纹之间饰黑彩凹边三角纹及红彩弧线纹，形成花朵状图案。然后经磨光。T52④BF22：154（图3 - 4 - 90，13），内表有明显的泥条盘筑痕迹，泥条宽2.3厘米。上、下部施红陶衣，中部又施白陶衣。饰黑彩平行条纹，条纹之间饰黑彩凹边三角纹、红彩竖条纹及红彩横条纹，视横竖条纹交叉点的四面即为对称花瓣。最后经磨光。T52④BF22：155（图3 - 4 - 90，14），内表有泥条盘筑痕迹。上、下部施红陶衣，中部施白陶衣。饰黑彩平行条纹，条纹之间饰黑彩凹边三角纹及红彩圆点纹、斜线纹。T52④BF22：156（图3 - 4 - 90，12），施红陶衣及白陶衣。该器废弃后经复烧，已变形，质地坚硬。凹腰，呈筒状。饰黑彩平行条纹、凹边三角纹。T53④：146（图3 - 4 - 90，5），内表有刮削痕迹。外表施红陶衣及白陶衣并磨光。凹腰，下部外撇，平底。腹部饰棕彩平行条纹、竖条纹、凹边三角纹，又饰红彩横条纹及弧线纹。底径9.5厘米。T53④：242（图3 - 4 - 90，16），外表施红陶衣。筒形。腹饰黑彩平行条纹、菱形纹及横人字形纹。T66④D：28（图3 - 4 - 90，4），外表施红陶衣。束腰，筒状，往下外撇，平底。腹中部饰黑彩宽带纹，下部饰黑彩平行条纹、菱形纹。底径8厘米。T68④C：135（图3 - 4 - 90，10），外表施红陶衣。束腰，往下外撇，平底。

图 3 - 4 - 89　陶筒形瓶（之二）

1. 1 型Ⅳ式（T34④BF1：8）　　2. 1 型Ⅳ式（T34④BF1：11）　　3. 1 型Ⅳ式（T65④AH87：7）　　4. 1 型Ⅳ式（T65④AH87：5）
5. 1 型Ⅴ式（T75④C：143）　　6. 1 型Ⅳ式（T34④A：51）　　7. 1 型Ⅳ式（T34④BF1：10）　　8. 1 型Ⅴ式（T34④A：50）　　9. 2 型
（T75③A：22）　　10. 2 型（T51③：318）

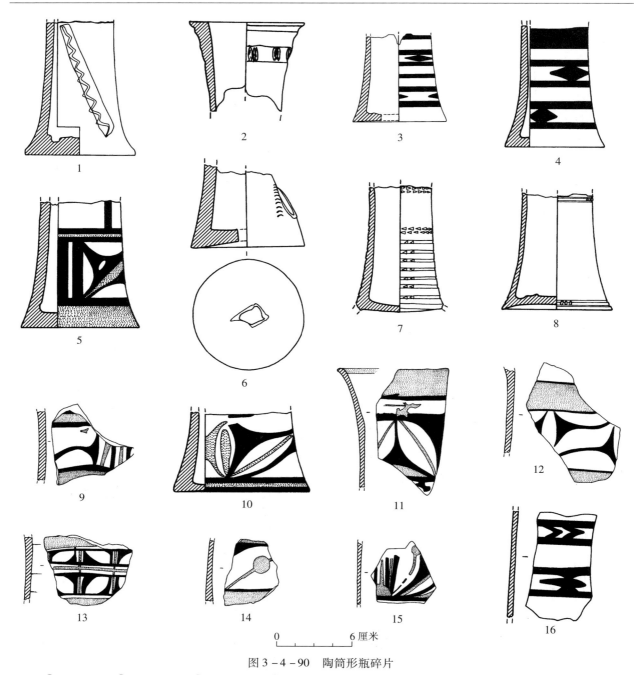

图 3 - 4 - 90　陶筒形瓶碎片

1. T34④C:43　2. T51⑤B:366　3. T52④A:205　4. T66④D:28　5. T53④:146　6. T72④D:39　7. T75④BH73:1　8. T72④D:100
9. T52④A:121　10. T68④C:135　11. T52④A:214　12. T52④BF22:156　13. T52④BF22:154　14. T52④BF22:155　15. T37④A:6
16. T53④:242

饰棕彩平行条纹、凹边三角纹，又饰红彩横条纹、柳叶形纹、弧线纹。底径 10.6 厘米。T72④D:
39（图 3 - 4 - 90，6），泥质灰白陶。腹下部外撇，平底内凹，底部扩出 1 孔。腹部饰弯月形戳印
纹 5 组，竖向排列。底径 9.2 厘米。T72④D:100（图 3 - 4 - 90，8），上部残缺。束腰，呈筒状，
下部外撇，平底内凹。中、下部各饰凹弦纹 2 周，凹弦纹之间碾压椭圆形窝点纹。底径 9 厘米。
T75④BH73:1（图 3 - 4 - 90，7），器表被土壤土中的酸腐蚀，由红色变为橙黄色。束腰，往下外
撇，器底外凸。下半部饰凹弦纹 7 周，凹弦纹之间饰三角形戳印纹 5 组，每组 2 行，每行 7 个；中

部及上部饰等腰三角形戳印纹 2 组，每组 2 周，中部三角纹的锐角向右，上部三角纹的锐角向左。腹径 5.3 厘米。T34④C：43（图 3 - 4 - 90，1），内表有刮削痕迹，外表磨光。束腰，下部外撇，平底微内凹。从腹中部至近底部刻划 1 个斜向的长方框，框内刻划甚浅的双道波浪纹。残高 10.9、底径 8.7 厘米。T37④A：6（图 3 - 4 - 90，15），在白陶衣地上饰黑彩横条纹、竖条纹及凹边三角纹，又饰红彩竖条纹、弧线纹及圆点纹。

19. 陶小口尖底瓶

此种器形罕见，只发现口颈部残片 2 件。

二期地层标本：T63⑤A：27（图 3 - 4 - 91，1；彩版二〇，5），泥质红陶。内外表呈浅红色。内表有刮削痕迹。小口，双唇，口沿外折，束颈，往下外斜。颈部滚印斜线纹。口径 3.6、胎厚 0.8 厘米。

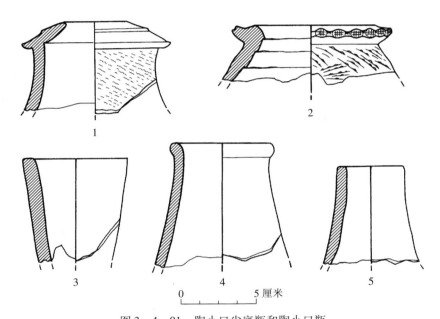

图 3 - 4 - 91　陶小口尖底瓶和陶小口瓶
瓶：1. T63⑤A：27　2. T7③B：21　小口瓶：3. T57③A：172　4. T62⑤AH141：21　5. T52⑤A：224

四期地层标本：T7③B：21（图 3 - 4 - 91，2），泥质红陶。内表有明显的泥条盘筑痕迹。小口，翻沿，圆唇，斜肩。唇面压印椭圆形花边，印窝内留有布纹，这是施纹工具上裹布所致。肩部滚印交错线纹。口径 11、胎厚 1.1 厘米。这件器物可能是先民挖坑时从下面地层翻上来的。

20. 陶小口瓶

仅发现 3 件，而且大部分残缺。泥质红陶。

二期地层标本：T52⑤A：224（图 3 - 4 - 91，5），直口，方唇，腹壁由上往下呈弧形外斜。口径 4.5 厘米。T62⑤AH141：21（图 3 - 4 - 91，4），内表有刮削痕迹。翻沿，厚圆唇，弧壁，深腹，腹壁外鼓。口径 7.1 厘米。

四期地层标本：T57③A：172（图 3 - 4 - 91，3），方唇，腹稍内斜，胎壁稍厚。口径 7、胎厚 0.9 厘米。

21. **陶细颈壶**

共4件。其中复原1件，残器3件。该器为大溪文化第四期即晚期的典型器物，制作精细，器形独特，有别于其他文化的器形。为快轮所制陶器，内表有明显的螺旋式拉坯指痕，一般颈、肩、腹三段分别制作，然后先将肩部与腹部接合在一起，后将颈部与肩部接合在一起，内壁留有明显的接合痕迹。分为2型。

1型　2件（残器）。矮圈足细颈壶。

四期地层标本：T66③B:5（图3-4-92，3），泥质黑陶。内外皆黑色。肩部、颈部内表都有明显的接合痕迹。小口，细长颈，球形腹，下部残缺。残高6.9、口径3、颈长3.3、胎厚0.3厘米。T66③B:49（图3-4-92，1），细泥灰陶。外表磨光。外表深灰色，内表浅灰色。内表三段之间的接合痕迹清晰可见。侈沿，小口，长颈，球形腹，圜底，圈足甚矮而外撇，胎薄。口径4.9、颈长5.2、圈足径7、胎厚0.2厘米。

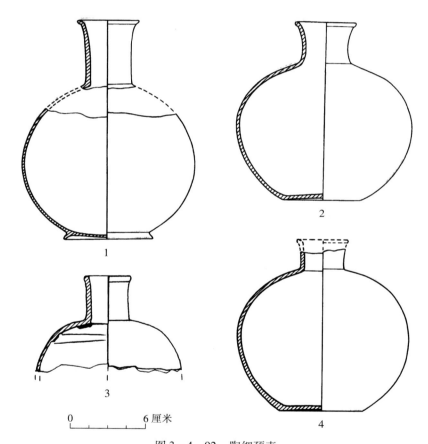

图3-4-92　陶细颈壶
1.1型（T66③B:49）　2.2型（T53③F10:2）　3.1型（T66③B:5）　4.2型（T53③F10:1）

2型　2件（内复原1，残器1）。小平底细颈壶。侈沿，球形腹。

四期地层标本：T53③F10:1（图3-4-92，4），口沿残缺。泥质红陶。陶色不匀，局部橙红色，其余部位深灰色。颈部稍长。底径6.5、胎厚0.2厘米。T53③F10:2（图3-4-92，2；彩版一五，3），复原。泥质黑陶。颈部与腹部内表留有接合痕迹，外表先经快轮慢用修整，留有细密轮纹，后经磨光。圆唇，小喇叭口。高14、口径4.8、底径5.8、胎厚0.25~0.3厘米。

22. 陶圈足罐

共 56 件。其中完整 1 件，复原 27 件，残器 28 件。分为 5 型。

1 型　4 件（内复原 2，残器 2）。斜肩扁腹圈足罐。敛口，圆唇。分为 2 式。

Ⅰ式　1 件（复原）。唇外起棱，斜肩内凹。

一期晚段地层标本：T11④G1：55（图 3－4－93，1；图版九三，1），泥质红陶。腹中部外表及圈足外表施深红色陶衣，外表磨光。折肩，扁鼓腹，圜底，矮小圈足。高 13.5、口径 12、圈足径 9 厘米。

Ⅱ式　3 件（内复原 1，残器 2）。折沿，斜肩外凸。

一期晚段地层标本：T70⑦：78（图 3－4－93，2），泥质红陶。外表施红陶衣。扁腹。此器已变形。肩部饰棕彩平行条纹。口径 15.6 厘米。

二期地层标本：T23④H20：1（图 3－4－93，4；彩版一五，4），复原。夹炭红陶。内表有刮削痕迹，腹下部及圈足上部刮削陶衣，外表未刮衣部分经过磨光。内外表红色，胎芯因含炭末呈黑色。腹上部有折棱，扁腹，圜底，圈足甚矮。腹部饰棕彩平行条纹 4 周。高 14.6、口径 17、腹径 28、圈足径 9.2 厘米。T52⑥：155（图 3－4－93，3），泥质红陶。外表磨光。内表红色。折肩，扁鼓腹。颈部、折肩处和上腹部各饰黑彩平行条纹，下存 2 组黑彩细斜条纹。口径 15.5 厘米。

2 型　36 件（内完整 1，复原 21，残器 14）。斜沿外折圈足罐。敛口。分为 8 式。

Ⅰ式　1 件（残器）。折腹。

一期早段地层标本：T57⑧：165（图 3－4－93，6），口部残缺。夹炭红陶。经慢轮修整，外表及口沿内表施深红色陶衣并磨光。腹下部刮削陶衣，但隐约可见陶衣的痕迹。折肩，扁腹，矮圈足上端与中部起棱。腹上部有凹弦状暗纹 3 组，每组 2 周，圈足存有圆形钻窝纹 1 组，2 个。腹径 27、圈足径 16.5、胎厚 0.3～0.6 厘米。

Ⅱ式　3 件（复原）。鼓腹，最大径在腹部偏上。

二期地层标本：T4④：25（图 3－4－93，5），夹炭红陶。沿面及外表施深红色陶衣，外表经精细磨光，有光泽。圜底，矮圈足下部略内收。肩部、腹中部各饰凸弦纹 1 周。高 14.9、口径 23.6、圈足径 10.5 厘米。T5④B：32（图 3－4－93，8；图版九三，2），泥质灰陶。圜底，圈足甚矮。口沿压印点状花边，腹中部饰凸弦纹 1 周。高 10.5、口径 15.6、圈足径 7.3 厘米。

四期地层标本：T75③BH70：14（图 3－4－93，7），泥质橙黄陶。沿面及腹部以上施红陶衣并磨光。内表灰色。圜底，圈足甚矮外撇。高 9.6、口径 16.2、圈足径 8.2、胎厚 0.25 厘米。

Ⅲ式　15 件（内复原 9，残器 6）。鼓腹，最大径在腹中部。

二期地层标本：T52⑤A：80（图 3－4－94，4），泥质红陶。外表磨光。内表黑色。圜底，矮圈足。高 10.2、口径 12、圈足径 6.3、胎厚 0.2 厘米。T53⑤A：149（图 3－4－94，3；图版九三，3），泥质红陶。内表有刮削痕迹，外表施深红色陶衣，经精细磨光，有光泽。内表深灰色。溜肩，扁鼓腹，圜底，矮圈足下端外撇。肩部饰凹弦纹 2 周，凹弦纹下部碾压椭圆形窝点纹 9 组，存有 5 组，每组 3 个；圈足上部有凹槽 2 周，其上饰长方形戳印纹 5 组，每组 2 个。高 13.3、口径 14.3、圈足径 11.5、胎厚 0.4～0.6 厘米。

三期地层标本：T51④A：155（图 3－4－94，1），泥质红陶。沿面及腹中部以下施红陶衣，外

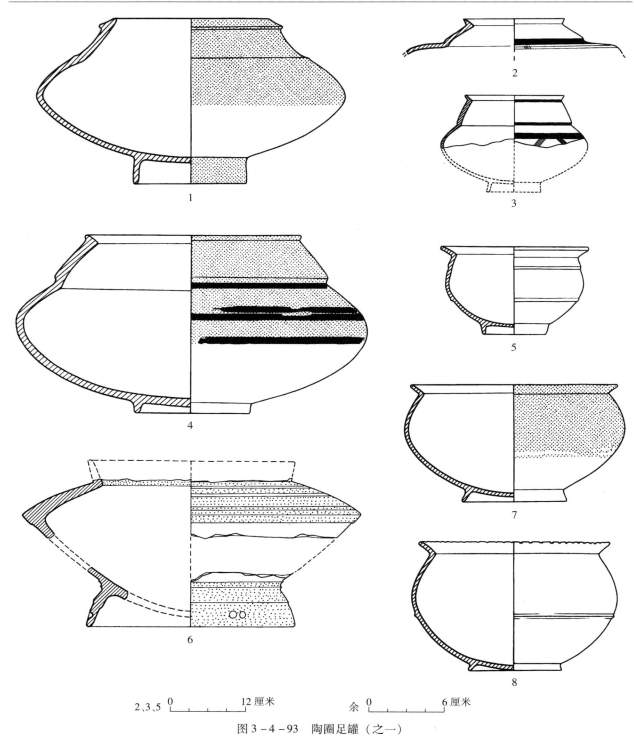

2、3、5 |0————12厘米|　　　余 |0————6厘米|

图 3 - 4 - 93　陶圈足罐（之一）

1.1 型 I 式（T11④G1：55）　2.1 型 II 式（T70⑦：78）　3.1 型 II 式（T52⑥：155）　4.1 型 II 式（T23④H20：1）　5.2 型 II
式（T4④：25）　6.2 型 I 式（T57⑧：165）　7.2 型 II 式（T75③BH70：14）　8.2 型 II 式（T5④B：32）

表磨光。腹上部饰红彩断续绳索纹。口径 13、胎厚 0.3 厘米。T52④A：102（图 3 - 4 - 94，7），泥
质红陶。内表有刮削痕迹。外表及沿面施橘红色陶衣并磨光。烧成温度高，质地硬。溜肩，颈部
存有圆形小镂孔 1 个。腹部饰棕彩平行条纹、弧线纹，灰彩上下双平行条纹间夹一宽横条纹。口
径 29、胎厚 0.3 厘米。T75④B：165（图 3 - 4 - 94，6；图版九三，5），泥质红陶。外表施深红色

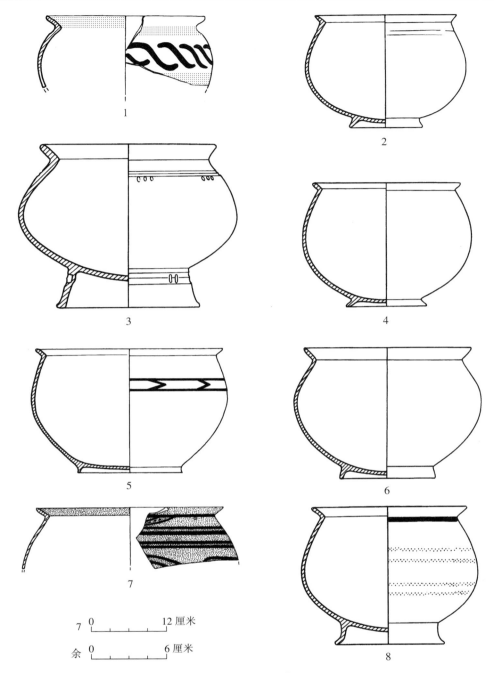

图 3 - 4 - 94　陶圈足罐（之二）
1. 2 型Ⅲ式（T51④A：155）　　2. 2 型Ⅲ式（T76④B：20）　　3. 2 型Ⅲ式（T53⑤A：149）　　4. 2 型Ⅲ式（T52⑤A：80）
5. 2 型Ⅲ式（T74③：125）　　6. 2 型Ⅲ式（T75④B：165）　　7. 2 型Ⅲ式（T52④A：102）　　8. 2 型Ⅲ式（T75③BH70：4）

陶衣并磨光。圜底，矮圈足。高 10.9、口径 13.2、圈足径 7.8、胎厚 0.2 厘米。T76④B：20（图 3 - 4 - 94，2；图版九三，4），细泥红陶，泥料经淘洗。内表有刮削痕迹。腹中部以上外表施鲜红色陶衣，经精细磨光，有光泽。腹下部外表及内底呈黑色。斜肩，圜底，矮圈足，薄胎。高 9.4、口径 11.2、圈足径 6.8、胎厚 0.2 厘米。T77④D：60（图 3 - 4 - 95，1），泥质红陶。内表有刮削痕迹，外表施红陶衣并磨光。内表及沿面黑色。圜底，矮圈足，下端外撇，底面凹凸不平。腹上部饰凹弦纹 2 周，凹弦纹下方存有圆形戳印纹 1 组，5 个，圈足饰近于三角形戳印纹 5 组，每组 2

个。高 11.5、口径 13、圈足径 9.4 厘米。

　　四期地层标本：T52③：34（图 3－4－95，5），圈足残缺。泥质红陶。外表有刮削痕迹。内外表及胎芯红色。折沿，圜底。口径 14.6 厘米。T52③：207（图 3－4－95，8），泥质红陶。沿面及外表施红陶衣。腹部饰黑彩平行条纹，条纹之间饰黑彩横人字纹。口径 12 厘米。T74③：125（图 3－4－94，5），泥质橙黄陶。内表有刮削痕迹，外表磨光。坦底，圈足甚矮。腹上部饰黑彩平行条纹，其间饰黑彩横人字纹。高 10、口径 14.8、圈足径 8.3、胎厚 0.25 厘米。T75③BH70：4（图 3－4－94，8；彩版一六，1；图版九三，6），泥质红陶。内表有刮削痕迹，外表有一周周涂刷红陶衣的痕迹，这是将坯体置于陶轮上，边旋转边用毛刷子蘸（含铁量较高的）红黏土（淘洗而成的）泥浆涂刷在器表上所致，各部位陶衣厚薄不匀，沿面也涂红陶衣，外表及沿面经过磨光。内表橙黄色。溜肩，圜底，矮圈足下端外撇。颈部饰黑彩平行条纹 1 周，腹部饰红彩平行条纹 4 周。高 11.1、口径 12.3、圈足径 8.6、胎厚 0.2 厘米。T75③BH70：5（图 3－4－95，2；彩版一六，2），泥质红陶。经轮修。外表上半部施红陶衣并磨光。外表下半部及内表呈浅红色。圜底，矮圈足略外撇。腹上部饰黑彩平行条纹 2 周。高 10.3、口径 13.9、圈足径 8.2、胎厚 0.2 厘米。T75③BH70：25（图 3－4－95，3），泥质橙黄陶。内外表有刮削痕迹，外表施红陶衣并磨光。圆肩，圜底，圈足下端甚外撇。高 11.2、口径 14.1、圈足径 8.5、胎厚 0.2 厘米。

　　Ⅳ式　4 件（内复原 3，残器 1）。鼓腹，最大径在腹中部，圈足甚矮。

　　三期地层标本：T56④A：26（图 3－4－95，7；图版九四，1），泥质深灰陶。器身与圈足之间留有接合痕迹。溜肩，圜底。腹下部饰凸弦纹 1 周。高 11.7、口径 12.4、圈足径 8 厘米。T9③：19（图 3－4－95，6），泥质橙黄陶。内表有刮削痕迹，外表施红陶衣并磨光。圜底。腹下部饰凸弦纹 1 周。高 10.1、口径 15.2、圈足径 8.7、胎厚 0.3 厘米。

　　四期地层标本：T59③：9（图 3－4－95，4；彩版一六，3），泥质黑陶。经轮修，外表磨光。矮圈足外撇。高 10.8、口径 17.2、圈足径 10.6 厘米。

　　Ⅴ式　8 件（内完整 1，复原 3，残器 4）。鼓腹，最大径在腹部偏下。

　　二期地层标本：T53⑤A：150（图 3－4－96，3），泥质红陶。外表施红陶衣并磨光。内表灰色。圜底。肩部饰凹弦纹 2 周，凹弦纹下部碾压窝点纹 5 组，存有 4 组，每组 4 个，圈足饰长方形戳印纹 4 组，每组 2 个。高 10.9、口径 14.3、圈足径 9.1 厘米。T53⑤A：160（图 3－4－96，2；图版九四，2），泥质红陶。经慢轮修整，外表施鲜红色陶衣并磨光。内表及沿面黑色。溜肩，坦底。肩部饰凹弦纹 5 周，碾压窝点纹 4 组，每组 5 个，窝点纹隐约可见。高 11.3、口径 15.4、圈足径 9.6 厘米。T74⑤B：54（图 3－4－96，1），复原。泥质红陶。内表有刮削痕迹，外表施红陶衣并磨光。折沿，溜肩，圜底，圈足下端外折。高 10.8、口径 13.1、圈足径 7.6 厘米。

　　三期地层标本：T71④F：121（图 3－4－96，8），泥质红陶。外表施红陶衣。腹部饰棕彩平行条纹，条纹之间饰棕彩菱形纹。口径 15.8 厘米。

　　四期地层标本：T51③：79（图 3－4－96，9），泥质红陶。外表及沿面施红陶衣并磨光。腹部饰黑彩绳索纹。口径 10.8 厘米。T52③：28（图 3－4－96，6），泥质红陶。外表施红陶衣并磨光。腹部饰黑彩平行条纹及绳索纹。口径 16、胎厚 0.3 厘米。T52③：221（图 3－4－96，5），细泥黑陶，泥料经淘洗。外表及沿面磨光。领略直，领内表微凹，斜肩。腹下部饰凸弦纹 1 周。口径 11、

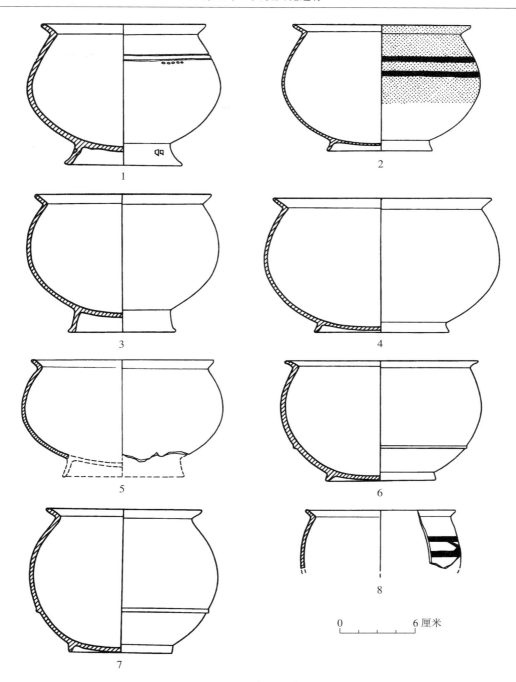

图 3 - 4 - 95　陶圈足罐（之三）

1. 2 型Ⅲ式（T77④D：60）　　2. 2 型Ⅲ式（T75③BH70：5）　　3. 2 型Ⅲ式（T75③BH70：25）　　4. 2 型Ⅳ式（T59③：9）
5. 2 型Ⅲ式（T52③：34）　　6. 2 型Ⅳ式（T9③：19）　　7. 2 型Ⅳ式（T56④A：26）　　8. 2 型Ⅲ式（T52③：207）

胎厚 0.15 厘米。T75③BH70：7（图 3 - 4 - 96，4；彩版一六，4），泥质黑陶。经轮修。高 10.4、口径 12、圈足径 7.8 厘米。

　　Ⅵ式　2 件（内复原 1，残器 1）。深腹，腹壁外鼓，最大径偏下。

　　三期地层标本：T66④B：47（图 3 - 4 - 97，1；图版九四，3），细泥红陶，泥料经淘洗。内表有刮削痕迹，口部有慢轮修整痕迹，外表经精细磨光，有光泽。坦底，胎甚薄。高 12、口径 11、圈足径 7.6、胎厚 0.15 厘米。

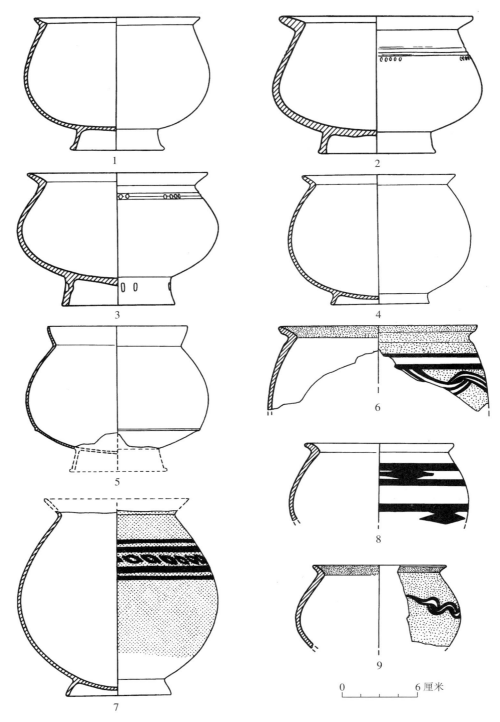

图 3 - 4 - 96　陶圈足罐（之四）

1. 2 型 V 式（T74⑤B：54）　2. 2 型 V 式（T53⑤A：160）　3. 2 型 V 式（T53⑤A：150）　4. 2 型 V 式（T75③BH70：7）
5. 2 型 V 式（T52③：221）　6. 2 型 V 式（T52③：28）　7. 2 型 Ⅵ式（T59③：27）　8. 2 型 V 式（T71④F：121）　9. 2 型 V
式（T51③：79）

　　四期地层标本：T59③：27（图 3 - 4 - 96，7；彩版一八，1），口部残缺。泥质红陶。腹部施
红陶衣，外表磨光。腹下部、腹内表、圈足内外表灰色。腹上部饰棕彩平行条纹 4 周，条纹之间
饰密集的枣核形纹。圈足径 8.4 厘米。

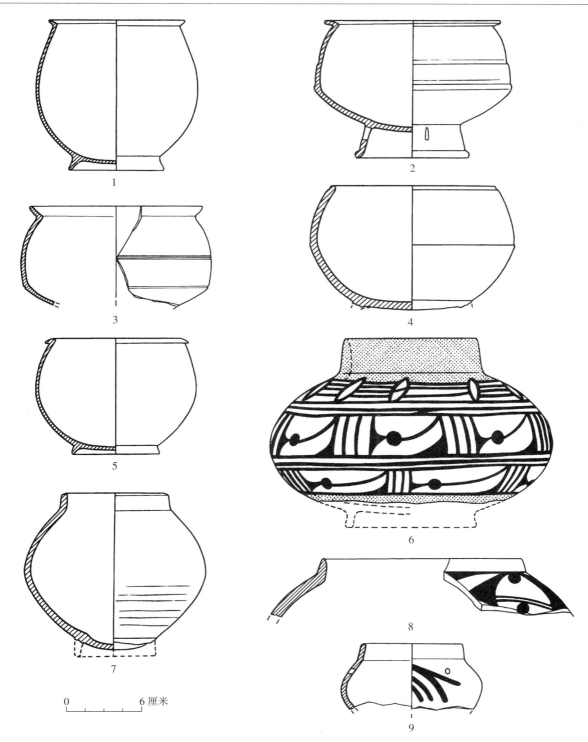

图 3 - 4 - 97　陶圈足罐（之五）

1. 2 型Ⅵ式（T66④B：47）　　2. 2 型Ⅶ式（T75④CH119：18）　　3. 2 型Ⅶ式（T69⑤AS35：181）　　4. 3 型（T2④：49）　　5. 2 型Ⅷ式（T51③：385）　　6. 4 型Ⅰ式（T51⑤A：171）　　7. 4 型Ⅱ式（T72③B：10）　　8. 4 型Ⅰ式（T70⑤H111：4）　　9. 4 型Ⅰ式（T6③：58）

Ⅶ式　2 件（内复原 1，残器 1）。腹壁微折，最大径偏下。

二期地层标本：T69⑤AS35：181（图 3 - 4 - 97，3），泥质红陶。外表有慢轮修整痕迹。腹上部饰凹弦纹 2 周，下部折棱处饰凹弦纹 1 周。口径 14、胎厚 0.3 厘米。

三期地层标本：T75④CH119：18（图3－4－97，2；图版九四，4），泥质深灰陶。外表经精细磨光，有光泽。溜肩，圜底，圈足略高，足沿外折。腹中部饰凹弦纹2周，圈足上部存有长方形镂孔1个。高11.1、口径13.9、圈足径9.1厘米。

Ⅷ式　1件（复原）。垂沿，鼓腹。

四期地层标本：T51③：385（图3－4－97，5），泥质红陶。经轮修，红陶衣已剥落。坦底，矮圈足，薄胎。高9.5、口径11.3、圈足径7.2、胎厚0.2厘米。

3型　1件（残器）。敛口鼓腹圈足罐。

二期地层标本：T2④：49（图3－4－97，4），泥质红陶。外表磨光。由于烧成温度低，局部表皮剥落。口沿有凹槽1周，呈子母口状，最大径在腹中部，圜底。圈足残缺。腹中部饰凸弦弦1周。口径13厘米。

4型　7件（残器）。直领鼓腹圈足罐。分为2式。

Ⅰ式　3件。扁鼓腹。

二期地层标本：T51⑤A：171（图3－4－97，6；彩版一七），泥质红陶。领内外表及腹下部施深红色陶衣，腹中部又施白陶衣，然后磨光。小口，器底及圈足残缺。肩部至腹中部在白衣地上绘赭彩：肩部饰平行条纹6周，条纹之间饰斜向的柳叶形纹8片，腹中部、下部分别饰平行条纹3周和1周，腹上部、下部平行条纹之间饰竖条纹6组，每组4道，竖条纹之间饰圆点纹、凹边三角纹。腹上、下部的竖条纹与圆点纹、凹边三角纹错开位置。残高13.4、口径10.4、腹径22.7、胎厚0.3～0.8厘米。T70⑤H111：4（图3－4－97，8），泥质红陶。内外表有刮削痕迹。敛口，圆肩。灰白色陶衣地上饰圆点纹、凹边三角纹，其间饰平行条纹2道，其上、下各有圆点纹1个，均棕彩。口径15.6、胎厚0.7厘米。

三期地层标本：T6③：58（图3－4－97，9），泥质红陶。肩部存有圆形小镂孔1个，腹部饰黑彩草叶纹。口径8厘米。

Ⅱ式　1件。腹较深。

四期地层标本：T72③B：10（图3－4－97，7；图版九四，5），泥质灰陶。内底有刮削痕迹，外表经轮修，留有细密轮纹。内外表灰黑不匀。小口，矮直领，溜肩，凸弧底，圈足残。口径8.4、腹径14.5、胎厚0.3厘米。

另外，有圈足罐4型残片标本3件。

一期晚段地层标本：T64⑦：155（图3－4－98，1），夹炭红陶。内表凹凸不平，外表施红陶衣并磨光。内表红褐色，胎芯因含有炭化稻壳呈黑色。腹下部残缺。口沿外饰凹弦纹1周。口径9.6厘米。

四期地层标本：T51③：482（图3－4－98，2），泥质橙黄陶。口沿有轮修痕迹。烧成温度较高，质地较硬。溜肩，腹下部残缺。腹部饰篮纹及附加堆纹。口径12厘米。T60③A：22（图3－4－99；彩版一八，3），泥质红陶。内外表红色，胎芯浅灰色。矮领，溜肩，腹下部残缺。外表存有刻划的条叶花卉植物纹样，划道流畅。口径12.8厘米。

5型　8件（内复原4，残器4）。口沿外折高领圈足罐。分为4式。

Ⅰ式　3件（内复原1，残器2）。扁腹，最大径在腹中部。夹炭红陶。

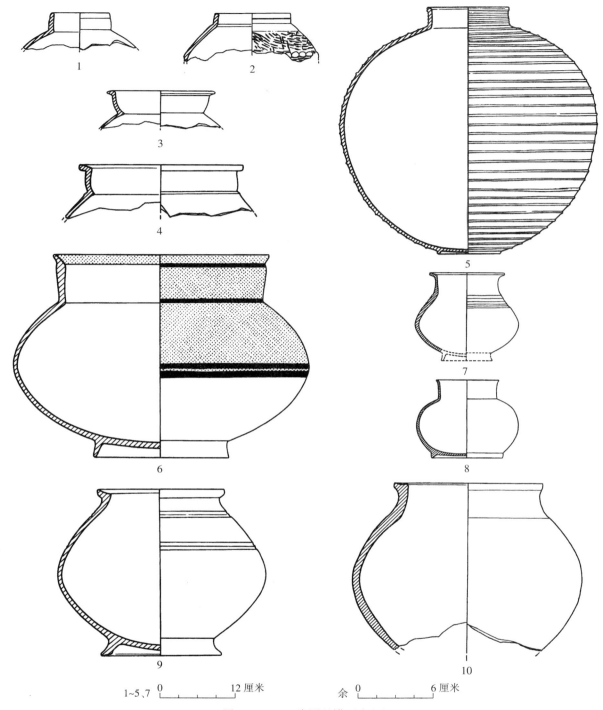

图 3 - 4 - 98　陶圈足罐（之六）

1. 4 型（T64⑦：155）　　2. 4 型（T51③：482）　　3. 5 型Ⅰ式（T11④G1：99）　　4. 5 型Ⅰ式（T51⑥：516）　　5. 5 型Ⅳ式（T64④A
F26：19）　　6. 5 型Ⅰ式（T38⑥H30：1）　　7. 5 型Ⅲ式（T70⑤G5：18）　　8. 5 型Ⅱ式（T63④B：19）　　9. 5 型Ⅲ式（T51⑤A：387）
10. 5 型Ⅲ式（T70⑤G5：27）

　　一期晚段地层标本：T11④G1：99（图 3 - 4 - 98，3），经慢轮修整，外表施红陶衣。内表灰白
色，胎芯黑色。敛口，沿外翻，领部外凸，腹下部残缺。口径 17.5、胎厚 0.3 厘米。

　　二期地层标本：T51⑥：516（图 3 - 4 - 98，4），外表施红陶衣。胎芯黑色。圆唇，领部外凸，

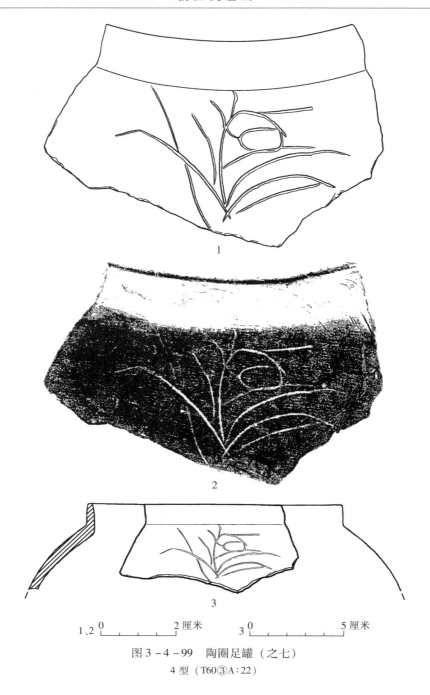

图 3 - 4 - 99　陶圈足罐（之七）

4 型（T60③A：22）

下部残缺。领与肩之间饰凸弦纹 1 周。口径 26 厘米。T38⑥H30：1（图 3 - 4 - 98，6；图版九四，6），经慢轮修整，上半部外表及口沿内表施较厚的红陶衣，经精细磨光，有光泽。内外表红色，胎芯呈褐色。敛口，窄沿外折，圜底，矮圈足。口沿和领部上、下各饰黑彩平行条纹 1 周，腹部饰黑彩平行条纹 2 周。高 16.5、口径 17.2、腹径 23.5、圈足径 10.9 厘米。

Ⅱ式　1 件（复原）。口沿外折，扁腹，矮圈足。

三期地层标本：T63④B：19（图 3 - 4 - 98，8；彩版一八，2），泥质黑陶。经慢轮修整。高 6.5、口径 4.9、圈足径 5.7、胎厚 0.2～0.3 厘米。

Ⅲ式　3 件（内复原 1，残器 2）。溜肩，最大径在腹部偏下。泥质红陶。

二期地层标本：T51⑤A：387（图3-4-98，9；图版九五，1），外表施红陶衣。内表及颈部以上黑色。窄沿，扁腹，圜底，矮圈足外撇。圈足沿面有凹槽1周。腹上部饰凹弦纹2组，每组2周。高13.4、口径10、圈足径9.8厘米。T70⑤G5：18（图3-4-98，7），口沿内表有刮削痕迹，肩部有台阶状棱面6周，这是慢轮修整所致，外表施鲜红色陶衣并精细磨光，有光泽。内表及沿面黑色。敛口，平沿外折，扁鼓腹，下部残缺。颈部饰凸弦纹2周。口径15.9、胎厚0.3~0.9厘米。T70⑤G5：27（图3-4-98，10），胎壁厚薄不匀，有慢轮修整痕迹。外表红褐不匀，内表及胎芯黑色。窄平沿，圆鼓腹，下部残缺。口径12、胎厚0.4~0.6厘米。

Ⅳ式　1件（复原）。圆肩，球腹。

三期地层标本：T64④AF26：19（图3-4-98，5；图版九五，2），夹细砂灰陶。外表局部橙红色，内表灰色。领部饰凹弦纹7周，腹部饰贴弦纹32周，排列成瓦棱状，其中最下部1周起矮圈足的作用，贴弦纹之间隐约可见斜篮纹，这表明先用篮纹拍子拍打外表进行修整，后在篮纹地上饰贴弦纹。高40、口径13.3、腹径41、圈足径9.9厘米。

23. 陶平底罐

共66件。其中复原23件，残器43件。分为7型。

1型　38件（内复原6，残器32）。高领鼓腹平底罐。分为7式。

Ⅰ式　1件（复原）。最大腹径偏下部。

四期地层标本：T53③：210（图3-4-100，5；图版九六，1），泥质灰陶。颈部与肩部相接处外表有明显的刮削痕迹，呈现凹凸不平。圆唇，小口，高领。高14.4、口径7.4、腹径16.8、底径9.4、胎厚0.5~0.9厘米。

Ⅱ式　9件（内复原1，残器8）。圆唇，最大径在腹中部。

二期地层标本：T51⑥：507（图3-4-100，2），夹炭红陶。外表磨光。小口，圆唇，广肩。口径11.2厘米。T51⑤A：517（图3-4-100，1），夹炭红陶。外表施红陶衣，大部分已脱落，露出橙黄色胎。领中部略外凸，溜肩，腹下部残缺。口径10、胎厚0.4~0.8厘米。T53⑥：299（图3-4-100，4），夹炭红陶。内表有刮削痕迹，口沿经慢轮修整，沿面及外表施红陶衣。胎芯灰色。敛口，腹下部残缺。颈部有凸棱1周，凸棱处存有椭圆形窝点纹3个。口径20厘米。T61⑤AH108：5（图3-4-101，4），夹炭红陶。外表施红褐色陶衣，大部分已脱落，露出胎壁有较多炭末痕迹。口径22厘米。T70⑤G5：6（图3-4-100，7），夹炭灰褐陶。内表及胎芯灰色。小口，深鼓腹，底部残缺。口径10、腹径18.6厘米。T32⑤：16（图3-4-100，8），泥质红陶。外表磨光。领部饰凹弦纹1周，领部及腹上部饰棕彩平行条纹5周，腹部两周平行条纹之间饰棕彩竖条纹。口径16厘米。

三期地层标本：T4③：66（图3-4-100，6），泥质红陶。外表施红陶衣。小口，溜肩，腹中部以下残缺。领部饰凸弦纹2周。口径12.9厘米。T23③：43（图3-4-100，9），夹炭红陶。经慢轮修整，外表施红陶衣。胎芯黑色。领下部存有凹弦纹1周、斜十字形纹6个。口径10.5、胎厚0.3~0.5厘米。

四期地层标本：T201附近采：02（图3-4-100，3；图版九六，2），泥质深灰陶。外表磨光。胎芯灰黄色。高10.9、口径5.1、底径4.5、胎厚0.3厘米。

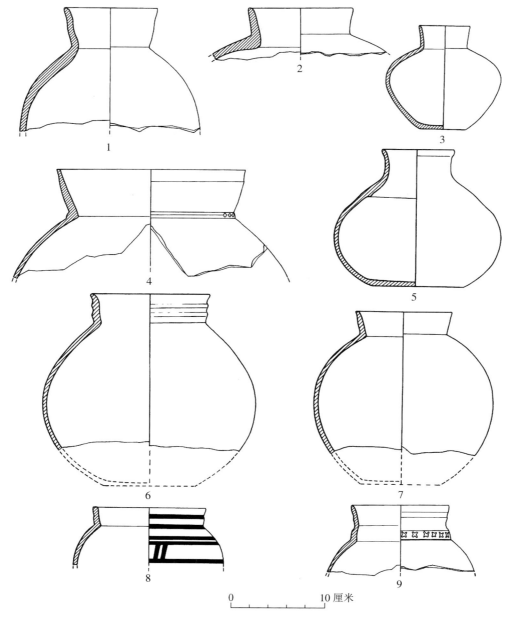

图 3－4－100 陶平底罐（之一）

1.1 型 Ⅱ 式（T51⑤A：517） 2.1 型 Ⅱ 式（T51⑥：507） 3.1 型 Ⅱ 式（T201 附近采：02） 4.1 型 Ⅱ 式（T53⑥：299） 5.1 型 Ⅰ 式（T53③：210） 6.1 型 Ⅱ 式（T4③：66） 7.1 型 Ⅱ 式（T70⑤G5：6） 8.1 型 Ⅱ 式（T32⑤：16） 9.1 型 Ⅱ 式（T23③：43）

Ⅲ式　4 件（残器）。圆唇外凸，最大径偏上。泥质红陶。

三期地层标本：T68④A：134（图 3－4－101，6），外表施红陶衣。广肩。肩部饰黑彩平行条纹及弧线纹。口径 15 厘米。T73④C：54（图 3－4－101，7），外表施红陶衣并磨光。小口，圆唇。肩部饰黑彩绳索纹，绳索纹上下侧饰黑彩凹边三角纹。口径 17.8、胎厚 0.3 厘米。T6③：27（图 3－4－101，1；彩版一九，1），口部残缺。外表施红陶衣，腹中部又施白衣成宽带状。圆肩，腹下部斜收成小平底。腹中部饰黑彩平行条纹 2 周，条纹之间饰黑彩横人字形纹和红彩点纹。残高 18.6、腹径 24、底径 10 厘米。

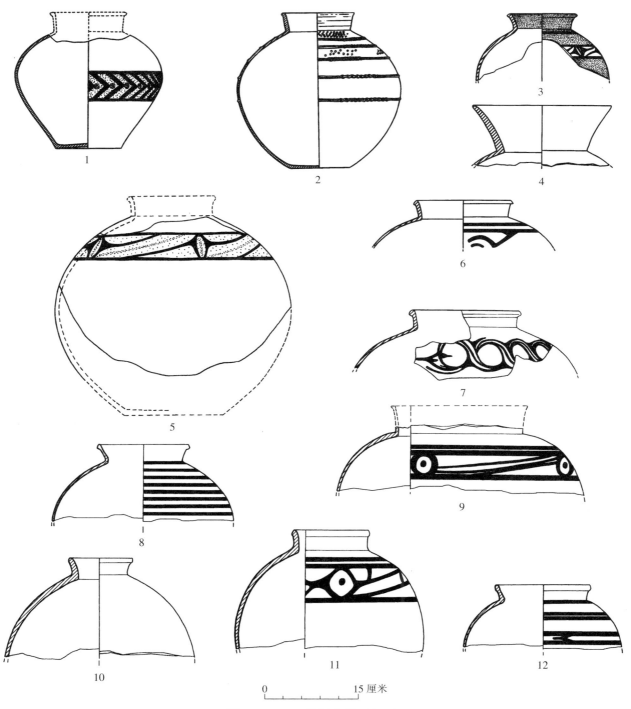

图 3 - 4 - 101 陶平底罐（之二）

1. 1 型Ⅲ式（T6③：27） 2. 1 型Ⅳ式（T22③：20） 3. 1 型Ⅳ式（T65④A：42） 4. 1 型Ⅱ式（T61⑤AH108：5） 5. 1 型Ⅳ式（T3③H1：10） 6. 1 型Ⅲ式（T68④A：134） 7. 1 型Ⅲ式（T73④C：54） 8. 1 型Ⅳ式（T71④B：112） 9. 1 型Ⅲ式（T69③B：174） 10. 1 型Ⅳ式（T51⑤BH48：325） 11. 1 型Ⅳ式（T75④BH73：10） 12. 1 型Ⅳ式（T69④A：199）

　　四期地层标本：T69③B：174（图 3 - 4 - 101，9），圆肩。肩部饰棕彩平行条纹，条纹之间饰弧线纹、圆圈纹、圆点纹。胎厚 0.4 ~ 0.5 厘米。

　　Ⅳ式 14 件（内复原 2，残器 12）。圆唇外凸，最大径在腹中部。

二期地层标本：T51⑤BH48：325（图3－4－101，10），泥质橙黄陶。口部有慢轮修整痕迹。烧成温度较高，质地较硬。小口。口径10.2厘米。T52⑤A：162（图3－4－102，10），泥质红陶。外表先施红陶衣，肩部又施白陶衣1周，两种陶衣都是利用慢轮边旋转边用刷子涂刷而成，陶衣上留有轮纹，外表磨光。小口，圆唇。肩部白衣地上饰黑彩平行条纹。口径12厘米。

三期地层标本：T65④A：42（图3－4－101，3），泥质红陶。外表先施红陶衣，再施带状白陶衣。肩部饰黑彩平行条纹3周，在第2、3周条纹之间的白衣地上饰黑彩凹边三角纹。小口。口径10.9、胎厚0.9厘米。T69④A：199（图3－4－101，12），泥质红陶。经慢轮修整，外表施红陶衣。颈、肩、腹部饰棕彩平行条纹，腹部的平行条纹之间饰棕彩横人字形纹。口径15.2厘米。T71④B：112（图3－4－101，8），泥质红陶。外表施红陶衣。圆鼓腹。腹部饰棕彩平行条纹。口径14.4厘米。T75④BH73：10（图3－4－101，11），泥质红陶。外表施红陶衣。腹部饰棕彩平行条纹；平行条纹之间饰棕彩似鱼形纹：鱼头部为大菱格纹，头的中央绘圆点纹示意鱼目，左侧为小段鱼身和鱼尾纹。口径12厘米。T3③H1：10（图3－4－101，5；图版九六，3），泥质红陶。外表施鲜红色陶衣和宽带状白陶衣，内表红色。领及腹下部残缺。腹上部饰黑彩平行条纹2周，条纹之间的白陶衣地上饰黑彩凹边三角纹，凹边三角纹之间又饰红彩弧线纹。腹径37.6厘米。T22③：20（图3－4－101，2；图版九六，4），泥质灰陶。由于烧成温度过高，产生变形。小口，圆肩，小平底。腹部有贴弦纹5周，贴弦纹上压印3段竖短条纹，肩部饰乳丁纹4周，腹上部第2、3周贴弦纹之间饰乳丁纹7组。高25.3、口径11.5、腹径26.2、底径9.4厘米。

四期地层标本：T51③F8：211（图3－4－102，3；图版九六，5），泥质红陶。外表施红陶衣并磨光。内表红色。小口，圆唇，圆肩，下部残缺。肩部饰平行条纹2周，腹上部饰平行条纹1周，肩腹平行条纹之间饰弧线、圆圈纹及圆点纹，均黑彩。口径13.4、腹径31.6厘米。T57③A：23（图3－4－102，5），泥质红陶。内外表红色。广肩。腹部饰棕彩绳索纹。口径13.6厘米。T74③：166（图3－4－102，7），泥质黑陶。内表黑色，胎芯灰色。经轮修。小口，圆唇，广肩，腹下部残缺。肩部饰乳丁纹，排列较整齐，由器内表向外表戳顶而成。口径10.5厘米。类似器形并饰乳丁纹的罐片如T69③B：198（图3－4－102，9），泥质黑陶。内表黑色，胎芯灰色。肩部饰乳丁纹3周。T1②C：11（图3－4－102，1；图版九六，6），泥质灰陶。小口，圆唇，溜肩，小平底。肩腹部饰篦划纹5组，由上往下各组分别有16、12、12、13、16周。篦划纹是利用陶轮边旋转边用竹片制成的篦子在器表上划成的，有的篦划纹模糊不清呈断续状（以下有类似的篦划纹，其成因与此件相同，不再赘述）。高35.2、口径11.6、底径8.8、胎厚0.36厘米。T41④H55：42（图3－4－102，6），泥质灰陶。经轮修。小口，广肩。肩部饰篦划纹2组，上部篦划纹之间刻划竖条纹，下部篦纹之间刻划之字曲线纹。口径10厘米。

Ⅴ式　1件（复原）。圆唇外凸，冬瓜形腹。

四期地层标本：T53③F10：5（图3－4－102，4；图版九七，1），泥质橙黄陶。外表灰黄不匀，内表橙黄色。小口，广肩，腹壁略直，深腹，下部内收，底微外凸。高29.6、口径13.9、胎厚0.3厘米。

Ⅵ式　5件（内复原1，残器4）。方唇，最大径在腹中部。经慢轮修整。

三期地层标本：T53④：283（图3－4－102，8），夹细砂深灰陶。烧成温度高，质地硬。溜

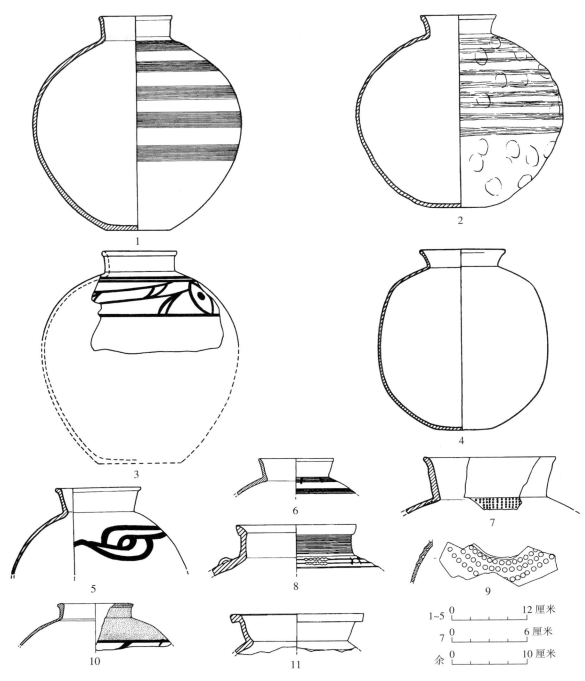

图 3 - 4 - 102　陶平底罐（之三）

1. 1 型Ⅳ式（T1②C：11）　2. 1 型Ⅵ式（T71④CH99：6）　3. 1 型Ⅳ式（T51③F8：211）　4. 1 型Ⅴ式（T53③F10：5）　5. 1
型Ⅳ式（T57③A：23）　6. 1 型Ⅳ式（T41④H55：42）　7. 1 型Ⅳ式（T74③：166）　8. 1 型Ⅵ式（T53④：283）　9. 乳丁纹
罐片（T69③B：198）　10. 1 型Ⅳ式（T52⑤A：162）　11. 1 型Ⅵ式（T57③A：158）

肩，肩部两侧各附加拱形耳 1 个。颈部饰凹弦纹 9 周，肩部饰凸弦纹 2 周，凸弦纹上存有压印纹 2
组，每组 6 个。口径 16、胎厚 0.8 厘米。T71④CH99：6（图 3 - 4 - 102，2），泥质灰陶。内表灰
色。小口，唇外有凸棱，溜肩，鼓腹，小平底。口沿及腹部变形，胎内有许多气泡，是烧成温度
过高所致。肩部饰断续的篦划纹 9 组，每组有 11 至 13 周不等。高 31.4、口径 12、底径 8、胎厚

0.7 厘米。

四期地层标本：T57③A：158（图3-4-102，11），泥质深灰陶。斜领，溜肩，下部残缺。口径18厘米。

Ⅶ式　4件（残器）。圆唇，高领，弧壁，深腹。

二期地层标本：T6④：23（图3-4-103，2），泥质灰陶。经慢轮修整，外表磨光。小口，唇外起棱，底部残缺。器形小，胎薄。口径4.7、胎厚0.3厘米。

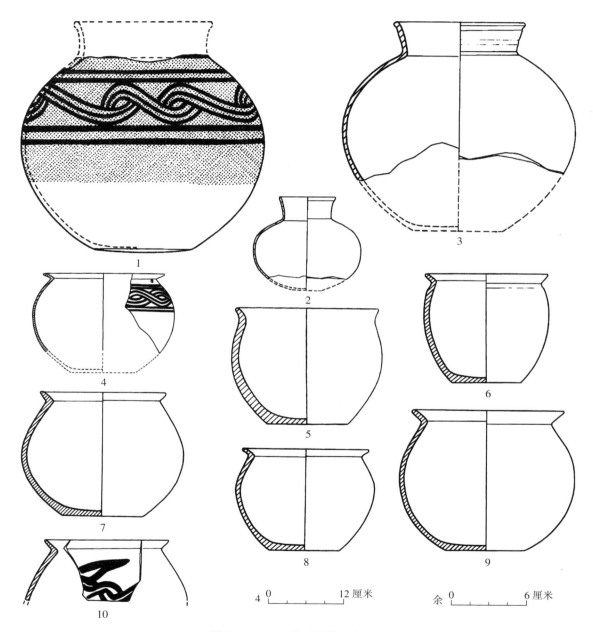

图3-4-103　陶平底罐（之四）

1. 1型Ⅶ式（T73③B：87）　2. 1型Ⅶ式（T6④：23）　3. 1型Ⅶ式（T52扩③：31）　4. 2型Ⅱ式（T52扩④AF9：1）　5. 2型Ⅰ式（T74④A：21）　6. 2型Ⅰ式（T70④A：69）　7. 2型Ⅰ式（T211③：11）　8. 2型Ⅰ式（T62④DH190：20）　9. 2型Ⅱ式（T69③B：45）　10. 2型Ⅱ式（T53③：274）

四期地层标本：T52扩③：31（图3-4-103，3），泥质灰陶。经轮修，外表磨光。内表灰色。小口，圆唇，底部缺失。口径10.4、腹径18.6、胎厚0.3厘米。T73③B：87（图3-4-103，1；彩版一九，2），泥质红陶。腹上部外表施红陶衣并磨光。内表红色。球形腹，小平底微外凸，颈部残缺。肩、腹部各饰黑彩平行条纹2周，平行条纹之间饰黑彩绳索纹1周共8组，每组由3股弧线构成，每两组间隔较近。残高15.8、腹径19.1、底径8.2厘米。

2型 14件（内复原9，残器5）。折沿鼓腹平底罐。分为3式。

Ⅰ式 4件（复原）。最大径偏上。

三期地层标本：T62④DH190：20（图3-4-103，8），泥质红陶。外表施红陶衣并磨光。内表红褐色。敛口，圆唇。高8.2、口径10、腹径11.1、底径5.7厘米。T70④A：69（图3-4-103，6；图版九七，2），夹细砂灰陶。大口，圆唇，深腹。高8.9、口径9.7、底径5.5厘米。T74④A：21（图3-4-103，5），泥质灰陶。外表磨光。外表灰黑不匀。大口，口径与腹径相近，圆唇。高8.8、口径10.6、底径5.8厘米。T211③：11（图3-4-103，7），泥质橙黄陶。腹下部灰色，内表橙黄色。敛口，圆唇。高10、口径10.2、腹径13、底径6.3厘米。

Ⅱ式 4件（内复原1，残器3）。最大径在腹中部。

二期地层标本：T74⑤AH113：38（图3-4-104，1），夹炭夹蚌红褐陶。炭化稻壳与蚌壳碎片两种羼和料并用，内外表有许多蜂窝状孔洞，是蚌壳未消失后遗留的痕迹。经慢轮修整，外表施深红色陶衣。斜沿外翻。唇部压印椭圆形花边1周。口径26厘米。

三期地层标本：T52扩④AF9：1（图3-4-103，4），泥质红陶。外表施浅红色陶衣。内表橙黄色。颈部存有圆形镂孔1个，腹上部、中部各饰黑彩平行条纹2周，条纹之间饰黑彩绳索纹，每股由3条弧线组成。口径19、胎厚0.3厘米。T52④AH41：11（图3-4-104，2），泥质灰陶。溜肩。领部饰凸弦纹3周，肩部饰篮纹。口径21厘米。

四期地层标本：T53③：274（图3-4-103，10），泥质红陶。外表施红陶衣。腹部饰黑彩绳索纹及草叶纹。口径9.8厘米。T69③B：45（图3-4-103，9；图版九七，3），复原。泥质灰陶。外表经轮修。内外表灰色。腹部略呈球形。高11.4、口径12.1、底径6.2厘米。

Ⅲ式 6件（内完整、复原4，残器2）。最大径偏下。

三期地层标本：T69④A：63（图3-4-104，6），泥质褐陶，颜色深浅不匀。外表及外底有刮削痕迹，外表磨光。敛口，圆唇，平底微外凸。高7.2、口径8.7、底径5.6厘米。T75④C：89（图3-4-104，5），泥质红陶。外表施红陶衣。内表红色。圆唇，溜肩，颈部有凹槽1周。高8、口径9.1、腹径11.6、底径5.6、胎厚0.3~0.6厘米。T9③：52（图3-4-104，9），泥质红陶。外表施红褐色陶衣并磨光。内表红色。口微敛，腹部微鼓。高6.1、口径9.6、底径5.1厘米。

四期地层标本：T51③：112（图3-4-104，4），泥质红陶。内表有刮削痕迹。沿面及腹上部施浅红色陶衣。翻沿，圆唇，鼓腹，下部残缺。腹上部饰黑彩草叶纹1组。口径10.8、胎厚0.3厘米。T58③A：12（图3-4-104，3），泥质红陶。外表施红陶衣，颜色红灰不匀。折沿，圆唇，浅腹微鼓。高7.7、口径15.6、底径7.8、胎厚0.3厘米。

3型 2件（均残）。平沿外折鼓腹平底罐。

二期地层标本：T77⑤B：36（图3-4-104，8），泥质红陶。外表施红陶衣。内表灰色。口部

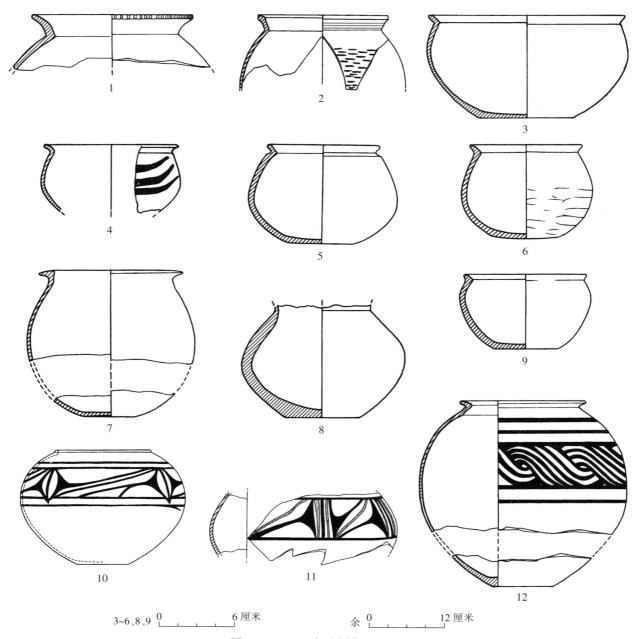

3~6、8、9　0 _____ 6厘米　　　　　　余　0 _____ 12厘米

图3－4－104　陶平底罐（之五）

1. 2型Ⅱ式（T74⑤AH113：38）　2. 2型Ⅱ式（T52④AH41：11）　3. 2型Ⅲ式（T58③A：12）　4. 2型Ⅲ式（T51③：112）　5. 2型Ⅲ式（T75④C：89）　6. 2型Ⅲ式（T69④A：63）　7. 3型（T59③：8）　8. 3型（T77⑤B：36）　9. 2型Ⅲ式（T9③：52）　10. 4型（T76④BF30：22）　11. 4型（T52④A：120）　12. 4型（T61③B：73）

残缺。胎厚0.6～0.8厘米。

　　四期地层标本：T59③：8（图3－4－104，7；图版九七，4），泥质橙红陶。内外表及胎芯均为橙红色。尖唇，溜肩，腹部呈袋状。口径23.6、腹径27.2、底径8.4厘米。

　　4型　3件（内复原1，残器2）。翻沿鼓腹平底罐。均泥质红陶。

　　三期地层标本：T52④A：120（图3－4－104，11；彩版二〇，3），残存腹部。外表上、下部施橙红色陶衣，中部施白陶衣，经磨光。白衣地上饰黑彩平行条纹，条纹之间饰黑彩凹边三角纹、竖条纹和红彩竖条纹、弧线纹。腹径29.6厘米。T76④BF30：22（图3-4-104，10；彩版一九，3；图版九七，5），外表及沿面施红陶衣并磨光。内表红色。圆唇，圆肩，扁鼓腹。肩部、腹部上下各饰黑彩平行条纹2周，条纹之间饰凹边三角纹4组，每组间以3条长弧线相连似长叶状。高18.8、口径15.4、腹径27.6、底径8.6、胎厚0.3厘米。

四期地层标本：T61③B：73（图3-4-104，12），外表施红陶衣。溜肩，腹下部残缺。肩部、腹部饰棕彩平行条纹3周，腹部平行条纹之间饰棕彩绳索纹。口径20、底径9.6厘米。

5型　1件（复原）。口微敛平底罐。

三期地层标本：T57④BH96：13（图3-4-105，6；图版九七，6），泥质红陶。外表施红陶衣并磨光。内表红色。口外有凹槽1周，溜肩，腹上部微鼓并有不明显折棱。高12、口径14.7、底径7.2、胎厚0.4~1厘米。

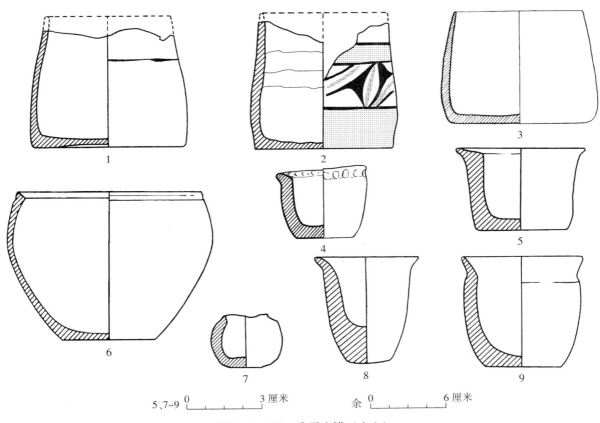

图3-4-105　陶平底罐（之六）

1.6型（T52④BF22：40）　2.6型（T52④BF22：39）　3.6型（T42④A：5）　4.7型Ⅱ式（T40④A：16）　5.7型Ⅱ式（T60③A：19）
6.5型（T57④BH96：13）　7.7型Ⅲ式（T74③：16）　8.7型Ⅰ式（T35④：30）　9.7型Ⅰ式（T51④A：122）

6型　3件（内复原1，残器2）。筒形平底罐。是三期的典型器物。

三期地层标本：T52④BF22：39（图3-4-105，2；彩版一九，4），泥质红陶。腹内表留有明显的泥条盘筑痕迹。腹壁近直，底部稍大。腹上、下施红陶衣，中间施白陶衣。腹上部施黑彩平行条纹2周，腹下部饰平行条纹1周，上、下部平行条纹之间白衣地上饰黑彩凹边三角纹和红彩条纹。残高10.4、底径11.1、胎厚0.5~1.4厘米。T52④BF22：40（图3-4-105，1；图版九五，3），泥质红陶。内表有刮削痕迹，外表施红陶衣。内表红色。口微敛，腹壁斜直，平底微内凹。

腹部饰黑彩平行条纹。底径12.6厘米。T42④A：5（图3-4-105，3；图版九五，4），夹砂红陶。红灰不匀，内表灰色。腹下部稍大。高9.4、口径10.2、底11厘米。

7型　5件（复原）。平底小罐。分为3式。

Ⅰ式　2件。侈口。

三期地层标本：T51④A：122（图3-4-105，9；图版九五，5），泥质灰陶。内表有刮削痕迹。内表及外表局部呈红褐色。束颈，腹微鼓。高4.3、口径4.8、底径3.1厘米。T35④：30（图3-4-105，8），夹砂红陶。高4.4、口径4.1、底径1.7、胎厚0.7～1.5厘米。

Ⅱ式　2件。口沿微外折。泥质红陶。

三期地层标本：T40④A：16（图3-4-105，4；图版九五，6），腹部存有手捏痕迹。腹壁略直。沿下压印椭圆形窝纹。高6、口径6.9、底径3.8、胎厚0.7厘米。

四期地层标本：T60③A：19（图3-4-105，5），手捏制，器表凹凸不平。内外表红色。腹壁略直。高3.2、口径5.1、底径3.7厘米。

Ⅲ式　1件。敛口，斜方唇。

四期地层标本：T74③：16（图3-4-105，7），泥质红陶。手捏制。弧壁，平底。器形甚小。高2.2、口径1.8、底径1.5、胎厚0.5厘米。

24. 陶圜底罐

共30件。其中复原19件，残器9件，有全形图实属残器2件。均为深腹，圜底。它与陶釜的共同点是均为圜底器，主要差别在于两者腹部深浅不同，本报告将深腹者称为圜底罐，将浅腹者（尤其是扁圆腹者）称为釜。若干瓮棺（代号W）以圜底罐作为主要葬具，其内表往往凹凸不平，这是用拍子拍打外表进行整形时，内表以陶垫作依托产生许多垫窝所致。有的作为瓮棺葬具的圜底罐在现场绘制有全形图，实物都酥碎未能复原属残器。分为4型。另有不分型式圜底罐残片标本5件。

1型　10件（内复原3，残器5，有全形图实属残器2）。凹沿圜底罐。皆圆唇。分为3式。

Ⅰ式　3件（内复原1，有全形图实属残器2）。最大径偏上。

二期地层标本：T6④W104：1（图3-4-106，4；图版九八，1），夹炭红陶。外表施较厚的深红色陶衣，经精细磨光，有光泽。内表红色。宽沿外折，沿面下凹，圆肩，深腹，尖圆底。高24.5、口径19.9、沿宽5.7厘米。T10④W45：1（图3-4-106，1），夹炭红陶。外表施深红色陶衣并磨光。内表红色，胎芯因含炭化稻壳呈黑色。圆肩，鼓腹。高25.8、口径19.8、腹径23.4、胎厚0.3厘米。

四期地层标本：T7②CW16：1（图3-4-106，3），夹炭灰褐陶。内表凹凸不平。烧成温度较高，质地较硬。敛口，鼓腹。高45.6、口径30、胎厚0.4～0.7厘米。

Ⅱ式　4件（内复原1，残器3）。最大径在腹中部。

二期地层标本：T51⑤BH48：323（图3-4-107，7），泥质红褐陶。外表及沿面施红褐色陶衣，经精细磨光，有光泽。内表红色。球形腹，下部残缺。口径16、胎厚0.9厘米。T63⑤BW145：1（图3-4-106，5；图版九八，2），夹炭红陶。外表施鲜红色陶衣并磨光。内表红色，胎芯黑色。鼓腹。高27.5、口径22.5、腹径28.9厘米。

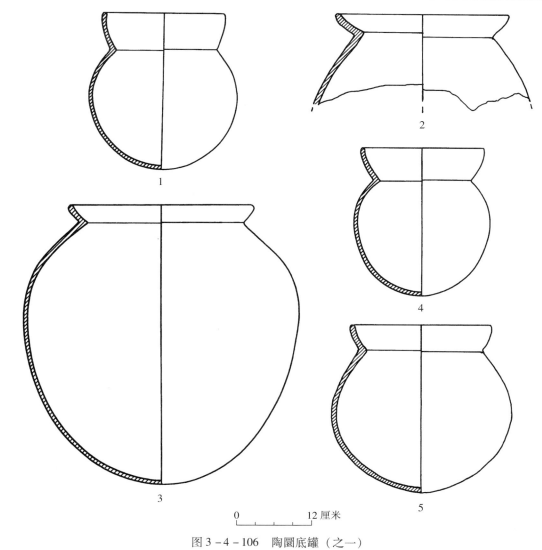

图 3 - 4 - 106　陶圜底罐（之一）

1.1 型 I 式（T10④W45：1）　2.1 型Ⅲ式（T11 南断崖 W21：1）　3.1 型 I 式（T7②CW16：1）　4.1 型 I 式（T6④
W104：1）　5.1 型Ⅱ式（T63⑤BW145：1）

四期地层标本：T6②CW2：2（图 3 - 4 - 107，8），夹炭红褐陶。内表凹凸不平。烧成温度较高，质地较硬，外表橙红黑不匀，内表橙红色。沿下端起棱，鼓腹。口径 16、胎厚 0.3 厘米。

Ⅲ式　3 件（内复原 1，残器 2）。最大径偏下。

二期地层标本：T11 西断崖 W25：1（图 3 - 4 - 107，2；图版九八，3），夹炭灰陶。溜肩，鼓腹。高 32、口径 28.2、腹径 34 厘米。

四期地层标本：T8②CW72：1（图 3 - 4 - 107，3），夹炭灰褐陶。质轻，这是夹炭陶的显著特点，断面上有明显的炭化稻壳痕迹，由于烧成温度较高，稻壳已烧成灰白色粉。敛口，斜肩。口沿残缺。胎厚 0.4～0.7 厘米。T11 南断崖 W21：1（图 3 - 4 - 106，2），夹炭灰褐陶。质轻而疏松。敛口，斜肩。口径 27 厘米。

2 型　5 件（内复原 2，残器 3）。翻沿圜底罐。分为 2 式。

I 式　2 件（内复原 1，残器 1）。最大径偏上。外表磨光。

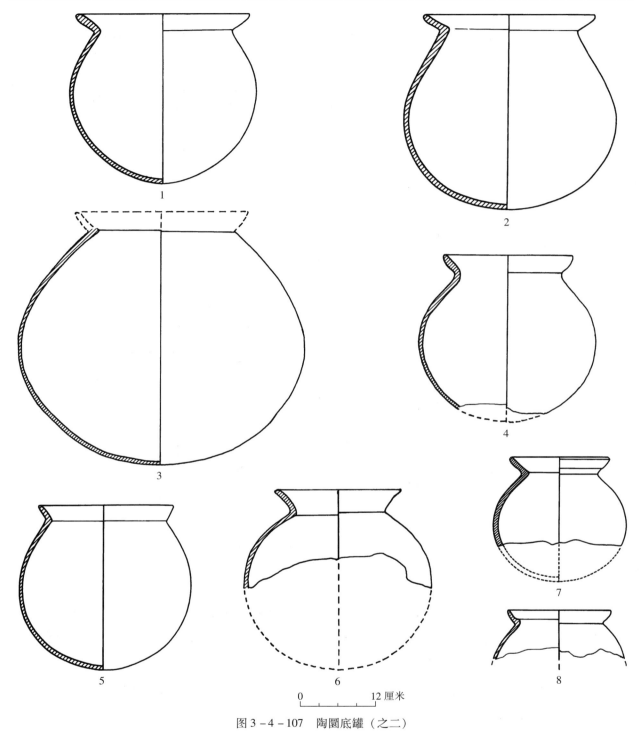

图 3 - 4 - 107　陶圜底罐（之二）

1.2 型 I 式（T6④G1∶53）　2.1 型Ⅲ式（T11 西断崖 W25∶1）　3.1 型Ⅲ式（T8②CW72∶1）　4.2 型 I 式（T55⑤H121∶36）
5.2 型Ⅱ式（T10③W44∶1）　6.2 型Ⅱ式（T51⑤A∶374）　7.1 型Ⅱ式（T51⑤BH48∶323）　8.1 型Ⅱ式（T6②CW2∶2）

　　一期晚段地层标本：T6④G1∶53（图 3 - 4 - 107，1；图版九八，4），夹炭红陶。外表施红陶衣。内表红色。高 27.6、口径 27.5 厘米。

　　二期地层标本：T55⑤H121∶36（图 3 - 4 - 107，4），泥质红陶。外表施红陶衣。内表红色。圆肩，底略残。口径 20.2、腹径 28 厘米。

Ⅱ式　3件（内复原1，残器2）。最大径在腹中部。外表磨光。

二期地层标本：T51⑤A∶374（图3-4-107，6），夹蚌红陶。内外表有许多不规则形的孔洞，这是蚌壳碎片消失后遗留的痕迹。外表施红陶衣，大部分已剥落。内表红色。圆肩，腹下部残缺。口径20、腹径29.2厘米。

三期地层标本：T10③W44∶1（图3-4-107，5；图版九八，5），夹炭红陶。外表施红陶衣。内底黑色。高27.8、口径23.4、腹径28.2厘米。

3型　14件（内复原13，残器1）。圜底小罐。圆唇，鼓腹。分为4式。

Ⅰ式　1件（复原）。折沿。

三期地层标本：T75④CH119∶7（图3-4-108，3），泥质红陶。内外表灰红不匀。手捏制。敛口，口沿不规整。高5.7、口径5厘米。

Ⅱ式　9件（内复原8，残器1）。侈口。

一期晚段地层标本：T69⑦∶123（图3-4-108，13），泥质红陶。器形很不规整，胎甚厚。圜底，外底留有细竖条纹，可能是竹篾编织物的印痕。口沿残缺。腹径5.9、胎厚1.1厘米。

二期地层标本：T53⑤B∶173（图3-4-108，5；图版九八，6），夹砂灰陶。手捏制，内外表凹凸不平。大口。高5.5、口径6、胎厚0.7厘米。T24④∶33（图3-4-108，2），泥质灰陶。腹部内表有泥条盘筑痕迹。外表灰黄不匀。器形甚小。高3.1、口径2.8厘米。

三期地层标本：T51④A∶189（图3-4-108，7），泥质红陶。内外表不平整，外表有拍打痕迹。高7.3、口径8.6厘米。T58④A∶17（图3-4-108，6），夹炭红褐陶。内外表有手捏指窝。深腹。高6.5、口径6.4、胎厚0.5~0.7厘米。T69④A∶77（图3-4-108，1），泥质灰陶。手捏制。内外表灰色。高3.8、口径3.6、胎厚0.8厘米。T74④A∶26（图3-4-108，9；图版九八，7），泥质灰陶，局部灰褐色。手捏制，外底凹凸不平。唇部压印花边。口沿外折，器形小，胎壁厚。高4.9、口径3.9、胎厚0.6厘米。

Ⅲ式　3件（复原）。直口。

一期晚段地层标本：T73⑦∶64（图3-4-108，11），泥质红陶。手捏制，外表凹凸不平，有拍打痕迹。内外表及胎芯红色。高5.6、口径4.8厘米。

三期地层标本：T60④A∶42（图3-4-108，4），泥质灰陶，灰褐不匀。口外有浅槽1周，呈子母口状。高6、口径5.7、胎厚0.7厘米。

四期地层标本：T56③∶22（图3-4-108，8），泥质红陶。高2.8、口径2.8厘米。

Ⅳ式　1件（复原）。圆唇，腹壁近直。

三期地层标本：T64④B∶30（图3-4-108，17），夹炭红陶。手捏制，器表凹凸不平，有孔隙。内外表红灰不匀。直口。高4.9、口径6.5厘米。

4型　1件（复原）。大口翻沿圜底罐。

四期地层标本：T57③A∶136（图3-4-108，18），夹细砂黑陶。内表有刮削痕迹。弧壁，略呈圜底。高9.6、口径15.6、胎厚0.25厘米。

另外，有圜底罐残片标本5件。

二期地层标本：T51⑤A∶496（图3-4-108，14），泥质灰陶。内外表有刮削痕迹。球形

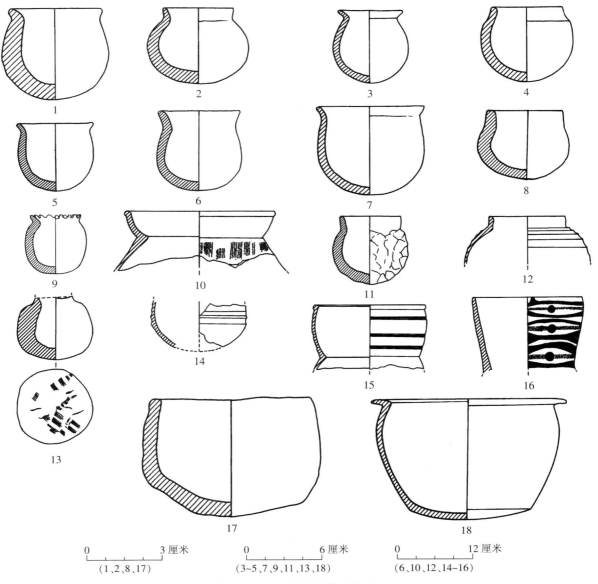

图 3 - 4 - 108　陶圜底罐（之三）

1. 3 型Ⅱ式（T69④A：77）　2. 3 型Ⅱ式（T24④：33）　3. 3 型Ⅰ式（T75④CH119：7）　4. 3 型Ⅲ式（T60④A：42）　5. 3
型Ⅱ式（T53⑤B：173）　6. 3 型Ⅱ式（T58④A：17）　7. 3 型Ⅱ式（T51④A：189）　8. 3 型Ⅲ式（T56③：22）　9. 3 型Ⅱ
式（T74④A：26）　11. 3 型Ⅲ式（T73⑦：64）　13. 3 型Ⅱ式（T69⑦：123）　17. 3 型Ⅳ式（T64④B：30）　18. 4 型（T57
③A：136）　圜底罐残片：10. T77⑤B：79　12. T51⑤BH45：502　14. T51⑤A：496　15. T11④：90　16. T11③：4

腹。腹壁饰宽凹弦纹。腹径 15 厘米。T51⑤BH45：502（图 3 - 4 - 108，12），夹炭红陶。外表施
红陶衣。内表灰色，胎芯黑色。矮领，圆唇，鼓腹，腹下部残缺。肩部饰瓦棱纹。口径 12、胎厚
0.4 ~ 0.6 厘米。T77⑤B：79（图 3 - 4 - 108，10），夹炭红陶。经慢轮修整，外表施红陶衣。胎芯
黑色。口沿外折，沿面下凹，斜壁，腹下部残缺。肩部饰竖向细绳纹。口径 24、胎厚 0.6 ~ 0.8 厘
米。T11④：90（图 3 - 4 - 108，15），夹炭红陶。经慢轮修整，外表施红陶衣。内表灰红色。大
口，宽沿，沿面下凹，圆唇，斜肩。领部饰凹弦纹 3 组，每组 2 周。口径 18、胎厚 0.3 ~ 0.6
厘米。

三期地层标本：T11③:4（图3-4-108，16），泥质红陶。直口，圆唇，仅存口沿。饰红彩平行条纹3周，条纹之间饰棕彩圆点纹、弧线纹。口径17.5厘米。

25. 陶小口广肩罐

共6件。腹下部均残缺。该器为颈部、肩部、腹部分别制作，然后将三部分接合在一起，内表留有接合的痕迹。

一期早段地层标本：T61⑦H144:10（图3-4-109，1），夹炭红褐陶。肩部内表用弧刃刮板进行横向刮削，因而呈现3周横向的凹槽，胎壁各部位厚薄不一，外表施红褐色陶衣，留有一道道清晰的横向磨光痕迹，俯视这些痕迹由4组平行线构成正方形，可知磨光的方法是：先将一个侧面横向磨光，转动一下坯体后，将第二个侧面磨光，再经转动，将第三、第四个侧面也磨光，磨光所用的工具应是质地坚硬而光滑的河卵石或骨器。小口，矮直领，广肩壁呈弧形。残高6.4、领高0.7、口径5、胎厚0.4~0.9厘米。T36⑦BH13:10（图3-4-109，2），夹炭红陶。肩部内表用弧刃刮板进行横向刮削，因而呈现横向的凹槽状，外表施红陶衣并磨光。内表灰色。小口，矮直领，广肩。口径5、领高0.8、胎厚0.4~0.8厘米。T36⑦BH13:15（图3-4-109，3），夹炭红褐陶。肩部内表经横向刮削，留有2周横向凹槽，外表施红褐色陶衣并磨光。小口，矮直领，广肩壁略直。残高5、领高0.9、口径5.2、胎厚0.6~1.2厘米。

一期晚段地层标本：T56⑦:117（图3-4-109，4），夹炭灰陶。内表有刮削痕迹，外表磨光。胎芯黑色。小口，矮领，广肩。口径5.5、胎厚0.7厘米。

二期地层标本：T53⑥:301（图3-4-109，5），夹炭红陶。内壁有刮削痕迹，胎壁厚薄不一，外表施红陶衣。小口，矮直领，广肩。口径5.5、胎厚0.5~0.9厘米。T55⑤H122:7（图3-4-109，6），夹炭红陶。外表施红陶衣。胎芯黑色。小口，矮直领，广肩。口径7.5、胎厚0.3~0.6厘米。

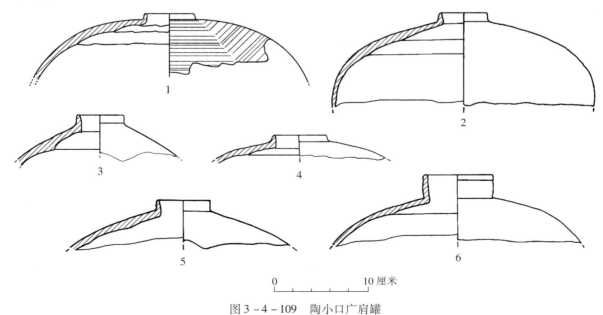

图3-4-109　陶小口广肩罐
1. T61⑦H144:10　2. T36⑦BH13:10　3. T36⑦BH13:15　4. T56⑦:117　5. T53⑥:301　6. T55⑤H122:7

26. 陶釜

共 47 件。其中复原 14 件，残器 7 件，有全形图实属残器 26 件。均为浅腹，圜底。它与圜底罐的主要差别在于腹部深浅不同。若干瓮棺（代号 W）以陶釜作为主要葬具，其内表往往凹凸不平，这是用拍子拍打外表进行整形时，内表以陶垫作依托所遗留的痕迹。有些作为瓮棺葬具的陶釜，在现场绘制有全形图，实物都酥碎未能复原属残器。分为 4 型。另有不分型式陶釜残片标本 15 件。

1 型 3 件（内复原 2，残器 1）。直口折腹釜。泥质红陶。

二期地层标本：T65⑤AS35：93（图 3 - 4 - 110，2），经慢轮修整，内外表施红陶衣并磨光。圆唇，斜壁内凹，折腹，腹下部内收成圜底。口外饰凹弦纹 3 周。高 10.6、口径 13.7、腹径 17.2、胎厚 0.3～0.5 厘米。T65⑤AS35：60（图 3 - 4 - 110，1；图版九九，1），制作精细，腹部外表经慢轮修整，留有细密轮纹，内外表施深红色陶衣并磨光。圆唇，口部与肩部无明显分界，腹下部内折收成圜底。肩部饰网状暗纹 1 周，腹上部饰凹弦状暗纹。高 11.8、口径 11.7、腹径 17.4、胎厚 0.4 厘米。

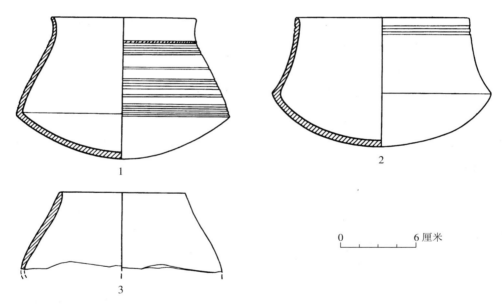

图 3 - 4 - 110 陶釜（之一）
1.1 型（T65⑤AS35：60） 2.1 型（T65⑤AS35：93） 3.1 型（T51④A：487）

三期地层标本：T51④A：487（图 3 - 4 - 110，3），内表有刮削痕迹，外表经磨光。内表及口沿灰色。肩部略内凹，腹下部残缺。口径 10、胎厚 0.3～0.5 厘米。

2 型 30 件（内复原 9，残器 4，有全形图实属残器 17）。凹沿外折釜。分为 5 式。

Ⅰ式 4 件（内复原 1，有全形图实属残器 3）。球形腹。

二期地层标本：T211 西北 W132：1（图 3 - 4 - 111，2），泥质红陶。口沿外表施红陶衣。敛口，圆唇，唇外有浅槽 1 周。高 27、口径 22 厘米。

四期地层标本：T7②CW8：1（图 3 - 4 - 111，1），夹炭灰褐陶。以炭化稻壳作羼和料，质轻而松软。内表浅灰色。敛口，圆唇。高 24、口径 27、胎厚 0.25～0.6 厘米。T7②CW29：1（图 3 -

0 ———— 12 厘米

图 3 - 4 - 111　陶釜（之二）

1. 2 型 I 式（T7②CW8：1）　　2. 2 型 I 式（T211 西北 W132：1）　　3. 2 型 I 式（T7②CW29：1）　　4. 2 型 II 式（T8②CW92：1）

5. 2 型 I 式（T8②CW73：1）　　6. 2 型 II 式（T8②CW77：1）　　7. 2 型 II 式（T8②CW81：1）

4－111，3；图版九九，2），夹炭红褐陶。烧成温度较高，内外表红褐色，胎芯黑色，质轻。敛口，圆唇。器形甚大。高38.4、口径29.4、腹径42、胎厚0.4~08厘米。T8②CW73：1（图3－4－111，5），夹炭灰褐陶。红褐、灰褐不匀，质轻而松软。敛口，圆唇。高42、口径27、腹径45厘米。

Ⅱ式　7件（内复原1，残器2，有全形图实属残器4）。扁鼓腹。

二期地层标本：T1④H2：61（图3－4－112，9），夹炭红陶。外表施红陶衣并磨光。内表红色。圆唇，圆肩，器身下半部残缺。口径18.6、胎厚0.3厘米。

四期地层标本：T8②CW77：1（图3－4－111，6），夹炭灰褐陶。质轻。内表不平整。敛口，圆唇。高28.2、口径20、胎厚0.4厘米。T8②CW80：1（图3－4－112，1），夹炭灰褐陶。质轻而松软。内表不平整。敛口，口沿残缺。腹径35.2、胎厚0.4~0.6厘米。T8②CW81：1（图3－4－111，7；图版九九，3），夹炭灰褐陶。内表橙黄色，质轻。敛口，圆唇。高26.5、口径27.6、腹径34.4、胎厚0.3厘米。T8②CW89：1（图3－4－112，3），夹炭灰褐陶。外表稍加磨光。烧成温度高，内表红色，质轻而较硬。敛口，圆唇。高30、口径32、胎厚0.3~0.6厘米。T8②CW92：1（图3－4－111，4），夹炭灰褐陶。敛口，圆唇。高27、口径22、胎厚0.4~0.4厘米。T41③B：11（图3－4－112，7），底残。夹炭灰陶。内表红色，胎芯红褐色。敛口，圆唇。口径15.8、腹径19.4、胎厚0.4厘米。

Ⅲ式　2件（内复原1，有全形图实属残器1）。扁鼓腹，口径与腹径相当。

二期地层标本：T68⑥H164：1（图3－4－112，6；图版九九，4），夹炭红陶。外表施深红色陶衣并磨光。内表红色。高7.7、口径11.6、腹径10.6、胎厚0.6~1厘米。

四期地层标本：T7②CW7：2（图3－4－112，5），夹炭灰褐陶。内外表有许多小浅窝，是炭化稻壳消失后遗留的痕迹，质轻而松软。高24、口径30、胎厚0.35~0.5厘米。

Ⅳ式　13件（内复原5，残器2，有全形图实属残器6）。溜肩，扁鼓腹。

一期晚段地层标本：T11④G1：76（图3－4－112，2；图版九九，5），泥质红陶。外表施红陶衣并磨光。内表灰色。高23.1、口径21.4、腹径30.7、胎厚0.4~0.7厘米。

二期地层标本：T55⑥H122：35（图3－4－113，7；图版九九，6），夹炭红陶。外表施深红色陶衣，经精细磨光，有光泽。外底呈红褐色，内表橙黄色。高18.8、口径18.6、腹径24.3、胎厚0.3厘米。T1④H2：55（图3－4－113，5），夹炭红陶。外表施红陶衣并磨光。外底褐色，内表灰色。高22.8、口径22.8、腹径27.6、胎厚0.3~0.4厘米。T4④：59（图3－4－112，8），夹炭红陶。外表施深红色陶衣，经精细磨光，有光泽。内表黄红色。口沿外折，沿面下凹。高16.9、口径18.7、腹径23.2、胎厚0.3厘米。T11④W50：1（图3－4－113，9；图版一〇〇，1），夹炭红陶。外表施红陶衣并磨光。外底褐色，内表灰色。高21.4、口径20.7、腹径25、胎厚0.3~0.4厘米。T39⑥A：31（图3－4－112，10；图版一〇〇，2），夹炭红陶。沿下有慢轮修整痕迹，外表经精细磨光，有光泽。外底红褐色，内表红色。高19.9、口径19.4、腹径25.5、胎厚0.4~0.6厘米。

四期地层标本：T7②CW26：1（图3－4－113，2），夹炭灰褐陶。质轻而松软。高24.8、口径32、胎厚0.3厘米。T7扩②CW34：1（图3－4－112，4），夹炭红褐陶。质轻而松软。高29.6、口径22、胎厚0.35~0.6厘米。T8②CW59：1（图3－4－113，4），夹炭灰褐陶。口沿残缺。胎厚

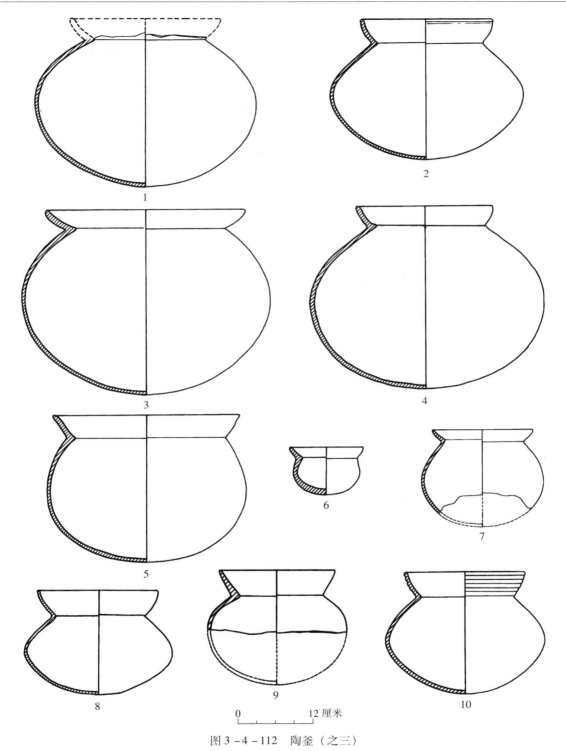

0　　　　　12 厘米

图 3 - 4 - 112　陶釜（之三）

1.2 型Ⅱ式（T8②CW80：1）　　2.2 型Ⅳ式（T11④G1：76）　　3.2 型Ⅱ式（T8②CW89：1）　　4.2 型Ⅳ式（T7 扩②CW34：1）
5.2 型Ⅲ式（T7②CW7：2）　　6.2 型Ⅲ式（T68⑥H164：1）　　7.2 型Ⅱ式（T41③B：11）　　8.2 型Ⅳ式（T4④：59）　　9.2 型Ⅱ
式（T1④H2：61）　　10.2 型Ⅳ式（T39⑥A：31）

0.3 厘米。T8②CW91：1（图 3 - 4 - 113，1），夹炭灰褐陶。质轻而松软。口沿残缺。胎厚 0.4 ~
0.6 厘米。T8②CW93：1（图 3 - 4 - 113，6），夹炭灰褐陶。内表红色。高 26.5、口径 24、胎厚
0.3 ~ 0.6 厘米。T9②CW95：1（图 3 - 4 - 113，8），夹炭灰褐陶。质轻而松软。高 20、口径 15.2、

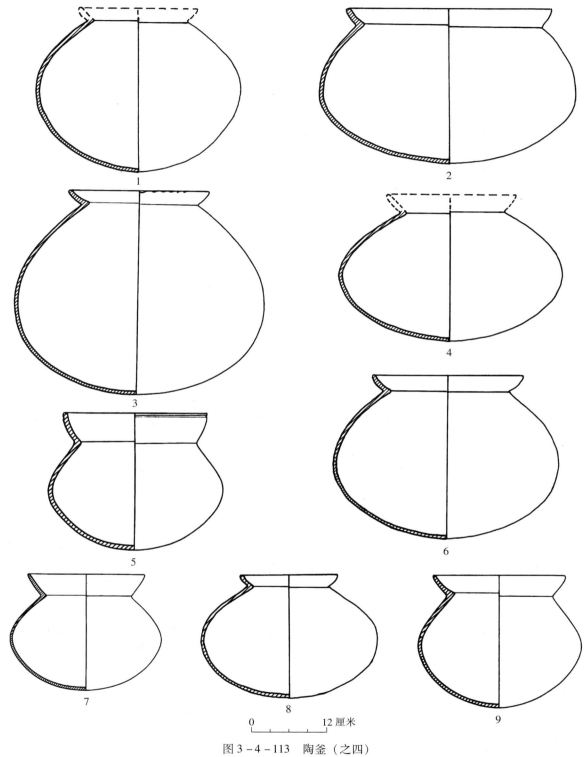

0　　　　　　12 厘米

图 3-4-113　陶釜（之四）

1.2 型Ⅳ式（T8②CW91∶1）　　2.2 型Ⅳ式（T7②CW26∶1）　　3.2 型Ⅴ式（T8②CW86∶1）　　4.2 型Ⅳ式（T8②CW59∶1）　　5.2 型Ⅳ式（T1④H2∶55）　　6.2 型Ⅳ式（T8②CW93∶1）　　7.2 型Ⅳ式（T55⑥H122∶35）　　8.2 型Ⅳ式（T9②CW95∶1）　　9.2 型Ⅳ式（T11④W50∶1）

胎厚 0.3~0.5 厘米。T9②CW96：1（图 3-4-114，4），夹炭灰褐陶。质轻而松软。高 21、口径 17、胎厚 0.4~0.5 厘米。

V 式　4 件（内复原 1，有全形图实属残器 3）。溜肩，最大径偏下。质轻而松软。

四期地层标本：T7②CW7：1（图 3-4-114，2），夹炭灰褐陶。高 30、口径 22、胎厚 0.35~ 0.5 厘米。T7 西扩②CW35：1（图 3-4-114，3），夹炭灰褐陶。内表不平整，呈子母口状。高 23.2、口径 22 厘米。T8②CW82：1（图 3-4-114，1；图版一○○，3），夹炭红褐陶。内表红色。高 26.3、口径 28 厘米。T8②CW86：1（图 3-4-113，3），夹炭灰褐陶。烧成温度较高，质地较硬。唇部压印花边。高 33、口径 22.5、腹径 39.6、腹厚 0.4~0.7 厘米。

3 型　1 件（残器）。窄沿扁鼓腹釜。

二期地层标本：T74⑤A：96（图 3-4-114，6），泥质红陶。内表留有若干明显的陶垫窝，因而呈现凹凸不平，这表明曾用拍子拍打外表进行整形，内表以陶垫作依托。外表施橙红色陶衣，经精细磨光，有光泽。肩部以上外表黑色、以下红色，内表灰色。敛口。底部残缺。颈部饰凹弦纹。口径 10、胎厚 0.35 厘米。

4 型　13 件（内复原 3，残器 1，有全形图实属残器 9）。翻沿釜。分为 2 式。

I 式　9 件（内复原 3，残器 1，有全形图实属残器 5）。球形腹，最大径在腹中部。

二期地层标本：T10④：45（图 3-4-114，7；图版一○○，4），夹炭红陶。内外表红色，外底红褐色。高 30.4、口径 26.4、腹径 33.7、胎厚 0.7 厘米。T211 以北 W126：1（图 3-4-115，1），夹砂红陶，红灰不匀。圆唇，沿面微凸。高 26.2、口径 19.6 厘米。T211 以北 W128：1（图 3-4-115，5），夹蚌红陶。圆唇，沿面微凸而外翻。高 23.6、口径 20、胎厚 0.5 厘米。T211 以北 W129：1（图 3-4-115，3），夹砂红陶，红灰不匀。沿面微凸而外翻。高 23.4、口径 21.4 厘米。T211 西北 W130：1（图 3-4-115，4），夹蚌红陶，掺和少量砂粒。表面有不规则形孔隙，内表不平整。圆唇，口沿略外翻。高 24.8、口径 20.4、胎厚 0.4 厘米。T211 西北 W131：1（图 3-43-114，5；图版一○○，5），夹蚌红陶。表面有不规则形孔隙，是蚌壳碎片消失后遗留的痕迹。内表红色。高 35.2、口径 29.6、胎厚 0.4 厘米。T211 西北 W133：1（图 3-4-116，1；图版一○○，6），夹蚌红陶，含蚌壳碎片及少量砂粒。内外表有较多不规则形孔隙。高 30、口径 23、腹径 34.2 厘米。T211 以南 W137：1（图 3-4-115，2），夹蚌红陶。圆唇，沿面甚凸而外翻。高 31.6、口径 27 厘米。

三期地层标本：T59④BH98：2（图 3-4-116，6），夹炭褐陶。沿面微凸，底部残缺。口径 21、腹径 26.4 厘米。

II 式　4 件（有全形图实属残器）。扁鼓腹，最大径在腹中部。

二期地层标本：T211 以北 W127：1（图 3-4-116，4），夹蚌红陶，含蚌壳碎片及少量砂粒。外表有较多不规则形孔隙，是蚌壳碎片消失后遗留的痕迹。高 30.6、口径 30.5、腹径 37 厘米。该陶釜瓮棺葬具之内有 2 件随葬的圈足盘，为 5 型 I 式 W127：2 及 6 型 V 式 W127：3。T211 西北 W134：1（图 3-4-116，5），夹砂红陶，掺和少量粗砂粒。敛口，圆唇。高 19、口径 23、胎厚 0.4 厘米。T211 以南 W135：1（图 3-4-116，2），夹砂红陶，掺和少量砂粒。沿面微凸而外翻，敛口，圆唇。高 31.5、口径 36、腹径 46.5 厘米。T211 以南 W136：1（图 3-4-116，3），夹砂红

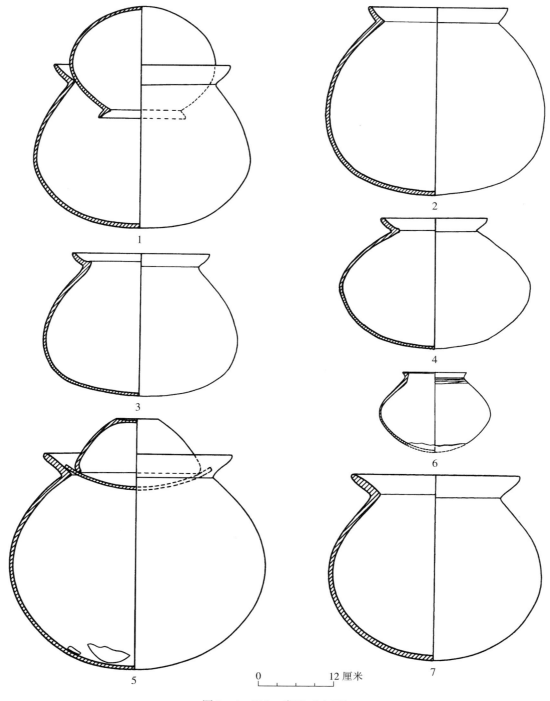

图 3 - 4 - 114　陶釜（之五）

1. 2 型 V 式（T8②CW82∶1）　　2. 2 型 V 式（T7②CW7∶1）　　3. 2 型 V 式（T7 西扩②CW35∶1）　　4. 2 型 Ⅳ 式（T9②CW96∶1）
5. 4 型 Ⅰ 式（T211 西北 W131∶1）　　6. 3 型（T74⑤A∶96）　　7. 4 型 Ⅰ 式（T10④∶45）

陶，掺和少量砂粒。口沿宽而厚，沿面外翻，敛口，圆唇。高 27、口径 25、腹径 34.8 厘米。

另外，有陶釜残片标本 15 件。凹沿外折。

一期早段地层标本：T57⑧∶166（图 3 - 4 - 117，1），夹炭红陶。经慢轮修整。外表先施较厚的红陶衣，后利用慢轮边旋转边用平刃的刮板将口沿下部及肩部的红陶衣刮削掉，被刮削部位的

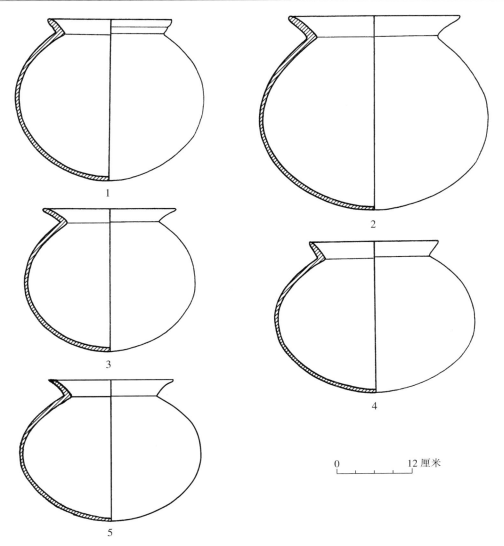

0   12 厘米

图 3 - 4 - 115　陶釜（之六）

1. 4 型 I 式（T211 以北 W126∶1）　　2. 4 型 I 式（T211 以南 W137∶1）　　3. 4 型 I 式（T211 以北 W129∶1）　　4. 4 型 I 式
（T211 西北 W130∶1）　　5. 4 型 I 式（T211 以北 W128∶1）

红陶衣隐约可见，沿下刮衣部分表面平整，但是粗糙，宽 2.6 厘米，其上下边缘整齐。口沿上部
和颈部保留下来的带状红陶衣经过磨光，作为装饰。刮衣与留衣两部分形成鲜明对照，刮衣是手
段，留衣才是目的。敛口，斜沿，斜肩。口径 20 厘米。T61⑦H144∶11（图 3 - 4 - 117，7），夹炭
红陶。经慢轮修整。外表先施红陶衣，后将口沿中下部及肩部的红陶衣刮削掉，口沿上部和颈部
保留下来的两周带状红陶衣经过磨光，作为装饰。刮衣与留衣两部分交界处微呈台阶状。敛口，
斜沿，尖唇，圆肩。残高 6、口径 20.5、胎厚 0.4 厘米。T36⑦BH13∶14（图 3 - 4 - 117，8），夹
炭红陶。经慢轮修整。外表施红陶衣，口沿中下部及肩部的红陶衣被刮削掉，口沿上部和颈部的
两周带状红陶衣经磨光。敛口，斜沿，尖唇，斜肩。残高 6.2、口径 21.6、胎厚 0.4 厘米。

　　一期晚段地层标本：T57⑦G8∶164（图 3 - 4 - 117，2），夹炭红陶。经慢轮修整。外表及沿面
施较厚的红陶衣。口沿中下部至颈上部刮削陶衣 1 周，刮衣宽 3.2 厘米，被刮削部位隐约可见陶
衣的痕迹。敛口，圆唇，弧壁，腹下残缺。口径 20 厘米。

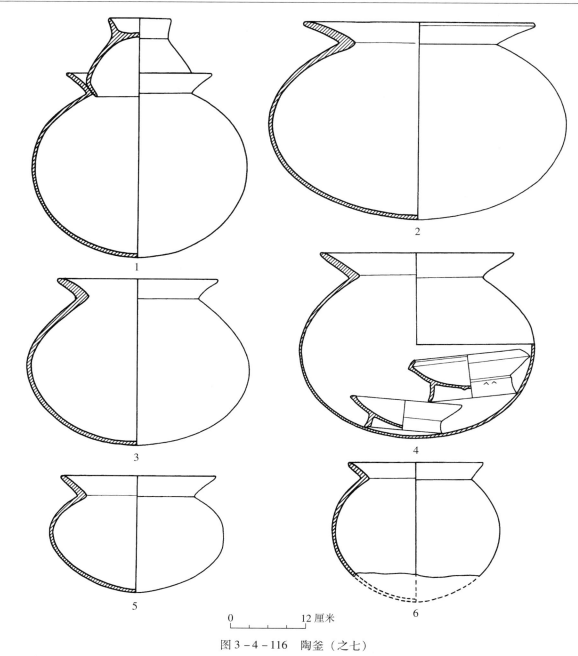

图 3 - 4 - 116　陶釜（之七）

1. 4 型 I 式（T211 西北 W133：1）　2. 4 型 II 式（T211 以南 W135：1）　3. 4 型 II 式（T211 以南 W136：1）　4. 4 型 II 式（T211 以北 W127：1）　5. 4 型 II 式（T211 西北 W134：1）　6. 4 型 I 式（T59④BH98：2）

　　二期地层标本：T53⑥：300（图 3 - 4 - 117，4），夹炭红陶。内外表施红陶衣，外表陶衣较厚。口沿中下部至颈上部刮削陶衣 1 周，刮衣宽 2 厘米。胎芯黑灰色。敛口，厚圆唇，斜肩，腹下部残缺。口径 19 厘米。T67⑥：142（图 3 - 4 - 117，5），夹炭红陶。经慢轮修整。外表施红陶衣，沿下隐约可见细绳纹，这表明先用绕细绳的拍子拍打外表进行修整，后在细绳纹地上施红陶衣，作为装饰。内表红色。圆唇。口径 20 厘米。T2④：52（图 3 - 4 - 117，6），泥质红陶。敛口，圆唇，斜直领。先施白陶衣为地，后在领上部饰棕彩三角纹 1 周，领中部饰红彩平行条纹 2 周，往下至颈部饰棕彩平行条纹 3 周。口径 8.1 厘米。T211 东北 W144：1（图 3 - 4 - 117，14），夹炭

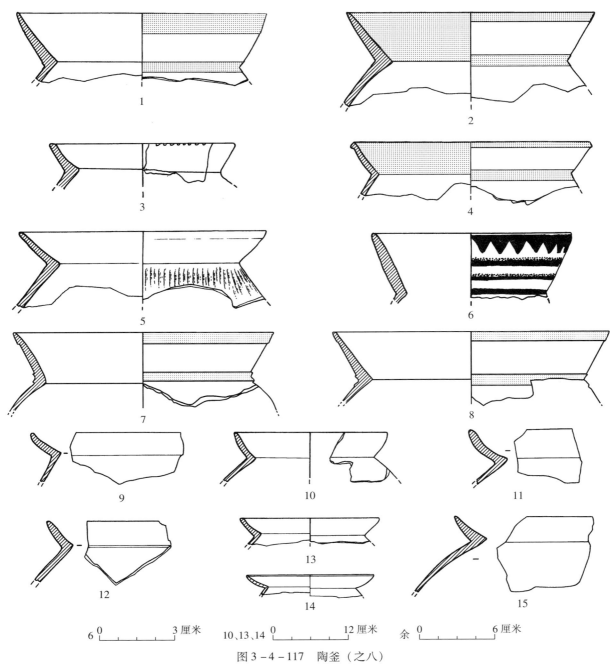

图 3 - 4 - 117　陶釜（之八）

1. T57⑧:166　2. T57⑦G8:164　3. T68③:138　4. T53⑥:300　5. T67⑥:142　6. T2④:52　7. T61⑦H144:11　8. T36⑦BH13:14
9. T7②CW56:1　10. T11 南断崖 W19:1　11. T9②CW97:1　12. T7②CW57:1　13. T6②CW1:1　14. T211 东北 W144:1　15. T8②
CW67:1

灰褐陶。唇内微起棱。口径 20、胎厚 0.4 厘米。

四期地层标本：T68③:138（图 3 - 4 - 117，3），夹炭红陶。经轮修。口沿外表红色，腹部外表黑色。折沿外斜，下部残缺。口沿存有压印花边 1 组，6 个。口径 15、胎厚 0.7 厘米。T6②CW1:1（图 3 - 4 - 117，13），夹炭灰褐陶。烧成温度较高，质地较硬。口径 22、胎厚 0.4 厘米。T7②CW56:1（图 3 - 4 - 117，9），夹炭深灰陶。质轻而松软。唇内微起棱。口径 22、胎厚 0.2 ~ 0.5 厘米。T7②CW57:1（图 3 - 4 - 117，12）夹炭灰褐陶。质轻而松软。口径 24、胎厚 0.25 ~

0.5 厘米。T8②CW67：1（图 3 - 4 - 117，15），夹炭灰褐陶。质轻而松软。口径 21、胎厚 0.4 ~ 0.6 厘米。T9②CW97：1（图 3 - 4 - 117，11），夹炭红褐陶。胎厚 0.3 ~ 0.6 厘米。T11 南断崖 W19：1（图 3 - 4 - 117，10），夹炭灰褐陶。质轻。鼓腹。口径 24、胎厚 0.4 ~ 0.6 厘米。

27. 陶鼎

共 21 件。其中完整 1 件，复原 8 件，残器 12 件。分为 5 型。

1 型 4 件（均残）。矮领折腹釜形鼎。分为 2 式。

Ⅰ式 3 件。溜肩，折腹。泥质红陶。

一期晚段地层标本：T57⑦：113（图 3 - 4 - 118，1），上部残缺。腹中部施深红色陶衣，下部将陶衣刮削掉，刮衣宽度约 1 厘米。外底用湿手抹平，但留有线纹痕迹，表明先用绕线拍子进行拍打整形，然后抹平。腹部有明显的折棱，三足呈角形。腹径 23.4、胎厚 0.3 厘米。

二期地层标本：T55⑤：80（图 3 - 4 - 118，2），下部残缺。外表施红陶衣并磨光。直口，口外有凹槽 1 周，呈子母口状，腹下部内收。肩部和折腹处各饰凹弦纹 2 周。口径 8、胎厚 0.3 ~ 0.7 厘米。

三期地层标本：T39④A：32（图 3 - 4 - 118，4），口沿及底部残缺。腹上部、下部分别制作，然后接合在一起，相接处内表有手抹痕迹。内表及胎芯深灰色。腹中部折棱处有凸棱，下部内收。腹上部饰凹弦纹 17 周，腹下部饰不规则的交错划纹。腹径 24、胎厚 1 厘米。

Ⅱ式 1 件。斜肩，折腹。

三期地层标本：T4③：68（图 3 - 4 - 118，6），下部残缺。泥质黑陶。内外表有慢轮修整痕迹，胎壁厚薄均匀，外表经磨光。烧成温度较高，质地较硬。敛口，折肩，折腹，腹下部内收。口径 14.5、胎厚 0.4 厘米。

2 型 4 件（内完整 1，复原 1，残器 2）。高领扁腹釜形鼎。分为 2 式。

Ⅰ式 2 件（内复原 1，残器 1）。斜领，折肩。

二期地层标本：T11④：81（图 3 - 4 - 118，3），三足残缺，外底留有足顶端的痕迹。泥质灰陶。外表磨光。圆唇外侧起棱，圜底。唇面饰凹弦纹 2 周，肩部饰凹弦纹 3 周。口径 15.6 厘米。T11④：82（图 3 - 4 - 118，5；图版一〇一，1），泥质黑陶。外表磨光。敛口，圆唇外凸，圜底，三足呈角形。唇面饰凹弦纹 1 周，肩部饰凹弦纹 2 周，足上端有圆形戳印纹 1 个。高 14.9、口径 14.2、足高 4.5、胎厚 0.3 厘米。

Ⅱ式 2 件（内完整 1，残器 1）。直领。内表有刮削痕迹。

二期地层标本：T51⑤BH45：299（图 3 - 4 - 118，9；图版一〇一，2），泥质红陶。直口，方唇，圜底，矮足呈倒梯形。高 9.3、口径 9、足高 2 厘米。T4④：69（图 3 - 4 - 118，7），下腹残缺。夹炭红陶。外表施红陶衣并磨光。胎芯黑色。直口，扁折腹，腹下部刮削陶衣。口径 11.4、腹径 19.6、胎厚 0.4 厘米。

3 型 8 件（内复原 3，残器 5）。折沿扁腹釜形鼎。分为 3 式。

Ⅰ式 1 件（复原）。斜沿。

一期晚段地层标本：T67⑦：80（图 3 - 4 - 118，8；图版一〇一，3），夹炭红陶。腹中部以上外表及沿面施鲜红色陶衣并磨光。内底浅灰色。敛口，圆唇，圜底，三足矮小，正面呈扁锥形，

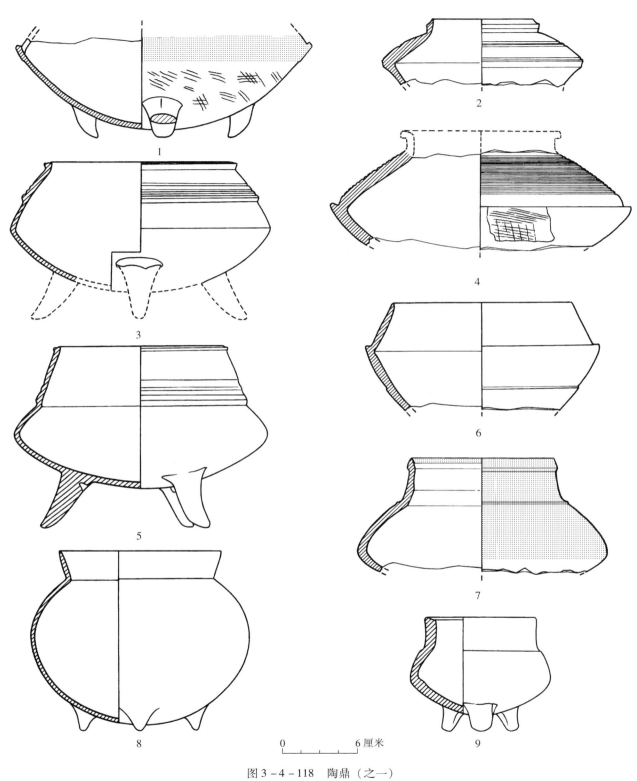

图 3 - 4 - 118　陶鼎（之一）

1. 1 型Ⅰ式（T57⑦:113）　　2. 1 型Ⅰ式（T55⑤:80）　　3. 2 型Ⅰ式（T11④:81）　　4. 1 型Ⅰ式（T39④A:32）　　5. 2 型Ⅰ式（T11④:82）
6. 1 型Ⅱ式（T4③:68）　　7. 2 型Ⅱ式（T4④:69）　　8. 3 型Ⅰ式（T67⑦:80）　　9. 2 型Ⅱ式（T51⑤BH45:299）

横断面呈圆角长方形。高 14.5、口径 12.9、胎厚 0.3~0.5 厘米。

Ⅱ式　2 件（残）。凹沿。夹炭红陶。

一期晚段地层标本：T11④G1∶100（图 3-4-119，1），经慢轮修整，外表施深红色陶衣，部分已脱落。内表红色，胎芯灰褐色。圆唇，圜底，足呈扁锥形。唇外侧有凹槽 1 周。口径 17、足高 7.7、胎厚 0.4 厘米。

二期地层标本：T72⑥B∶97（图 3-4-119，2），口沿外表有明显的炭化稻壳痕迹。口沿内表有慢轮修整痕迹，口沿、肩部外表及足正面施深红色陶衣并磨光，大部分陶衣已脱落。胎芯黑色。肩以下残缺。足呈弯锥形，足下端呈弧刃凿形。器形大，胎厚。唇外侧饰凹弦纹 5 周，足上部压印圆窝纹 8 个。口径 34、足高 11.6、胎厚 0.9 厘米。

Ⅲ式　5 件（内复原 2，残器 3）。口沿外折。

二期地层标本：T51⑤A∶498（图 3-4-119，3），肩腹大部分残缺。夹蚌红褐陶。内外表有蜂窝状小孔隙，是蚌壳碎片消失后遗留的痕迹。经慢轮修整。足呈扁三角形。口径 24.5、胎厚 0.4~0.6 厘米。T4④∶15（图 3-4-119，8；图版一〇一，4），泥质灰陶。腹部及沿面施红陶衣，大部分已脱落。敛口，圜底，三足矮小，足下部外撇呈角形。颈部存圆形小镂孔 1 个。高 6.8、口径 7.6、腹径 9.7、足高 1.3、胎厚 0.4 厘米。T5④B∶52（图 3-4-119，6），三足残缺，但留有安装足的疤痕。夹炭红陶。外表及沿面施深红色陶衣并磨光。敛口，圜底。口径 13.1、胎厚 0.4 厘米。

三期地层标本：T51④A∶177（图 3-4-119，5；图版一〇一，5），泥质红陶。内表有刮削痕迹。外表施红陶衣并磨光。敛口，圜底，足呈乳头状。肩部饰凹弦纹 2 周。高 12.2、口径 15.4、足高 2.3、胎厚 0.4~0.5 厘米。T22③∶47（图 3-4-119，9），口沿及足下端残。泥质橙黄陶。外表磨光。胎芯灰色。圜底，足小呈舌形。足上部饰椭圆形窝纹 1 个。腹径 13、胎厚 0.5~1.2 厘米。

4 型　4 件（内复原 3，残器 1）。折沿鼓腹釜形鼎。

三期地层标本：T70④B∶118（图 3-4-119，11），口沿及底部残缺。泥质灰陶。有慢轮修整痕迹。内表灰色，足呈褐色。足矮小呈倒梯形，横断面呈椭圆形。足高 1.5、胎厚 0.3 厘米。T74④A∶35（图 3-4-119，4），夹炭红陶。内表有刮削痕迹。敛口，方唇，唇内起棱呈倒钩状，足呈鸭嘴形。高 14.5、口径 14.2、腹径 15.5、足高 6.1、胎厚 0.3 厘米。T75④CH119∶11（图 3-4-119，7），夹炭红陶。外表施红褐色陶衣并磨光。内表红褐色。圆唇，圜底，足矮小呈圆锥形。高 8.1、口径 9.2、腹径 10、胎厚 0.3 厘米。T9③∶29（图 3-4-119，10；图版一〇一，6），泥质红陶。外表施红陶衣并磨光。内表上部红色、下部黑色。圆唇，溜肩，最大腹径偏下，圜底，足小呈乳头状。高 9.8、口径 9.7、足高 1.1、胎厚 0.3 厘米。

5 型　1 件（复原）。盆形鼎。

四期地层标本：T76③∶13（图 3-4-119，12；图版一〇二，1），泥质黑陶。内外表磨光。微敛口，圆唇，凹沿外折，弧壁扁腹，圜底，三足系由圈足切割而成，留有切割痕迹。足矮小呈倒梯形，横断面呈长方形。腹下部饰贴弦纹 1 周。高 8.4、口径 14.3、足高 1.5、胎厚 0.2 厘米。

另外，有鼎足标本 48 件。分为 10 式。

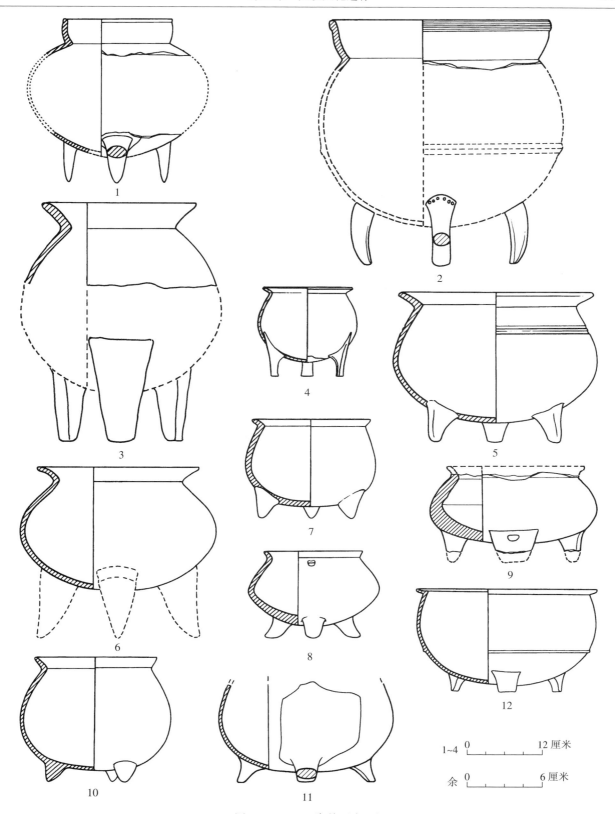

图 3－4－119　陶鼎（之二）

1.3 型Ⅱ式（T11④G1∶100）　　2.3 型Ⅱ式（T72⑥B∶97）　　3.3 型Ⅲ式（T51⑤A∶498）　　4.4 型（T74④A∶35）　　5.3 型Ⅲ式（T51④A∶177）　　6.3 型Ⅲ式（T5④B∶52）　　7.4 型（T75④CH119∶11）　　8.3 型Ⅲ式（T4④∶15）　　9.3 型Ⅲ式（T22③∶47）　　10.4 型（T9③∶29）　　11.4 型（T70④B∶118）　　12.5 型（T76③∶13）

Ⅰ式　6件。倒梯形。

一期晚段地层标本：T54⑦H57：4（图3－4－120，6），夹蚌红陶。正侧施红陶衣。足上宽下窄，上厚下薄，横断面呈半圆形，下端平齐。足正面上部压印椭圆形小窝纹11个，稍下压印窝纹3个。足高16、上宽6、下宽2.3厘米。

二期地层标本：T51⑤A：499（图3－4－120，5），夹蚌红陶。胎芯呈蜂窝状孔隙，是蚌壳碎片消失后遗留的痕迹。外表施红陶衣。胎芯灰色。足上宽下窄，横断面呈长方形。足高15.3、上宽6厘米。T53⑥：304（图3－4－120，1），夹炭夹蚌红陶，炭化稻壳与蚌壳碎片两种羼和料并用。胎芯黑色。足上宽下窄，上厚下薄，正面外凸，背面平整，下端外撇。正面压印椭圆形窝纹3个。足高7厘米。T4④：71（图3－4－120，2），夹炭灰陶。胎芯含有红烧土粒，这是罕见现象，是所用陶土不纯所致。足上厚下薄，两侧内凹。正面存有压印椭圆形窝纹3个，背面压印大椭圆形窝纹1个。足高10厘米。

三期地层标本：T56④A：110（图3－4－120，4），夹炭夹蚌红褐陶。足两侧微内凹，横断面呈长方形，下端平齐。正面上部压印椭圆形窝纹5个。足高14.6厘米。

四期地层标本：T69③B：175（图3－4－120，3），夹炭红陶。胎芯黑色。足横断面呈长方形。正面上部压印椭圆形窝纹3个，横向排列。足高10.5厘米。

Ⅱ式　6件。铲形。

二期地层标本：T53⑤A：292（图3－4－120，7），夹炭夹蚌红陶。足略呈梯形，下端平齐。足高14.6厘米。T69⑤A：180（图3－4－120，10），夹细砂红褐陶。足上宽下窄，背面外凸，下端平齐。正面上部压印椭圆形窝纹1个。足高9、宽2.2~4.4厘米。T70⑤G5：26（图3－4－120，9），夹砂白陶。胎芯白色。足宽扁，较薄。足宽3.6厘米。T11④：91（图3－4－120，12），夹炭红陶。胎芯灰色。足上宽下窄，两侧微内凹。正面上部存有压印小椭圆形窝纹6个，背面上端压印大椭圆形窝纹1个。足高10.6厘米。

三期地层标本：T62④A：64（图3－4－120，8），夹炭夹蚌红陶，两种羼和料并用。表面多孔隙。正面施红陶衣。足甚高，下部扁平。足高17厘米。

四期地层标本：T67③B：134（图3－4－120，11），夹细砂夹蚌红陶，细砂与蚌壳碎片两种羼和料并用。足上厚下薄，两侧呈弧状，下部扁平。正面上部压印椭圆形窝纹1个。足高10厘米。

Ⅲ式　4件。瓦形。瓦形鼎足在大溪文化中罕见，在后来的屈家岭文化中常见。

二期地层标本：T69⑤B：182（图3－4－120，13），夹炭橙黄陶。胎芯黑色。足两侧边缘外卷，正面中部形成竖向凹槽，形如瓦状，往下向内倾斜。足高7.3厘米。T11④：92（图3－4－120，15），夹炭橙黄陶。正面经磨光。足呈倒梯形，正面中部有竖向凹槽1道，背面有凸棱，横断面呈三棱形。下端残缺。残高10厘米。

三期地层标本：T57④A：169（图3－4－120，14），夹炭夹蚌橙黄陶。足上部甚宽，下部较窄，正面中部有竖向凹槽1道。足高11.5厘米。T64④B：150（图3－4－120，16），夹炭夹蚌红陶。正面磨光。胎芯黑色。足呈凹腰形，正面中部有竖向凹槽1道，背面有凸脊。足高6.2厘米。

Ⅳ式　5件。凿形。

二期地层标本：T51⑤A：500（图3－4－120，17），夹炭夹蚌红陶。足上宽下窄，下部呈圆锥

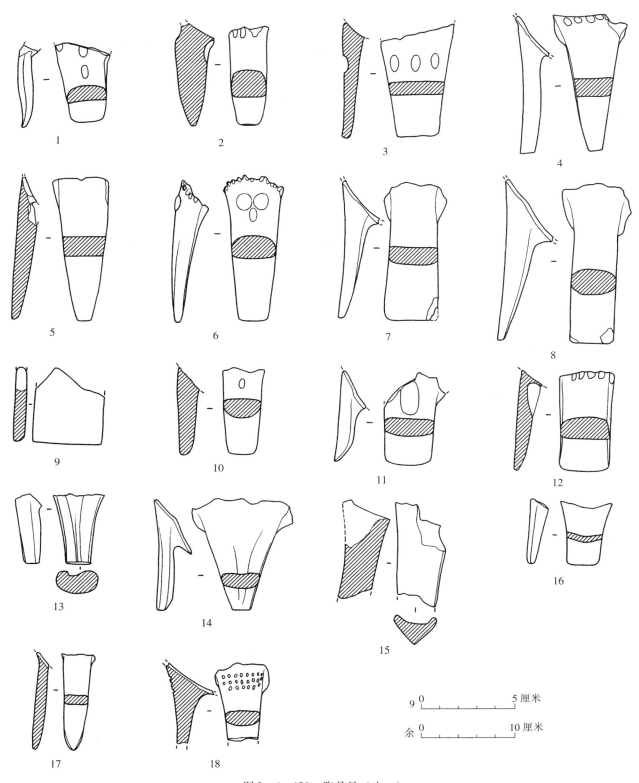

图 3 - 4 - 120　陶鼎足（之一）

1. Ⅰ式（T53⑥:304）　2. Ⅰ式（T4④:71）　3. Ⅰ式（T69③B:175）　4. Ⅰ式（T56④A:110）　5. Ⅰ式（T51⑤A:499）
6. Ⅰ式（T54⑦H57:4）　7. Ⅱ式（T53⑤A:292）　8. Ⅱ式（T62④A:64）　9. Ⅱ式（T70⑤G5:26）　10. Ⅱ式（T69⑤A:180）
11. Ⅱ式（T67③B:134）　12. Ⅱ式（T11④:91）　13. Ⅲ式（T69⑤B:182）　14. Ⅲ式（T57④A:169）　15. Ⅲ式（T11④:92）
16. Ⅲ式（T64④B:150）　17. Ⅳ式（T51⑤A:500）　18. Ⅳ式（T67⑤AG5:140）

状，横断面呈圆角长方形。足高 10 厘米。T53⑤A：294（图 3 - 4 - 121，2），夹炭夹蚌红陶，表面多孔隙。足上宽下窄，下部呈锥状。足高 12.5 厘米。T67⑤AG5：140（图 3 - 4 - 120，18），夹炭夹蚌红陶。足上宽下窄，下端残缺。正面上部戳印横行小窝纹 3 排，排列密集。

三期地层标本：T70④B：117（图 3 - 4 - 121，3），夹炭夹蚌红褐陶。正面施红陶衣，大部分已脱落。足上宽下窄，下部呈锥形而且外撇。足高 14.8 厘米。

四期地层标本：T70③：115（图 3 - 4 - 121，1），夹炭橙黄陶。质地松软。足上宽下窄，下端稍残。正面上部压印窝纹 2 个。残高 10.7 厘米。

Ⅴ式　9 件。圆锥形。

一期晚段地层标本：T57⑦：163（图 3 - 4 - 121，6），夹炭红褐陶，略含细砂粒。足上宽下窄。正面上部压印窝纹 4 个。足高 7 厘米。T69⑦H170：4（图 3 - 4 - 121，7），夹炭红褐陶。足正面上半部刻划竖条纹 1 道，足根附近压印椭圆形和弯月形窝纹共 10 个，横向排列。足高 8.5 厘米。

二期地层标本：T52⑥：226（图 3 - 4 - 121，5），夹炭红陶。正面施红陶衣。胎芯黑色。足横断面呈圆角方形。正面上部用刀具剔刻曲折纹，曲折纹下侧压印椭圆形窝纹 1 个。足残高 7 厘米。T53⑤A：293（图 3 - 4 - 121，4），夹炭夹蚌红陶。正面上部压印椭圆形窝纹 3 个，稍下剔刻椭圆形窝纹 1 个。足高 13.6 厘米。T55⑤H112：15（图 3 - 4 - 121，9），夹炭红陶。正面施红陶衣。足横断面略呈圆形。正面上部压印椭圆形窝纹 4 个。足高 7 厘米。T65⑥：114（图 3 - 4 - 121，10），夹炭红陶。正面施红陶衣，大部分已脱落。足横断面呈椭圆形。正面上部附加略呈方形凸纽 1 个，这是罕见现象。足高 7.7 厘米。T6④：59（图 3 - 4 - 121，11），夹炭红陶。正面上部用手捏成花边状泥突，也是罕见现象。稍下剔刻椭圆形深窝纹 1 个。足高 13 厘米。T23④H24：2（图 3 - 4 - 121，8），夹炭红陶。胎芯黑色。足上粗下细。正面上部压印椭圆形窝纹 3 个。足高 8.6 厘米。

三期地层标本：T65④CH120：8（图 3 - 4 - 121，12），夹蚌红陶。正面施红陶衣。正面上部压印不规则形小窝纹。足高 9.5 厘米。

Ⅵ式　3 件。扁锥形。

二期地层标本：T74⑤AH113：36（图 3 - 4 - 121，15），夹炭红褐陶。烧成温度较高，质地较硬。正面上部压印椭圆形窝纹 1 个。足高 13.5 厘米。

三期地层标本：T11③：85（图 3 - 4 - 121，17），夹砂红褐陶。质较硬。足正面略呈正方形，侧面呈三角形。正面上部压印窝纹 2 个。下端残。足残高 9.5 厘米。

四期地层标本：T69③B：176（图 3 - 4 - 121，14），夹蚌橙黄陶。足正面上部压印椭圆形窝纹 2 个。下端残。足残高 9.6 厘米。

Ⅶ式　8 件。角形。

一期晚段地层标本：T74⑦：173（图 3 - 4 - 121，16），夹细砂灰陶。局部红褐色，质较硬。足正面呈长方形，侧面呈角形，下部外撇。正面压印椭圆形窝纹 4 个，排成 1 行。足高 10.4 厘米。

二期地层标本：T51⑤B：501（图 3 - 4 - 121，19），泥质红陶。正面施红陶衣并磨光。足上粗下细，侧面呈角形。正面上部剔刻三角形窝纹 1 个。足高 4.5 厘米。T68⑤：140（图 3 - 4 - 121，

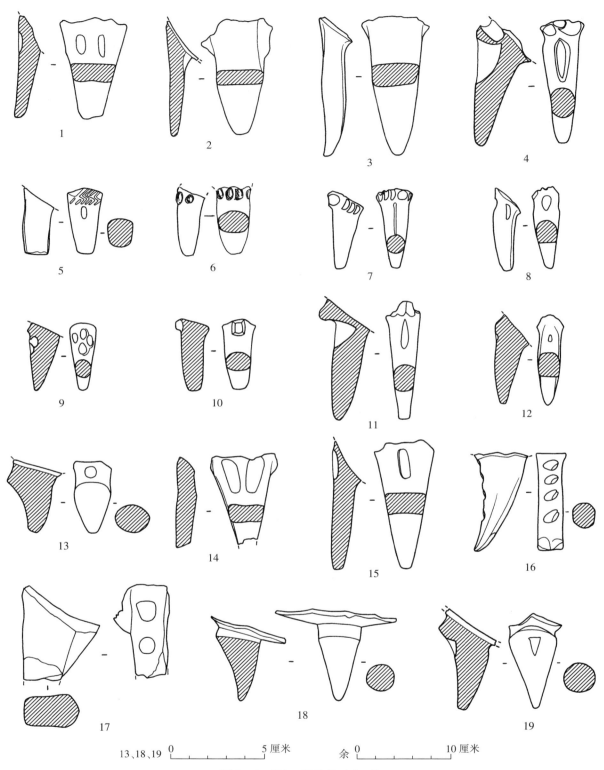

图 3 - 4 - 121　陶鼎足（之二）

1. Ⅳ式（T70③：115）　2. Ⅳ式（T53⑤A：294）　3. Ⅳ式（T70④B：117）　4. Ⅴ式（T53⑤A：293）　5. Ⅴ式（T52⑥：226）　6. Ⅴ式（T57⑦：163）　7. Ⅴ式（T69⑦H170：4）　8. Ⅴ式（T23④H24：2）　9. Ⅴ式（T55⑤H112：15）　10. Ⅴ式（T65⑥：114）　11. Ⅴ式（T6④：59）　12. Ⅴ式（T65④CH120：8）　13. Ⅶ式（T68⑤：140）　14. Ⅵ式（T69③B：176）　15. Ⅵ式（T74⑤AH113：36）　16. Ⅶ式（T74⑦：173）　17. Ⅵ式（T11③：85）　18. Ⅶ式（T1④H2：95）　19. Ⅶ式（T51⑤B：501）

13），泥质红褐陶。正面施红陶衣。足上粗下细，侧面上部外凸，往下内收。正面上部压印圆窝纹 1 个。足高 4 厘米。T1④H2：95（图 3 - 4 - 121，18），泥质红陶。正面施红陶衣，大部分已脱落。足侧面外凸，往下斜收呈锥形。足高 4.2 厘米。

三期地层标本：T53④：284（图 3 - 4 - 122，3），夹炭红陶。正面施红陶衣。足正面有竖向凸棱，横断面呈不规则菱形。正面上半部剔刻长条状窝纹 3 个，中间一个大而深。足高 9 厘米。T53④：285（图 3 - 4 - 122，2），泥质红陶。正面施红陶衣并磨光。足粗矮，正面略呈三角形，侧面呈锥形。正面上部剔刻三角形窝纹 1 个。足高 4 厘米。T56④BH94：3（图 3 - 4 - 122，11），泥质红陶。正面施红陶衣，大部分已脱落。足上宽下窄，正面略呈三角形，侧面呈角形。正面上部剔刻三角形窝纹 1 个。足高 3.2 厘米。T11③：86（图 3 - 4 - 122，1），泥质红陶。正面施红陶衣，大部分已脱落。足正面如舌形，侧面呈角形。正面剔刻大三角形窝纹 1 个。足高 3.2 厘米。

Ⅷ式　3 件。鸭嘴形。

二期地层标本：T53⑤A：295（图 3 - 4 - 122，5），夹细砂灰陶。局部泛红色。足正面上窄下宽，侧面上宽下窄，下端平齐。足高 6.7 厘米。

三期地层标本：T57④BH96：22（图 3 - 4 - 122，4），夹砂深灰陶。足正面上窄下宽，侧面呈三角形。足高 5 厘米。T76④B：32（图 3 - 4 - 122，10），夹砂深灰陶。足侧面近似三角形。足高 6.3 厘米。

Ⅸ式　2 件。舌形。

三期地层标本：T75④C：209（图 3 - 4 - 122，7），夹炭夹蚌红陶。胎芯灰色。足上宽下窄，横断面略呈椭圆形。正面上部压印圆窝纹 3 个。足高 8 厘米。

四期地层标本：T70③：114（图 3 - 4 - 122，6），夹砂夹蚌灰褐陶。足上宽下窄。正面上部压印圆窝纹 1 个。足高 2.2 厘米。

Ⅹ式　2 件。凹腰形。

三期地层标本：T51④A：486（图 3 - 4 - 122，9），夹炭夹蚌橙黄陶。表面多孔隙。足上下宽，中部窄，呈凹腰形。足高 5.7 厘米。T75④C：208（图 3 - 4 - 122，8），夹炭夹蚌橙黄陶。表面多小孔隙。足上下宽，中部稍窄，略呈凹腰形，下端微弧。足高 6.5 厘米。

28. 陶甑

共 14 件。其中复原 2 件，残器 12 件。分为 4 型。

1 型　2 件（均残）。圜底甑。夹炭红陶。分为 2 式。

Ⅰ式　1 件。侈口，浅盆形。

二期地层标本：T72⑤AH118：2（图 3 - 4 - 123，1；图版一〇二，2），含有少量蚌壳碎片。敞口，口沿外翻，圆唇，弧壁，底部残缺。腹壁有密集的圆形甑孔，孔径 1.1 ~ 1.25 厘米。口径 28、胎厚 1.1 ~ 1.2 厘米。

Ⅱ式　1 件。圜底多孔。

三期地层标本：T75④CH119：20（图 3 - 4 - 123，2），残存底部。外表经磨光。底部中央有圆形大甑孔 1 个，周壁有若干圆形小甑孔。胎厚 0.5 ~ 0.8 厘米。

2 型　3 件（上半部残缺）。平底甑。

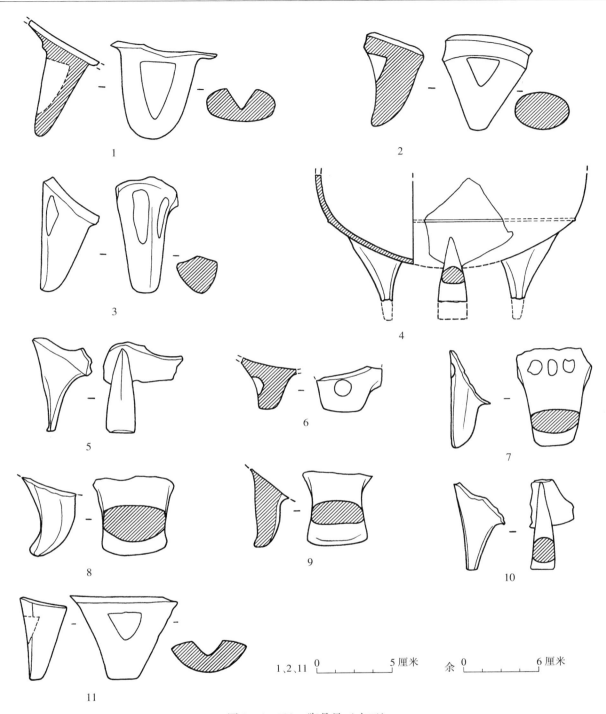

图 3 - 4 - 122　陶鼎足（之三）

1. Ⅶ式（T11③：86）　2. Ⅶ式（T53④：285）　3. Ⅶ式（T53④：284）　4. Ⅷ式（T57④BH96：22）　5. Ⅷ式（T53⑤A：295）　6. Ⅸ
式（T70③：114）　7. Ⅸ式（T75④C：209）　8. Ⅹ式（T75④C：208）　9. Ⅹ式（T51④A：486）　10. Ⅷ式（T76④B：32）　11. Ⅶ式
（T56④BH94：3）

　　二期地层标本：T69⑤B：184（图 3 - 4 - 123，4），上部残缺。泥质红陶，烧成温度较高，质
地较硬。斜直壁，下端内收，平底中部有圆形大甑孔 1 个。腹中部饰斜线纹。底径 8、胎厚 0.6 厘
米。T77⑤B：46（图 3 - 4 - 123，6），上部残缺。夹细砂红陶。内壁下部留有手指印痕和刮削痕
迹。斜弧壁，小平底，底部中央有圆形大甑孔 1 个，内底孔的边缘有明显的泥凸，这表明甑孔是

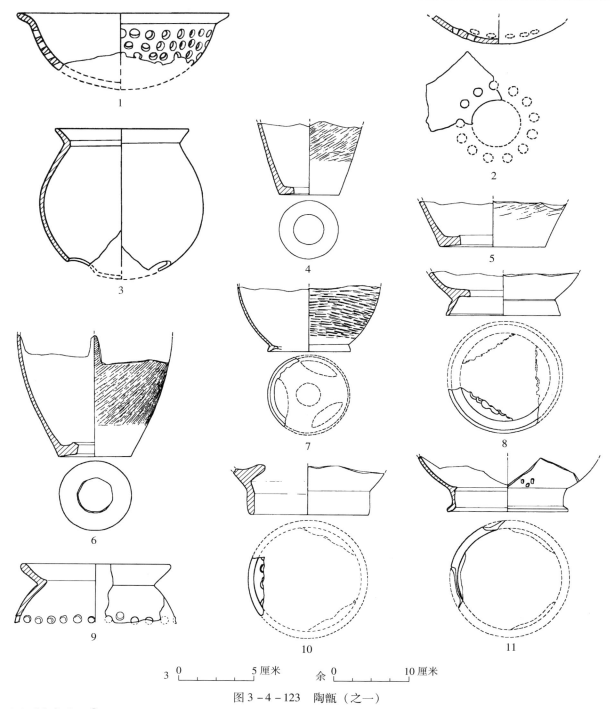

3 0 ————— 5厘米　　余 0 ————— 10厘米

图 3-4-123　陶甑（之一）

1. 1型Ⅰ式（T72⑤AH118：2）　2. 1型Ⅱ式（T75④CH119：20）　3. 4型Ⅰ式（T64④AH110：117）　4. 2型（T69⑤B：184）
5. 2型（T77⑤B：78）　6. 2型（T77⑤B：46）　7. 3型Ⅰ式（T74④B：170）　8. 3型Ⅰ式（T69⑤B：185）　9. 4型Ⅱ式（T65⑤
B：112）　10. 3型Ⅰ式（T67⑤AG5：139）　11. 3型Ⅰ式（T67④B：137）

在坯体含水量较高、胎尚软时用锥状工具由外底向内捅成的。近底部外表为素面，其余部位布满
斜线纹，这是用绕线拍子进行拍打整形的痕迹。底径9.8、胎厚0.4厘米。T77⑤B：78（图3-4-
123，5），泥质橙黄陶。外表有刮削痕迹，内表凹凸不平并有手抹痕迹。斜壁，下部内收，底部中
央有圆形大甑孔1个。腹部外表饰稀疏的斜划纹。底径14、胎厚0.6厘米。

3 型　7 件（内复原 2，残器 5）。圈足甑。折沿。分为 2 式。

Ⅰ式　6 件（内复原 1，残器 5）。鼓腹。

二期地层标本：T67⑤AG5：139（图 3 - 4 - 123，10），腹上部残缺。泥质红陶。经慢轮修整，外表施红陶衣，大部分已脱落。烧成温度较高，质地较硬。斜弧壁，高圈足，圈足与腹下部之间残存算隔（又称算托），可用于承托算子，以便在算子上蒸食物。圈足径 16、胎厚 0.9 厘米。T69⑤B：185（图 3 - 4 - 123，8），上腹残缺。泥质橙黄陶。外表磨光。烧成温度高，质地硬。圈足径 15 厘米。出土时还共存算隔及陶算子的残片。

三期地层标本：T64④AH110：15（图 3 - 4 - 124，1），腹部稍残。夹细砂灰陶。折沿，勾唇，圈足甚矮，底部中央有圆形甑孔 1 个，周边有梭形甑孔 3 个。腹中部外表饰凸弦纹 2 周，在凸弦纹上存有压印纹 2 组。口径 19.6、圈足径 11.5、胎厚 0.35 厘米。T67④B：137（图 3 - 4 - 123，11），泥质黑陶。内表灰色。高圈足，圈足与腹下部之间残存算隔 1 个。腹下部外表存有椭圆形戳印纹 1 组，3 个。圈足径 16 厘米。T74④B：170（图 3 - 4 - 123，7），泥质黑陶。器底与腹壁之间留有接合痕迹，经慢轮修整，胎壁厚薄均匀。内表灰色。底部周边残存数个梭形甑孔。腹下部饰斜浅篮纹。圈足径 11、胎厚 0.4 厘米。T76④BF30：23（图 3 - 4 - 124，2；图版一〇二，3），夹细砂红陶。由于 F30 失火时"复烧"变形，内外表凹凸不平，质地坚硬。内表橙红色。敛口，折沿，圆唇，沿面起棱，粗大圈足，底部中央有圆形大甑孔 1 个，周边有半圆形甑孔 5 个，孔径 3～3.8 厘米。腹中部外表饰凸弦纹 1 周，凸弦纹上压印椭圆形窝纹 7 组，每组 7 个。高 17.9、口径 16.2、圈足径 11.4、胎厚 0.35 厘米。

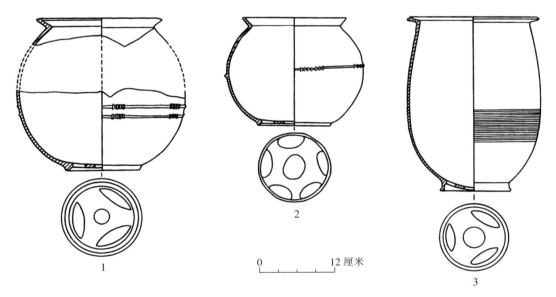

图 3 - 4 - 124　陶甑（之二）
1. 3 型Ⅰ式（T64④AH110：15）　2. 3 型Ⅰ式（T76④BF30：23）　3. 3 型Ⅱ式（T55③：8）

Ⅱ式　1 件（复原）。深腹。

四期地层标本：T55③：8（图 3 - 4 - 124，3；图版一〇二，4），泥质深灰陶。口沿外折，沿面下凹，直口，圆唇，内侧有凹槽 1 周，腹部瘦长呈筒状，圈足甚矮。底部中央有圆形甑孔 1 个，周边有梭形甑孔 3 个。腹下部饰凹弦纹 20 周，排列密集。高 28.6、口径 20.8、圈足径 10.9、胎厚 0.3 厘米。

　　4 型　2 件（均残）。深腹罐形甑。折沿。分为 2 式。

　　Ⅰ 式　1 件。

　　三期地层标本：T64④AH110：117（图 3 - 4 - 123，3），泥质红陶。外表施红陶衣并磨光。内表红色。圆唇，底部应有圆形大甑孔 3 个，现存 1 个，孔径 4.5 厘米。残高 19、口径 17.5、胎厚 0.4 ~ 0.6 厘米。

　　Ⅱ 式　1 件。

　　二期地层标本：T65⑤B：112（图 3 - 4 - 123，9），夹炭红褐陶。折沿，圆唇，弧壁，下腹残缺。上腹部残存一排小圆孔。口径 20、胎厚 0.4 ~ 0.8 厘米。

　　29. 陶研磨器

　　大溪文化第二期至第四期都有研磨器出土。陶质有泥质红陶、泥质灰陶和泥质黑陶。器形有盆形和罐形两种：盆形的口部一侧附加簸箕形流，另一侧口沿下部附加半环状横耳 1 个；罐形的口部一侧附加管状流，另一侧未见横耳。

　　两种研磨器的内表都有用篦子划成的沟槽。现今湖北、湖南农村还有陶质的研磨器，内表也有沟槽，当地俗称"擂盆"。它主要用于把浸泡过的大米、花生等食物置于盆内，手持研磨棒在盆内转圈研磨将食物磨碎，晾干后称"擂茶"，以备食用。沟槽在研磨过程中具有将食物磨碎的重要作用。

　　共 12 件。其中复原 4 件，残器 8 件。分为 2 型。另有不分型式研磨器残片标本 2 件。

　　1 型　4 件（内复原 2，残器 2）。盆形研磨器。平底，腹较浅。分为 3 式。

　　Ⅰ 式　2 件（内复原 1，残器 1）。厚圆唇，腹壁微鼓。泥质红陶。

　　三期地层标本：T51④AH39：350（图 3 - 4 - 125，1；图版一〇三，1），外表有刮削痕迹，施红陶衣。内表红色。口微敛，口外有凹槽 1 周，未见流。内表有斜向沟槽和交错沟槽，是用篦子从内底向上划成的。高 13.3、口径 22、底径 13.5 厘米。T9③：44（图 3 - 4 - 125，4；图版一〇三，2），外表及沿面施红陶衣。敞口，弧壁，口部一侧有簸箕形流。内表用篦子划成沟槽，有的呈交错状，排列密集。唇厚 1.4、胎厚 0.6 厘米。

　　Ⅱ 式　1 件（残）。厚方唇，腹壁微鼓。泥质红陶。

　　二期地层标本：T53⑤A：305（图 3 - 4 - 125，5），内表有刮削痕迹，外表施红陶衣。口部一侧附加簸箕形流，底部残缺。内表篦划交错沟槽。腹径 20.8 厘米。

　　Ⅲ 式　1 件（复原）。折沿，敛口，方唇。泥质红陶。

　　三期地层标本：T71④F：93（图 3 - 4 - 125，3），外表施红陶衣。内表有刮削痕迹，外表稍加磨光。折敛口，口外有凸棱，小平底微外凸。腹下部内壁及内底篦划交错沟槽。高 11、口径 24.6、底径 9.8、胎厚 0.5 ~ 0.8 厘米。

　　2 型　8 件（内复原 2，残器 6）。罐形研磨器。圆唇，弧壁。分为 3 式。

　　Ⅰ 式　3 件（均残）。口微敛，窄沿外翻。

　　三期地层标本：T75④B：211（图 3 - 4 - 125，8），泥质深灰陶。内表深灰色。鼓腹，沿下附加管状流，底部残缺。内表篦划密集的沟槽。口径 19、流直径 2.5、胎厚 0.3 ~ 0.6 厘米。

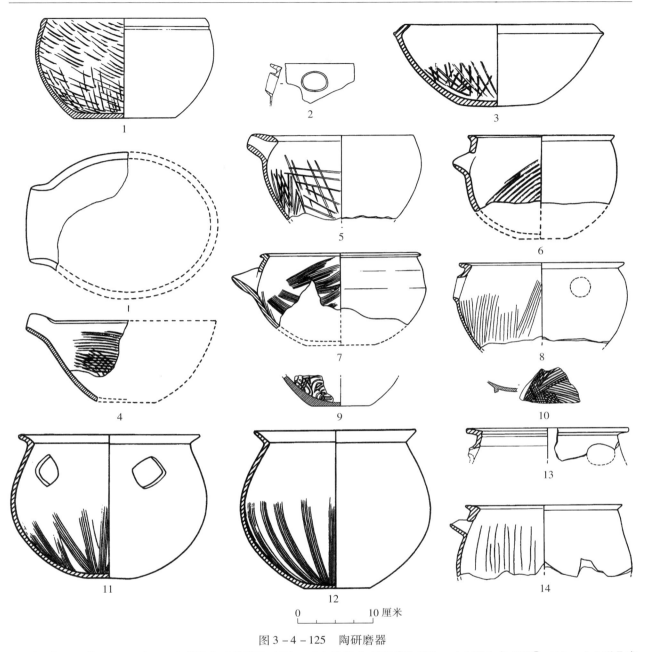

图 3 - 4 - 125　陶研磨器

1.1 型 I 式（T51④AH39：350）　　2.2 型Ⅲ式（T67③B：147）　　3.1 型Ⅲ式（T71④F：93）　　4.1 型 I 式（T9③：44）　　5.1 型Ⅱ式（T53⑤A：305）　　6.2 型 I 式（T6②C：1）　　7.2 型 I 式（T52 扩③：18）　　8.2 型 I 式（T75④B：211）　　9. 研磨器片（T67④D：148）　　10. 研磨器片（T55④：86）　　11.2 型Ⅱ式（T39④A：35）　　12.2 型Ⅲ式（T1②C：8）　　13.2 型Ⅲ式（T64③B：164）　　14.2 型Ⅱ式（T1③：19）

　　四期地层标本：T52 扩③：18（图 3 - 4 - 125，7；图版一○三，3），泥质红陶。外表有刮削痕迹，施红陶衣并磨光。腹壁微鼓，口沿下部附加簸箕形流。内表篦划沟槽。口径 21.2、流宽 7.3、胎厚 0.4 厘米。T6②C：1（图 3 - 4 - 125，6），泥质红陶。外表施红陶衣并磨光。深腹外鼓，口部一侧附加簸箕形流，底部残缺。内表篦划密集的弧线状沟槽。口径 19.5、流宽 8.4、流长 3、胎厚 0.8 厘米。

　　Ⅱ式　2 件（内复原 1，残器 1）。窄沿外折，鼓腹。

三期地层标本：T1③：19（图 3 - 4 - 125，14），下部残缺。泥质红陶。腹上部附加半环状流，内壁刻划竖向沟槽。口径 21、流直径 2.7 厘米。T39④A：35（图 3 - 4 - 125，11；图版一〇三，4），泥质灰陶。小平底。腹上部有菱形镂孔 2 个，左右对称，起流的作用。内表篦划沟槽。高 19.6、口径 24.4、腹径 26.6、底径 7.6、胎厚 0.4 厘米。

Ⅲ式 3 件（内复原 1，残器 2）。宽沿外折。

四期地层标本：T64③B：164（图 3 - 4 - 125，13），泥质黑陶。口部一侧附加管状流。内壁篦划沟槽。口径 21.6、胎厚 0.6 厘米。T67③B：147（图 3 - 4 - 125，2），泥质黑陶。口部一侧附加管状流。内壁篦划沟槽。胎厚 0.5 厘米。T1②C：8（图 3 - 4 - 125，12），泥质灰陶。溜肩，最大径在腹中部，小平底。内壁篦划竖直沟槽多组，每组 7～9 道，由此可见，用于划沟槽的篦子大约有 9 个篦齿。高 21.8、口径 21.6、腹径 26.3、底径 8.6、胎厚 0.4 厘米。

另外，有研磨器残片标本 2 件。

三期地层标本：T55④：86（图 3 - 4 - 125，10），泥质黑陶。矮圈足。内表篦划交错沟槽，沟槽间距 0.25 厘米。T67④D：148（图 3 - 4 - 125，9），泥质红陶。小平底，胎壁甚厚。内表篦划交错弧线状沟槽。胎厚 0.7～1.1 厘米。

30. 陶瓮

共 29 件。其中复原 1 件，残器 28 件。分为 2 型。

1 型 28 件（内复原 1，残器 27）。弇口瓮。分为 8 式。

Ⅰ式 4 件（残器）。宽平沿，广肩。均为泥质红陶。

二期地层标本：T53⑤A：261（图 3 - 4 - 126，3），仅存口部。施白陶衣，饰红彩凹边三角纹和竖条纹。口径 20 厘米。

三期地层标本：T1③：21（图 3 - 4 - 126，2），外表施红陶衣、宽带白陶衣。肩部饰黑彩平行条纹 2 周，在条纹之间的白陶衣地上饰黑彩凹边三角纹，在两组三角纹之间饰红彩竖条纹、圆点纹、斜弧线纹。口径 20.6 厘米。T2③：94（图 3 - 4 - 126，6），外表施红陶衣并磨光。胎芯黑色。方唇，宽平沿下侧附加拱形器耳。胎厚 0.5 厘米。T37④A：9（图 3 - 4 - 126，1），肩部及腹下部施红陶衣。扁鼓腹。腹上部施白陶衣，在白陶衣地上饰黑彩凹边三角纹和红彩斜线、圆点纹，整体成连续交叉的花瓣纹。口径 14、胎厚 0.4 厘米。

Ⅱ式 8 件（内复原 1，残器 7）。圆唇外侧起棱，鼓腹。

二期地层标本：T56⑥：116（图 3 - 4 - 126，7），泥质红陶。器表局部有刮削痕迹，外表施红陶衣。腹部残存附加堆纹 1 组。口径 20 厘米。T61⑤AH115：75（图 3 - 4 - 126，4；彩版二〇，4），泥质橙黄陶。内表有刮削痕迹，肩部施白陶衣。口部饰黑彩 2 周；肩部存有黑彩竖条纹 2 组，每组 3 道，外面 2 道内侧各饰棕彩竖条纹 1 道；2 组竖条纹之间饰黑彩倒人字纹。口径 9.8、胎厚 0.8 厘米。T62⑤A：16（图 3 - 4 - 126，5），泥质红陶。肩部两侧附加鹰嘴状纽 2 个。上腹部饰棕彩平行条纹、凹边三角纹、圆点纹。口径 18.8 厘米。T62⑤AH141：22（图 3 - 4 - 127，5），泥质红陶。外表施红陶衣并磨光。口径 14、胎厚 0.7 厘米。T64⑤A：44（图 3 - 4 - 127，2；图版一〇三，5），泥质红陶。外表施鲜红色陶衣并磨光。小平底。腹上部饰凸弦纹 4 周，凸弦纹上压印椭圆形窝纹，呈链条状。高 37.6、口径 23、腹径 45.6、底径 13.2、胎厚 0.4～0.7 厘米。

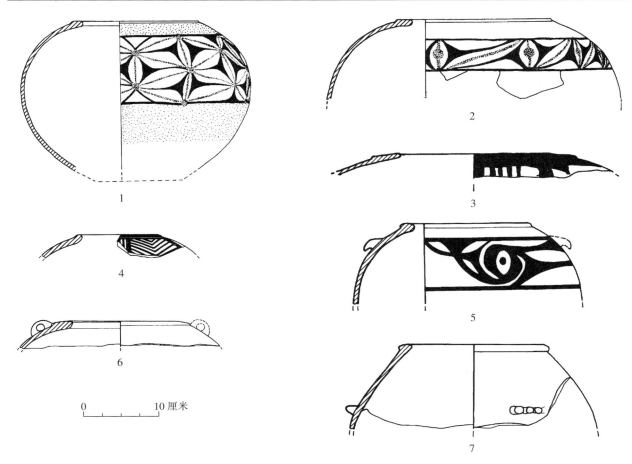

图 3 - 4 - 126　陶瓮（之一）

1.1 型 I 式（T37④A：9）　　2.1 型 I 式（T1③：21）　　3.1 型 I 式（T53⑤A：261）　　4.1 型 II 式（T61⑤AH115：75）　　5.1 型
II 式（T62⑤A：16）　　6.1 型 I 式（T2③：94）　　7.1 型 II 式（T56⑥：116）

　　三期地层标本：T52④A：104（图 3 - 4 - 127，1），泥质红陶。外表施鲜红色陶衣并磨光。肩部、腹部分别饰黑彩平行条纹 2 周和 1 周，其间饰黑彩绳索纹。口径 15、胎厚 0.4 厘米。T38④A：43（图 3 - 4 - 127，3），泥质橙黄陶。经慢轮修整。烧成温度较高，质地较硬。肩部残存凹弦纹 12 周。口径 24、胎厚 0.7 厘米。

　　四期地层标本：T51③：62（图 3 - 4 - 127，4），泥质红陶。外表及沿面磨光。肩部饰黑彩平行条纹、绳索纹。口径 17、胎厚 0.4 厘米。

　　III 式　2 件（残器）。圆唇，溜肩。

　　二期地层标本：T53⑤A：296（图 3 - 4 - 127，9），夹炭红陶。内表存有手抹痕迹。内表红褐不匀，胎芯灰色。沿下饰凹弦纹 1 周，凹弦纹上、下压印窝纹。口径 14、胎厚 0.4 ~ 0.6 厘米。

　　三期地层标本：T69④CH133：8（图 3 - 4 - 127，7），夹炭橙黄陶。鼓腹。口径 14、胎厚 0.5厘米。

　　IV 式　2 件（残器）。方唇，鼓腹。

　　二期地层标本：T1④：93（图 3 - 4 - 127，8），夹炭橙黄陶。口径 17、胎厚 1 厘米。

　　三期地层标本：T34④C：45（图 3 - 4 - 127，6），夹炭红陶。外表施红陶衣。胎芯黑色。沿下

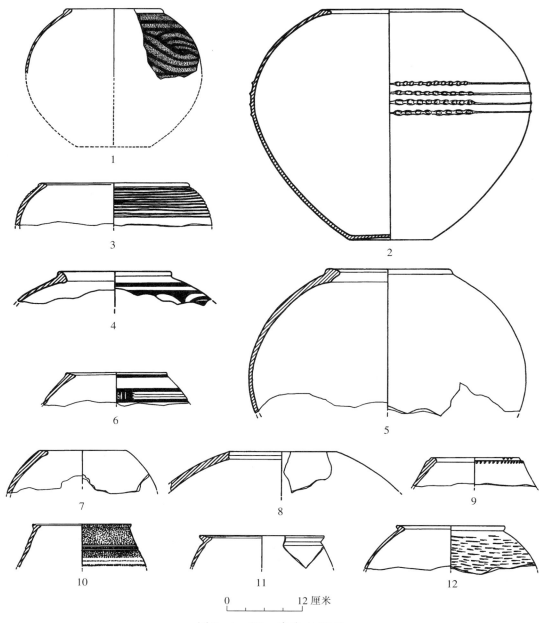

图 3 - 4 - 127　陶瓮（之二）

1.1 型 Ⅱ 式（T52④A：104）　2.1 型 Ⅱ 式（T64⑤A：44）　3.1 型 Ⅱ 式（T38④A：43）　4.1 型 Ⅱ 式（T51③：62）　5.1 型 Ⅱ 式（T62⑤
AH141：22）　6.1 型 Ⅳ 式（T34④C：45）　7.1 型 Ⅲ 式（T69④CH133：8）　8.1 型 Ⅳ 式（T1④：93）　9.1 型 Ⅲ 式（T53⑤A：296）
10.1 型 Ⅴ 式（T71④F：125）　11.1 型 Ⅴ 式（T77⑤A：82）　12.1 型 Ⅵ 式（T67⑤B：141）

及肩部饰黑彩平行条纹 3 周，肩部条纹之间饰黑彩竖条纹，竖条纹一侧饰锯齿纹。口径 16、胎厚
0.3 厘米。

　　Ⅴ 式　2 件（残器）。T 形口沿，斜腹。

　　二期地层标本：T77⑤A：82（图 3 - 4 - 127，11），夹细砂黑陶。沿面饰凹弦纹，凹弦纹之间
压印短条纹。口径 19.8、胎厚 0.4 ~ 0.5 厘米。

　　三期地层标本：T71④F：125（图 3 - 4 - 127，10），泥质红陶。外表施红陶衣，腹部又施白陶
衣。白衣地上饰宽凹弦纹 2 周及红彩宽、窄平行条纹 4 周。口径 16 厘米。

Ⅵ式　4件（残器）。翻沿，断面呈三角形。

二期地层标本：T67⑤B：141（图3－4－127，12），泥质灰陶。外表经慢轮修整，但隐约可见浅横篮纹，表明先用篮纹拍子进行拍打整形，后经慢轮修整。口径17、胎厚0.3～0.4厘米。

三期地层标本：T52④A：200（图3－4－128，1），泥质红陶。沿面及外表施红陶衣，外表磨光。肩部、腹部各饰黑彩平行条纹2组，每组2周，条纹之间饰黑彩变体绳索纹。口径16、胎厚0.2厘米。T52④A：223（图3－4－128，2），泥质深灰陶。经慢轮修整。肩部两侧附加弓形纽。

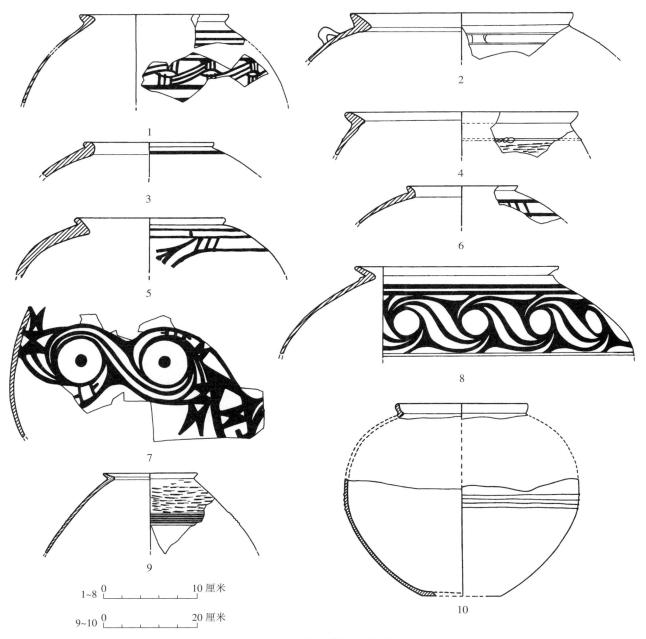

图3－4－128　陶瓮（之三）

1. 1型Ⅵ式（T52④A：200）　　2. 1型Ⅵ式（T52④A：223）　　3. 1型Ⅶ式（T53④：247）　　4. 1型Ⅵ式（T66④C：72）　　5. 1型Ⅶ式（T71④C：116）　　6. 1型Ⅶ式（T51④A：218）　　7. 1型Ⅶ式（T75④E：206）　　8. 1型Ⅶ式（T67④D：133）　　9. 1型Ⅷ式（T76③H180：2）　　10. 2型（T7②CW15：1）

肩部饰凸弦纹 2 周。口径 24、胎厚 0.4～0.5 厘米。T66④C：72（图 3－4－128，4），泥质灰陶。质硬，经慢轮修整。肩部饰凸弦纹 1 周，凸弦纹上压印窝纹。口径 25、胎厚 0.3 厘米。

Ⅶ式　5 件（残器）。翻沿，广肩。泥质红陶。外表施红陶衣。

三期地层标本：T51④A：218（图 3－4－128，6），沿面及外表施红陶衣，外表磨光。肩部饰黑彩平行条纹，条纹之间饰竖条纹。口径 11.8、胎厚 0.3 厘米。T53④：247（图 3－4－128，3），外表先施白陶衣，后饰黑彩条纹，大部分陶衣和纹饰已脱落。口径 12.6 厘米。T67④D：133（图 3－4－128，8），肩部、腹部残片分别饰黑彩平行条纹 2 周和 1 周，其间饰黑彩弧线圆圈构成的连续漩涡纹。口径 21.6 厘米。T71④C：116（图 3－4－128，5），饰棕彩平行条纹、竖条纹、弧线纹。口径 16 厘米。T75④E：206（图 3－4－128，7），饰黑彩圆点纹、圆圈纹、漩涡纹及对称三角纹，图案复杂，线条流畅。

Ⅷ式　1 件（残器）。斜沿外折，溜肩。

四期地层标本：T76③H180：2（图 3－4－128，9），泥质橙黄陶。经轮修。肩部饰凸弦纹，压印不规则的细横条纹。口径 20、胎厚 0.3 厘米。

2 型　1 件（残器）。敛口矮领瓮。

四期地层标本：T7②CW15：1（图 3－4－128，10），泥质红陶。内表红色。圆唇，鼓腹，小平底。腹中部饰贴弦纹 4 周。系瓮棺葬具，底部中央凿成一孔，表示死者的灵魂可以出入。高 42、口径 28、底径 16.8、胎厚 0.7 厘米。

31. 陶尊

共 14 件。其中复原 2 件，残器 12 件。敞口，斜沿外折，尖圜底。分为 4 式。另有不分式陶尊片标本 4 件。

Ⅰ式　8 件（内复原 2，残器 6）。斜弧壁。

二期地层标本：T52⑤B：152（图 3－4－129，11），口沿残片。泥质白陶，含少量粗砂粒。内外表及胎芯白色。方唇，颈部有凹槽。唇面及肩部各饰圆圈形戳印纹 1 周，系用管状工具（竹管或骨管）戳印而成，圆圈中部再用细棍戳印圆点 1 个，肩部圆圈纹的两侧各饰小三角形戳印纹 2 周，沿下饰长条形戳印纹 1 周。口径 31、胎厚 0.9 厘米。T55⑥：34（图 3－4－129，7），口沿残片。夹砂白陶。胎壁有 3 层，中层稍厚是原胎，内外两层较薄是后加的，起加固作用。内外表都不平整，是用绕细绳拍子拍打外表、内表以陶垫作依托遗留的痕迹。方唇。口径 34、胎厚 0.5 厘米。T57⑥B：101（图 3－4－130，4），口沿残片。泥质白陶。内外表白色。口沿外折，方唇。唇面、肩部用管状工具饰圆圈形戳印纹各 1 周，沿下部压印短条纹，颈部、肩部、腹部各饰三角形戳印纹 2 周。纹饰排列有序。口径 30.8、胎厚 0.8 厘米。T61⑥CH136：1（图 3－4－129，1；图版一〇三，6），夹砂红陶。内表红色，外底局部深灰色。圆唇，弧壁，深腹，下部内收成尖底。腹部饰密集的竖向细绳纹。高 40.7、口径 40.6、胎厚 0.8～4 厘米。T64⑤AH102：151（图 3－4－129，2；图版一〇四，1），夹砂灰陶。方唇，弧壁，深腹。沿下饰凹弦纹 7 周，腹中部饰竖向粗绳纹。高 37.5、口径 38、胎厚 0.8 厘米。T70⑥：53（图 3－4－129，5），口沿残片。夹砂白陶，内外表及胎芯皆白色。肩部为双层胎，内层为原胎，外层是后加的。方唇。唇面压印斜条纹。口径 32、胎厚 1.2 厘米。T1④：94（图 3－4－129，4），腹下部残缺。夹砂红褐陶。经慢轮修整。圆

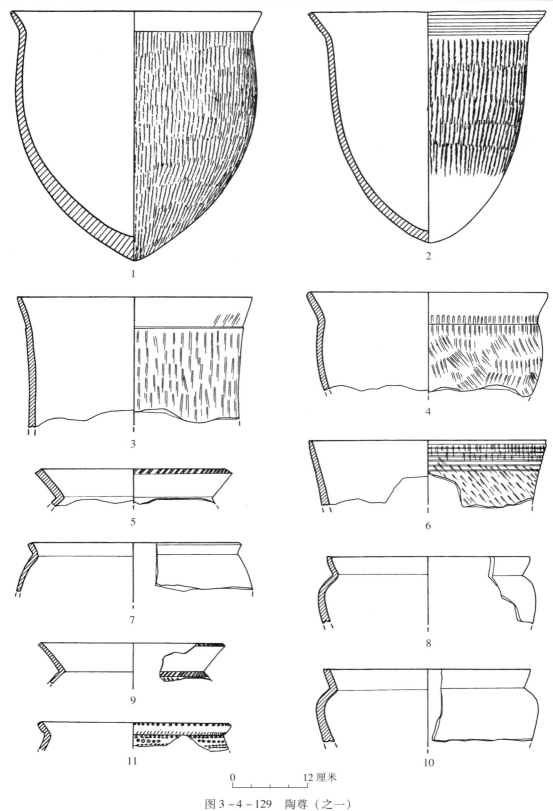

图 3 - 4 - 129 陶尊（之一）

1. I 式（T61⑥CH136：1） 2. I 式（T64⑤AH102：151） 3. II式（T51④A：489） 4. I式（T1④：94） 5. I式（T70⑥：53）
6. II 式（T51⑤BH45：504） 7. I 式（T55⑥：34） 8. III式（T8④B：59） 9. I 式（T23④：42） 10. III式（T5④B：36）
11. I 式（T52⑤B：152）

唇。领与肩之间饰凸弦纹 1 周，局部被竖条纹所压，腹部隐约可见斜线纹。口径 38、胎厚 0.9 厘米。T23④:42（图 3 - 4 - 129，9），口沿残片。夹砂白陶，内表白色。肩部外侧后加 1 层，起加固作用。方唇。唇面、肩部戳印横人字形纹。口径 30、胎厚 0.8 厘米。

Ⅱ式　2 件（均残）。斜壁。

二期地层标本：T51⑤BH45:504（图 3 - 4 - 129，6），夹砂红褐陶。经慢轮修整。内表灰色。方唇。上部饰凹弦纹 6 周，腹壁拍印不规则篮纹，后经湿手抹平，篮纹隐约可见。口径 38、胎厚 0.5 ~ 1.1 厘米。

三期地层标本：T51④A:489（图 3 - 4 - 129，3），夹砂灰陶。方唇。腹壁拍印竖篮纹，后经湿手抹平，篮纹隐约可见。口径 38、胎厚 0.7 ~ 1.1 厘米。

Ⅲ式　3 件（底部残缺）。圆肩。

二期地层标本：T5④B:36（图 3 - 4 - 129，10），夹砂白陶。内外表及胎芯皆白色。内表有泥条盘筑痕迹。方唇，唇面有浅槽，沿面微弧，肩部往下斜收，腹壁往下逐渐加厚。口径 33、胎厚 1.5 厘米。T8④B:59（图 3 - 4 - 129，8），泥质白陶，含少量砂粒。内外表及胎芯皆白色。方唇，沿面有浅槽 1 周，圆肩，肩部往下斜收。口径 32、胎厚 1.1 厘米。T23④:25（图 3 - 4 - 130，5），夹砂白陶。内外表及胎芯皆白色。胎壁有多层：口沿及腹部为 2 层；肩部有 3 层，即在圆肩外侧又附加 1 层，其剖面呈三角形，使圆肩变成明显的折肩，这样做既起加固肩部的作用，又使大口尊的造型变得更加美观。下腹壁斜收。唇面及肩部施八字形戳印纹，唇面有 2 周，肩部有 5 周，系用竹片制成的工具戳印而成，均为平面朝上，弧面朝下，戳印纹排列有序。口径 38、胎厚 1 厘米。

Ⅳ式　1 件（底部残缺）。折肩。

二期地层标本：T11④:79（图 3 - 4 - 130，1；图版一○四，2），夹粗砂橙黄陶。内外表橙黄色。方唇，弧壁，深腹。唇面用管状工具戳印圆圈纹 16 组，每组 5 个，腹壁拍印竖、斜细绳纹。口径 36.1、胎厚 0.9 ~ 1.2 厘米。

另外，有白陶尊残片标本 4 件。

二期地层标本：T51⑥:460（图 3 - 4 - 130，7），肩部残片。夹粗砂白陶。内外表黄白色，胎芯灰色。双层胎，内层稍薄是后加的，内表用湿手抹平。折肩。折棱以上饰横人字形戳印纹，以下饰竖人字形戳印纹，都用竹片制成的工具戳印而成。肩部胎厚 1.4 厘米。T51⑤B:549（图 3 - 4 - 130，3），肩部残片。夹砂白陶，掺和少量砂粒。内外表及胎芯皆白色。颈部、肩部饰 W 形戳印纹 2 周，其间又饰斜向 W 形戳印纹。胎厚 0.8 厘米。T3④:73（图 3 - 4 - 130，2），肩腹残片。夹粗砂白陶。双层胎，内层稍薄是后加的。肩腹部拍印竖线纹。胎厚 1 厘米。T11④:64（图 3 - 4 - 130，6），肩腹部残片。泥质白陶，含有少量粗砂粒。内外表及胎芯皆白色。三层胎，中层较厚是原胎，内外层稍薄是后加的。圆肩，腹壁略呈弧形内收，往下胎壁逐渐变厚。胎厚 0.9 ~ 2.3 厘米。

32. 陶臼

其特点是胎壁甚厚，尤其是底部更厚，以夹粗砂陶为主，也有个别泥质陶。数量少，仅复原 1 件，多为残片。大溪文化居民以种植水稻为生，陶臼主要用于舂米，也可用于捣碎植物块茎。现

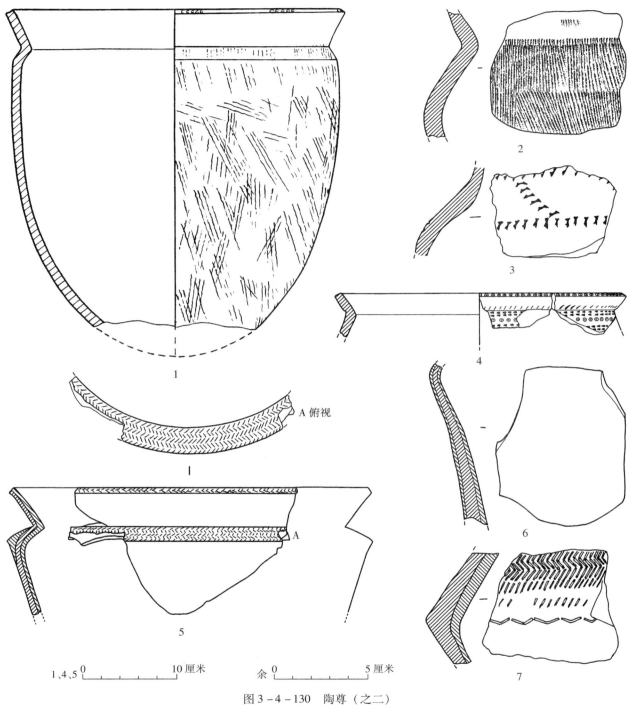

图 3 - 4 - 130 陶尊（之二）

1. IV式（T11④:79）　2. 尊片（T3④:73）　3. 尊片（T51⑤B:549）　4. I式（T57⑥B:101）　5. III式（T23④:25）　6. 尊片（T11④:64）　7. 尊片（T51⑥:460）

今南方偏僻山区仍然用臼舂米，但已改用石臼。

　　共8件。其中复原1件，残器7件。敞口，尖圜底或圜底。

　　二期地层标本：T51⑤B:283（图3-4-131，1；图版一〇四，3），夹粗砂红陶。外表有刮削痕迹，内表较粗糙。外表红灰不匀，内表灰褐色。方唇，唇面有凹槽1周，深腹，壁微内凹，往下内收，底部残缺。腹下部饰附加堆纹2周，堆纹上压印斜向条纹。口径35.6、胎厚1.5~3厘米。T53⑤B：297（图3－4－131，3），仅存底部。夹粗砂红陶。外表平整，内表凹凸不平。底部甚厚。素面。胎厚1.5～3.6厘米。T61⑥CH136：2（图3－4－131，5），为臼的下半部。泥质灰陶。采用泥条盘筑法成型，残断处可见泥条痕迹。圜底。胎厚1.9厘米。T64⑤B：152（图3－4－131，4），夹砂红褐陶，掺和大量粗砂、细砂。外表饰粗绳纹。胎厚1.8～2.5厘米。T211附近采：060（图3－4－131，2；图版一〇四，4），夹粗砂红陶。外表红灰不匀，内表红褐色。方唇，腹壁略直，由上往下逐渐变厚，圜底。素面。高43、口径28、胎厚1.2～3.6厘米。

三期地层标本：T62④A：65（图3－4－131，6），泥质橙黄陶。外表稍加刮削修整，内表凹凸不平。斜壁，尖圜底。素面。胎厚1.2～1.4厘米。T75④CH119：15（图3－4－131，8），夹粗砂

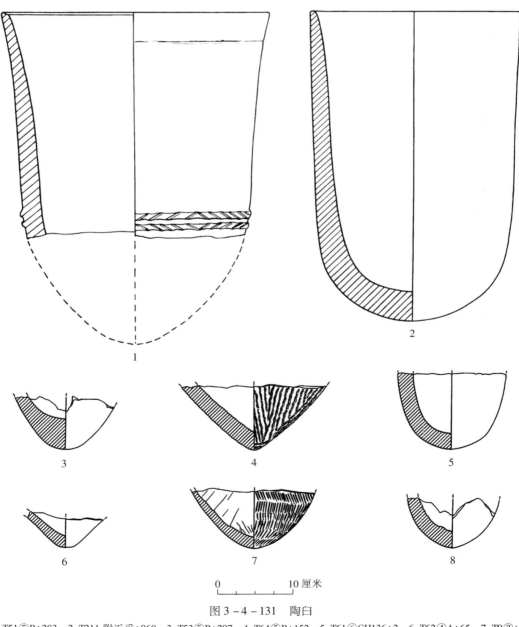

图3－4－131　陶臼

1. T51⑤B：283　2. T211附近采：060　3. T53⑤B：297　4. T64⑤B：152　5. T61⑥CH136：2　6. T62④A：65　7. T9③：53
8. T75④CH119：15

红陶。外表平整，内表凹凸不平。尖圜底。素面。胎厚 1.5～2.2 厘米。T9③：53（图 3－4－131，7），夹砂灰陶。内表有泥条盘筑痕迹，凹凸不平。斜弧壁，尖圜底。外表拍印篮纹。胎厚 0.6～1.8 厘米。

33. 陶器座

共计 134 件。其中完整 1 件，复原 104 件，残器 29 件。器呈圆圈状，上口、下口相通，与圜底器（圜底罐或釜）配套使用，将圜底器置于器座之上，一部分器座上口内侧因此留有使用的磨损痕迹。分为 10 型。

1 型　13 件（内复原 7，残器 6）。鼓形大器座。该器外形像鼓，但不是鼓。分为 2 式。

Ⅰ式　7 件（内复原 5，残器 2）。口微敛，腹部微鼓。

一期晚段地层标本：T54⑦H57：2（图 3－4－132，2；图版一〇五，1），泥质红陶。外表施深红色陶衣。口部内外表有慢轮修整痕迹（细密轮纹）。圆唇，上口略小于下口，腹部呈鼓形。在慢轮旋转的条件下，上、下部各饰（比凸弦纹粗的）鼓棱 3 周，腹中部偏上、偏下各饰凹弦纹 8 周，腹中部饰凹弦纹 1 周；在坯体的含水量较低、胎较硬时，在腹上、中、下部用（竹片或骨片制成的）刀具雕刻菱形镂孔各 3 组，中部的纹饰与上、下部的纹饰错开位置，孔壁留有刀刻痕迹。高 26、上口径 19.5、下口径 29.4、胎厚 0.6 厘米。T54⑦H57：3（图 3－4－132，3；图版一〇五，2），泥质红陶。外表施深红色陶衣并磨光。方唇，弧壁，下部较粗。腹上部和腹中部偏上、偏下、腹下部各饰凹弦纹 1 组，每组有 3 周或 4 周，各组凹弦纹之间又饰凹弦纹 1 周，腹上部及下部各雕刻之字形纹、菱形纹、三角形镂孔组成的纹饰 3 组，腹中部雕刻等腰三角形镂孔 2 周，每周 16 个，上下对称。高 32、上口径 18、下口径 26、胎厚 1.3 厘米。

二期地层标本：T65⑥H149：1（图 3－4－132，8；彩版二一，1），夹炭红陶。外表施鲜红色陶衣。内表红色。方唇，上口稍小，下口稍大，腹中部微鼓。外表饰凹弦纹 4 组，上部、中部偏上、中部偏下、下部分别为 6 周、11 周、12 周、7 周。凹弦纹之间雕刻三角形、曲折形、菱形镂孔 3 周，每周有 3 组，每组都呈窗格状，两侧的纹饰只有少数雕透成为镂孔，大多数尚未雕透，成为浮雕。高 22.4、上口径 23.8、下口径 24.8、胎厚 1.1 厘米。T75⑥：186（图 3－4－132，4），夹炭红陶。外表施深红色陶衣并磨光。方唇，上口稍小，上口唇部内侧有使用磨损的痕迹，呈倾斜状，是放置圜底器所致，下口稍大。外表从上往下饰凹弦纹 4 组，各组分别为 6 周、8 周、11 周、7 周。第 2、3 组之间存 1 组菱形、三角形及划纹组成的变体绳索纹。第 3、4 组之间各存 1 组由菱形、三角形、曲折形镂孔组成的纹饰，形似窗格纹。高 22.5、上口径 21.5、下口径 25.4、胎厚 1.6 厘米。T4④：76（图 3－4－132，11），泥质红陶。质地较硬，经慢轮修整。斜沿，胎壁厚薄不匀。腹上部、下部存有刻划宽窄不一的菱形纹，上下菱形纹之间存有圆形镂孔 4 个。上口径 19、胎厚 1 厘米。T11④：31（图 3－4－132，7），夹炭红陶。外表施红陶衣。内表红色，胎芯黑色。经慢轮修整。圆唇，下部残缺。上部饰凹弦纹 2 组，每组 2 周，之间刻划菱形纹。上口径 34、胎厚 1.1～1.4 厘米。T36⑥B：48（图 3－4－132，1），夹炭红陶。外表及沿面施深红色陶衣并磨光。内表红色。方唇，斜肩，胎厚。腹部饰凹弦纹 4 组，每组 6～12 周不等。腹上部饰大三角形镂孔 3 组，腹中部饰三角形、菱形镂孔 3 组。其间又饰刻划而成的绳索纹。腹下部饰三角形、菱形、折角形镂孔组成的窗格形纹 3 组，与腹上部的三角形镂孔错开位置。高 25.8、上口径 21.5、

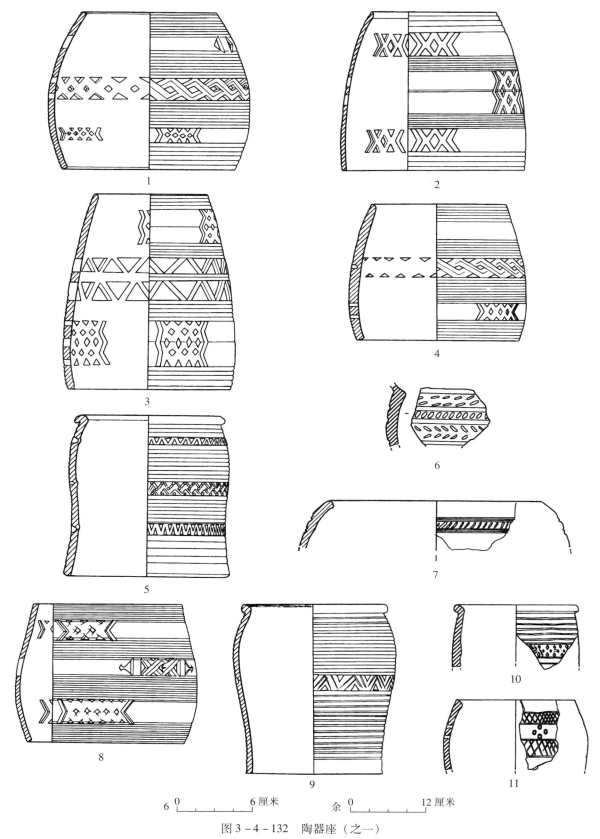

6　　0　　　　6厘米　　　余　　0　　　　12厘米

图 3 - 4 - 132　陶器座（之一）

1.1 型 I 式 （T36⑥B：48）　2.1 型 I 式 （T54⑦H57：2）　3.1 型 I 式 （T54⑦H57：3）　4.1 型 I 式 （T75⑥：186）　5.1 型 II 式 （T68⑤H117：6）　6.1 型 II 式 （T65⑥：121）　7.1 型 I 式 （T11④：31）　8.1 型 I 式 （T65⑥H149：1）　9.1 型 II 式 （T68⑤：130）　10.1 型 II 式 （T56⑤：115）　11.1 型 I 式 （T4④：76）

下口径27.8、腹径31.2、胎厚1.3厘米。

Ⅱ式　6件（内复原2，残器4）。翻沿，腹上部微鼓，下部微凹。

二期地层标本：T56⑤：115（图3－4－132，10），残。泥质红陶。经慢轮修整，外表施红陶衣。烧成温度较高，质地较硬。沿下饰不规整凹弦纹7周，中部残存不规整凹弦纹2周，上下凹弦纹之间饰菱形戳印纹3周，中部一周与上下两周错开位置。上口径20、胎厚0.9厘米。T65⑥：121（图3－4－132，6），夹炭红陶。外施红陶衣并磨光。上部、下部残缺。腹部存有凹弦纹3周，凹弦纹之间压印椭圆形窝纹。胎厚0.9厘米。T68⑤：130（图3－4－132，9；图版一〇五，3），夹炭红陶。外表施较厚的鲜红色陶衣并磨光。上口唇部内侧有使用磨损痕迹，呈斜面状，是放置圜底器所致。腹部饰凹弦纹33周，中部剔刻三角形纹及斜条纹。高27.6、上口径23、下口径21.6、胎厚0.7厘米。T68⑤H117：6（图3－4－132，5；图版一〇五，4），夹炭红陶。外表施红陶衣并稍加磨光。腹部饰凹弦纹28周，上部、下部各雕刻三角纹2周，尚未雕透；中部饰斜划纹，划纹的衔接处饰圆形小镂孔，大部分未穿透。高26.6、上口径24.2、下口径27.2、胎厚1.1厘米。

2型　6件（复原）。鼓形小器座。该器外形像鼓，但不是鼓。敛口，方唇，弧壁。外表磨光。上下形制相似。

二期地层标本：T57⑤：161（图3－4－133，6），夹炭红陶。内表凹凸不平，外表施红陶衣并磨光。胎芯黑色。弧壁，剖面呈半月形。高6.5、上口径11.7、下口径11.7厘米。

三期地层标本：T60④BH103：1（图3－4－133，5），泥质红陶。内表有刮削痕迹，外表施浅红色陶衣。内表红色。腹微鼓。高6.5、上口径7.3、下口径7.1、胎厚1厘米。T65④C：106（图3－4－133，3），泥质红陶。外表及沿面施红陶衣。高6.3、上口径6、下口径7.3、胎厚0.7厘米。T69④A：79（图3－4－133，1），泥质红陶。内表有刮削痕迹。腹微鼓。高6.8、上口径7.8、下口径8、胎厚0.8厘米。T72④C：73（图3－4－133，2；图版一〇六，1），泥质红陶。内表有刮削痕迹，外表施浅红色陶衣。腹微鼓。高6.8、上口径6.7、下口径6.9、胎厚0.9厘米。T77④C：66（图3－4－133，4），泥质红陶。内表有刮削痕迹。高7.1、上口径8、下口径8.1、胎厚0.9厘米。

3型　38件（内复原37，残器1）。扁鼓形小器座。该器外形像鼓，但不是鼓。分为8式。

Ⅰ式　1件（复原）。敛口，唇外起棱。

二期地层标本：T36⑥B：46（图3－4－133，7），夹炭红陶。外表及沿面施深红色陶衣并磨光。腹壁略呈弧形。存有圆形镂孔1组，2个。高5.9、上口径14、下口径15.2、胎厚0.8厘米。

Ⅱ式　1件（复原）。翻沿。

二期地层标本：T11④：96（图3－4－133，8；图版一〇六，2），泥质红陶。外表施红陶衣并磨光。下部外撇，腹部有凹槽4周。腹部饰大三角形镂孔4组，每组4个。高4.4、上口径13、下口径16、胎厚0.6厘米。

Ⅲ式　4件（复原）。弇口，口沿内卷。外表施深红色陶衣并磨光。

一期晚段地层标本：T11④G1：103（图3－4－133，11；图版一〇六，3），泥质红陶。腹微鼓，下端外折。腹部饰圆形钻窝纹4组，错开位置，有2组每组4个，另2组每组2个。高4.2、

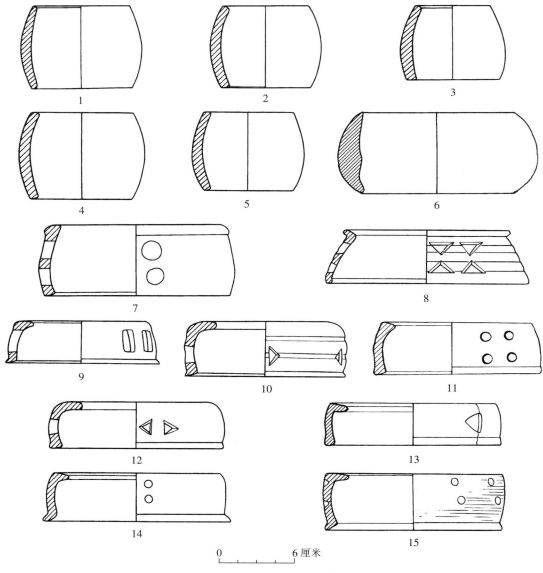

图 3 - 4 - 133　陶器座 (之二)

1. 2 型 (T69④A：79)　　2. 2 型 (T72④C：73)　　3. 2 型 (T65④C：106)　　4. 2 型 (T77④C：66)　　5. 2 型 (T60④BH103：1)
6. 2 型 (T57⑤：161)　　7. 3 型 I 式 (T36⑥B：46)　　8. 3 型 II 式 (T11④：96)　　9. 3 型 III 式 (T74⑥：101)　　10. 3 型 III 式 (T35⑤A：52)　　11. 3 型 III 式 (T11④G1：103)　　12. 3 型 III 式 (T5④B：40)　　13. 3 型 IV 式 (T11④G1：101)　　14. 3 型 IV 式 (T34⑥：37)
15. 3 型 IV 式 (T11④：56)

上口径 11.9、下口径 13.2 厘米。

二期地层标本：T74⑥：101 (图 3 - 4 - 133，9)，泥质红陶。弧壁，下端外折。腹部存有切割长方形镂孔 4 组，每组 2 个。高 3.6、上口径 9.5、下口径 12.2 厘米。T5④B：40 (图 3 - 4 - 133，12)，夹炭红陶。外表及沿面施深红色陶衣并磨光。腹微鼓，下沿有鼓棱 1 周。腹部饰三角形镂孔 5 组，现存 2 组，每组 2 个。高 3.6、上口径 9、下口径 13.9 厘米。T35⑤A：52 (图 3 - 4 - 133，10)，泥质红陶。外表及沿面施深红色陶衣。腹部饰凹弦纹 3 周，中部与下部凹弦纹之间饰三角形镂孔 5 个，现存 2 个。高 4、上口径 8.1、下口径 12.4、胎厚 0.8 厘米。

IV 式　5 件 (复原)。弇口，口沿内折。

　　一期晚段地层标本：T11④G1：101（图3－4－133，13），夹炭红陶。外表施红陶衣，胎芯黑色。腹壁略弧。腹中部残存三角形镂孔1个。高3.2、上口径13、下口径14、胎厚0.6厘米。

　　二期地层标本：T11④：56（图3－4－133，15），泥质红陶。经慢轮修整，外表及沿面施红陶衣并磨光。内表红色。腹壁微弧，底沿外折。腹部饰凹弦纹14周，凹弦纹上饰圆形钻窝纹6组，现存2组，每组4个。高4.7、上口径14、胎厚0.5厘米。T34⑥：37（图3－4－133，14），泥质红陶。外表施深红色陶衣并磨光，大部分陶衣已剥落。腹微鼓，下端外折。存有圆形戳印纹1组，2个。高3.9、上口径13.1、下口径14.7厘米。T36⑥B：28（图3－4－134，2），泥质红陶。外表及沿面施深红色陶衣并磨光。斜沿内折，腹壁微弧，底沿外折。存有圆形戳印纹1组，2个。高3.3、上口径13.2、下口径14.9厘米。

　　三期地层标本：T56④A：113（图3－4－134，1），夹炭红陶。外表施红陶衣，胎芯黑色。腹壁微弧，底沿外折。沿面存有斜向压印纹1组，6个。高4.2、下口径14厘米。

　　Ⅴ式　11件（内复原10，残器1）。敛口，下口外折。外表及沿面施鲜红色陶衣。

　　二期地层标本：T55⑥：33（图3－4－134，10），泥质红陶。弧壁，近口部有凹槽1周，底沿外折。腹部存有钻窝纹2组，每组4个。高3.9、上口径11.6、下口径13、胎厚0.7厘米。T59⑤AG6：17（图3－4－134，6），夹炭红陶。弧壁，底沿外折。腹部存圆形钻窝纹1组，3个。高4.4、上口径11.4、下口径13.6、胎厚0.7厘米。T65⑥：78（图3－4－134，7），夹炭红陶。外表磨光。壁略直，底沿外撇。腹部存圆形钻窝纹1组，4个。高4.4、上口径11、下口径15、胎厚0.8厘米。T68⑥H164：4（图3－4－134，13），夹炭红陶。胎芯黑色。弧壁，底沿外折。腹部存三角形镂孔1组，2个。高4.5、上口径11.5、下口径13、胎厚0.7厘米。T72⑤A：94（图3－4－134，8），夹炭红陶。胎芯黑色。弧壁，底沿外折。腹部饰凹弦纹3组，残存三角形镂孔1个。高4.6、上口径11.4、下口径13、胎厚0.7厘米。T73⑥：60（图3－4－134，5），夹炭红陶。外表磨光。底沿外撇。腹部存有圆形钻窝纹2组，每组4个。高4.6、上口径9、下口径11.6、胎厚1厘米。T36⑥B：29（图3－4－134，11），夹炭红陶。腹部有慢轮修整痕迹，外表磨光。弧壁，底沿外折。高4、上口径12.1、下口径15、胎厚0.7厘米。T36⑥B：42（图3－4－134，3），泥质红陶。外表磨光。壁略直，底沿外折。存有圆形钻窝纹1组，4个。高4、上口径8.6、下口径12.6、胎厚0.7厘米。T36⑥B：43（图3－4－134，9），泥质红陶。外表磨光。底沿外折。高3.7、上口径9.8、下口径13.5厘米。

　　三期地层标本：T54⑤H56：6（图3－4－134，4），泥质红陶。外表磨光。弧壁，底沿外折。存有钻窝纹1个。高4、上口径11、下口径14厘米。

　　Ⅵ式　10件（复原）。敛口，壁微弧。外表施深红色陶衣并磨光。

　　二期地层标本：T66⑤G5：59（图3－4－134，14），夹炭红陶。外表及沿面施深红色陶衣。底沿有鼓棱。存有弯月形戳印纹1组，2个。高3.8、上口径14、下口径15.5厘米。T68⑤：105（图3－4－134，15），夹炭红陶。内外表施深红色陶衣。底沿外折。存有圆形钻窝纹2个。高4.1、上口径10.4、下口径12.2、胎厚0.7厘米。T70⑥：54（图3－4－134，12），夹炭红陶。内外表施红陶衣。底沿外折。腹部残存圆形戳印纹1组，4个。高3.5、下口径14厘米。T70⑥：125（图3－4－134，16）。夹炭红陶。内表红色，胎芯灰色。斜壁，底沿外折。腹部饰凹弦纹3周，上下弦纹

0 6厘米

图 3 - 4 - 134 陶器座 (之三)

1. 3 型Ⅳ式（T56④A：113） 2. 3 型Ⅳ式（T36⑥B：28） 3. 3 型Ⅴ式（T36⑥B：42） 4. 3 型Ⅴ式（T54⑤H56：6） 5. 3 型Ⅴ式（T73⑥：60） 6. 3 型Ⅴ式（T59⑤AG6：17） 7. 3 型Ⅴ式（T65⑥：78） 8. 3 型Ⅴ式（T72⑤A：94） 9. 3 型Ⅴ式（T36⑥B：43） 10. 3 型Ⅴ式（T55⑥：33） 11. 3 型Ⅴ式（T36⑥B：29） 12. 3 型Ⅵ式（T70⑥：54） 13. 3 型Ⅴ式（T68⑥H164：4） 14. 3 型Ⅵ式（T66⑤G5：59） 15. 3 型Ⅵ式（T68⑤：105） 16. 3 型Ⅵ式（T70⑥：125）

之间存有圆形钻窝纹 2 个。高 3.5、上口径 10、下口径 13 厘米。T71⑥：70（图 3 - 4 - 135，2），夹炭红陶。口沿稍残，底沿外撇。腹部存有圆形钻窝纹 1 组，2 个。高 4.8、上口径约 12.3、下口径 17.5 厘米。T72⑥B：69（图 3 - 4 - 135，3），夹炭红陶。外表施深红色陶衣，部分陶衣已脱落。烧成温度低，质地松软。底沿外折。腹部存有圆形钻窝纹 1 组，3 个。高 4.4、上口径 12、下口径 12.9、胎厚 0.75 厘米。T11④：95（图 3 - 4 - 135，6），夹炭红陶。内表红色。底沿有鼓棱。腹部存有圆形、桃形镂孔 3 个。高 4.7、上口径 12.7、下口径 15、胎厚 0.8 厘米。T31⑤：42（图 3 -

4－135，4），夹炭红陶。底沿外折。腹部饰凹弦纹3周，凹弦纹之间残存钻窝组1组，4个。高3.4、上口径12.4、下口径13.8厘米。T211⑤：36（图3－4－135，5），泥质红陶。底沿外撇。腹部存有弯月形戳印纹1组，5个。高3.5、上口径12.1、下口径13.8、胎厚0.9厘米。

三期地层标本：T54⑤H56：6（图3－4－135，1），泥质红陶。底沿外折。腹部存有钻窝纹1个。高3.7、上口径11.1、下口径14.2、胎厚1厘米。

Ⅶ式 4件（复原）。敛口，唇外起棱。外表及沿面施红陶衣并磨光。

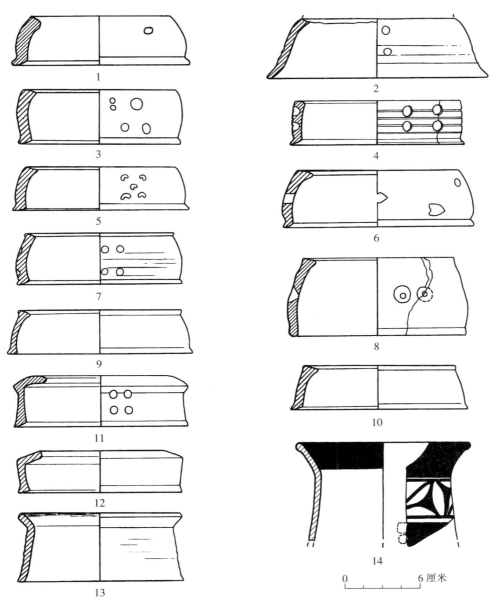

图3－4－135 陶器座（之四）

1.3型Ⅵ式（T54⑤H56：6） 2.3型Ⅵ式（T71⑥：70） 3.3型Ⅵ式（T72⑥B：69） 4.3型Ⅵ式（T31⑤：42）
5.3型Ⅵ式（T211⑤：36） 6.3型Ⅵ式（T11④：95） 7.3型Ⅶ式（T70⑥：81） 8.3型Ⅶ式（T71④C：129）
9.3型Ⅶ式（T36⑥B：41） 10.3型Ⅶ式（T36⑥B：45） 11.3型Ⅷ式（T72⑤B：96） 12.3型Ⅷ式（T34⑤：46）
13.4型Ⅰ式（T54⑦：33） 14.4型Ⅰ式（T51④BF22：151）

二期地层标本：T70⑥：81（图3-4-135，7），夹炭红陶。弧壁，口沿与底沿形制相同。存有钻窝纹2组，每组4个。高4.1、上口径11.4、下口径12.8厘米。T36⑥B：41（图3-4-135，9），泥质红陶。唇内外均起棱，底沿外撇，甚矮。高3.8、上口径13.1、下口径14.7厘米。T36⑥B：45（图3-4-135，10），泥质红陶。唇内外起棱，弧壁，底沿外撇。高3.6、上口径12.1、下口径14厘米。

三期地层标本：T71④C：129（图3-4-135，8），夹炭红陶，胎芯黑色。唇内外起棱，底沿外凸。存有圆形镂孔1个半。高5.4、上口径12、下口径14厘米。

Ⅶ式　2件（复原）。口沿内卷，沿外起棱。

二期地层标本：T72⑤B：96（图3-4-135，11），夹炭红陶。外表施红陶衣，胎芯黑色。壁稍斜直，底沿外撇。存有钻窝纹1组，4个。高4.1、上口径10.8、下口径14厘米。T34⑤：46（图3-4-135，12），夹炭红陶。外表施红陶衣。高3.3、上口径9.5、下口径13、胎厚0.5~0.9厘米。

4型　30件（内完整1，复原28，残器1）。口沿外折矮器座。分为5式。

Ⅰ式　2件（内复原1，残器1）。腹壁近垂直。

一期晚段地层标本：T54⑦：33（图3-4-135，13），夹炭红陶。内外表施红陶衣，外表磨光。唇部内侧有使用磨损痕迹，呈倾斜状，是放置圜底器所致。腹下部稍外撇，腹部有凹槽3周。高5、上口径13、下口径13.3厘米。

三期地层标本：T51④BF22：151（图3-4-135，14），泥质红陶。口沿内外表施深红色陶衣，腹部外表施白陶衣。外表及口沿内表磨光。斜壁。残存方形、圆形镂孔各1个。白衣地上饰红彩平行条纹，上、下各1周，平行条纹之间饰凹边三角纹、弧线纹。上口径13.8厘米。

Ⅱ式　12件（复原）。斜直腹，束腰。外表及沿面施深红色陶衣并磨光。

一期晚段地层标本：T54⑦：38（图3-4-136，3），泥质灰陶。壁微弧。腹壁存有圆形戳印纹1组，2个。高4.9、上口径13.1、下口径12.3厘米。T56⑦：67（图3-4-136，4），泥质红陶。高3.9、上口径10.9、下口径14厘米。T66⑦：44（图3-4-136，13），泥质红陶。腰部内外表有明显折棱。口沿内侧有明显的磨损痕迹，呈倾斜状，是放置圜底器所致。腹部存有圆形钻窝纹1组，2个。高4.3、上口径13.5、下口径14.9厘米。T73⑦：76（图3-4-136，6），夹炭红陶。沿面微弧，唇部内侧有放置圜底器所产生的磨损痕迹。腹壁饰圆形钻窝纹4组，每组3个。高4、上口径13.7、下口径14.6、胎厚0.9厘米。T73⑦：79（图3-4-136，5），泥质红陶。外表及沿面施深红色陶衣并磨光。沿面上半部有使用磨损痕迹。腹壁微弧。存有圆形钻窝纹2组，每组2个。高4.4、上口径12.9、下口径12、胎厚0.7厘米。T73⑦：80（图3-4-136，1），夹炭红陶。外表磨光。高4.9、上口径15.1、下口径14.7厘米。T36⑦AF4：5（图3-4-136，2），夹炭红陶。外表及沿面施红陶衣。内表红色，胎芯黑色。沿面有使用磨损痕迹，红陶衣被磨掉。高4.7、上口径15.8、下口径16.2厘米。

二期地层标本：T67⑤B：103（图3-4-136，11），泥质红陶。高5、上口径12.9、下口径14.7厘米。T73⑥：61（图3-4-136，8；图版一〇六，4），泥质红陶。沿面有明显使用磨损痕迹。腹壁饰圆形戳印纹4组，每组4个。高3.5、上口径12.8、下口径13.3厘米。T73⑥：83（图

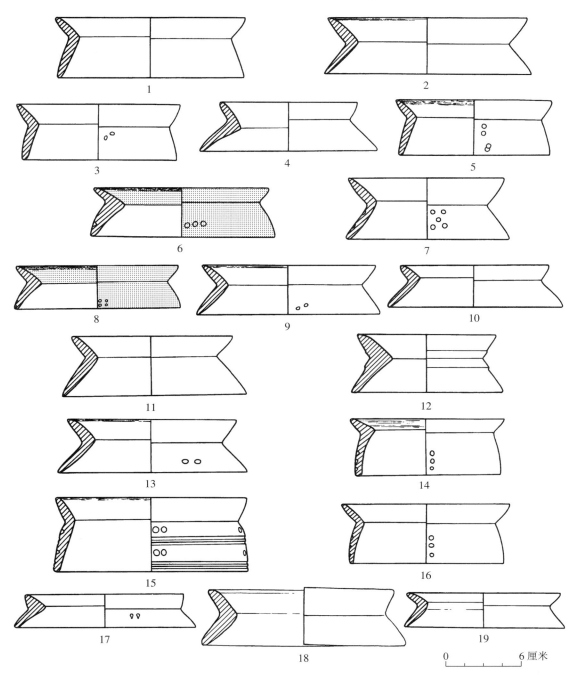

图 3-4-136 陶器座（之五）

1. 4 型Ⅱ式（T73⑦:80） 2. 4 型Ⅱ式（T36⑦AF4:5） 3. 4 型Ⅱ式（T54⑦:38） 4. 4 型Ⅱ式（T56⑦:67） 5. 4 型Ⅱ式
（T73⑦:79） 6. 4 型Ⅱ式（T73⑦:76） 7. 4 型Ⅱ式（T73⑥:83） 8. 4 型Ⅱ式（T73⑥:61） 9. 4 型Ⅱ式（T75⑥:118）
10. 4 型Ⅲ式（T54⑤:40） 11. 4 型Ⅱ式（T67⑤B:103） 12. 4 型Ⅲ式（T57⑧:124） 13. 4 型Ⅱ式（T66⑦:44） 14. 4 型
Ⅳ式（T36⑦BH13:5） 15. 4 型Ⅳ式（T57⑦:127） 16. 4 型Ⅳ式（T36⑦BH13:8） 17. 4 型Ⅲ式（T71⑥:72） 18. 4 型Ⅱ
式（T211 附近采:034） 19. 4 型Ⅲ式（T70⑥:58）

3-4-136，7），泥质红陶。腹壁存圆形钻窝纹 1 组，5 个。高 5.1、上口径 12.3、下口径 13 厘
米。T75⑥:118（图 3-4-136，9），夹炭红陶。沿面微弧，上下形制相近，沿面有使用磨损痕
迹。腹壁存圆形钻窝纹 1 组，2 个。高 3.9、上口径 13.8、下口径 14.8 厘米。T211 附近采:034

（图 3-4-136，18），泥质红陶。下部外撇，沿面有使用磨损痕迹。高 4.4、上口径 14.5、下口径 15.8、胎厚 0.8 厘米。

Ⅲ式　4 件（复原）。口沿窄而厚，斜直腹，束腰。只有 1 件泥质红陶，余为夹炭红陶。外表及沿面施深红色陶衣并磨光。

一期早段地层标本：T57⑧:124（图 3-4-136，12），胎芯黑色。腹壁有折棱。高 4.7、上口径 11、下口径 12、胎厚 0.5~1.5 厘米。

二期地层标本：T70⑥:58（图 3-4-136，19），泥质红陶。高 2.8、上口径 12、下口径 12.7 厘米。T71⑥:72（图 3-4-136，17），腹壁存有椭圆形戳印纹 2 个。高 2.7、上口径 12.5、下口径 14.4 厘米。

三期地层标本：T54⑤:40（图 3-4-136，10），高 3.6、上口径 11.7、下口径 13.8 厘米。

Ⅳ式　9 件（内完整 1，复原 8）。微弧壁，束腰。外表及沿面施红陶衣并磨光。大多数沿面有使用磨损痕迹。

一期早段地层标本：T57⑧:123（图 3-4-137，2），夹炭红陶。中部饰凹弦纹 1 周。高 4.8、上口径 15、下口径 15.5、胎厚 0.6 厘米。T36⑦BH13:5（图 3-4-136，14；彩版二一，2），夹炭红褐陶。内表深灰色。腹壁饰圆形戳印纹 4 组，每组 3 个。高 4.8、上口径 12.1、下口径 11.3 厘米。T36⑦BH13:8（图 3-4-136，16；图版一〇六，5），夹炭红陶。腹壁饰圆形戳印纹 4 组，每组 3 个。高 4.9、上口径 13.2、下口径 12 厘米。

一期晚段地层标本：T57⑦:127（图 3-4-136，15），泥质红陶。腹壁饰凹弦纹 2 组，每组 2 周，凹弦纹之间存有钻窝纹 1 组，4 个。高 6、上口径 15.2、下口径 15.5 厘米。

二期地层标本：T55⑤H112:7（图 3-4-137，3；图版一〇六，6），泥质红陶。腹部存有圆形戳印纹 1 组，3 行，每行 4 个。高 5.9、上口径 18.3、下口径 19.8 厘米。T65⑤B:89（图 3-4-137，1），夹炭红陶。高 3.8、上口径 13.2、下口径 15.1、胎厚 0.6~1 厘米。T5④B:50（图 3-4-137，4），泥质红陶。腹部存有圆形钻窝纹 1 个。高 4.1、上口径 14.7、下口径 15.7 厘米。T32⑤:18（图 3-4-137，8；图版一〇七，1），泥质红陶。内表下部有刮削痕迹。腹部饰圆形戳印纹 3 组，每组 4 个。高 5、上口径 14.9、下口径 16.6 厘米。T41⑤:43（图 3-4-137，6），泥质红陶。内外表施红陶衣，外表及沿面磨光。腹部存有圆形钻窝纹 1 组，3 个。高 4.6、上口径 13.5、下口径 13.7 厘米。

Ⅴ式　3 件（复原）。弧壁，束腰，下部内收。外表及沿面施红陶衣并磨光。

一期晚段地层标本：T54⑦:39（图 3-4-137，10），泥质红陶。沿面有使用磨损痕迹。高 3.7、上口径 13.5、下口径 13.7、胎厚 0.3~1 厘米。

二期地层标本：T52⑥:175（图 3-4-137，7；图版一〇七，2），泥质红陶。腹壁分 3 段转折，折棱明显。腰部饰凸弦纹 1 周，沿面饰圆形钻窝纹 4 个，腹下部饰圆形钻窝纹 4 组，每组 6 个，横向排列。高 6.2、上口径 17.4、下口径 18、胎厚 0.7~1.1 厘米。T64⑤A:115（图 3-4-137，5），夹炭红陶，胎芯黑色。腹壁饰凹弦纹 2 周，凹弦纹上存有圆形钻窝纹 1 组，3 个。高 6.2、上口径 15、下口径 13.4 厘米。

5 型　2 件（复原）。翻沿矮器座。广肩。外表及沿面施红陶衣并磨光。

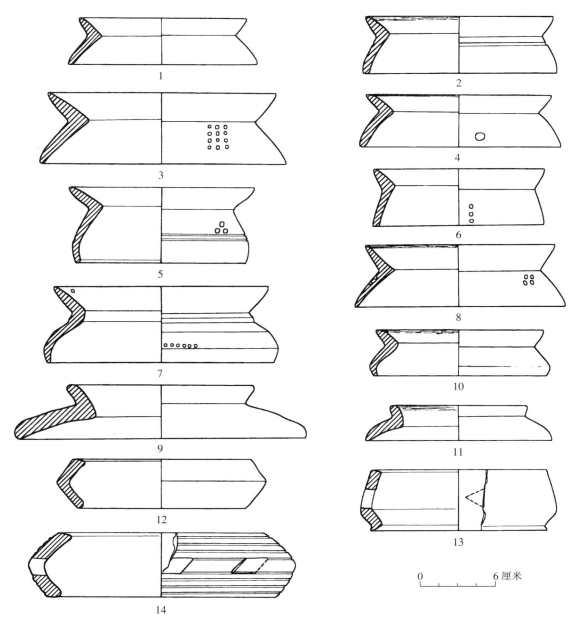

图 3 - 4 - 137　陶器座（之六）

1. 4 型Ⅳ式（T65⑤B：89）　　2. 4 型Ⅳ式（T57⑧：123）　　3. 4 型Ⅳ式（T55⑤H112：7）　　4. 4 型Ⅳ式（T5④B：50）　　5. 4 型Ⅴ式（T64⑤A：115）　　6. 4 型Ⅳ式（T41⑤：43）　　7. 4 型Ⅴ式（T52⑥：175）　　8. 4 型Ⅳ式（T32⑤：18）　　9. 5 型（T56⑤：85）　　10. 4 型Ⅴ式（T54⑦：39）　　11. 5 型（T52⑤AH44：5）　　12. 6 型Ⅰ式（T36⑥B：47）　　13. 6 型Ⅱ式（T10④：46）　　14. 6 型Ⅰ式（T34④A：47）

二期地层标本：T52⑤AH44：5（图 3 - 4 - 137，11），夹炭红陶。沿面有使用磨损痕迹。器形甚矮。高 2.9、上口径 10.4、下口径 14.6、胎厚 1 厘米。T56⑤：85（图 3 - 4 - 137，9），泥质红陶。腹壁有浅凹槽 1 周。高 4.4、上口径 15、下口径 23.2、胎厚 1 厘米。

6 型　3 件（内复原 2，残器 1）。折腹矮器座。分为 2 式。

Ⅰ式　2 件（复原）。

二期地层标本：T36⑥B：47（图 3 - 4 - 137，12；图版一〇七，3），夹炭红陶。表面有孔隙。

外表及沿面施红陶衣。腹中部外凸。器形甚矮。高4.1、上口径14.1、下口径13.5厘米。

三期地层标本：T34④A：47（图3-4-137，14），外表施红陶衣。胎芯黑色。底沿比口沿稍厚。腹上部、下部各饰凹弦纹4周，腹中部残存菱形镂孔2个。高5、上口径15.8、下口径16.5、胎厚0.7～1厘米。

Ⅱ式　1件（残）。

二期底层标本：T10④：46（图3-4-137，13），夹炭红陶。外表施红陶衣。胎芯黑色。敛口，方唇，底沿有折棱。腹壁残存三角形镂孔1个。高5、上口径14、下口径14、胎厚0.9厘米。

7型　19件（内复原14，残器5）。弓形壁器座。上下口沿均外折。分为4式。

Ⅰ式　1件（复原）。折腹。

二期地层标本：T53⑤A：144（图3-4-138，1；图版一〇七，4），泥质红陶。内外表施红陶衣并磨光。上下部形制相似。腹上部及下部各有凸棱1周，中部折腹上下各存有长方形镂孔1组，每组2个，折棱处存有椭圆形窝点纹。高9.6、上口径19、下口径20.8厘米。

Ⅱ式　9件（内复原5，残器4）。鼓腹。均泥质红陶。

二期地层标本：T51⑤BH45：307（图3-4-138，5），残。内外表有刮削痕迹。外表及沿面施红陶衣并磨光。器壁呈弓形，下部有凹槽1周。残高15.2厘米。T51⑤BH48：320（图3-4-138，2；图版一〇七，5），残。内表有刮削痕迹。外表施红陶衣，大部分已脱落。口沿及底沿稍残缺。口外有凹槽1周，上下部形制相似。残高15.5厘米。T36⑤H12：3（图3-4-138，10），方唇，底沿残缺。沿下饰小圆形镂孔1周。上口径6、胎厚0.2～0.4厘米。

三期地层标本：T53④：109（图3-4-138，3），内表有刮削痕迹，外表磨光。腹上部、下部各有凹槽1周，腹中部饰凹弦纹1周，腹下部饰椭圆形窝点纹1周。高9.1、上口径18、下口径19、胎厚1厘米。T55④：20（图3-4-138，7；图版一〇七，6），内表有刮削痕迹，外表施红陶衣并磨光。高17.8、上口径28.4、下口径27.2、胎厚0.9厘米。T57④B：83（图3-4-138，9），内表有刮削痕迹。沿面及外表施红陶衣并磨光。高13.3、上口径24、下口径26.2厘米。T34④A：4（图3-4-138，4；彩版二一，3），外表施红陶衣并磨光。上下唇沿各饰椭圆形窝点纹1周，腹壁饰圆形镂孔7个，围绕每个镂孔饰椭圆窝点纹，镂孔之间又各饰椭圆窝点纹1组，每组3个。高9.5、上口径17.2、下口径19厘米。T38④A：39（图3-4-138，11），上下部有湿手抹平痕迹，外表及沿面施红陶衣，大部分已脱落。高12.7、上口径22.2、下口径24厘米。

Ⅲ式　5件（内复原4，残器1）。腹微鼓。1件泥质黑陶，余为泥质红陶。

二期地层标本：T53⑤A：214（图3-4-138，6；图版一〇八，1），内外表施红陶衣，外表及沿面磨光。中部饰凹弦纹2周，凹弦纹之间饰圆形镂孔4个，镂孔之间相连椭圆形窝点纹。高9.1、上口径17.2、下口径21.1、胎厚0.9～1.5厘米。

三期地层标本：T70④B：23（图3-4-138，8），泥质黑陶。外表、沿面及底沿磨光。腹壁上、中、下各饰凹弦纹1周，上、下各饰圆形窝点纹1周，腹中部凹弦纹上下各饰圆形镂孔3组，每组4个。高9.8、上口径19.7、下口径20.8、胎厚1厘米。T74④A：167（图3-4-139，7），口沿残缺。外表施红陶衣并磨光。腹上部存有圆形镂孔1个，中部压印椭圆形窝点纹1周，窝点纹上部饰竖向小圆形戳印纹2行，每行6个。下口径21、胎厚0.5～1厘米。

图 3 – 4 – 138 陶器座（之七）

1.7 型 I 式（T53⑤A：144） 2.7 型 II 式（T51⑤BH48：320） 3.7 型 II 式（T53④：109） 4.7 型 II 式（T34
④A：4） 5.7 型 II 式（T51⑤BH45：307） 6.7 型 III 式（T53⑤A：214） 7.7 型 II 式（T55④：20） 8.7 型 III
式（T70④B：23） 9.7 型 II 式（T57④B：83） 10.7 型 II 式（T36⑤H12：3） 11.7 型 II 式（T38④A：39）

四期地层标本：T52③：115（图 3 – 4 – 139，1），外表有刮削痕迹。外表及沿面施红陶衣并磨
光。高 9、上口径 17.1、下口径 19.9 厘米。T65③A：30（图 3 – 4 – 139，2；图版一○八，2），泥
质红陶。外表及沿面施红陶衣并磨光。中部饰凹弦纹 1 周，上部、下部各有椭圆形窝点纹 1 周，

图3-4-139　陶器座（之八）

1. 7型Ⅲ式（T52③：115）　　2. 7型Ⅲ式（T65③A：30）　　3. 7型Ⅳ式（T57④A：79）　　4. 7型Ⅳ式（T59③：120）　　5. 7
型Ⅳ式（T77④E：26）　　6. 7型Ⅳ式（T57④BH96：10）　　7. 7型Ⅲ式（T74④A：167）　　8. 8型Ⅰ式（T52⑤A：112）
9. 8型Ⅱ式（T75④C：62）

其间又饰圆形镂孔2周，上部有稍大镂孔6个，下部有稍小镂孔5个。高10.6、上口径17.5、下口径19.5、胎厚0.9厘米。

　　Ⅳ式　4件（复原）。腹近垂直。均泥质红陶，外表及沿面施红陶衣。

　　三期地层标本：T57④A：79（图3-4-139，3），中部有凹槽1周，凹槽下部有圆形大镂孔4个。高10、上口径17.6、下口径18.4、胎厚1.6厘米。T57④BH96：10（图3-4-139，6；图版一〇八，3），外表磨光。腹壁上、中、下各饰凹弦纹1周，上、下凹弦纹之间饰圆形大镂孔4组，每组2个，横向排列，上、下部镂孔错开位置，腹中部凹弦纹上、下各饰椭圆形点状戳印纹，上、下戳印纹错开位置。高 9.3、上口径 20.5、下口径 20.8 厘米。T77④E∶26（图 3 - 4 - 139，5），外表及沿面磨光。内表红色。腹壁有凹槽 3 周，凹槽之间饰圆形镂孔 4 组，每组 4 个。高 9.9、上口径 22.8、下口径 24.2、胎厚 0.9 厘米。

四期地层标本∶T59③∶120（图 3 - 4 - 139，4），外表施红陶衣，稍加磨光，大部分陶衣已脱落。腹部饰凹弦纹 3 周，上、下凹弦纹之间各饰圆形镂孔 4 组，每组 2 个，上、下各组错开位置，中部凹弦纹上、下各饰小椭圆形戳印纹 4 组。高 9.3、上口径 19、下口径 20.4 厘米。

8 型　16 件（内复原 6，残器 10）。卷沿束腰器座。分为 2 式。

Ⅰ式　1 件（复原）。侈口。

二期地层标本∶T52⑤A∶112（图 3 - 4 - 139，8；图版一〇八，4），泥质红陶。内外表施红陶衣并磨光。上下部形制相似。下部稍粗，腰部有折棱 1 周。下部饰圆形镂孔 6 个，现存 3 个，镂孔外大里小，是用锥状工具由外向里捅成。高 13.1、上口径 20.4、下口径 23.9、胎厚 1 厘米。

Ⅱ式　15 件（内复原 5，残器 10）。上下均为卷沿而且形制相似。均泥质红陶，大多数外表施红陶衣并磨光。

三期地层标本∶T52④A∶72（图 3 - 4 - 140，7），高 8.3、上口径 17.5、下口径 18.3 厘米。T53④∶246（图 3 - 4 - 140，6），饰棕彩平行条纹，条纹之间饰弧线纹，有的部位饰变体绳索纹。高 9.6、上口径 15.6、下口径 16.8 厘米。T64④AH110∶111（图 3 - 4 - 140，2），内表有刮削痕迹。高 9.4、上口径 16.3、下口径 16.7 厘米。T75④A∶40（图 3 - 4 - 140，4），下部稍粗。饰黑彩平行条纹 4 周，条纹之间饰菱形纹。高 11.8、上口径 19、下口径 21.4 厘米。T75④C∶62（图 3 - 4 - 139，9；彩版二一，4；图版一〇八，5），内表有刮削痕迹。内表橙黄色。下部稍粗。饰黑彩平行条纹 4 周，中部 2 周之间饰菱形纹 4 个。高 10.4、上口径 18.8、下口径 21.3 厘米。T34④B∶49（图 3 - 4 - 140，8；图版一〇八，6），内表有刮削痕迹。内表橙黄色。腹壁饰黑彩平行条纹，其间饰绳索纹。高 11.9、上口径 21、下口径 21.3 厘米。

四期地层标本∶T59③∶24（图 3 - 4 - 140，5），内外表有轮修痕迹。高 7、上口径 14.1、下口径 14.9 厘米。T60③A∶29（图 3 - 4 - 140，1；彩版二一，5），内表有刮削痕迹。腹部残存黑彩曲线纹组成的图案。高 9.3、上口径 16.9、下口径 20.4 厘米。T75③B∶31（图 3 - 4 - 140，3；图版一〇九，1），内表有刮削痕迹。腹部存有黑彩草叶纹 1 组。高 9.5、上口径 16.7、下口径 17.9 厘米。

9 型　2 件（复原）。钟形器座。分为 2 式。

Ⅰ式　1 件。直领，鼓腹。

四期地层标本∶T61③B∶49（图 3 - 4 - 141，1；图版一〇九，2），泥质灰陶，灰红不匀。器表粗糙。小口，圆肩。高 12、上口径 10、下口径 19.3 厘米。

Ⅱ式　1 件。斜直领，曲腹。

三期地层标本∶T74④BS21∶55（图 3 - 4 - 141，2；图版一〇九，3），泥质红陶。内表有刮削痕迹。外表及沿面施红陶衣并磨光。直口，口外有凹槽 1 周。下部较粗。高 12.4、上口径 12、下口径 18.5 厘米。

10 型　5 件（残器）。草帽形器座。该器外形如无顶草帽，器形大，胎壁厚，均为残片。

图 3－4－140　陶器座（之九）

1. 8 型 II 式（T60③A：29）　　2. 8 型 II 式（T64④AH110：111）　　3. 8 型 II 式（T75③B：31）　　4. 8 型 II 式（T75④A：40）
5. 8 型 II 式（T59③：24）　　6. 8 型 II 式（T53④：246）　　7. 8 型 II 式（T52④A：72）　　8. 8 型 II 式（T34④B：49）

　　二期地层标本：T70⑤：122（图 3－4－141，7），夹粗砂红陶。外表施红陶衣，胎芯灰色。腹壁斜直，下部甚外撇。下部上、中、下分别饰凹弦纹 1 周、3 周、4 周。下口径 35、胎厚 1.4～2.4 厘米。T77⑥：81（图 3－4－141，4），夹砂红陶。内表有泥条盘筑痕迹。外表施鲜红色陶衣并磨光，内表灰色。直口，圆唇，腹壁微内凹，往下外撇。中部存有凹弦纹 7 周，下部饰凹弦纹 2 周。上口径 19、下口径 51、胎厚 2～5 厘米。T4④：17（图 3－4－141，6；图版一〇九，4），夹砂红褐

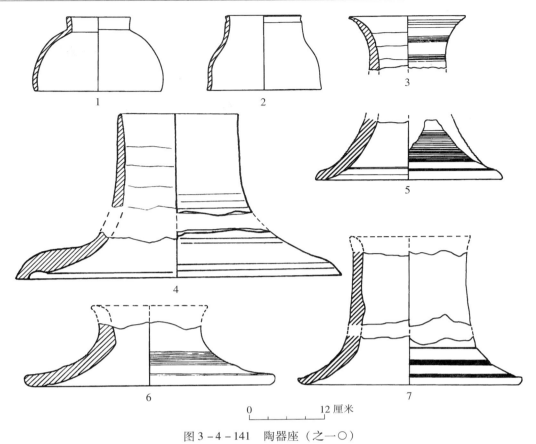

图 3 - 4 - 141　陶器座（之一〇）

1. 9 型 I 式（T61③B：49）　2. 9 型 II 式（T74④BS21：55）　3. 10 型（T11③：88）　4. 10 型（T77⑥：81）　5. 10 型（T11④：98）　6. 10 型（T4④：17）　7. 10 型（T70⑤：122）

陶。内外表抹泥并施鲜红色陶衣，外表腹中部以上磨光。口沿残缺。小口，弧壁内凹，往下外撇，底沿厚而外折，形如无顶草帽。饰凹弦纹 2 组，下端至座面 1 组 9 周，沿面 1 组 4 周。下口径 40.2、胎厚 1.8～2.1 厘米。T11④：98（图 3 - 4 - 141，5），夹砂红陶。胎芯灰色。上半部残缺，下半部外撇。下部存有凹弦纹 20 余周，沿面有凹弦纹 2 周。下口径 28、胎厚 2 厘米。

三期地层标本：T11③：88（图 3 - 4 - 141，3），残存上半部。夹砂红陶。胎内含云母片较多，闪闪发亮。内表有泥条盘筑痕迹。喇叭形口，圆唇，往下内凹。存有凹弦纹 3 组，上部 1 组 4 周，余为 3 周。上口径 19、胎厚 0.5～1.3 厘米。

34. 陶支座

该器仅发现 4 件。其中复原 3 件，残器 1 件。分为 2 式。

I 式　2 件（内复原 1，残器 1）。圆柱形。

二期地层标本：T53⑥：302（图 3 - 4 - 142，2），残。夹蚌红陶。内表凹凸不平，外表磨光。内表黑色。上细下粗，沿下有宽凹槽 1 周，斜弧壁，胎壁厚，中空。顶部中央有圆形大镂孔 1 个，腹壁饰圆形镂孔 6 行，每行可能 4 个，现残存共 5 个。残高 8.5、胎厚 1.2～3 厘米。T67⑥：97（图 3 - 4 - 142，1；图版一〇九，5），夹炭红陶。上细下粗，顶部为弧面，沿外凸，腹壁斜弧，胎壁厚，中空。顶中部有圆形镂孔 1 个，周壁饰圆形镂孔 4 行，每行 3 个，内壁镂孔周边有泥凸，泥凸是在胎壁尚软时，用锥状工具由外向里捅时产生的。高 19、下端直径 15.5、胎厚 2～4 厘米。

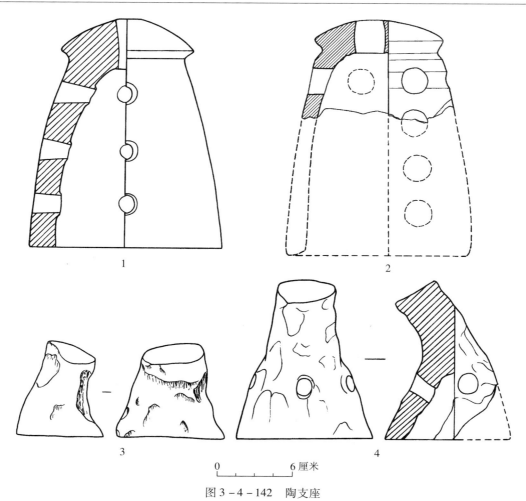

图 3 - 4 - 142　陶支座
1. Ⅰ式（T67⑥:97）　2. Ⅰ式（T53⑥:302）　3. Ⅱ式（T51③:16）　4. Ⅱ式（T59⑤A:114）

　　Ⅱ式　2件（复原）。猪嘴形。

　　二期地层标本：T59⑤A:114（图 3 - 4 - 142，4；图版一〇九，6），夹细砂红陶。手捏制，内外表凹凸不平，这是手捏的痕迹。上部呈猪嘴形向一侧倾斜，顶部略平，腹壁斜弧而细长，下部粗，下端平齐，中空。中部周壁施圆形镂孔 4 个。高 13、下端直径 9.7、胎厚 1.7～2 厘米。

　　四期地层标本：T51③:16（图 3 - 4 - 142，3），夹砂灰陶。手制，表面凹凸不平。因烧成温度过高而烧流，器表多孔隙。上细下粗，腹壁呈波浪形，横断面呈椭圆形。高 7.8、上部长直径 5、短直径 3.5、底部长直径 8.3、短直径 6.7 厘米。

　　35. 陶器盖

　　共 229 件。其中完整 7 件，复原 174 件，残器 48 件。分为 19 型。

　　1 型　5 件（内完整 2，复原 2，残器 1）。实心圆纽器盖。分为 3 式。

　　Ⅰ式　1 件（完整）。弧壁。

　　一期晚段地层标本：T73⑦:63（图 3 - 4 - 143，1；图版一一〇，1），夹炭红褐陶。内外表红褐色。纽外表留有刮削痕迹，外表磨光。敞口，圆唇，圜顶。高 4.2、口径 8.4、纽径 3.7、胎厚 0.7 厘米。

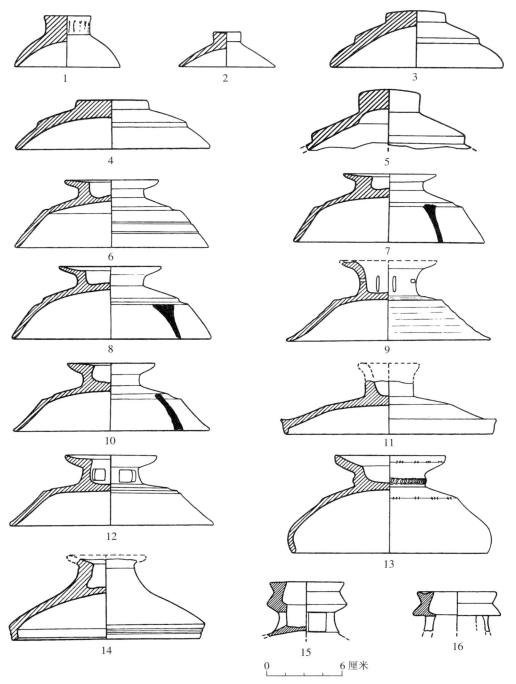

图 3 - 4 - 143　陶器盖（之一）

1. 1 型 I 式（T73⑦:63）　2. 1 型 II 式（T53③:70）　3. 1 型 III 式（T61⑦H144:4）　4. 1 型 III 式（T77⑦:51）　5. 1 型
III 式（T36⑦BH13:7）　6. 2 型 I 式（T11④G1:69）　7. 2 型 I 式（T36⑥B:39）　8. 2 型 I 式（T71⑤:60）　9. 2 型 II
式（T53⑤A:287）　10. 2 型 II 式（T11④G1:68）　11. 2 型 III 式（T64④C:47）　12. 2 型 II 式（T5④B:45）　13. 2 型
III 式（T62⑦:34）　14. 2 型 IV 式（T74⑤B:122）　15. 3 型（T4④:22）　16. 3 型（T4④:73）

II式　1件（复原）。斜弧壁。

四期地层标本：T53③:70（图 3 - 4 - 143，2），夹炭红褐陶。外表粗糙。内外表红褐色。敞

口，圆唇，浅腹。高 2.9、口径 7.7、纽径 2.2 厘米。

III式　3件（内完整 1，复原 1，残器 1）。双折壁，敞口，圆唇。夹炭红陶。外表施红陶衣。

一期早段地层标本：T61⑦H144：4（图3-4-143，3；彩版二二，1），内外表红色。圆饼状纽。高4.7、口径13.8、纽径4.8、胎厚1厘米。T36⑦BH13：7（图3-4-143，5），纽内有用工具挖成的凹窝，纽顶微凸。口沿残缺。纽径5厘米。

一期晚段地层标本：T77⑦：51（图3-4-143，4），外表磨光。浅腹。高3.9、口径15.3、纽径5.6厘米。

2型　9件（内复原6，残器3）。菌形纽器盖。分为4式。

Ⅰ式　3件（复原）。敞口，折腹。均泥质红陶。外表磨光。

一期晚段地层标本：T11④G1：69（图3-4-143，6；图版一一〇，2），外表红褐色，内表灰色。圆唇，斜壁，坦顶，肩部有折棱呈现二层台。腹部饰凹弦纹2周。高5.5、口径15.2、纽径7.6厘米。

二期地层标本：T71⑤：60（图3-4-143，8），外表施鲜红色陶衣。内表黑色。圆唇，肩部存一台阶。腹部存有竖向黑道1条。高6.1、口径15.6、纽径8.2、胎厚0.3厘米。T36⑥B：39（图3-4-143，7），外表及纽内表施红陶衣。内表深灰色。圆唇，斜壁，上部内收成坦顶，有二层台。腹部存有竖向黑道1条。高5.7、口径15、纽径7.4、胎厚0.4厘米。

Ⅱ式　3件（内复原2，残器1）。侈口，折腹。均泥质红陶。外表磨光。

一期晚段地层标本：T11④G1：68（图3-4-143，10；图版一一〇，3），外表施红褐色陶衣。内表黑色。斜壁，折棱处有二层台，坦顶。腹部有竖向黑道4条。高5.6、口径15.4、纽径7.1厘米。

二期地层标本：T53⑤A：287（图3-4-143，9），外表经慢轮修整，留有细密轮纹。外表施红褐色陶衣。内表红褐色。坦顶，圆纽上部残缺，下部呈柄状。纽柄饰交错竖条状及横条状镂孔各2组，每组2个。口径16.3、胎厚0.3~0.5厘米。T5④B：45（图3-4-143，12），外表施红陶衣。内表黑色。斜壁微内凹，坦顶，肩部有凹槽1周。纽柄饰方形大镂孔2个。高5.8、口径16.3、纽径7.3、胎厚0.3厘米。

Ⅲ式　2件（内复原1，残器1）。口沿内折，折腹。内外表磨光。

一期晚段地层标本：T62⑦：34（图3-4-143，13；图版一一〇，4），泥质黑陶。口微敛，圆唇，腹中部转折起棱，圜顶。纽沿下及折棱处饰压印窝点纹，2点为1组或3点为1组，错开位置，纽下有附加堆纹，此处饰压印椭圆形窝点纹1周。高8.3、口径15.6、纽径8.4厘米。

三期地层标本：T64④C：47（图3-4-143，11），泥质红陶。内外施红陶衣。圆唇，腹下部内凹，上部外鼓，纽上半部已残。口径16.4、胎厚0.4厘米。

Ⅳ式　1件（残器）。口沿内折，弧壁。

二期地层标本：T74⑤B：122（图3-4-143，14），泥质红陶。内外表有刮削痕迹，沿面经慢轮修整，留有细密轮纹。内外表施红陶衣并磨光。方唇，纽上部外折，下部外撇，形制特殊，纽与器身之间无明显分界。纽顶残缺。口径14.5、胎厚0.6厘米。

3型　2件（残存纽部）。滑轮形纽器盖。

二期地层标本：T4④：22（图3-4-143，15），泥质红陶。外表有刮削痕迹。外表施红陶衣并磨光。内表黑色。纽顶平整，纽中部有明显凸棱，下部内收，如同滑轮形状，纽柄竖直，纽内中空。纽柄用刀具雕刻长方形镂孔 3 个，孔壁光滑。纽径 6.5 厘米。T4④：73（图 3 - 4 - 143，16），夹炭红陶。外表施红陶衣。内表黑色。纽与器身分别制作，然后接合在一起，留有粘接痕迹。纽中空，纽柄雕刻长方形镂孔 2 个，左右对称。纽径 7 厘米。

4 型　6 件（内复原 2，残器 4）。碗形纽器盖。侈口，圆唇，折腹。均泥质红陶。内外表施深红色陶衣并磨光。

二期地层标本：T53⑤A：164（图 3 - 4 - 144，3），坦顶。纽柄饰├┤形戳印纹 2 组。高 9.7、口径 16.2、纽径 6.6、胎厚 0.6 厘米。T64⑥：130（图 3 - 4 - 144，1；图版一一〇，5），纽内表存有篦划纹，表明曾用篦子刮削过。腹部外表留有少许线纹。高 8.8、口径 16、纽径 5.5、胎厚 0.7 厘米。T68⑥H164：3（图 3 - 4 - 144，6），腹上部转折内收成坦顶，转折处有二层台。纽上部残缺。纽柄饰长条形镂孔 2 组。口径 16 厘米。T22④：32（图 3 - 4 - 144，5），坦顶，折腹处有凹槽 1 周。纽上部残缺。口径 15.9、胎厚 0.4 厘米。

三期地层标本：T53④：281（图 3 - 4 - 144，2），内表有慢轮修整痕迹。烧成温度高，质地硬。内外表浅灰色，胎芯灰色。仅保存纽部，纽下部留有与器身粘接的痕迹。纽壁、柄部各饰长方形镂孔 4 组（横排为 1 孔、竖排为 2 孔）。最大直径 7.8 厘米。T24③：39（图 3 - 4 - 144，4），腹部内表有慢轮修整痕迹。胎芯红色。纽残。口径 16.7、胎厚 0.6 厘米。

5 型　65 件（内完整 2，复原 60，残器 3）。碟形纽器盖。分为 10 式。

Ⅰ式　10 件（复原）。敞口，弧壁，纽近垂直。

一期晚段地层标本：T11④G1：102（图 3 - 4 - 144，16），泥质灰陶。内表红色。高 4.5、口径 10.2、纽径 4.7 厘米。

二期地层标本：T6④：44（图 3 - 4 - 144，11），泥质红陶。外表施红陶衣并磨光。高 4.2、口径 11.5、纽径 4.3 厘米。T11④：94（图 3 - 4 - 144，14），泥质红陶。外表施红陶衣。浅腹，矮圆纽。高 4.5、口径 12.3、纽径 6、胎厚 0.6 厘米。

三期地层标本：T74④A：25（图 3 - 4 - 144，15），泥质红陶。经慢轮修整，外表施红陶衣并磨光。高 4、口径 9.9、纽径 3.8、胎厚 0.4 厘米。T31④：30（图 3 - 4 - 144，10；图版一一〇，6），夹炭红褐陶。表面有小凹坑，是炭化稻壳消失后遗留的痕迹。浅腹，坦顶。高 2.7、口径 8.7、纽径 3.2 厘米。

四期地层标本：T51③：97（图 3 - 4 - 144，13），泥质灰陶。矮圆纽。高 2.8、口径 6.5、纽径 2.2 厘米。T52 扩③G3：30（图 3 - 4 - 144，7），泥质红陶。内表有刮削痕迹，外表施红陶衣并磨光。内表黑色。圜顶。高 6.8、口径 16.3、纽径 5.9 厘米。T57③A：13（图 3 - 4 - 144，9），泥质红陶。外表施红陶衣并磨光。内表红色。圜顶。高 3、口径 8.5、纽径 3.4 厘米。T61③B：72（图 3 - 4 - 144，12），泥质红陶。外表施红陶衣。内表灰色。圆纽较高，胎厚。高 5.9、口径 12.2、纽径 6.3、胎厚 1 厘米。T75③A：9（图 3 - 4 - 144，8），泥质红陶。外表施红陶衣。圜顶。高 2.9、口径 10.3、纽径 4.4 厘米。

Ⅱ式　15 件（复原）。敞口，弧壁，纽斜直。

二期地层标本：T70⑤：41（图 3 - 4 - 145，6），泥质红陶。内表有刮削痕迹，外表施鲜红色陶衣并磨光，有光泽。高 4.6、口径 11.8、纽径 4.7 厘米。T4④：38（图 3 - 4 - 145，2），泥质红

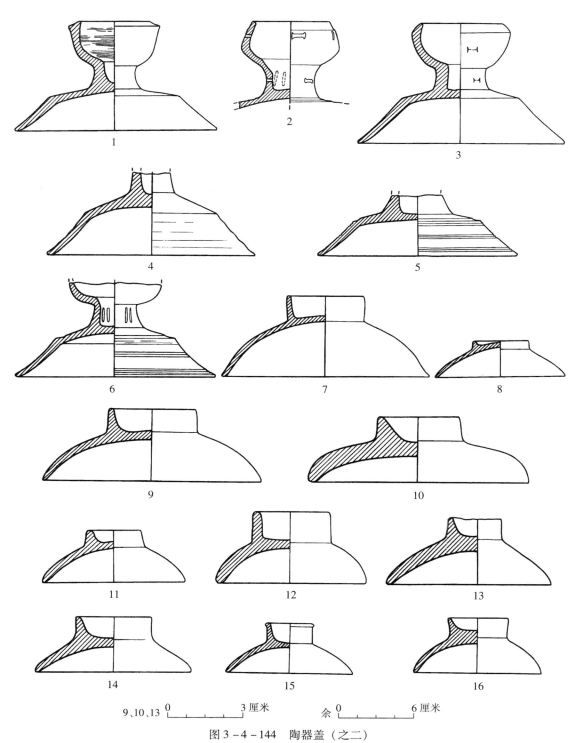

9、10、13 0 ___ 3厘米   余 0 ___ 6厘米

图 3 - 4 - 144 陶器盖（之二）

1. 4 型（T64⑥:130）   2. 4 型（T53④:281）   3. 4 型（T53⑤A:164）   4. 4 型（T24③:39）   5. 4 型（T22④:32）
6. 4 型（T68⑥H164:3）   7. 5 型Ⅰ式（T52 扩③G3:30）   8. 5 型Ⅰ式（T75③A:9）   9. 5 型Ⅰ式（T57③A:13）
10. 5 型Ⅰ式（T31④:30）   11. 5 型Ⅰ式（T6④:44）   12. 5 型Ⅰ式（T61③B:72）   13. 5 型Ⅰ式（T51③:97）
14. 5 型Ⅰ式（T11④:94）   15. 5 型Ⅰ式（T74④A:25）   16. 5 型Ⅰ式（T11④G1:102）

陶。内表灰色。高4.5、口径10.7、纽径5.3、胎厚0.9厘米。

　　三期地层标本：T59④AH101∶4（图3-4-145，1），泥质灰陶。内外有刮削痕迹。方唇，圜顶，顶部内表有1浅窝，是刮削所致。高4.9、口径15.9、纽径4.8厘米。T71④CH99∶2（图3-4-145，7），泥质红陶。外表施鲜红色陶衣并磨光。内表灰色。圜顶。高5.8、口径15、纽径5.1厘米。

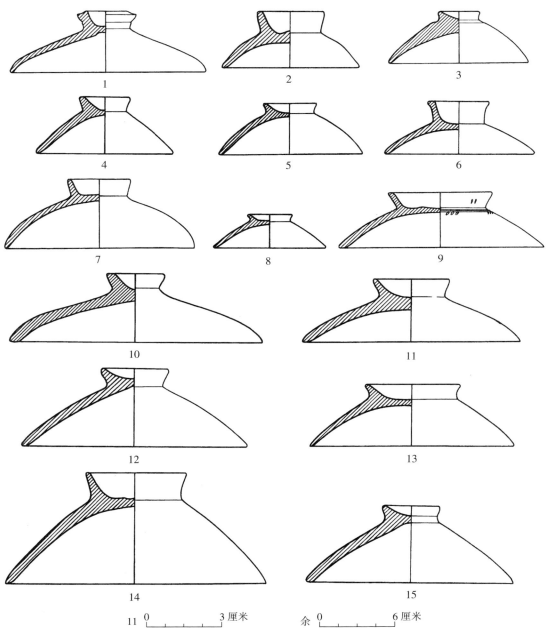

图3-4-145　陶器盖（之三）

1.5型Ⅱ式（T59④AH101∶4）　　2.5型Ⅱ式（T4④∶38）　　3.5型Ⅱ式（T51扩③∶44）　　4.5型Ⅱ式（T69③B∶13）
5.5型Ⅱ式（T67③AS4∶66）　　6.5型Ⅱ式（T70⑤∶41）　　7.5型Ⅱ式（T71④CH99∶2）　　8.5型Ⅱ式（T9②C∶1）
9.5型Ⅱ式（T61③B∶21）　　10.5型Ⅱ式（T53③∶59）　　11.5型Ⅱ式（T67③B∶13）　　12.5型Ⅱ式（T59③∶76）
13.5型Ⅱ式（T52③∶133）　　14.5型Ⅱ式（T59③∶19）　　15.5型Ⅱ式（T70③∶63）

　　四期地层标本：T51 扩③：44（图 3 - 4 - 145，3），夹炭褐陶。高 4、口径 11 厘米。T52③：133（图 3 - 4 - 145，13），夹炭褐陶。内外表不平整，并有小凹坑。质地松软，内表黑色。高 5、口径 16、纽径 7.5 厘米。T53③：59（图 3 - 4 - 145，10），夹炭灰陶。表面多小凹坑。腹甚浅，圜顶，纽与器身相接处内外表呈弧形，无明显分界。高 5.6、口径 20、纽径 4.5、胎厚 0.9 厘米。T59③：19（图 3 - 4 - 145，14），夹炭红陶。内外表有小凹坑。外表颜色深浅不匀，内表黑色。腹较深，纽与器身相接处无明显分界。高 9、口径 20.8、纽径 8 厘米。T59③：76（图 3 - 4 - 145，12），夹炭灰陶。外表有小凹坑。内表褐色。圜顶。高 6.6、口径 17.9、纽径 5.3、胎厚 0.8 厘米。T61③B：21（图 3 - 4 - 145，9），泥质红陶。内外表施红陶衣，外表磨光。浅腹，坦顶。纽存有弯月形戳印纹 1 组，2 个，腹上部饰凹弦纹 1 周，凹弦纹上存有压印椭圆形窝纹 2 组，每组 3 个。高 4.5、口径 16.3、纽径 8.3 厘米。T67③B：13（图 3 - 4 - 145，11），泥质橙黄陶。外表磨光。浅腹，圜顶。高 2.5、口径 8.8、胎厚 0.3 厘米。T67③AS4：66（图 3 - 4 - 145，5），夹炭红陶。表面粗糙。内外表红色。圜顶，浅腹。纽与器身相接处呈圆角，无明显分界。高 4.1、口径 11.5 厘米。T69③B：13（图 3 - 4 - 145，4），夹炭红褐陶。外表经磨光。胎芯黑色。腹较深。高 4.6、口径 11、纽径 4 厘米。T70③：63（图 3 - 4 - 145，15），夹炭灰陶。表面有小凹坑。内表灰色。圜顶。纽与器身相接处无明显分界。高 6.2、口径 16.2、纽径 4.6、胎厚 0.8 厘米。T9②C：1（图 3 - 4 - 145，8），泥质红陶。外表施红陶衣。圜顶。高 2.7、口径 8.8 厘米。

　　Ⅲ式　5 件（内复原 4，残器 1）。敞口，斜壁，纽近垂直。

　　二期地层标本：T1④：32（图 3 - 4 - 146，3），泥质红陶。内表有刮削痕迹。方唇，圜顶，纽外表中央呈锥形，纽上部残缺。口径 15.2 厘米。

　　三期地层标本：T61④H95：5（图 3 - 4 - 146，1），泥质灰陶。内表有刮削痕迹。内外表灰红不匀。方唇，圜顶，纽底有 1 个小圆窝。腹上部压印椭圆形窝点纹 2 组，每组 3 个。高 4.5、口径 11.2、纽径 4.9、胎厚 0.6 厘米。

　　四期地层标本：T65③A：13（图 3 - 4 - 146，4；图版一一一，1），夹炭灰陶。表面有小凹坑。外表灰红不匀，内表黑色。圆唇，圜顶，盖顶中部有 1 个圆形鼓包。高 5.8、口径 13、纽径 6.3、胎厚 0.7 厘米。T66③B：45（图 3 - 4 - 146，5），夹炭褐陶。内外灰褐色。圆唇，尖顶。高 4.7、口径 13.2、胎厚 0.7 厘米。T75③B：30（图 3 - 4 - 146，2），泥质红陶。内表橙黄色。圆唇，浅腹，圜顶。高 4.5、口径 11.5、纽径 4.4 厘米。

　　Ⅳ式　11 件（复原）。敞口，斜壁，纽斜直。

　　二期地层标本：T55⑤：42（图 3 - 4 - 146，14），夹炭红陶。内外表红色。圆唇，腹较深，圜顶。高 5.4、口径 11.2、纽径 5.5、胎厚 0.9 厘米。T64⑤A：100（图 3 - 4 - 146，11；图版一一一，2），泥质红陶。内外表有刮削痕迹，内外表施红陶衣，外表磨光。圆唇，圜顶。高 4、口径 11.3、纽径 3.5 厘米。T1④：90（图 3 - 4 - 146，13），夹炭褐陶。经慢轮修整。内表红褐色。方唇。高 5.1、口径 12 厘米。

　　三期地层标本：T65④AH87：3（图 3 - 4 - 146，9），泥质红陶。外表施红陶衣并磨光。内表红色。圆唇，圜顶。高 5.1、口径 11.7、纽径 5 厘米。T72④C：74（图 3 - 4 - 146，10），泥质红陶。内外表施红陶衣并磨光。圆唇，浅腹，圜顶。高 3.8、口径 10.8、纽径 4.5 厘米。T11③：15

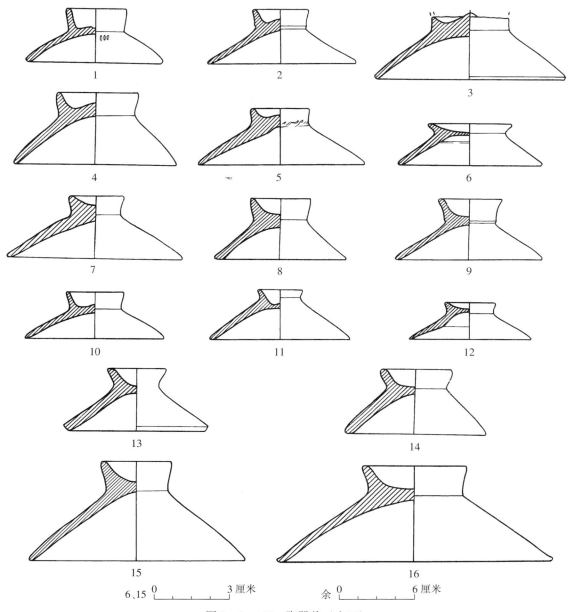

图 3 - 4 - 146　陶器盖（之四）

1. 5 型Ⅲ式（T61④H95：5）　2. 5 型Ⅲ式（T75③B：30）　3. 5 型Ⅲ式（T1④：32）　4. 5 型Ⅲ式（T65③A：13）　5. 5 型Ⅲ式（T66③B：45）　6. 5 型Ⅳ式（T73③A：18）　7. 5 型Ⅳ式（T1②C：6）　8. 5 型Ⅳ式（T11③：15）　9. 5 型Ⅳ式（T65④AH87：3）　10. 5 型Ⅳ式（T72④C：74）　11. 5 型Ⅳ式（T64⑤A：100）　12. 5 型Ⅳ式（T65③A：8）　13. 5 型Ⅳ式（T1④：90）　14. 5 型Ⅳ式（T55⑤：42）　15. 5 型Ⅳ式（T24②C：38）　16. 5 型Ⅳ式（T76③：12）

（图 3 - 4 - 146，8），泥质红陶。内表红色。方唇。高 5.1、口径 10、纽径 5 厘米。

　　四期地层标本：T65③A：8（图 3 - 4 - 146，12），夹炭红陶。内表红色。表面不平整并有小凹坑。尖唇，圜顶，顶面呈浅窝状，纽与器身之间无明显分界。高 2.8、口径 9.6、纽径 4 厘米。T73③A：18（图 3 - 4 - 146，6），泥质红陶。圆唇，坦顶。高 1.7、口径 5.7、纽径 3.2、胎厚 0.25 厘米。T76③：12（图 3 - 4 - 146，16；图版一一一，3），夹炭灰陶。表面有小凹坑。内外表灰红不匀。圆唇，唇外微凸，圜顶，纽与器身相接处无明显分界。高 7.7、口径 21.6、纽径 8.2、胎厚 0.6～0.9 厘米。T1②C：6（图 3 - 4 - 146，7），夹炭灰陶。内表灰色。圆唇，纽顶是后附加的。高

5.2、口径 13.9、纽径 4.4 厘米。T24②C：38（图 3 - 4 - 146，15），泥质灰陶。圆唇。高 4、口径 8.6、纽径 2.9、胎厚 0.6 厘米。

Ⅴ式　1 件（复原）。腹壁内凹，纽近垂直。

一期晚段地层标本：T64⑦S45：107（图 3 - 4 - 147，1），夹炭红陶。内外表有刮削痕迹。内外表施深红色陶衣并磨光。圆唇，尖圜顶，纽颈较大。高 5、口径 14.8、纽径 6.5、胎厚 0.9 厘米。

Ⅵ式　5 件（复原）。侈口，腹壁内凹，纽近斜直。

二期地层标本：T61⑤B：35（图 3 - 4 - 147，4），泥质黑陶。内外表有刮削痕迹。纽呈浅窝，纽沿有浅槽呈子母口状。纽外表有凸棱 2 周。高 4.6、口径 8.8、纽径 3.8 厘米。

四期地层标本：T52③：32（图 3 - 4 - 147，3），夹蚌红陶。内外表多孔隙，是蚌壳碎片消失后遗留的痕迹。质轻。圆唇，纽顶面有 1 浅窝，纽与器身之间无明显分界。高 4、口径 12.1、纽径 4.9 厘米。T54④：12（图 3 - 4 - 147，8），泥质红陶。外表施红陶衣。内表红色。形状不规整，已变形。方唇。高 3.6、口径 9.7、纽径 3.9 厘米。T65③A：19（图 3 - 4 - 147，2；图版一一一，4），泥质红陶。烧成温度高，质地硬。纽顶内表有泥条盘筑痕迹。圆唇，尖顶，纽顶面略下凹。腹中部饰圆形镂孔 1 个。高 3、口径 5.7、纽径 1.5、胎厚 0.2 厘米。T6②C：55（图 3 - 4 - 147，5），夹炭红陶。表面有小凹坑。内表深灰色。圆唇。高 5.6、口径 14、纽径 6.4 厘米。

Ⅶ式　3 件（复原）。侈口，弧壁，纽近垂直。夹炭灰陶，表面有小凹坑。圆唇，圜顶。

四期地层标本：T65③A：24（图 3 - 4 - 147，10），矮圆纽甚小。高 6.3、口径 18.8、纽径 4.8、胎厚 0.7 厘米。T70③：9（图 3 - 4 - 147，7），内表黑色。高 4.5、口径 11.3 厘米。T73③B：27（图 3 - 4 - 147，6），内外表灰红不匀。纽与器身之间无明显分界。高 5、口径 10、纽径 3.5 厘米。

Ⅷ式　11 件（内完整 2，复原 8，残器 1）。侈口，弧壁，纽斜直。

二期地层标本：T55⑥：30（图 3 - 4 - 147，16），夹炭红陶。外表施红陶衣并磨光。内表黑色。侈口外卷。高 8.9、口径 24、纽径 9.7、胎厚 0.7 厘米。

三期地层标本：T64④B：39（图 3 - 4 - 147，9；图版一一一，5），细泥黑陶。泥料经淘洗。唇外起棱。高 4.3、口径 11.4、纽径 4.5 厘米。T74④A：43（图 3 - 4 - 147，13），泥质黑陶。内外表磨光。内外表及胎芯黑色。高 3.8、口径 10.1、纽径 4、胎厚 0.3 厘米。T75④A：46（图 3 - 4 - 147，15；图版一一一，6），泥质黑陶，含少量细砂粒。唇外起棱。高 2.8、口径 9.1、纽径 4.3、胎厚 0.25 厘米。T31④：2（图 3 - 4 - 148，8），夹炭褐陶。内表深灰色。腹甚浅，坦顶。高 3、口径 13.4、纽径 5.7 厘米。

四期地层标本：T52 扩③G3：20（图 3 - 4 - 147，14；图版一一二，1），夹炭红陶。内外表灰红不匀。口沿起棱，深腹，尖顶，纽顶面呈浅窝状，纽与器身之间无明显分界。高 6.8、口径 13.7、纽径 4.9 厘米。T59③：25（图 3 - 4 - 147，12），细泥橙黄陶。内表橙黄色。窄沿外折，圜顶。高 2.5、口径 7.1、纽径 3.7、胎厚 0.3 厘米。T61③AH74：1（图 3 - 4 - 147，11；图版一一二，2），夹炭褐陶。口外微起棱。高 6.4、口径 16.2、纽径 6.4 厘米。T74③：159（图 3 - 4 - 148，1），细泥黑陶，泥料经淘洗。腹壁微鼓。纽顶残缺。口径 12、胎厚 0.3 厘米。T41④H55：28（图

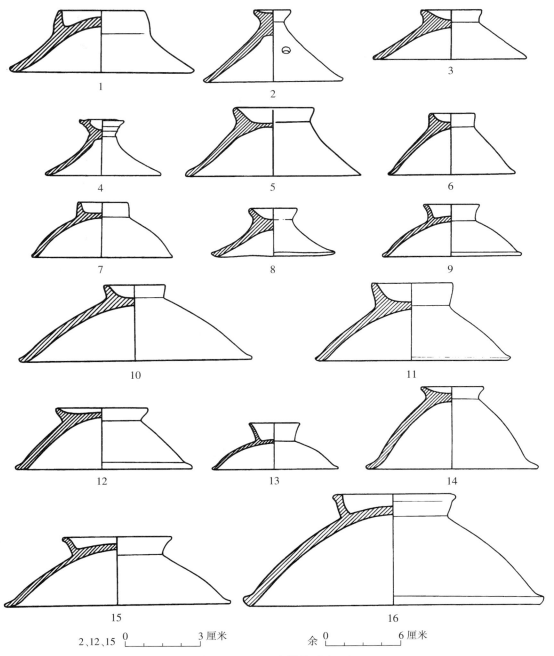

图 3 - 4 - 147　陶器盖（之五）

1. 5 型 V 式（T64⑦S45：107）　2. 5 型 VI 式（T65③A：19）　3. 5 型 VI 式（T52③：32）　4. 5 型 VI 式（T61⑤B：35）　5. 5 型 VI 式（T6②C：55）　6. 5 型 VII 式（T73③B：27）　7. 5 型 VII 式（T70③：9）　8. 5 型 VI 式（T54④：12）　9. 5 型 VIII 式（T64④B：39）　10. 5 型 VII 式（T65③A：24）　11. 5 型 VIII 式（T61③AH74：1）　12. 5 型 VIII 式（T59③：25）　13. 5 型 VIII 式（T74④A：43）　14. 5 型 VIII 式（T52扩③G3：20）　15. 5 型 VIII 式（T75④A：46）　16. 5 型 VIII 式（T55⑥：30）

3 - 4 - 148，2），细泥灰陶，泥料经淘洗。内表灰色。口沿外折，沿面微凹。高 2.9、口径 8.8、纽径 3.8、胎厚 0.15 厘米。

IX式　1 件（残器）。口沿内折，弧壁。

三期地层标本：T10③W42：2（图 3 - 4 - 148，3），夹炭红陶。表面有小凹坑，内表有刮削痕迹。外表施红陶衣。内表黑色。胎厚 0.4 厘米。

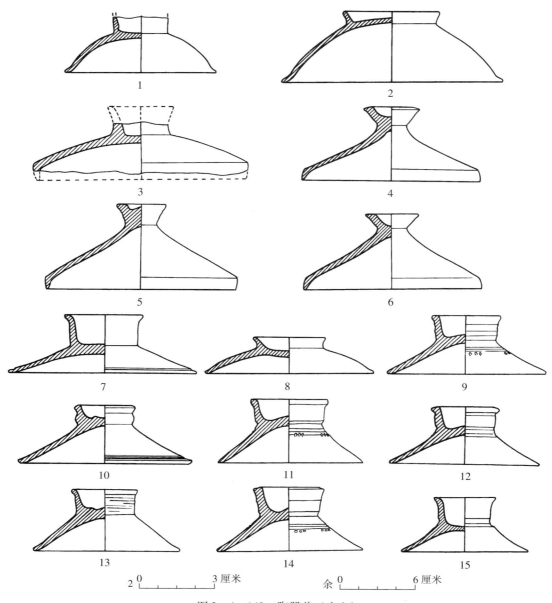

2 ⊢—0—————3厘米　　　　余 ⊢—0—————6厘米

图 3 - 4 - 148　陶器盖（之六）

1.5 型Ⅷ式（T74③:159）　2.5 型Ⅷ式（T41④H55:28）　3.5 型Ⅸ式（T10③W42:2）　4.5 型Ⅹ式（T62⑤AH141:4）
5.5 型Ⅹ式（T51⑤B:311）　6.5 型Ⅹ式（T10③:3）　7.6 型Ⅰ式（T52③:154）　8.5 型Ⅷ式（T31④:2）　9.6 型Ⅰ式
（T53⑤A:126）　10.6 型Ⅰ式（T70④AM203:2）　11.6 型Ⅰ式（T57④A:60）　12.6 型Ⅰ式（T75④C:166）　13.6 型Ⅰ
式（T53⑤A:138）　14.6 型Ⅰ式（T66④CH107:5）　15.6 型Ⅰ式（T53⑤A:130）

　　Ⅹ式　3 件（复原）。口沿内折，腹壁斜直。泥质红陶。

　　二期地层标本：T51⑤B:311（图 3 - 4 - 148，5），内表有刮削痕迹，外表施红陶衣并磨光。
内表黑色。圆唇，尖顶。高 7、口径 15.3、纽径 4 厘米。T62⑤AH141:4（图 3 - 4 - 148，4；图版
一一二，3），内表有刮削痕迹，外表施红陶衣并磨光。内表黑色。圆唇，尖顶。高 6、口径 14.1、
纽径 4.6 厘米。

　　三期地层标本：T10③:3（图 3 - 4 - 148，6），经慢轮修整。内表灰色。高 6.2、口径 14.2、
纽径 4.2 厘米。

6 型　28 件（内完整 1，复原 27）。杯形纽器盖。分为 5 式。

Ⅰ式　8 件（内完整 1，复原 7）。侈口，腹壁微内凹。1 件泥质红褐陶，余为泥质红陶。外表磨光。

二期地层标本：T53⑤A：126（图 3－4－148，9），外表有刮削痕迹，施红陶衣。内表黑色。浅腹，圜顶。腹上部饰凹弦纹 2 周，凹弦纹下侧压印椭圆形窝点纹 5 组，每组 3 个。高 5、口径 12.6、纽径 5.5 厘米。T53⑤A：130（图 3－4－148，15），内表有刮削痕迹，外表施鲜红色陶衣。器身内表红色，纽内表黑色。纽沿外侈，纽壁略直。纽与腹之间饰凹弦纹 2 周。高 4.5、口径 9.9、纽径 4.9 厘米。T53⑤A：138（图 3－4－148，13），内表有刮削痕迹，外表施鲜红色陶衣。内表红色。纽沿外侈，纽壁略直。高 5.2、口径 11.6、纽径 5.4 厘米。

三期地层标本：T57④A：60（图 3－4－148，11），泥质红褐陶。内表黑色。尖圆顶，纽上端有鼓棱 1 周。腹上部饰凹弦纹 2 周，凹弦纹下侧压印椭圆形窝点纹 5 组，每组 3 个。高 5.1、口径 11.5、纽径 6.2 厘米。T66④CH107：5（图 3－4－148，14；图版一一二，4），器身内外表及纽内表均施红陶衣。腹上部饰凹弦纹 2 周，下部饰长方形戳印纹 5 组，每组 3 个。高 5.3、口径 11.7、纽径 5.6 厘米。T70④AM203：2（图 3－4－148，10；图版一一二，5），外表施红陶衣。内表深灰色。圜顶，纽口部有凹槽 1 周，纽内中央有小窝 1 个。口沿上部饰凹弦纹 2 周。高 4.8、口径 13.7、纽径 4.8 厘米。T75④C：166（图 3－4－148，12），内外表红色。尖顶，纽沿有鼓棱 1 周。腹上部饰凹弦纹 2 周。高 4.7、口径 12.1、纽径 5.4 厘米。

四期地层标本：T52③：154（图 3－4－148，7），器表经精细磨光，有光泽。内外表浅灰色。纽沿外折。口沿外饰凹弦纹 1 周。高 5.1、口径 15、纽径 6.3 厘米。

Ⅱ式　3 件（复原）。侈口，弧壁。均泥质黑陶，内外表磨光。

三期地层标本：T57④BH96：1（图 3－4－149，3），口沿外折，纽沿外卷。高 4.6、口径 12.3、纽径 5.8 厘米。T71④CH99：3（图 3－4－149，1），口沿微外折，浅腹，纽沿起棱。口沿与腹部交界处饰凹弦纹 1 周。通高 3.9、口径 13.4、纽径 4.9、胎厚 0.3 厘米。

四期地层标本：T60③A：26（图 3－4－149，2），口沿微外折，纽沿外卷。高 4.5、口径 12.2、纽径 4.8、胎厚 0.2 厘米。

Ⅲ式　7 件（复原）。敞口，弧壁。

二期地层标本：T73⑤：51（图 3－4－149，6），泥质红陶。外表施红陶衣并磨光。内表红色。纽柄饰凸弦纹 4 周，腹上部饰压印圆形窝点纹 4 组，口沿外饰凹弦纹 1 周。高 5.8、口径 12.8、纽径 6.1 厘米。T3④：33（图 3－4－149，5），泥质灰陶。内表存有手捏痕迹，外表有刮削痕迹。纽沿外鼓。高 5.1、口径 13.6、纽径 5.7 厘米。T4④：42（图 3－4－149，4；图版一一二，6），泥质红陶。腹部外表及纽内表施红陶衣，精细磨光，有光泽。腹内表红褐色。高 6.8、口径 15.3、纽径 8.3、胎厚 0.3 厘米。T4④：72（图 3－4－149，8），泥质红陶。内外表施红陶衣并磨光。浅腹，器腹呈半球状。高 7.4、口径 15、纽径 7.5、胎厚 0.3 厘米。T5④B：28（图 3－4－149，10；图版一一三，1），夹炭红陶。外表施鲜红色陶衣，内外表经精细磨光，有光泽。内表黑色。圜顶，口内有凹槽 1 周。高 7.5、口径 12.7、纽径 6.3 厘米。T11④：61（图 3－4－149，7），泥质深灰陶。内表灰色。浅腹。圜顶。纽沿外凸，沿面有浅凹槽 1 周。纽壁饰圆形戳印纹 3 组，每组 4 个。高

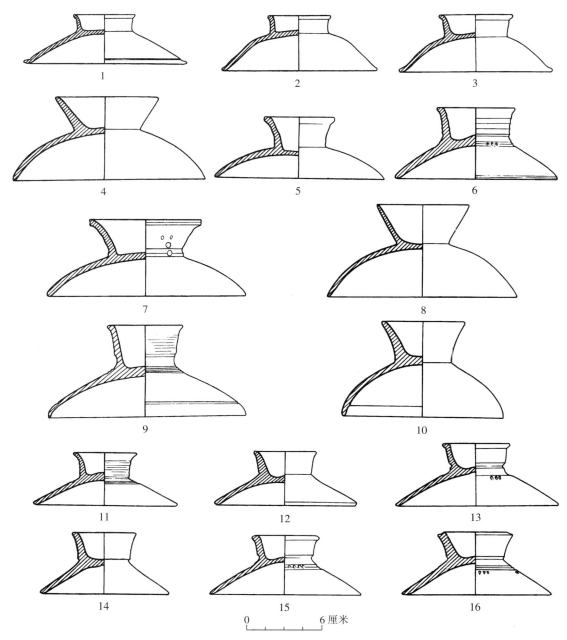

図 3 - 4 - 149　陶器盖（之七）

1. 6 型Ⅱ式（T71④CH99：3）　2. 6 型Ⅱ式（T60③A：26）　3. 6 型Ⅱ式（T57④BH96：1）　4. 6 型Ⅲ式（T4④：42）　5. 6 型
Ⅲ式（T3④：33）　6. 6 型Ⅲ式（T73⑤：51）　7. 6 型Ⅲ式（T11④：61）　8. 6 型Ⅲ式（T4④：72）　9. 6 型Ⅲ式（T65④
AH87：1）　10. 6 型Ⅲ式（T5④B：28）　11. 6 型Ⅳ式（T75④B：111）　12. 6 型Ⅳ式（T53④：91）　13. 6 型Ⅳ式（T71④E：
49）　14. 6 型Ⅳ式（T57④A：54）　15. 6 型Ⅳ式（T58④A：16）　16. 6 型Ⅳ式（T74④A：27）

6. 2、口径 15.9、纽径 8.9 厘米。

　　三期地层标本：T65④AH87：1（图 3 - 4 - 149，9；彩版二二，2），泥质红陶。经慢轮修整，外表施红陶衣并磨光，有光泽。内表红灰不匀。该器覆置如豆盘。口沿上部饰凹弦纹 1 周，腹上部及纽柄各饰凹弦纹 3 周。高 7.5、口径 15.6、纽径 6.1 厘米。

　　Ⅳ式　8 件（复原）。敞口，腹壁斜直。除 1 件泥质灰陶外，余为泥质红陶。

　　三期地层标本：T53④：91（图 3 - 4 - 149，12），内外表施鲜红色陶衣并磨光。高 4.4、口径

11.3、纽径 4.8 厘米。T57④A：54（图 3 - 4 - 149，14），泥质灰陶。外表磨光。圜顶。高 5.1、口径 10.4、纽径 5 厘米。T58④A：16（图 3 - 4 - 149，15），外表施红陶衣。内表黑灰不匀。纽沿起棱，下端有凹槽 1 周。肩部饰压印圆形窝点纹 4 组，每组 4 个。高 4.9、口径 12.3、纽径 5.3、胎厚 0.3 厘米。T71④E：49（图 3 - 4 - 149，13），内表有刮削痕迹，外表施红陶衣并磨光。内表黑色，胎芯灰色。尖顶，纽沿外侧起棱，纽下端与器身相接处有凹槽 1 周，顶部内表有 1 浅窝。腹上部饰凹弦纹 1 周，凹弦纹下侧存有压印圆形窝点纹 3 组，每组 3 个。高 5.2、口径 12.7、纽径 5.3 厘米。T74④A：27（图 3 - 4 - 149，16），内表有刮削痕迹，内外表施红陶衣，外表磨光。纽下端微起棱。腹上部饰凹弦纹 2 周，弦纹下侧饰三角纹戳印纹 5 组，每组 3 个。高 5.2、口径 11.7、纽径 5.8 厘米。T75④B：111（图 3 - 4 - 149，11），纽外表有慢轮修整痕迹，外表施红陶衣并磨光。内表红色。纽沿外撇，圜顶。腹上部饰凹弦纹 2 周。高 4.3、口径 11.5、纽径 5 厘米。T76④BF30：25（图 3 - 4 - 150，2；图版一一三，2），外表有一层褐色水垢，内表红色。该器质地坚硬，已变形，应是 F30 失火复烧而变形。圜顶，浅腹。腹上部饰凹弦纹 2 周，凹弦纹下侧碾压窝点纹 6 组，每组 3 个。高 4.9、口径 12、纽径 5 厘米。T76④BF30：27（图 3 - 4 - 150，1），质地坚硬，因复烧而变形。外表施红陶衣，已脱落。圜顶，纽沿外鼓，下部微起棱。腹上部饰凹弦纹 2 周，弦纹之间碾压圆形窝点纹 5 组，每组 4 个。高 5、口径 12.2、纽径 5.4 厘米。

Ⅴ式　2 件（复原）。口沿内折，弧壁。均泥质红陶，内表黑色。

三期地层标本：T69④A：58（图 3 - 4 - 150，4；图版一一三，3），内表有刮削痕迹。外表施红陶衣并磨光。纽沿起棱。腹部饰凹弦纹 2 周，纽柄饰凹弦纹 4 周。高 6.9、口径 14.6、纽径 5.2 厘米。T9③：4（图 3 - 4 - 150，3），圜顶。高 6.4、口径 15.6、纽径 5.1、胎厚 0.4 ~ 0.6 厘米。

7 型　18 件（内完整 1，复原 13，残器 4）。喇叭形纽器盖。分为 4 式。

Ⅰ式　6 件（内完整 1，复原 5）。侈口，腹壁内凹。

二期地层标本：T51⑤B：271（图 3 - 4 - 150，7），泥质黑陶。内表有刮削痕迹，外表磨光。纽沿内壁有凹槽 1 周。高 4.8、口径 10、纽径 4.1 厘米。T69⑤A：104（图 3 - 4 - 150，6；图版一一三，4），泥质深灰陶。外表有刮削痕迹。纽沿有凹槽 1 周。高 4.6、口径 10.4、纽径 4.5 厘米。T2④A：58（图 3 - 4 - 150，10；图版一一三，5），泥质红陶。外表施红陶衣并磨光，陶衣大部分脱落。尖顶。纽壁有凹槽 3 周。高 7.7、口径 11.2、纽径 5.7 厘米。

三期地层标本：T51④A：116（图 3 - 4 - 150，5），泥质黑陶。内表有刮削痕迹。尖顶。高 5.2、口径 9.1、纽径 3.7 厘米。T51④BF22：43（图 3 - 4 - 150，8），泥质黑陶。内表有刮削痕迹。尖顶。腹下部饰凹弦纹 3 周，腹部饰压印短条纹 1 组 6 个，纽下端饰凹弦纹 1 周。高 5.3、口径 10、纽径 4.9 厘米。T62④D：23（图 3 - 4 - 150，9），泥质黑陶。内表有刮削痕迹，外表磨光。浅腹，圜顶。口沿外饰凹弦纹 2 周。高 4.6、口径 10.2、纽径 4.2、胎厚 0.3 厘米。

Ⅱ式　1 件（复原）。侈口。斜壁。

三期地层标本：T23③：39（图 3 - 4 - 150，11；图版一一三，6），夹细砂红褐陶。内外表施红陶并磨光。颜色红黑不匀。圆唇，圜顶，纽下半部实心。高 4.9、口径 10.5、纽径 3.6 厘米。

Ⅲ式　7 件（内复原 3，残器 4）。敞口，弧壁。

二期地层标本：T55⑤H112：14（图 3 - 4 - 150，12），泥质红陶。手捏制，内表有明显的刮削

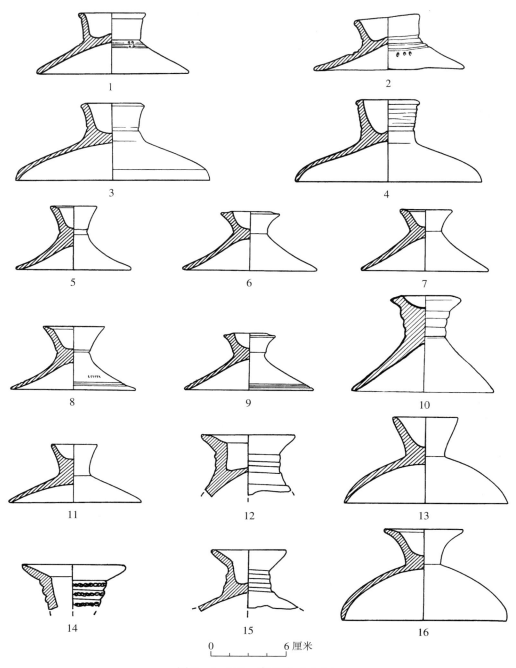

图 3 - 4 - 150　陶器盖（之八）

1. 6 型Ⅳ式（T76④BF30：27）　2. 6 型Ⅳ式（T76④BF30：25）　3. 6 型Ⅴ式（T9③：4）　4. 6 型Ⅴ式（T69④A：58）　5. 7 型Ⅰ
式（T51④A：116）　6. 7 型Ⅰ式（T69⑤A：104）　7. 7 型Ⅰ式（T51⑤B：271）　8. 7 型Ⅰ式（T51④BF22：43）　9. 7 型Ⅰ式
（T62④D：23）　10. 7 型Ⅰ式（T2④A：58）　11. 7 型Ⅱ式（T23③：39）　12. 7 型Ⅲ式（T55⑤H112：14）　13. 7 型Ⅲ式（T1④：52）
14. 7 型Ⅲ式（T70⑥：126）　15. 7 型Ⅲ式（T56④A：111）　16. 7 型Ⅲ式（T5④B：33）

痕迹，外表施红陶衣。残存纽部。纽柄饰凹弦纹 3 周。纽径 7.3 厘米。T70⑥：126（图 3 - 4 - 150，
14），夹炭红陶。纽顶及内表施红陶衣。外表及纽顶沿下为黑色，黑红之间无明显分界，黑色系窑
外渗碳所致。纽柄附加绳索纹 3 周。仅存纽部。纽径 8.2 厘米。T1④：52（图 3 - 4 - 150，13；图
版一一四，1），泥质红陶。内表有刮削痕迹，外表及纽内表施红陶衣并磨光。腹内表灰色。圆顶。

高 7.1、口径 13、纽径 5.1 厘米。T5④B：33（图 3 - 4 - 150，16；图版一一四，2），泥质红陶。外表施红陶衣并磨光。口沿内表黑色。纽沿外侈。高 7.4、口径 13.1、纽径 6.3、胎厚 0.3 厘米。

三期地层标本：T56④A：111（图 3 - 4 - 150，15）泥质灰陶。仅存纽部。纽柄饰凸弦纹 3 周。纽径 6 厘米。T66④D：29（图 3 - 4 - 151，1；图版一一四，3），泥质红陶。内外表有刮削痕迹并磨光。内外表浅灰、红不匀。高 5.8、口径 13.1、纽径 6.7、胎厚 0.3 厘米。

Ⅳ式 4 件（复原）。口沿内折，腹壁微内凹。泥质红陶。内表有刮削痕迹，外表施红陶衣并磨光。

二期地层标本：T51⑤BH45：353（图 3 - 4 - 151，3），内表黑色。尖顶。高 6.2、口径 14、纽径 3.9、胎厚 0.3 厘米。T67⑤A：71（图 3 - 4 - 151，2），内表灰黑色。纽壁有鼓棱 1 周，尖顶。高 6.7、口径 13.7、纽径 4.1、胎厚 0.3 厘米。

三期地层标本：T66④CH107：8（图 3 - 4 - 151，4），外表及纽内表施红陶衣。内表黑色。尖顶，顶内呈圆窝状，圆窝中央有 1 个小圆坑。高 6.8、口径 14、纽径 4.5、胎厚 0.3 厘米。T69④B：90（图 3 - 4 - 151，5；图版一一四，4），口沿外及内表灰色。尖顶。腹部饰凹弦纹 3 周。高 7.8、口径 14.3、纽径 4.2 厘米。

8 型 22 件（内复原 20，残器 2）。瓶口形纽器盖。均为敞口。分为 3 式。

Ⅰ式 12 件（复原）。弧壁。均泥质红陶，大部分外表施鲜红色陶衣并磨光。

三期地层标本：T51④A：125（图 3 - 4 - 151，7），内表红色。浅腹，纽与器身相接处有凹槽 1 周。腹上部饰凹弦纹 2 周。高 6.9、口径 18.5、纽径 5、胎厚 0.3 厘米。T54⑤H56：4（图 3 - 4 - 151，12），内表下半部红色，上半部渐变为深灰色，纽内表黑色。圜顶。腹上部饰凹弦纹 2 周。高 7、口径 17.3、纽径 5.4、胎厚 0.3 厘米。T56④A：36（图 3 - 4 - 151，13），内表施红陶衣并磨光。圜顶，浅腹。高 6.8、口径 18、纽径 4、胎厚 0.3 厘米。T60④A：61（图 3 - 4 - 151，11），内表黑色，胎芯灰色。圜顶，浅腹。腹上部饰凹弦纹 2 周。高 5.8、口径 15.3、纽径 4.9 厘米。T61④H95：3（图 3 - 4 - 151，6；图版一一四，5），内表有刮削痕迹。内表大部分灰色，局部橙黄色。纽下端内收成凹槽。腹上部饰凹弦纹 3 周。高 6.5、口径 17、纽径 5.4 厘米。T66④CH107：7（图 3 - 4 - 151，10），内表有刮削痕迹。纽内表黑色。口外有不明显折棱，圜顶，浅腹。高 6.9、口径 18、纽径 4.8 厘米。T67④DS36：38（图 3 - 4 - 151，8），内表有刮削痕迹，外表施红褐色陶衣，经精细精磨光。内表灰色。顶内有圆形浅窝，是泥条盘筑遗留的痕迹。口外无明显折棱，浅腹，尖顶。腹上部饰凹弦纹 2 周。高 6.7、口径 17.6、纽径 5.7、胎厚 0.3 厘米。T75④C：169（图 3 - 4 - 151，9），内表有刮削痕迹，外表施鲜红色陶衣，经精细磨光，有光泽。内表黑色。浅腹，圜顶，顶中央有圆形浅窝。腹上部饰凹弦纹 2 周。高 7.6、口径 17.3、纽径 5.2 厘米。T76④BF30：26（图 3 - 4 - 152，1；图版一一四，6），外表红色，内表黑色。圜顶。纽内有斜向深窝。高 6.8、口径 17.3、纽径 4.7 厘米。

Ⅱ式 6 件（内复原 4，残器 2）。口沿内折，弧壁。

二期地层标本：T51⑤A：257（图 3 - 4 - 152，2），泥质灰陶。外表磨光。内外表浅灰色。浅腹，纽内中部有浅窝。腹中部刻划绳索纹和极细线条纹，绳索纹为双股。高 5.6、口径 15.9、纽径 4 厘米。T53⑤B：167（图 3 - 4 - 152，4），泥质红陶。内外表有刮削痕迹，外表施红陶衣并磨

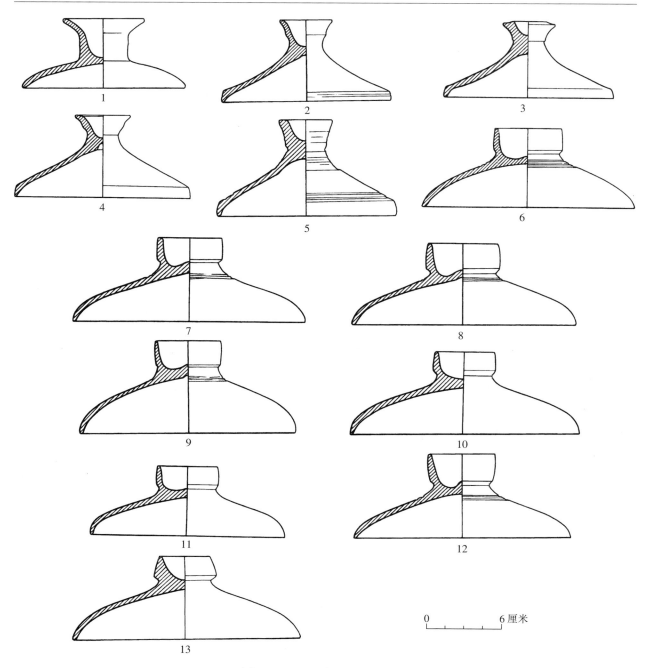

0　　　　　　　6厘米

图 3 - 4 - 151　陶器盖（之九）

1.7 型Ⅲ式（T66④D：29）　　2.7 型Ⅳ式（T67⑤A：71）　　3.7 型Ⅳ式（T51⑤BH45：353）　　4.7 型Ⅳ式（T66④CH107：8）　　5.7
型Ⅳ式（T69④B：90）　　6.8 型Ⅰ式（T61④H95：3）　　7.8 型Ⅰ式（T51④A：125）　　8.8 型Ⅰ式（T67④DS36：38）　　9.8 型Ⅰ式
（T75④C：169）　　10.8 型Ⅰ式（T66④CH107：7）　　11.8 型Ⅰ式（T60④A：61）　　12.8 型Ⅰ式（T54⑤H56：4）　　13.8 型Ⅰ式
（T56④A：36）

光。内表红色。高 6、口径 17.5、纽径 4.1 厘米。T74⑤AH113：5（图 3 - 4 - 152，8），纽顶残。
泥质灰褐陶。外表磨光。内外表灰褐色。圜顶。残高 5.9、口径 16.7、纽径 4 厘米。

　　三期地层标本：T56④BH94：4（图 3 - 4 - 152，5），泥质红陶。器表经慢轮修整。内外表红
色。高 6.4、口径 17.6、纽径 4.3 厘米。T8③B：19（图 3 - 4 - 152，3），泥质红陶。外表施红陶
衣。内表黑色。浅腹。高 5.9、口径 18.9、纽径 4.8 厘米。

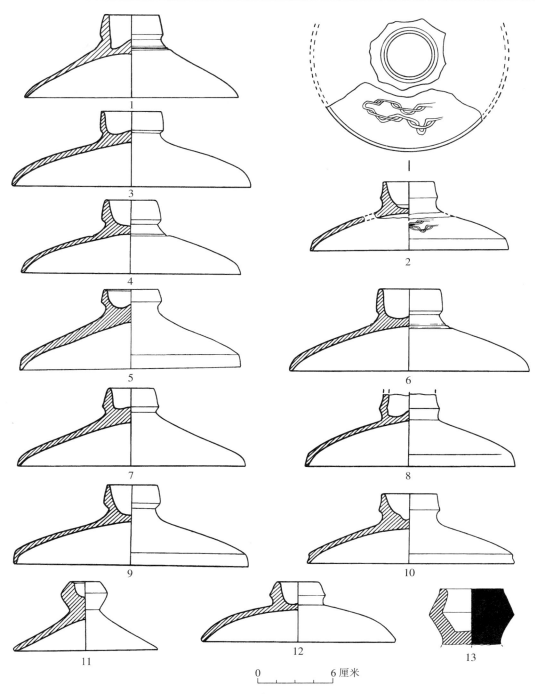

图 3 - 4 - 152　陶器盖（之一〇）

1. 8 型 I 式（T76④BF30:26）　2. 8 型 II 式（T51⑤A:257）　3. 8 型 II 式（T8③B:19）　4. 8 型 II 式（T53⑤B:167）　5. 8 型 II 式（T56④BH94:4）　6. 8 型 III 式（T73⑤:50）　7. 8 型 III 式（T56⑤:59）　8. 8 型 II 式（T74⑤AH113:5）　9. 8 型 III 式（T56④BH89:4）　10. 8 型 III 式（T59④BH98:7）　11. 9 型 I 式（T2④:48）　12. 9 型 II 式（T51④A:484）　13. 9 型 I 式（T70④A:45）

III 式　4 件（复原）。口沿内折，斜壁。

二期地层标本：T56⑤:59（图 3 - 4 - 152，7），泥质红褐陶。器表经慢轮修整并磨光。高 6.4、口径 17.8、纽径 3.7 厘米。T73⑤:50（图 3 - 4 - 152，6），泥质红陶。内表有刮削痕迹，外表施深红色陶衣，经精细磨光，有光泽。内表红色。纽下端与上腹相接处有凹槽 1 周。腹上部饰凹弦纹 2 周。高 6.6、口径 19.2、纽径 4.9 厘米。

三期地层标本：T56④BH89：4（图 3 - 4 - 152，9），泥质红陶。内外表磨光。圜顶。高 6.4、口径 18.3、纽径 4 厘米。T59④BH98：7（图 3 - 4 - 152，10），泥质灰褐陶。内外表磨光。内表灰色。纽与器身之间有明显的接合痕迹。沿面内凹，浅腹，纽中部有浅窝。高 5.9、口径 16.1、纽径 4.3、胎厚 0.3 厘米。

9 型　18 件（内复原 16，残器 2）。算珠形纽器盖。纽中部有折棱。分为 5 式。

Ⅰ式　2 件（内复原 1，残器 1）。侈口，斜壁。泥质灰陶。

二期地层标本：T2④：48（图 3 - 4 - 152，11；图版一一五，1），内外表有刮削痕迹。侈口，方唇。高 5.6、口径 11.5、纽径 2.4 厘米。

三期地层标本：T70④A：45（图 3 - 4 - 152，13；彩版二〇，6），纽中部转折外凸。纽下部残缺。纽中部饰凹弦纹 1 周。外表施朱绘。朱绘是在陶器烧制后用朱砂（HgS）绘成，是彩绘陶的一种。

Ⅱ式　2 件（复原）。敞口，弧壁。

二期地层标本：T67⑤A：77（图 3 - 4 - 153，1），泥质红褐陶。内外表施红褐色陶衣并磨光。圆唇，圜顶。高 5.6、口径 15.4、纽径 3.7 厘米。

三期地层标本：T51④A：484（图 3 - 4 - 152，12），泥质灰陶。内表有刮削痕迹。方唇，圜顶。高 4.9、口径 15.3、纽径 3.2 厘米。

Ⅲ式　3 件（复原）。敞口，口沿内折，斜壁。外表磨光。

二期地层标本：T60⑤AH158：2（图 3 - 4 - 153，3；图版一一五，2），泥质黑陶。内表有刮削痕迹。圆唇，浅腹。高 5.3、口径 15.1、纽径 3.6、胎厚 0.3 厘米。T67⑤AG5：95（图 3 - 4 - 153，4），泥质橙黄陶。外表磨光。圆唇，浅腹。高 5.8、口径 16.4、纽径 4 厘米。

三期地层标本：T68④A：78（图 3 - 4 - 153，2），泥质灰褐陶。内表灰色。方唇。高 6.2、口径 16.2、纽径 3.5 厘米。

Ⅳ式　10 件（内复原 9，残器 1）。敞口，口沿内折，弧壁。大多数内表有刮削痕迹，外表磨光。

二期地层标本：T51⑤A：287（图 3 - 4 - 153，6），泥质黑皮陶。外表有刮削痕迹，纽内底有手抹痕迹。内外表黑色，胎芯灰色，这种黑皮陶只有表皮呈黑色，是在窑内渗碳时间较短所致，在大溪文化中少见。高 6.1、口径 17.1、纽径 3.5、胎厚 0.3 厘米。T55⑤H148：6（图 3 - 4 - 153，13；图版一一五，3），泥质红陶。外表施红陶衣。内表黑色。圜顶。高 4.5、口径 13.7、纽径 4 厘米。T56⑤：56（图 3 - 4 - 153，8），泥质红陶。外表施红陶衣。尖唇。高 6.8、口径 17.2、纽径 3.6 厘米。T58⑤：34（图 3 - 4 - 153，14），泥质红陶。外表施红褐色陶衣。沿面有浅槽，圜顶。高 6、口径 17、纽径 3 厘米。T62⑤A：17（图 3 - 4 - 153，7；图版一一五，4），泥质红陶。外表施深红色陶衣。内表红褐色。圆唇，沿面内凹，浅腹，圜顶。口沿饰凹弦纹 2 周。高 5.3、口径 16.2、纽径 3.3 厘米。T74⑤AH113：3（图 3 - 4 - 153，11），泥质红陶。内表有刮削痕迹。圆唇。高 6.3、口径 16.1、纽径 4.3、胎厚 0.6 厘米。T74⑤AH113：18（图 3 - 4 - 153，9），泥质灰陶。纽红色，内表灰色。高 5、口径 16.2、纽径 3.3、胎厚 0.3 厘米。T74⑤AH113：23（图 3 - 4 - 153，

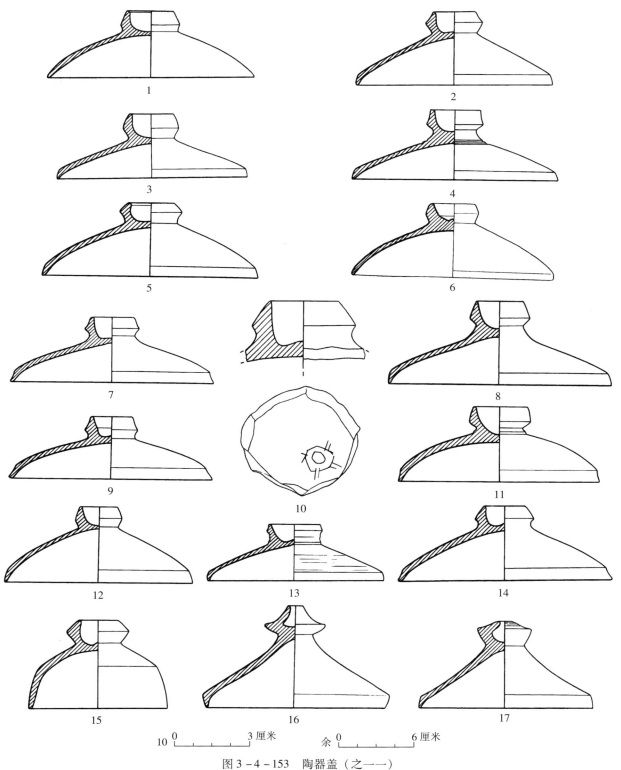

图 3 - 4 - 153　陶器盖（之一一）

1. 9 型 II 式（T67⑤A:77）　2. 9 型 III 式（T68④A:78）　3. 9 型 III 式（T60⑤AH158:2）　4. 9 型 III 式（T67⑤AG5:95）　5. 9 型 IV 式（T1④:48）　6. 9 型 IV 式（T51⑤A:287）　7. 9 型 IV 式（T62⑤A:17）　8. 9 型 IV 式（T56⑤:56）　9. 9 型 IV 式（T74⑤AH113:18）　10. 9 型 IV 式（T55④:75）　11. 9 型 IV 式（T74⑤AH113:3）　12. 9 型 IV 式（T74⑤AH113:23）　13. 9 型 IV 式（T55⑤H148:6）　14. 9 型 IV 式（T58⑤:34）　15. 9 型 V 式（T62⑤A:7）　16. 10 型 I 式（T11③:7）　17. 10 型 I 式（T62⑤AH141:2）

12），泥质灰陶。圜顶。高6.1、口径15、纽径3厘米。T1④：48（图3-4-153，5），泥质红陶。外表施红陶衣。内表黑色。圆唇。高6、口径17.2、纽径5.1厘米。

　　三期地层标本：T55④：75（图3-4-153，10），泥质深灰陶。残存盖纽。烧制后在器盖顶部内壁刻划1个太阳状符号，划痕较浅，中部为两个大小不同、形状不规则的圆圈套在一起，大圆圈上、下、左、右各有1组短直线划纹，每组2道，呈放射状。纽高2.2、纽径2.6厘米。

　　V式　1件（复原）。敞口，折腹。

　　二期地层标本：T62⑤A：7（图3-4-153，15；图版一一五，5），泥质红陶。外表施红陶衣并磨光。内表红色。圆唇，腹较深，圜顶。高7.3、口径11.2、纽径3.1厘米。

　　10型　5件（复原）。伞形纽器盖。均为口沿内折，腹壁内凹。分为2式。

　　Ⅰ式　2件。纽无柄。尖顶。泥质红陶。内表有刮削痕迹。

　　二期地层标本：T62⑤AH141：2（图3-4-153，17；图版一一五，6），外表施鲜红色陶衣。内表灰色。纽壁饰凹弦纹2周。高7.1、口径13.5、纽径4.1厘米。

　　三期地层标本：T11③：7（图3-4-153，16），外表施红陶衣。内表黑色。高8.6、口径13.9、纽径5厘米。

　　Ⅱ式　3件。纽有柄。泥质红陶。

　　二期地层标本：T61⑤AH108：3（图3-4-154，14；图版一一六，1），内外表施红陶衣并磨光。纽沿外突。纽柄饰长方形戳印纹2个，左右对称。高5.2、口径8.9、纽径1.25、胎厚0.3～0.4厘米。T71⑤：82（图3-4-154，13），外表施红陶衣并磨光。内表黑色。尖顶。高6.3、口径15.1、纽径5.2厘米。

　　三期地层标本：T64④C：45（图3-4-154，12；图版一一六，2），内表施鲜红色陶衣，经精细磨光，有光泽。尖唇，圜顶，纽顶呈圆窝状。高9、口径16、纽径5.8厘米。

　　11型　11件（内复原9，残器2）。蒜头形纽器盖。均为侈口。分为2式。

　　Ⅰ式　2件（复原）。斜壁，空心纽。泥质黑陶。内表有刮削痕迹，外表磨光。

　　二期地层标本：T74⑤AH113：13（图3-4-154，1；图版一一六，3），浅腹，尖顶。高6、口径11.2、纽径2.5厘米。

　　三期地层标本：T75④B：93（图3-4-154，2），内外表黑色。圜顶。高5.4、口径11.4、纽径2.9厘米。

　　Ⅱ式　9件（内复原7，残器2）。腹内凹。

　　二期地层标本：T51⑤A：244（图3-4-154，3），泥质黑陶。内外表有刮削痕迹，外表磨光。高6.7、口径12.5、纽径2.6、胎厚0.3厘米。T51⑤B：286（图3-4-154，5），泥质黑陶。内外表磨光。尖顶。高6.2、口径10.5、纽径2.5、胎厚0.3厘米。T53⑤A：159（图3-4-154，4），泥质灰陶。内外表有刮削痕迹，外表磨光。内表黑色。尖顶。高6.2、口径10.3、纽径2.8、胎厚0.3厘米。T55⑤H148：5（图3-4-154，7；图版一一六，4），泥质深灰陶。外表有刮削痕迹，内外表磨光。尖顶。高5.7、口径9.6、纽径3.5厘米。

　　三期地层标本：T52④BF22：42（图3-4-154，9），泥质红陶。内表有刮削痕迹。烧成温度高，质地硬。浅腹，尖顶，纽残缺。在建造房屋抹居住面时，该器口部朝上陷入居住面，后与居

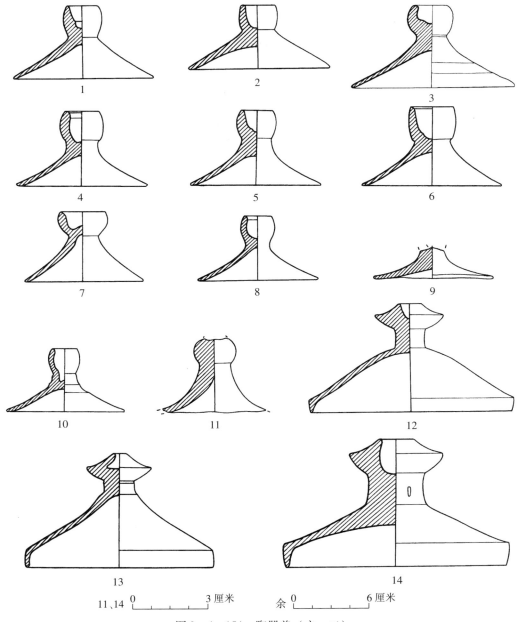

图 3-4-154　陶器盖（之一二）

1. 11 型 I 式（T74⑤AH113∶13）　　2. 11 型 I 式（T75④B∶93）　　3. 11 型 II 式（T51⑤A∶244）　　4. 11 型 II 式（T53⑤A∶159）　　5. 11 型 II 式（T51⑤B∶286）　　6. 11 型 II 式（T10③H16∶7）　　7. 11 型 II 式（T55⑤H148∶5）　　8. 11 型 II 式（T76④B∶31）　　9. 11 型 II 式（T52④BF22∶42）　　10. 11 型 II 式（T9③∶13）　　11. 11 型 II 式（T51③∶10）　　12. 10 型 II 式（T64④C∶45）　　13. 10 型 II 式（T71⑤∶82）　　14. 10 型 II 式（T61⑤AH108∶3）

住面一起经过烧烤，该器原先应为黑色，复烧时产生变形，并且脱碳变成红色。口径 9.9 厘米。T76④B∶31（图 3-4-154，8），泥质黑陶。内外表黑色。外表磨光。尖顶。高 5.3、口径 9.7、纽径 2.2、胎厚 0.3 厘米。T9③∶13（图 3-4-154，10），泥质黑陶。内表有刮削痕迹。尖顶。高 5.2、口径 9.5、纽径 2.5 厘米。T10③H16∶7（图 3-4-154，6），泥质黑陶。内外表黑色。尖顶。高 6.7、口径 11.1、纽径 3.3、胎厚 0.3 厘米。

四期地层标本：T51③∶10（图 3-4-154，11），泥质黑陶。内表不平整。尖顶。纽顶残。口径 4、纽径 1.5 厘米。

12 型　5 件（内完整 1，复原 1，残器 3）。扁鼓形器盖。分为 2 式。

Ⅰ 式　2 件（内完整 1，复原 1）。直口纽。泥质红陶。

二期地层标本：T23④：26（图 3－4－155，1；图版一一六，5），外表施红陶衣并磨光。侈口，折肩，纽内有凹槽。纽柄饰弯月形戳印纹 3 组，每组 3 个。高 6.1、口径 14.8、纽径 5.4 厘米。T35⑤AG2：32（图 3－4－155，3；图版一一六，6），外表施深红色陶衣。内表红色。腹壁微内凹，浅腹。肩部饰凸弦纹 2 周。高 7、口径 16.4、纽径 5.4、胎厚 0.3 厘米。

Ⅱ 式　3 件（均残存纽部）。敛口纽。

二期地层标本：T52⑥：225（图 3－4－155，4），泥质红陶。外表施红陶衣并磨光，有光泽。纽上半部形似扁鼓，纽内有曲腹状凹槽。纽柄残存三角形镂孔 2 组，每组 2 个。纽径 2.8 厘米。T65⑥：118（图 3－4－155，5），夹炭红陶。有泥条盘筑痕迹，内表经刮削，外表磨光。胎芯红褐色。形似扁鼓，纽内有曲腹状凹槽。沿下饰凸弦纹 2 周，凸弦纹下侧饰横竖长方形镂孔各 2 组，每组 2 个。纽柄饰大方形镂孔及横排长方形小镂孔各 2 个。纽径 8.3 厘米。T74⑥：172（图 3－4－155，2），泥质红陶。内表凹凸不平，有刮削痕迹，外表施红陶衣并磨光。纽内有曲腹状凹槽。沿下及上部各饰凹弦纹 2 周。纽径 3.7 厘米。

13 型　2 件（内复原 1，残器 1）。钟形纽器盖。泥质红陶。

二期地层标本：T59⑤AG6：18（图 3－4－155，7），仅存纽部。外表施红陶衣。胎芯灰色。纽沿外折，沿面略凹，弇口，圆唇，斜弧壁，形似古钟。纽壁饰宽凹弦纹 2 周，弦纹之间饰对称竖长方形戳印纹 2 个和三角形戳印纹 2 组，每组 4 个；纽柄饰竖长方形戳印纹 2 组，每组 4 个，三角形戳印纹 2 个。纽径 8.3 厘米。

三期地层标本：T64④C：51（图 3－4－155，6；彩版二二，3），经慢轮修整，外表及器身内表施红陶衣。折沿，圆唇，壁微弧，纽呈弇口状。纽壁、纽柄各饰╀形戳印纹 3 组，每组 2 个。高 9.2、口径 13.5、纽径 7.4 厘米。

14 型　8 件（均仅存纽部）。葫芦形纽器盖。分为 4 式。

Ⅰ 式　1 件。侈口纽。

二期地层标本：T70⑤H111：6（图 3－4－155，8），泥质黑陶。经慢轮修整。质较硬，内表黑色，胎芯深灰色。圜顶，纽内有 W 状凹槽。纽壁饰圆形镂孔 3 周，每周 8 个，斜向排列。纽径 6.2 厘米。

Ⅱ 式　1 件。敞口纽。

三期地层标本：T74④B：171（图 3－4－155，9），泥质红陶。内表有刮削痕迹，外表及纽内表施红陶衣，外表磨光。质地较硬。尖顶，纽内壁有 W 状凹槽。腹壁顶部饰凹弦纹 2 周。纽口径 4.8 厘米。

Ⅲ 式　2 件。直口纽。

二期地层标本：T67⑤A：138（图 3－4－155，10），泥质深灰陶。质硬，外表磨光。纽沿及纽柄饰凹弦纹。纽口径 4.3 厘米。

三期地层标本：T51④A：485（图 3－4－155，12），泥质红陶。经慢轮修整，外表施红陶衣。

图 3 - 4 - 155　陶器盖（之一三）

1. 12 型 I 式（T23④:26）　2. 12 型 II 式（T74⑥:172）　3. 12 型 I 式（T35⑤AG2:32）　4. 12 型 II 式（T52⑥:225）　5. 12 型 II 式
（T65⑥:118）　6. 13 型（T64④C:51）　7. 13 型（T59⑤AG6:18）　8. 14 型 I 式（T70⑤H111:6）　9. 14 型 II 式（T74④B:171）
10. 14 型 III 式（T67⑤A:138）　11. 14 型 IV 式（T4③:67）　12. 14 型 III 式（T51④A:485）　13. 14 型 IV 式（T55⑤H121:3）　14. 14 型
IV 式（T55⑤:82）　15. 14 型 IV 式（T64④C:157）

腹内表黑色。尖顶，纽内壁有袋状圆窝。纽沿下部及纽柄处饰凸弦纹各 1 周，在凸弦纹上碾压椭圆形窝点纹，在球形纽腹部及盖上部碾压椭圆形窝点纹 3 周，每周有 4 组，每组 3~6 个不等。纽口径 7.1 厘米。

IV 式　4 件。敛口纽。泥质红陶，外表施红陶衣。

二期地层标本：T55⑤H121:3（图 3 - 4 - 155，13），内表有刮削痕迹。内底浅灰色。尖顶。纽径 6 厘米。T55⑤：82（图 3－4－155，14），尖顶。纽腹碾压椭圆形窝点纹 1 周。纽径 5 厘米。

三期地层标本：T64④C：157（图 3－4－155，15），经慢轮修整。纽沿饰凹弦纹 2 周。纽径 7 厘米。T4③：67（图 3－4－155，11），纽内表有刮削痕迹。内表及胎芯灰色。纽壁碾压圆形窝点纹 1 周，纽柄饰凸弦纹 1 周，凸弦纹上碾压圆形窝点纹。纽径 8.4 厘米。

15 型 6 件（内复原 1，残器 5）。圆柱形纽器盖。分为 4 式。

Ⅰ式 2 件（残器）。实心纽。泥质红陶。

二期地层标本：T69⑤B：186（图 3－4－156，3），外表磨光。圜顶。纽柄上部饰凹弦纹 3 周。纽径 2.8 厘米。

四期地层标本：T69③B：28（图 3－4－156，2），手捏制，表面不平整，口沿不齐。乳丁状纽。高 1.5、口径 3.6 厘米。

Ⅱ式 2 件（内复原 1，残器 1）。实心纽，顶内有浅窝。泥质红陶。

二期地层标本：T51⑤A：494（图 3－4－156，4），残存纽部。手捏制，胎壁厚薄不匀，外表施红陶衣。内表黑色。纽柄饰凹弦纹 7 周，凹弦纹上饰凹边长方形戳印纹 4 组，每组 2 个。纽径 5 厘米。

三期地层标本：T64④AH110：94（图 3－4－156，5；图版一一七，1），外表及纽顶施鲜红色陶衣并磨光，内表深灰色。侈口，方唇，斜壁，纽沿外凸。腹上部饰凹弦纹 2 周。高 4.8、口径 11.8、纽径 3.8 厘米。

Ⅲ式 1 件（残器）。束腰，实心纽。

三期地层标本：T8③B：17（图 3－4－156，1；图版一一七，2），泥质红陶。外表施深红色陶衣并磨光。内表灰色。敞口，圆唇，弧壁，浅腹，圜顶，束腰形高纽，纽顶残缺。口径 11.6、胎厚 0.8 厘米。

Ⅳ式 1 件（残器）。空心纽，顶部有提梁。

四期地层标本：T8③A：8（图 3－4－156，9），夹炭红陶。胎芯黑色。腹部残缺。纽径 4.6 厘米。

16 型 3 件（均仅存纽部）。环形纽器盖。

一期晚段地层标本：T58⑦F34：62（图 3－4－156，7），泥质灰黑陶。用 2 根较粗泥条拧成麻花状环形纽。胎芯红褐色。纽径 9 厘米。

二期地层标本：T73⑤：95（图 3－4－156，10），夹炭红褐陶。内表黑褐色。在环形纽上有 4 道相交的刻划纹，空白处残存长条形镂孔 1 个。T36⑥B：27（图 3－4－156，11），夹炭红褐陶。环状纽。纽上剔刻弧线纹、短条纹及椭圆窝纹，器身与纽连接处两侧各碾压椭圆形窝点纹 9 个，盖顶残存凹弦纹 6 周。纽径 8 厘米。

17 型 4 件（内复原 1，残器 3）。拱形纽器盖。

二期地层标本：T55⑤：32（图 3－4－156，12；图版一一七，3），泥质红陶。纽内表有刮削痕迹，器身内外表施红陶衣，外表磨光。口沿内折，圆唇，沿面内凹，弧壁，扁宽拱形纽，纽中部呈凹腰状。纽柄部上、中、下饰凹弦纹 3 组，每组 2 周，又在三组凹弦纹之间饰弯月形戳印纹 2

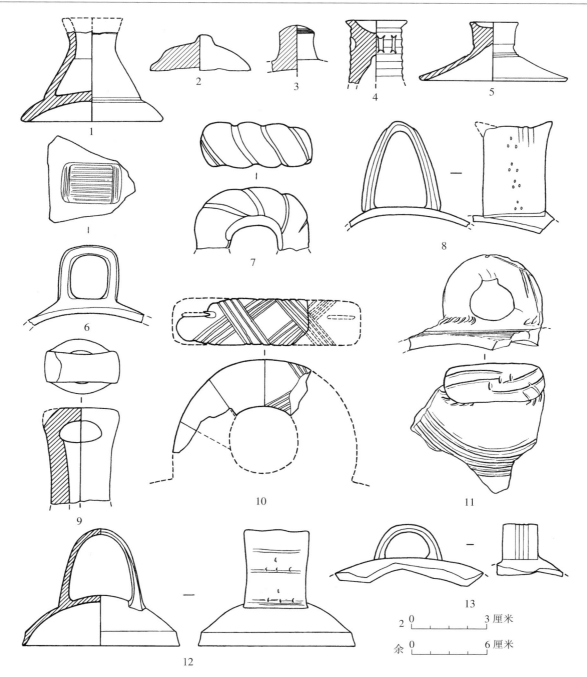

图 3 - 4 - 156　陶器盖（之一四）

1. 15 型Ⅲ式（T8③B：17）　2. 15 型Ⅰ式（T69③B：28）　3. 15 型Ⅰ式（T69⑤B：186）　4. 15 型Ⅱ式（T51⑤A：494）　5. 15 型Ⅱ
式（T64④AH110：94）　6. 17 型（T57④BH96：24）　7. 16 型（T58⑦F34：62）　8. 17 型（T37⑥：38）　9. 15 型Ⅳ式（T8③A：8）
10. 16 型（T73⑤：95）　11. 16 型（T36⑥B：27）　12. 17 型（T55⑤：32）　13. 17 型（T53④：280）

组，每组 4 个。高 9.5、口径 12.5、纽高 5.5、纽两端径 5.9、纽宽 5.1 厘米。T37⑥：38（图 3 -
4 - 156，8），泥质红陶。内壁有刮削痕迹，外表施红陶衣并磨光。内表橙黄色。两侧各碾压排列
成品字形的窝点纹 4 组，顶面压印宽条纹 4 道。纽宽 5 厘米。

　　三期地层标本：T53④：280（图 3 - 4 - 156，13），泥质橙黄陶。用扁宽泥条捏成拱形纽。盖
顶内表深灰色。圜顶。纽中部饰凹弦纹 3 周。纽高 2.6、纽宽 2.5、纽厚 0.4 厘米。T57④BH96：24

（图 3－4－156，6），夹炭红陶。外表施红陶衣，胎芯灰色。用宽扁泥条捏成拱形纽。圜顶。纽顶及纽两侧压印成排条纹。纽宽 3.2 厘米。

18 型　11 件（内复原 9，残器 2）。双瓣纽器盖。分为 3 式。

Ⅰ 式　1 件（复原）。侈口，腹壁内凹。

三期地层标本：T57④A：70（图 3－4－157，3），夹细砂灰陶。圆唇，浅腹，平顶，附加两瓣纽。高 3.3、口径 10.5、胎厚 0.3 厘米。

Ⅱ 式　9 件（内复原 7，残器 2）。敞口，弧壁。

二期地层标本：T64⑤B：113（图 3－4－157，1），顶面残。泥质黑陶。凹唇，平顶，附加两瓣纽。高 3.3、口径 11.4、纽高 0.4、胎厚 0.3 厘米。

三期地层标本：T52④A：124（图 3－4－157，11；图版一一七，4），夹细砂灰陶。外表有刮削痕迹。方唇，浅腹，平顶。高 3.4、口径 10.9、胎厚 0.25 厘米。T54⑤：18（图 3－4－157，5），泥质黑陶。高 4.2、口径 12、胎厚 0.2 厘米。T55④：43（图 3－4－157，9），泥质黑陶。顶部残存 1 纽。腹壁残存圆形小镂孔 1 个。口径 12、胎厚 0.3～0.4 厘米。T57④BH96：14（图 3－4－157，

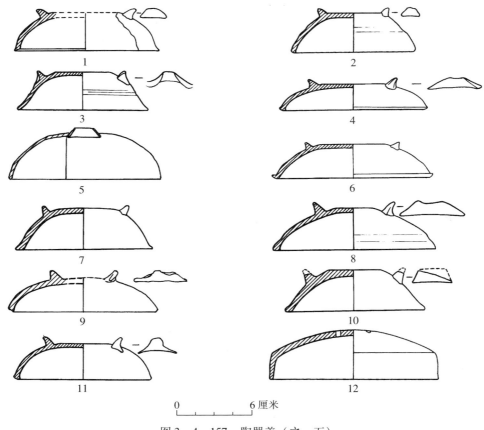

图 3－4－157　陶器盖（之一五）

1. 18 型 Ⅱ 式（T64⑤B：113）　　2. 18 型 Ⅱ 式（T8③B：11）　　3. 18 型 Ⅰ 式（T57④A：70）　　4. 18 型 Ⅱ 式（T69④A：83）　　5. 18 型 Ⅱ 式（T54⑤：18）　　6. 18 型 Ⅲ 式（T77⑤B：41）　　7. 18 型 Ⅱ 式（T57④BH96：17）　　8. 18 型 Ⅱ 式（T57④BH96：14）　　9. 18 型 Ⅱ 式（T55④：43）　　10. 18 型 Ⅱ 式（T67④D：101）　　11. 18 型 Ⅱ 式（T52④A：124）　　12. 19 型（T51③：94）

8），夹细砂灰陶。方唇，唇内侧起棱，小平顶，梯形矮纽。高3.8、口径12.8、胎厚0.35厘米。T57④BH96∶17（图3-4-157，7），夹细砂黑陶。方唇内钩，略呈圜顶，梯形矮纽。高3.6、口径10.9厘米。T67④D∶101（图3-4-157，10），纽尖残。夹细砂灰陶。外表有刮削痕迹。方唇，唇内微起棱，浅腹，平顶，纽呈矮梯形。口径11、胎厚0.65厘米。T69④A∶83（图3-4-157，4），夹细砂灰陶。圆唇，唇内起棱，浅腹，平顶，纽呈矮梯形，纽下部内凹。高2.5、口径11.5、纽下宽3.4、纽上宽1.2、胎厚0.3厘米。T8③B∶11（图3-4-157，2），泥质黑陶。方唇，浅腹，平顶，两瓣纽呈舌形。高3.5、口径10、胎厚0.3厘米。

Ⅲ式　1件（复原）。口沿外折，弧壁。

二期地层标本：T77⑤B∶41（图3-4-157，6），泥质灰陶。内表有刮削痕迹。敞口，浅腹，平顶，两瓣纽呈矮梯形。高3.1、口径12.8、顶径5.1、胎厚0.3厘米。

19型　1件（复原）。圜顶穿孔器盖。

四期地层标本：T51③∶94（图3-4-157，12；图版一一七，5），泥质黑陶。外表经刮削并磨光。直口，圆唇，顶部中央施圆形小镂孔4个，现存2个，系用于穿绳为纽。高4、口径13.3、胎厚0.2厘米。

二　陶质工具和生活用品

1. 陶纺轮

共145件。其中完整、较完整83件，残破62件。系用陶土烧制，除夹炭陶6件、夹细砂陶3件外，其余都是泥质陶。红、浅红、红黄和红褐色合计约占61%，灰褐、灰、灰黑和黑色合计约占39%。纹饰有四种，约占22%，余者均素面。最长直径（标本描述中简称直径）3~7.6厘米，以4.1~6厘米的中型个体为主，约占70%。详见陶纺轮颜色、纹饰、直径统计表（表3-4-15）。

139件可分型、式。主要根据周边特征先加以分型，再依其厚薄、大小、圆面等细加分式。关于陶纺轮的厚薄标准，都按其最长直径与体厚之间的比例数值，统一定为四级：凡最长直径小于体厚1倍者，定为"很厚"；最长直径小于体厚2倍者，定为"较厚"；最长直径等于体厚2倍到小于5倍者，定为"较薄"；最长直径等于或大于体厚5倍者，定为"很薄"。

现将139件陶纺轮分为7型。

1型　55件（内完整、较完整40，残破15）。周边等分折角起棱。分为6式。

Ⅰ式　1件（完整）。

三期地层标本：T51④A∶185（图3-4-158，1；图版一一八，1），灰褐色（纺轮标本未写明陶质者均属泥质陶，以下同）。中型，很厚。圆面凹洼。折棱一周均匀分布23个窝点。直径4.6、厚3厘米。

Ⅱ式　7件（内完整、较完整4，残3）。中型，较厚。较多的圆面齐平，较少的微凹。3件有纹饰。

二期地层标本：T2④B∶43（图3-4-158，2），灰褐色。饰3个为1组的窝点纹，现存6组，全部当有8组。直径4.9、厚2.3厘米。

表 3 - 4 - 15　　　　大溪文化陶纺轮颜色、纹饰、直径统计表

颜色		数量	百分比
红		50	34.48
浅红		15	10.34
红黄		4	2.76
红褐		19	13.11
灰褐		17	11.72
灰		14	9.66
灰黑		10	6.90
黑		16	11.03
合计		145 件	100%
素面和纹饰		数量	百分比
素面		113	77.93
窝点纹		5	3.45
划条纹		2	1.38
凹弦纹		2	1.38
篦点连线纹		23	15.86
合计		145 件	100%
最长直径（厘米）		数量	百分比
小型	3	2	1.44
	3.1~4	30	21.58
中型	4.1~5	58	41.73
	5.1~6	40	28.78
大型	6.1~7	5	3.60
	7.1~7.6	4	2.87
合计		139 件	100%

　　三期地层标本：T63④CF26：18（图 3 - 4 - 158，4），灰褐色。饰 3 周篦点连线纹。直径 5.5、厚 2.2 厘米。T72④C：33（图 3 - 4 - 158，3），红色。局部稍剥落。饰篦点连线纹（现存图案 2 组半，原应有 4 组）。直径 5.1、厚 1.8 厘米。

　　Ⅲ式　14 件（内完整、较完整 10，残 4）。小型，较厚。绝大多数圆面齐平，很少的微凹。少数的孔缘微凸或微凹，略呈圆圈。

　　四期地层标本：T51③：69（图 3 - 4 - 158，5），灰褐色。正面孔口有圆圈浅痕。直径 3.9、厚 1.5 厘米。T53③：60（图 3 - 4 - 158，8），红色。直径 3.6、厚 1.7 厘米。T53③：78（图 3 - 4 - 158，6），红色。正面凹，背面平。直径 3.6、厚 1.7 厘米。

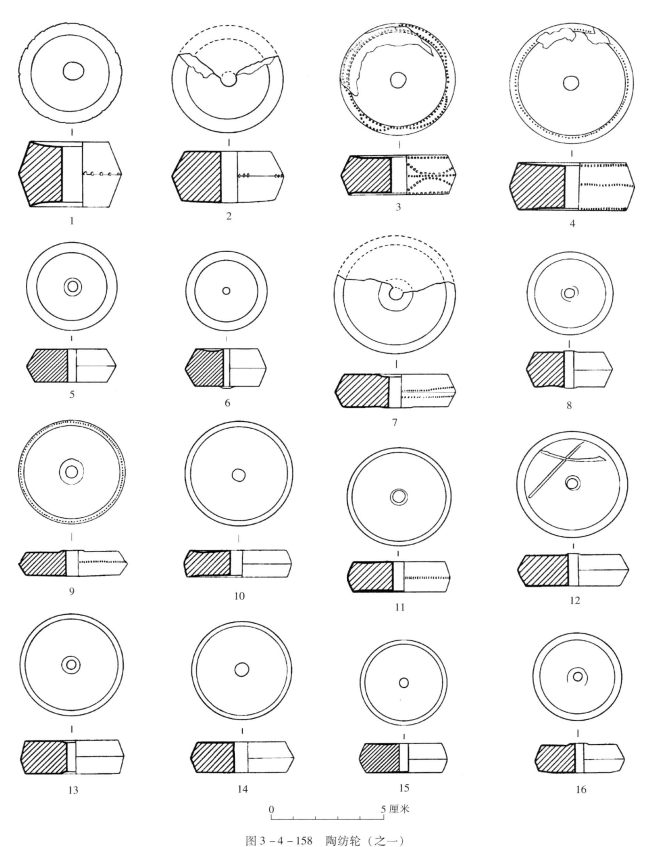

图 3 - 4 - 158　陶纺轮（之一）

1. 1 型 Ⅰ 式（T51④A：185）　2. 1 型 Ⅱ 式（T2④B：43）　3. 1 型 Ⅱ 式（T72④C：33）　4. 1 型 Ⅱ 式（T63④CF26：18）　5. 1 型 Ⅲ 式
（T51③：69）　6. 1 型 Ⅲ 式（T53③：78）　7. 1 型 Ⅳ 式（T75④B：162）　8. 1 型 Ⅲ 式（T53③：60）　9. 1 型 Ⅳ 式（T60④AH110：3）
10. 1 型 Ⅳ 式（T69④A：142）　11. 1 型 Ⅳ 式（T75③BH70：11）　12. 1 型 Ⅳ 式（T52③：40）　13. 1 型 Ⅳ 式（T73③B：33）　14. 1 型 Ⅳ 式
（T75④B：144）　15. 1 型 Ⅴ 式（T69③A：132）　16. 1 型 Ⅴ 式（T53④：208）

Ⅳ式　23件（内完整、较完整15，残8）。中型，较薄。绝大多数圆面齐平，很少的微凹。约半数的孔缘微凸或微凹，以微凸为多见。4件有纹饰。

三期地层标本：T60④AH110：3（图3-4-158，9；图版一一八，2），灰色。饰1周篦点连线纹。直径4.8、厚1.2厘米。T69④A：142（图3-4-158，10），黑色。直径4.8、厚1.2厘米。T75④B：144（图3-4-158，14），浅红色。直径4.4、厚1.4厘米。T75④B：162（图3-4-158，7），灰色。饰2周篦点连线纹。直径5.4、厚1.5厘米。

四期地层标本：T52③：40（图3-4-158，12），红色。烧前在圆面上划有一记号。直径4.9、厚1.4厘米。T73③B：33（图3-4-158，13），灰褐色。直径4.7、厚1.5厘米。T75③BH70：11（图3-4-158，11），黑色。正、背面平，边缘均微凸，正面孔口微凸有泥圈。周边饰1条篦点连线纹。直径4.5、厚1.4厘米。

Ⅴ式　9件（完整、较完整）。小型，较薄。绝大多数圆面齐平，很少的微凹。少量孔缘微凸。

三期地层标本：T53④：208（图3-4-158，16），灰色。背面边缘微低。直径4、厚1.3厘米。

四期地层标本：T69③A：132（图3-4-158，15），浅红色。正、背面均微低平。直径3.9、厚1.3厘米。

Ⅵ式　1件（完整）。

四期地层标本：T53③：50（图3-4-159，1），浅红色。中型，很薄。圆面齐平。直径4.4、厚0.5厘米。

2型　4件（内完整、较完整2，残2）。周边圆弧，其上下边缘如环箍状短直，全形似扁鼓。分为2式。

Ⅰ式　1件（较完整）。

标本T211北采：014（图3-4-159，2），红色。中型，很厚。直径5.1、厚3厘米。

Ⅱ式　3件（内完整1，残2）。中型，较厚。3件有纹饰。

三期地层标本：T59④B：44（图3-4-159，4；图版一一八，3），灰褐色。周边有2周压划宽条纹和30个窝点纹。直径6、厚2.5厘米。

四期地层标本：T71③A：18（图3-4-159，3），红黄色。饰3周篦点连线纹。直径5.6、厚2.3厘米。

3型　33件（内完整、较完整13，残20）。整个周边圆弧。分为5式。

Ⅰ式　15件（内完整、较完整5件，残10）。中型，较厚。圆面直径与周边直径至少相差1厘米，周边甚显鼓凸者占1/3；两者相差不足1厘米，周边稍环弧者占2/3。圆面齐平，仅个别的微弧凸，很少数的孔缘微凸或微凹。5件有纹饰。

三期地层标本：T62④D：19（图3-4-159，7），黑色。直径4.4、厚1.7厘米。T65④AH87：6（图3-4-159，6；图版一一八，4），红色，饰2周篦点连线纹。直径4.5、厚2厘米。

四期地层标本：T53③：100（图3-4-159，5），灰褐色。正面孔边有凸起的圆圈。直径4.7、厚1.9厘米。

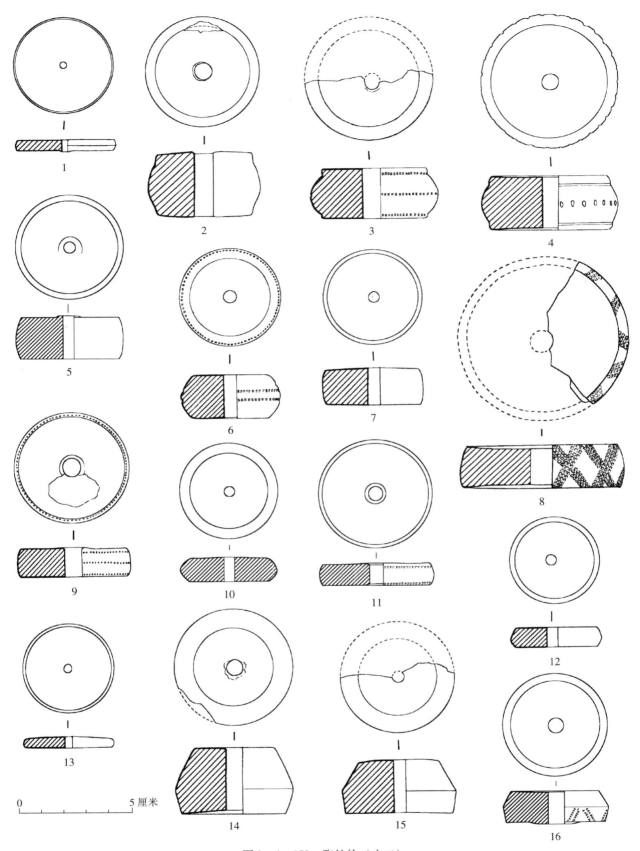

图 3 - 4 - 159　陶纺轮（之二）

1. 1 型Ⅵ式（T53③:50）　　2. 2 型Ⅰ式（T211 北采:014）　　3. 2 型Ⅱ式（T71③A:18）　　4. 2 型Ⅱ式（T59④B:44）　　5. 3 型Ⅰ式（T53③:100）　　6. 3 型Ⅰ式（T65④AH87:6）　　7. 3 型Ⅰ式（T62④D:19）　　8. 3 型Ⅱ式（T68④D:122）　　9. 3 型Ⅲ式（T55⑤H146:1）　　10. 3 型Ⅲ式（T75④B:73）　　11. 3 型Ⅲ式（T58③A:9）　　12. 3 型Ⅳ式（T73③A:20）　　13. 3 型Ⅴ式（T64③B:19）　　14. 4 型Ⅰ式（T59④B:113）　　15. 4 型Ⅱ式（T53④:90）　　16. 4 型Ⅲ式（T59③:31）

Ⅱ式 2件（残）。大型，较薄。1件有纹饰。

三期地层标本：T68④D：122（图3-4-159，8），红色。两面微凹。饰斜十字形交叉的三线篦点连线纹。直径7.2、厚2厘米。

Ⅲ式 13件（内完整、较完整5，残8）。中型，较薄。大多数圆面齐平，很少的微凹，个别的微弧凸。近半数孔缘微凸或微凹。3件有纹饰。

二期地层标本：T55⑤H146：1（图3-4-159，9），红色。饰3周篦点连线纹。直径5.1、厚1.3厘米。

三期地层标本：T75④B：73（图3-4-159，10），黑色。直径4.3、厚1.1厘米。

四期地层标本：T58③A：9（图3-4-159，11），黑色。周边饰篦点连线纹。直径5、厚1.1厘米。

Ⅳ式 2件（完整）。小型，较薄。圆面齐平和微凹的各1件。1件孔缘微凸。

四期地层标本：T73③A：20（图3-4-159，12），红褐色。直径4、厚0.9厘米。

Ⅴ式 1件（完整）。

四期地层标本：T64③B：19（图3-4-159，13），红色。小型，很薄。正面微弧凸。直径4、厚0.5厘米。

4型 6件（内完整、较完整3，残3）。周边不等分折角起棱。分为3式。

Ⅰ式 1件（残）。

三期地层标本：T59④B：113（图3-4-159，14；图版一一八，5），红色。中型，很厚。圆面上平下凹。直径5.3、厚3厘米。

Ⅱ式 1件（残）。

三期地层标本：T53④：90（图3-4-159，15），灰褐色。中型，较厚。直径5、厚2.4厘米。

Ⅲ式 4件（内完整3，残1）。中型，较薄。圆面齐平或微凹。1件的孔缘微凸。2件有纹饰。

四期地层标本：T51③：87（图3-4-160，1；图版一一八，6），红色。周边饰篦点连线纹，上半边为10股同向斜线，下半边排成7组三角形。直径5.4、厚1.6厘米。T59③：31（图3-4-159，16），黑色。周边压印9组三角形双线篦点连线纹。直径4.6、厚1.5厘米。

5型 10件（内完整、较完整7，残3）。周边斜弧。分为3式。

Ⅰ式 3件（内完整2，残1）。中型，很厚。两面均稍凹。

三期地层标本：T73④C：42（图3-4-160，2），灰黑色。直径4.9、厚2.7厘米。T3③：25（图3-4-160，3），红色。正面圆孔四周有一浅槽圆圈。直径5.4、厚2.8厘米。

Ⅱ式 6件（内完整、较完整4，残2）。中型，较厚。绝大多数圆面齐平，很少的微凹。1件孔缘微凸。3件有纹饰。

二期地层标本：T56⑤：118（图3-4-160，6），灰黑色。周边残存3个1组窝点纹。直径5.6、厚2.2厘米。

三期地层标本：T59④A：111（图3-4-160，5；图版一一八，7），浅红色。周边饰篦点连线纹，组成5个斜田字形。直径5.5、厚1.9厘米。

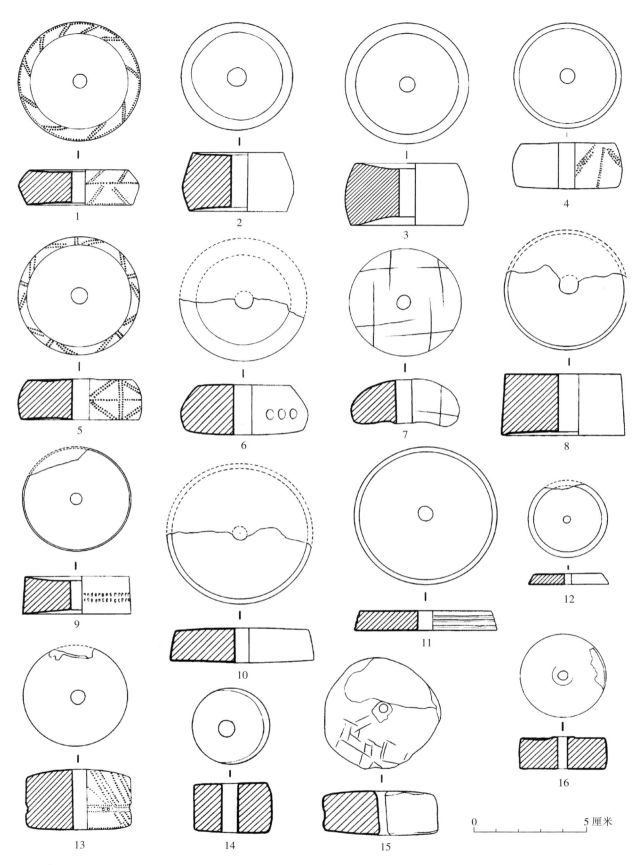

图 3-4-160　陶纺轮（之三）

1.4 型Ⅲ式（T51③:87）　2.5 型Ⅰ式（T73④C:42）　3.5 型Ⅰ式（T3③:25）　4.5 型Ⅱ式（T58③AG7:33）　5.5 型Ⅱ式（T59④
A:111）　6.5 型Ⅱ式（T56⑤:118）　7.5 型Ⅲ式（T51⑤A:370）　8.6 型Ⅰ式（T211 北采:06）　9.6 型Ⅱ式（T41④:31）　10.6
型Ⅲ式（T10③:7）　11.6 型Ⅳ式（T51③:103）　12.6 型Ⅴ式（T63③B:10）　13.7 型Ⅰ式（T6③:16）　14.7 型Ⅱ式（T1④:70）
15.7 型Ⅲ式（T69④C:99）　16.7 型Ⅳ式（T52④B:168）

四期地层标本：T58③AG7：33（图3-4-160，4），浅红色。周边斜向压印短道单线、双线、三线篦点连线纹，图案不规则。直径4.8、厚2.1厘米。

Ⅲ式 1件（完整）。

二期地层标本：T51⑤A：370（图3-4-160，7），灰色。中型，较厚。正面与周边相连成圆弧形。正面刻划4个十字形纹。直径4.9、厚1.7厘米。

6型 6件（内完整、较完整3，残3）。周边斜直。分为5式。

Ⅰ式 1件（残）。

标本T211北采：06（图3-4-160，8），灰褐色。中型，很厚。直径5.5、厚2.8厘米。

Ⅱ式 2件（内较完整1，残1）。中型，较厚。圆面齐平或稍凹。1件有纹饰。

四期地层标本：T41④：31（图3-4-160，9），灰黑色。饰2周篦点连线纹。直径4.8、厚1.7厘米。

Ⅲ式 1件（残）。

三期地层标本：T10③：7（图3-4-160，10），灰褐色。大型，较薄。直径6.3、厚1.6厘米。

Ⅳ式 1件（完整）。

四期地层标本：T51③：103（图3-4-160，11；图版一一八，8），红黄色。大型，很薄。饰3周凹弦纹。直径6.3、厚0.9厘米。

Ⅴ式 1件（较完整）。

四期地层标本：T63③B：10（图3-4-160，12），红色。小型，很薄。直径3.5、厚0.5厘米。

7型 25件（内完整、较完整15，残10）。周边竖直。分为8式。

Ⅰ式 1件（较完整）。

三期地层标本：T6③：16（图3-4-160，13），红褐色。中型，很厚。两面稍弧凸。周边中部有较宽凹槽；饰篦点连线纹，横条平行环绕的4周，上下斜行的4组，每组斜线6~8条；凹槽内有窝点纹6组，每组并排2个。直径4.6、厚2.7厘米。

Ⅱ式 1件（完整）。

二期地层标本：T1④：70（图3-4-160，14），浅红色。小型，很厚。两半边厚薄稍不均。直径3.5、厚2.1~2.3厘米。

Ⅲ式 2件（内较完整1，残1）。中型，较厚。圆面稍弧凸和微凹者各1件。

三期地层标本：T69④C：99（图3-4-160，15），浅红色。器形不甚规整。烧制前在正背面遗有少量可能属于竹席的印痕，单条印痕宽0.4厘米。直径5.1、厚2.2厘米。

Ⅳ式 1件（较完整）。

三期地层标本：T52④B：168（图3-4-160，16），红褐色。小型，较厚。直径3.7、厚1.4厘米。

Ⅴ式 5件（内较完整1，残4）。大型，较薄。较多的圆面齐平，稍凹和稍弧凸者各1件。

二期地层标本：T35⑤AG2：36（图3-4-161，2），红褐色。直径7.4、厚1.5厘米。

三期地层标本：T64④B∶28（图3-4-161，3），残。红色。烧制前在两面对钻成窝并未穿透。直径7.6、厚1.4厘米。T69④C∶96（图3-4-161，1），残。夹炭灰黑陶。直径6.2、厚1.2厘米。

Ⅵ式 11件（内完整、较完整7，残4）。中型，较薄。大多数圆面齐平，很少的微凹，1件弧凸。个别孔缘微凸。3件有纹饰。

二期地层标本：T2④B∶54（图3-4-161，5），残。灰黑色。饰凹弦纹和窝点纹。直径6、厚1.3厘米。T23④∶24（图3-4-161，11），红色。饰划条纹。直径5.3、厚1.5厘米。T35⑤AG2∶35（图3-4-161，6），灰褐色。直径5.9、厚1.5厘米。

三期地层标本：T67④DS36∶85（图3-4-161，7；图版一一八，9），夹炭红陶。两面中心有管钻窝槽，可知制作纺轮泥坯时的穿孔方法。直径4.9、厚1.3厘米。T70④B∶22（图3-4-161，4），红黄色。两面稍弧凸。烧成后通体又经磨光。直径5.7、厚1.7厘米。

四期地层标本：T54④∶16（图3-4-161，8），残。灰色。正面有多条粗细不一的划道，周边饰整齐的7周凹弦纹。直径5.7、厚1.4厘米。

Ⅶ式 3件（完整、较完整）。小型，较薄。圆面齐平。

四期地层标本：T76③∶14（图3-4-161，9），红色。直径3.7、厚1.1厘米。

Ⅷ式 1件（残）。

二期地层标本：T59⑤A∶64（图3-4-161，10），灰褐色。中型，很薄。直径4.8、厚0.6厘米。

2. 陶片纺轮

2件。为利用陶片打制穿孔而成。

三期地层标本：T52④B∶233（图3-4-161，13），夹砂红褐陶。扩成圆形周边经过粗磨，在陶片内壁钻1个圆窝，未居中也未钻透成孔。直径5.2、厚0.7厘米。T74④A∶175（图3-4-161，12），残。夹炭红陶，外表涂红衣。打成圆形后周边局部稍磨，从两面穿透1个圆孔。直径3.9、厚0.7厘米。

3. 陶线轴

2件。均泥质浅红陶。

二期地层标本：T70⑤H111∶6（图3-4-162，2；图版一一九，1），中部为圆柱体，两头为漏斗形体，顶端为齐平的小圆面，左边一头的表面剥落较多。长7.7厘米。

四期地层标本：T57③B∶130（图3-4-162，1），残存的一头为圆棋子形体。残长3.8厘米。

4. 陶针

3件（残）。均泥质。上宽下窄，横剖面呈圆形，均有针孔。

四期地层标本：T52③∶24（图3-4-162，5），灰褐色。器身弯曲，针鼻处较扁。残长5.7厘米。T52③∶29（图3-4-162，3），浅红色。针鼻处断缺，仍存孔痕，针尖较粗钝。残长5.4厘米。T67③B∶15（图3-4-162，4），浅红色。针鼻处宽扁。残长4.3厘米。

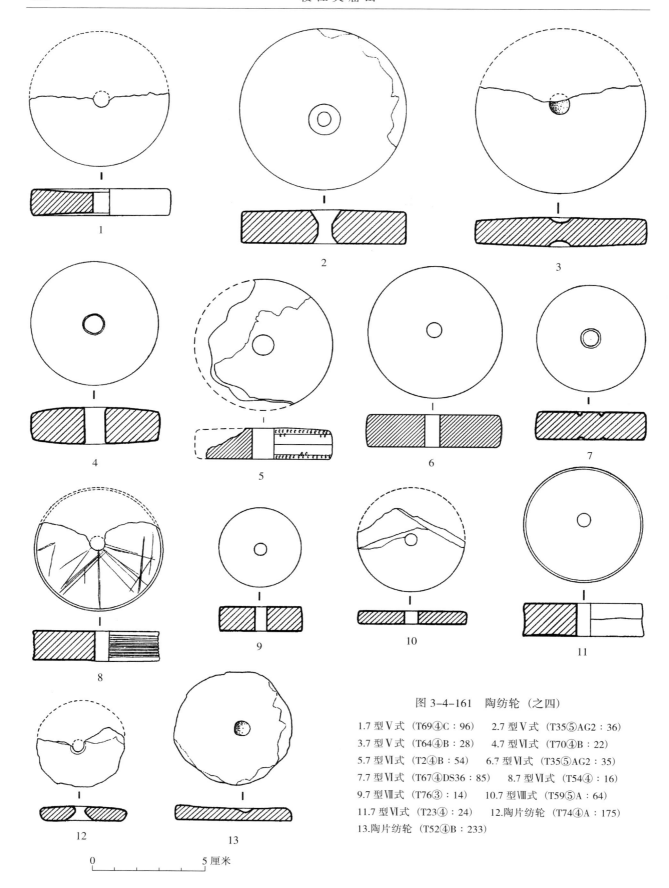

图 3-4-161　陶纺轮（之四）

1.7 型 V 式（T69④C：96）　　2.7 型 V 式（T35⑤AG2：36）
3.7 型 V 式（T64④B：28）　　4.7 型 VI式（T70④B：22）
5.7 型 VI式（T2④B：54）　　6.7 型 VI式（T35⑤AG2：35）
7.7 型 VI式（T67④DS36：85）　　8.7 型 VI式（T54④：16）
9.7 型 VII式（T76③：14）　　10.7 型 VIII式（T59⑤A：64）
11.7 型 VI式（T23④：24）　　12.陶片纺轮（T74④A：175）
13.陶片纺轮（T52④B：233）

0　　　　　　5厘米

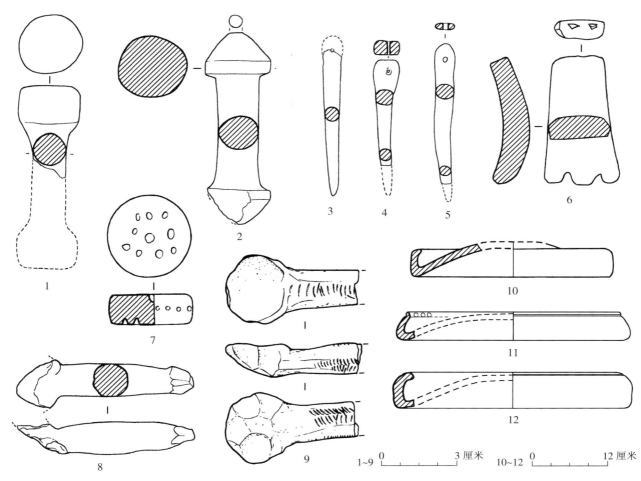

图 3 - 4 - 162　陶工具和陶生活用品

1. 线轴（T57③B：130）　　2. 线轴（T70⑤H111：6）　　3. 针（T52③：29）　　4. 针（T67③B：15）　　5. 针（T52③：24）　　6. 三齿器（T75④CH119：14）　　7. 饼（T3④：35）　　8. 勺（T75④C：212）　　9. 勺（T75④CH119：13）　　10. 转盘（T64④C：85）　　11. 转盘（T69⑥：187）　　12. 转盘（T55⑥：83）

5. 陶转盘

3 件。均为残片。参照仰韶文化西安半坡、铜川李家沟、长安马王村等遗址的出土物，全形近似卷沿礼帽式，为圆平顶，斜面，至边缘上折为矮直壁、内翻窄沿。系慢轮制陶工具（参见第六章第五节之二）。

二期地层标本：T55⑥：83（图 3 - 4 - 162，12），夹炭黑陶。内翻窄沿外侧 1 周凹弦纹。直径 36、壁高 6、胎厚 1.2 ~ 1.5 厘米。T69⑥：187（图 3 - 4 - 162，11），夹炭红陶。沿外侧 1 周凹纹纹，内侧残存 3 个小圆窝纹。直径 34、壁高 4.8 厘米。

三期地层标本：T64④C：85（图 3 - 4 - 162，10；图版一一九，2），夹炭灰陶。直径 32、残高 5.6、壁高 4.2、胎厚 1.3 厘米。

6. 陶勺

2 件。

三期地层标本：T75④C：212（图 3 - 4 - 162，8），泥质浅红陶。勺口多残缺，勺部背面捏有浅窝而不成规整的圆弧面，圆把。残长 7 厘米。T75④CH119：13（图 3 – 4 – 162，9），泥质橙黄陶。勺口稍残缺，勺部背面有捏制时留下的几道棱而不成规整的圆弧面。椭圆形把后段缺失，正、背面和侧面均有指甲纹。残长 5 厘米。

7. 陶三齿器

1 件。三期地层标本：T75④CH119：14（图 3 – 4 – 162，6；图版一一九，3），泥质红黄陶。体弯曲，完整。三齿前端钝厚，末端齐平并有 2 个深 1.3 厘米的三角形窝，当插在小杆上使用。长 5.3 厘米。

8. 陶饼

1 件。二期地层标本：T3④：35（图 3 – 4 – 162，7），泥质浅红陶。两面平。戳小圆窝纹，正面 10 个，背面 9 个，周边 14 个。直径 3.4、厚 1.2 厘米。

9. 圆陶片

96 件。以夹炭陶为主（60 件），泥质陶次之（31 件），还有极少的夹砂陶。除 1 件为专门烧制的外，余都是利用陶质器皿碎片，大部分系素面（68 件，71%），少数带纹饰（28 件，29%），加工成圆形，周边或弯弧或有棱，边缘均不薄利。纯属打制的 37 件，约占 39%；打成圆片又在局部加磨的 34 件，约占 35%；周边基本上都经磨制比较整齐的 25 件，约占 26%。即使后一种加工的圆陶片，也只是比较规整些，滚圆而相差无几者实属偶见。最长直径 2.7～4 厘米的小型个体 14 件，约占 15%；4.1～6 厘米的中型个体 70 件（其中直径 4.1～5 厘米的 34 件，5.1～6 厘米的 36 件），约占 73%；6.1～6.8 厘米的大型个体 12 件，约占 12%。

一期晚段地层标本：T69⑦：165（图 3 – 4 – 163，1），泥质红陶。可能为器纽顶片，外侧面鼓凸，周边为器壁向里转折处的断口并经部分加工。直径 5.9 厘米。

二期地层标本：T56⑤：105（图 3 – 4 – 163，5），夹炭红陶。为内卷沿大盆碎片。有凹弦纹和压印竖条纹。周边都加磨。直径 5.5 厘米。T56⑤：106（图 3 – 4 – 163，9），夹砂红陶。打制。有绳纹高凸弦纹。直径 5.5 厘米。T56⑤：107（图 3 – 4 – 163，4），泥质灰褐陶。周边磨齐。直径 5.1 厘米。T57⑥A：145（图 3 – 4 – 163，2），夹炭红陶。周边磨成圆弧面。直径 5.2～5.5 厘米。T68⑥：127（图 3 – 4 – 163，10），夹炭红陶。周边大部磨得较圆钝。直径 5.6～6.8 厘米。T74⑤AH113：40（图 3 – 4 – 163，8），夹砂浅红陶。有较松散的细绳纹。周边都经磨过，大部成斜坡面。直径 5.2 厘米。T77⑤B：84（图 3 – 4 – 163，3），泥质红陶。素面，表面磨光。周边磨得弧曲，形状规整。直径 4.3 厘米。T11④：109（图 3 – 4 – 163，6），泥质红陶。仅此一残件不是陶器皿的碎片，没有穿孔痕迹，是专烧制的圆陶片。直径 6 厘米。

三期地层标本：T55④：58（图 3 – 4 – 163，7），夹炭红陶。有宽凹弦纹。部分周边加磨。直径 4.3 厘米。

10. 长方形陶片

1 件。三期地层标本：T59④B：47（图 3 – 4 – 163，11），泥质红陶。原为弇口罐的口沿。有凹弦纹，三边断口都经过细磨，现呈圆角长方形，但无薄刃。长 8.1、宽 5.7 厘米。

11. 陶球

共 525 件。其中完整的 321 件，残破的 204 件。分空心和实心两大类，两者之比约 3.5：1。都

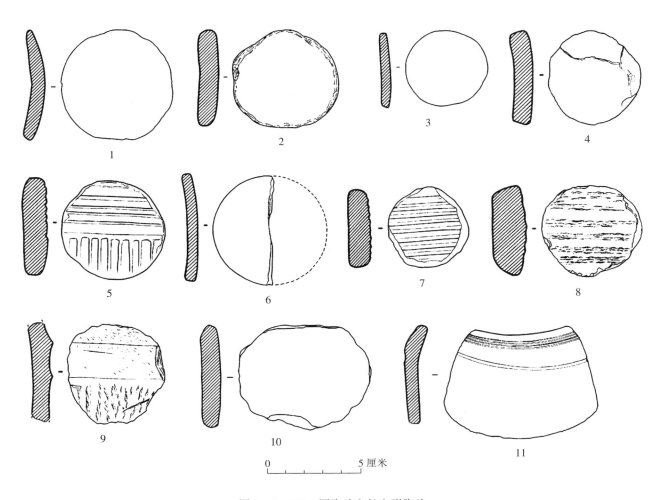

图 3 - 4 - 163　圆陶片和长方形陶片

圆陶片：1. T69⑦：165　2. T57⑥A：145　3. T77⑤B：84　4. T56⑤：107　5. T56⑤：105　6. T11④：109　7. T55④：58
8. T74⑤AH113：40　9. T56⑤：106　10. T68⑥：127　　长方形陶片：11. T59④B：47

是泥质陶，绝大多数呈红色、浅红、红黄和红褐色，合计约占总数的83%，灰褐、灰、黑灰和黑色的合计约占17%。圆径1.7~9厘米，其中90%多的在2.1~5厘米。但有1/4左右的明显不浑圆，纵横直径相差最大的约有0.4厘米。相当多的空心陶球比实心陶球要大些，实心陶球仅有1件最大圆径为4.8厘米，空心陶球中有圆径为4.9~9厘米的大型个体33件，占全部可量圆径陶球的7.28%。约80%的陶球表面有纹饰，现将两大类陶球按主体纹饰统一分为十六种。全部陶球中，六种（第十至十五种）篦点连线纹、三种（第七、八、九种）刻划（压划）纹、两种（第四、五种）窝纹分别占55.82%、16.37%、5.34%。但这三大种常见纹饰各自在两类陶球中的比例差别很大，在空心陶球中分别为66.66%、13.73%、3.68%，在实心陶球中分别为17.95%、25.64%、11.11%。总体来看，空心陶球中2/3饰篦点连线纹，尤以篦点连线米字形三角纹最为突出，素面的仅占12.7%；而实心陶球中素面的占43.6%，刻划（压划）纹比较多见（占1/4）。无论纹饰的种类和数量，都是空心陶球多于实心陶球。详见陶球颜色、圆径、纹饰统计表（表3-4-16）。

表 3 - 4 - 16　　　　　　大溪文化陶球颜色、圆径、纹饰统计表

颜色	空心		实心		空心实心	
	数量	本类百分比	数量	本类百分比	数量	全体百分比
红	209	51.23	43	36.75	252	48.00
浅红	55	13.48	16	13.68	71	13.52
红黄	14	3.43	6	5.13	20	3.81
红褐	62	15.20	31	26.50	93	17.71
灰褐	30	7.35	12	10.25	42	8.00
灰	18	4.41	6	5.13	24	4.57
黑灰	10	2.45	2	1.71	12	2.29
黑	10	2.45	1	0.85	11	2.10
合计	408 件	100%	117 件	100%	525 件	100%
圆径 *	数量	本类百分比	数量	本类百分比	数量	全体百分比
1.7～2 厘米	1（最小 1.8 厘米）	0.29	10	8.93	11	2.43
2.1～3	54	15.84	54	48.22	108	23.84
3.1～4	177	51.91	40	35.71	217	47.90
4.1～5	87	25.51	8（最大 4.8 厘米）	7.14	95	20.97
5.1～6	14	4.10			14	3.09
6.1～7	5	1.47			5	1.11
7.1～9	3	0.88			3	0.66
合计	341 件	100%	112 件	100%	453 件	100%
素面和纹饰	数量（整，残）	本类百分比	数量（整，残）	本类百分比	数量（整，残）	全体百分比
第一种素面	52（31，21）	12.75	51（36，15）	43.60	103（67，36）	19.62
第二种压印纹	3（2，1）	0.74	1（1，0）	0.85	4（3，1）	0.76
第三种指甲纹	1（0，1）	0.24	1（1，0）	0.85	2（1，1）	0.38
第四种窝纹	15（9，6）	3.68	12（11，1）	10.26	27（20，7）	5.15
第五种环球圆窝连线纹			1（1，0）	0.85	1（1，0）	0.19
第六种圆孔纹	6（5，1）	1.47			6（5，1）	1.14
第七种不规则刻划（压划）条纹	10（8，2）	2.45	12（9，3）	10.26	22（17，5）	4.19
第八种环球刻划（压划）条纹	23（13，10）	5.64	9（5，4）	7.69	32（18，14）	6.09
第九种刻划（压划）米字形三角纹	23（14，9）	5.64	9（8，1）	769	32（22，10）	6.09
第十种不规则篦点连线纹	20（12，8）	4.90	6（6，0）	5.13	26（18，8）	4.96

第十一种环球篦点连线纹	31 (11, 20)	7.60	3 (2, 1)	2.57	34 (13, 21)	6.48
第十二种篦点连线椭圆形纹	1 (1, 0)	0.24			1 (1, 0)	0.19
第十三种篦点连线米字形三角纹	214 (122, 92)	52.45	11 (10, 1)	9.40	225 (132, 93)	42.86
第十四种宽带状篦点连线米字形三角纹	6 (2, 4)	1.47			6 (2, 4)	1.14
第十五种篦点连线米字形三角菱形纹			1 (1, 0)	0.85	1 (1, 0)	0.19
第十六种画彩	2 (0, 2)	0.49			2 (0, 2)	0.38
第十七种刻画	1 (0, 1)	0.24			1 (0, 1)	0.19
合计	408 件 (230, 178)	100%	117 件 (91, 26)	100%	525 件 (321, 204)	100%

＊陶球不浑圆、圆径有差数者，以最大径统计。

（1）空心陶球

共 408 件。其中完整 230 件，残器 178 件。胎厚 0.3~1.1 厘米。其厚薄大致依球体大小而定，一般厚度约 0.5 厘米左右。采用像包包子的方法捏制，再经搓圆。在捏窝时体内一般都放置砂粒或细泥丸。砂粒者发现有的内装五六十颗，大小如绿豆，摇动时发出沙沙响声；细泥丸者发现有的内装约 20 颗，大小如赤豆或豌豆，摇动时发出咯咯响声。完整空心陶球摇动有声者 205 件，残破空心陶球体内仍存留砂粒或泥丸者 12 件；另有很少量的完整空心陶球摇动时并无声响，则可能属非人为原因而体内被填塞之故。现按素面和主体纹饰分为十五种。

第一种素面

二期地层标本：T51⑤B：277（图 3 - 4 - 164，1），黑灰色。摇动有声。圆径 4.2 厘米。

第二种压印纹

二期地层标本：T70⑤：44（图 3 - 4 - 164，2；彩版二三，1），红褐色。摇动有咯咯响声。满饰三角状压印纹，纹痕凹坑两边竖直，夹角近直角，另一边为斜坡面，当用有一定厚度的齐头片状物（如竹片）的一角、平面朝上压出。部分排列成直线，但整个球面上并不全部规则。圆径 2.8~3.2 厘米。T74⑤B：98（图 3 - 4 - 164，3），灰褐色。摇动有咯咯重响声。有少量三角状压印纹，未作通体规则地环绕。圆径 4.4 厘米。T1④：40（图 3 - 4 - 164，4），残存 1/2。红褐色。多为箕形压印纹，纹痕凹坑三边竖直，另一边为斜坡，当用齐头片状物的一角、侧面朝上压出；局部有细圆窝纹。圆径 3.9 厘米。

第三种指甲纹　仅有 1 件残片，存留并列的两短行指甲纹。纹样参阅实心陶球的。

第四种窝纹　除极少数的是长圆形外，余都属圆窝。有的在球面密布，有的均匀或不均匀地

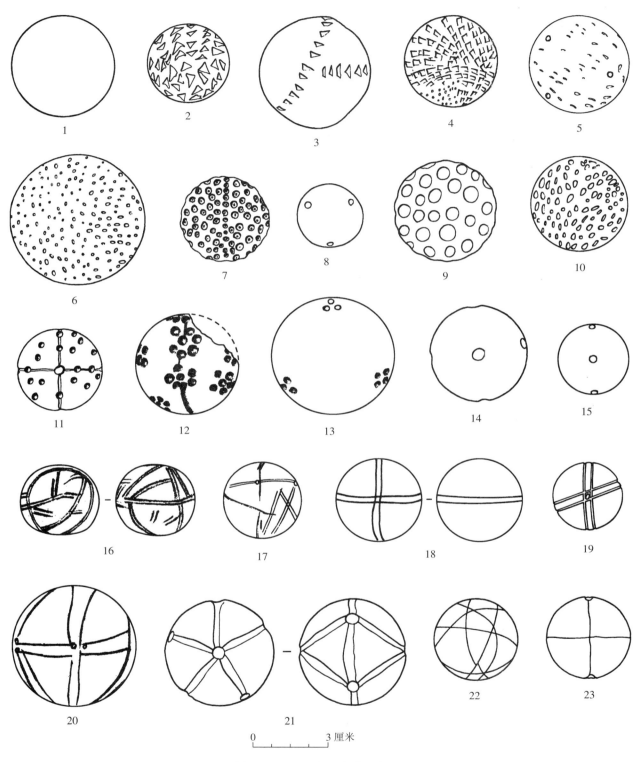

图 3 - 4 - 164 空心陶球（之一）

稀疏散布，少数还与圆孔、条纹结合使用。

二期地层标本：T56⑤H100：7（图3-4-164，13），灰黑色。摇动有咯咯响声。球面上等距离位置有6组圆窝和圆孔，位置相当于米字形三角纹的6个米字交叉点处，其中，2组各有4个圆窝，2组各有3个圆窝，1组为2个圆窝1个圆孔，1组为3个圆孔。在一处的2组之间压印1条模糊的篦点单线，其他地方未印。由此推测米字形三角纹上的孔窝当起定点等分球面的作用。圆径4.5~4.8厘米。T58⑤：42（图3-4-164，10；彩版二三，2），红褐色。摇动有咯咯响声。满饰长圆形如芝麻样的小窝纹，其大小、方向不甚一致，单个窝坑的大头略深、小头略浅，当用钝尖工具斜向戳出的。圆径3.7~3.9厘米。T59⑤AG6：1（图3-4-164，9；彩版二三，3），灰色。摇动有咯咯响声。通体饰较大圆窝纹，窝坑壁近二层台式，圜底，当用圆头小棒竖直稍加旋转成窝。圆径3.7~4.1厘米。T11④：110（图3-4-164，6），残存1/2。红褐色。布满椭圆形、圆形小窝纹。圆径5.3厘米。

三期地层标本：T58④A：21（图3-4-164，5），红色。摇动有咯咯响声。饰稀疏较浅的长圆形小窝纹，其间又不规则地散布6个小圆孔和1个小圆窝。圆径4厘米。T64④B：38（图3-4-164，8），浅红色。摇动有咯咯响声。散饰5个小圆窝。圆径2.6~2.7厘米。T67④C：33（图3-4-164，12），残存1/2。浅红色。现存7组圆窝共43个，并有2股单线压划条纹大体呈十字形交叉环绕。圆径8.9~4.1、厚0.9厘米。

四期地层标本：T52扩③：16（图3-4-164，11），灰褐色。摇动有咯咯响声。散饰圆窝纹，窝坑普遍较深；3股单线压划宽条纹纵横垂直相交，规则地环绕球面，在三交叉点上各有1个圆孔。圆径3.4厘米。T62③B：37（图3-4-164，7），红褐色。摇动有咯咯响声。满饰小圆窝纹，窝坑壁近二层台式，小圜底。圆径3.4厘米。

第六种圆孔纹　各有孔4~6个，都稀疏均匀或不均匀地散布。

三期地层标本：T2③：66（图3-4-164，15），红褐色。摇动有声。分布有4个圆孔。圆径2.6~2.8厘米。

四期地层标本：T74③：16（图3-4-164，14），黑色。摇动有咯咯响声。均匀地分布6个较大圆孔。圆径3.9厘米。

第七种不规则刻划（压划）条纹　有多条单线或双线条纹，排列不规则，但其中或有个别条纹作通体环绕，有些同时附饰小孔窝。

三期地层标本：T66④DH106：2（图3-4-164，16），红黄色。摇动有沙沙响声。双线刻划条纹，长短不一，无一作规则环绕球面者。圆径2.9~3.2厘米。T74④A：41（图3-4-164，17），红色。不规则的单线和双线刻划条纹兼有，又有4个小孔和2个小圆窝但并未全部位于条纹上。圆径2.9~3.1厘米。

第八种环球刻划（压划）条纹　刻划者条纹线细，压划者条纹槽宽。有2股以上的单线或双线条纹，一般为垂直相交，等分球面规则地通体环绕，有些还在条纹交叉点上附饰圆孔或圆窝。

二期地层标本：T74⑤A：82（图3-4-164，21），红褐色。摇动有咯咯响声。从圆孔能窥见球内细泥丸。以双线刻划条纹五等分圆球，又分别与1股通体横绕的双线条纹纵横相交，七个交叉点各有1个较大圆孔。这种纹样仅此1件。圆径4.3厘米。T74⑤AH113：8（图3-4-164，

18），灰色。摇动有咯咯响声。2 股双线刻划条纹交叉环绕。圆径 3.4～3.5 厘米。T3④：39（图 3－4－164，23），红色。摇动有声。2 股单线刻划条纹垂直相交环绕，有 2 个圆孔。圆径 3.3 厘米。

　　三期地层标本：T51④A：214（图 3－4－165，2；彩版二三，4），红色。摇动有声。3 股双线刻划条纹环绕球面，六交叉点上各有 1 个圆孔；再以 1/8 的球面为单元，整齐地刻划平行条纹，但其中一块的条纹方向划错未成对称的套叠方格形图案。这种图案仅此 1 件。圆径 3 厘米。T52④BF22：45（图 3－4－164，22），红褐色。摇动有咯咯响声。6 股单线刻划条纹均通体环绕球面，但未作规则的垂直相交排列。圆径 3.3 厘米。T58④A：18（图 3－4－164，20），浅红色。摇动有沙沙响声。3 股双线刻划条纹规则地环绕，在交叉点有小圆窝 5 组共 10 个。圆径 4.8 厘米。T22③：40（图 3－4－165，1），红色。摇动有声。3 股双线压划条纹互相垂直相交环绕，六交叉点上各有 1 个圆窝。圆径 7.1 厘米。

　　四期地层标本：T69③B：138（图 3－4－165，3），灰褐色。摇动有咯咯响声。3 股单线压划条纹互相垂直相交环绕，在六交叉点上各有 1 个圆窝。圆径 2.7～3 厘米。T77③B：14（图 3－4－164，19），红褐色。3 股较宽双线压划条纹纵横规则地环绕球面，纹道交叉处共有圆孔圆窝各 3 个。球体不甚浑圆，圆径 2.8 厘米。

　　第九种刻划（压划）米字形三角纹　以 3 股条纹互相垂直相交，规则地通体环绕，把球面均匀地分成 8 块，再在各个 1/8 的球面上等分出 3 个三角，构成米字形三角纹。每股划条纹一般都是单线或双线，个别的三线，也有很少的是在同件陶球上单线双线或双线三线结合使用。又常在 6 个米字形中心，有些还在 8 个三角形交会点附饰圆孔或圆窝，整个图案复杂而对称。

　　二期地层标本：T74⑤A：88（图 3－4－165，5），灰褐色。摇动有咯咯响声。3 股单线刻划条纹环绕球面，6 个米字形中心各有 1 个细孔，只刻出 1 组三角纹，为未完成之作。圆径 2.1～2.3 厘米。

　　三期地层标本：T51④A：136（图 3－4－165，9），红色。摇动有响声。刻划双线米字形三角纹，又有 6 组细小圆窝（内只 1 个为小孔），每组 4 个。近扁圆球。圆径 2.8～3.1 厘米。T61④H95：6（图 3－4－165，4），浅红色。摇动有沙沙响声。刻划双线米字形三角纹，又在 6 个米字形中心规则地分布细圆窝、圆孔各 3 个。圆径 3 厘米。T65④B：39（图 3－4－165，12；彩版二三，5），浅红色。摇动有咯咯响声。单线压划宽条米字形三角纹，6 个米字形中心各有 1 个较大圆孔。圆径 3.8 厘米。T66④B：23（图 3－4－165，13），浅红色。摇动有沙沙响声。压划米字形三角纹，绝大多数为三线，有的三角纹为双线，又在 6 个米字形中心规则地分布小圆窝 6 组共 12 个。圆径 3.5 厘米。T22③：31（图 3－4－165，11），残，约缺失 1/6。红色。压划单线双线米字形三角纹，3 股单线环绕球面，双线成三角纹，但个别三角纹压划四线，又规则地分布 5 个小圆窝、3 个小圆孔。圆径 5.1 厘米。

　　四期地层标本：T57③B：31（图 3－4－165，8），浅红色。摇动有咯咯响声。在刻划双线米字形三角纹上部分又加纤细的划点，6 个米字形中心共有 2 个圆孔、10 个圆窝。圆径 3.3 厘米。T60③A：21（图 3－4－165，7；彩版二三，6），红色。摇动有咯咯响声。双线 6 个米字形中心各有 1 个小圆孔。圆径 3.2 厘米。T75③B：36（图 3－4－165，10；彩版二三，7），灰褐色。摇动有咯咯

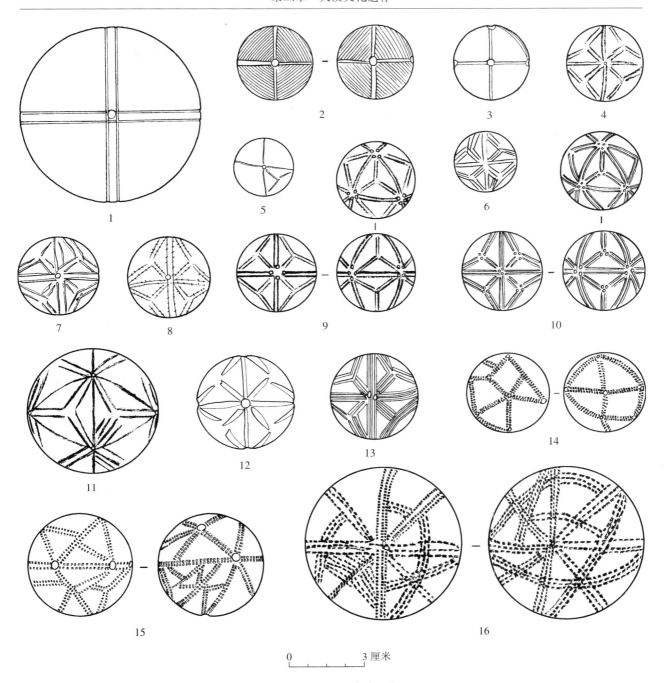

图 3 - 4 - 165　空心陶球（之二）

第八种：1. T22③：40　2. T51④A：214　3. T69③B：138　第九种：4. T61④H95：6　5. T74⑤A：88　6. T75③BH70：21　7. T60③A：21　8. T57③B：31　9. T51④A：136　10. T75③B：36　11. T22③：31　12. T65④B：39　13. T66④B：23　第十种：14. T51⑤A：259　15. T75③B：110　16. T69④C：97

响声。双线米字形中心和三角形交会点共 11 处各有 3 个细圆窝，另 3 处因表面剥落而无存。圆径3.2 厘米。T75③BH70：21（图 3 - 4 - 165，6），红褐色。摇动有咯咯响声。3 股双线刻划条纹环绕球面，三角纹为三线。圆径 2.3 ~ 2.5 厘米。

　　第十种不规则篦点连线纹　篦点呈小方块状。主体纹饰为不规则地分布多股篦点单线、双线或三线纹，其中或夹有个别篦点连线纹作通体环绕，有的还附饰小孔窝。

二期地层标本：T51⑤A：259（图3－4－165，14），灰色。篦点双线连线纹不规则分布，无一股完整环绕球面；在交接点上共有6个小圆窝、5个小圆孔，孔、窝分布也不规则。圆径3.1～3.3厘米。

三期地层标本：T69④C：97（图3－4－165，16），红褐色。摇动有咯咯响声。5股三线（局部为双线）篦点连线纹较规则地纵横环绕球面，但在诸分格内的双线、三线或多股平行的篦点连线纹分布不规则。还饰有5个细窝、1个细孔。球体略呈扁圆形。圆径5.8～6.2厘米。T3③：21（图3－4－166，1），红黄色。摇动有声。多股篦点单线纹杂乱分布，只有1股通体环绕，还不规则地散饰3个圆孔、6个圆窝。圆径3.8～4厘米。

四期地层标本：T75③B：110（图3－4－165，15），红色。在多股杂乱的篦点双线纹中仅2股大致通体环绕，又不规则地散饰6个圆孔。圆径4.2厘米。

第十一种环球篦点连线纹　用1～10股的篦点单线、双线或三线纹（其中以3股和9股的篦点双线为较多）规则均匀地通体环绕球面，还常在交叉点上附饰圆孔或圆窝。

二期地层标本：T51⑤A：239（图3－4－166，6），现存约2/3。黑灰色。3股篦点三线纹规则地环绕，交叉点上各有4个圆孔或圆窝。圆径5.5厘米。T53⑤A：155（图3－4－166，4），浅红色。摇动有咯咯响声。10股篦点双线纹环绕，内7股分布规则，3股位置稍有错移，交叉点上不规则地散饰14个小圆孔。圆径4～4.2厘米。

三期地层标本：T57④A：67（图3－4－166，8；彩版二三，8），灰褐色。摇动有咯咯响声。9股篦点三线纹规则地通体环绕，均匀分布的14个交叉点上各饰1个小圆孔。圆径4厘米。T59④B：45（图3－4－166，3；彩版二三，9），红色。摇动有咯咯响声。9股篦点双线纹规则地环绕，共19个小圆孔、5个圆窝平均分饰于6个米字形中心。圆径4.3厘米。T70④B：26（图3－4－166，2），红色。摇动有咯咯响声。3股篦点双线纹互相垂直相交环绕，交叉点有1个圆孔、5个圆窝。圆径4.2厘米。

四期地层标本：T57③A：52（图3－4－166，7），灰褐色。摇动有沙沙响声。9股篦点单线纹规则地环绕，6个米字形中心共有5个细孔、1个圆窝。圆径2.9厘米。T58③BS10：55（图3－4－166，5），灰褐色。1股篦点单线分别与5股篦点单线垂直相交，都通体环绕，散饰5个圆孔。圆径2.5厘米。

第十二种篦点连线椭圆形纹

三期地层标本：T3③：12（图3－4－166，9），浅红色。摇动有声。垂直相交环绕的2股篦点双线纹上有篦点双线（2个）和三线（3个）组成的椭圆形纹5个（按：应4个即对称），并在2股环球线上分段饰有细圆窝，2个的6组，3个的1组，4个的4组。圆径2.8厘米。

第十三种篦点连线米字形三角纹　篦点连线有单线、双线、三线和四线几种。单独使用或两者结合使用的都有，其中双线的占本种纹饰的2/3，单线、三线、双三线结合的都较少，四线、单双线结合、三四线结合的均属个别。在米字形中心基本上都有圆孔或圆窝，绝大多数是1个，很少数的有2个，偶见3～6个，很少的同时还在三角形交会点饰孔窝。其图案与刻划（压划）米字形三角纹相同。

二期地层标本：T51⑤A：250（图3－4－166，14），红褐色。摇动有声。篦点双线米字形三角

图 3-4-166　空心陶球（之三）

第十种：1. T3③：21　第十一种：2. T70④B：26　3. T59④B：45　4. T53⑤A：155　5. T58③BS10：55　6. T51⑤A：239　7. T57③A：52
8. T57④A：67　第十二种：9. T3③：12　第十三种：10. T51④A：226　11. T75④BH73：8　12. T74③：15　13. T70④B：29　14. T51⑤A：
250　15. T53④：212　16. T76③：29　17. T57⑤：91　18. T75③B：108　19. T3④：37　20. T60③A：56　21. T79③：2

纹，6个米字形中心和8个三角形交会点各有1个细圆孔。圆径3.6～3.8厘米。T57⑤：91（图3－4－166，17；彩版二四，1），红色。摇动有沙沙响声。篦点双线米字形三角纹，6个米字形中心共饰5个小孔、16个小圆窝，分为3个的4组、4个和5个的各1组。圆径3.9～4.1厘米。T3④：37（图3－4－166，19），红色。3股篦点双线互相垂直相交规则环绕，一处1/8的球面上有篦点双线三角纹，另在局部有不规则的篦点单线和双线，还饰7组细圆孔，4个的3组，6个的4组。表面留一粒较大的稻谷印痕，长9、宽3.7毫米。圆径5.7厘米。

三期地层标本：T51④A：226（图3－4－166，10），红褐色。摇动有声。3股篦点三线纹环绕，篦点双线组成三角纹，部分篦点的纵横排列方向不一致，6个米字形中心附饰2个小圆孔、4个小圆窝。圆径4.5～4.8厘米。T52④B：116（图3－4－167，1），红色。摇动有沙沙响声。篦点双线米字形三角纹，部分处模糊不清，还饰6个小圆窝，一处圆窝周围有划道。圆径3.8～4厘米。T53④：212（图3－4－166，15；彩版二四，2），灰褐色。摇动有咯咯响声。3股篦点双线环绕，篦点三线组成三角形（其中有一处为双线三角形），6个米字形中心各有1个细孔。圆径3.5～3.7厘米。T57④BH96：3（图3－4－167，9），红色。摇动有咯咯响声。篦点三线米字形三角纹，在6个米字形中心规则地分布5个圆孔1个圆窝。圆径4.4厘米。T57④BH96：8（图3－4－167，3），红色。摇动有沙沙响声。篦点双线米字形三角纹，又在6个米字形中心规则地分布6个小圆孔。圆径1.8厘米。T60④AH110：4（图3－4－167，8），灰色。摇动有咯咯响声。3股篦点三线米字形三角纹，交叉点上共有6个小圆窝。圆径3.3～3.4厘米。T62④DS37：33（图3－4－167，12），红色。摇动有咯咯响声。篦点三线四线米字形三角纹，3股纵横环绕线为三线，米字形三角纹中在3片1/8球面上三线四线兼有，余者5片均四线，又在6个米字形中心规则地分布6个椭圆形小孔。圆径3.4厘米。T70④B：29（图3－4－166，13；彩版二四，3），灰色。摇动有咯咯重响声。饰篦点三线米字形三角纹，篦点内特殊地涂嵌有红色；共有22个细孔、9个圆窝，其中6个米字形中心各4个，7个三角形交会点各1个。圆径4.5厘米。T70④A：68（图3－4－167，7），红色。残片，仅存1/4左右。篦点四线米字形三角纹，篦点为较粗竖长条形，又存留3个较大圆孔。圆径5、胎厚0.8厘米。T74④A：53（图3－4－167，6），红褐色。摇动有沙沙响声。篦点双线米字形三角纹，又规则地分布9个小孔、4个小窝。圆径4.5厘米。T75④BH73：3（图3－4－167，5），黑色。摇动有咯咯响声。篦点双线三线米字形三角纹，其中3股纵横环绕为双线，余者三线；又在米字形中心规则地分布6个细窝。圆径4.1厘米。T75④BH73：8（图3－4－166，11；彩版二四，4），浅红色。摇动有沙沙响声。3股篦点双线环绕，篦点三线组成三角纹，6个米字形中心有2个圆孔、4个圆窝。圆径3.7厘米。T6③：51（图3－4－167，11），灰色。摇动有声。篦点双线米字形三角纹，篦点为较细横长条形；又在米字形中心规则地分布5个小圆孔、1个小圆窝。圆径4.6厘米。T7③CH5：15（图3－4－167，10），红褐色。摇动有声。篦点单线米字形三角纹，又规则地分布6个圆窝。圆径3.1厘米。

四期地层标本：T51③：165（图3－4－167，13），红色。篦点双线、三线米字形三角纹，6个米字形中心有5个圆孔、1个圆窝。圆径4厘米。T60③A：56（图3－4－166，20），浅红色。1股篦点双线、2股篦点三线环绕，篦点双线组成三角纹，6个米字形中心附饰5个圆孔、1个圆窝。圆径2.3厘米。T74③：15（图3－4－166，12），红褐色。摇动有咯咯响声。篦点双线米字形三角

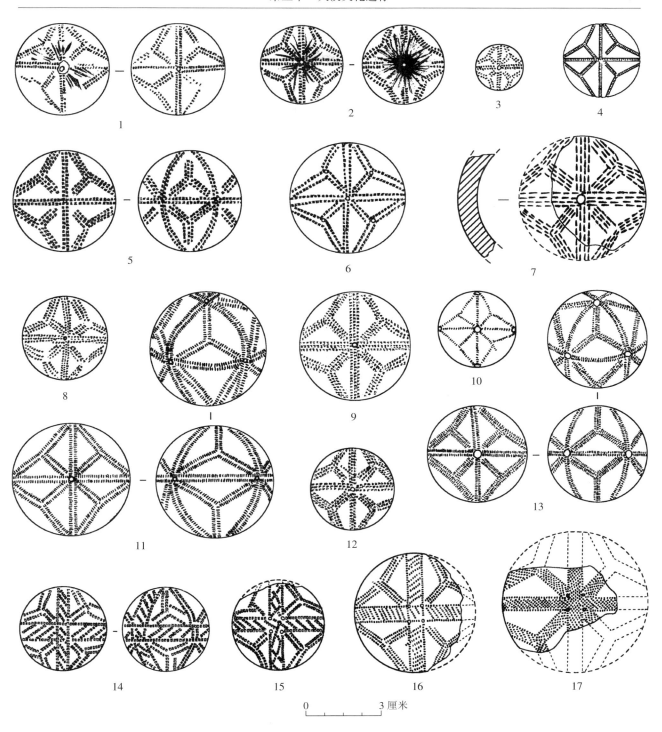

图 3 - 4 - 167　空心陶球（之四）

第十三种：1. T52④B：116　2. T80③：12　3. T57④BH96：8　4. T76③：13　5. T75④BH73：3　6. T74④A：53　7. T70④A：68　8. T60④
AH110：4　9. T57④BH96：3　10. T7③CH5：15　11. T6③：51　12. T62④DS37：33　13. T51③：165　第十四种：14. T56③：77　15. T51
⑤AH48：319　16. T70④B：70　17. T55④：62

纹，有 6 个大圆孔。圆径 2.4 厘米。T75③B：108（图 3 - 4 - 166，18），红褐色。摇动有咯咯响
声。篦点双线米字形三角纹，又在 6 个米字形中心规则地分布 2 个圆窝、4 个圆孔。圆径 3.8 厘
米。T76③：13（图 3 - 4 - 167，4），红色。摇动有咯咯响声。3 股篦点单线米字形三角纹，篦点细

长密集，形成较深较宽的压槽，无孔窝。圆径 3 厘米。T76③：29（图 3 - 4 - 166，16；彩版二四，5），浅红色。摇动有沙沙响声。篦点单线米字形三角纹，6 个米字形中心饰 2 个细孔、4 个细圆窝。圆径 3.3 厘米。T79③：2（图 3 - 4 - 166，21），红色。摇动有沙沙响声。篦点单线米字形三角纹，篦点纹较细短，又在 6 个米字形中心规则地分布 6 个细小圆窝。圆径 3 厘米。T80③：12（图 3 - 4 - 167，2），红色。摇动有沙沙响声。3 股篦点双线米字形三角纹，交叉点上共有 5 个细孔、1 个细窝。上、下 2 孔周围有辐射状划道。圆径 3.3 厘米。

第十四种宽带状篦点连线米字形三角纹　一般以 3 股宽带状篦点连线纹互相垂直相交，规则地通体环绕球面，篦点单线、双线或三线组成三角纹，常在米字形中心附饰圆孔或圆窝。

二期地层标本：T51⑤AH48：319（图 3 - 4 - 167，15），残存 1/2 强。黑灰色。2 股宽带状篦点连线纹内填斜向平行篦点短线，1 股内填交叉篦点短线，均规则地环绕球面，篦点双线或单线组成三角纹，现存 2 个米字形中心各有 4 个细孔或圆窝。圆径 3.7 厘米。

三期地层标本：T55④：62（图 3 - 4 - 167，17），残片。灰色。3 股环绕的篦点连线纹和三角形纹全为宽带状篦点连线纹，内填满斜向平行的篦点短线，现存 2 个米字形中心各有 4 个细圆窝。圆径约 5.7 厘米。T70④B：70（图 3 - 4 - 167，16），残存 1/2。红色。3 股宽带状篦点连线纹内均填斜向平行篦点短线，现存 4 个米字形中心各有 4 个细孔或圆窝。圆径 4.9 厘米。T74④B：61（图 3 - 4 - 168，1；彩版二四，6），红色。摇动有沙沙响声。3 股宽带状篦点连线纹内填以斜向平行篦点短线，规则地环绕球面，6 个米字形中心各有 1 个圆孔。圆径 3.9 ~ 4.1 厘米。

四期地层标本：T56③：77（图 3 - 4 - 167，14；彩版二四，7），红色。摇动有咯咯响声。2 股宽带状篦点连线纹内填斜向平行篦点短线，另有 1 股为篦点双线，都规则地环绕球面，无孔窝。圆径 3.3 ~ 3.4 厘米。

第十六种画彩

二期地层标本：T3④：64（图 3 - 4 - 168，3），残片。红色。黑彩 2 股（或 3 股）三线平行条纹交叉通体环绕，现存 1 个圆孔。圆径约 9 厘米。

三期地层标本：T64④A：33（图 3 - 4 - 168，2），残片。红色。黑彩双线米字形三角纹，现存 1 个圆孔。

第十七种刻画

二期地层标本：T55⑤H112：10（图 3 - 4 - 168，4），残片。浅红色。系烧制前浅刻的图形，右上角处似太阳。圆径约 5 厘米。

（2）实心陶球

共 117 件。其中完整 91 件，残器 26 件。现按素面和主体纹饰分为十二种。

第一种素面

二期地层标本：T51⑤A：242（图 3 - 4 - 169，1），灰褐色。圆径 3.1 ~ 3.3 厘米。

第二种压印纹

二期地层标本：T38⑥：29（图 3 - 4 - 169，2），红褐色。局部表面稍剥落。满饰三角状压印纹。圆径 2.8 厘米。

第三种指甲纹

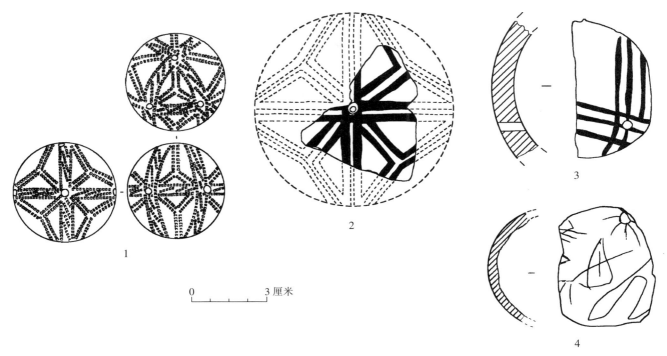

图 3 - 4 - 168 空心陶球（之五）

第十四种：1. T74④B：61 第十六种：2. T64④A：33 3. T3④：64 第十七种：4. T55⑤H112：10

二期地层标本：T2④B：44（图 3 - 4 - 169，3），浅红色。1 行指甲纹通体环绕，局部排列很密并向旁延伸出小段。圆径 3.6 厘米。

第四种窝纹 都是圆窝，分布情况有稀疏均匀、稀疏不匀和密布三种，最少的是仅有相对的 2 个较大圆窝，个别的同时还饰 3 股互相垂直相交的单线刻划条纹。

二期地层标本：T51⑤A：243（图 3 - 4 - 169，5），灰褐色。布满圆窝，大小不完全一致，多数个体近绿豆。圆径 3.9 厘米。

三期地层标本：T75④A：152（图 3 - 4 - 169，6），灰色。不规则地共分布 12 个圆窝。圆径 3.3 厘米。T23③：12（图 3 - 4 - 169，4），红色。布满如粟粒般小圆窝。圆径 3.5 厘米。

四期地层标本：T51③：80（图 3 - 4 - 169，7），红色。较均匀地分布 8 个大圆窝。圆径 2.6 厘米。

第五种环球圆窝连线纹

二期地层标本：T59⑤AG6：6（图 3 - 4 - 169，8），红褐色。4 股小圆窝连线纹通体环绕球面，但局部未均衡等分。圆径 2.8 ~ 2.9 厘米。

第七种不规则刻划（压划）条纹 以单线为最多，很少的是双线，偶见三线，在多条长短和分布都不规则的划条纹中，或夹有极少的条纹大致作通体环绕。

二期地层标本：T74⑤B：95（图 3 - 4 - 169，11），红褐色。局部瘪平。多条不规则分布的双线、三线刻划条纹连接 9 个较大圆窝，只有 3 股条纹大致通体环绕球面。圆径 4.3 ~ 4.5 厘米。

三期地层标本：T71④D：38（图 3 - 4 - 169，13），红褐色。宽道深槽压划条纹，其中一条较规则地环绕球面。圆径 2.6 ~ 2.8 厘米。T3③：26（图 3 - 4 - 169，9），红褐色。不规则地分布双

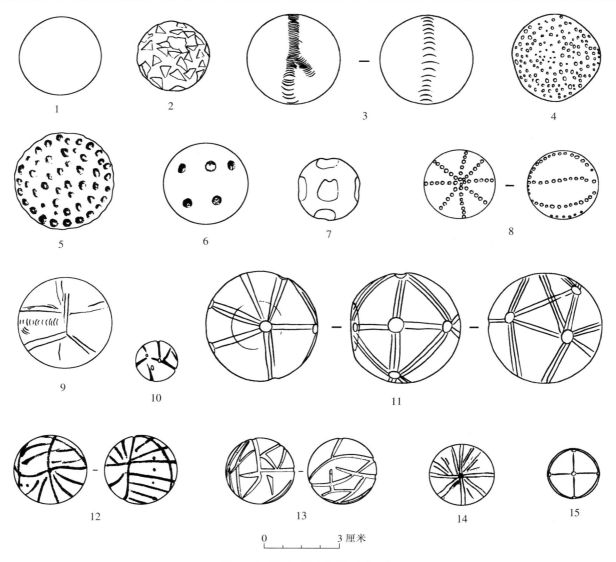

图 3 - 4 - 169　实心陶球（之一）

第一种：1. T51⑤A：242　第二种：2. T38⑥：29　第三种：3. T2④B：44　第四种：4. T23③：12　5. T51⑤A：243　6. T75④A：152　7. T51
③：80　第五种：8. T59⑤AG6：6　第七种：9. T3③：26　10. T76③：15　11. T74⑤B：95　12. T57③B：30　13. T71④D：38　第八种：
14. T64④B：32　15. T22③：44

线刻划条纹，另有小段指甲纹。圆径 3.6 厘米。

　　四期地层标本：T57③B：30（图 3 - 4 - 169，12），灰色。较宽道的压划条纹，其中一条大体
环绕球面，还有 11 个细窝不规则分布其间。圆径 2.6～2.9 厘米。T76③：15（图 3 - 4 - 169，10），
红色。多条单线压划条纹都不规则，散饰 11 个细圆窝。圆径 1.7 厘米。

　　第八种环球刻划（压划）条纹　大部分单线，很少的是双线，一般都单独使用，以 3 股互相
垂直相交通体环绕的为最多，个别陶球单线划条纹都作纵向环绕，都是在交叉点普遍附饰小圆窝。

　　三期地层标本：T64④B：32（图 3 - 4 - 169，14），红黄色。双线刻划条纹，环绕球面与不环
绕的都有，交叉点上共有对称的 2 个细窝。圆径 2.5 厘米。T22③：44（图 3 - 4 - 169，15），浅红
色。3 股单线压划条纹互相垂直相交通体环绕，6 个交叉点上各有 1 个细圆窝。圆径 2.1 厘米。

　　第九种刻划（压划）米字形三角纹　常见的是选用单线或双线一种纹道划出，个别的在同一

陶球上单双线兼施，都普遍附饰规则分布的小圆窝。

二期地层标本：T67⑤A：42（图3－4－170，3），浅红色。双线刻划米字形三角纹，图案基本规则。圆径3.1～3.2厘米。

三期地层标本：T74④A：24（图3－4－170，6），红褐色。单线或双线刻划米字形三角纹，局部图案稍错位，还分布5组每组2个细窝。圆径2.5厘米。T75④C：56（图3－4－170，2），浅红色。宽道深槽压划米字形三角纹，并规则地分布6个圆窝。圆径3.8厘米。T23③：9（图3－4－170，1），红褐色。宽道单线压划米字形三角纹，4个米字形中心各有1个圆窝。圆径3.6～3.8厘米。

图3－4－170　实心陶球（之二）

第九种：1. T23③：9　2. T75④C：56　3. T67⑤A：42　4. T61③A：15　5. T75④B：18　6. T74④A：24　第十种：7. T53④：106
8. T22③：14　9. T77⑦：50　第十一种：10. T53④：147　11. T73③B：29　第十三种：12. T55③：14　13. T58④A：60
14. T71④C：44　15. T51④A：227　第十五种：16. T60④B：47

四期地层标本：T61③A：15（图 3－4－170，4），灰褐色。较宽道的单线刻划米字形三角纹，在 6 个米字形中心各有 1 个细圆窝。圆径 1.8 厘米。T75③B：18（图 3－4－170，5），灰色。一半的球面上刻划双线米字形三角纹，另一半刻划圆圈。圆径 1.9 厘米。

第十种不规则篦点连线纹　均为篦点单线，在多条长短、分布不规则的单线中，或夹有个别的作通体环绕。

一期地层标本：T77⑦：50（图 3－4－170，9），红褐色。饰多条不规则篦点单线纹，仅一条通体环绕，纹道较深。圆径 3.1～3.2 厘米。

三期地层标本：T53④：106（图 3－4－170，7），红褐色。饰多条不规则篦点单线纹。圆径 4.4～4.7 厘米。T22③：14（图 3－4－170，8），红色。大篦点单线纹未作规则环绕，将球面不规则地分成 8 小块，每块里有 1 个圆窝。圆径 2.3 厘米。

第十一种环球篦点连线纹

三期地层标本：T53④：147（图 3－4－170，10；彩版二四，8），红褐色。3 股篦点三线纹互相垂直相交，规则地环绕球面，再填以多条平行的篦点连线纹，其中一组球面内篦点连线纹的走向与对角的一组不成对称。圆径 2.9 厘米。

四期地层标本：T73③B：29（图 3－4－170，11；彩版二四，9），红色。1 股篦点单线纹与 4 股分段为单线、双线的篦点连线纹垂直相交，规则地环绕球面，篦点痕深较粗，在米字形中心和交叉点规则地分布有 6 个圆窝。圆径 3.5 厘米。

第十三种篦点连线米字形三角纹　大多数为双线，很少的三线，均单独使用，都普遍附饰规则分布的细小圆窝。

三期地层标本：T51④A：227（图 3－4－170，15），浅红色。篦点双线米字形三角纹，在 4 个对称的米字形中心有细圆窝，分别为 6、6、8、11 个。圆径 3.6～4 厘米。T58④A：60（图 3－4－170，13），红褐色。粗篦点三线米字形三角纹，图案有缺纹，在 2 个 1/8 的球面上三角纹未完成都各缺 2 股。圆径 4 厘米。T71④C：44（图 3－4－170，14），红色。篦点双线米字形三角纹图案规则，并规则地分布 6 个细圆窝。圆径 3.4 厘米。

四期地层标本：T55③：14（图 3－4－170，12），红褐色。细篦点双线米字形三角纹图案规则，又规则地分布 6 个较大圆窝。圆径 2.7 厘米。

第十五种篦点连线米字形三角菱形纹

三期地层标本：T60④B：47（图 3－4－170，16），红陶，涂红衣。篦点很细，相邻 2 个三角形中又夹 1 个菱形纹，共 12 个，还在米字形中心、三角形交会点和菱形中心规则地饰细圆窝 25 个（全部应 26 个）。圆径 3.7 厘米。

三　陶装饰品

1. 陶环

共 469 件。其中完整的 5 件，环体大部分保存、少部分缺失的 3 件，余者都是残段。均泥质，黑陶 3 件占 0.6%，灰黑陶 405 件占 86.4%，灰陶 25 件占 5.4%，红陶、浅红陶 32 件占 6.8%，彩陶 3 件占 0.6%，白陶 1 件占 0.2%。素面占 97.7%，其中极少的还涂有陶衣，红陶环上涂红衣的

2 件，浅灰陶环涂灰黑衣的 1 件。纹饰陶环 11 件占 2.3%，有彩纹、凹弦纹、篦点纹和高凸棱四种。彩纹系在红陶上分别饰灰黑色或灰绿色彩，有的是在浅灰陶上饰棕红色间以白彩，但都严重脱落。陶环外直径，小号的约四五厘米，中号的约六七厘米，大号的约八九厘米。以中号的最多，大号的极少。现按环体剖面形状分为 13 式。

Ⅰ式　197 件（内完整 1，部分缺失 1，残段 195），占 44.00%。环体纵剖面呈方形或近方形。

二期地层标本：T51⑤B∶534（图 3 - 4 - 171，1），灰色。外直径 4.4、内直径 3.6 厘米。环内、外径之差即为环厚度。T77⑤B∶12（图 3 - 4 - 171，2；图版一二〇，1），灰色。外直径 5.3、内直径 4.4 厘米。

三期地层标本：T64④A∶166（图 3 - 4 - 171，4），红色。外直径 5.5、内直径 4.6 厘米。

四期地层标本：T73③B∶24（图 3 - 4 - 171，3；图版一二〇，2），完整。灰黑色。外直径 4.4、内直径 3.6 厘米。

Ⅱ式　19 件（内完整 1，残段 18），占 4.05%。纵剖面呈圆形。内红衣陶环 2 件，彩陶环 3 件。

三期地层标本：T54⑤∶43（图 3 - 4 - 171，6），红陶上饰灰黑色彩纹。外直径 6.3、内直径 5.4 厘米。T64④A∶167（图 3 - 4 - 171，10），灰黑色。外直径 6.2、内直径 5.2 厘米。

四期地层标本：T51③∶98（图 3 - 4 - 171，5；图版一二〇，3），完整。灰色。外直径 4.3、内直径 3.4 厘米。T52③∶27（图 3 - 4 - 171，9），红陶上残留极少的深红色陶衣。外直径 6.8、内直径 6 厘米。T56③∶13（图 3 - 4 - 171，7），红陶上饰灰绿色彩纹。外直径 6.1、内直径 5.3 厘米。T67③B∶131（图 3 - 4 - 171，8），浅灰陶上主要饰棕红彩并间以稀疏的细条白彩，内缘涂一圈红黄彩。外直径 6、内直径 5.1 厘米。

Ⅲ式　119 件（均残段），占 25.37%。环体正面宽、侧面窄，纵剖面呈横长方形或近梯形。

二期地层标本：T63⑤A∶66（图 3 - 4 - 171，11），灰色。外直径 6.2、内直径 5.1 厘米。

三期地层标本：T3③∶61（图 3 - 4 - 171，12），灰色。外直径 7.4、内直径 5.7 厘米。

四期地层标本：T51③∶531（图 3 - 4 - 171，13），浅灰陶上涂灰黑衣。外直径 6.3、内直径 5.6 厘米。

Ⅳ式　24 件（内完整 1，少部分缺失 1，残段 22），占 5.12%。纵剖面呈横椭圆形（正椭圆或近卵圆）。

三期地层标本：T3③∶76（图 3 - 4 - 171，15），灰黑色。环体较厚，在此式中数量极少。外直径 6.2、内直径 4.7 厘米。

四期地层标本：T70③∶132（图 3 - 4 - 171，17），灰色。外直径 5.5、内直径 4.5 厘米。T7②CW8∶7（图 3 - 4 - 171，14），缺失约 1/4。灰黑色。外直径 4.6、内直径 3.5 厘米。T7②CW8∶4（图 3 - 4 - 171，16），完整。灰色。外直径 4.4、内直径 3.4 厘米。

Ⅴ式　27 件（均残段），占 5.76%。环体正面窄、侧面宽，纵剖面呈竖长方形。

四期地层标本：T73③B∶25（图 3 - 4 - 171，18），灰黑色。外直径 6.2、内直径 5.9、宽 0.7 厘米。

Ⅵ式　33 件（均残段），占 7.04%。纵剖面呈竖椭圆形。

三期地层标本：T51④A∶532（图 3 - 4 - 171，19），灰黑色。外直径 5.9、内直径 4.8 厘米。

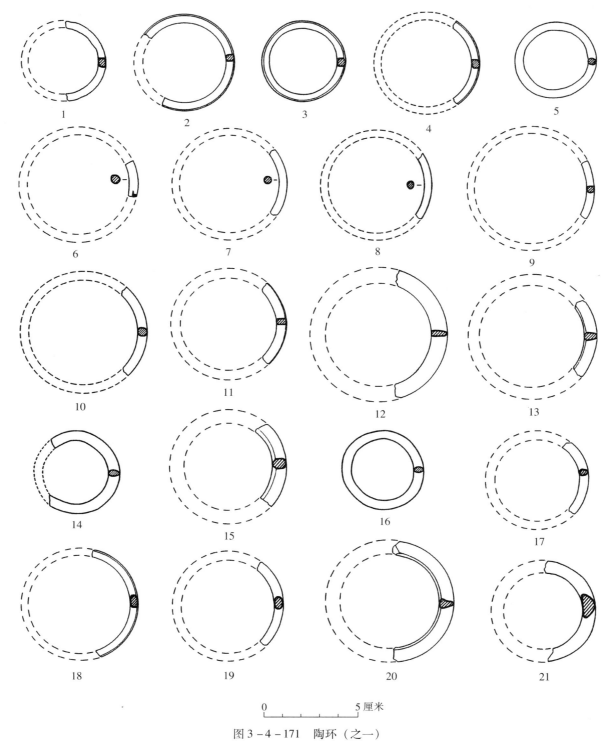

0　　　　　　　5厘米

图3-4-171　陶环（之一）

1. Ⅰ式（T51⑤B：534）　　2. Ⅰ式（T77⑤B：12）　　3. Ⅰ式（T73③B：24）　　4. Ⅰ式（T64④A：166）　　5. Ⅱ式（T51③：98）　　6. Ⅱ式
（T54⑤：43）　　7. Ⅱ式（T56③：13）　　8. Ⅱ式（T67③B：131）　　9. Ⅱ式（T52③：27）　　10. Ⅱ式（T64④A：167）　　11. Ⅲ式（T63⑤
A：66）　　12. Ⅲ式（T3③：61）　　13. Ⅲ式（T51③：531）　　14. Ⅳ式（T7②CW8：7）　　15. Ⅳ式（T3③：76）　　16. Ⅳ式（T7②CW8：4）
17. Ⅳ式（T70③：132）　　18. Ⅴ式（T73③B：25）　　19. Ⅵ式（T51④A：532）　　20. Ⅶ式（T70③：133）　　21. Ⅷ式（T51④A：533）

Ⅶ式　31 件（均残段），占 6.61%。纵剖面呈锐角等腰三角形。内白陶环 1 件。

四期地层标本：T70③：133（图 3－4－171，20），灰黑色。外直径 6.7、内直径 5.1 厘米。

Ⅷ式　4 件（均残段），占 0.85%。环体宽厚，纵剖面略呈圆角等边三角形或近半圆形。

三期地层标本：T51④A：533（图 3－4－171，21），红色。外直径 5.5、内直径 4.1、宽 0.85 厘米。T3③：76（图 3－4－172，3），红色。外直径 6.7、内直径 5.2、宽 0.9 厘米。

四期地层标本：T56③：12（图 3－4－172，1；图版一二〇，4），泥质白陶。外直径 7.9、内直径 5.3、宽 1.3 厘米。T69③B：53（图 3－4－172，2），灰黑色。外直径 7.7、内直径 5.1、宽 1.2 厘米。

Ⅸ式　6 件（均残段），占 1.28%。纵剖面近新月形。

三期地层标本：T52 扩④A：22（图 3－4－172，4），灰黑色。外直径 4.4、内直径 3.4、宽 1.35 厘米。

四期地层标本：T70③：134（图 3－4－172，5），灰黑色。外直径 4.5、内直径 3.7、宽 1.35 厘米。

Ⅹ式　2 件（残段），占 0.43%。纵剖面近枣核形。

三期地层标本：T76④BF30：18（图 3－4－172，6），灰色。房子 4 号柱洞中出土。外直径 5.8、内直径 4.7、宽 1.9 厘米。

四期地层标本：T67③B：145（图 3－4－172，10），灰黑色。外侧面有 5 条较宽深的凹弦纹。外直径 5.1、内直径 4、宽 2.3 厘米。

Ⅺ式　3 件（内完整 2，少部分缺失 1），占 0.64%。纵剖面似半豆瓣形，侧视环体为不甚厚的宽带状，内侧面竖直，外侧面略凸弧并有纹饰。

四期地层标本：T7②CW8：6（图 3－4－172，7；图版一二〇，5），完整。黑色。外侧面有锯齿形曲折双线篦点纹，上、下各有 7 个交接点，另有一处未交接。外直径 4.6、内直径 3.9、宽 0.85 厘米。T7②CW8：3（图 3－4－172，8；图版一二〇，6），缺失约 1/7。黑色。外侧面有锯齿形曲折双线篦点纹，上、下各有 6 个交接点（残缺段计算在内）。外直径 4.4、内直径 3.7、宽 0.8 厘米。T7②CW8：5（图 3－4－172，9；图版一二〇，7），完整。黑色。外侧面有锯齿形曲折双线篦点纹，上、下各有 7 个交接点。外直径 4.2、内直径 3.5、宽 0.85 厘米。

Ⅻ　3 件（残段），占 0.64%。纵剖面近双叠圆形，内外侧面各有 1 条凹弦纹。

四期地层标本：T72③A：101（图 3－4－172，11），灰黑色。外直径 6.2、内直径 5.4、宽 0.8 厘米。

ⅩⅢ　1 件（残段），占 0.21%。

四期地层标本：T58③A：67（图 3－4－172，12），灰黑色。大型，环体很宽厚，外侧面有 3 条斜向的高凸棱。外直径约 10.5、内直径约 6.9、宽 3.7 厘米。

2. 陶耳珰

1 件（残）。三期地层标本：T73④C：39（图 3－4－173，3），泥质黑陶。陶质较硬，表面光滑。斜沿面上有 5 条纤细的凹弦纹，平沿面光平无纹。两沿面和竖壁都有部分缺损。大口径 2.1、小口径 1.8、高 1 厘米。

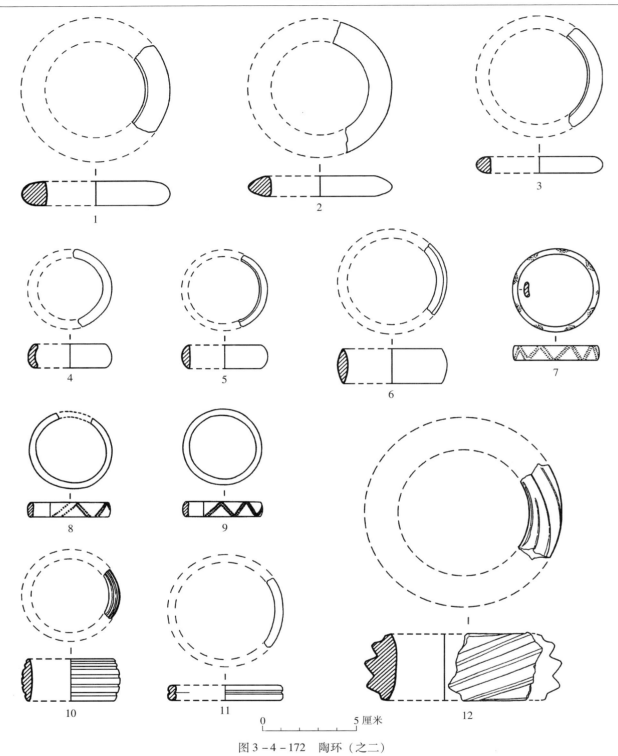

图 3 - 4 - 172　陶环（之二）

1. Ⅷ式（T56③:12）　2. Ⅷ式（T69③B:53）　3. Ⅷ式（T3③:76）　4. Ⅸ式（T52扩④A:22）　5. Ⅸ式（T70③:134）
6. Ⅹ式（T76④BF30:18）　7. Ⅺ式（T7②CW8:6）　8. Ⅺ式（T7②CW8:3）　9. Ⅺ式（T7②CW8:5）　10. Ⅺ式
（T67③B:145）　11. Ⅻ式（T72③A:101）　12. ⅩⅢ式（T58③A:67）

3. 陶宽边小环

1件（残）。四期地层标本：T59③:55（图3-4-173,1），泥质红陶，表面有红陶衣。原似为器盖纽上部，断口处经磨齐，今成环状。直径4.2厘米。

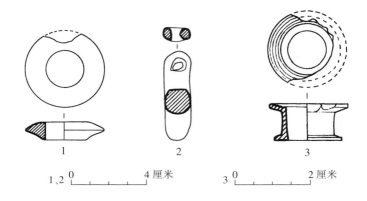

图 3 - 4 - 173 陶装饰品
1. 宽边小环（T59③：55） 2. 穿孔坠饰（T72③A：12） 3. 耳珰（T73④C：39）

4. 陶穿孔坠饰

1 件（完整）。四期地层标本：T72③A：12（图 3 - 4 - 173，2），泥质红陶。圆柱形体，上端较扁，穿孔。长 4.9 厘米。

四 陶发声响器

1. 陶鼓

1 件（残）。三期地层标本：T51④A：216（图 3 - 4 - 174，10），泥质红陶。翻沿圆唇，颈上部一周有 20 个鹰嘴状钩纽，纽下存有黑彩平行条纹 2 周。全形可能为束腰、下鼓腹、尖底，或与郑州大河村遗址出土仰韶文化第三、四期的一种相近似。口径 20.5、胎厚 0.6 厘米。

2. 陶实柄铃

2 件。二期地层标本：T51⑤A：249（图 3 - 4 - 174，4；图版一一九，4），泥质灰褐陶。柄实心，斜肩的四角抹平，双肩各有 1 个斜直孔。腹体呈梯形，中空，底口呈长方形。原当系挂条状石块为铃舌。高 10.2、宽 6.7 厘米。T68⑤：79（图 3 - 4 - 174，7），泥质红陶。柄实心，表面不平整，两斜肩各有一孔。腹体残缺，中空。残高 7.8 厘米。

3. 陶双角铃

1 件。四期地层标本：T69③A：17（图 3 - 4 - 174，6；图版一一九，5），泥质灰褐陶。平顶，顶面有 2 个圆孔，两侧各有一弯角，腹体略呈椭圆形，下部残缺。两角和腹部饰篦点连线纹。残高 5.4 厘米。

4. 陶带把双圆响球

1 件。三期地层标本：T53④：108（图 3 - 4 - 174，9；彩版二五，1；图版一一九，6），泥质黑陶。在圆柱体实心把的两端粘接空心圆球，球内装有许多小泥丸，摇之咯咯作响。球面和把上通体饰篦点连线纹，器把的中间穿 1 个圆孔。通长 10.7、圆球直径 3.5 厘米。

5. 陶带把单圆响球

1 件。四期地层标本：T51③F8：209（图 3 - 4 - 174，8；图版一一九，7），泥质灰褐陶。一空心圆球安接实心把，把的末端有 1 个穿透的圆孔。表面通饰篦点连线纹，圆球中部残存 2 个孔，与实心把连接处有圆孔、圆窝各 2 个。因球体残破未存留小泥丸。残长 5.5、复原长约 6.7 厘米。

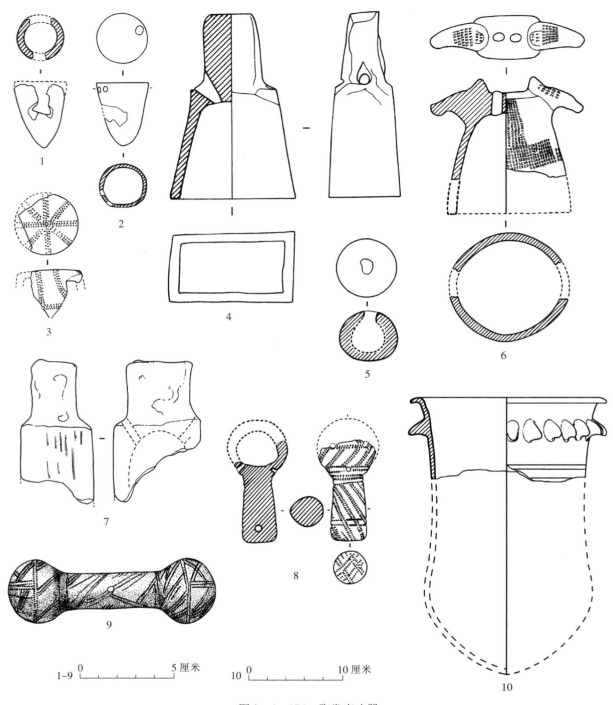

图 3 - 4 - 174　陶发声响器

1. 空心圆锥状器（T53③：207）　2. 空心圆锥状器（T51④A：111）　3. 空心小鼓形器（T71④C：133）　4. 实柄铃（T51⑤
A：249）　5. 空心单孔圆球（T51 扩④A：29）　6. 双角铃（T69③A：17）　7. 实柄铃（T68⑤：79）　8. 带把单圆响球
（T51③F8：209）　9. 带把双圆响球（T53④：108）　10. 鼓（T51④A：216）

6. 陶空心小鼓形器

1 件。三期地层标本：T71④C：133（图 3 - 4 - 174，3），泥质红陶，有红陶衣。残存形状为
一个圆平面折拐连接着渐向外斜的部分腹壁面，推测原状或许呈小腰鼓形。通体饰箆点连线纹，
圆平面的米字形中心有 1 个圆孔，侧面残存 1 个小孔。圆面直径 3.4 厘米。

7. 陶空心单孔圆球

1 件。三期地层标本：T51 扩④A：29（图 3－4－174，5），泥质黑灰陶。球形不浑圆，有 1 个孔。试吹之发声甚响，可能作为哨子。圆径 2.8～3.1 厘米。

8. 陶空心圆锥状器

2 件。空心圆锥体，封口的圆面和腹壁上或有小孔。

三期地层标本：T51④A：111（图 3－4－174，2），泥质浅红陶。圆面边缘有 1 个稍大圆孔，与其相对的腹壁上端并列有 2 个稍小圆孔。部分腹壁稍残破。高 3.4、圆面直径 2.7 厘米。

四期地层标本：T53③：207（图 3－4－174，1），泥质灰陶。全部圆面和局部的腹壁残缺，因器残而未见孔痕。残高 3.4 厘米。

五　陶塑动物

共 10 件。其中完整 1，残 9 件。均泥质。有兽、猪、鸟、龟、鳝五种。凡四足动物都省便做成三足，可能为了易于放平，除猪和龟 2 件为前一足后两足外，余均为前两足后一足。

1. 陶兽

2 件。四期地层标本：T51③：95（图 3－4－175，6），红色。残存躯体和一足。弧背，腹体实心，腹底大体平，躯体纵剖面近似半圆形。残长 3.6 厘米。T75③BH70：1（图 3－4－175，4；图版一二一，1），灰褐色。头顶和嘴部缺损，未戳眼窝，腹体较圆肥，背部多缺失，尾掉落，三足以等距离位置站立。全身散饰篦点双线纹。空腹，腹中装有细小泥丸，也一并烧成陶质。残长 6.7、高 3.9、宽 3.5 厘米。

2. 陶猪

2 件。二期地层标本：T68⑤：103（图 3－4－175，9），夹炭红陶。身躯较瘦长，侧视前身高、后身矮；三条腿足断缺，前一条、后两条；头顶和嘴鼻稍残，额部有 1 个浅圆窝；周身密刺小麻点纹以示体毛。应属猪形。残长 6.2、残高 3、身宽 2.3 厘米。

三期地层标本：T70④A：135（图 3－4－175，3；图版一二一，2），浅红色。圆饼形，但周边不齐并非整圆。一面有双眼窝，吻部剔刻出 2 个三角形并戳有 1 个小圆窝，无耳。似属正视猪鼻的简化图形。直径 5.6、厚 1.7 厘米。

3. 陶鹰面形器鼻

1 件。二期地层标本：T66⑤G5：57（图 3－4－175，7；图版一二一，3），浅红色。捏出鹰喙和眼窝，为陶容器的附饰。残长 5.8 厘米。

4. 陶龟

4 件。均空腹，2 件的腹中尚存随龟一并烧过的小泥丸，摇之咯咯作响。

三期地层标本：T51④A：355（图 3－4－175，2），红色。头尾均缺。腹体呈蛋形，现残存 1/2 强。腹底有掉落三足的痕迹。背腹部饰篦点连线纹，还保存 2 个小圆孔。残长 5.5 厘米。

四期地层标本：T53③：65（图 3－4－176；彩版二五，2；图版一二一，4），红褐色。龟头略呈三角形，浅刻两眼、两鼻孔和一嘴。腹体扁球形，背部前高后低。尾巴残断，尾下方镂一圆孔表示肛门。腹底安三足，一足在前，两足在后。背上饰篦点连线纹，分布不甚规则，还镂有 4 个

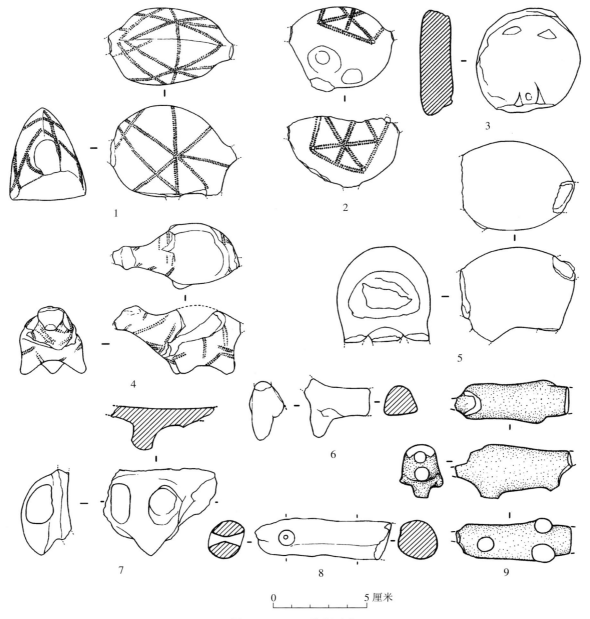

图 3 - 4 - 175　陶塑动物

1. 龟（T73③B：23）　　2. 龟（T51④A：355）　　3. 猪（T70④A：135）　　4. 兽（T75③BH70：1）　　5. 龟（T57③A：7）
6. 兽（T51③：95）　　7. 鹰面形器鼻（T66⑤G5：57）　　8. 鳝（T52④B：232）　　9. 猪（T68⑤：103）

小圆孔。空腹内有小泥丸。左前方足侧有一圆形凹坑，内填土已烧硬，当为捏塑时的最后封口处。残长7.9、高5.4、宽6厘米。T57③A：7（图3-4-175，5），红色。头尾缺失，弧背，腹底略平，三足仅存根部。残长6、残高5.1、宽5厘米。T73③B：23（图3-4-175，1；图版一二一，5），红色。头颈和尾均断失。背高拱，腹底平，前宽后窄，遗留三足断痕，其间距大致相等。整个背腹部有对称的篦点双线纹，两侧交叉点处各戳1个细圆窝。空腹中存小泥丸。残长6.7、残高5、宽4.2厘米。

5. 陶鳝

1件。三期地层标本：T52④B：232（图3-4-175，8；图版一二一，6），红褐色。嘴部划出凹缝，双眼分置两侧，眼窝呈漏斗状，孔壁斜直整齐。而蛇眼偏于头顶，两眼比较靠近。从两者的特征可定此件为鳝鱼。残长 7.3、直径 2.1 厘米。

六　其他陶制品

1. 陶陀螺

6 件。均泥质。实心圆锥体，上端为圆面，下端钝尖。分大、中、小型三种，各有 2 件。1 件有纹饰。

三期地层标本：T67④C:23（图 3-4-177，8；图版一二二，1），浅红色。中型。中腰有 1 条宽深的凹槽。高 4.2、圆面直径 2.9 厘米。T75④B:121（图 3-4-177，10），红褐色。中型。顶部圆面不整圆。高 4.9、直径 3.2 厘米。

四期地层标本：T57③B:24（图 3-4-177，6），红色。大型。残存约 1/2，尖端缺失。保存完整的 1 组 2 行窝点纹，全部当有 4 组。残高 5.6、直径 4.7 厘米。T59③:22（图 3-4-177，5），红黄色。大型。圆面上有很浅的平行篦划直道。高 6.2、直径 4.6 厘米。T73③A:19（图 3-4-177，11），浅红色。小型。高 2.7、直径 2.2 厘米。T76③:30（图 3-4-177，9；图版一二二，2），红褐色。小型。高 3.1、直径 2.1 厘米。

2. 陶圆锥形器

1 件。四期地层标本：T75③BH70:30（图 3-4-177，7），泥质浅红陶。锥体不浑圆，相对的两面及尖部捏得较扁，不能如陀螺那样旋转。高 4、直径 3.1~3.5 厘米。

3. 陶锛

1 件。二期地层标本：T57⑤A:89（图 3-4-177，21），夹植物红陶，孔隙多，质较轻。利用陶质器皿碎片磨制，两面有窄条刃面。当非实用工具。长 4.4、宽 3.3、厚 0.6 厘米。

4. 陶钉形器、小棒形器

3 件。二期地层标本：T52⑤A:234（图 3-4-177，13），泥质红褐陶。上端捏成丫杈口状。长 5.2 厘米。T53⑤B:205（图 3-4-177，14），泥质红陶。圆柱形体，下端钝圆尖，上部断失。残长 5.3 厘米。

四期地层标本：T75③A:204（图 3-4-177，12），泥质红陶。上部正面微凸，背面稍凹，下端钝圆尖。长 6.7 厘米。

5. 陶细小罐形器

3 件。近球体形。

四期地层标本：T57③B:134（图 3-4-177，17），泥质浅红陶。口沿大部分掉落，底部有 3

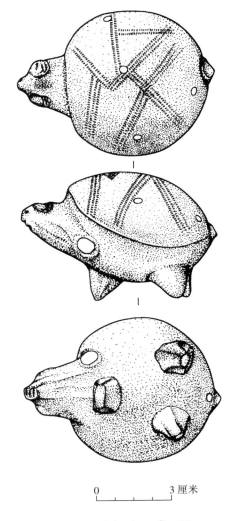

0　　　　3 厘米

图 3-4-176　陶龟（T53③:65）

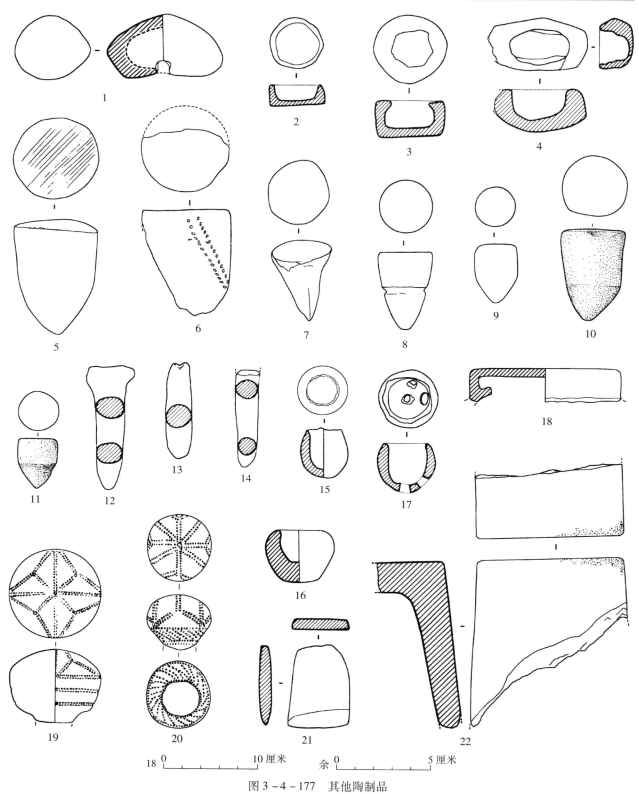

图 3 - 4 - 177　其他陶制品

1. 空心蛋形器（T1③:15）　　2. 小圆盒形器（T57③B:39）　　3. 小圆盒形器（T57③B:43）　　4. 小舟形器（T69④A:61）　　5. 陀螺（T59③:22）
6. 陀螺（T57③B:24）　　7. 圆锥形器（T75③BH70:30）　　8. 陀螺（T67④C:23）　　9. 陀螺（T76③:30）　　10. 陀螺（T75④B:121）　　11. 陀螺
（T73③A:19）　　12. 钉形器（T75③A:204）　　13. 小棒形器（T52⑤A:234）　　14. 小棒形器（T53⑤B:205）　　15. 细小罐形器（T69③B:27）
16. 细小罐形器（T65③B:10）　　17. 细小罐形器（T57③B:134）　　18. 平顶盖形器（T64④C:156）　　19. 空心盖纽（T63④B:24）　　20. 空心盖
纽（T53⑤A:163）　　21. 锛（T57⑤A:89）　　22. 折角梯形块状物（T68⑤:112）

个孔。残高 2.8、腹径 3.2 厘米。T65③B：10（图 3 - 4 - 177，16），泥质红陶。高 2.9、腹径 3.7 厘米。T69③B：27（图 3 - 4 - 177，15），泥质红褐陶。口部齐断。残高 2.6、腹径 2.6 厘米。

6. 陶小圆盒形器

2 件。扁圆体，浅直腹，平底。

四期地层标本：T57③B：39（图 3 - 4 - 177，2），泥质灰黑陶。高 1.2、腹径 3 厘米。T57③B：43（图 3 - 4 - 177，3），泥质红陶。高 2.1、腹径 3.8 厘米。

7. 陶小舟形器

1 件。三期地层标本：T69④A：61（图 3 - 4 - 177，4；图版一二三，3），泥质红陶。外表较光，内表粗糙。椭圆形，圜底。仅右端稍剥落。长 4.9、宽 2.7 厘米。

8. 陶空心蛋形器

1 件。三期地层标本：T1③：15（图 3 - 4 - 177，1），泥质红陶。接近长圆形，表面不光平。底面稍凹弧，两侧各有一孔对穿。因底部破缺，两孔都有豁口。长 6.1、宽 4、高 3.4 厘米。

9. 陶折角梯形块状物

1 件。二期地层标本：T68⑤：112（图 3 - 4 - 177，22），泥质红陶。里面和侧面磨光，外表面平整未磨光，两顶角磨蚀。残长 9.2 厘米。

10. 陶平顶盖形器

1 件。三期地层标本：T64④C：156（图 3 - 4 - 177，18），泥质黑陶。平顶，矮直壁，以下残缺。壁内侧有 1 圈较宽凸棱。直径 15.7、残高 3.8 厘米。

11. 陶空心盖纽

2 件。原为器盖纽，断下后将断口磨齐，似空心扁陶球样。

二期地层标本：T53⑤A：163（图 3 - 4 - 177，20），泥质红陶。顶面和侧面上部有 5 个椭圆孔和篦点双线米字形三角纹，侧面下部为多条斜行篦点连线纹和 1 周平行篦点连线纹。圆径 3.4 ~ 3.6、高 3 厘米。

三期地层标本：T63④B：24（图 3 - 4 - 177，19），泥质红褐陶。摇动有咯咯响声。顶面有 1 个孔 4 个窝和篦点双线米字形三角纹；侧面有 2 个孔 10 个窝分为竖排 4 组，又饰 3 股篦点双线纹。圆径 4.8、高 4 厘米。也有可能为带把圆响球残器。

七　人头形红烧土

1 件。

三期地层标本：T63④AF26：20（图 3 - 4 - 178；图版一二二，4），橙红色，黏土内夹有少量稻壳，表面稍加抹平而非光面，左脸处尚残存一层黄泥浆。圆顶，额面部呈弧形，后脑部齐平，头下方底面较平。脸面部做出眼、鼻而无嘴。两眼呈椭圆形，系用鹿角捅成的深洞，往里向上弯曲，左眼长径 5、短径 3.5、斜深 14 厘米，右眼长径 6、短径 4、斜深 17 厘米，两眼相距 3 厘米。鼻尖已脱落，残高 0.7 厘米。底面满是前后方向的木纹印痕。头顶至底面纵高 13.5、脸面（加残鼻高）至脑后厚 20、左右横宽 27.5 厘米。

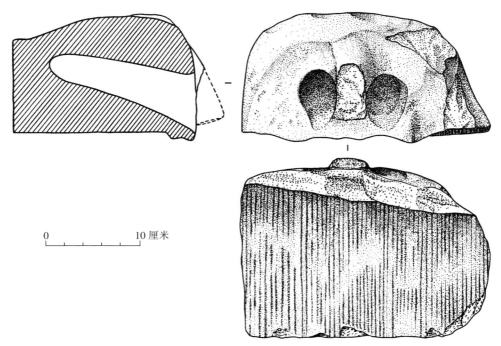

图 3 - 4 - 178　人头形红烧土（T63④AF26∶20）

第五节　文化遗物——石器和骨角器

一　石器工具

共 1589 件，其中完整、较完整的约 600 件，余者残破。现分为铲、锄，斧（大斧、中斧、小斧）、穿孔斧、钺、锛（中锛、小锛）、凿、圭形凿，刀、切割器、打制蚌形器，杵、锤、饼、球、砧、尖锥状器，镞，纺轮，磨石、钻头形器、锉等七大类 22 种（表 3 - 5 - 1）。

[一]　石材与制法

所用岩石，岩浆岩类占总数的 78%，在此类岩石中辉绿岩居首位占 24%，辉绿玢岩、闪长岩各占 22%，闪长玢岩占 11%，还有 10 种岩石分别在 0.1% ~ 7% 之间。沉积岩类占总数的 13%，在此类岩石中以石英砂岩最多占 50%，硅岩占 22%，粉砂岩占 16%，其他如黏土岩、砂岩等合占约 12%。变质岩类占总数的 9%，在此类岩石中以石英岩最多占 48%，片岩占 21%，阳起石岩占16%，其他如叶蛇纹石岩、板岩、片麻岩等合占 15%（详见附录四）。

根据器物的用途选取不同岩性的材料制作石器。有刃工具的硬度普遍在 6 级左右；岩石多为定向、层状、片状等构造，这样在水流自然碰撞或人工打击下，易于开裂形成厚薄不等的片石。为简便省力，一般都选择大小、形状比较适中的天然砾石块，先打出石器的雏形，然后进行磨制加工成器，其中有些还不同程度地保留了合用处的自然形状及其光面。有的天然砾石块形状很接近于某种石器，稍加打击或直接砥磨即成，这种情况多见于小型斧锛。

表 3 - 5 - 1　　　　　　　　　　石器工具类别、器形的数量、比例统计表

类别	数量（件）	类别比例（%）	器形	数量（件）	同类比例（%）	岩石鉴定数量	岩石品种
翻土工具	15	0.94	铲	11	73.33	9	5
			锄	4	26.67	4	3
砍劈戗凿工具	1063	66.90	大斧	73	6.87	66	13
			中斧（双）	585	55.03	632	36
			中斧（单）	57	5.36		
			小斧（双）	120	11.29	188	34
			小斧（单）	74	6.96		
			穿孔斧	2	0.19	2	2
			钺	18	1.69	16	7
			中锛	4	0.38	4	4
			小锛	71	6.68	69	26
			凿	25	2.35	25	14
			圭形凿	34	3.20	29	11
切削剖刮工具	264	16.62	刀	3	1.14	3	3
			切割器	12	4.54	12	8
			打制蚌形器	249	94.32	52	15
研捣敲击工具	217	13.66	杵	38	17.51	17	9
			锤	67	30.88	128	14
			饼	72	33.18	13	5
			球	37	17.05	10	5
			砧	1	0.46	1	1
			尖锥状器	2	0.92	2	2
射击工具	1	0.06	镞	1	100	1	1
捻纺工具	1	0.06	纺轮	1	100	1	1
砥磨锉磨工具	28	1.76	磨石	23	82.14	23	11
			钻头形器	1	3.57	1	1
			锉	4	14.29	4	3

全部石器中以磨制的占最大优势。磨制加工的粗细程度，大体可分普通磨制和精细磨光两种，后者还包括有极少数磨光滑润的。大、中型石器多数只是普通磨制，小型石器的大多数则精细磨光甚至还很滑润。从有些标本上观察到，为使石材或打制的半成品厚度变薄，在既不宜剥片较多又要节省磨制工夫的情况下，就进行敲琢加工。琢制完成后，往往要在刃部另行磨光。它们绝大多数仅用于少量的大、中型斧类。一般情况下，琢制只是制作一部分石器的一道工序——有的是辅助性工序，也有的是主要的工序。以琢制为主的石器，器身上大部分密布大麻点状的琢痕，与磨制石器明显不同，也与局部遗留的磨蚀使用痕迹有所差别。

除磨制石器和以琢制为主的石器外，同时存在相当数量的打制石器，器类涉及数种；绝大多

数集中在暂称为打制蚌形器的一类，约占石器总数的近16%。打制石器是关庙山遗址大溪文化石器中的重要组成部分。

还有一批工具，基本上是直接利用天然砾石块，包括杵、锤、饼、球、磨石、钻头形器、锉等，广泛使用于研捣、敲击、砥磨和锉磨，在当时人们生产和生活中发挥了一定的作用，因此，它们也是关庙山大溪文化中不可忽视的遗物。

[二] 器类与形制

1. 石铲

共11件。其中较完整的仅1件，余者均为半段或碎片。都是磨制，其中70%多的磨光。分为3式。

Ⅰ式 3件（均残）。可能宽长方形，两侧面圆弧。

二期地层标本：T53⑤B：192（图3－5－1，2），黄绿色，闪长岩。磨光。正面有窄条刃面，背面刃部缓收，斜弧刃缘完整锋利。宽9.9、厚1.9厘米。T70⑤：95（图3－5－1，1），暗灰色，辉绿岩。磨制。现为残石铲的上部一角。在下方的一边又经锯割齐直，或拟改制成另一石器，也可能是为截取部分材料以作他用。系从一面下切，切割斜面上有细密平行的纹道，切到2/3厚度，余下1/3时即掰断。残长9.4、厚1.4厘米。

Ⅱ式 1件（残）。

二期地层标本：T52⑤A：171（图3－5－1，3），灰绿色，叶蛇纹石岩。磨光。薄体，右侧缘为尖薄的棱脊没有侧面，其正、背面侧边磨出窄条斜坡。残长6.8、厚0.8厘米。

Ⅲ式 7件（内较完整1，残6）。平面呈宽长方形，两侧面齐平，弧刃。体厚度0.8～1.8厘米，其侧面也有宽窄之分。

二期地层标本：T74⑤B：94（图3－5－1，4；彩版二六，1；图版一二三，1），棕灰色，黏土质粉砂岩。磨光。弧顶，左顶角缺，两侧面齐平，正、背面的顶边和侧边都有窄条斜坡面，两面有对称的窄刃面，刃缘较薄利。长12.3、宽8.7、厚1.8厘米。

三期地层标本：T38④：23（图3－5－1，5），绿灰色，透闪—阳起石片岩。磨光。背面有凹弧形棱脊的较窄刃面，刃缘（或称刃口）完整很锋利。残长8.5、宽10、厚1.6厘米。

2. 石锄

共4件。其中完整、较完整3件，残破1件。

一期晚段地层标本：T69⑦：166（图3－5－2，3），绿色，闪长岩。打制、磨制法兼用。平面呈凹腰椭圆形。正面中间从顶部到刃缘为砾石自然光面，周边为剥落石片的疤痕。背面是劈裂面，中、上段高低不平极粗糙，下段稍磨，刃缘处磨光。器身中部两侧略呈凹腰。长16、宽9.6、厚2.8厘米。

三期地层标本：T53④：230（图3－5－2，2），浅黄色，石英长石砂岩。磨制。圆角宽梯形。顶边较薄，正面稍弧，背面较平直，两侧面齐平。正面刃部有条窄斜的刃面，背面刃部缓收，刃缘磨损甚重现很钝厚。长15.1、宽10.7、厚2.4厘米。T60④B：51（图3－5－2，4），黄绿色，闪长岩。正面为砾石自然光面。背面为劈裂面，形成很粗糙的平面。残存很少的斜肩，两侧面有使

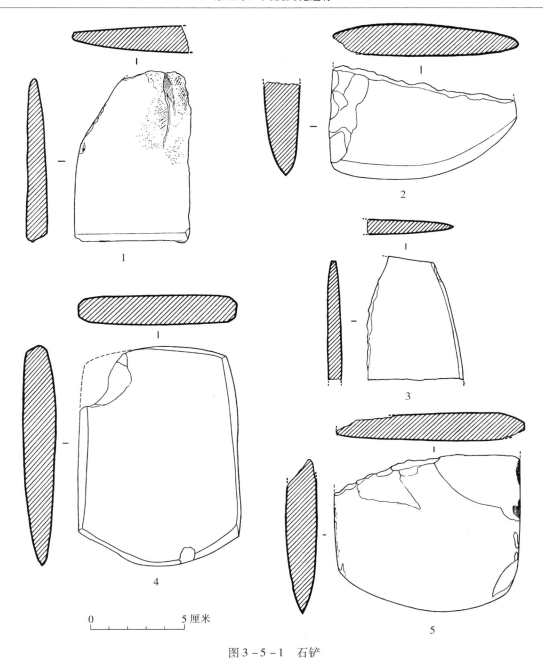

图 3 – 5 – 1　石铲

1. Ⅰ式（T70⑤:95）　　2. Ⅰ式（T53⑤B:192）　　3. Ⅱ式（T52⑤A:171）　　4. Ⅲ式（T74⑤B:94）　　5. Ⅲ式（T38④:23）

用磨蚀痕迹。残长 7.7、宽 7.1、厚 1.5 厘米。T68④D:80（图 3 – 5 – 2，1；图版一二三，2），紫色，石英砂岩。平面圆角宽梯形。正面为劈裂面，中部较平整，周边较薄又经剥片。在正面的刃部稍经加磨，但断续不连成整片，砥磨的宽度约 0.9 厘米。背面为砾石自然光面，沿刃缘有极窄一条断续的光滑带，为使用所致。长 11.1、宽 8.5、厚 1.9 厘米。

3. 石斧

在石器工具中数量最多，整、残总数达 909 件，形制复杂。现按下列方法归并类型：①首先按长度区分为大、中、小型三类。15.1 厘米以上的为大型斧，15~9.1 厘米的为中型斧，9 厘米及其以下的属小型斧。②再在上述类别中，按照平面形状，分为 A 宽长方形和宽梯形、B 长方形和

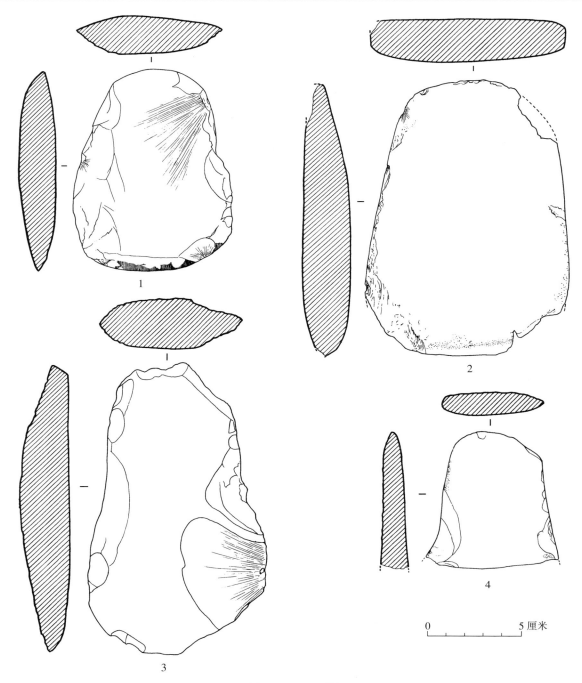

图 3 - 5 - 2　石锄

1. T68④D：80　2. T53④：230　3. T69⑦：166　4. T60④B：51

长梯形、C 长条形三种。第一种 A 器身长宽间的标准比例定为 4∶3，第三种 C 器身长宽之比不少于 2∶1，不及第一、三种标准比例的器物原则上归属第二种 B。③每种石斧里面，主要根据器体的厚薄程度，两侧面圆弧或齐平，刃部缓收或有刃面，以及其他方面特征，进行分式。为具体考察石器的制作工艺，选择了若干半成品，放在与有关成品相近似的式别中叙述，并合计入件数。④在中、小型斧里，大多数属于双刃斧，相当于铁制的"中钢斧"。另外，还有相当数量的器形，其特点是，一面较平或稍呈弧面，这面的刃部大体竖直缓收；另一面明显拱弧，这面的刃部陡斜缓收，有些磨出刃面，侧视其两面刃部轮廓不相对称。其中，即使少数在拱弧的一面磨出刃面的器物，与典型石锛相比较，后者刃面一般是在器身较平的一面而不在其略呈弧面的一面，斧、锛两者形制是有区别的。为显示这部分石斧的特点，单独予以分类，谓之单刃斧，相当于铁制的"边钢斧"（上述的前三点分类方法，在本报告中同样适用于石锛）。

大型斧普遍磨制，包括以磨制为主遗留少量琢痕的共占86%，其中磨光的占总数8%；还有少数以琢制为主仅在刃部磨光的占14%。现存刃缘锋利的（包括较锋利和很锋利，下同）28%，钝厚的22%，刃缘缺失的50%。

中型双刃斧、单刃斧磨制的占95%强，其中细致磨光和磨光又滑润的合占总数44%；琢制为主的占5%弱。现存刃缘锋利的24%，钝厚的23%，刃缘缺失的53%。中型双刃斧与中型单刃斧相比，后者磨光的（52%）明显多于前者（35%），两者刃缘锋利的比例接近，而中型双刃斧刃缘缺失的（61%）较多于中型单刃斧（44%）。

小型双刃、单刃斧磨制占99%强，其中细致磨光和磨光滑润的占总数71%；琢制为主的不足1%。现存刃缘锋利的占51%，钝厚的19%，刃缘缺失的30%。小型双刃斧与小型单刃斧相比，后者磨光（77%）和刃缘锋利的（61%）都较多于前者（分别为65%、42%），而前者刃缘缺失的（37%）则较多于后者（23%）。

上述大、中、小型斧磨制程度和琢制的比例，大体主要是由工具本身的用途所决定的；刃缘的断缺与否，一般情况下可能与用力的大小有关。

（1）大型石斧

共73件。其中完整、较完整的10件，残破63件（内含不能分式的9件）。按平面形状分为B、C两种，各予分式。

B 长方形、长梯形大石斧 22件（内完整2，残破20）。分为5式。

B Ⅰ式 4件（均残）。体厚中等，两侧面圆弧，两面刃部缓收。

一期晚段地层标本：T73⑦H161：66（图3－5－3，1），黑色，闪长玢岩。磨制，正、背面遗留有细麻点状琢痕。右顶角斜磨，顶端光面无损，刃缘全缺失。两侧面的上段为磨蚀粗糙面，可能与安柄有关。残长16.2、宽9.3、厚2.6厘米。

B Ⅱ式 2件（内完整1，残1）。厚体，两侧面圆弧，两面刃部缓收。

二期地层标本：T63⑥AF33：3（图3－5－3，2），绿色，闪长玢岩。琢制为主，正、背面和侧面均遗留许多麻点状琢痕，刃部磨光。刃缘完整锋利。长15.9、宽8.8、厚3.4厘米。

B Ⅲ式 5件（均残）。厚体，正、背面甚拱弧，两侧面齐平而稍窄，两面刃部缓收。

二期地层标本：T64⑤A：62（图3－5－3，3），绿色，闪长岩。磨制。刃缘全缺损。残长16.4、宽8.8、厚3.7厘米。

四期地层标本：T60③A：23（图3－5－3，4；图版一二三，3），黄绿色，帘石透闪石—阳起石岩。正、背面的上段大部因体较薄未加敲琢，刃部处留出整齐条带也未敲琢，均为砾石天然光面，其他大部密布琢痕，两侧面打成齐直，全身未经加磨。系半成品。长15.7、宽9、厚3.6厘米。

B Ⅳ式 10件（内完整1，残9）。厚体，两侧面齐平，横剖面呈长方形或鼓边长方形，两面

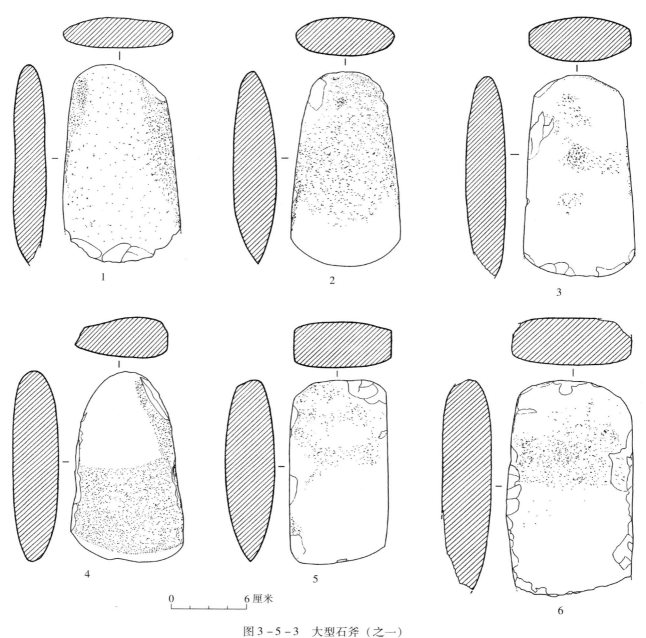

图 3 - 5 - 3　大型石斧（之一）

1. B I 式（T73⑦H161：66）　2. B II 式（T63⑥AF33：3）　3. B III 式（T64⑤A：62）　4. B III 式（T60③A：23）　5. B IV 式（T3③H1：3）　6. B IV 式（T51④A：210）

刃部缓收。

　　二期地层标本：T52⑤AH44：2（图 3 - 5 - 4，1；图版一二三，4），打制。为保留自然光面的扁砾石，仅在两侧打齐，其他未加工。系半成品。长 15.4、宽 9.4、厚 3.4 厘米。

　　三期地层标本：T51④A：210（图 3 - 5 - 3，6；图版一二四，1），红褐色，辉绿岩。磨制。顶端和侧缘多剥落碎屑，刃缘全缺失。正、背面中部相对应的位置和范围有经磨蚀的麻点，集中分布呈宽带状，相应部位的左侧面也有，可能与安柄有关。残长 17.7、宽 10、厚 3.8 厘米。T3③H1：3（图 3 - 5 - 3，5），暗绿色，闪长玢岩。磨制，正、背面和侧面均留少量未磨平的麻点状敲

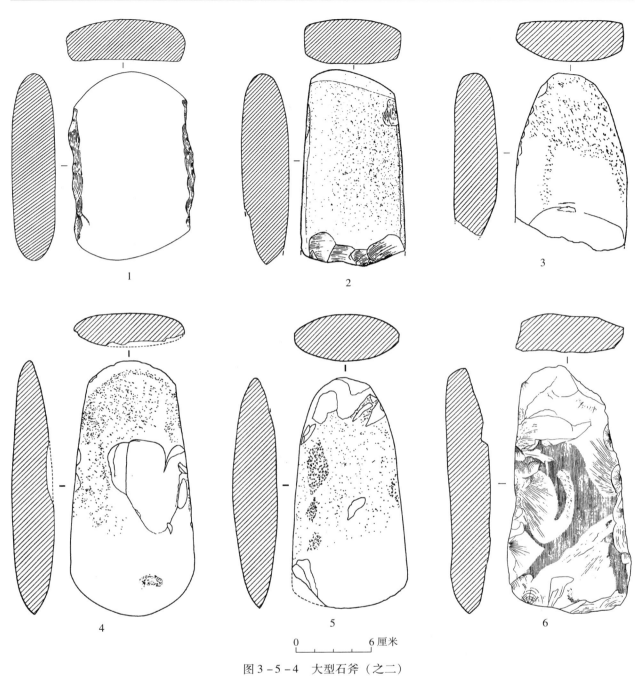

图 3 - 5 - 4 大型石斧（之二）

1. BⅣ式（T52⑤AH44：2） 2. BⅣ式（T63③B：30） 3. BⅤ式（T58③B：13） 4. CⅠ式（T63⑥AF33：4） 5. CⅡ式（T53⑤B：166） 6. CⅢ式（T5③B：12）

琢痕。顶端和顶缘稍经磨蚀，刃缘完整锋利。长15.1、宽7.9、厚4厘米。

四期地层标本：T63③B：30（图3-5-4，2），棕褐色，帘石化辉绿岩。琢制为主，在顶端、侧面、侧边和刃部磨制，右顶角磨斜。刃缘全缺失。残长15.7、宽8.1、厚3.8厘米。

BⅤ式 1件（残）。

四期地层标本：T58③B：13（图3-5-4，3），绿色，闪长玢岩。磨制。圆顶，厚体，正面拱弧，背面较平，两侧面齐平，两面均磨出刃面，刃缘全缺失。上段的正、背面和两侧有粗麻点状磨蚀痕。残长 13.8、宽 8.9、厚 3.5 厘米。

C 长条形大石斧 42 件（内完整、较完整 8，残破 34）。分为 5 式。

C Ⅰ 式 10 件（内完整 1，残 9）。厚体，两侧面圆弧，两面刃部缓收。

二期地层标本：T63⑥AF33：4（图 3－5－4，4；图版一二四，2），绿色，帘石透闪石—阳起石岩。磨制，重点磨光刃部，两面遗留较多小麻点状琢痕。刃缘完整锋利。长 20.8、宽 9.8、厚 3.3 厘米。

C Ⅱ 式 4 件（内较完整 1，残 3）。厚体，正、背面甚拱弧，两侧面齐平而较窄，两面刃部缓收。

二期地层标本：T53⑤B：166（图 3－5－4，5；图版一二四，3），黄绿色，帘石透闪石—阳起石岩。磨制，两面均留敲琢麻点。刃缘较钝厚。长 18.8、宽 9、厚 3.9 厘米。

C Ⅲ 式 4 件（内完整 1，残 3）。厚体，两侧面齐平，横剖面呈长方形或鼓边长方形，器身较窄，两面刃部缓收。

二期地层标本：T73⑥：70（图 3－5－5，1；图版一二四，4），黄绿色，帘石透闪石—阳起石岩。刃缘完整锋利。左、右侧缘的上段磨蚀成圆拐，附近布满磨蚀的麻点，可能与安柄使用有关。长 16.4、宽 6.8、厚 2.9 厘米。

三期地层标本：T5③B：12（图 3－5－4，6；图版一二五，1），绿色，闪长玢岩。正面为打击劈裂面，表面不平整，厚处已经加磨。背面为砾石自然光面，原不甚规整，刃部处稍有磨过的痕迹。两侧面打齐，左侧面局部磨平。系半成品。长 20、宽 9.8、厚 3.6 厘米。

C Ⅳ 式 10 件（内较完整 1，残 9）。厚体，横剖面呈长方形或鼓边长方形，器身比 C Ⅲ 式稍宽。

三期地层标本：T67④B：78（图 3－5－5，2），灰绿色，闪长岩。正面左顶角边稍剥落，右顶角边磨斜，部分侧缘处有磨蚀的麻点。两刃角为原边，其他刃缘均缺损。残长 18.6、宽 9.5、厚 3.4 厘米。

C Ⅴ 式 14 件（内完整、较完整 4，残 10）。平面呈窄长方形或窄梯形，特厚体，两侧面较齐平，横剖面多呈鼓边长方形，个别的因正、背面甚拱弧其横剖面不规整，两面刃部缓收。

二期地层标本：T51⑤BH45：341（图 3－5－5，5；图版一二五，2），绿色，暗色细粒闪长岩。顶端光滑未磨蚀，正面顶边为整齐的窄条斜坡面，正、背面都散布磨蚀的麻点。刃缘较薄不锋利。长 16.5、宽 7.3、厚 3.9 厘米。

三期地层标本：T74④B：75（图 3－5－5，6；图版一二五，3），浅紫色，绿泥绢云帘石化辉绿岩。磨制。斜弧形的刃缘完整锋利。长 16.1、宽 7.7、厚 4.2 厘米。T76④BF30：21（图 3－5－5，3；图版一二五，4），褐色，辉绿岩。顶端磨蚀，正面顶边磨出斜坡，器身右侧有自然洼面，背面拱弧。长 16.7、宽 7.2、厚 4.2 厘米。T37④A：21（图 3－5－5，4），灰色，钠黝帘石化辉绿岩。磨光。正面左侧边为自然坡面，两侧面磨齐略呈弧面，部分侧缘磨蚀成圆拐，刃缘锋利。长 16.4、宽 8、厚 4.4 厘米。

（2）中型双刃石斧

共 585 件。其中完整、较完整的 110 件，残破 475 件（内含不能分式的 5 件）。按平面形状有

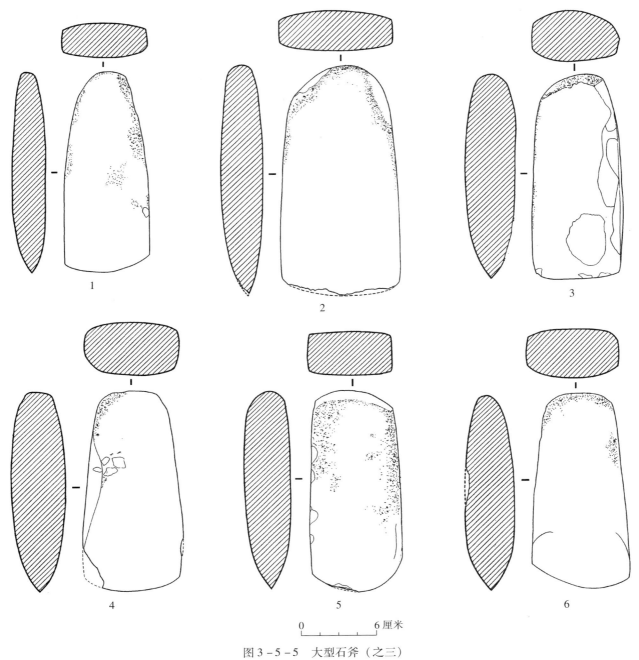

图 3 - 5 - 5　大型石斧（之三）

1. CⅢ式（T73⑥：70）　2. CⅣ式（T67④B：78）　3. CⅤ式（T76④BF30：21）　4. CⅤ式（T37④A：21）　5. CⅤ式（T51⑤BH45：341）
6. CⅤ式（T74④B：75）

A、B、C 三种。

A 宽长方形、宽梯形中型双刃石斧　39 件（内完整、较完整 19，残破 20）。分为 5 式。

AⅠ式　1 件（残）。

二期地层标本：T69⑤B：163（图 3 - 5 - 6，1），绿色，钠黝帘石化辉绿玢岩。体厚中等，正、背面甚弧曲，两侧面圆弧，两面刃部缓收，仅右刃角为原边。残长 9.6、宽 7.6、厚 2.4 厘米。

AⅡ式　12 件（内完整、较完整 6，残 6）。体厚中等，两侧面齐平，两面刃部缓收。

二期地层标本：T52⑥：150（图 3 - 5 - 6，3；图版一二六，1），红色，辉绿岩。磨光。左侧面

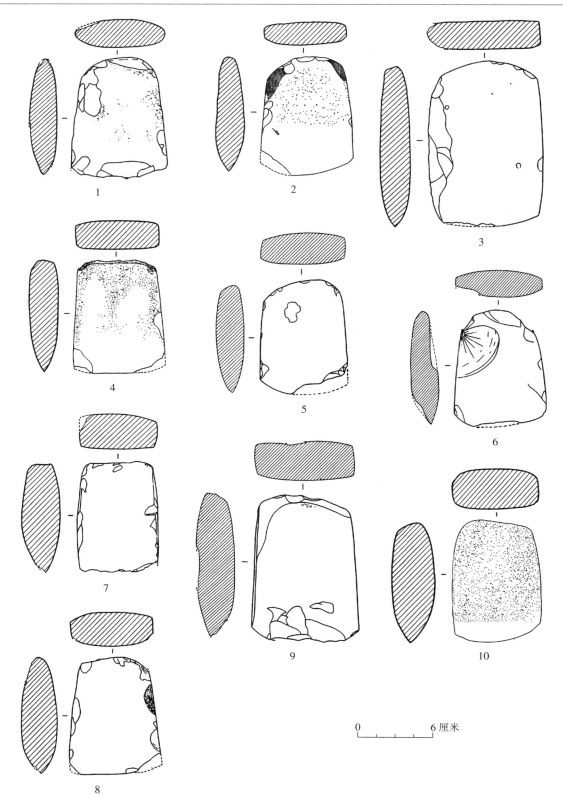

图 3-5-6　中型双刃石斧（之一）

1. A I 式（T69⑤B：163）　2. A II 式（T51④A：172）　3. A II 式（T52⑥：150）　4. A II 式（T56③：73）　5. A II 式（T68④A：101）
6. A II 式（T66⑤：54）　7. A III 式（T51④A：144）　8. A III 式（T58③A：52）　9. A III 式（T69④A：89）　10. A III 式（T70④B：71）

崩落，保存右边，刃缘锋利。长 13.5、宽 9、厚 2.4 厘米。T66⑤：54（图 3 - 5 - 6，6），黑色，透闪一阳起石片岩。磨光。弧顶，左、右顶角缺损，刃缘中部缺失。残长 9.3、宽 7.2、厚 2.2 厘米。

三期地层标本：T51④A：172（图 3 - 5 - 6，2），黄绿色，绿泥石钠黝帘石化辉长辉绿岩。正面左、右顶角处磨成斜坡，部分侧缘磨蚀，刃缘锋利。长 9.5、宽 7.2、厚 2.5 厘米。T68④A：101（图 3 - 5 - 6，5），黄绿色，辉绿玢岩。磨光。保存左刃角，连一段较钝刃缘。残长 8.6、宽 7、厚 2.5 厘米。

四期地层标本：T56③：73（图 3 - 5 - 6，4），绿色，细粒闪长岩。磨制，两面留少量琢痕。顶端剥落碎屑，中部刃缘锋利。长 9.1、宽 7.2、厚 2.3 厘米。

A Ⅲ式　18 件（内完整、较完整 9，残 9）。厚体，两侧面齐平，两面刃部缓收。

二期地层标本：T51⑤A：246（图 3 - 5 - 7，6），绿色，辉绿岩。磨光。顶端和两面顶缘均剥落。保存右刃角、较钝，刃缘大部缺损已接近原边。残长 9、宽 6.7、厚 2.6 厘米。

三期地层标本：T51④A：144（图 3 - 5 - 6，7），灰绿色，弱透闪帘石化辉长岩。磨光。仅左刃角一点为原边，其他刃缘全缺失。残长 9、宽 6.4、厚 3 厘米。T52④A：77（图 3 - 5 - 7，5），绿色，辉绿玢岩。正、背面有很多麻点状琢痕。正面顶边磨成斜坡面。刃缘全缺失。残长 13.3、宽 9.4、厚 4 厘米。T63④B：23（图 3 - 5 - 7，1），绿色，绿泥绢云石化辉绿岩。顶端中部和左、右顶角均有剥落，左侧面全崩落，刃缘锋利。长 13.2、宽 9.1、厚 3.5 厘米。T69④A：89（图 3 - 5 - 6，9），绿色，绿泥帘石化辉绿玢岩。正面顶边磨成斜坡，背面中部有崩落的较大洼坑。左刃角为原边，右刃角和其他刃缘稍缺损。残长 11.5、宽 8.4、厚 3 厘米。T70④B：71（图 3 - 5 - 6，10），棕色，辉绿玢岩。琢制为主，顶端、正背面和两侧面都是大麻点状琢痕，仅刃部磨光。斜平顶，侧缘磨蚀成圆拐，刃缘完整锋利。长 9.9、宽 7、厚 3.4 厘米。T76④B：17（图 3 - 5 - 7，3），黄绿色，辉绿玢岩。弧顶不对称，左顶角偏斜但并未缺损，因与该处背面的顶边自然斜坡面相连而成。器身多磨蚀的小麻点。刃部磨光，保存左边刃缘较锋利，右边刃缘略损。长 8.9、宽 6.6、厚 3 厘米。

四期地层标本：T58③A：52（图 3 - 5 - 6，8），灰绿色，闪长玢岩。磨光。长 9.3、宽 7.2、厚 3 厘米。T69③B：39（图 3 - 5 - 7，4），灰绿色，绿泥帘石化辉绿玢岩。正、背面中部各有一条带状的磨蚀痕迹，两者位置和面积相当，可能与安把有关。正面顶边为斜坡面，右顶角稍缺损，两刃角钝厚，中段刃缘稍缺损。长 8.9、宽 6.8、厚 2.8 厘米。T71③B：76（图 3 - 5 - 7，2），黄绿色，钠黝帘石化绿泥石化辉绿玢岩。器身多磨蚀，局部剥落，刃部磨光，刃缘完整锋利。长 10、宽 8.1、厚 3.4 厘米。

A Ⅳ式　7 件（内较完整 3，残 4）。厚体，两侧面齐平，一面的刃部有刃面。

二期地层标本：T53⑤A：124（图 3 - 5 - 7，8），绿色，辉绿玢岩。磨光。斜弧顶，正面顶边成斜坡。正面有凹弧形棱脊的刃面，右段残存很少的刃缘。残长 11.2、宽 7.9、厚 3.3 厘米。

三期地层标本：T3③：57（图 3 - 5 - 7，9），灰绿色，闪长岩。顶端原有缺损，今磨成大体齐平的断口。现存刃缘锋利，局部缺损。长 9.4、宽 7.1、厚 3 厘米。

四期地层标本：T75③A：96（图 3 - 5 - 7，7），黄绿色，辉绿玢岩。磨制，两面的上部遗留琢痕。正面磨出横条刃面。残长 9.1、宽 7.5、厚 2.6 厘米。

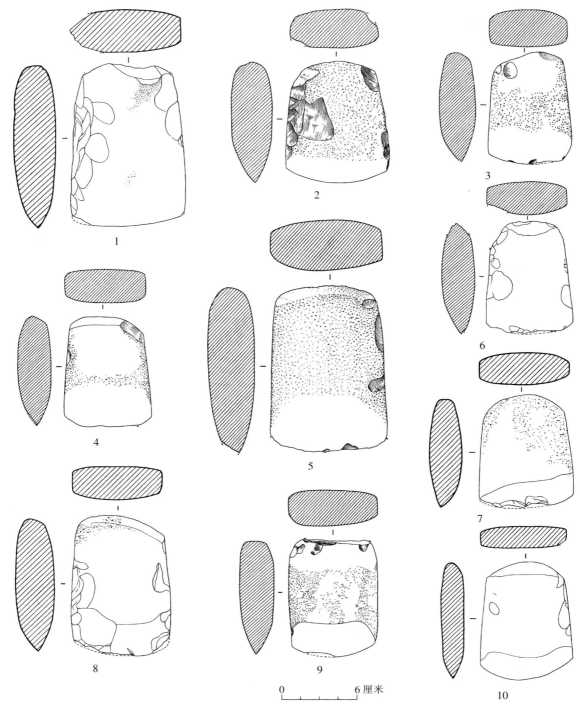

图 3 - 5 - 7　中型双刃石斧（之二）

1. AⅢ式（T63④B：23）　2. AⅢ式（T71③B：76）　3. AⅢ式（T76④B：17）　4. AⅢ式（T69③B：39）　5. AⅢ式（T52④
A：77）　6. AⅢ式（T51⑤A：246）　7. AⅣ式（T75③A：96）　8. AⅣ式（T53⑤A：124）　9. AⅣ式（T3③：57）　10. AⅤ
式（T61⑤A：33）

AⅤ式　1件（完整）。

二期地层标本：T61⑤A：33（图 3 - 5 - 7，10），黄绿色，钠黝帘石化辉绿岩。磨光。薄体，
正面顶边为斜坡面，两面的刃部有横条形刃面，刃缘完整锋利。长 9.4、宽 7.3、厚 1.9 厘米。

B 长方形、长梯形中型双刃石斧　423 件（内完整、较完整 71，残破 352）。分为 10 式。

B I 式　23 件（内完整、较完整 3，残 20）。体厚中等，两侧面圆弧，两面刃部缓收。

二期地层标本：T55⑥：71（图 3－5－8，4），绿色，暗色细粒闪长岩。正面磨制后左边存留两个自然浅凹坑，背面上段为打击后的破裂面未磨平。顶部崩落碎片较重，右侧面仅存上段。左刃角为原边，现存中段刃缘略损。残长 13.5、宽 7.5、厚 2.9 厘米。

三期地层标本：T57④BH96：4（图 3－5－8，3），浅绿色，闪长岩。顶端剥落碎屑较多，刃缘全缺损。残长 13.1、宽 8.3、厚 2.3 厘米。T75④C：124（图 3－5－8，1），黄灰色，辉绿玢岩。磨制，正、背面留较多琢痕。刃缘较锋利。长 11.1、宽 7.3、厚 2.7 厘米。T24③：26（图 3－5－8，2），灰绿色，帘石透闪石—阳起石岩。磨制，正、背面留较多麻点状琢痕。刃部磨光，刃缘完整较钝。长 9.9、宽 5.5、厚 2.5 厘米。

B II 式　6 件（内较完整 1，残 5）。体厚中等，两侧面圆弧，一面的刃部有刃面。

三期地层标本：T64④AH110：3（图 3－5－8，5；图版一二六，2），绿色，闪长岩。磨光。右侧面多崩落，本式中仅此件为明显的斜弧形刃缘，完整锋利。长 14.3、宽 8.1、厚 2.5 厘米。

B III 式　68 件（内完整、较完整 12，残 56）。体厚中等，两侧面齐平，两面刃部缓收。

二期地层标本：T75⑥：173（图 3－5－9，4），黄绿色，钠黝帘石化绿泥石化辉绿玢岩。顶端稍磨蚀，正面顶边磨成斜坡。两面刃部斜直缓收对称，刃缘全缺损。残长 12.6、宽 7.6、厚 2.6 厘米。T51⑤B：275（图 3－5－9，2），绿色，辉绿岩。磨光。顶端和顶缘大部剥落，两面刃部缓收不对称，刃缘基本完整、锋利。长 10、宽 5.8、厚 2.4 厘米。T61⑤A：31（图 3－5－9，1），灰色，绿泥石钠黝帘石化辉长辉绿岩。磨光。顶端光滑无磨损，中部略凹。两面刃部缓收对称，中段刃缘略缺损。长 9.1、宽 5.8、厚 2.4 厘米。T70⑤：46（图 3－5－9，5），绿色，闪长岩。顶端全剥落碎屑，刃缘中段缺失。残长 10、宽 6.7、厚 2.7 厘米。T72⑤A：63（图 3－5－9，3），绿色，石英岩。磨光，滑润。平顶绝大部分光滑无损。两面刃部缓收对称，现存右刃角处刃缘较钝厚。长 10.8、宽 7、厚 2.5 厘米。T31⑤：34（图 3－5－8，8），黄色，石英砂岩。磨光，滑润。体形稍窄，左厚右薄。斜弧顶，右顶角磨斜，右刃角为原边，本式中仅此件为明显的斜弧刃缘。长 10、宽 5.8、厚 2.3 厘米。

三期地层标本：T51④A：225（图 3－5－8，6；图版一二六，3），灰褐色，绿泥石钠黝帘石化辉长辉绿岩。磨光，滑润。刃缘较薄利。长 10.6、宽 6.1、厚 2.1 厘米。T52④AH39：118（图 3－5－9，6），绿色，闪长岩。磨光。斜弧顶，顶端光滑未磨蚀。正面顶边有自然斜坡光面，其边脊曲折不规则，中间有一自然洼坑。两面刃部缓收不对称，右刃角缺失，现存刃缘锋利。长 10.5、宽 7、厚 2.5 厘米。T55④：37（图 3－5－8，9），灰绿色，钠黝帘石化辉绿岩。磨光。背面顶边和右顶角为宽斜坡光面，刃缘完整薄利。长 9.7、宽 6.6、厚 2.8 厘米。T67④D：88（图 3－5－9，7），棕色，辉绿岩。磨光。顶端剥落碎屑，正面顶边磨成斜坡面。两面刃部缓收对称，刃缘锋利。长 9.4、宽 5.4、厚 2.6 厘米。

四期地层标本：T51③：70（图 3－5－9，9），绿色，细粒闪长岩。磨光。顶端剥落成平顶，正面刃部斜直缓收，背部刃部竖直缓收互不对称，现存锋利的右刃角，其他刃缘缺失。残长 9.5、宽 6.3、厚 2.6 厘米。T53③：73（图 3－5－9，8），黄绿色，绿泥石钠黝帘石化辉长辉绿岩。磨

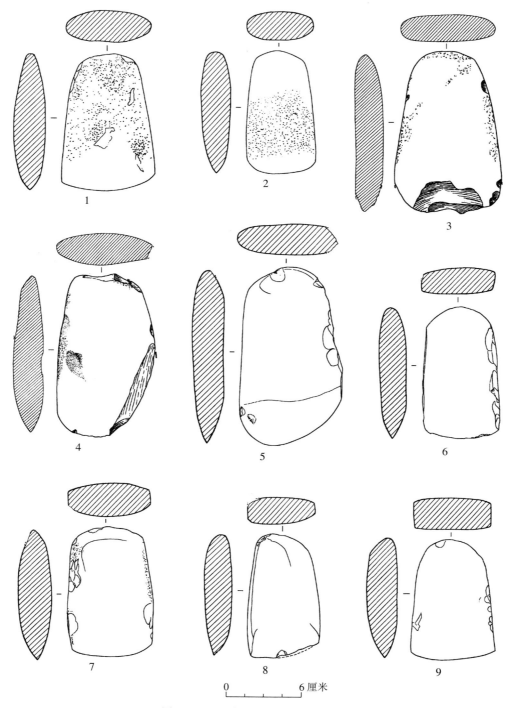

0 — 6厘米

图 3-5-8 中型双刃石斧 (之三)

1. B Ⅰ式 (T75④C:124)　　2. B Ⅰ式 (T24③:26)　　3. B Ⅰ式 (T57④BH96:4)　　4. B Ⅰ式 (T55⑥:71)　　5. B Ⅱ式 (T64④A H110:3)　　6. B Ⅲ式 (T51④A:225)　　7. B Ⅲ式 (T59③:26)　　8. B Ⅲ式 (T31⑤:34)　　9. B Ⅲ式 (T55④:37)

光。圆弧顶顶端未磨蚀，两面刃部缓收对称，仅存左刃角处一段较锋利，刃缘大部缺失。残长 10.4、宽6.6、厚2.7厘米。T59③:26 (图3-5-8，7)，灰绿色，钠黝帘石化辉绿岩。磨光。正 面顶边磨成斜坡面，刃缘完整锋利。长10.6、宽6.8、厚2.6厘米。T69③B:41 (图3-5-10， 1)，灰绿色，辉绿玢岩。磨光。正面刃部陡斜缓收，背部刃部竖直缓收，互不对称，刃缘全缺损。

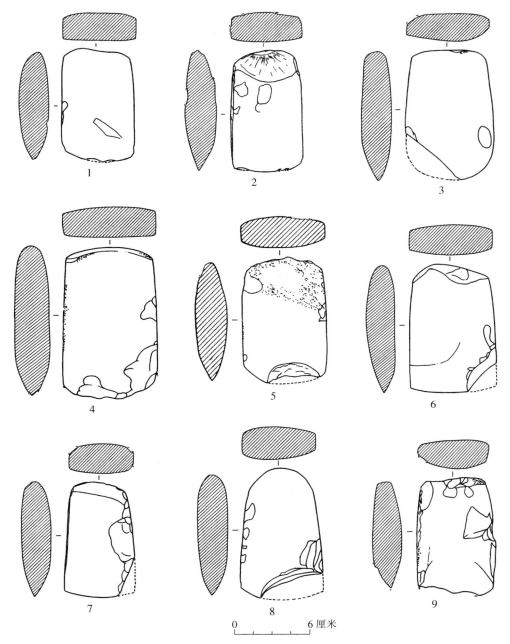

图 3 - 5 - 9　中型双刃石斧（之四）

1. BⅢ式（T61⑤A：31）　　2. BⅢ式（T51⑤B：275）　　3. BⅢ式（T72⑤A：63）　　4. BⅢ式（T75⑥：173）　　5. BⅢ式（T70⑤：46）
6. BⅢ式（T52④AH39：118）　　7. BⅢ式（T67④D：88）　　8. BⅢ式（T53③：73）　　9. BⅢ式（T51③：70）

残长 9.6、宽 6.1、厚 2.2 厘米。T75③B：28（图 3 - 5 - 10，2），绿色，闪长岩。磨光，滑润。弧顶，顶端全经磨蚀成糙面，两面刃部缓收对称，右边刃缘锋利，左边刃缘缺失。长 9.9、宽 6.8、厚 2.7 厘米。

　　BⅣ式　19 件（内完整、较完整 6，残 13）。体厚中等，两侧面齐平，一面有刃面的 13 件，两面有刃面的 6 件。

　　二期地层标本：T51⑤BH45：302（图 3 - 5 - 10，3；图版一二六，4），绿色，辉绿玢岩。磨光。一面有横条刃面，刃缘全缺失。残长 10.5、宽 6.5、厚 2.3 厘米。T51⑤BH45：343（图 3 -

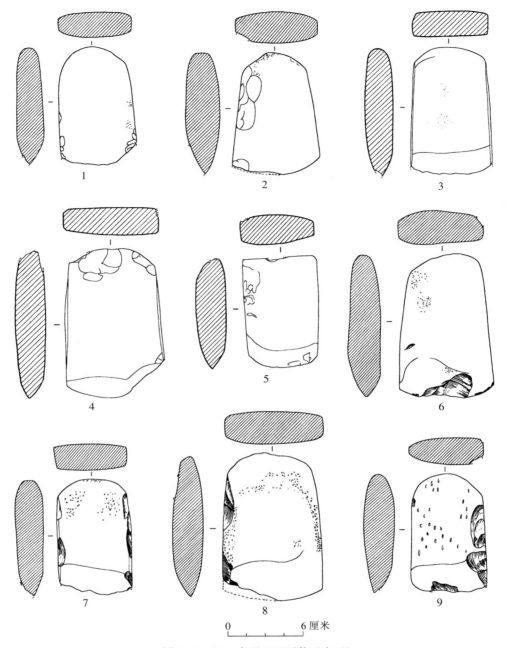

图 3 - 5 - 10　中型双刃石斧（之五）

1. BⅢ式（T69③B：41）　2. BⅢ式（T75③B：28）　3. BⅣ式（T51⑤BH45：302）　4. BⅣ式（T11③：10）　5. BⅣ式（T56⑤：48）　6. BⅣ式（T64⑤B：63）　7. BⅣ式（T51⑤BH45：343）　8. BⅣ式（T71④E：32）　9. BⅣ式（T75④C：64）

5-10，7），绿色，钠黝帘石化绿泥石化辉绿玢岩。磨光。器身上有少量自然小孔隙。顶端中部略磨蚀。正面磨出横条刃面，背面残存少量横条刃面，刃缘全缺失。残长9.6、宽5.8、厚2.2厘米。T56⑤：48（图3-5-10，5），绿色，绿泥石钠黝帘石化辉长辉绿岩。磨光。本式中仅此件为较长石斧断破后的改制再用品，现顶端和顶边经过加磨使上部变得较齐直并稍薄，正面有刃面，刃缘完整较钝。长9.1、宽6、厚2.7厘米。T64⑤B：63（图3-5-10，6），绿色，闪长岩。左顶角磨斜，正面刃部磨出曲线刃面，背面刃部缓收，原刃缘基本无存，现为钝厚边。体左厚右薄，因依就原石料形状而未加规整磨制。长11.8、宽7.6、厚2.8厘米。

三期地层标本：T71④E：32（图3-5-10，8），黄绿色，帘石化辉绿岩。磨光。顶端全磨蚀。正面磨出刃面，边脊不很明显，背部刃部缓收，保存右边刃角和刃缘均较钝。长12.2、宽8、厚2.7厘米。T75④C：64（图3-5-10，9），绿色，辉绿玢岩。正、背面有少量自然小孔隙。顶端稍磨蚀。正面磨出横条刃面，背面刃部竖直缓收，左刃角为原边较锋利，其他刃缘稍缺损。长9.8、宽6、厚2.4厘米。T11③：10（图3-5-10，4），绿色，闪长岩。磨光。正面的左、右侧边和背面左侧边磨出窄长斜坡面，两面磨出对称的横条刃面。右刃角缺损后又磨出窄刃面继续使用，致使现存刃缘有高低，弧折相连分为两段。长12.4、宽7.8、厚2.4厘米。

　　BⅤ式　39件（内完整、较完整7，残32）。厚体，两侧面圆弧，两面刃部缓收，现存刃缘者除2件为斜弧形外，余均为正弧形。

　　二期地层标本：T73⑥：68（图3-5-11，6；图版一二六，5），黑色，闪长玢岩。琢制为主，正、背面和左、右侧面均留较多琢痕，刃部磨光，背面有制作时剥片后未磨平的小洼坑。刃缘完整锋利。长12.7、宽7.8、厚2.8厘米。T51⑤A：240（图3-5-11，5），绿色，闪长玢岩。磨制，正、背面和两侧面留有较多琢痕。刃缘完整锋利。长12.3、宽6.8、厚2.8厘米。T1④：50（图3-5-11，1），绿色，闪长玢岩。正、背面和侧面均经较多磨蚀。两面刃部缓收对称，刃缘都略有缺损很钝厚。残长12.7、宽7.7、厚3.3厘米。

　　三期地层标本：T68④A：100（图3-5-11，4），绿色，闪长岩。磨光。顶端全为磨蚀糙面，背面崩落大块石片。两面刃部缓收不对称，斜弧形刃缘完整锋利。长12.5、宽6.5、厚3厘米。T76④B：21（图3-5-11，3），暗绿色，闪长岩。磨制。斜弧形刃缘锋利。长10.5、宽6.4、厚3.3厘米。T34④C：34（图3-5-11，2），灰绿色，弱透闪帘石化辉长岩。磨光。两面刃部缓收对称，刃缘完整较钝。长13.1、宽7.5、厚2.8厘米。

　　BⅥ式　2件（内较完整1，残1）。厚体，两侧面圆弧，有刃面。

　　四期地层标本：T53③：151（图3-5-11，7），绿色，暗色细粒闪长岩。琢制为主，侧面和刃部磨光。正面磨出刃面，中段刃缘缺失。残长12.1、宽7.8、厚3.5厘米。

　　BⅦ式　215件（内完整、较完整30，残185）。厚体，两侧面齐平，两面刃部缓收。现存刃缘者除3件为斜弧形外，余均正弧形。

　　二期地层标本：T70⑥：52（图3-5-13，9），黑色，闪长岩。磨光。刃缘全缺失。残长10.3、宽6.8、厚3厘米。T51⑤A：234（图3-5-12，1），黄绿色，辉绿玢岩。磨光。正面顶边磨成斜坡面。长13.1、宽8、厚3厘米。T51⑤A：253（图3-5-12，8），黄绿色，辉绿玢岩。磨光。仅有小段刃缘为原边，绝大部分刃缘和左右刃角均缺失。长11.8、宽7.9、厚3.1厘米。T51⑤BH45：342（图3-5-12，7），黄绿色，钠黝帘石化绿泥石化辉绿玢岩。磨光。平顶，顶端为微凹弧的斜面，系利用石料自然形状。刃缘较薄。长9.8、宽6.2、厚3厘米。T53⑤A：135（图3-5-13，7），灰绿色，绿泥绢云帘石化辉绿岩。正面少部分磨蚀，背面磨蚀较多。两面刃部缓收对称，刃缘全缺失。残长13.6、宽8、厚3.4厘米。T56⑤：52（图3-5-13，6），绿色，绿泥帘石化辉绿玢岩。磨光。正面剥落少量碎片，背面局部有未磨平的自然洼坑。刃缘全缺失。残长12.4、宽7.6、厚3.7厘米。T74⑤B：92（图3-5-12，2；图版一二六，6），黄绿色，绿泥帘石化辉绿玢岩。磨光。刃缘很锋利。长10.8、宽5.7、厚3.1厘米。T75⑤：171（图3-5-11，9），浅绿

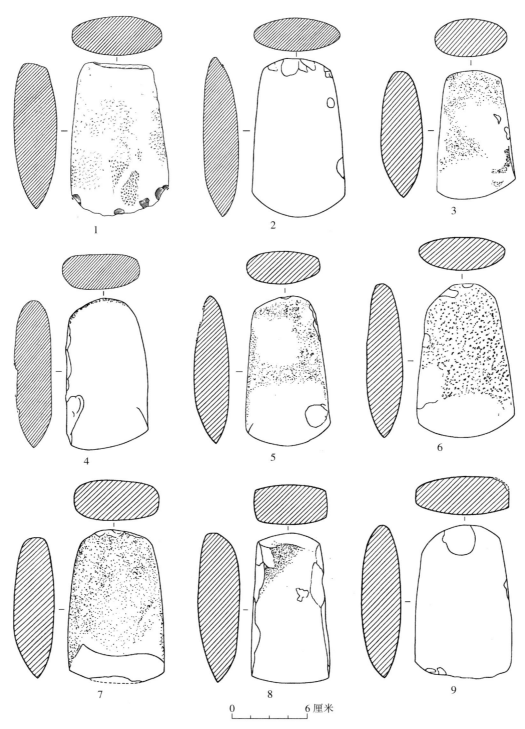

0 ⸺⸺⸺⸺ 6厘米

图 3 - 5 - 11　中型双刃石斧（之六）

1. BⅤ式（T1④:50）　2. BⅤ式（T34④C:34）　3. BⅤ式（T76④B:21）　4. BⅤ式（T68④A:100）　5. BⅤ式（T51⑤A:240）

6. BⅤ式（T73⑥:68）　7. BⅥ式（T53③:151）　8. BⅦ式（T75④C:167）　9. BⅦ式（T75⑤:171）

色，斜长角闪岩。磨光。刃缘钝厚稍损。长 12.7、宽 7.7、厚 3.2 厘米。

　　三期地层标本：T51④BF22:46（图 3 - 5 - 13，2），黄绿色，帘石化辉绿岩。正面刃部斜直缓收，背面刃部较竖直缓收，互不对称，刃缘全缺失。残长 11.6、宽 6.7、厚 3.4 厘米。T56④B:43

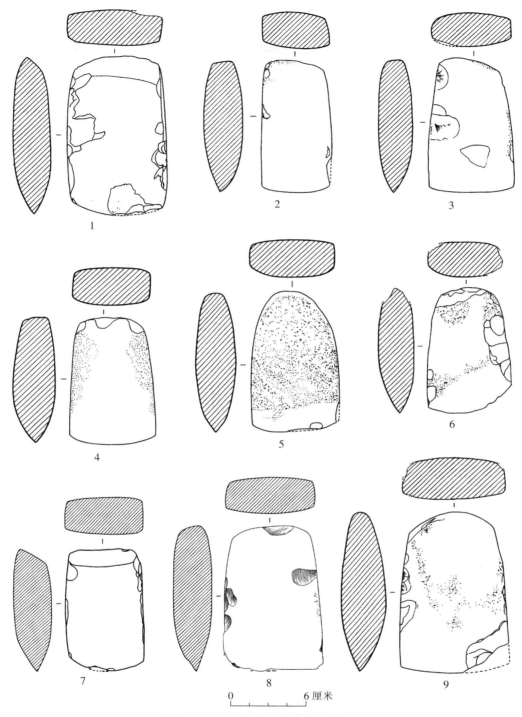

图 3 - 5 - 12　中型双刃石斧（之七）

1. BⅦ式（T51⑤A：234）　2. BⅦ式（T74⑤B：92）　3. BⅦ式（T65③B：36）　4. BⅦ式（T52③：55）　5. BⅦ式（T76③：9）
6. BⅦ式（T68③：95）　7. BⅦ式（T51⑤BH45：342）　8. BⅦ式（T51⑤A：253）　9. BⅦ式（T64④B：42）

（图 3 - 5 - 14，4），灰绿色，帘石化辉绿岩。磨光，滑润。圆弧顶，右顶角斜磨。刃缘略损，接近原边。残长 12.7、宽 7.1、厚 3 厘米。T56④BH89：3（图 3 - 5 - 14，8），黄绿色，钠黝帘石化绿泥石化辉绿玢岩。磨制，留有清晰的斜向短磨道，纹道甚细密。右顶角斜磨，正面顶边为斜坡面。刃缘全缺失。残长 11.5、宽 7.3、厚 3.5 厘米。T58④AS16：25（图 3 - 5 - 14，9），褐绿色，

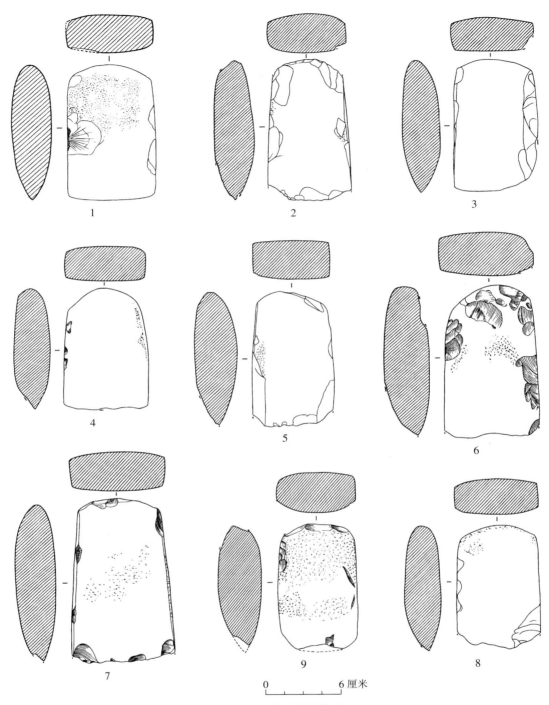

图 3 - 5 - 13　中型双刃石斧（之八）

1. B Ⅶ式（T76④B：26）　2. B Ⅶ式（T51④BF22：46）　3. B Ⅶ式（T75④C：168）　4. B Ⅶ式（T68④D：75）　5. B Ⅶ式（T70④A

M202：1）　6. B Ⅶ式（T56⑤：52）　7. B Ⅶ式（T53⑤A：135）　8. B Ⅶ式（T75④C：48）　9. B Ⅶ式（T70⑥：52）

辉绿岩。刃缘全缺失。残长 10.7、宽 7.5、厚 3.2 厘米。T58④AS16：39（图 3 - 5 - 14，5），褐色，

辉绿岩。现存右边刃缘锋利。长 12.6、宽 7.8、厚 3.2 厘米。T58④B：29（图 3 - 5 - 14，3），灰绿

色，绿泥弱云帘石化辉绿岩。磨光。圆弧顶，顶部较薄。保存左刃角及相连小段钝厚刃缘。残长

13.3、宽 7.7、厚 3.4 厘米。T64④B：42（图 3 - 5 - 12，9），绿色，闪长玢岩。磨光。两面中段稍

经磨蚀。刃缘锋利。长 13.2、宽 8.7、厚 3.8 厘米。T66④CH107：2（图 3 - 5 - 14，7），灰绿色，闪长岩。磨光。斜弧顶，顶端光滑。现存左边刃缘锋利。长 11.7、宽 6.9、厚 3.1 厘米。T68④D：75（图 3 - 5 - 13，4），灰绿色，帘石化辉绿岩。磨光。保存左半边刃缘，较钝，右半边刃缘和右刃角缺失。长 10、宽 6.8、厚 2.9 厘米。T74④A：22（图 3 - 5 - 14，2），黄绿色，辉绿玢岩。磨光。顶端光滑无损。刃缘全缺失。残长 13.7、宽 7.9、厚 3.3 厘米。T75④C：48（图 3 - 5 - 13，8），黄绿色，辉绿岩。正、背面均有较多大麻点状磨蚀痕，两刃角为原边，刃缘中部缺失。残长 10.1、宽 6.4、厚 3.3 厘米。T75④C：167（图 3 - 5 - 11，8），黄绿色，钠黝帘石化辉绿岩。磨光。正面顶边磨成坡斜面，刃缘完整很锋利。长 12.3、宽 6.4、厚 3.4 厘米。T75④C：168（图 3 - 5 - 13，3），灰黑色，闪长玢岩。磨光，滑润。左边刃缘为完整原边，右刃角处略损，与右边刃缘一起又经加磨，今连成斜弧刃缘，较钝厚。长 10.9、宽 6.9、厚 2.8 厘米。T76④B：26（图 3 - 5 - 13，1；图版一二七，1），黄绿色，辉绿玢岩。刃缘完整锋利。长 11.2、宽 7.1、厚 3.1 厘米。T3③H1：12（图 3 - 5 - 14，6），灰绿色，绿泥闪石帘石化细粒玄武岩。磨光。斜顶无损，顶端为自然斜坡光面。刃缘绝大部分缺损，仅存很小段的原边。长 13、宽 6.8、厚 3.7 厘米。T9③：30（图 3 - 5 - 14，1），绿色，闪长岩。保存左刃角处一段刃缘较锋利。长 14.1、宽 7.4、厚 3.6 厘米。T70④AM201：2（图 3 - 5 - 15，1），黄绿色，辉绿玢岩。磨光。右刃角缺失，刃缘锋利。长 11.7、宽 6.5、厚 3.1 厘米。T70④AM202：1（图 3 - 5 - 13，5）黄绿色，辉绿玢岩。磨光。右顶角缺损，刃缘全缺失。残长 11.1、宽 6.5、厚 3.4 厘米。

四期地层标本：T51③：65（图 3 - 5 - 15，8），绿色，辉绿玢岩。正、背面上半段有较多麻点状磨蚀痕。左刃角处为原边，其他刃缘都缺失。残长 11、宽 6.5、厚 3.2 厘米。T51③F8：220（图 3 - 5 - 15，9），绿色，帘石化辉绿玢岩。磨光。正面顶边磨斜。两面刃部缓收对称，刃缘全缺失。残长 10.1、宽 5.9、厚 3 厘米。T52③：55（图 3 - 5 - 12，4；图版一二七，2），绿色，钠黝帘石化辉绿岩。正面稍磨蚀。刃缘完整锋利。长 10.6、宽 6.9、厚 3.4 厘米。T57③A：9（图 3 - 5 - 15，5），黄绿色，帘石化辉绿岩。除顶边、两侧面和刃部外，器身布满琢痕。现存左、右刃角和部分刃缘锋利。长 11.6、宽 6.5、厚 3.1 厘米。T57③B：35（图 3 - 5 - 15，6），灰绿色，绿泥石钠黝帘石化辉长辉绿岩。两面刃部缓收对称，刃缘中段缺损。残长 11、宽 7.5、厚 3.4 厘米。T64③B：104（图 3 - 5 - 15，2），浅绿色，闪长玢岩。正、背面上半段和相应部位的左、右侧面均经磨蚀。两面刃部缓收对称，现存左边刃缘稍薄。长 12、宽 6.3、厚 3.6 厘米。T65③B：36（图 3 - 5 - 12，3；图版一二七，3），紫灰色，绿泥石钠黝帘石化辉长辉绿岩。斜弧顶，刃缘锋利。长 11、宽 6.9、厚 2.8 厘米。T68③：95（图 3 - 5 - 12，6），黄绿色，闪长玢岩。顶端和两侧面多崩落，正、背面均有部分磨蚀。斜弧形刃缘很锋利。长 10.4、宽 6.8、厚 2.9 厘米。T71③A：20（图 3 - 5 - 15，7），绿色，闪长玢岩。右顶角处磨成斜坡面。仅存右刃角，刃缘缺失。残长 12、宽 7.2、厚 3.6 厘米。T72③A：18（图 3 - 5 - 15，4），黄绿色，绿泥帘石化辉绿玢岩。磨光。两面刃部缓收不甚对称，现仅右刃角处为原边。残长 11.3、宽 6.6、厚 3.1 厘米。T75③B：34（图 3 - 5 - 15，3），灰绿色，辉绿玢岩。正、背面均有部分磨蚀的麻点。两刃角为原边，其他刃缘稍缺损。长 13.5、宽 8.1、厚 3.6 厘米。T76③：9（图 3 - 5 - 12，5；图版一二七，4），绿色，帘石透闪石—阳起石岩。琢制为主，顶边、部分侧面和刃部磨光。长 11.7、宽 7、厚 3.2 厘米。

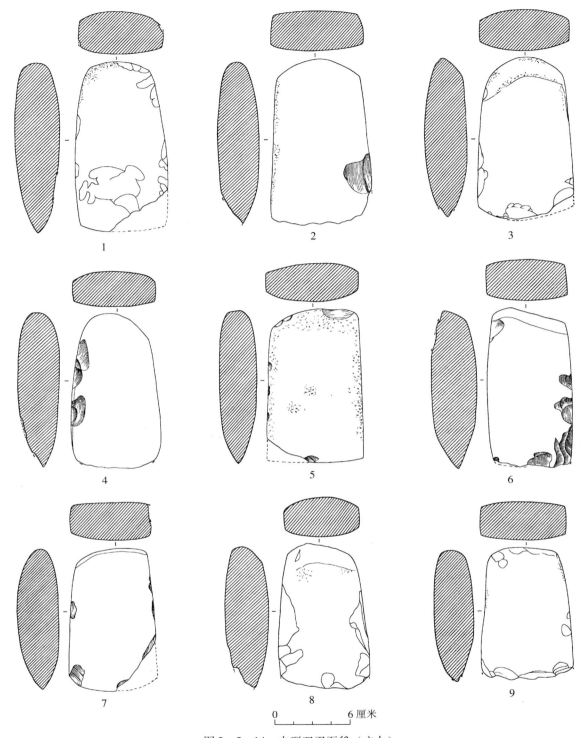

图 3 - 5 - 14　中型双刃石斧（之九）

1. B Ⅶ式（T9③：30）　　2. B Ⅶ式（T74④A：22）　　3. B Ⅶ式（T58④B：29）　　4. B Ⅶ式（T56④B：43）　　5. B Ⅶ式（T58④AS16：39）
6. B Ⅶ式（T3③H1：12）　　7. B Ⅶ式（T66④CH107：2）　　8. B Ⅶ式（T56④BH89：3）　　9. B Ⅶ式（T58④AS16：25）

　　B Ⅷ式　33 件（内完整、较完整 9，残 24）。厚体，两侧面齐平，一面有刃面的 27 件，两面有刃面的 6 件。

　　二期地层标本：T59⑤AG6：9（图 3 - 5 - 16，1），黄绿色，辉绿岩。琢制为主，两面刃部和

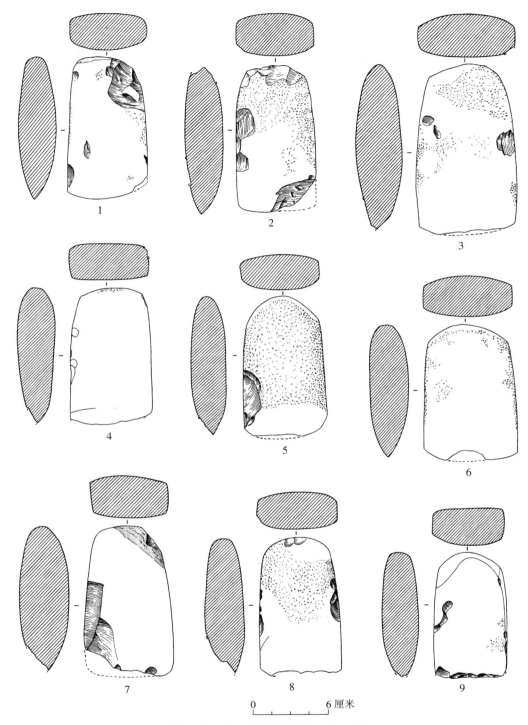

图 3 - 5 - 15　中型双刃石斧（之一〇）

1. B Ⅶ式（T70④AM201：2）　　2. B Ⅶ式（T64③B：104）　　3. B Ⅶ式（T75③B：34）　　4. B Ⅶ式（T72③A：18）　　5. B Ⅶ式（T57③A：9）
6. B Ⅶ式（T57③B：35）　　7. B Ⅶ式（T71③A：20）　　8. B Ⅶ式（T51③：65）　　9. B Ⅶ式（T51③F8：220）

正面顶边磨光。正面有刃面，刃缘全缺损。残长10.4、宽6.6、厚2.9厘米。

　　三期地层标本：T67④C：74（图3－5－16，5），棕色，辉绿岩。正面左侧上段有三角形自然
洼面。正面刃部磨出横条刃面，背面刃部竖直缓收，左右刃角缺失，现存刃缘十分钝厚。长9.7、
宽6.4、厚2.7厘米。T67④BH189：80（图3－5－16，8），棕色，辉绿岩。磨光。正面刃部磨出刃

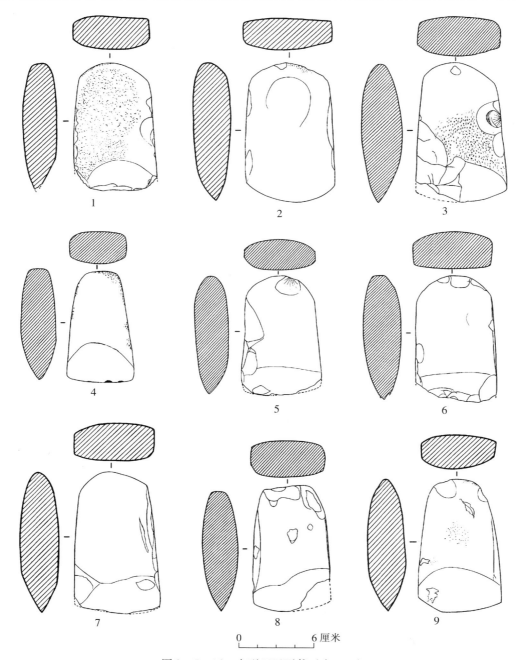

图 3 - 5 - 16　中型双刃石斧（之一一）

1. BⅧ式（T59⑤AG6：9）　2. BⅧ式（T70④B：28）　3. BⅧ式（T72③B：49）　4. BⅧ式（T34④A：26）　5. BⅧ式（T67④C：74）
6. BⅧ式（T75④C：83）　7. BⅧ式（T75③A：25）　8. BⅧ式（T67④BH189：80）　9. BⅧ式（T59③：88）

面，背面刃部缓收，保存左刃角和左半边刃缘，锋利。长 10.2、宽 6.2、厚 3 厘米。T70④B：28
（图 3 - 5 - 16，2），黄绿色，钠黝帘石化辉绿岩。磨光。正面因就自然形状加工，上部磨平后留
有半圆形棱脊，其三面为天然斜坡。背面有横条刃面，刃缘完整较钝。长 11.5、宽 7.2、厚 3.1 厘
米。T74④B：74（图 3 - 5 - 17，1；图版一二七，5），灰绿色，含黏土质石英粉砂岩。磨光，滑
润。正面顶边和右侧边为斜坡面。正面近中部有条不甚明显的斜脊，形成宽刃面，刃缘缺损。残
长 11.9、宽 7.8、厚 3 厘米。T75④C：83（图 3 - 5 - 16，6），黑色，弱透闪帘石化辉长岩。正面磨

出横条刃面，背面刃部缓收，刃缘全缺失。残长10.2、宽6.5、厚3.1厘米。T34④A：26（图3－5－16，4），灰绿色，辉绿岩。上段稍窄，侧缘多磨蚀，一面有刃面，刃缘基本完整很钝厚。长9.1、宽5.4、厚2.8厘米。

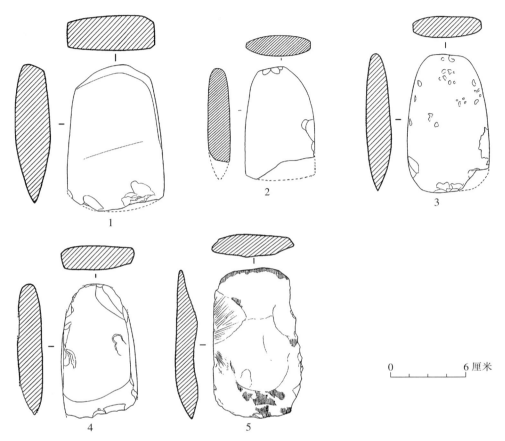

图3－5－17　中型双刃石斧（之一二）

1. BⅧ式（T74④B：74）　2. BⅨ式（T75④B：77）　3. BⅨ式（T53⑥：172）　4. BⅩ式（T6③：40）　5. BⅩ式（T53⑤A：133）

四期地层标本：T59③：88（图3－5－16，9），黄绿色，钠黝帘石化辉绿岩。磨光。两面刃部有对称的拱弧形棱脊的刃面，刃缘完整锋利。长10.9、宽6.8、厚3厘米。T72③B：49（图3－5－16，3），黄绿色，帘石透闪石－阳起石岩。顶端光面无损，正面中部和背面的大部都有磨蚀麻点。正面有刃面，背面刃部缓收，现存右半边刃缘较锋利。长11.4、宽7.2、厚3.2厘米。T75③A：25（图3－5－16，7），灰绿色，钠黝帘石化辉绿岩。磨光。正面有刃面。长11.5、宽6.9、厚3.2厘米。

BⅨ式　12件（内较完整2，残10）。薄体，两侧面齐平，两面刃部缓收。

二期地层标本：T53⑥：172（图3－5－17，3），灰绿色，辉绿玢岩。两面都有自然小孔穴。现存左边刃缘钝厚。长11.4、宽6.6、厚2.3厘米。

三期地层标本：T75④B：77（图3－5－17，2），灰绿色，流纹岩。磨光，滑润。保存左刃角，其他刃缘缺失。残长8.8、宽5.8、厚1.8厘米。

BⅩ式　6件（均残）。薄体，两侧面齐平，一面有刃面的4件，两面有刃面的2件。

二期地层标本：T53⑤A：133（图3－5－17，5；图版一二七，6），灰绿色，闪长岩。背面为砾石自然光面。正面为劈裂面，很不平整，顶边和刃部处稍经加磨。两侧打片后，左侧面已断续地磨出窄条，右侧面全未磨过。刃缘尚未磨成，十分钝厚。系半成品。长12.3、宽7.3、厚1.9厘米。

三期地层标本：T6③:40（图3-5-17，4），灰绿色，硅岩。两顶角和刃缘都缺损，一面有刃面。残长10.8、宽6.1、厚2厘米。

C 长条形中型双刃石斧 118件（内完整、较完整20，残破98）。分为9式。

CⅠ式 5件（内完整、较完整3，残2）。体厚中等，两侧面圆弧，两面刃部缓收。

二期地层标本：T63⑥AF33:5（图3-5-18，2；图版一二八，1），灰绿色，辉绿玢岩。磨光。刃缘锋利。长14.5、宽6.7、厚3.1厘米。T73⑥:71（图3-5-18，1），黄绿色，帘石化辉绿岩。背面崩落一大块石片。刃缘完整锋利。长15、宽7.3、厚2.6厘米。

四期地层标本：T70③:9（图3-5-18，3），灰色，辉绿岩。选用一扁平的砾石，两侧打成近圆弧面而未磨，仅在正面刃部的小片稍经加磨。系半成品。长10.8、宽5.2、厚2.1厘米。

CⅡ式 1件（完整）。

二期地层标本：T70⑥:61（图3-5-18，4），棕灰色，弱透闪帘石化辉长岩。琢制为主，正面的上段、背面大部和两侧面都布满大麻点状琢痕，重点磨光刃部。左顶角斜弧，体厚中等，两侧面圆弧，正面有凹弧形刃面，背面刃部缓收，刃缘完整锋利。长13、宽6.5、厚2.6厘米。

CⅢ式 12件（内完整、较完整3，残9）。体厚中等，两侧面齐平而较窄，正、背面拱弧，两面刃部缓收。

二期地层标本：T51⑤A:231（图3-5-18，7；图版一二八，2），黄绿色，辉绿岩。因就石材形状，器身左、右半边厚薄不匀称，正面中部有一长条自然裂缝。刃缘完整锋利。长11.8、宽5.6、厚2.7厘米。T59⑤AG6:5（图3-5-18，6；图版一二八，3），黄绿色，帘石透闪石—阳起石岩。磨制，遗留琢痕。斜弧顶，刃缘稍损现较钝厚。长14.5、宽7.3、厚3.2厘米。

三期地层标本：T61④:50（图3-5-18，8），褐色，细粒石英砂岩。磨光。长10.6、宽5.4、厚1.9厘米。

四期地层标本：T69③B:47（图3-5-18，5），绿色，帘石化辉绿岩。正、背面上部有面积相近的磨蚀麻点。右顶角斜磨。现存少部分刃缘较锋利。长14.8、宽7.4、厚3.2厘米。

CⅣ式 2件（内较完整1，残1）。体厚中等，侧面齐平，一面和两面的刃部有刃面的各1件。

四期地层标本：T61③A:64（图3-5-18，9），黄绿色，钠黝帘石化辉绿岩。采用扁砾石稍经加工而成。正、背面均为天然光面，并有自然的点状小凹坑。顶端和左侧面上段是自然圆弧面，左侧面下段稍磨。右侧面多崩落，残存有磨平的窄面。正、背面分别磨出宽、窄条刃面，刃缘稍缺损。残长14.6、宽6.9、厚2.6厘米。

CⅤ式 35件（内完整、较完整6，残29）。厚体，两侧面齐平，横剖面近长方形或鼓边长方形，两面刃部缓收。

二期地层标本：T51⑤A:199（图3-5-19，6），绿色，辉绿玢岩。磨光。斜弧顶，右侧面中段剥落后略磨去棱角继续使用。两面刃部缓收对称，仅存左刃角处为原边，其他刃缘全缺损。残长12.6、宽6.1、厚3.2厘米。T51⑤A:251（图3-5-19，5；图版一二八，4），深绿色，闪长岩。磨光。刃缘全缺失。残长13.4、宽6.6、厚2.9厘米。T51⑤BH45:344（图3-5-19，9），

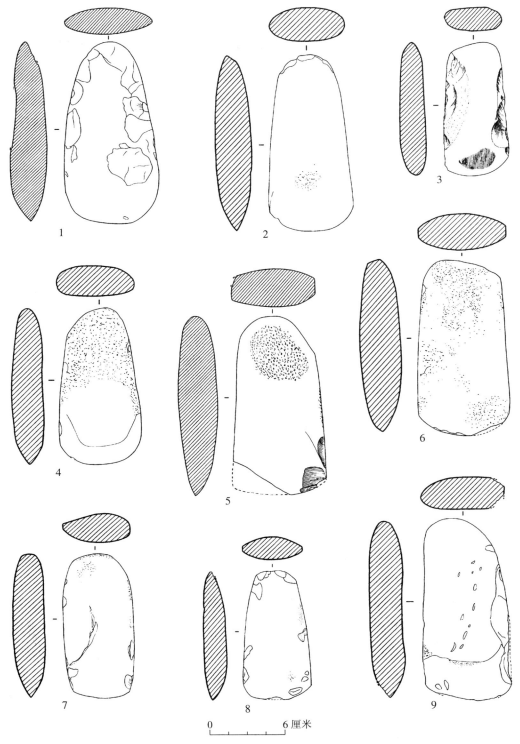

图 3 - 5 - 18 中型双刃石斧（之一三）

1. C I 式（T73⑥：71）　　2. C I 式（T63⑥AF33：5）　　3. C I 式（T70③：9）　　4. C II 式（T70⑥：61）　　5. C III 式（T69③B：47）

6. C III 式（T59⑤AG6：5）　　7. C III 式（T51⑤A：231）　　8. C III 式（T61④：50）　　9. C IV 式（T61③A：64）

黄绿色，钠黝帘石化绿泥石化辉绿玢岩。磨光。部分侧缘剥落，刃缘完整很锋利。长11.2、宽5.6、厚2.8厘米。T52⑤A：194（图3-5-19，3），磨光。保存左、右刃角处，中部刃缘缺失。长15、宽6.6、厚3.2厘米。

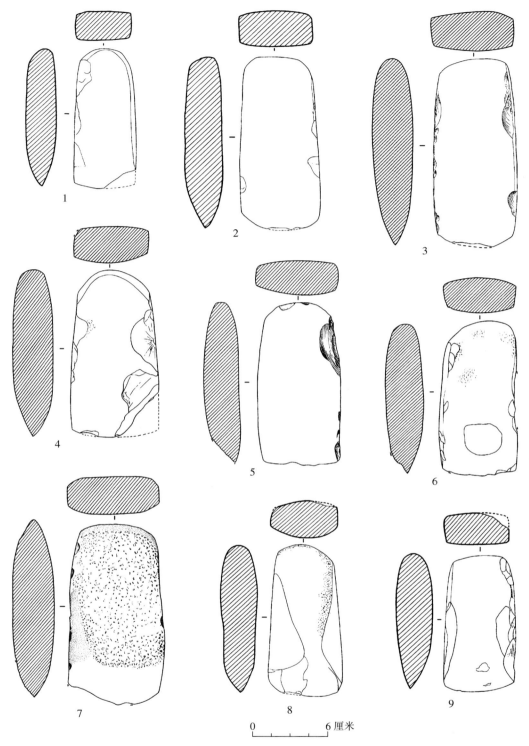

0 ————— 6厘米

图 3 - 5 - 19　中型双刃石斧（之一四）

1. C Ⅴ 式（T57④B：82）　2. C Ⅴ 式（T69③B：49）　3. C Ⅴ 式（T52⑤A：194）　4. C Ⅴ 式（T51④A：108）　5. C Ⅴ 式（T51⑤A：
251）　6. C Ⅴ 式（T51⑤A：199）　7. C Ⅴ 式（T60③A：14）　8. C Ⅴ 式（T75③B：41）　9. C Ⅴ 式（T51⑤BH45：344）

　　三期地层标本：T51④A：108（图 3 - 5 - 19，4），灰绿色，绿泥帘石化辉绿玢岩。磨光。正、
背面顶边均为窄斜坡面。保存左刃角和少量刃缘，较锋利。长 13.7、宽 7、厚 3.1 厘米。T57④B：
82（图 3 - 5 - 19，1），绿色，钠黝帘石化辉绿岩。磨光。长 11.5、宽 5、厚 2.5 厘米。

四期地层标本：T60③A：14（图3－5－19，7），黄绿色，帘石化辉绿岩。正、背面布满大麻点状琢痕，主要是在两面刃部和侧面磨光。正面顶边和左侧边下部均为自然光面。现存右刃角处少部分锐薄刃缘。长14.7、宽7.6、厚3.5厘米。T69③B：49（图3－5－19，2；图版一二八，5），棕色，绿泥石钠黝帘石化辉长辉绿岩。磨制，背面有未磨平的洼坑。刃缘稍缺损。长14.2、宽6.4、厚3.3厘米。T75③B：41（图3－5－19，8；图版一二八，6），灰绿色，钠黝帘石化辉绿岩。磨光。正面的左右两边三角形范围内为天然斜坡光面，刃缘锋利局部稍缺损。长12.2、宽5.8、厚3.1厘米。

CⅥ式　4件（内完整1，残3）。厚体，两侧面齐平，一面和两面有刃面的各2件。

二期地层标本：T51⑤A：247（图3－5－20，1），深绿色，硅岩，有天然竖条纹。磨光。斜弧顶，两面刃部有凹弧形棱脊的刃面，左刃角缺失，刃缘锋利。长9.7、宽4.2、厚2.7厘米。

CⅦ式　48件（内较完整3，残45）。特厚体，两侧面齐平，两面刃部缓收。

二期地层标本：T51⑤B：289（图3－5－20，8），绿色，辉绿玢岩。两面刃部缓收对称，左刃角处已接近原边，刃缘全缺失。残长12、宽5.8、厚3.5厘米。T70⑤G5：22（图3－5－20，6），棕色，绿泥绢云帘石化辉绿岩。正、背面上段均稍磨蚀。右侧面下段崩落较多。现存刃缘锋利。长11.3、宽4.6、厚2.8厘米。T77⑤A：56（图3－5－20，5），棕绿色，帘石化辉绿玢岩。正面右顶角边为自然斜坡光面。正面刃部斜直缓收，背面刃部竖直缓收，互不对称，刃缘全缺失。残长13.5、宽6.6、厚4厘米。T1④：47（图3－5－20，3），绿色，闪长岩。顶端全剥落，右刃角为原边，刃缘全缺失。残长14、宽7、厚4厘米。

三期地层标本：T66④D：27（图3－5－20，4），绿色，钠黝帘石化绿泥石化辉绿玢岩。琢制为主，正、背面和侧面留很多琢痕，仅刃部磨光。斜平顶，左右侧缘多磨蚀成圆拐，刃缘较钝。长14、残宽5.8、厚4厘米。T71④CH99：7（图3－5－21，3），黄绿色，辉绿玢岩。正、背面顶边均为窄斜坡面。刃缘全缺失。残长14、宽6.9、厚4.2厘米。T72④D：35（图3－5－20，9），灰绿色，辉绿玢岩。刃缘全缺失。残长14、宽6、厚3.9厘米。T75④BF30：13（图3－5－20，2），褐色，闪长玢岩。正、背面均有天然的点状小凹坑。器身下部处最厚硕，刃缘全缺失。残长12.8、宽6.6、厚4厘米。T37④A：7（图3－5－20，7），灰绿色，绿泥石钠黝帘石化辉长辉绿岩。斜弧顶，左顶角磨斜，右刃角为原边，刃缘全缺失。残长12.4、宽5.8、厚4厘米。

四期地层标本：T65③B：21（图3－5－21，2），黄绿色，辉绿岩。正、背面的上段均留磨蚀麻点。左顶角处磨成近斜直面。仅存右刃角处为原边。长11.9、宽5.8、厚3.5厘米。T75③A：43（图3－5－21，1），黄绿色，弱透闪帘石化辉长岩。除刃部磨光外，正、背面和两侧面均为大麻点状琢痕。两面刃部缓收对称，左刃角处缺损，其他刃缘完整锋利。长12.2、宽6.1、厚3.6厘米。

CⅧ式　9件（内完整、较完整2，残7）。特厚体，两侧面齐平，一面有刃面的8件，两面有刃面的1件。

三期地层标本：T56④A：31（图3－5－21，5），绿色，辉绿玢岩。器身上有石材的自然小孔穴。背面残存很少的大拱弧形刃面。仅存中部极少量刃缘，绝大部分缺失。长13、宽6.5、厚3.6厘米。T71④D：54（图3－5－21，7），棕色，辉绿岩。斜平顶，正面有刃面，刃缘完整锋利。长

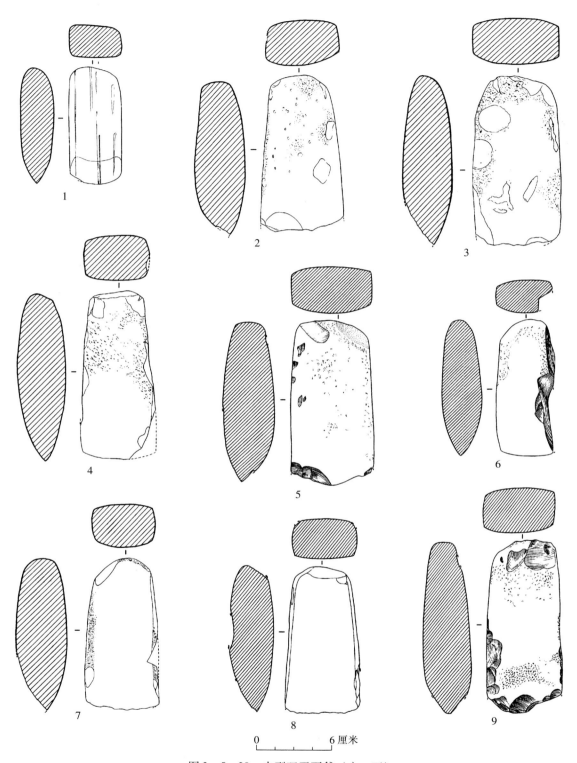

图 3 - 5 - 20　中型双刃石斧（之一五）

1. CⅥ式（T51⑤A：247）　2. CⅦ式（T75④BF30：13）　3. CⅦ式（T1④：47）　4. CⅦ式（T66④D：27）　5. CⅦ式
（T77⑤A：56）　6. CⅦ式（T70⑤G5：22）　7. CⅦ式（T37④A：7）　8. CⅦ式（T51⑤B：289）　9. CⅦ式（T72④D：35）

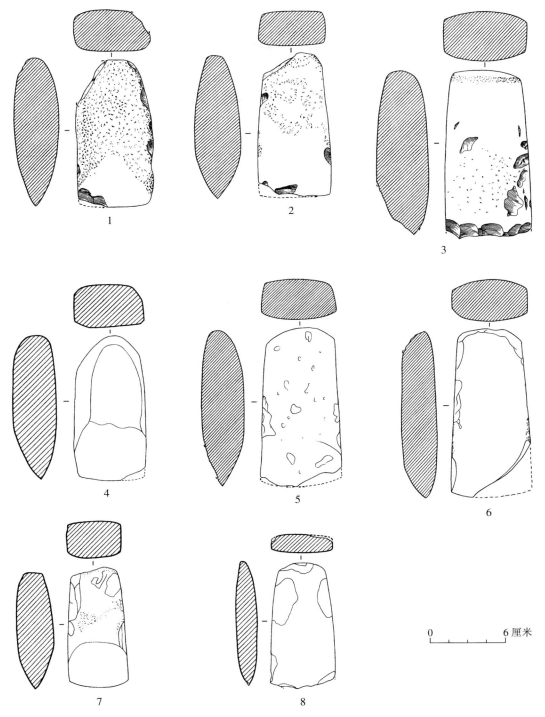

图 3 - 5 - 21　中型双刃石斧（之一六）

1. CⅦ式（T75③A：43）　　2. CⅦ式（T65③B：21）　　3. CⅦ式（T71④CH99：7）　　4. CⅧ式（T59③：101）

5. CⅧ式（T56④A：31）　　6. CⅧ式（T57③B：32）　　7. CⅧ式（T71④D：54）　　8. CⅨ式（T57③B：25）

9.8、宽 4.8、厚 3.1 厘米。

　　四期地层标本：T57③B：32（图 3 - 5 - 21，6），灰绿色，辉绿岩。磨光。顶端和顶边剥落石片。背面有半月形弧形刃面，现存左刃角和少量钝厚刃缘。残长 13.8、宽 6.4、厚 3.6 厘米。T59③：101（图 3 - 5 - 21，4），黄绿色，绿泥闪石帘石化细粒玄武岩。磨光，滑润。圆弧顶，正、背面的顶边侧边均磨出宽窄不等的斜坡面，正面有宽刃面，刃缘较钝。长 12、宽 5.8、厚 3.7 厘米。

C Ⅸ 式　2 件（均残）。薄体，两侧面齐平，两面刃部缓收。

四期地层标本：T57③B∶25（图 3 - 5 - 21，8），绿色，闪长岩。磨光。侧缘多剥落，左刃角为原边，其他刃缘全缺失。残长 10.2、宽 5.2、厚 1.6 厘米。

（3）中型单刃石斧

共 57 件。其中完整、较完整的 14 件，残破 43 件。按平面形状有 A、B、C 三种。

A 宽长方形、宽梯形中型单刃石斧　6 件（内完整、较完整 3，残破 3）。分为 3 式。

A Ⅰ 式　1 件（残）。

三期地层标本：T51④A∶135（图 3 - 5 - 22，1），绿色，绿泥石钠黝帘石化辉长辉绿岩。体厚中等，两侧面齐平，两面刃部缓收不对称，刃缘全缺失。残长 9.7、宽 7.7、厚 2.2 厘米。

A Ⅱ 式　3 件（内较完整 1，残 2）。体厚中等，两侧面齐平，一面刃部有刃面。

三期地层标本：T58④B∶26（图 3 - 5 - 22，2），绿色，绿泥石钠黝帘石化辉长辉绿岩。磨光。正面顶边为天然窄条斜坡光面。正面磨出宽刃面。残长 9、宽 6.8、厚 2 厘米。

A Ⅲ 式　2 件（完整、较完整）。厚体，两侧面齐平，两面刃部缓收。

二期地层标本：T74⑤AH113∶16（图 3 - 5 - 22，4），黄绿色，绿泥帘石化辉绿玢岩。正面顶边磨成斜坡，刃缘基本完整，现钝厚。长 10、宽 7.5、厚 2.7 厘米。

三期地层标本：T53④∶102（图 3 - 5 - 22，3；图版一二九，1），绿色，闪长岩。磨制，两面的上段均留琢痕。平顶，部分侧缘磨蚀，右边刃缘缺失。长 10.2、宽 8.5、厚 3 厘米。

B 长方形、长梯形中型单刃石斧　47 件（内完整、较完整 11，残破 36）。分为 6 式。

B Ⅰ 式　6 件（内较完整 1，残 5）。体厚中等，两侧面圆弧，两面刃部缓收。

二期地层标本：T52⑤A∶111（图 3 - 5 - 22，5），黄绿色，霏细岩。背面为砾石的自然光面。正面为劈裂面，部分较厚处已磨光。两侧面略经加磨，刃缘已磨得较锋利。系半成品。长 11.2、宽 6.5、厚 2.7 厘米。T5④B∶37（图 3 - 5 - 22，6），灰绿色，钠黝帘石化辉绿岩。体左厚右薄，顶端剥落碎屑，背面有多处未磨平的自然凹坑，中段刃缘缺损。残长 10.2、宽 6.6、厚 1.9 厘米。

B Ⅱ 式　19 件（内完整、较完整 3，残 16）。体厚中等，两侧面齐平，两面刃部缓收。

二期地层标本：T68⑤∶99（图 3 - 5 - 22，9；图版一二九，2），灰色，含黏土质石英粉砂岩。磨光。背面部分地剥落，刃缘基本完整稍钝。长 9.7、宽 6.1、厚 1.9 厘米。

三期地层标本：T51④A∶123（图 3 - 5 - 22，7；图版一二九，3），绿色，闪长玢岩。磨光。刃缘锋利。长 11.6、宽 7.7、厚 2.7 厘米。T51④BF22∶47（图 3 - 5 - 23，2），黄绿色，辉绿岩。磨光。两刃角已近原边，刃缘均稍有缺损。残长 10.5、宽 6.5、厚 2.5 厘米。

四期地层标本：T73③B∶26（图 3 - 5 - 22，8），黄绿色，绿泥石钠黝帘石化辉长辉绿岩。左刃角和中部突出处刃缘为原边，其他刃缘和右刃角缺失。残长 10.6、宽 7.1、厚 2.5 厘米。T74③∶111（图 3 - 5 - 23，1），黄绿色，闪长玢岩。磨光。正面左顶边和右侧边为自然斜坡光面。右刃角为原边，其他刃缘都稍缺损。残长 11、宽 7.7、厚 2.4 厘米。

B Ⅲ 式　5 件（内完整、较完整 3，残 2）。体厚中等，两侧面齐平，一面的刃部有刃面。

三期地层标本：T75④C∶58（图 3 - 5 - 23，4），灰绿色，石英岩。磨光。圆弧顶，顶端光平，

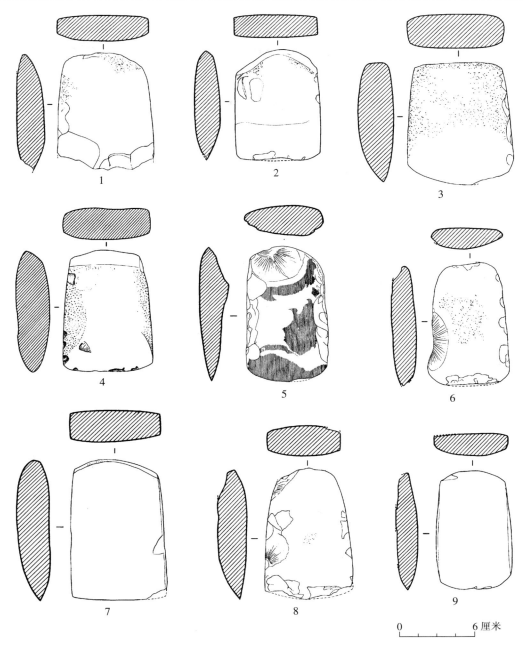

图 3 - 5 - 22　中型单刃石斧（之一）

1. AⅠ式（T51④A：135）　　2. AⅡ式（T58④B：26）　　3. AⅢ式（T53④：102）　　4. AⅢ式（T74⑤AH113：16）　　5. BⅠ式（T52⑤A：111）
6. BⅠ式（T5④B：37）　　7. BⅡ式（T51④A：123）　　8. BⅡ式（T73③B：26）　　9. BⅡ式（T68⑤：99）

刃缘完整较钝厚。长 10、宽 6.2、厚 2 厘米。

　　四期地层标本：T58③AG7：57（图 3 - 5 - 23，3；图版一二九，4），浅绿色，绿泥闪石帘石化细粒玄武岩。磨光。全形似龟背状，背面平整，正面中部厚硕向四周坡斜，其上部和左右坡面为自然光面。两侧面为齐平的窄条，背面的左右侧缘大部崩落。长 10.5、宽 6.1、厚 1.8 厘米。T75③B：35（图 3 - 5 - 23，5），黄绿色，钠黝帘石化绿泥石化辉绿玢岩。磨光。左、右刃角为原边，刃缘稍残损。残长 9.9、宽 5.5、厚 2.3 厘米。

　　BⅣ式　15 件（内完整、较完整 2，残 13）。厚体，两侧面齐平，两面刃部缓收。

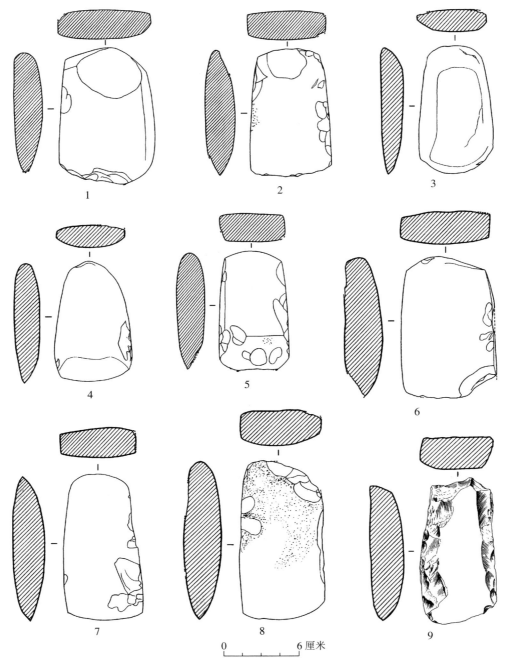

图 3 - 5 - 23　中型单刃石斧（之二）

1. BⅡ式（T74③:111）　2. BⅡ式（T51④BF22:47）　3. BⅢ式（T58③AG7:57）　4. BⅢ式（T75④C:58）　5. BⅢ式（T75③B:35）

6. BⅣ式（T53③:75）　7. BⅣ式（T56⑤:54）　8. BⅣ式（T53③:62）　9. BⅣ式（T39④A:29）

　　二期地层标本：T56⑤:54（图 3 - 5 - 23，7；图版一二九，5），绿色，辉绿岩。磨光。顶端磨得薄利几乎与刃缘接近，右侧面稍剥落，刃缘完整很锋利。长 12、宽 6.3、厚 2.6 厘米。

　　三期地层标本：T39④A:29（图 3 - 5 - 23，9），灰绿色，闪长玢岩。正面中部为自然光面，两侧面打齐，左侧面粗磨，背面为平整的劈裂面，也经粗磨而不光，刃部没有加磨。系半成品。长 11.4、宽 6.1、厚 2.7 厘米。

　　四期地层标本：T53③:62（图 3 - 5 - 23，8），绿色，辉绿玢岩。磨制，正面上部遗留琢痕。

右顶角缺失，斜弧形刃缘完整锋利。长13.1、宽6.7、厚3.2厘米。T53③：75（图3-5-23，6），绿色，绿泥石钠黝帘石化辉长辉绿岩。磨光。斜弧顶，左刃角处为原边，其他刃缘缺损。残长11.7、宽7.6、厚3.1厘米。T57③A：11（图3-5-24，1），黄绿色，辉绿玢岩。刃缘均残损。残长12.2、宽7、厚3厘米。

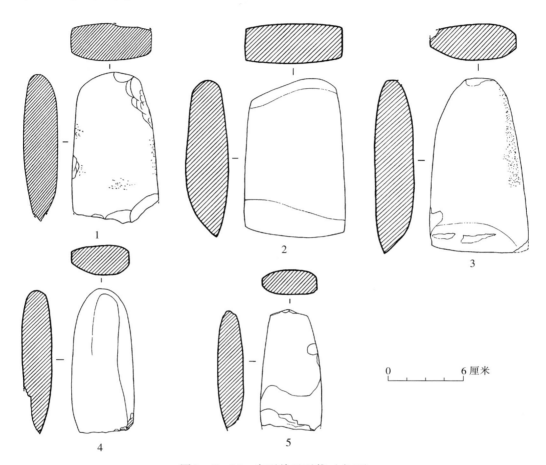

图3-5-24　中型单刃石斧（之三）

1. BⅣ式（T57③A：11）　2. BⅤ式（T75⑤：146）　3. BⅥ式（T67④B：21）　4. CⅠ式（T51⑤B：264）　5. CⅡ式（T75④CH119：8）

BⅤ式　1件（完整）。

二期地层标本：T75⑤：146（图3-5-24，2），黄绿色，钠黝帘石化绿泥石化辉绿玢岩。磨光。自然斜弧顶，顶部较宽，正面顶边为自然斜坡光面，厚体，两侧面齐平，正面的刃部有刃面，刃缘完整很锋利。长13.2、宽8.1、厚3.4厘米。

BⅥ式　1件（完整）。

三期地层标本：T67④B：21（图3-5-24，3；图版一二九，6），灰绿色，闪长岩。磨光。平面呈长梯形，窄圆顶，厚体，正面甚弧曲，背面略弧，两侧面齐平，正面有凸弧形刃面，背面刃部竖直缓收，刃缘锋利。长14.3、宽8、厚3.3厘米。

C 长条形中型单刃石斧　4件（均残破）。分为2式。

CⅠ式　2件（均残）。体厚中等，两侧面齐平，两面刃部缓收。

二期地层标本：T51⑤B：264（图3-5-24，4），灰黄色，石英砂岩。磨光。正面的上段中部磨平，其两边成斜坡面，刃缘全缺损。残长 11.9、宽 5、厚 2.5 厘米。

C Ⅱ 式　2 件（均残）。体厚中等，两侧面齐平，一面的刃部有刃面。

三期地层标本：T75④CH119：8（图 3 - 5 - 24，5），黑色，闪长玢岩。磨光，滑润。正面有宽刃面，刃缘全缺失。残长 9.8、宽 5、厚 2.1 厘米。

（4）小型双刃石斧

共 120 件。其中完整、较完整的 57 件，残破 63 件（内含不能分式的 2 件）。按平面形状有 A、B、C 三种。

A 宽长方形、宽梯形小型双刃石斧　45 件（内完整、较完整 28，残破 17）。分为 10 式。

A Ⅰ 式　9 件（内完整、较完整 8，残 1）。体厚中等，两侧面齐平，侧缘有棱，两面刃部缓收。

二期地层标本：T67⑤A：54（图 3 - 5 - 25，6），浅灰色，辉绿岩。磨光。顶端坡斜光滑无损。右刃角缺，刃缘接近原边已较钝厚。长 5.7、宽 5.6、厚 1.6 厘米。

三期地层标本：T11③：25（图 3 - 5 - 25，7；图版一三〇，1），灰绿色，辉绿玢岩。磨光。顶部和正、背面的中部保留有自然光面。刃缘完整锋利。长 8.1、宽 6.9、厚 2.1 厘米。

四期地层标本：T56③：14（图 3 - 5 - 25，5；图版一三〇，2），灰绿色，辉绿岩。磨光。刃缘完整锋利。长 6.5、宽 5、厚 1.6 厘米。T56③：75（图 3 - 5 - 25，4；图版一三〇，3），黄绿色，钠黝帘石化辉绿岩。磨光。刃缘完整很锋利。长 7.7、宽 6、厚 2.1 厘米。T60③A：13（图 3 - 5 - 25，1），黄绿色，帘石化辉绿岩。磨光。右刃角缺，刃缘锋利。长 7.3、宽 6、厚 2 厘米。T67③B：16（图 3 - 5 - 25，3；图版一三〇，4），灰黑色，角闪粗安岩。正面上部遗留大片未磨平的石片疤。斜弧形刃缘完整锋利。长 6.9、宽 5.2、厚 1.9 厘米。T75③B：29（图 3 - 5 - 25，2），黑色，闪长岩。磨光。刃缘完整锋利。长 6.7、宽 5.2、厚 1.9 厘米。

A Ⅱ 式　3 件（内完整、较完整 2，残 1）。体厚中等，两侧面齐平，刃部的一面（2 件）或两面（1 件）磨出刃面。

三期地层标本：T65④B：47（图 3 - 5 - 25，8；图版一三〇，5），绿色，闪长岩。正面有近三角形的刃面，背面有横条刃面，两面刃脊均不很明显，刃缘完整锋利。长 8.1、宽 6、厚 1.9 厘米。

A Ⅲ 式　1 件（完整）。

四期地层标本：T41④：29（图 3 - 5 - 25，9），灰色，透闪—阳起石片岩。磨光，滑润。平面近方形，体厚中等，两面有横条刃面，刃缘完整锋利。形体很小。长 3.4、宽 3.5、厚 1 厘米。

A Ⅳ 式　2 件（内较完整 1，残 1）。厚体，两侧面圆弧，两面刃部缓收。

二期地层标本：T68⑤：90（图 3 - 5 - 25，10），绿色，绿泥帘石化辉绿玢岩。磨光。左顶角缺失，正、背面甚弧曲，刃缘很锋利。长 8.6、宽 6.3、厚 2.4 厘米。

A Ⅴ 式　17 件（内完整、较完整 9，残 8）。厚体，两侧面齐平，两面刃部缓收。

三期地层标本：T59④B：53（图 3 - 5 - 26，2；图版一三〇，6），黄绿色，钠黝帘石化辉绿岩。磨光，滑润。正面顶边有自然斜坡面。左、右侧的刃缘略缺损，中部一段十分钝厚。长 6.5、宽 5.5、厚 2.1 厘米。T74④BF31：78（图 3 - 5 - 26，1），黄绿色，辉绿玢岩。刃缘全缺失。残长 8.9、宽 6.8、厚 2.8 厘米。T75④B：53（图 3 - 5 - 26，5；图版一三〇，7），绿色，流纹岩。磨

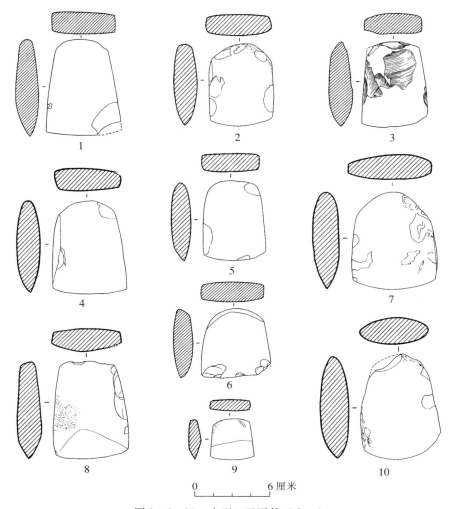

图 3 - 5 - 25　小型双刃石斧（之一）

1. A I 式（T60③A：13）　　2. A I 式（T75③B：29）　　3. A I 式（T67③B：16）　　4. A I 式（T56③：75）

5. A I 式（T56③：14）　　6. A I 式（T67⑤A：54）　　7. A I 式（T11③：25）　　8. A II 式（T65④B：47）

9. A III 式（T41④：29）　　10. A IV 式（T68⑤：90）

光，滑润。围绕顶边和侧边有一微斜的坡面，正面刃部有一段隐约的拱弧形刃脊，刃缘锋利。长7.9、宽7、厚2.6厘米。T75④C：128（图3-5-26，4；图版一三〇，8），黄绿色，弱透闪帘石化辉长岩。磨光。斜弧顶，顶端局部磨蚀和剥落碎片，刃缘较钝厚。长7.9、宽6.5、厚2.8厘米。T5③B：21（图3-5-26，3），黄绿色，帘石化辉绿岩。两刃角缺，刃缘钝厚。长7.3、宽5.9、厚2.3厘米。

A VI 式　9件（内完整3，残6）。厚体，两侧面齐平，一面（7件）或两面（2件）刃部磨有宽窄不一的凸弧形或横条刃面。

二期地层标本：T74⑤B：121（图3-5-26，7；图版一三〇，9），黑色，暗色细粒闪长岩。磨光。正面有半圆形大刃面，背部刃部缓收，左刃角缺。长7.2、宽6.8、厚2.1厘米。

三期地层标本：T57④A：74（图3-5-26，8；图版一三一，1），红色，辉绿岩。磨光，滑润。正面有半圆形大刃面，背面有凸弧形刃面，刃缘很锋利。长6.9、宽6.2、厚2.1厘米。

四期地层标本：T52③：38（图3-5-26，6；图版一三一，2），绿色，钠黝帘石化辉绿岩。

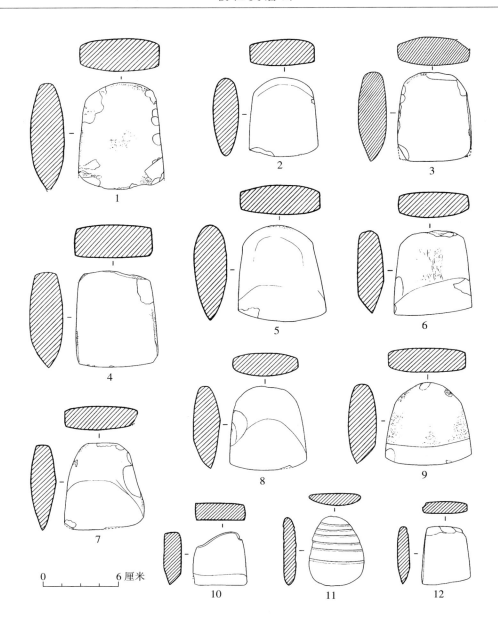

图 3 - 5 - 26 小型双刃石斧（之二）

1. A Ⅴ式（T74④BF31:78）　2. A Ⅴ式（T59④B:53）　3. A Ⅴ式（T5③B:21）　4. A Ⅴ式（T75④C:128）　5. A Ⅴ式
（T75④B:53）　6. A Ⅵ式（T52③:38）　7. A Ⅵ式（T74⑤B:121）　8. A Ⅵ式（T57④A:74）　9. A Ⅶ式（T73③B:21）
10. A Ⅷ式（T51④A:134）　11. A Ⅸ式（T7③CH5:17）　12. A Ⅹ式（T60④B:45）

磨光。两面磨出横条刃面，刃缘很锋利。长 6.8、宽 6.2、厚 2.2 厘米。

A Ⅶ式　1 件（完整）。

四期地层标本：T73③B:21（图 3 - 5 - 26，9；图版一三一，3），黄绿色，钠黝帘石化绿泥石
化辉绿玢岩。磨光。圆顶，厚体，侧缘多磨蚀，正面有横条刃面，刃缘锋利。长 6.9、宽 6.9、厚
2.3 厘米。

A Ⅷ式　1 件（完整）。

三期地层标本：T51④A:134（图 3 - 5 - 26，10），灰色，暗色细粒闪长岩。磨光，滑润。厚

体，斜弧顶，正、背面平整，两面有横条刃面，左刃角略损，刃缘平直锋利。长 4.4、宽 4.3、厚 1.5 厘米。

A Ⅸ式　1 件（完整）。

三期地层标本：T7③CH5：17（图 3 - 5 - 26，11），灰黑色，硅岩。两侧面圆弧，仅两面缓收的刃部磨光，刃缘锋利，其他为砾石的天然光面，并因受自然侵蚀形成几道棱脊。长 5.7、宽 4.4、厚 1 厘米。

A Ⅹ式　1 件（完整）。

三期地层标本：T60④B：45（图 3 - 5 - 26，12），灰色，透闪—阳起石片岩。磨光，滑润。斜平顶，体较薄。左侧面有切锯痕迹，系从两面切锯，至中间即把它折断，再加磨平，形成窄的侧面。两面刃部缓收，刃缘很锋利。长 4.8、宽 3.9、厚 1 厘米。

B　长方形、长梯形小型双刃石斧　66 件（内完整、较完整 25，残破 41）。分为 11 式。

B Ⅰ式　6 件（内较完整 1，残 5）。体厚中等，两侧面圆弧，一面刃部有刃面。

三期地层标本：T5③B：57（图 3 - 5 - 27，2），绿色，暗色细粒闪长岩。弧顶，右顶角缺，左侧面全崩落今成斜齐断口，正面有弧形刃面，刃缘锋利。长 8.9、宽 4.7、厚 2 厘米。

四期地层标本：T69③B：172（图 3 - 5 - 27，1），黄色，长石石英砂岩。为一光滑的天然砾石，仅在正面刃部剥片打出坡斜面，当属半成品。长 7.9、宽 4.4、厚 1.9 厘米。

B Ⅱ式　13 件（内完整、较完整 4，残 9）。平面近长方形，体厚中等，两侧面齐平，两面刃部缓收。

二期地层标本：T74⑤B：93（图 3 - 5 - 27，6；图版一三一，4），黄绿色，辉绿玢岩。磨光。刃缘很锋利。长 8.6、宽 5.3、厚 1.8 厘米。T2④B：79（图 3 - 5 - 27，4），粉红色，石英砂岩。磨光。刃缘完整较厚。长 8.3、宽 4.8、厚 1.8 厘米。

三期地层标本：T57④A：61（图 3 - 5 - 27，3），灰绿色，绿泥石钠黝帘石化辉长辉绿岩。磨光。刃缘全缺失。残长 8.4、宽 6.1、厚 2.2 厘米。

四期地层标本：T58③A：48（图 3 - 5 - 27，5），黄绿色，辉绿玢岩。磨光。两刃角缺，存左边刃缘经磨损而钝厚。长 8.4、宽 5.9、厚 1.9 厘米。

B Ⅲ式　4 件（内较完整 1，残 3）。平面呈长梯形，上、下端宽度相差较大，体厚中等，两面刃部缓收。

二期地层标本：T2④B：37（图 3 - 5 - 27，8），灰绿色，含黏土质石英粉砂岩。磨光。刃缘均有缺损。残长 7.1、宽 5.1、厚 1.5 厘米。

三期地层标本：T56④A：23（图 3 - 5 - 27，7），绿色，绿泥帘石化辉绿玢岩。磨光。两面顶边及其左右为自然光滑坡面，刃缘全缺失。残长 8.5、宽 6.1、厚 2.1 厘米。

B Ⅳ式　2 件（完整、较完整）。体厚中等，两侧面齐平，磨出刃面。

三期地层标本：T59④AH101：6（图 3 - 5 - 27，9），黄绿色，闪长玢岩。磨光。斜弧顶，正面有凹弧形宽刃面，背面窄刃面，两刃角缺失，刃缘斜行较钝厚。长 8.6、宽 5.3、厚 1.7 厘米。T6③：15（图 3 - 5 - 28，1），灰色，石英岩。磨光。正面磨出宽刃面，背部刃部竖直缓收，刃缘锋利。长 7.9、宽 4.8、厚 1.7 厘米。

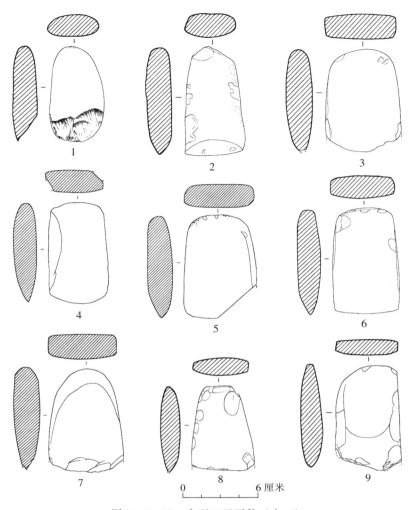

图 3 - 5 - 27　小型双刃石斧（之三）

1. BⅠ式（T69③B：172）　　2. BⅠ式（T5③B：57）　　3. BⅡ式（T57④A：61）

4. BⅡ式（T2④B：79）　　5. BⅡ式（T58③A：48）　　6. BⅡ式（T74⑤B：93）

7. BⅢ式（T56④A：23）　　8. BⅢ式（T2④B：37）　　9. BⅣ式（T59④AH101：6）

BⅤ式　1件（完整）。

三期地层标本：T5③B：22（图3-5-28，2），灰绿色，透闪—阳起石片岩。磨光，滑润。平面呈长方形，左顶角稍缺损，正、背面平整，正、背面分别有较窄、较宽的横条刃面，刃缘锋利。体形小。长4.5、宽3、厚1厘米。

BⅥ式　2件（内完整1，残1）。厚体，两侧面圆弧，两面刃部有刃面。

三期地层标本：T51④A：224（图3-5-28，3；图版一三一，5），浅绿色，钠黝帘石化辉绿玢岩。石材上有自然小孔隙。磨制。全身有磨蚀痕。两面刃部有宽横条刃面互相对称，刃缘略有缺损、较钝。长9.2、宽6、厚2.4厘米。

BⅦ式　1件（完整）。

二期地层标本：T64⑤AH102：5（图3-5-28，4），暗绿色，细粒闪长岩。磨光，但正面下段两边有未磨平的自然凹洼面。厚体，两侧面圆弧，正面有横条刃面，刃缘锋利。体形小。长5.4、宽3.2、厚1.3厘米。

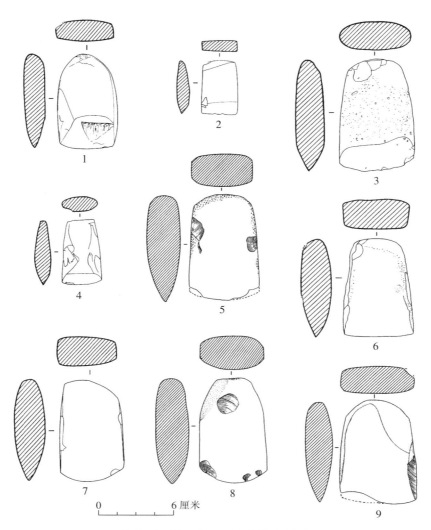

图 3 – 5 – 28　小型双刃石斧（之四）

1. BⅣ式（T6③：15）　　2. BⅤ式（T5③B：22）　　3. BⅥ式（T51④A：224）　　4. BⅦ式（T64⑤AH102：5）
5. BⅧ式（T72④D：34）　6. BⅧ式（T51④A：149）　7. BⅧ式（T2④B：89）　8. BⅧ式（T70④AM202：3）
9. BⅧ式（T67④D：45）

　　BⅧ式　19件（内完整、较完整8，残11）。厚体，两侧面齐平，两面刃部缓收。

　　二期地层标本：T2④B：89（图3 – 5 – 28，7），灰绿色，钠黝帘石化辉绿岩。磨光。斜弧顶，右顶角自然斜弧，刃缘较锋利。长8.5、宽5.1、厚2.6厘米。

　　三期地层标本：T51④A：149（图3 – 5 – 28，6；图版一三一，6），绿色，辉绿玢岩。刃缘锋利。长8.2、宽5.6、厚2.5厘米。T67④D：45（图3 – 5 – 28，9），黄绿色，辉绿玢岩。磨光。两面顶边及正面的左侧边、右顶角处均为天然光滑斜面。现存右半边刃缘，较锋利。长8.5、宽6.2、厚2.2厘米。T72④D：34（图3 – 5 – 28，5），灰绿色，帘石化辉绿岩。磨光。保存中段刃缘，有意磨去刃锋成窄齐边。长8.6、宽5.7、厚2.8厘米。T70④AM202：3（图3 – 5 – 28，8），灰绿色，帘石化辉绿岩。磨光。正面左顶边为自然斜坡光滑面。左刃角缺损，刃缘基本完整，很钝厚。长8.8、宽5.5、厚2.7厘米。

　　四期地层标本：T59③：107（图3 – 5 – 29，1；图版一三一，7），绿色，闪长岩。磨光。刃缘较锋利。长 8.3、宽 5.6、厚 2.8 厘米。

B Ⅸ 式　7 件（内完整、较完整 4，残 3）。厚体，两侧面齐平，一面（6 件）或两面（1 件）有刃面。

二期地层标本：T53⑤B：165（图 3 - 5 - 29，2），黄绿色，辉绿玢岩。正面有刃面，刃缘都磨成齐头，无刃锋。长 8.7、宽 5.5、厚 2.5 厘米。T74⑤B：123（图 3 - 5 - 29，5；图版一三一，8），灰绿色，绿泥帘石化辉绿玢岩。磨光。右顶角自然弧斜，正面右侧边磨成坡面，正面有刃面，刃缘都稍剥落碎屑。残长 8.6、宽 6.1、厚 2.3 厘米。

三期地层标本：T35④：44（图 3 - 5 - 29，4），黄绿色，钠黝帘石化辉绿岩。左顶角缺，正面有大拱弧形刃面，背面刃部缓收，刃缘锋利。长 8.8、宽 6.2、厚 2.6 厘米。

四期地层标本：T60③A：9（图 3 - 5 - 29，3），黄绿色，辉绿玢岩。左顶角自然弧斜，两面刃部磨出宽横条刃面，除右刃角外其他刃缘都稍缺损。残长 7.7、宽 5.7、厚 2.7 厘米。

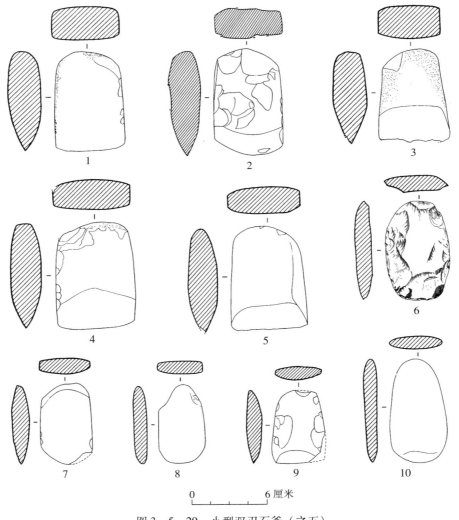

图 3 - 5 - 29　小型双刃石斧（之五）

1. BⅧ式（T59③：107）　2. BⅨ式（T53⑤B：165）　3. BⅨ式（T60③A：9）　4. BⅨ式（T35④：44）

5. BⅨ式（T74⑤B：123）　6. BⅩ式（T75③B：192）　7. BⅩ式（T23③：31）　8. BⅩ式（T51⑤B：412）

9. BⅪ式（T6③：39）　10. BⅪ式（T53③：227）

BⅩ式　6件（内较完整1，残5）。薄体，两侧面齐平，两面刃部缓收。

二期地层标本：T51⑤B：412（图3－5－29，8），绿色，绿泥闪石帘石化细粒玄武岩。体平整，表面为自然光面，顶端为自然形状未作加工。两侧面已磨齐平，正、背面刃部稍磨但尚未磨出刃缘。系半成品。长6.4、宽3.8、厚1.1厘米。

三期地层标本：T23③：31（图3－5－29，7），灰绿色，石英岩。磨光。斜弧顶，正面顶边为自然坡面。存留左半边刃缘较锋利。长6.5、宽4.2、厚1.3厘米。

四期地层标本：T75③B：192（图3－5－29，6），黄色，石英岩。正面为较平整的劈裂面，刃部处坡斜有三小片磨光，背面为自然光面。系半成品。长8.2、宽5.1、厚1.4厘米。

BⅪ式　5件（内较完整1，残4）。薄体，两侧面齐平，一面（4件）或两面（1件）磨出刃面。

三期地层标本：T6③：39（图3－5－29，9），灰色，石英岩。顶端和正、背面均有部分剥落，正面有拱弧形棱脊的刃面，刃缘锋利。长6、宽4.2、厚1.2厘米。

四期地层标本：T53③：227（图3－5－29，10），暗灰色，含黏土质石英粉砂岩。采用扁薄光滑的自然砾石，左侧面下端稍磨，正面已磨出条形刃面，刃缘钝厚，其他地方未加工。系半成品。长8.4、宽4.6、厚1.1厘米。

C 长条形小型双刃石斧　7件（内完整、较完整4，残破3）。分为2式。

CⅠ式　5件（内完整、较完整3，残2）。体厚中等，两侧面齐平，两面刃部缓收。

三期地层标本：T58④AS16：23（图3－5－30，3），褐绿色，闪长玢岩。系利用一块扁薄的河卵石，器身绝大部分为自然光面。左侧面为自然圆弧面，右侧面磨成齐平。两面磨出对称的刃部，刃缘钝厚。长7.1、宽3.2、厚1.4厘米。T3③H1：13（图3－5－30，1；图版一三一，9），灰绿色，硅岩。磨光。正面顶边磨成斜坡，刃缘完整很锋利。长8、宽4、厚1.4厘米。

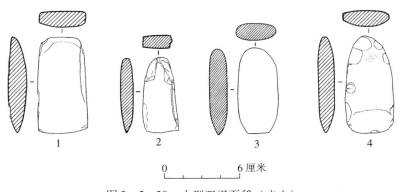

图3－5－30　小型双刃石斧（之六）
1. CⅠ式（T3③H1：13）　2. CⅠ式（T61③B：19）　3. CⅠ式（T58④AS16：23）　4. CⅡ式（T59⑤A：72）

四期地层标本：T61③B：19（图3－5－30，2），灰白色，硅岩。磨光。右侧面因在制作时切锯石材至中间掰断，遗留台状凸脊，未加磨平。圆弧顶，正面顶边剥落较多，刃缘锋利。长6.2、宽2.8、厚1.1厘米。

CⅡ式　2件（内完整1，残1）。体厚中等，两侧面齐平，一面或两面磨出刃面。

二期地层标本：T59⑤A：72（图3－5－30，4），黄绿色，含粉砂质硅岩。磨光。正、背面分别有宽、窄横条刃面。长7.9、宽3.9、厚1.4厘米。

（5）小型单刃石斧

共 74 件。其中完整、较完整的 48 件，残破 26 件。按平面形状有 A、B、C 三种。

A 宽长方形、宽梯形小型单刃石斧 31 件（内完整、较完整 21，残破 10）。分为 5 式。

A I 式 1 件（残）。二期地层标本：T68⑤：91（图 3－5－31，1），黄绿色，辉绿玢岩。磨光。顶端剥落碎屑，体厚中等，两侧面圆弧，正面有窄横条刃面，刃缘全缺损。残长 7.2、宽 5.5、厚 1.8 厘米。

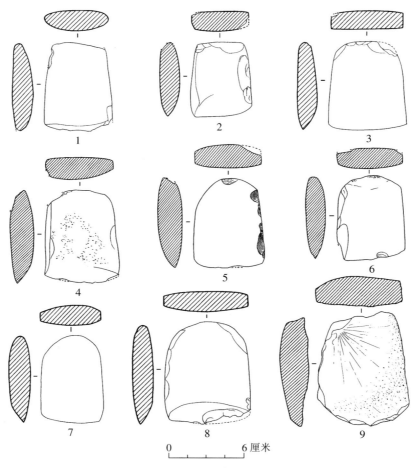

0   6厘米

图 3－5－31 小型单刃石斧（之一）

1. A I 式（T68⑤：91） 2. A II 式（T75④C：60） 3. A II 式（T71④D：40） 4. A II 式（T57③A：10）
5. A II 式（T58③AG7：61） 6. A II 式（T69④A：70） 7. A III 式（T55⑤：26） 8. A III 式（T72④D：51）
9. A III 式（T74④A：141）

A II 式 9 件（内完整、较完整 7，残 2）。体厚中等，两侧面齐平，侧缘有棱，两面刃部缓收。

三期地层标本：T69④A：70（图 3－5－31，6），黄白色，石英岩。磨光。刃缘稍有缺口，大部分完整，较钝。长 7、宽 5.3、厚 1.6 厘米。T71④D：40（图 3－5－31，3；图版一三二，1），棕色，绿泥闪石帘石化细粒玄武岩。磨光。刃缘完整很锋利。长 7.2、宽 6.2、厚 1.7 厘米。T75④C：60（图 3－5－31，2），灰色，流纹岩。磨光。顶边和右侧缘剥落，刃缘完整很锋利。长 6.2、宽 4.8、厚 1.6 厘米。

四期地层标本：T57③A：10（图3-5-31，4），绿色，辉绿玢岩。左顶角缺，刃缘基本完整、锋利。器身左厚右薄。长7.5、宽6、厚1.9厘米。T58③AG7：61（图3-5-31，5；图版一三二，2），绿灰色，含黏土质石英粉砂岩。磨光。右侧缘大部剥落，刃缘锋利、局部缺损。长7.3、宽5.6、厚1.9厘米。

AⅢ式　4件（内完整、较完整2，残2）。中厚体，两侧面齐平，一面的刃部磨出刃面。

二期地层标本：T55⑤：26（图3-5-31，7；图版一三二，3），黄绿色，流纹岩。精细磨光，毫无缺损。背面有拱弧形棱脊的刃面，刃缘锋利。长7.3、宽5.1、厚1.8厘米。

三期地层标本：T72④D：51（图3-5-31，8；图版一三二，4），黄绿色，钠黝帘石化辉绿岩。正面右顶角处磨成斜坡面。长8.5、宽6.9、厚1.7厘米。T74④A：141（图3-5-31，9），浅灰色，石英砂岩。打制。正面为破裂面，左上角留有打击点和辐射线，刃部处剥落碎片。背面为自然光面，顶端打成斜坡，刃部处约1/2长度剥落小石片。左、右两侧面为齐直断口。系半成品。长8.9、宽7、厚2.4厘米。

AⅣ式　14件（内完整、较完整10，残4）。厚体，两侧面齐平，两面刃部缓收。

二期地层标本：T51⑤B：273（图3-5-32，6；图版一三二，5），浅绿灰色，含黏土质石英粉砂岩。磨光。顶端不平为砾石自然形状，未剥落碎屑，侧缘剥落较多，刃缘很锋利。长7.7、宽5.8、厚2.1厘米。T53⑤B：168（图3-5-32，2），黄绿色，绿泥石钠黝帘石化辉长辉绿岩。磨光。仅存左边部分刃缘，较锋利。长8.4、宽5.8、厚2.2厘米。T70⑤：39（图3-5-32，8），黄色，含黏土质粉砂岩。磨光。弧顶，右顶角磨斜，刃缘锋利，右刃角缺失。长7.2、宽5.2、厚2.1厘米。T74⑤B：118（图3-5-32，3），黄绿色，钠黝帘石化绿泥石化辉绿玢岩。磨光。刃缘较锋利，左刃角缺失。长8、宽6.1、厚2.1厘米。

三期地层标本：T69④A：56（图3-5-32，4；图版一三二，6），绿色，闪长岩。磨光，完好无损。刃缘很锋利。长6.3、宽5.3、厚2.2厘米。

四期地层标本：T58③B：11（图3-5-32，1；图版一三二，7），黄绿色，钠黝帘石化辉绿岩。磨光。右顶角自然斜直，正面顶边和左、右侧边为自然坡面，刃缘较锋利。长8.4、宽6.5、厚2.1厘米。T59③：118（图3-5-32，9；图版一三二，8），黄绿色，钠黝帘石化辉绿岩。磨光。正面顶边和左顶角处为天然的斜坡面。背面近顶部剥落一较大石片，其洼坑边缘一圈磨齐。长7、宽5.5、厚2.2厘米。T75③A：42（图3-5-32，7；图版一三二，9），灰绿色，绿泥帘石化辉绿玢岩。磨光，滑润。右侧缘崩落。刃缘完整较薄。长8.1、宽6.2、厚2.1厘米。

AⅤ式　3件（内完整、较完整2，残1）。厚体，两侧面齐平，一面的刃部磨出刃面。

二期地层标本：T51⑤A：241（图3-5-32，5），浅绿色，霏细岩。正面顶边为斜坡，刃部有拱弧形棱脊的大刃面，刃缘全缺损。残长7.2、宽5.6、厚2厘米。

B 长方形、长梯形小型单刃石斧　40件（内完整、较完整26，残破14）。分为8式。

BⅠ式　3件（内完整1，残2）。体厚中等，两侧面圆弧，两面刃部缓收。

三期地层标本：T51④A：88（图3-5-33，1），黄绿色，钠黝帘石化辉绿岩。磨光。右顶角自然弧斜，左侧面多剥落，刃缘完整锋利。长7.2、宽4.5、厚1.6厘米。

BⅡ式　5件（内较完整4，残1）。体厚中等，两侧面齐平，两面刃部缓收。

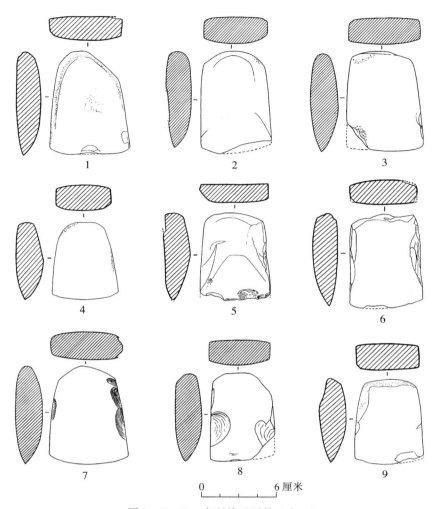

图 3 - 5 - 32　小型单刃石斧（之二）

1. AⅣ式（T58③B：11）　2. AⅣ式（T53⑤B：168）　3. AⅣ式（T74⑤B：118）

4. AⅣ式（T69④A：56）　5. AⅤ式（T51⑤A：241）　6. AⅣ式（T51⑤B：273）

7. AⅣ式（T75③A：42）　8. AⅣ式（T70⑤：39）　9. AⅣ式（T59③：118）

　　二期地层标本：T41⑥：21（图 3 - 5 - 33，3；图版一三三，1），棕色，高岭石黏土岩。磨光。左顶角缺失，刃缘很锋利。长 8.8、宽 6、厚 1.7 厘米。

　　三期地层标本：T55④：53（图 3 - 5 - 33，5），黄绿色，绿泥石英片岩。磨光。顶端和两面顶边多剥落，刃缘锋利中部稍缺损。残长 8.4、宽 6、厚 1.9 厘米。

　　四期地层标本：T56③：41（图 3 - 5 - 33，4），黄绿色，帘石化辉绿岩。磨光。正面顶边稍磨成斜坡面。刃缘基本保存，较钝。长 8.9、宽 5.5、厚 2 厘米。T74③：12（图 3 - 5 - 33，2），黄绿色，石英岩。正面为劈裂面，背面基本为天然光面微经磨过，两侧面磨出很窄的齐平面。系半成品。长 8.2、宽 5.1、厚 2 厘米。

　　BⅢ式　7 件（内完整、较完整 5，残 2）。体厚中等，两侧面齐平，刃部的一面有刃面。

　　二期地层标本：T61⑤B：38（图 3 - 5 - 33，7），灰绿色，辉绿玢岩。磨光。正、背面顶边为斜坡面，刃缘中部稍缺损。残长 7.6、宽 4.6、厚 1.8 厘米。T74⑤AH113：21（图 3 - 5 - 33，9；

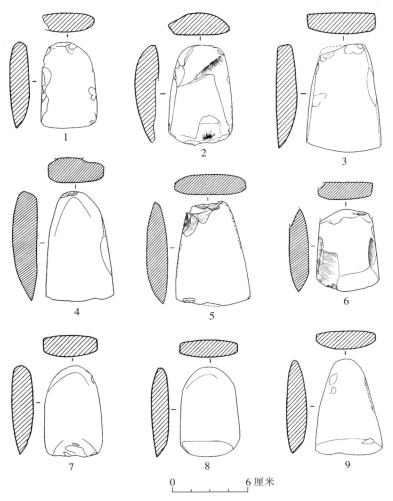

图 3 - 5 - 33 小型单刃石斧（之三）

1. B I 式（T51④A：88） 2. B II 式（T74③：12） 3. B II 式（T41⑥：21） 4. B II 式（T56③：41）
5. B II 式（T55④：53） 6. B III 式（T56③：100） 7. B III 式（T61⑤B：38） 8. B III 式（T42④A：10）
9. B III 式（T74⑤AH113：21）

图版一三三，2），灰绿色，钠黝帘石化辉绿玢岩。磨光。仅此件上、下端宽度相差较大。两侧面的上半段都经磨蚀，当与安把有关。长 7.9、宽 5.3、厚 1.6 厘米。

三期地层标本：T42④A：10（图 3 - 5 - 33，8；图版一三三，3），黄灰色，石英岩。磨光，完好无损。顶端中心磨出平面为长圆形的小平面，正面顶边稍磨成斜坡。刃缘锋利。长 7.4、宽 4.8、厚 1.5 厘米。

四期地层标本：T56③：100（图 3 - 5 - 33，6），磨光。顶部全缺损，侧面和侧缘均有不同程度剥落。左边刃缘缺，现存右边刃缘稍钝。长 6.6、宽 4.8、厚 1.4 厘米。

B IV 式 2 件（完整、较完整）。厚体，两侧面圆弧，两面刃部缓收。

三期地层标本：T75④B：145（图 3 - 5 - 34，1；图版一三三，4），黄绿色，钠黝帘石化辉绿岩。磨光。顶端全磨蚀并有少量剥落，两侧面的相对应部位均经磨蚀，刃缘锋利。长 8.8、宽 6.6、厚 2.6 厘米。T9③：45（图 3 - 5 - 34，2），灰绿色，辉绿玢岩。器身绝大部分为自然光面，左半边厚，右半边薄。仅将两面的刃部加磨，刃缘完整较锋利。长 8.8、宽 5.4、厚 2.2 厘米。

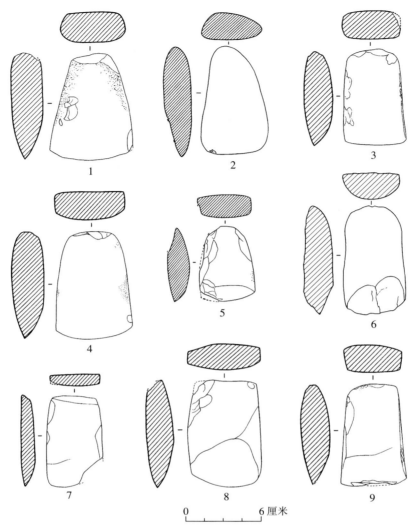

图 3 - 5 - 34　小型单刃石斧（之四）

1. BⅣ式（T75④B：145）　2. BⅣ式（T9③：45）　3. BⅤ式（T64④AH110：1）　4. BⅤ式（T70④AM203：1）

5. BⅥ式（T80④BF30：16）　6. BⅥ式（T72③B：75）　7. BⅦ式（T71③B：11）　8. BⅥ式（T70⑤H111：1）

9. BⅥ式（T59④AH101：7）

　　BⅤ式　4件（内完整、较完整3，残1）。厚体，两侧面齐平，两面刃部缓收。

　　三期地层标本：T64④AH110：1（图3-5-34，3；图版一三三，5），绿色，钠黝帘石化辉绿岩。磨光。侧缘多经剥落或磨蚀，刃缘完整锋利。长7.8、宽5、厚2.3厘米。T70④AM203：1（图3-5-34，4），黄绿色，绿泥帘石化辉绿玢岩。磨光。顶端全磨蚀并部分剥落碎屑，刃缘完整锋利。长8.8、宽6.1、厚2.5厘米。

　　BⅥ式　6件（内完整、较完整4，残2）。厚体，两侧面齐平，刃部的一面有刃面。

　　二期地层标本：T70⑤H111：1（图3-5-34，8），黄绿色，绿泥石钠黝帘石化辉长辉绿岩。磨光。平顶，顶端和背面顶边剥落甚多，刃缘完整锋利。长8.8、宽5.9、厚2.2厘米。

　　三期地层标本：T59④AH101：7（图3-5-34，9），黄绿色，钠黝帘石化辉绿岩。磨光。长8.4、宽5.3、厚2.4厘米。T80④BF30：16（图3-5-34，5），灰绿色，霏细岩。磨光。顶部和左侧面崩落较多，刃缘较钝。长6.1、宽4.4、厚1.9厘米。

四期地层标本：T72③B：75（图3-5-34，6；图版一三三，6、7），绿色，火山角砾岩。正面为光滑的天然砾石面，仅在刃部打出斜面。背面为劈裂面，在下方有极小一片加磨。系半成品。长8.8、宽5、厚2.2厘米。

BⅦ式　6件（内较完整4，残2）。薄体，两侧面齐平，两面刃部缓收。

三期地层标本：T53④：101（图3-5-35，1），绿白相间，角闪石英片岩。保存左半边刃缘，钝厚。长8.1、宽4.6、厚1.4厘米。

四期地层标本：T71③B：11（图3-5-34，7），棕色，高岭石黏土岩。磨光。保存左半边略钝刃缘，全形可能即斜弧刃缘。长7.6、宽4.5、厚1.3厘米。

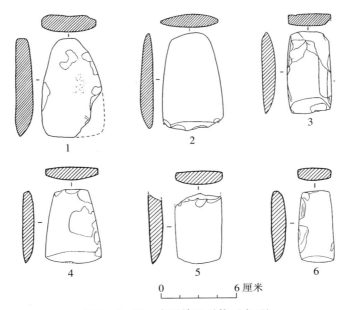

图3-5-35　小型单刃石斧（之五）

1. BⅦ式（T53④：101）　　2. BⅧ式（T24③：19）　　3. BⅧ式（T58④AS16：24）
4. BⅧ式（T71⑤：62）　　5. CⅠ式（T74④A：56）　　6. CⅡ式（T41④：12）

BⅧ式　7件（内完整、较完整3，残4）。薄体，两侧面齐平，刃部的一面有刃面。

二期地层标本：T71⑤：62（图3-5-35，4；图版一三三，8），棕色，黏土质硅岩。磨光。平顶，顶端全剥落碎屑，刃缘锋利。长6.1、宽4.5、厚1.1厘米。

三期地层标本：T58④AS16：24（图3-5-35，3），黄绿色，石英岩。磨光。正面右上方呈7形处为自然光滑斜坡面，左上方稍剥落碎屑，刃缘略损。长6.8、宽3.5、厚1.1厘米。T24③：19（图3-5-35，2），褐绿色，绿泥石钠黝帘石化辉长辉绿岩。磨光。两侧面窄长齐平，刃缘略损，钝厚。残长7.9、宽4.8、厚1厘米。

C 长条形小型单刃石斧　3件（内完整1，残2）。分为2式。

CⅠ式　2件（均残）。中厚体，两侧面齐平，两面刃部缓收。

三期地层标本：T74④A：56（图3-5-35，5），褐色，黏土质硅岩。磨光。上段缺失，刃缘完整锋利。残长5.8、宽3.8、厚1.1厘米。

CⅡ式　1件（完整）。

四期地层标本：T41④：12（图3-5-35，6），灰白色，流纹岩。磨光。中厚体，平顶，两侧面齐平，正面有刃面，刃缘完整很锋利。长6、宽2.8、厚1.1厘米。

4. 穿孔石斧

共2件。均完整。

三期地层标本：T52④AF9：178（图3-5-36，2；图版一三四，1），黑云斜长片麻岩。磨光。两顶角稍缺损，左、右侧面圆弧，两面刃部缓收对称，刃缘稍残缺。残长13.2、宽6.9、厚2.3厘米。

EZG采：05（图3-5-36，1；图版一三四，2），棕绿色，闪长岩。磨光。弧顶，两侧面圆弧，正、背面的左右侧边处部分地显出斜坡面的棱脊，两面刃部都有窄横条刃面，刃缘锋利。上部钻孔，从两面对钻，现孔槽深浅不一，尚未钻透，存留很小的石芯，显然是使用管钻所致。长15.8、宽8.7、厚1.7厘米。此件系采集品。

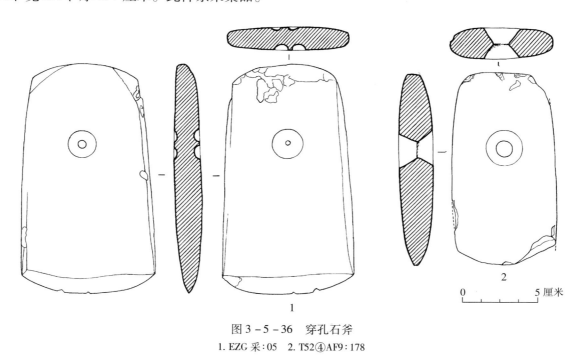

图3-5-36 穿孔石斧
1. EZG采：05　2. T52④AF9：178

5. 石钺

共18件。其中较完整的2件，残破16件（内含不能分式的2件）。均磨制，其中较多的细磨光滑。分为4式。

Ⅰ式　5件（均残）。两侧很薄，形成单条脊棱而无侧面。现存刃部者两面缓收和两面磨出刃面的各2件。

三期地层标本：T70④A：74（图3-5-37，2），黄绿色，叶蛇纹石岩。磨光。正、背面的左右侧边磨出窄条斜坡面，两面有凹弧形棱脊的窄条刃面，刃缘锋利。残长8、宽10.2、厚2厘米。
T36④C：24（图3-5-37，1；彩版二六，2；图版一三四，3），灰黑色，透闪—阳起石片岩。磨光，滑润。两面刃部缓收，除右刃角保存原边外，其他刃缘全缺失。圆孔两面钻透，孔壁上留有细密的平行旋纹。残长10.5、宽10、厚1.7厘米。

Ⅱ式　7件（内较完整2，残5）。两侧磨出较窄的齐平侧面，侧缘有棱。除2件标本的刃部两面磨有刃面外，余者因属上段残片，刃部不明。

二期地层标本：T53⑥:179（图3-5-37,5；彩版二六,3；图版一三四,4），绿色，透闪—阳起石片岩。磨光。两顶角缺失，两面刃部有窄条刃面，右刃角和中部刃缘缺损，现存两段刃缘较钝。圆孔壁上有细密的平行旋纹。长11.4、宽9.3、厚1.6厘米。T53⑤B:169（图3-5-37,4；彩版二六,4；图版一三四,5），绿色，叶蛇纹石岩。磨光，滑润。正、背面的顶边和两侧边

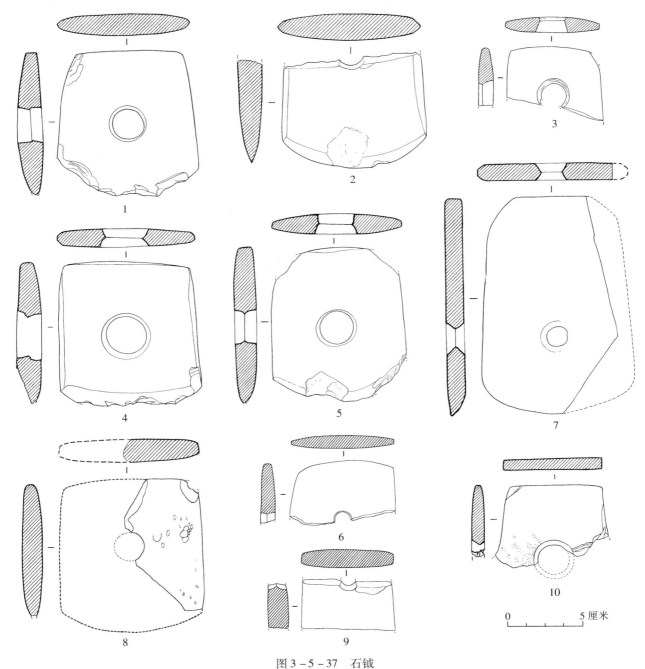

图3-5-37　石钺

1. Ⅰ式（T36④C:24）　2. Ⅰ式（T70④A:74）　3. Ⅱ式（T51③:68）　4. Ⅱ式（T53⑤B:169）　5. Ⅱ式（T53⑥:179）　6. Ⅱ式（T75③BH70:2）　7. Ⅲ式（T75③B:15）　8. Ⅲ式（T5③A:20）　9. Ⅲ式（T56③:85）　10. Ⅳ式（T53④:201）

都磨出窄条斜坡面。两面刃部有横条刃面，背面刃部剥落碎片。仅钝厚的左刃角处一段为原边，其他刃缘都缺失。大圆孔口整齐，孔壁光滑。残长 10.6、宽 9.9、厚 1.7 厘米。

四期地层标本：T51③：68（图 3 – 5 – 37，3），绿色，透闪—阳起绿泥片岩。磨光。仅存上段，缺右顶角。圆孔壁上满是清晰、细密的平行旋纹。残长 6.4、宽 8.4、厚 1.4 厘米。T75③BH70：2（图 3 – 5 – 37，6），褐色，透闪—阳起绿泥片岩。磨光。仅存上段。圆孔壁上有细密的平行旋纹。残长 5.5、宽 9.3、厚 1.2 厘米。

Ⅲ式　3 件（均残）。两侧面齐平、稍宽。

三期地层标本：T5③A：20（图 3 – 5 – 37，8），灰绿色，叶蛇纹石岩。平顶，两面刃部缓收，刃缘全缺。残长 9.5、残宽 5.4、厚 1.7 厘米。

四期地层标本：T56③：85（图 3 – 5 – 37，9），绿色，二云石榴斜长片麻岩。仅存中段和残孔。残长 4.4、宽 8.3、厚 1.7 厘米。T75③B：15（图 3 – 5 – 37，7），褐灰色，蒙脱石黏土岩，岩石硬度 1.2～2.5 级。质软已破碎。单面刃但未显刃脊，圆孔偏下部。长 15.9、残宽 9.5、厚 1.3 厘米。

Ⅳ式　1 件（残）。

三期地层标本：T53④：201（图 3 – 5 – 37，10），绿色，透闪—阳起石片岩。磨制。扁平体薄，左、右侧外斜，当有双肩。残宽 7.5、厚 1.1 厘米。

6. 石锛

共 75 件。按器身长度（与石斧标准相同）分为中、小型两类。

（1）中型石锛

共 4 件。其中完整的 1 件，残破 3 件。分为 2 式。

Ⅰ式　3 件（均残）。长方形，两侧面齐平，侧缘有棱。

三期地层标本：T51④A：132（图 3 – 5 – 38，2），深绿色，闪长玢岩。磨光。现存下半段。左、右刃角为原边，刃缘稍缺损。残长 7.1、宽 7、厚 1.8 厘米。

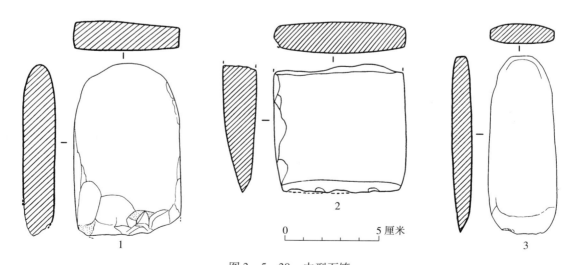

0　　　　　5 厘米

图 3 – 5 – 38　中型石锛

1. Ⅰ式（T75③B：5）　2. Ⅰ式（T51④A：132）　3. Ⅱ式（T51⑤B：268）

四期地层标本：T75③B：5（图3-5-38，1），黄色，弱透闪帘石化辉长岩。正面残存很少的横条刃面，左刃角为原边，刃缘缺失。残长9.4、宽5.7、厚1.6厘米。

Ⅱ式　1件（完整）。

二期地层标本：T51⑤B：268（图3-5-38，3），黄绿色，辉绿岩。磨光。长条形，小平顶，刃缘基本完整，锋利。长9.6、宽3.7、厚1.1厘米。

（2）小型石锛

共71件。其中完整、较完整的49件，残破22件（内含不能分式的2件）。均磨制，其中通体精细磨光和少数滑润很光的合占78%，没有琢制的。现存刃缘锋利的占67%，钝厚的占18%，刃缘缺失的15%。先按平面形状分为A、B、C三种，再各予分式。

A　宽长方形、宽梯形小型石锛　14件（内完整、较完整8，残破6）。分为5式。

AⅠ式　8件（内完整3，残5）。弧顶或平顶，体厚中等，两侧面齐平，侧缘有棱。在A种内此式形体最小。

二期地层标本：T71⑤：84（图3-5-39，1；彩版二七，1），黄绿色，绿泥绢云帘石化辉绿岩。磨光。刃缘锋利。长4.7、宽4.5、厚1.1厘米。

四期地层标本：T63③B：11（图3-5-39，2；图版一三五，1），灰绿色，绿泥闪石帘石化细粒玄武岩。磨光。刃面陡斜，刃缘很锋利。长4.4、宽3.7、厚0.9厘米。T70③：82（图3-5-39，3；图版一三五，2），深灰色，石英砂岩。打制，未经加磨。背面为光滑的天然砾石面，正面为平整的劈裂面，已打出横条刃面。当属半成品。长5.4、宽5、厚1.1厘米。

AⅡ式　3件（内较完整2，残1）。主要是比Ⅰ式的形体较大。

三期地层标本：T71④E：34（图3-5-39，4；图版一三五，3），灰绿色，绿泥闪石帘石化细粒玄武岩。磨光，滑润。刃缘中部和右刃角缺损，其他处的刃缘较锋利。长7.6、宽6.5、厚1.7厘米。T22③：36（图3-5-39，5；图版一三五，4），黄绿色，钠黝帘石化辉绿岩。磨光。顶端为光平的斜面，正面左侧缘多剥落碎屑。长7.6、宽6.3、厚1.4厘米。

AⅢ式　1件（完整）。

三期地层标本：T58④A：19（图3-5-39，6），灰绿色，辉绿岩。磨光。顶端缺失，今为较齐的断口。厚体，两侧面圆弧，其中右侧还有侧缘，刃缘略损甚钝厚。残长5.8、宽5.4、厚1.9厘米。

AⅣ式　1件（完整）。

二期地层标本：T55⑤：64（图3-5-39，7），浅灰绿色，硅岩。磨光。顶端缺失，背面残存窄条顶边。厚体，斜直刃缘较钝。残长6.1、宽5、厚1.7厘米。

AⅤ式　1件（较完整）。

四期地层标本：T71③B：74（图3-5-39，8），黄灰色，钠黝帘石化辉绿岩。磨光。平面近方形，特厚体，形体较大接近中型锛。正面有圆形自然洼面。长8.6、宽8.4、厚2.7厘米。

B　长方形、长梯形小石锛　37件（内完整、较完整26，残破11）。分为6式。

BⅠ式　18件（内完整、较完整8，残10）。体厚中等，形体略趋修长，两侧面齐平，侧缘有棱。

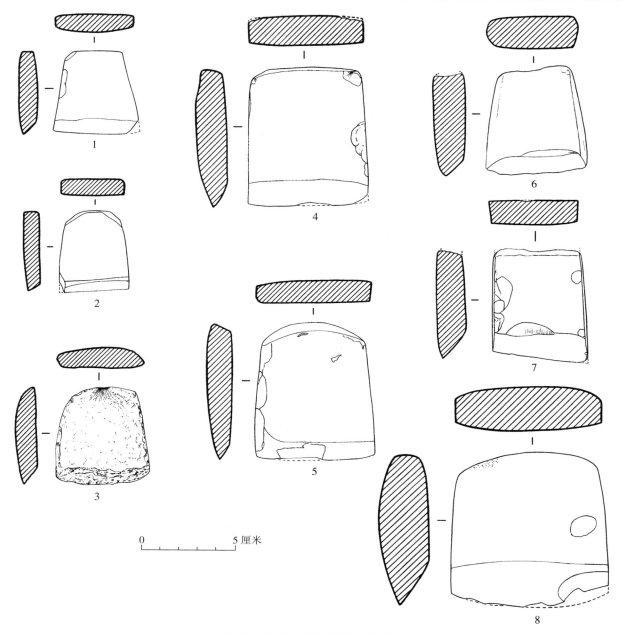

0 ├──┼──┼──┼──┼──┤ 5厘米

图 3－5－39　小型石锛（之一）
1. A Ⅰ 式（T71⑤:84）　2. A Ⅰ 式（T63③B:11）　3. A Ⅰ 式（T70③:82）　4. A Ⅱ 式（T71④E:34）　5. A Ⅱ 式（T22③:36）
6. A Ⅲ 式（T58④A:19）　7. A Ⅳ 式（T55⑤:64）　8. A Ⅴ 式（T71③B:74）

　　二期地层标本：T53⑥:189（图 3－5－40，6；图版一三五，5），黄绿色，绿泥闪石帘石化细粒玄武岩。磨光。斜弧顶，刃缘锋利。长 7.5、宽 4、厚 1 厘米。

　　三期地层标本：T64④B:40（图 3－5－40，5；彩版二七，2），暗绿色，暗色细粒闪长岩。磨光。正面的左侧缘均剥落，刃缘中段略残缺。残长 7.4、宽 4.5、厚 1.2 厘米。T70④B:19（图 3－5－40，1；彩版二七，3），紫色，石英粉砂岩。正面左上方和背面的相应位置，有未磨光的自然糙面。刃缘完整锋利。长 5.8、宽 3.2、厚 0.9 厘米。T74④A:33（图 3－5－40，3；彩版二七，4），灰绿色，辉绿玢岩。磨光，滑润。正面左、右侧边磨出斜坡面，左侧缘剥落较多，刃缘完整

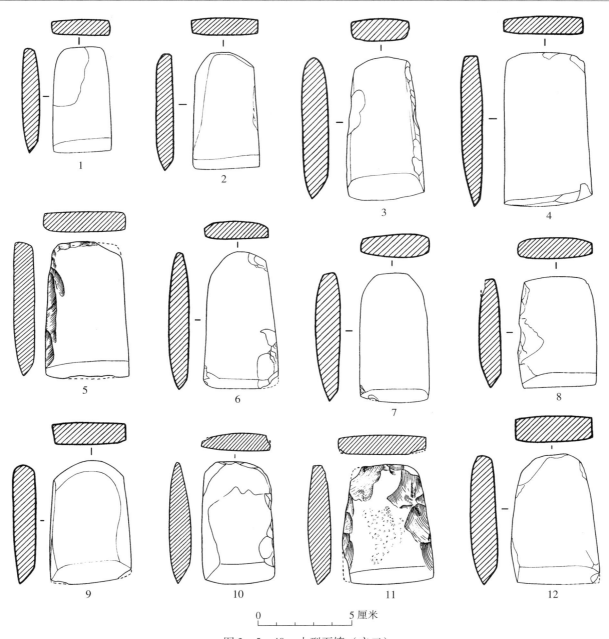

图 3 - 5 - 40　小型石锛（之二）

1. B I 式（T70④B:19）　2. B I 式（T70③:7）　3. B I 式（T74④A:33）　4. B I 式（T80③:15）　5. B I 式（T64④B:40）
6. B I 式（T53⑥:189）　7. B I 式（T51 扩③:21）　8. B II 式（T53④:93）　9. B II 式（T64④AH110:5）　10. B II 式
（T53④:115）　11. B II 式（T65④B:48）　12. B II 式（T71③B:24）

锋利。长 7.8、宽 4.1、厚 1.4 厘米。

　　四期地层标本：T51 扩③:21（图 3 - 5 - 40，7；彩版二七，5），黄灰色，含粉砂质硅岩。磨光，滑润。刃缘锋利。长 7.2、宽 3.8、厚 1.3 厘米。标本 T70③:7（图 3 - 5 - 40，2；彩版二七，6），灰色，绿泥闪石帘石化细粒玄武岩。磨光。正面顶边和左侧边为自然斜坡面。刃缘完整稍钝。长 6.4、宽 3.5、厚 0.9 厘米。T80③:15（图 3 - 5 - 40，4；图版一三五，6），灰绿色，绿泥帘石化辉绿玢岩。磨光。刃面较窄不光平，又磨出短道棱脊，把刃面分成几块，刃缘完整锋利。长 8.5、宽 4.7、厚 1.2 厘米。

BⅡ式　8件（内完整、较完整7，残1）。体厚中等，形体比BⅠ式稍宽，两侧面齐平，侧缘有棱。

三期地层标本：T53④：93（图3-5-40，8；彩版二七，7），绿色，绿泥石钠黝帘石化辉长辉绿岩。左侧面全剥落碎屑，刃缘完整锋利。长6、宽4.3、厚1.2厘米。T53④：115（图3-5-40，10），绿色，帘石化辉绿岩。顶部薄，顶端稍剥落，正面上部和左下方稍剥落薄层，右侧面崩落较多。刃缘完整锋利。长6.6、宽3.8、厚1厘米。T64④AH110：5（图3-5-40，9；彩版二七，8），灰色，流纹岩。磨光，滑润。正面顶边和右侧边为自然斜坡面，刃缘锋利。长6.7、宽4.3、厚1.3厘米。T65④B：48（图3-5-40，11；图版一三五，7），绿色，辉绿岩。磨光。正面左、右侧缘多剥落，刃缘很锋利。长6.6、残宽4.6、厚1.2厘米。

四期地层标本：T71③B：24（图3-5-40，12；图版一三五，8），灰绿色，绿泥石钠黝帘石化辉长辉绿岩。磨光。正面左顶角处剥落，刃缘锋利。长7.1、宽4.6、厚1.5厘米。

BⅢ式　1件（较完整）。

三期地层标本：T51④A：229（图3-5-41，1；图版一三五，9），黄绿色，辉绿玢岩。磨光。斜弧顶，厚体，两侧面齐平，侧缘有棱，刃缘稍缺损。长7、宽4.8、厚1.6厘米。

BⅣ式　6件（均完整、较完整）。体厚中等，两侧面齐平，侧缘有棱，形体较小。

二期地层标本：T51⑤B：267（图3-5-41，5；彩版二七，9），灰色，辉绿岩。刃缘稍缺损，较钝。长4.9、宽3.4、厚0.8厘米。T53⑤A：131（图3-5-41，2；图版一三五，10），灰绿色，辉绿玢岩。磨光，滑润。弧顶，两顶角磨去，正面顶边磨出窄斜面，刃缘完整很锋利。长3.8、宽2.4、厚0.9厘米。T77⑤B：42（图3-5-41，4），白色，石英岩。磨光，滑润。正面顶角处磨出小坡面，刃缘完整锋利。长4.7、宽3.5、厚0.9厘米。

四期地层标本：T53③：95（图3-5-41，3），黄白色，石英砂岩。磨光。左刃角缺，刃缘锋

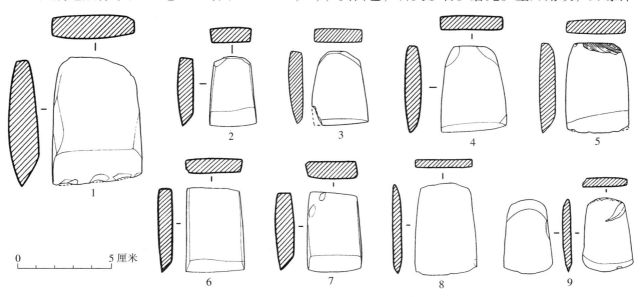

图3-5-41　小型石锛（之三）

1. BⅢ式（T51④A：229）　2. BⅣ式（T53⑤A：131）　3. BⅣ式（T53③：95）　4. BⅣ式（T77⑤B：42）　5. BⅣ式（T51⑤B：267）
6. BⅤ式（T70④A：21）　7. BⅤ式（T32⑤F2：13）　8. BⅥ式（T51③：91）　9. BⅥ式（T69③B：21）

利。长4、宽3、厚0.8厘米。

BV式　2件（完整）。顶缘较斜直，体厚中等，形状近长方形。

二期地层标本：T32⑤F2：13（图3－5－41，7；图版一三五，11），暗灰色，闪长玢岩。磨光，滑润。刃缘完整锋利。长4.3、宽2.8、厚1厘米。

三期地层标本：T70④A：21（图3－5－41，6；彩版二七，10），灰黑色，流纹岩。磨光，滑润，完整毫无磨损。左侧面不平，因裁料时两面未对齐，侧面中间形成一条棱脊，刃缘很锋利。长4.6、宽3.1、厚0.8厘米。

BⅥ式　2件（完整）。薄体，两侧面齐平，形状较小。

四期地层标本：T51③：91（图3－5－41，8），灰黄色，绿泥闪石帘石化细粒玄武岩。磨光，滑润。背面有横条刃面，刃缘锋利。长5、宽3.3、厚0.5厘米。T69③B：21（图3－5－41，9），黄白色，石英岩。磨光，滑润。背面顶边为自然斜坡面，刃缘很锋利。长4、宽2.6、厚0.5厘米。

C 长条形小石锛　18件（内完整、较完整15，残破3）。分为7式。

CⅠ式　7件（内完整、较完整6，残1）。弧顶，体厚中等，两侧面齐平，侧缘有棱，窄横条刃面。

二期地层标本：T52⑤A：126（图3－5－42，3），绿色，透闪—阳起石片岩。背面弧拱，正面中部稍洼，使器身略呈弯弧，正面左、右侧边崩落较多。现存刃缘较钝厚。长8.2、宽4、厚1.2厘米。

三期地层标本：T51④BF22：48（图3－5－42，6），灰白色，石英岩。磨光。背面顶缘斜坡，正面顶缘稍剥落，两面刃部缓收不对称，刃缘锋利、中部略缺损。右侧面下端及刃角处同是自然洼面，故不齐直。长6.1、宽3、厚1厘米。T24③：10（图3－5－42，1；彩版二七，11），灰绿色，流纹岩。磨光。左顶角自然斜弧，刃缘完整锋利。长6.7、宽3.3、厚1.3厘米。

四期地层标本：T51③：82（图3－5－42，2；彩版二七，12），黄绿色，辉绿岩。磨光，毫无磨损。正、背面顶边均有自然斜坡面，刃缘锋利。长7.9、宽3.7、厚1厘米。

CⅡ式　4件（内完整、较完整3，残1）。弧顶，圆刃角，窄条圆弧刃面。

三期地层标本：T59④A：109（图3－5－42，5），灰绿色，绿泥石钠黝帘石化辉长辉绿岩。磨光，滑润。正面右侧缘和背面左侧缘崩落，正、背面的顶边和正面的左侧边均为自然斜坡面，刃缘完整锋利。长8.5、宽3.5、厚1.5厘米。T3③：10（图3－5－42，4），黄绿色，闪长玢岩。磨光。背面中部有一未磨平的自然洼坑，右侧面大部崩落。刃缘完整锋利。长8.7、宽3、厚1.4厘米。

CⅢ式　2件（完整）。窄长条形。

三期地层标本：T57④BH96：15（图3－5－42，7），黄绿色，辉绿玢岩。磨光。正、背面右半部有竖条浅沟槽，上、下端相连接，为制作石器时起初切割石材留下的痕迹，后因变换了位置未继续下切。刃缘锋利。长6.3、宽2.5、厚1厘米。T69④A：67（图3－5－42，8），白色，流纹岩。磨光。正面顶边磨成窄斜坡面，刃缘锋利。长6、宽2.1、厚1厘米。

CⅣ式　1件（完整）。

二期地层标本：T51⑤BH48：330（图图3－5－42，9），灰色，含粉砂质硅岩。磨光，滑润，

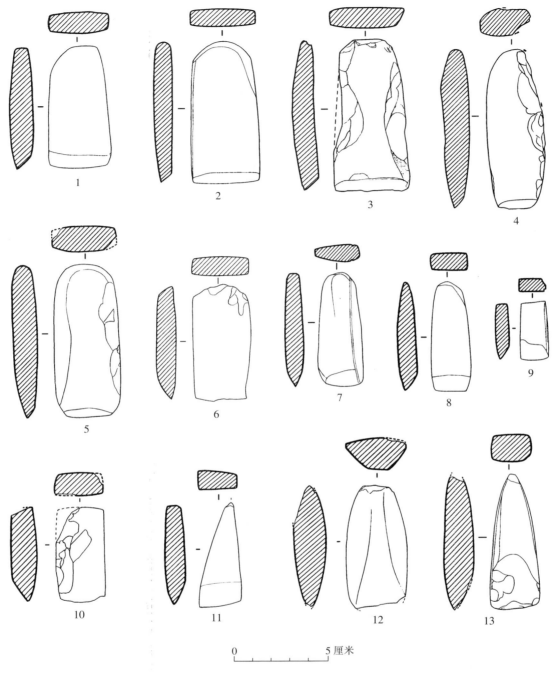

图 3 - 5 - 42   小型石锛（之四）

1. C I 式（T24③：10）   2. C I 式（T51③：82）   3. C I 式（T52⑤A：126）   4. C II 式（T3③：10）   5. C II 式（T59④A：109）
6. C I 式（T51④BF22：48）   7. C III 式（T57④BH96：15）   8. C III 式（T69④A：67）   9. C IV 式（T51⑤BH48：330）   10. C V
式（T41⑤：30）   11. C VII 式（T76④B：23）   12. C VI 式（T52④A：190）   13. C VII 式（T53④：103）

毫无磨损。平顶，厚体。右侧面中间有台状竖棱，由于正、背面切割石材至中间掰断所造成的，以致右侧面不平整。刃缘完整很锋利。长3.1、宽1.5、厚0.8厘米。

C V 式   1件（较完整）。

二期地层标本：T41⑤：30（图 3 - 5 - 42，10），黄灰色，流纹岩。磨光。平顶，左顶角缺失，背面右侧缘多崩落，背面刃部有横条刃面，刃缘稍缺损钝厚。长5.3、宽2.6、厚1.3厘米。

CⅥ式　1件（残）。

三期地层标本：T52④A：190（图3－5－42，12），绿黄色，长石石英岩。磨光。顶端全剥落，正面异常拱起并有两脊，两侧面为极窄的齐平面，两面刃部缓收不对称，刃缘全缺失。残长6.7、宽3.2、厚1.8厘米。

CⅦ式　2件（完整、较完整）。长条三角形。

三期地层标本：T53④：103（图3－5－42，13），灰绿色，辉绿玢岩。磨光，滑润。顶端缺失，厚体，两侧面齐，侧缘圆弧，正面有拱弧形棱脊的宽刃面，刃缘稍缺损较钝厚。残长7.4、宽2.6、厚1.7厘米。T76④B：23（图3－5－42，11），灰色，云母板岩。磨光。两侧面齐平，侧缘有棱，刃缘完整锋利。长5.7、宽2.3、厚1.2厘米。

7. 石凿

共25件。其中完整、较完整的11件，残破14件。都经磨制，少数的还细磨光滑，个别器身遗留大量琢痕而仅部分地磨光。先分为大、中型和小型两类，再各予分式。

（1）大、中型石凿

20件（内完整、较完整7，残破13）。分为5式。

Ⅰ式　5件（内完整1，残4）。侧面圆弧，横剖面呈椭圆形，两面刃部均缓收聚成器锋。

一期地层标本：T68⑦：128（图3－5－43，2），暗绿色，闪长岩。正、背面大部分加磨，局部较光，也有的地方尚不平整或遗留琢痕；上、下端和两侧面都仅打制，没有加磨。系半成品。长11.2、宽3.8、厚2.5厘米。

二期地层标本：T53⑤B：185（图3－5－43，1），黄绿色，绿泥石钠黝帘石化辉长辉绿岩。器身为光滑的天然砾石面，无磨蚀痕。仅刃部磨光，刃缘完整锋利。长11、宽2.3、厚1.3厘米。T72⑤A：79，器身为规整长条形、横剖面近椭圆的天然砾石，仅在顶端磨出一个小平头，其他处包括刃部未加工，当属留下开始最简单加工痕迹的石凿半成品。长9.2厘米。

Ⅱ式　4件（均残）。侧面齐平，一般侧缘有棱，横剖面近长方形，两面刃部缓收。

四期地层标本：T77③B：10（图3－5－43，7），黄绿色，钠黝帘石化辉绿岩。仅存刃部，刃缘锋利。残长6.9、宽4.1、厚2.8厘米。

Ⅲ式　3件（内完整、较完整2，残1）。两侧面齐平，横剖面近长方形，一面（2件）或两面（1件）的刃部磨出刃面。

四期地层标本：T72③B：21（图3－5－43，3），灰绿色，绿泥石钠黝帘石化辉长辉绿岩。左侧的正、背面边缘处各有斜坡形的切割槽，又据器身左半部较厚、右半部较薄以及刃面形状等观察，当系石斧的改制品。右侧缘多剥落碎屑，正面的刃部有刃面，刃缘全缺损。残长10、宽3.6、厚2.3厘米。

T211北采：03（图3－5－43，4；彩版二八，1；图版一三六，1），灰绿色，辉绿玢岩。磨光。局部留磨蚀痕。两面磨出拱弧形棱脊的刃面，刃缘完整锋利。长16.2、宽4.3、厚2.7厘米。

Ⅳ式　7件（内完整、较完整3，残4）。两侧面齐平，侧缘有棱或经磨蚀成圆拐，体厚，横剖面为圆角宽长方形，两面刃部缓收。

三期地层标本：T74④A：44（图3－5－43，9），灰黑色，硅岩。磨光，滑润。右侧面大部崩

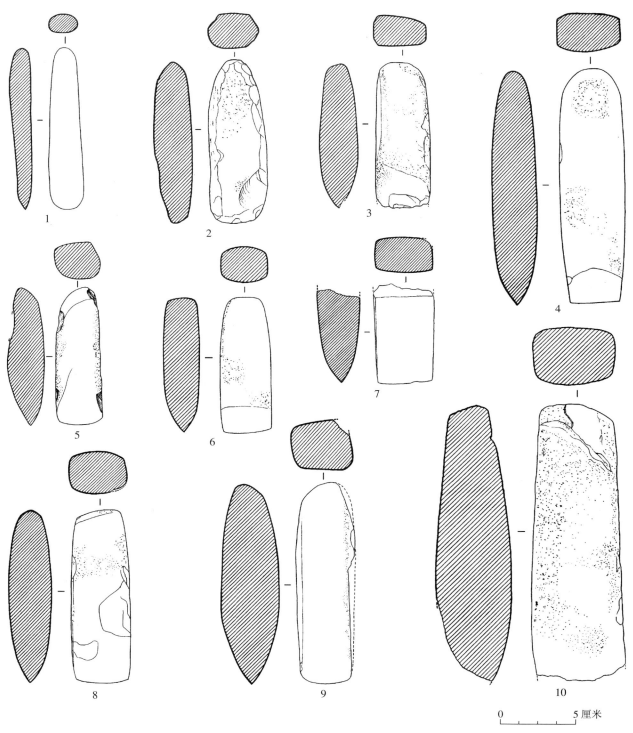

图 3 - 5 - 43　大、中型石凿

1. Ⅰ式（T53⑤B：185）　2. Ⅰ式（T68⑦：128）　3. Ⅲ式（T72③B：21）　4. Ⅲ式（T211 北采：03）　5. Ⅳ式（T59③：15）
6. Ⅴ式（T71④C：36）　7. Ⅱ式（T77③B：10）　8. Ⅳ式（T74③：110）　9. Ⅳ式（T74④A：44）　10. Ⅳ式（T211 附近采：053）

落，刃缘锋利。长 13.8、宽 4、厚 3.8 厘米。

　　四期地层标本：T59③：15（图 3 - 5 - 43，5），黄绿色，闪长岩。原为石斧，纵向断破后磨齐右侧茬口改制成凿，故全形和厚薄不甚匀称。顶部正面斜磨形成坡面，弧顶较薄，刃部两面缓收对称，刃缘完整锋利。长9.5、宽3.1、厚2.5厘米。T74③：110（图3-5-43，8；彩版二八，2；图版一三六，2），黄绿色，钠黝帘石化辉绿岩。弧顶，正、背面顶边均磨成斜坡面。刃缘完整锋利。长11.9、宽4、厚3厘米。

T211附近采：053（图3-5-43，10），黄绿色，闪长玢岩。琢制为主，正、背面和两侧面绝大部分布满大麻点状琢痕，局部加磨。斜弧顶，顶端全是磨蚀粗糙面，侧缘多磨蚀，正面刃部处缓收，背面刃部全崩落，刃缘全缺失（器大厚重，暂作为特大石凿归此，可能另属一种专用工具）。残长19.1、宽6、厚5厘米。

Ⅴ式　1件（完整）。

三期地层标本：T71④C：36（图3-5-43，6；图版一三六，3），绿色，闪长岩。两侧面齐平，侧缘圆拐，两面磨出横条刃面，刃缘完整较钝。长9.3、宽3.5、厚2.5厘米。

（2）小型石凿

5件（内完整4，残破1）。分为4式。

Ⅰ式　1件（完整）。

三期地层标本：T52④AH41：87（图3-5-44，1；彩版二八，3），黑色，黏土质硅岩。平顶，正面拱弧，下部微显脊，背面平，两侧面齐平，两面的刃部缓收成锋利的刃缘。长8.9、宽1.8、厚1.3厘米。

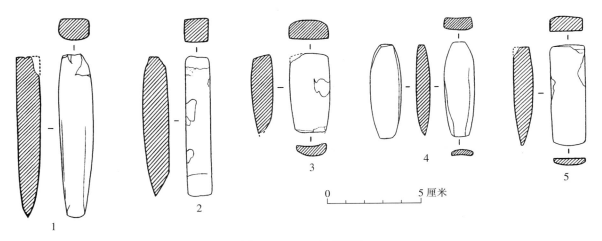

图3-5-44　小型石凿
1. Ⅰ式（T52④AH41：87）　2. Ⅱ式（T22③：22）　3. Ⅲ式（T51③：397）　4. Ⅲ式（T51④A：164）　5. Ⅳ式（EZG采：02）

Ⅱ式　1件（完整）。

三期地层标本：T22③：22（图3-5-44，2），白色，石英粉砂岩。磨光。横剖面呈正方形，正面磨出刃面。背面刃部竖直缓收，刃缘稍钝。长7.7、宽1.3、厚1.4厘米。

Ⅲ式　2件（内完整1，残1）。精细磨光。平顶或弧顶，两侧面齐平，侧缘有棱。一面的刃部凹弧，属于圆口凿。

三期地层标本：T51④A：164（图3-5-44，4；图版一三六，4），灰色，辉绿岩。正面微弧，两边微显脊，正面刃部斜直缓收。背面平，背面刃部凹弧状，上厚下薄渐变而无明显分界，范围纵长约8毫米，凹弧刃口的中部低于两侧约0.8毫米。刃缘完整锋利。长5.2、宽1.6、厚0.8厘米。

四期地层标本：T51③：397（图3－5－44，3），暗灰色，暗色细粒闪长岩。弧顶，左顶角缺失，正面平，背面拱弧。正面刃部为凹弧刃口，刃缘全缺失。残长4.4、宽2.2、厚1.2厘米。

Ⅳ式　1件（完整）。

EZG采：02（图3－5－44，5；图版一三六，5），暗绿色，暗色细粒闪长岩。磨光。背面顶边全崩落，正面平，背面稍弧，两侧面齐平，两面刃部缓收不对称，刃缘完整但经磨成齐平。长5.5、宽1.8、厚1厘米。

8. 圭形石凿

共34件。其中完整、较完整的10件，残破24件（含不能分式的8件）。都精细磨光，有些还很滑润。都属于窄刃平凿类。分为5式。

Ⅰ式　7件（内完整1，残6）。窄圆顶，正、背面一般较拱弧，体中段较宽厚，左、右侧面齐平而较窄，两侧缘有棱斜弧形缓收聚成器锋。

三期地层标本：T58④A：58（图3－5－45，2），棕色，绿泥闪石帘石化细粒玄武岩。表面为光滑的天然砾石面，正面左侧有一竖条圆脊。仅打击右侧面处使之略为齐直，其他没有加工。当属半成品。长10.2、宽3.6、厚2厘米。T71④E：35（图3－5－45，1；彩版二八，4），绿色，闪长岩。因受原石材形状所限，厚薄稍有不匀。刃缘较钝。长9、宽3、厚1.6厘米。

Ⅱ式　7件（内完整、较完整5，残2）。宽弧顶或平顶，侧面齐平而稍宽，侧缘有棱斜弧形缓收聚成器锋。

二期地层标本：T53⑤A：158（图3－5－45，6），黄绿色，钠黝帘石化辉绿岩。平顶，正、背面平，两侧面齐平而上段略呈弧面，刃缘较钝。为本遗址大溪文化圭形凿中最小者。长5.5、宽2、厚1.3厘米。

三期地层标本：T34④BF1：1（图3－5－45，4；彩版二八，5），紫色，绿泥闪石帘石化细粒玄武岩。局部侧面和侧缘略经磨蚀，刃缘锋利。长9.9、宽3、厚1.6厘米。T34④BF1：2（图3－5－45，3），紫色，绿泥闪石帘石化细粒玄武岩。侧缘多磨蚀，正面左侧边有条窄长斜坡，刃缘锋利。长9.7、宽3.1、厚2厘米。F1：1、F1：2同出在8号柱洞中。T38④BF1：6（图3－5－45，5；彩版二八，6），灰紫色，辉绿岩。正、背面较平，刃缘锋利。为本遗址大溪文化圭形凿中最大者。长13.3、宽3.6、厚2.2厘米。

Ⅲ式　3件（内完整2，残1）。宽平顶，体最厚处在下段刃部处。

三期地层标本：T52④A：79（图3－5－45，8；彩版二八，7），褐色，辉绿岩。大部的顶端和局部的侧缘经磨蚀。正面的左、右侧边磨出窄条斜坡，刃缘钝厚。长9.7、宽3.4、厚2厘米。

四期地层标本：T76③：19（图3－5－45，7；彩版二八，8），灰色，透闪—阳起石片岩。刃缘薄利。长6.5、宽2.6、厚1厘米。

Ⅳ式　3件（内完整1，残2）。小平顶，侧面齐平，左、右侧缘至刃部处斜折聚成器锋。

三期地层标本：T51④A：147（图3－5－45，9），褐色，绿泥闪石帘石化细粒玄武岩。背面左、右侧边有较宽的斜坡面。刃缘缺失。残长9.7、宽2.8、厚1.5厘米。T67④C：35（图3－5－45，10；彩版二八，9），紫色，石英砂岩。右侧面齐平，左侧面圆弧，刃缘锋利。长8.8、宽2.6、厚1.6厘米。

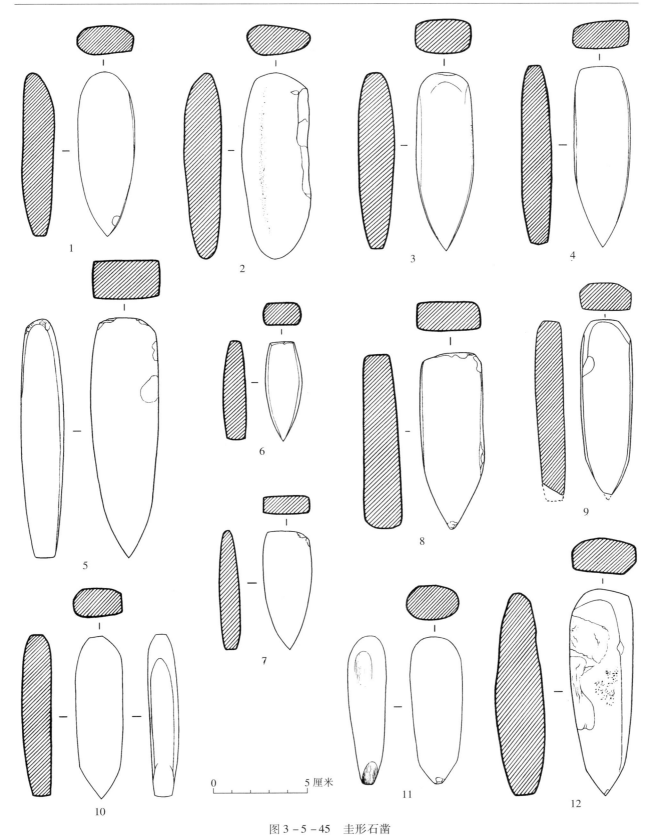

图 3 - 5 - 45 圭形石凿

1. I 式（T71④E：35） 2. I 式（T58④A：58） 3. II 式（T34④BF1：2） 4. II 式（T34④BF1：1） 5. II 式（T38④BF1：6）
6. II 式（T53⑤A：158） 7. III 式（T76③：19） 8. III 式（T52④A：79） 9. IV 式（T51④A：147） 10. IV 式（T67④C：35）
11. V 式（T58④A：20） 12. V 式（T74④A：115）

Ⅴ式 6件（内完整1，残5）。弧顶，上段最宽，体厚，刃部处的侧缘斜折。

三期地层标本：T58④A：20（图3－5－45，11；彩版二八，10），黄绿色，绿泥闪石帘石化细粒玄武岩。利用天然光滑的砾石块，在背面的上部和两侧面的上段稍经加磨，斜直的刃部已砥磨加工成形，但尚未磨出刃缘。为半成品。长8、宽2.9、厚2.1厘米。T74④A：115（图3－5－45，12；彩版二八，11），灰绿色，钠黝帘石化辉绿玢岩。正面右侧为自然斜坡面。刃缘较钝。长11.2、宽3.5、厚2.6厘米。

9. 石刀

3件（完整、较完整）。形制各不相同，现统归刀类。

三期地层标本：T53④：137（图3－5－46，2），灰白色，石英岩。磨光。两顶角缺失，两侧面齐平，正面刃部磨出窄条刃面，背面刃部竖直缓收，刃缘锋利。形小体薄，疑为复合工具的刀刃。长3.1、宽2.3、厚0.3厘米。

四期地层标本：T55③：16（图3－5－46，3；图版一三六，7），黄灰色，闪长玢岩。磨光，完整。圆角长条形，两面刃部缓收，刃缘较锐薄，长8.8、宽2.9、厚0.7厘米。T69③B：25（图3－5－46，1），黄绿色，云母板岩。磨光。平面近三角形，两侧面为窄小的齐平面，两面刃部缓收，刃缘较钝。长6.1、宽4.5、厚0.6厘米。

10. 石切割器

共12件。除1件外，余都是残斧的改制品。利用断斧的下部，断口（即现器物的顶端）都经过敲琢或稍砥磨，现存有些刃缘还较锋利。改制后的器形都较短宽厚硕，不宜安柄再作斧类，可能是直接手持使用的刀具，现暂称为"切割器"，但也可能是石楔。

一期晚段地层标本：T56⑦：97（图3－5－46，10），灰绿色，闪长岩。顶端为齐平粗面断口，右顶角和部分顶缘稍经磨过，左侧面崩落，刃缘较锋利。长7、宽4、厚1.7厘米。

二期地层标本：T53⑤B：186（图3－5－46，9），绿色，钠黝帘石化辉绿玢岩。两侧面圆弧。两顶角和正面局部顶缘磨钝，刃缘锋利。长8、宽6.4、厚2.3厘米。T54⑥：30（图3－5－46，5），褐绿色，弱透闪帘石化辉长岩。顶端和顶缘全剥落并经磨蚀，成较整齐的弧顶。左、右侧面圆弧，部分侧面崩落。保存左半边部分的刃缘较锋利。长10.3、宽9.4、厚3.2厘米。T59⑤B：58（图3－5－46，4），灰绿色，辉绿玢岩。磨光，滑润。正、背面对称的拱弧度较大，圆弧形刃缘较锋利。上部断缺，但可认定此件本不是残斧的带刃缘下部，原状不明。残长8.3、厚3厘米。T70⑤：50（图3－5－46，8），灰绿色，辉绿玢岩。顶边和两顶角均经磨蚀。刃部两面缓收对称，今刃缘甚钝厚。长9.2、宽8、厚2.9厘米。T2④B：45（图3－5－46，6），黄灰色，帘石化辉绿岩。弧面的顶部布满敲琢痕。正面右边有一自然斜坡面。两面刃部缓收，刃缘完整较锋利。长7.7、宽6.5、厚2.5厘米。

四期地层标本：T51③：83（图3－5－46，7），绿色，闪长玢岩。磨制。左、右顶角磨圆，刃缘很锋利。长8.5、宽8.2、厚3厘米。

11. 打制蚌形石器

249件，整、残都有。它们除Ⅶ式一种外，余都是从砾石块上打击下来的石片，大小不一，大的长约16厘米，小的长约5厘米，一般长10厘米左右；形状多样，以椭圆形的最为常见，式样

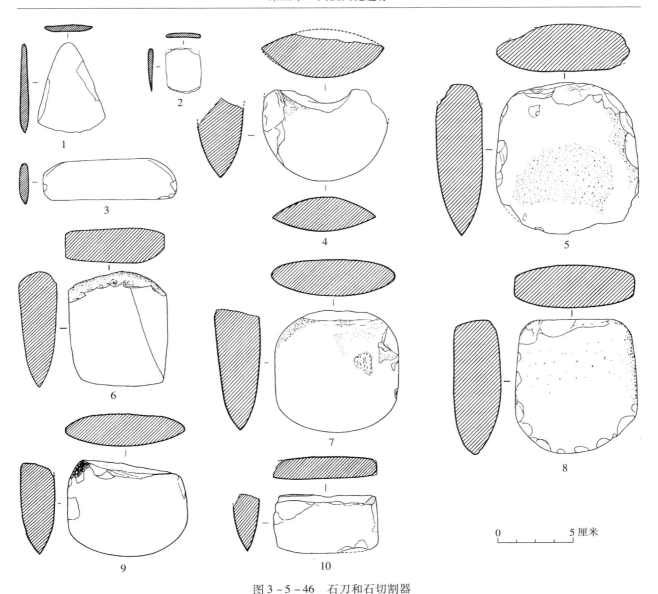

图 3 - 5 - 46 石刀和石切割器

刀：1. T69③B：25　2. T53④：137　3. T55③：16　切割器：4. T59⑤B：58　5. T54⑥：30　6. T2④B：45　7. T51③：83　8. T70⑤：50
9. T53⑤B：186　10. T56⑦：97

比较定型，现暂统称之为打制蚌形器。打制技术相当熟练，方法基本一致，一般是采用较大块的
砾石，根据所需石片大小的不同情况，在砾石上选点着力直接猛击，即剥落下一整块大石片。该
石片的一面为砾石的自然光面，另一面为遗留打击点、辐射线等痕迹的劈裂面；也有些大石片，
与其劈裂面上打击点和辐射线集中处相对应的另一面，还留有剥落小石片的小疤痕。这些石片在
遗址文化层里分散出土，数量丰富，个体较大，形制规整，并不是制作石器过程中产生的石屑废
料；同时，许多石片的边缘，还经过进一步加工，留有多少不一的小疤痕，或是在原来相当薄利
的边缘上留有掉落碎屑的使用痕迹。因此，当属于一种工具，也就是与磨制石器共存的一类打制
石器。其边缘以扁薄、锐利的为主，圆钝、厚硕的较少，就这两种基本情况分析，推测主要用途
可能分别用于切割、刮削和剖劈，可使用的刃缘长度多较长。另外，还有 207 件人工石片缺乏上
述特征，暂视为普通石片。除石片制品外，还有极少量的是剥落石片后的扁平砾石制品，集中在

Ⅶ式一种，它们可能就以此作为工具，也可能是另种工具的半成品。现将经过第二步加工或使用过的打制蚌形器249件，选择标本分为如下7式。

Ⅰ式 横椭圆形。一种是椭圆形的两端形状相同，比较对称；另一种其两端的大小有差别，近似蛋圆形。

一期晚段地层标本：T69⑦H170：2（图3－5－47，3），褐色，闪长玢岩。正面劈裂面大体平整，背面全是自然光面。横长7.2、宽5.3、厚1.3厘米。

二期地层标本：T51⑥：417（图3－5－47，1；图版一三七，1），黄色，石英闪长玢岩。劈裂面表面微鼓起，上方打击点处的背面有剥落小石片的疤痕。长12、宽5.8、厚1.3厘米。T72⑥B：87（图3－5－47，2），背面全为自然光面，正面为较平的劈裂面，左、右和下方边缘均剥落少量碎屑。长12.1、宽9.7、厚2.9厘米。T53⑤A：232（图3－5－48，1；图版一三七，2），绿灰色，闪长玢岩。背面全为自然光面。长12.2、宽9.3、厚1.6厘米。T53⑤B：235（图3－5－47，4；图版一三七，3），灰色，石英砂岩。体较厚，正面劈裂面鼓起，背面自然光面的上方有一石片疤痕，刃缘厚硕。长10.6、宽8.6、厚2.9厘米。T68⑤H117：5（图3－5－48，5；图版一三七，4），浅绿色，火山角砾岩。背面全是自然光面。长8.1、宽5.3、厚1.3厘米。T70⑤：100（图3－5－48，2），背面全为自然光面，正面为劈裂面，下方边缘的正、背面均剥落少量碎屑。长10.6、宽8.1、厚1.9厘米。T74⑤B：150（图3－5－48，3），黄绿色，闪长玢岩。背面绝大部分为自然光面，仅在打击点处剥落小块石片后留下疤痕并有辐射线。正面为劈裂面，中部一条横向凹弧状突棱，下方边缘较薄利、局部剥落碎屑。长15.7、宽11.7、厚3厘米。T74⑤AH113：31（图3－5－48，6），黄红色，石英砂岩。正面为劈裂面，遗留一组较长的辐射线，中部突起形成凹弧形横脊；左上方为剥落小石片的疤痕，并有一组较小的辐射线。背面上方有剥落一小石片的疤痕，上、下边缘处又经加工而剥落些小石片，其他绝大部分为自然光面。长10.4、宽7.8、厚2.6厘米。

三期地层标本：T61④H95：9（图3－5－49，3；图版一三七，5），紫色，石英砂岩。左上方打击点处的背面有剥落小石片的疤痕。长10.2、宽7.2、厚1.9厘米。T70④B：92（图3－5－49，2；图版一三七，6），灰色，闪长玢岩。背面全为自然光面。左、右和下方的边缘均较钝。长12.5、宽9.5、厚2.1厘米。T74④A：142（图3－5－48，7；图版一三八，1），灰色，闪长玢岩。背面全为自然光面。长10.9、宽7.4、厚1.8厘米。T74④B：146（图3－5－49，1），紫红色，石英砂岩。劈裂面中部较鼓，上方打击点处的背面有剥落小石片的疤痕。长14.4、宽10.7、厚2.4厘米。T74④B：155（图3－5－48，4），灰色，石英砂岩。背面为自然光面，正面劈裂面较平整，右、下方两边缘薄利。长10.7、宽6.3、厚1.2厘米。

Ⅱ式 竖椭圆形。

二期地层标本：T52⑥：198（图3－5－49，5；图版一三八，2），深灰色，闪长玢岩。正面为很平整的劈裂面，布满辐射线，背面全为砾石自然光面。长9.9、宽8、厚1.6厘米。T57⑤：139（图3－5－50，1），背面为自然光面，正面为较平整的劈裂面，器体上厚下薄，下部边缘较薄利局部剥落碎屑。长12.5、宽9.7、厚2.6厘米。T70⑤：98（图3－5－49，4；图版一三八，3），黄灰色，石英砂岩。正面为平整的劈裂面，背面全是自然光面。纵长10.1、宽7.8、厚1.7厘米。

四期地层标本：T53③：225（图3－5－49，6；图版一三八，4），绿黄色，闪长玢岩。正面劈

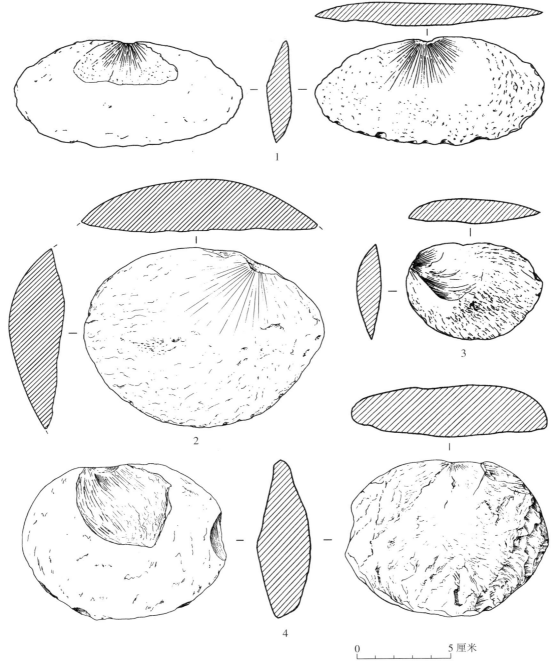

图 3 - 5 - 47　打制蚌形石器（之一）

1. Ⅰ式（T51⑥:417）　　2. Ⅰ式（T72⑥B:87）　　3. Ⅰ式（T69⑦H170:2）　　4. Ⅰ式（T53⑤B:235）

裂面的下端刃缘边有少量断续的磨痕，最宽处约 0.7 厘米。背面上部有剥落一较大石片留下的疤痕，其他为自然光面。长 9.3、宽 7.2、厚 2 厘米。

Ⅲ式　圆形。

二期地层标本：T57⑥B:142（图 3 - 5 - 50，6），背面为自然光面，正面为劈裂面，左、下方边缘稍薄、局部剥落碎屑。长 8.3、宽 8、厚 2.6 厘米。T59⑤AG6:14（图 3 - 5 - 51，1；图版一三八，5），灰色，闪长玢岩。正面为微凸弧的劈裂面，背面全为自然光面。长 8、宽 7.6、厚 1.4

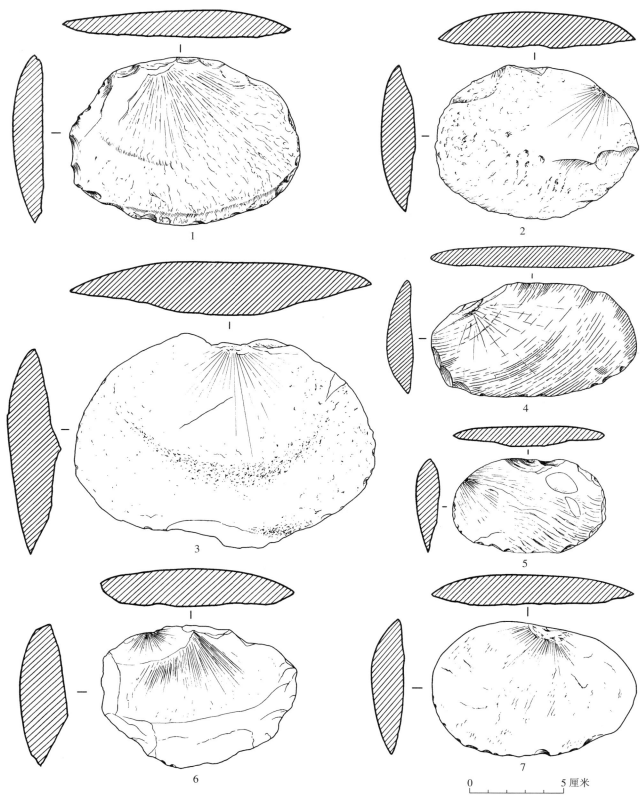

图 3 - 5 - 48　打制蚌形石器（之二）

1. Ⅰ式（T53⑤A：232）　　2. Ⅰ式（T70⑤：100）　　3. Ⅰ式（T74⑤B：150）　　4. Ⅰ式（T74④B：155）　　5. Ⅰ式（T68⑤H117：5）
6. Ⅰ式（T74⑤AH113：31）　　7. Ⅰ式（T74④A：142）

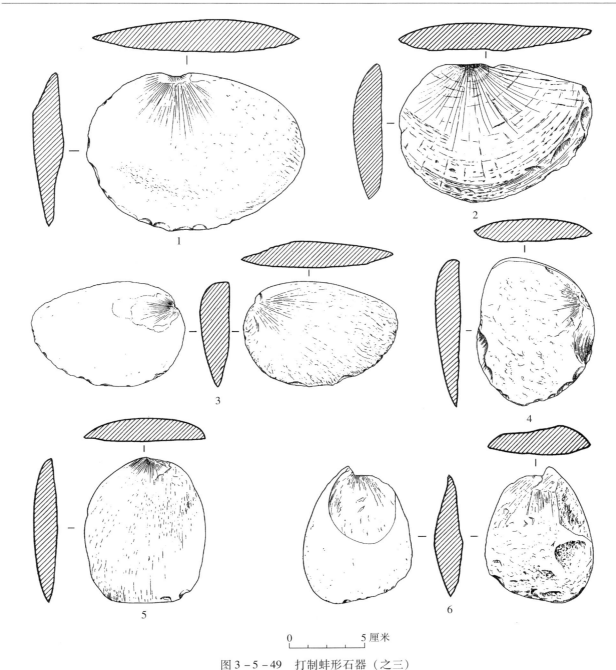

图 3 - 5 - 49　打制蚌形石器（之三）

1. Ⅰ式（T74④B：146）　　2. Ⅰ式（T70④B：92）　　3. Ⅰ式（T61④H95：9）　　4. Ⅱ式（T70⑤：98）　　5. Ⅱ式
（T52⑥：198）　　6. Ⅱ式（T53③：225）

厘米。T70⑤：94（图3-5-50，2），灰白色，石英岩。体较厚，正面劈裂面弧凸，背面全为自然
光面。长9.8、宽9.5、厚3厘米。T71⑤：105（图3-5-50，5；图版一三八，6），暗灰色，辉绿
岩。正面劈裂面很平整。长10.1、宽9.2、厚1.8厘米。

　　三期地层标本：T75④C：203（图3-5-50，3；图版一三九，1），暗灰色，辉绿岩。四周边
缘均较薄利，大部边缘剥落碎屑。长7.5、宽7、厚1.5厘米。

　　四期地层标本：T53③：226（图3-5-50，4；图版一三九，2），浅紫色，流纹岩。正面劈裂
面下部左侧和下方刃部两片地方加磨，背面全为自然光面。长10.1、宽9.5、厚1.5厘米。

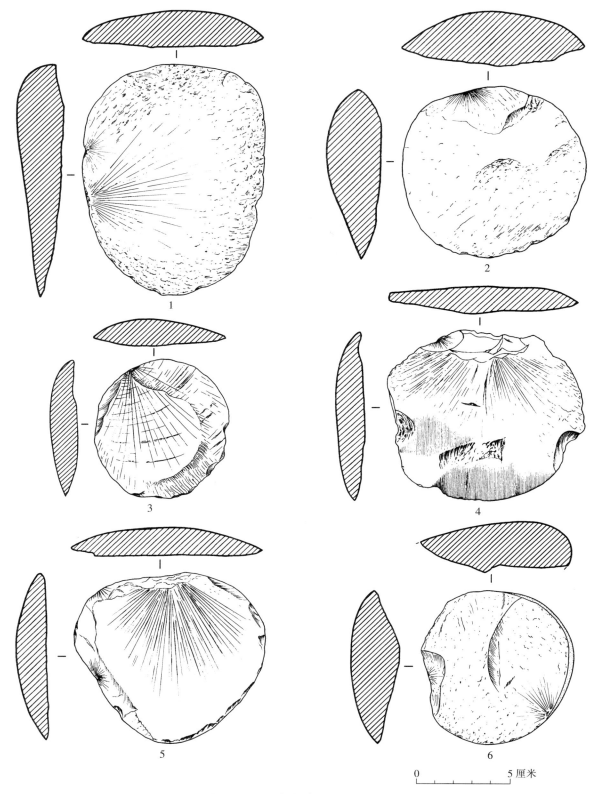

0   5 厘米

图 3 – 5 – 50　打制蚌形石器（之四）

1. Ⅱ式（T57⑤：139）　　2. Ⅲ式（T70⑤：94）　　3. Ⅲ式（T75④C：203）　　4. Ⅲ式（T53③：226）　　5. Ⅲ式（T71⑤：105）
6. Ⅲ式（T57⑥B：142）

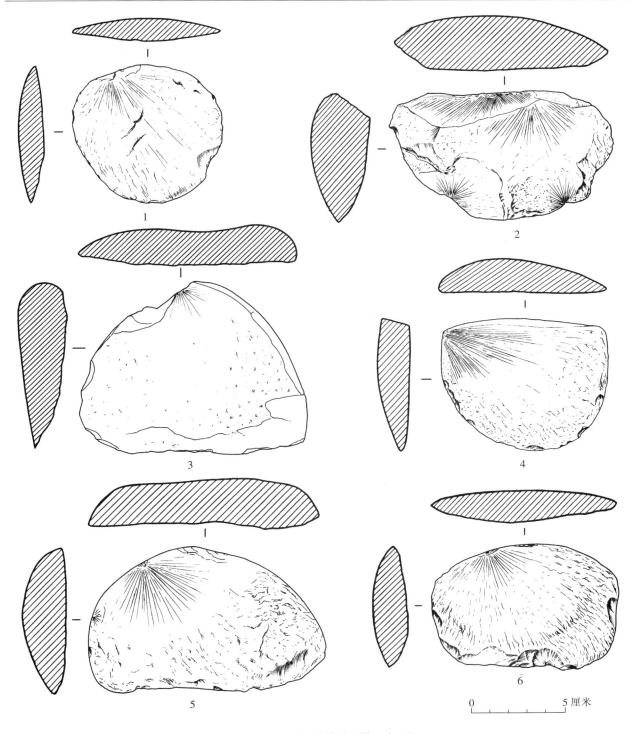

图 3 - 5 - 51　打制蚌形石器（之五）

1. Ⅲ式（T59⑤AG6：14）　2. Ⅳ式（T70④B：90）　3. Ⅳ式（T74④B：147）　4. Ⅳ式（T70⑤G5：25）
5. Ⅳ式（T74⑤AH113：34）　6. Ⅴ式（T75④C：201）

Ⅳ式　半圆形。

二期地层标本：T70⑤G5：25（图 3 - 5 - 51，4），灰绿色，闪长玢岩。顶端为齐平断面，正面为很平整的劈裂面，背面全为自然光面。长 8.8、宽 7.4、厚 1.8 厘米。T74⑤AH113：34（图 3 -

5－51，5；图版一三九，3），灰色，闪长玢岩。背面全为自然光面，边缘较钝厚。长 12.6、宽 7.8、厚 2.8 厘米。

三期地层标本：T70④B：90（图 3－5－51，2），灰黄色，石英砂岩。厚体，上厚下薄，顶端中部稍经磨蚀，边缘较钝厚，背面为自然光面。长 11.8、宽 7.1、厚 3.1 厘米。T74④B：147（图 3－5－51，3），灰黄色，石英砂岩。背面为自然光面，正面劈裂面粗平，近下方边缘处有条不甚明显的突棱，下方边缘剥落少量碎屑。长 11.7、宽 9.2、厚 2.4 厘米。

V式　一般近长方形，个别的为平行四边形。

二期地层标本：T1④H2：88（图 3－5－52，1；图版一三九，5、6），白色，石英岩。正面为劈裂面，四边又剥落小石片，上、中部零星散布数处磨光面，其中最大一片约 0.8 平方厘米。背面中部为砾石自然光面，三边又剥落小石片。下端刃缘比较钝厚。长 9.4、宽 8、厚 2.3 厘米。

三期地层标本：T75④C：201（图 3－5－51，6；图版一三九，4），灰色，石英砂岩。正面为弧凸的劈裂面，背面全为自然光面，边缘较钝厚。长 9.9、宽 6.7、厚 1.9 厘米。

四期地层标本：T52③：181（图 3－5－52，2），黑色，燧石。呈平行四边形，中部厚，左、右侧边和下端边缘都较薄，左侧缘上段剥落少量石屑。长 5.2、宽 3.5、厚 1.4 厘米。

VI式　不规则形。正面为劈裂面，背面除边缘外为自然光面，正、背面的部分边缘又都进一步加工击落小石片，一般比较薄利。

二期地层标本：T51⑥：416（图 3－5－52，5），浅绿色，霏细岩。背面为自然光面，正面为劈裂面。下部边缘较钝厚，其正、背面均有剥落碎屑的疤痕。长 9.6、宽 5.8、厚 1.5 厘米。T74⑥：153（图 3－5－52，4），灰绿色，石英岩。背面自然光面的两侧和下方周边均有剥落石片，而打击点处未剥落石片。长 12.3、宽 9.9、厚 2.8 厘米。T53⑤A：234（图 3－5－53，5），灰黑色，花岗斑岩。除上方以外的边缘多经剥落石片。长 12.1、宽 9.3、厚 2.1 厘米。

三期地层标本：T70④B：89（图 3－5－52，3），背面为自然光面，上端（正面所见即打击点的相应位置）剥落一块石片；正面为较平的劈裂面，下方又打出斜面，边缘较薄；左侧边缘也较薄，右侧为较厚的断口。长 10.3、宽 6、厚 2.1 厘米。

VII式　上厚下薄椭圆形。多采用光滑的扁平椭圆砾石，在其一面经一次或数次击落石片，留下整齐又较大的一片疤痕。加工后的形体上部厚，至下端渐薄，纵剖面呈楔形。上部厚硕并保留一部分砾石面，似适于握持。下端边缘薄利或较钝厚。

二期地层标本：T70⑤：97（图 3－5－53，2；图版一四〇，1），黄绿色，玄武岩。下端剥落碎屑。纵长 10.6、宽 9、厚 2.8 厘米。T70⑤G5：23（图 3－5－53，1；图版一四〇，2），褐灰色，安山岩。劈裂面高低不平，边缘剥落小石片，比较厚硕。长 10.4、宽 8.8、厚 3.6 厘米。

三期地层标本：T56④B：102（图 3－5－53，4；图版一四〇，3），紫色，流纹岩。纵长 10.9、宽 8.4、厚 3 厘米。T69④A：57（图 3－5－53，3；图版一四〇，4），绿色，石英砂岩。下端边缘剥落小石片。纵长 15.5、宽 9.9、厚 3.8 厘米。

12. 石杵

共 38 件。其中完整的 23 件，残破 15 件（均不能分式）。另外，还有些形状与上述石杵一致但无明显使用痕迹的 39 件。普遍采用长条形光面的天然砾石，横剖面多呈椭圆形，两端圆头同大

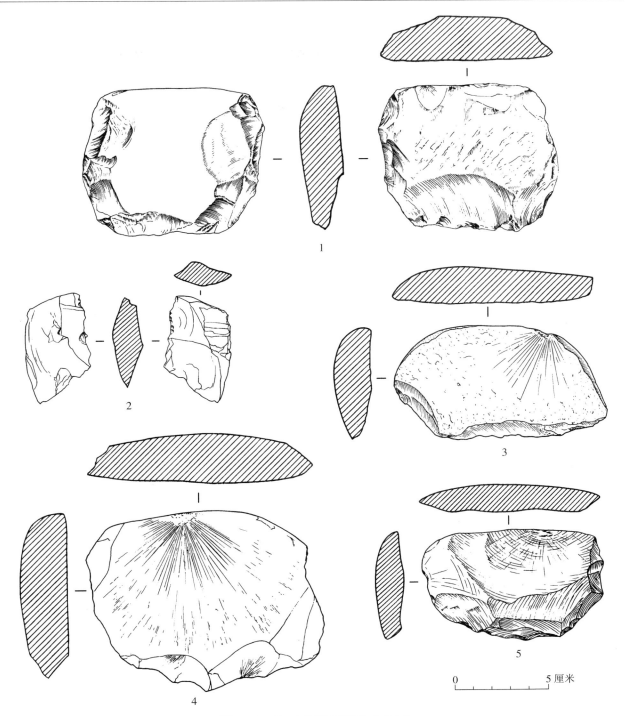

图 3 - 5 - 52　打制蚌形石器（之六）

1. Ⅴ式（T1④H2：88）　 2. Ⅴ式（T52③：181）　 3. Ⅵ式（T70④B：89）　 4. Ⅵ式（T74⑥：153）　 5. Ⅵ式（T51⑥：416）

或分大小，主要在其一端或两端因使用而遗留有磨蚀痕迹及剥落碎屑。此外，发现个别的是长条形残斧、圭形凿的改用品。现按器物长度，以 13 厘米为界，分为大、小两种即 2 式。

　　Ⅰ式　10 件。较大型者。

　　二期地层标本：T62⑤AH141：17（图 3 - 5 - 54，2；图版一四一，1），灰绿色，闪长玢岩。在下端和左、右下方磨蚀并剥落碎屑。长 15.7、宽 4.8、厚 3.8 厘米。T74⑤A：131（图 3 - 5 - 54，1），

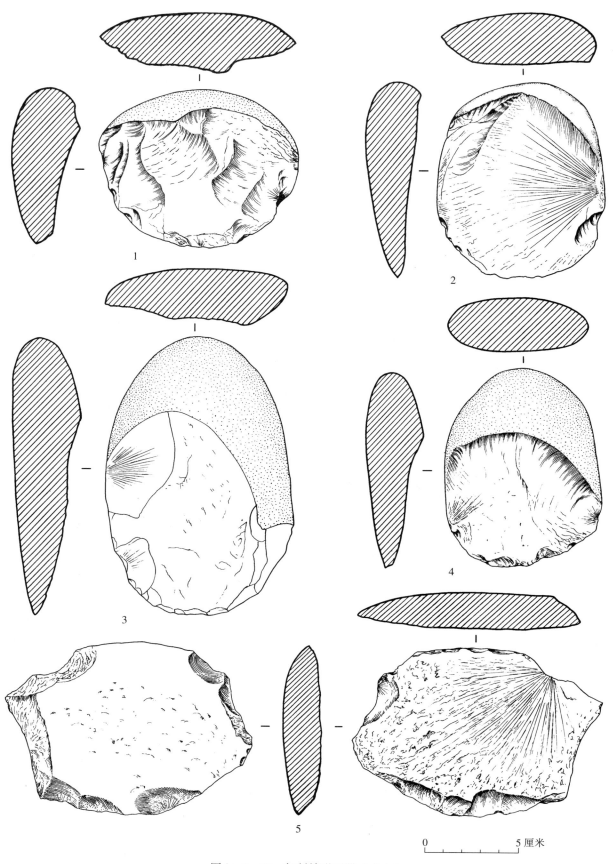

图 3 – 5 – 53　打制蚌形石器（之七）

1. Ⅶ式（T70⑤G5∶23）　　2. Ⅶ式（T70⑤∶97）　　3. Ⅶ式（T69④A∶57）　　4. Ⅶ式（T56④B∶102）　　5. Ⅵ式（T53⑤A∶234）

灰绿色，辉绿玢岩。原系长条中型斧，刃部齐断后改用作杵，左下角圆钝并有磨蚀痕迹。长14.7、宽6.7、厚4厘米。

三期地层标本：T71④F：56（图3－5－54，5），黄绿色，砂岩。小头的顶端都是磨蚀粗面，局部剥落碎屑。长14、宽4.8、厚3.4厘米。T3③：59（图3－5－54，3；图版一四一，2），黄绿色，绿泥闪石帘石化细粒玄武岩。两端满是磨蚀的粗糙面。是完整石杵中最长的一件。长16.5、宽6.2、厚3.9厘米。

图3－5－54 石杵（之一）

1. Ⅰ式（T74⑤A：131） 2. Ⅰ式（T62⑤A H141：17） 3. Ⅰ式（T3③：59） 4. Ⅰ式（T57③B：114） 5. Ⅰ式（T71④F：56） 6. Ⅰ式（T51③：90）

四期地层标本：T51③：90（图3 – 5 – 54，6），黄绿色，辉绿玢岩。上端及其周围崩落碎片；下端较大呈圆弧形，中间为磨蚀粗面，四周剥落碎屑。残长13.8、宽5.7、厚3.6厘米。T57③B：114（图3 – 5 – 54，4；图版一四一，3），灰绿色，辉绿玢岩。上、下端磨蚀和剥落碎屑，以下端（大头）处为多。长15.3、宽5.3、厚4.2厘米。

　　Ⅱ式　13件。较小型者。

　　一期地层标本：T70⑦：105（图3 – 5 – 55，7），下端（大头）及体右侧下段经敲击使用剥落碎屑。长11.8、宽4.9、厚2.9厘米。

　　二期地层标本：T55⑥：70（图3 – 5 – 55，4），绿色，闪长玢岩。两端均留有磨蚀粗面。长11、宽4.2、厚2.5厘米。T53⑤B：198（图3 – 5 – 55，1），黄绿色，绿泥闪石帘石化细粒玄武岩。原为磨光的圭形凿，刃部断缺后改作杵用，今下端边缘圆钝并经磨蚀。长10.2、宽3.4、厚2.1厘米。T70⑤：96（图3 – 5 – 55，6），上端有小片粗面，近下端处剥落薄层石片，其两侧有小片粗面。长12.3、宽4.5、厚2.8厘米。

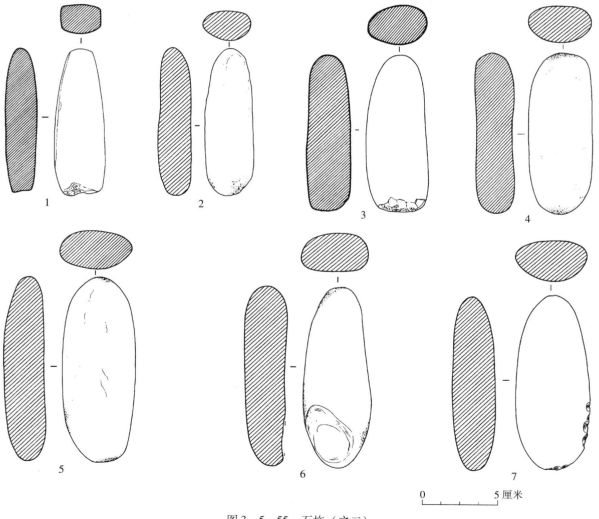

图3 – 5 – 55　石杵（之二）

1. Ⅱ式（T53⑤B：198）　2. Ⅱ式（T58③AG7：59）　3. Ⅱ式（T59④A：110）　4. Ⅱ式（T55⑥：70）　5. Ⅱ式（T51④A：407）
6. Ⅱ式（T70⑤：96）　7. Ⅱ式（T70⑦：105）

三期地层标本：T51④A：407（图3－5－55，5），灰色，石英岩。在上、下端及体左侧面的下段三处，留有磨蚀粗面。长12.6、宽4.7、厚2.6厘米。T59④A：110（图3－5－55，3），灰黄色，石英砂岩。在大头顶端及其周围全是磨蚀粗糙面并剥落碎屑，小头顶端的局部稍有磨蚀。长10.9、宽4.1、厚3.1厘米。

四期地层标本：T58③AG7：59（图3－5－55，2），黄色，石英斑岩。下端有磨蚀粗面。长10.3、宽3.4、厚2.2厘米。

13. 石锤

共67件。其中除完整的39件外，余者没有分式。大多数是选择不同形体的天然光面砾石块直接使用，少量的经过不同程度的打制加工，还有少数是残斧的改用品。都经磨蚀或剥落碎屑，使用痕迹明显。分为6式。

Ⅰ式 8件。馒头形球体。

一期晚段地层标本：T57⑦：143（图3－5－56，2；图版一四二，1），黑色，硅岩。除背面局部保留天然光面外，其他均为磨蚀和剥落碎屑的粗糙面。直径6.2～6.4、厚5.2厘米。

三期地层标本：T72④C：25（图3－5－56，3；图版一四二，2），黄绿色，绿泥闪石帘石化细粒玄武岩。上、下端和左侧经磨蚀，局部剥落碎屑。长6.8、宽5.9、厚4.7厘米。

四期地层标本：T51③：425（图3－5－56，1），浅灰色，硅岩。正面和背面的一半为自然光面，四周和背面的一部分经磨蚀并剥落碎屑。长7.5、宽7.1、厚4.5厘米。T52扩③：12（图3－5－56，5；图版一四二，3），褐色，硅岩。正面的中心和背面的全部保存自然光面，其他均经打制加工，大部分周边磨蚀并有局部剥落碎屑。长7.6、宽6.5、厚4.4厘米。T60③A：17（图3－5－56，4），黄绿色，硅岩。正面约有一半为自然光面，正面的其他部分、背面和右半边的侧面均为打制成。左侧面剥落碎屑并有敲击的麻点。直径5～5.2、厚3.3厘米。

Ⅱ式 10件。平面呈椭圆形，厚体，个别形状规则呈圆角方柱体。

二期地层标本：T74⑤AH113：14（图3－5－56，8），黑色，安山岩。器身正、背面中段为自然光面。主要使用上、下端，都成磨蚀粗面并有剥落碎片。长9.7、宽5.7、厚3.5厘米。

三期地层标本：T57④A：71（图3－5－56，7），黄绿色，闪长玢岩。正、背面和右侧面为自然光面。上端和左侧边缘经磨蚀布满粗麻点。下端的中部粗平，右下角崩落碎片，左下角有磨蚀敲击的麻点。长9.7、宽5.4、厚3.4厘米。T57④A：129（图3－5－56，6；图版一四二，4），黄绿色，霏细岩。上、下端和右侧磨蚀并有剥落。长8.3、宽5.7、厚3.6厘米。T74④A：143（图3－5－56，9），浅黄色，石英砂岩。上下端和左侧均经磨蚀。长7.9、宽5.3、厚4.8厘米。T75④B：197（图3－5－57，1），乳白色，石英岩。打制，正面中部、右顶角和部分右侧面为自然光面，背面和左侧面为石片疤，主要在上、下端有磨蚀和剥落碎屑的使用痕迹。长8.2、宽5.9、厚4.8厘米。T75④B：198（图3－5－57，2），灰白色，石英砂岩。呈圆角方柱体，上、下两面均经磨蚀，并有长短多条裂纹。长9.2、宽6.3、厚5.9厘米。

Ⅲ式 6件。平面呈长椭圆形，厚度中等。

二期地层标本：T64⑥：124（图3－5－57，3），黄绿色，绿泥闪石帘石化细粒玄武岩。器身多为自然光面。在右侧面和下端全是磨蚀小麻点，下端局部还剥落碎屑。长9.5、宽4.7、厚2.4

斧改制品。现刃部齐断，左、右角磨斜，两角处和下端背面边缘均存麻点。长10.8、宽6.7、厚3.5厘米。

　　三期地层标本：T51④AH39：419（图3－5－57，9），绿色，绿泥闪石帘石化细粒玄武岩。正、背面大部为自然光面，背面还有自然小凹坑和缝隙，左侧面和正面右侧边多有剥落。主要在上端和下端的左边经过敲击使用，留下麻点状糙面并在附近剥落碎屑。长10.7、宽7.7、厚4厘米。T51④AH39：424（图3－5－58，1），黄绿色，闪长岩。系残石斧改制品。顶部全剥落，原斧刃全缺失，今下端成弧面全经磨蚀并在局部剥落碎片。长10.6、宽7.8、厚3.4厘米。T51④A：115（图3－5－58，2；图版一四三，1），黄绿色，绿泥闪石帘石化细粒玄武岩。利用似靴形的自然砾石块，正、背面和下部底面均为自然光面。主要使用上部和左端，经磨蚀并剥落碎屑。右下方崩落一大角，局部边缘经磨蚀。长10、宽7.3、厚4.7厘米。T70④B：33（图3－5－58，3），绿色，暗色细粒闪长岩。原斧刃部全缺失，今下端圆弧，满是敲击、剥落的痕迹。长9.6、宽6.3、厚3厘米。T74④A：144（图3－5－58，5；图版一四三，2），黄绿色，辉绿玢岩。用残断的中型斧改制而成，两端加工成规整的圆弧面，全经磨蚀并稍剥落碎屑。长9.7、宽7、厚3厘米。T75④C：199（图3－5－58，4；图版一四三，3），灰绿色，硅岩。打制。除正面右侧为自然光面外，其他均为石片疤，背面突起的一部分棱脊磨光。下端和左上角留有磨蚀使用痕迹。长9.2、宽7、厚3.2厘米。

　　四期地层标本：T56③：18（图3－5－58，6；图版一四三，4），灰绿色，闪长玢岩。上、下端和左侧面磨蚀并在局部剥落碎屑。长11、宽6.7、厚4.1厘米。

　　Ⅵ式　2件。厚饼形。均打制。

　　三期地层标本：T51扩④A：23（图3－5－58，7；图版一四三，5），绿色，火山角砾岩。正面中部为劈裂面，周边全为石片疤，背面为砾石自然光面。一半多的边缘有磨蚀使用痕迹。直径6.8～7.5、厚2.6厘米。

14. 石饼

　　共72件。其中完整、较完整的69件，残破3件。除个别为人工磨制的外，都是采用光平的天然砾石块，圆形的58件，椭圆形的14件。椭圆形大石饼的长径达16厘米，一般圆饼直径约6～7厘米。都在周边程度不等地遗留使用痕迹，明显经过磨蚀或局部剥落碎屑。另外，还有359件石饼，其中较完整的342件，虽无明显的使用痕迹，但其规整的形状与有使用痕迹的完全一样，数量又很多，推测可能也是当时人们特意捡集来的备用品或只经初次使用的遗物，因此，也分别予以统计。分为2式。

　　Ⅰ式　35件。扁饼形，体较薄。平面呈圆形的29件，椭圆形的6件。

　　二期地层标本：T55⑥H122：4（图3－5－59，6），红色，花岗斑岩。在近一半的周边上有使用形成的少量小麻点。直径6.5～7、厚2.4厘米。T65⑥：92（图3－5－59，7），红色，花岗斑岩。部分周边有经使用磨蚀的小麻点。直径6.7～7.2、厚1.8厘米。T57⑤：94（图3－5－59，5；图版一四四，1），粉红色，石英砂岩。两面圆面光平，约1/4的周边为光面圆弧形，其他周边磨蚀剥落较多。直径10.7～11.7、厚2.3厘米。T59⑤B：101（图3－5－59，2；图版一四四，2），浅黄色，石英闪长玢岩。正背面为自然光滑面。周边一圈为使用形成的大麻点，分布密度均匀，

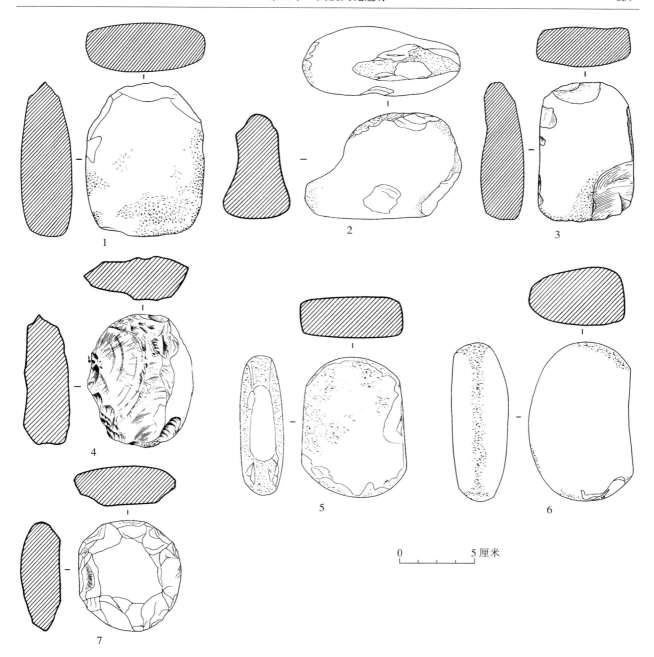

图 3-5-58　石锤（之三）

1. V式（T51④AH39:424）　　2. V式（T51④A:115）　　3. V式（T70④B:33）　　4. V式（T75④C:199）　　5. V式（T74④A:144）
6. V式（T56③:18）　　7. Ⅵ式（T51 扩④A:23）

宽度（约 1.5 厘米）也一致。直径 11、厚 3.4 厘米。T70⑤G5:8（图 3-5-59，1；图版一四四，3），黄灰色，石英粉砂岩。两面和大半的周边都经人工磨光，小半的周边打齐、未磨而稍有缺损。直径 10、厚 2 厘米。

三期地层标本：T51④A:398（图 3-5-59，4），黄棕色，石英砂岩。大部周边稍经磨蚀留下细小麻点。直径 10.3~11.2、厚 3.4 厘米。T75④C:200（图 3-5-59，8），在左侧面和下端因经敲击使用剥落碎屑。直径 5.6~6.3、厚 2.2 厘米。

四期地层标本：T75③B:190（图 3-5-59，3），绿黄色，绿泥闪石帘石化细粒玄武岩。整个

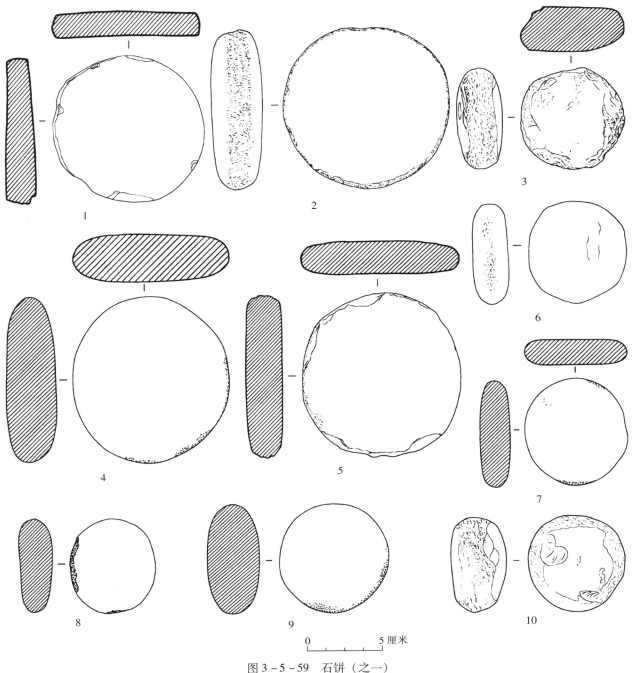

图 3 - 5 - 59　石饼（之一）

1. Ⅰ式（T70⑤G5：8）　2. Ⅰ式（T59⑤B：101）　3. Ⅰ式（T75③B：190）　4. Ⅰ式（T51④A：398）　5. Ⅰ式（T57⑤：94）
6. Ⅰ式（T55⑥H122：4）　7. Ⅰ式（T65⑥：92）　8. Ⅰ式（T75④C：200）　9. Ⅱ式（T51⑤A：410）　10. Ⅱ式（T55④：56）

周边都磨蚀较重并剥落碎屑，局部边缘崩落。直径6.8~7、厚3.1厘米。

此外，同式无使用痕迹的196件，其中圆形的143件，椭圆形的53件。

Ⅱ式　37件。厚饼形，体较厚。平面呈圆形的29件，椭圆形的8件。

二期地层标本：T70⑥：102（图3-5-60，1），正面两边崩落较大石片，一圈周边绝大部分为敲击的大麻点状。直径9.1~9.3、厚4.1厘米。T51⑤A：410（图3-5-59，9），浅黄色，石英砂岩。约1/3的周边有明显敲击磨蚀痕迹，密布小麻点。直径7.2~7.4、厚3.6厘米。

三期地层标本：T55④:56（图3-5-59，10；图版一四四，4），灰绿色，绿泥闪石帘石化细粒玄武岩。周边全经磨蚀，局部剥落碎屑。直径6.4~6.6、厚3.7厘米。T57④BH96:21（图3-5-60，3），灰白色，石英砂岩。周边全经磨蚀。直径6.9~7.1、厚3.6厘米。T3③:24（图3-5-60，2；图版一四四，5），黄灰色，石英砂岩。通体磨光。是唯一的周边成斜直面的制品。正面圆面的局部边缘和背面圆面的一圈边缘都经磨蚀。正面直径5.8、背面直径7.7、厚4厘米。

四期地层标本：T41④:35（图3-5-60，4；图版一四四，6），灰白色，石英砂岩。背面直径约6.5厘米的范围内和周边一圈都是大麻点状磨蚀痕迹，圆体少部分崩落缺损。直径8.3、厚4.9厘米。

此外，同式无使用痕迹的163件，其中圆形的106件，椭圆形的57件。

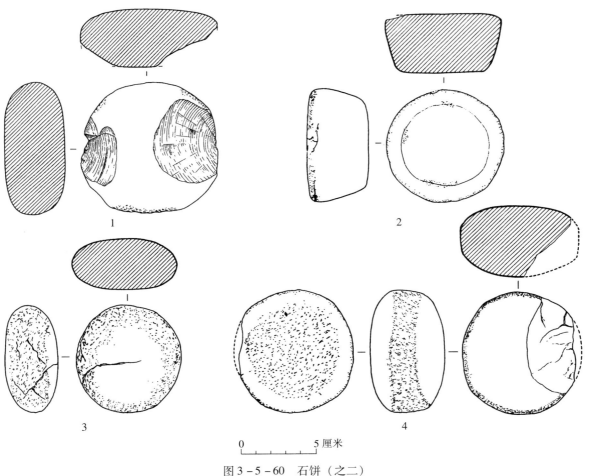

图3-5-60 石饼（之二）
1. Ⅱ式（T70⑥:102）　2. Ⅱ式（T3③:24）　3. Ⅱ式（T57④BH96:21）　4. Ⅱ式（T41④:35）

15. 石球

共37件。其中完整的36件。都是采用光面的天然砾石块，都有经磨蚀或剥落碎屑的使用痕迹。直径大的10余厘米，一般5~7厘米。另外，还有材料、形状与之完全相同但无使用痕迹的石球145件，其中较完整的135件。分为2式。

Ⅰ式　31件。扁球形。平面呈圆形的11件，椭圆形的20件。

二期地层标本：T56⑥:104（图3-5-61，3），灰色，长石石英砂岩。上、下、左、右四处集中经磨蚀或剥落碎屑。长径8、短径6.4、厚4.7厘米。T74⑤AH113:29（图3-5-61，5），灰色，石英砂岩。局部有磨蚀的小麻点。直径6.7~6.9、厚5厘米。

三期地层标本：T51④A:402（图3-5-61，2），红褐色，石英砂岩。周边集中两处有磨蚀使用痕迹。直径5.5~5.8、厚3.7厘米。T67④C:118（图3-5-61，4），紫色，流纹岩。周边断续数段合计约占全周边的1/2长度，有轻度敲击使用的小麻点痕。直径6.1~6.4、厚4.4厘米。T72④D:37（图3-5-61，6），红灰色，石英砂岩。不规整扁球形，其上散布长短龟裂纹。表面小部分为砾石自然微粗面，大部分为因经敲击崩落碎屑的极粗面。直径9.1~9.7、厚6.2厘米。

四期地层标本：T70③:83（图3-5-61，1），灰白色，石英砂岩。绝大部分周边有麻点状磨蚀痕迹。直径7.2~7.6、厚4.8厘米。

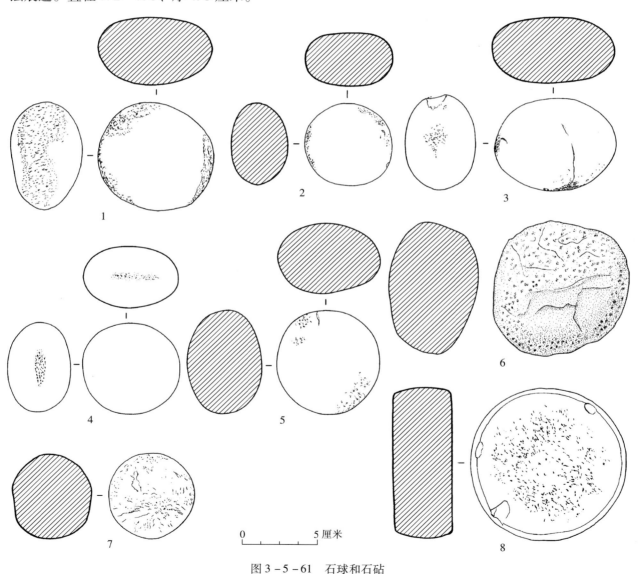

图3-5-61 石球和石砧

石球：1.Ⅰ式（T70③:83） 2.Ⅰ式（T51④A:402） 3.Ⅰ式（T56⑥:104） 4.Ⅰ式（T67④C:118） 5.Ⅰ式（T74⑤AH113:29）
6.Ⅰ式（T72④D:37） 7.Ⅱ式（T68④B:119） 石砧：8.T65⑥H149:2

此外，同式无使用痕迹的 111 件，其中圆形的 66 件，椭圆形的 45 件。

Ⅱ式 6 件。圆球形。

三期地层标本：T68④B：119（图 3 - 5 - 61，7），白色，石英岩。除背面局部保留砾石光面外，其余均为经使用的粗糙面。直径 5.6 ~ 5.8 厘米。

此外，同式无使用痕迹的 34 件。

16. 石砧

1 件。二期地层标本：T65⑥H149：2（图 3 - 5 - 61，8；图版一四一，4），紫色，石英砂岩。磨制。两面平，周边弧面。仅在正面中部布满大麻点状敲砸痕迹，是敲砸东西时置垫的用具。直径 10.4、厚 4 厘米。

17. 尖锥状石器

共 2 件。二期地层标本：T66⑥H123：1（图 3 - 5 - 62，9；图版一四五，1），暗绿色，闪长岩。打制。顶面是很平整的劈裂面，四周除有两小片保留砾石光面外，余均为敲击的大麻点和剥落石片的疤痕，表面很粗糙。当系用其尖端砸击、敲琢等。长 9.1、宽 6、厚 5.1 厘米。T70⑤G5：24（图 3 - 5 - 62，10；图版一四五，2），白色，石英岩。打制。除保留有一部分砾石光面外，多为剥落石片的大小疤痕。下段局部磨蚀。下端钝尖，尖角周围因经使用大部磨出光滑。长 12.7、宽 7.3、厚 4.8 厘米。

18. 石镞

1 件。三期地层标本：T68④D：121（图 3 - 5 - 63，1），暗灰色，硅岩。利用磨光石器的边棱，打下后稍作加工而成。平面呈长尖叶形，无铤，横剖面呈扁三角形。钝尖，左侧缘的下段磨过，尾端齐直。背面为整齐的劈裂面，仅在尖端处略磨，其他没有再作加工。长 7.8、宽 3、厚 1.2 厘米。

19. 石纺轮

1 件。二期地层标本：T35⑤AG2：49（图 3 - 5 - 63，2），黑色，黏土页岩。磨光。正面有一刻符。圆孔没有居中，孔壁稍斜直。直径 5.1、厚 1.3 厘米。

20. 磨石

共 23 件。其中较完整的 7 件，残破 16 件。石质粗细、硬度不同，当与加工物的种类和粗磨、细磨要求有关。形状呈椭圆形、三角形、长方形、长条形以及不规则形等。厚度 1.1 ~ 8.7 厘米。近 75% 的厚为 2 ~ 5 厘米。

二期地层标本：T75⑤：137（图 3 - 5 - 62，5），灰色，石英砂岩。完整，呈三角形。表面光，正面中部凹洼，背面上部稍凹洼。长 18.3、宽 11.2、厚 2.1 厘米。

三期地层标本：T5③B：64（图 3 - 5 - 62，3；图版一四五，3），紫灰色，石英砂岩。完整，形似大砚。两面均砥磨使用形成凹洼的光面，最低处有 0.9 厘米。为本遗址出土完整磨石中最大的一件。长 25.7、宽 20、厚 4 厘米。

四期地层标本：T57③B：21（图 3 - 5 - 62，2），棕灰色，黏土质长石石英粉砂岩。正面为砥磨形成的凹洼光面。背面不甚平整，有两条尖底磨槽，长分别为 11、8 厘米，口宽均 0.3、深均 0.2 厘米。仅左侧面为原边，上有一条尖底磨槽，槽长 6.5、口宽 0.4、深 0.3 厘米。右侧面上有

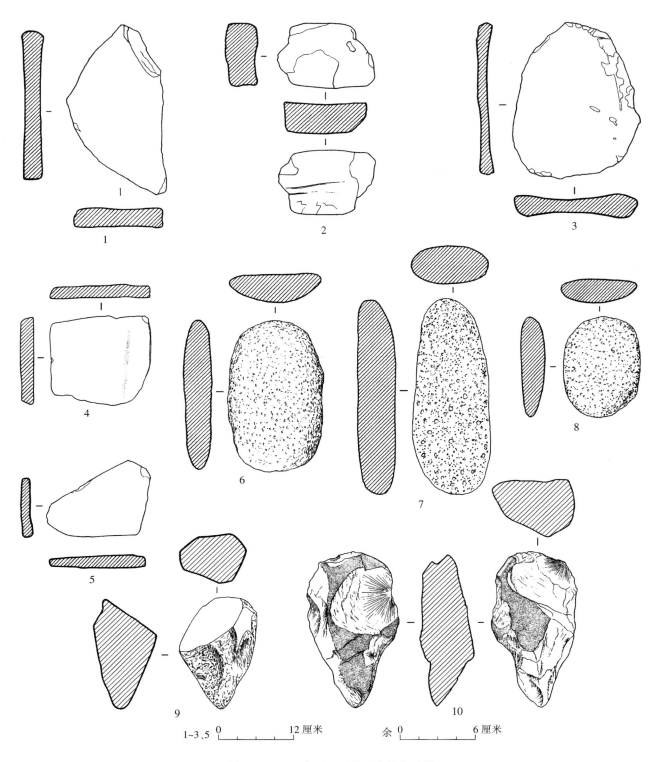

图 3 - 5 - 62　磨石、石锉和尖锥状石器

1. 磨石（T75③AF24:51）　　2. 磨石（T57③B:21）　　3. 磨石（T5③B:64）　　4. 磨石（T68③:117）　　5. 磨石（T75⑤:137）

6. 石锉（T23④:40）　　7. 石锉（T73⑥:69）　　8. 石锉（T70⑥:101）　　9. 尖锥状石器（T66⑥H123:1）　　10. 尖锥状石器
（T70⑤G5:24）

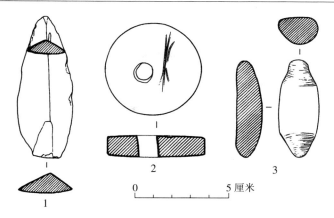

图 3 - 5 - 63　石镞、石纺轮和钻头形石器
1. 镞（T68④D：121）　2. 纺轮（T35⑤AG2：49）　3. 钻头形石器（T58⑤：84）

两小条浅磨槽，分别长 2.5、3.5 厘米。磨石残长 15.3、残宽 10.6、厚 5.2 厘米。T68③：117（图 3 - 5 - 62，4），灰色，石英粉砂岩。近长方形。正面右边有一条不甚明显微凹洼的宽槽，四个侧面多经磨过，为完整磨石中最小的一件。长 8、宽 7.3、厚 1.1 厘米。T75③AF24：51（图 3 - 5 - 62，1；图版一四五，4），灰色，黏土质石英粉砂岩。两面的中部甚凹洼。仅长弧形边的侧面为原边。此件系房址 F24 内 2 号柱洞础石。残长 28、残宽 15.2、厚 3.3 厘米。

21. 石钻头形器

1 件。二期地层标本：T58⑤：84（图 3 - 5 - 63，3；图版一三六，6），灰色，辉绿岩。采用光滑的天然砾石，一面拱弧，另面平，上、下两部分有人工旋转形成的细密平行凹弦纹，近两端处的横剖面呈椭圆形。可能用于钻磨较大的透孔或凹穴，也可用它对已钻出的孔壁或小环形器内缘进行砥磨。长 5.3、宽 2.2、厚 1.5 厘米。

22. 石锉

共 4 件。都为扁体椭圆形，略分为长、短两种。由于岩石自然成因，周身密布粟粒至绿豆般大小的凹穴和鼓突，表面极为粗糙，当属于锉磨的工具。

二期地层标本：T70⑥：101（图 3 - 5 - 62，8），黄色，石英长石砂岩。长 8.3、宽 6.1、厚 2 厘米。T73⑥：69（图 3 - 5 - 62，7；图版一四五，5），褐色，石英砂砾岩。长 16.1、宽 6.3、厚 3 厘米。T23④：40（图 3 - 5 - 62，6；图版一四五，6），灰黄色，石英长石砂岩。长 12.4、宽 7.5、厚 2.4 厘米。

二　石装饰品

1. 石璜

共 2 件。窄体长条弯头形。均残。

二期地层标本：T39⑥A：28（图 3 - 5 - 64，3；图版一三六，8），黑色，炭质绿泥绢云千枚岩。磨光，滑润。上侧（内侧）厚，下侧（外侧）薄，侧面圆弧。残长 6.1、宽 1.9、厚 0.7 厘米。

T211 附近采：043（图 3 - 5 - 64，2），纯白色，硅岩。磨光，滑润。内侧较厚，外侧较薄，侧面齐平。残长 9.1、宽 1.6～2、厚 1 厘米。

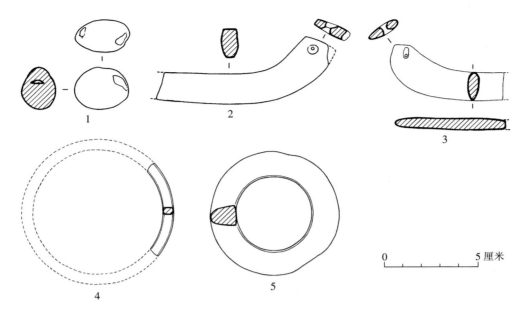

图 3 - 5 - 64 石装饰品

1. 珠（T60④A：41） 2. 璜（T211 附近采：043） 3. 璜（T39⑥A：28） 4. 环（T62③B：11） 5. 环（T53⑤A：136）

2. 石环

2 件。二期地层标本：T53⑤A：136（图 3 - 5 - 64，5），乳白色，硅铝质泥岩。磨光，滑润。完整。外侧缘因就石材自然形状有三处稍凹缺，致使外径不整圆。直径 6.9 厘米。

四期地层标本：T62③B：11（图 3 - 5 - 64，4），灰绿色，闪长岩。磨光。残段，纵剖面近横长方形。直径 8 厘米。

3. 石珠

1 件。三期地层标本：T60④A：41（图 3 - 5 - 64，1），黄白色，石英砂岩。蛋圆形天然砾石，全身光滑。有孔贯通，孔口为不规则长圆形，孔壁不齐直，孔眼中部很小，似非人工钻孔。可能是装饰品。长径 2.9、短径 2.3 厘米。

三 其他石制品

1. 刻凹口石条

1 件。二期地层标本：T55⑤：27（图 3 - 5 - 65，2），黄灰色，石英粉砂岩。磨光。正面为弧面，右侧边剥落长条碎片，背面平，两侧面齐平无刃。上部的两侧各刻一个三角形凹口，下部缺失。残长 5.8、宽 3.3、厚 0.7 厘米。

2. 环状石芯

1 件。四期地层标本：T58③AG7：77（图 3 - 5 - 65，3），黄白色，火山角砾岩。为先后两次叠套错位钻孔后形成的环状石芯，今呈不等宽的环形。两面磨光。外圈周边环绕一条棱脊，遗有细密平行的凹弦纹旋痕。里、外圈周壁上的棱角比较尖利，未作进一步加工，更无磨蚀使用痕迹。一是作为石器上先有小孔后又改钻大孔所脱落的废弃石芯，也有可能是加以废物利用或者专意为制作环形饰物的粗坯。外圆径 4～4.1、内孔径 1.7～2、厚 1.2 厘米。

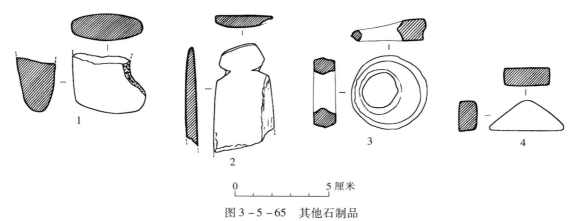

图 3 - 5 - 65　其他石制品

1. 靴形碎块（T75⑥：142）　2. 刻凹口石条（T55⑤：27）　3. 环状石芯（T58③AG7：77）　4. 三角形石块（T62④C：13）

3. 石靴形碎块

1 件。二期地层标本：T75⑥：142（图 3 - 5 - 65，1），浅绿色，闪长岩。磨光。上部残缺，今似靴形，右侧面经磨蚀。残长 3、宽 3.8、厚 2.1 厘米。

4. 三角形石块

1 件。三期地层标本：T62④C：13（图 3 - 5 - 65，4），紫色，石英砂岩。磨光。扁平三角形。长边 4、短边 2.6、厚 1 厘米。

四　骨角器

共 10 件，有铲、凿、锥、镞、簪五种。另有骨料 1 件。

1. 骨铲

1 件。三期地层标本：T74④B：73（图 3 - 5 - 66，11），利用较大兽骨加工而成。正面为自然光平面。背面大部经过砍削修治，但不很平整，更未磨光，仅使器身厚薄接近，下段保存有麻点状骨腔壁。两侧砍修整齐，也未磨光，下部小段侧边现已崩落，原状当为长梯形。两面都是斜坡刃面，局部处因经使用而摩擦得光亮。长 19、残宽 6.7、厚 2 厘米。

2. 角凿

1 件。二期地层标本：T52⑤A：235（图 3 - 5 - 66，10），系用动物犄角劈开取其一半磨制而成。正面较光平，特别在刃部长约 2 厘米的范围内经磨光，上部刻出两条较深的槽。背面不平整，顶端磨成斜坡，下端截齐，磨出窄条刃面。长 10.7、宽 2.5 厘米。

3. 角锥

1 件。二期地层标本：T51⑥：252（图 3 - 5 - 66，1；图版一二二，9），下部较光平。上、下端均残缺。残长 10 厘米。

4. 骨镞

5 件。均经不同程度的磨光。有长身、短身两类。

二期地层标本：T74⑥：102（图 3 - 5 - 66，2；图版一二二，6），器身正面中线起棱脊，背面拱弧。尖端和尾端都缺失。残长 5.2、宽 0.8 厘米。T70⑤G5：1（图 3 - 5 - 66，4；图版一二二，

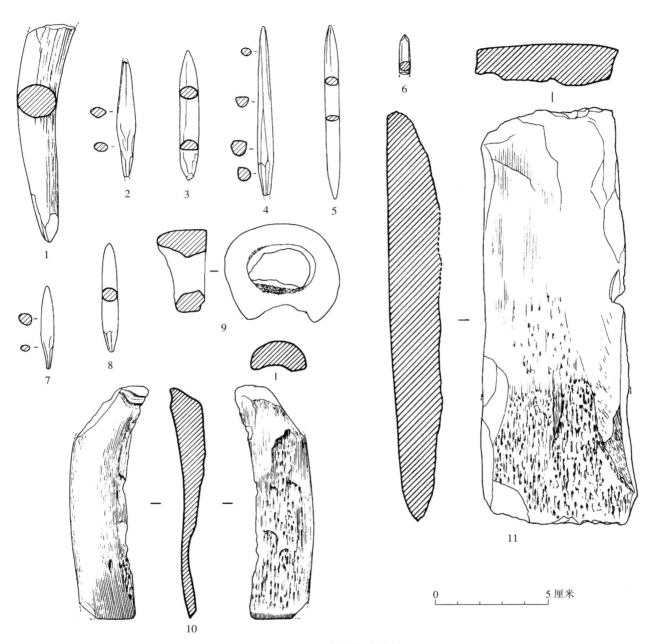

图 3 – 5 – 66　骨角器和骨料

1. 角锥（T51⑥:252）　2. 骨镞（T74⑥:102）　3. 骨镞（T74⑤A:84）　4. 骨镞（T70⑤G5:1）　5. 骨簪（T62⑦:51）
6. 骨簪（T69⑤B:115）　7. 骨镞（T74⑤AH113:6）　8. 骨镞（T74④B:64）　9. 骨料（T75④C:120）　10. 角凿（T52
⑤A:235）　11. 骨铲（T74④B:73）

5），横剖面在近尖端处为椭圆形，中部为圆角三角形，下部为多棱形。尾端稍残缺。残长7.8、宽0.7厘米。T74⑤A:84（图3 – 5 – 66，3），横剖面在中部为椭圆形，下部为近半圆形。尾端稍残。残长5.9、宽0.8厘米。T74⑤AH113:6（图3 – 5 – 66，7；图版一二二，8），钝尖，横剖面接近椭圆形。长3.8、宽0.6厘米。

三期地层标本：T74④B:64（图3 – 5 – 66，8；图版一二二，7），钝尖，横剖面椭圆形。长5.1、宽0.7厘米。

5. 骨簪

2 件。一期晚段地层标本：T62⑦：51（图 3 – 5 – 66，5），磨光。两端皆尖，横剖面呈椭圆形。长 8、宽 0.6 厘米。

二期地层标本：T69⑤B：115（图 3 – 5 – 66，6），仅存尖部小段，尖端为多棱形，簪体横剖面呈圆形。残长 1.8 厘米。

6. 骨料

1 件。三期地层标本：T75④C：120（图 3 – 5 – 66，9），系一段肢骨。正面为宽头，锯割面十分齐平，内壁一半边缘为折断的毛茬。背面为窄头，全是不整齐的茬口。侧面留较多砍削浅槽。长 5.3 厘米，侧面最宽处 2.5 厘米。

第六节　自然遗物

一　动物骨骼

出土动物骨骼至少可代表 15 种，总计 463 件（详见附录五）。

1. 家畜

1 种。

家猪　有头骨 18 件，下颌骨 28 件，肩胛骨 18 件，肱骨 39 件，桡骨 12 件，尺骨 8 件，掌骨 1 件，骨盆 9 件，股骨 13 件，胫骨 5 件，肋骨 10 件，牙齿 60 件，合计 221 件。

2. 陆生野兽

7 种 148 件。分述如下。

猕猴　有下颌骨 1 件。

野猪　有头骨 1 件。

马鹿　有头骨 9 件，下颌骨 7 件，肩胛骨 1 件，掌骨 1 件，骨盆 1 件，股骨 1 件，距骨 1 件，跟骨 1 件，肋骨 1 件，牙齿 32 件，角 62 件，合计 119 件。

鹿　有下颌骨 3 件，角 1 件，合计 4 件。

牛　有肱骨 1 件，桡骨 4 件，掌骨 1 件，腕骨 1 件，骨盆 4 件，胫骨 2 件，距骨 1 件，肋骨 3 件，上臼齿 1 件，合计 18 件。

獾　有下颌骨 1 件，牙齿 2 件，合计 3 件。

亚洲象　有肱骨 1 件，臼齿 1 件，合计 2 件。

3. 水生动物

7 种 94 件。分述如下。

青鱼　有鳃盖骨 49 件，咽喉齿 17 件，合计 66 件。

草鱼　有鳃盖骨 11 件，咽喉齿 1 件，合计 12 件。

白鲢　有头骨 1 件，鳍骨 1 件，咽喉齿 2 件，合计 4 件。

龟　有腹甲 1 件。

鳖　有背板 2 件，腹甲 2 件，合计 4 件。

蚌　有壳 5 件。

螺　有壳 2 件。

二　植物遗存

发现有大量农作物稻壳的遗存。一是主要在房屋遗迹多处部位——如地面下部垫层、墙壁、屋面、散水等的红烧土中，普遍夹有少量稻草截段和稻壳，这是作为泥料在黏土中有意掺加的。多系碎末，有些可见稻谷壳形状，例如 T67④B 红烧土场地 S24∶1 和 T51④B 房址 F22∶164 的红烧土块中，明显加有稻谷壳（图版一四六，1、2）。对 T76④B 房址 F30 的夹谷壳红烧土块先行打碎，加以分离，取出粉末状标本，应用"灰像法"在显微镜下观察其二氧化硅骨架的形状特征，可以判定是稻（Oryza sativa）①。二是在夹炭陶中明显含有炭化稻壳，第一、二、三、四期的夹炭陶在各期陶系中分别占 81.5%、27%、2.5%、10%。炭化稻壳是当时必用的一种陶器羼和料，尤其在关庙山大溪文化一期陶系中更占绝大多数。三是在一件空心陶球 T3④∶37 表面留有一粒较大的稻谷印痕，长 9、宽 3.7 毫米（见图 3 - 4 - 166，19）。

---

① 　黄其煦：《"灰像法"在考古学中的应用》，《考古》1982 年第 4 期。